Marika Höwing

Einführung in die Elektrotechnik

Rheinwerk
Computing

Liebe Leserin, lieber Leser,

Sie haben sich für ein Studium der E-Technik entschieden und die ersten Klausuren stehen an? Dann ist es spätestens jetzt an der Zeit, Formeln zu büffeln und die Grundlagen aufzufrischen. Denn so anspruchsvoll und schwierig das Studium sein kann, so toll ist es auch, wenn es endlich »Klick« macht und sich Zusammenhänge erschließen. Wo vorher nur ein Wust aus unverständlichen Gleichungen und kryptischen Schaltplänen war, tritt die Eleganz der Naturwissenschaften zutage. Komplizierte Rechnungen sind plötzlich gar nicht mehr so schwierig, denn wenn Sie die Grundlagen einmal verstanden haben, wird vieles leichter – und manches sogar ganz offensichtlich.

Für diesen Aha-Effekt zu sorgen, ist Marika Höwings täglich Brot. Sie hat bereits viele angehende Ingenieure und Ingenieurinnen auf dem Weg zum Abschluss begleitet und wird auch Ihnen beim Einstieg in die Elektrotechnik beistehen. In diesem Buch hat sie die zentralen Themengebiete kurz und knackig zusammengefasst und Aufgaben und Lösungen konzipiert, mit denen Sie sich gezielt auf die Prüfungen vorbereiten können.

Abschließend noch ein Wort in eigener Sache: Dieses Werk wurde mit großer Sorgfalt geschrieben, geprüft und produziert. Sollte dennoch einmal etwas nicht so funktionieren, wie Sie es erwarten, freue ich mich, wenn Sie sich mit mir in Verbindung setzen. Ihre Kritik und konstruktiven Anregungen sind jederzeit willkommen. Und nun wünsche ich Ihnen viel Erfolg für die nächste Klausur!

Ihr Dr. Christoph Meister
Lektorat Rheinwerk Computing

christoph.meister@rheinwerk-verlag.de
www.rheinwerk-verlag.de
Rheinwerk Verlag · Rheinwerkallee 4 · 53227 Bonn

Auf einen Blick

Wir hoffen, dass Sie Freude an diesem Buch haben und sich Ihre Erwartungen erfüllen. Falls Sie Anregungen, Wünsche und Kommentare haben, lassen Sie es uns wissen: **service@rheinwerk-verlag.de**.

Informationen zu unserem Verlag und Kontaktmöglichkeiten finden Sie auf unserer Verlagswebsite **www.rheinwerk-verlag.de**. Dort können Sie sich auch umfassend über unser aktuelles Programm informieren und unsere Bücher und E-Books bestellen.

Autorin Marika Höwing
Lektorat Dr. Christoph Meister
Fachgutachten Dr. Dennis Rühmer
Copy-Editing Friederike Daenecke, Zülpich
Typografie und Layout Vera Brauner
Herstellung Norbert Englert
Covergestaltung Eva Schmücker
Coverbilder Shutterstock: 1110672482 © Marusya Chaika, 118356445 © jps, 382522222 © Bangkokhappiness, 396656569 © ratmaner, 605248844 © Love Silhouette, 608927456 © Sergey Merkulov, 680881819 © Photographee.eu, 710787151 © Nordroden
Satz Norbert Englert; Cicero Computer GmbH, Bonn
Druck mediaprint solutions, Paderborn

PEFC
PEFC/04-31-0810

Dieses Buch wurde mit mineralölfreien Farben auf PEFC-zertifiziertem Papier aus nachhaltiger Waldwirtschaft gedruckt. Der Umwelt zuliebe verzichten wir zusätzlich auf die Einschweißfolie. Hergestellt in Deutschland.

Bibliografische Information der Deutschen Nationalbibliothek:
Die Deutsche Nationalbibliothek verzeichnet diese Publikation in der Deutschen Nationalbibliografie; detaillierte bibliografische Daten sind im Internet über *http://dnb.dnb.de* abrufbar.

ISBN 978-3-367-11523-5

3., durchgesehene Auflage 2026

Rheinwerk Verlag GmbH • Rheinwerkallee 4 • 53227 Bonn
service@rheinwerk-verlag.de

Inhalt

3 Elektrostatik 93

4 Gleichstrom 171

Materialien zum Buch

Auf der Webseite zu diesem Buch stehen folgende Materialien für Sie zum Download bereit:

- **Beispielgrafiken in Farbe**

Gehen Sie auf *www.rheinwerk-verlag.de/6293*. Klicken Sie auf den Reiter **Materialien**. Sie sehen die herunterladbaren Dateien samt einer Kurzbeschreibung des Dateiinhalts. Klicken Sie auf den Button **Herunterladen**, um den Download zu starten.

Sie können die Grafiken aus dem Buch für eigene Lehrveranstaltungen nutzen und in Prüfungs- und Studienarbeiten verwenden. Eine kommerzielle Nutzung ist ausgeschlossen.

Kapitel 1
Einführung

In diesem Kapitel werden grundlegende physikalische und mathematische Zusammenhänge, die für das Verständnis der Elektrotechnik wesentlich sind, in Erinnerung gerufen. Sie sollen dadurch einen Überblick bekommen, was Sie in der Physik und der Mathematik wiederholen müssen.

1.1 Was Sie von diesem Buch erwarten können

Ein Studium im Bereich der Naturwissenschaften oder der Ingenieurwissenschaften ist mit einer Menge Arbeit und persönlichem Einsatz verknüpft. Neben dem jeweiligen Hauptfach müssen Sie Nebenfächer belegen, die Ihnen möglicherweise nicht so liegen. Nichtsdestotrotz müssen sie besucht und bestanden werden.

Des Weiteren wird im Studium vorausgesetzt, dass gewisse Inhalte der Physik und Mathematik schon in der Schule ausführlich besprochen worden sind und dass die Studierenden sie anwenden können. Das ist aber meist nicht so. Vorkurse, die von den Universitäten angeboten werden, bieten einen guten Überblick über vorausgesetztes Wissen, aber in der Regel reichen sie schon aus Zeitgründen nicht aus, um das Gelernte gut genug zu vertiefen.

Gerade im Bereich der Elektrotechnik zeigen sich diese Probleme sehr deutlich:

- Entweder interessiert Mathematik bzw. Physik Sie eigentlich nicht besonders, es ist aber ein Pflichtfach, und wenn nicht viel Interesse vorhanden ist, fällt das Lernen einfach schwerer.
- Oder es ist sehr interessant, aber Sie können Ihre Aufgaben nicht lösen, da Ihnen die technischen Fertigkeiten, also die Mathematik, einfach fehlen.

Auch hört man häufig Sätze wie: »Strom ist für mich nichts Fassbares, ich kann ihn nicht sehen und mir darunter nichts vorstellen, deshalb verstehe ich die Elektrotechnik nicht.«

Alles Jammern nutzt nichts, und vor allem hilft es nicht weiter. Deshalb gibt es nun dieses Buch. Es erklärt die jeweiligen Gebiete der Elektrotechnik zunächst so, dass man sich darunter wirklich etwas vorstellen kann. Analogien aus dem täglichen Leben verdeutlichen die Inhalte, und Zusammenhänge werden auf das Wesentliche reduziert. Von den Könnern kann dieser Teil gerne übersprungen werden.

Danach folgt die mathematisch-wissenschaftliche Darstellung, bei der die Herangehensweise wie in der Vorlesung ist, allerdings werden die technischen Schritte zur Lösung eines Problems oder einer Aufgabe erklärt und an Beispielen gezeigt.

Zum guten Schluss haben Sie die Möglichkeit, das Ganze anhand von Aufgaben zu üben und zu vertiefen.

Viel Spaß beim Lernen!

1.2 Wichtige Erfindungen der Elektrotechnik

- **2750 v. Chr.** – Die alten Ägypter nutzen bestimmte Fischarten (z. B. Zitterrochen oder Zitteraale) um elektrische Spannungen zu erzeugen.
- **6.–7. Jh. v. Chr**. – Thales von Milet entdeckt die Elektrostatik.
- **Ca. 250 v. Chr.** – Die Bagdad-Batterie wird genutzt. Es wird vermutet, dass die alten Babylonier schon eine Art von Batterie erfunden haben.
- **1745** – Erfindung des Kondensators. Die sogenannte *kleistsche Flasche* bzw. *Leydener Flasche* wird von Ewald Jürgen Georg von Kleist in Cammin und ein Jahr später von Pieter von Musschenbroek in Leyden unabhängig voneinander erfunden.
- **1752** – Benjamin Franklin erfindet den Blitzableiter.
- **1792** – Luigi Galvani nutzt eine elektrochemische galvanische Zelle (Eisen-Kupfer) als Spannungsquelle, um Froschenkelmuskeln anzuspannen.
- **1800** – Alessandro Volta erfindet die erste neuzeitliche Batterie.
- **1820** – André-Marie Ampère entdeckt das Magnetfeld zwischen zwei stromdurchflossenen Leitern.
- **1826** – Georg Simon Ohm entdeckt das *Ohm'sche Gesetz*, den Zusammenhang zwischen Strom, Spannung und Widerstand.
- **1849** – James B. Francis verbessert mit der *Francis-Wasserturbine* (Spiralturbine) die Wasserturbine, die vielseitig einsetzbar ist.
- **1860** – Philipp Reis erfindet die elektrische Sprachübermittlung, heute als Telefon bezeichnet.
- **1865** – James Clerk Maxwell veröffentlicht die nach ihm benannten *Maxwell-Gleichungen*. Sie stellen den physikalischen Grundpfeiler der Elektrodynamik dar und verknüpfen die Theorie von elektrischen und magnetischen Feldern.

- **1866** – Das erste Telegrafenkabel über den Atlantik wird verlegt.
- **1877** – Thomas Alva Edison erfindet den Phonographen (Schallplattenspieler).
- **1880** – Thomas Alva Edison erhält das Patent auf die Glühlampe.
- **1882** – Lucien Gaulard und John Dixon Gibbs erhalten in London ein Patent für den Transformator.
- **1882** – Das erste Kraftwerk geht in New York ans Netz (Thomas Alva Edison).
- **1883** – Erasmus Kittler begründet an der TU Darmstadt den weltweit ersten Studiengang der Elektrotechnik.
- **1885** – Karoly Zipernowsky, Miksa Deri und Otto Titusz Blathy lassen den Transformator in Budapest patentieren.
- **1885** – Die Energieversorgung mithilfe von Hochspannung wird durch George Westinghouse erstmalig eingesetzt.
- **1886** – Heinrich Hertz weist experimentell die Maxwell-Gleichungen nach.
- **1888** – Nicola Tesla entwickelt die erste Zweiphasen-Synchronmaschine, eine spezielle Drehstrommaschine.
- **1891** – Die erste Drehstrom-Hochspannungsleitung wird zwischen Lauffen am Neckar und Frankfurt am Main in Betrieb genommen.
- **1896** – Alexander Popow führt eine drahtlose Signalübertragung über eine Entfernung von 250 m durch.
- **1897** – Ferdinand Braun erfindet die Kathodenstrahlröhre, nach ihm *Braun'sche Röhre* genannt.
- **1905** – John Ambrose Fleming erfindet die Diode in Röhrentechnologie.
- **1906** – Robert von Lieben und Lee De Forest entwickeln unabhängig voneinander die erste Verstärkerröhre.
- **1935** – Das erste reguläre Fernsehprogramm wird vom Berliner Funkturm ausgestrahlt.
- **1941** – Konrad Zuse stellt den ersten funktionsfähigen Computer, den Z3, fertig.
- **1947** – William B. Shockley, John Bardeen und Walter Brattain erfinden den Transistor.
- **1954** – Das erste Kernkraftwerk zur Stromerzeugung geht in Obninsk bei Moskau in Betrieb.
- **1958** – Jack Kilby entwickelt den ersten integrierten Schaltkreis.
- **1978** – Die Firma Philips erfindet die CD zur Datenspeicherung und **1982** die Audio-CD.
- **1985** – entwickeln Philips und Sony die CD-ROM.

1.3 Physikalische Größen und Grundbegriffe, mathematische Grundlagen

Wenn Sie nach einer Definition für *Elektrotechnik* suchen, werden Sie auf die unterschiedlichsten Formulierungen stoßen:

- die Lehre von der Konstruktion elektrischer Geräte und Maschinen
- die Lehre von der Energiegewinnung und -versorgung mit elektrischer Energie
- ein Zweig der Technik, der sich mit der technischen Anwendung der physikalischen Grundlagen und der Erkenntnisse der Elektrizitätslehre befasst.

Das trifft alles zu, aber ursprünglich ist die Elektrotechnik aus der Physik entstanden, und deshalb spielen physikalische Größen und Grundbegriffe auch in der Elektrotechnik eine wesentliche Rolle.

1.3.1 Kleiner Ausflug in die Physik

Die Physik besteht aus mehreren Teilgebieten. Zu ihnen zählen zum Beispiel Mechanik, Wärmelehre, Elektrizitätslehre und Optik. Auch Wissenschaften wie die Chemie sind ursprünglich aus der Physik entstanden.

Mechanik

In der *Mechanik* geht es hauptsächlich um Kräfte, die auf irgendetwas einwirken und dadurch möglicherweise eine Bewegung verursachen. Die Mechanik wird grob in drei Teile gegliedert:

- die *Kinematik*, die Lehre von Bewegungen
- die *Dynamik*, die Lehre von beschleunigten Bewegungen unter dem Einfluss von Kräften
- die *Statik*, auch als die Lehre vom Gleichgewicht bezeichnet. Sie beschäftigt sich mit dem Einfluss von Kräften auf Körper, wobei die Kräfte aber keine Bewegungsänderung des Körpers hervorrufen.

Kinematik

Wenn sich ein Körper bewegt, hat er eine *Geschwindigkeit*. Das ist das, was wir im Allgemeinen unter Bewegung verstehen. Mit der Geschwindigkeit wird angegeben, in welcher Zeit der Körper eine bestimmte Strecke zurücklegt. Demnach spielen die Größen *Strecke* und *Zeit* in der Mechanik eine zentrale Rolle.

Die Grundeinheit, in der die Länge l einer Strecke angegeben wird, ist das *Meter* (m), und die Grundeinheit der Zeit t ist die *Sekunde* (s). Die Geschwindigkeit v ist ein Maß dafür, wie viele Meter ein Körper in einer Sekunde zurücklegt, also wie viel Strecke pro Zeit. Somit ist die Einheit der Geschwindigkeit $\frac{\mathrm{m}}{\mathrm{s}}$.

Um die Einheit einer Größe darzustellen, wird die Größe in eckigen Klammern geschrieben. Das heißt, wenn zum Beispiel die Einheit der Zeit t dargestellt werden soll, können Sie

$$[\,t\,] = \mathrm{s}$$

schreiben. So sparen Sie sich die Arbeit, einen vollständigen Satz zu schreiben: Die Einheit der Zeit t ist s. Naturwissenschaftler sind nämlich in der Regel etwas schreibfaul.

Die Einheitenschreibweise ist sogar genormt und in der *DIN 1313* niedergeschrieben.

Häufig findet man folgende Schreibweise vor: Zeit [s], die Einheit wird also in eckige Klammern gesetzt. Obwohl jedem klar ist, was damit gemeint ist, ist diese Schreibweise laut Norm nicht korrekt.

Die *Beschleunigung a*, also das Maß dafür, wie sehr sich eine Geschwindigkeit innerhalb eines Zeitraums verändert, ist ähnlich aufgebaut. Die Änderung der Geschwindigkeit pro Zeit, schreibt sich also:

$$[\,a\,] = \frac{\frac{\mathrm{m}}{\mathrm{s}}}{\mathrm{s}} = \frac{\mathrm{m}}{\mathrm{s}^2}$$

Kinematik

Die beiden Grundeinheiten der Kinematik sind Meter (m) und Sekunde (s). Alle anderen Größen der Kinematik, wie z. B. Geschwindigkeit und Beschleunigung, sind aus diesen Grundeinheiten abgeleitet, das heißt zusammengesetzt.

Dynamik

Bei der *Dynamik* kommt der Begriff der *Kraft* zu dem hinzu, was Sie gerade gelernt haben. Isaac Newton hat 1687 in seinem Werk *Principia Mathematica* den Begriff der Kraft eingeführt und definiert.

Nach Newton ist die Kraft die Ursache für die Bewegungsänderung (genauer Geschwindigkeitsänderung) eines Körpers mit der *Masse m*. Das heißt, damit ein Körper seine Geschwindigkeit ändert, also beschleunigt wird, muss eine Kraft auf ihn ausgeübt werden. Je schwerer der Körper ist, umso größer muss die Kraft sein, damit er bewegt werden kann. Das können Sie praktisch nachvollziehen, denn je schwerer ein Gegenstand ist, umso mehr Kraft benötigen Sie, um ihn anzuheben.

Die Masse m eines Körpers spielt also bei der Betrachtung der Kraft eine Rolle. Die Grundeinheit der Masse ist das *Kilogramm* (kg).

Newton hat die Kraft F als Masse mal Beschleunigung definiert. Als Formel erhalten Sie dann:

[1.1] $$F = m \cdot a$$

wobei m die Masse und a die Beschleunigung darstellt.

Die Einheit der Kraft setzt sich also zusammen aus kg, m und s^2, und zwar so:

[1.2] $$[F] = [m] \cdot [a] = \frac{kg \cdot m}{s^2}$$

Zu Ehren von Isaac Newton wird die Einheit der Kraft als *Newton* (N) bezeichnet. Somit gilt:

[1.3] $$[F] = \frac{kg \cdot m}{s^2} = N$$

Größe	Kürzel/Symbol	Einheit	Beschreibung
Strecke/Länge	s	m	Meter
Zeit	t	s	Sekunde
Masse	m	kg	Kilogramm

Tabelle 1.1 Die Grundgrößen der Mechanik

Vektorielle Größen

Die Größen Geschwindigkeit, Beschleunigung und Kraft haben nicht nur einen *Betrag*, also einen Zahlenwert, sondern noch eine Eigenschaft: Sie haben eine *Richtung*.

Bei der Geschwindigkeit kommt es also nicht nur auf den Zahlenwert an, sondern auch darauf, in welche Richtung sich ein Körper bewegt. Das Gleiche gilt für die Beschleunigung. Gibt man Gas, so beschleunigt ein Auto in Fahrtrichtung, es wird also schneller. Die Beschleunigung gegen die Fahrtrichtung bezeichnet man als Bremsen. Die Geschwindigkeit wird geringer. Also spielt die Richtung eine wesentliche Rolle.

Größen, bei denen es auf die *Richtung* ankommt, werden als *vektorielle Größen* bezeichnet. Ein *Vektor* hat einen *Betrag* und eine Richtung. In einem Koordinatensystem lassen sich Vektoren als Pfeile darstellen. Die Länge des Pfeils gibt den Betrag an.

Die formale Darstellung einer vektoriellen Größe ist das Formelzeichen mit einem Pfeil: $\vec{a}$

Aber auch andere Kennzeichnungen, wie z. B. Kursivschreibweise, Fettdruck usw. können zur Darstellung einer vektoriellen Größe vereinbart werden. Es muss nur vorher geklärt sein, wie die Darstellung aussieht.

Skalare Größen

Bei *skalaren Größen* ist nur der Wert von Bedeutung, wie z. B. bei der Temperatur, denn die Temperatur hat keine Richtung.

Es gibt aber auch vektorielle Größen, bei denen die Richtung nicht interessiert, weil sie nicht von Belang ist. Ein Beispiel ist die Geschwindigkeit eines Autos, wenn es von einer Blitzanlage fotografiert wird. Auf dem Bußgeldbescheid steht nur »130 km/h statt 100 km/h«. Es geht also nur um den reinen Zahlenwert, den sogenannten *Betrag* der Größe.

Wenn im Folgenden von Beträgen die Rede ist, werde ich die Skalar-Schreibweise verwenden:

Betrag von $\vec{v} = |\vec{v}|$ oder kurz v

Alle anderen Größen und Einheiten der Mechanik sind sogenannte *abgeleitete Größen*. Sie werden aus den Grundgrößen kg, m und s zusammengesetzt. Ebenso verhält es sich mit deren Einheiten, die auch nur aus einer Zusammensetzung der drei Grundeinheiten bestehen. Die wichtigsten abgeleiteten Größen finden Sie in Tabelle 1.2.

Größe	Kürzel	Einheit			Formel
Fläche	A	m^2	Quadratmeter		
Volumen	V	m^3	Kubikmeter		
Geschwindigkeit (Durchschnitt)	v	$\frac{\mathrm{m}}{\mathrm{s}}$			$v = \frac{s}{t}$
Beschleunigung (Durchschnitt)	a	$\frac{\mathrm{m}}{\mathrm{s}^2}$			$a = \frac{v}{t}$
Dichte	ρ (rho)	$\frac{\mathrm{kg}}{\mathrm{m}^3}$			$\rho = \frac{m}{V}$

Größe	Kürzel	Einheit			Formel
Kraft	$\vec{F}$	$\frac{\text{kgm}}{\text{s}^2}$	Newton	N	$\vec{F} = m\vec{a}$
Druck	p	$\frac{\text{kg}}{\text{m}^2}$	Pascal	Pa	$p = \frac{F}{A}$
Drehmoment	$\vec{M}$	$\frac{\text{kgm}^2}{\text{s}^2}$	Newtonmeter	Nm	$\vec{M} = \vec{F} \times s$
Mechanische Arbeit	W	$\frac{\text{kgm}^2}{\text{s}^2}$	Newtonmeter	Nm	$W = \vec{F} \cdot \vec{s}$
Energie	E	$\frac{\text{kgm}^2}{\text{s}^2}$	Joule	J	
Leistung	P	$\frac{\text{kgm}^2}{\text{s}^3}$	Watt	W	$P = \frac{W}{t}$

Tabelle 1.2 Abgeleitete Größen der Mechanik

Energie und Arbeit

Die *Energie* ist eine Größe, die in allen Teilbereichen der Physik vorkommt. Allerdings berechnet jeder Teilbereich sie ein wenig anders, da jeweils andere Größen bei der Bestimmung der Energie eine Rolle spielen. Auch werden Sie ganz unterschiedliche Definitionen der Energie finden.
Da ist einerseits von einer *fundamentalen Größe der Physik* die Rede, dann von einer *Erhaltungsgröße*, da sie sich im Laufe der Zeit nicht verändert, sondern konstant bleibt. Darunter kann sich allerdings niemand etwas vorstellen.

Anschaulichere Definitionen, wie zum Beispiel *Die Fähigkeit, Arbeit zu verrichten* oder *Die Fähigkeit, etwas zu verändern*, werden als nicht allgemeingültig gewertet.

Also wundern Sie sich nicht darüber, dass Sie eigentlich nicht wissen, was genau Energie ist: Sie sind nicht allein.

Je nachdem, welchen Teilbereich der Physik Sie sich anschauen oder welches physikalische Problem Sie zu lösen haben, treffen Sie auf verschiedene Arten von Energie, zum Beispiel:

- potenzielle Energie
- kinetische Energie
- Rotationsenergie
- thermische Energie
- elektrische Energie
- chemische Energie
- …

Diese Energieformen haben, abgesehen von der Einheit, eines gemeinsam: Sie erfüllen den ersten Hauptsatz der Thermodynamik.

Erster Hauptsatz der Thermodynamik

Die Energie bleibt erhalten, sie geht nicht verloren, sondern wird in andere Energieformen umgewandelt.

Dass Energie nicht verloren geht, mögen Sie vielleicht bezweifeln, da Sie vor Augen haben, dass Sie in ein System immer mehr Energie hineinstecken müssen, als Sie herausholen. Aber die »Verluste«, die Sie feststellen, werden meist in *thermische Energie* (Wärmeenergie) umgewandelt – und die ist ja auch eine Energie.

Schauen Sie sich im folgenden Abschnitt das klassische Beispiel für Energieumwandlung an.

Beispiel zur Umwandlung von potenzieller Energie in kinetische Energie

Das Standardbeispiel hierfür ist eine Kiste, die zuerst auf dem Erdboden liegt und dann auf eine bestimmte Höhe transportiert wird.

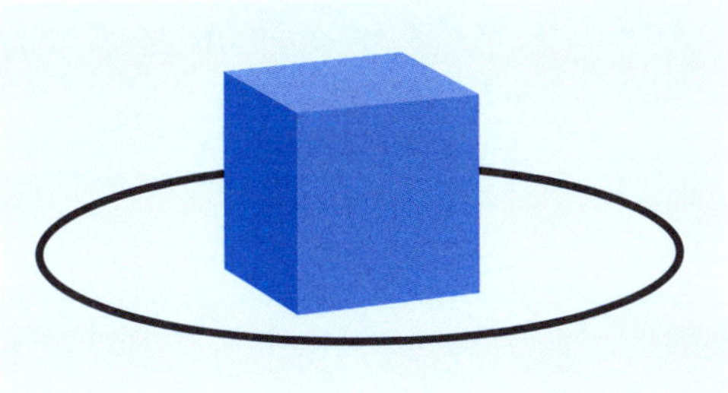

Abbildung 1.1 Auf dem Erdboden besitzt die Kiste keine Energie.
Sie steht einfach nur auf dem Boden und ist unbewegt.

Nun wird diese Kiste angehoben. Es wird also »Arbeit an dieser Kiste verrichtet«, wie Sie unschwer in Abbildung 1.2 erkennen können. Beim Anheben muss die Schwerkraft $\vec{F} = m\vec{g}$ überwunden werden. $\vec{g}$ steht für die Erdbeschleunigung.

Das heißt, die Arbeit wird größer, je schwerer die Kiste ist.

Abbildung 1.2 Die Kiste besitzt nun potenzielle Energie.

Die Formel für die mechanische Arbeit, Arbeit = Kraft mal Weg,

[1.4] $$W = Fs = mgs$$

enthält auch noch die Strecke s. In unserem Fall ist dies die Höhe h, auf die die Kiste in Abbildung 1.2 gebracht wird. Genau diese Arbeit, die in das Anheben dieser Kiste gesteckt wurde, ist die in der Kiste gespeicherte *potenzielle Energie*.

[1.5] $$E_{\text{pot}} = mgh$$

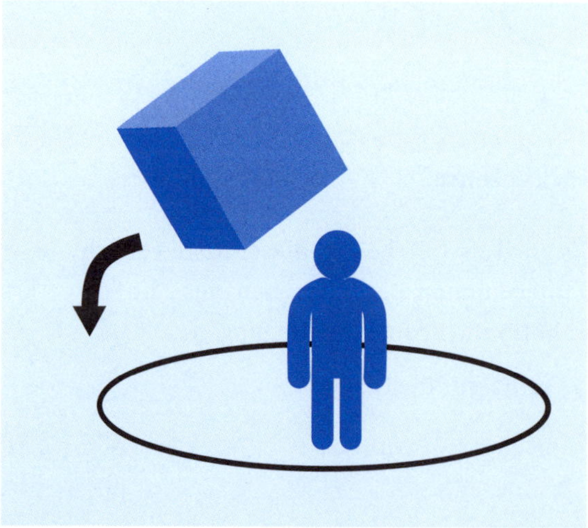

Abbildung 1.3 Potenzielle Energie wird in kinetische Energie umgewandelt.

Wird die Kiste losgelassen, wird sie aufgrund der Schwerkraft fallen. Sie wird mit $\vec{g}$ in Richtung Erdmittelpunkt beschleunigt (siehe Abbildung 1.3).

Die potenzielle Energie wandelt sich nun in *kinetische Energie* (Bewegungsenergie) um. Die Größe der Bewegungsenergie ist an der Geschwindigkeit der Kiste zu erkennen. Je mehr Energie vorhanden ist, desto schneller wird der Fall. Die höchste Geschwindigkeit hat die Kiste direkt vor dem Aufprall. Zu diesem Zeitpunkt ist die gesamte potenzielle Energie in kinetische Energie übergegangen, denn die Kiste ist jetzt wieder auf dem Boden, wie am Anfang.

Thermodynamik

Bei der *Thermodynamik* kommt zur Dynamik noch die *Temperatur T* dazu. Jeder von Ihnen hat eine Vorstellung davon, was Temperatur ist, jedoch verbinden die meisten Temperatur immer mit Wärme oder Kälte. Das ist streng physikalisch nicht korrekt.

Unsere hier in Deutschland gebräuchliche Temperaturskala mit der Einheit *Grad Celsius* (°C) wurde an zwei Werten festgemacht: 0 °C ist der Gefrierpunkt von Wasser und 100 °C der Siedepunkt von Wasser. Diese Einteilung wurde von dem Schweden Anders Celsius vorgenommen, nach dem auch die Einheit benannt wurde.

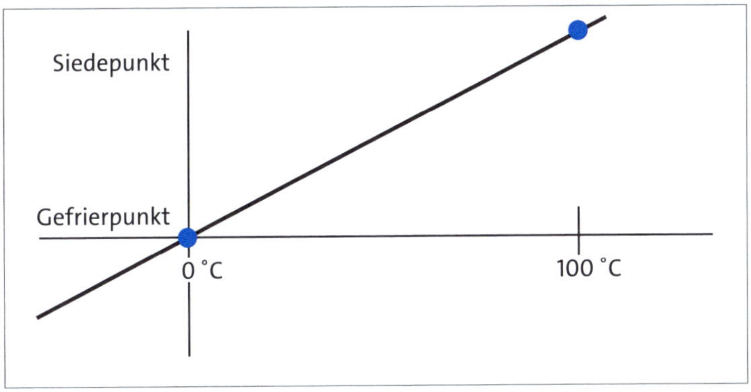

Abbildung 1.4 Fixpunkte der Celsiusskala

Diese beiden Punkte wurden durch eine Gerade miteinander verbunden (siehe Abbildung 1.4), und der Abstand zwischen 0 °C und 100 °C wurde in 100 Teile geteilt. Ein Teil entspricht dann 1 °C.

Um Abhilfe zu schaffen, wird eine unabhängige Größe benötigt.

Es wurde daher die *thermodynamische Temperaturskala* entwickelt, die als Fixpunkt den sogenannten *Trippelpunkt* von Wasser hat. Der Trippelpunkt ist der Punkt, an dem Wasser alle drei Aggregatzustände gleichzeitig hat: fest, flüssig und gasförmig. Er liegt bei 0,01 °C und bei einem Druck von 6 mbar. Wird nun der Druck verändert, verlässt man den Trippelpunkt. Wenn der Druck sinkt, herrscht nur noch der gasförmige Zustand vor, also gibt es dann keinen Trippelpunkt.

Von diesem Punkt aus wurde das *Kelvin* (K) definiert, und zwar als der 273,16. Teil des Trippelpunktes von Wasser. 0 K entspricht dementsprechend einer Temperatur von –273,15 °C.

Gleichzeitig liegt bei 0 K aber auch der Punkt, bei dem alle Atome und Moleküle keinerlei Bewegungsenergie besitzen, also absoluter Stillstand herrscht. Oberhalb von 0 K nimmt die Bewegungsenergie der Teilchen mit jedem Bruchteil eines Kelvins weiter zu. Dieser Punkt hat den Namen *absoluter Nullpunkt* und ist praktisch nicht erreichbar. Der Abstand von einem Kelvin zum nächsten entspricht dem Abstand der Celsiusskala. Temperaturunterschiede können sowohl in Kelvin als auch in Grad Celsius angegeben werden, es kommt der gleiche Zahlenwert heraus. Denn der Unterschied zwischen 273,16 K und 274,16 K ist genauso groß wie der Unterschied zwischen 0 °C und 1 °C.

Einheit der Temperatur

0 K entspricht –273,15 °C.

273,15 K entspricht 0 °C.

Die Grundeinheit der Temperatur *T* ist das Kelvin (K).

Jetzt ist auch der Bogen zu dem Begriff *Wärme* gespannt: Wärme ist nur das Kurzwort für Wärmeenergie oder auch thermische Energie. Die Wärmeenergie wird durch die Bewegungsenergie in einem System bestimmt.

Bei –273,15 °C oder 0 K gibt es keine Wärmeenergie. Steigt die Temperatur, so nimmt die Wärmeenergie, also die Bewegung von Teilchen, zu. Der Begriff *Kälte* ist nur in der Umgangssprache sinnvoll und hat in der Physik keinen Platz.

Elektrizitätslehre

Da sich der Rest des Buches mit diesem Thema beschäftigt, sei hier nur gesagt, dass die Grundeinheit für dieses Gebiet das *Ampere* (A) ist. Es ist die Einheit der Grundgröße *Stromstärke*, die mit *I* abgekürzt wird. Und auch hier werden alle anderen elektrischen Größen mithilfe von kg, m, s und A abgeleitet.

Optik

Die *Optik* ist die Lehre vom Licht. Die Grundgröße der Optik ist die *Lichtstärke* I_v, die in *Candela* (cd) angegeben wird. Da sich Licht meistens in Räumen ausbreitet, werden in der Optik natürlich auch geometrische Größen wie Flächen, Volumen und Winkel benötigt. Mithilfe dieser Größen leitet man andere optische Größen ab, z. B. *Lichtstrom*, *Beleuchtungsstärke* und *Leuchtdichte*.

Den Zusammenhang von Optik und Elektrotechnik finden Sie in den *Maxwellgleichungen*. Sie beschreiben unter anderem das Verhalten von elektromagnetischen Wellen. Da Licht auch als elektromagnetische Welle angesehen werden kann, haben die beiden Gebiete hier ihren Berührungspunkt.

Chemie

In der Chemie kommt zu den bisher bekannten Größen noch die *Stoffmenge* n hinzu. Die Stoffmenge gibt an, wie viele Teilchen sich in einer bestimmten Masse von einem Stoff befinden.

Es geht zum Beispiel um folgende Fragestellung: Wie viele Wassermoleküle befinden sich in einem Kilogramm Wasser?

Sie können sich vorstellen, dass das nicht wenige sind: ungefähr $3{,}3456 \cdot 10^{25}$ Moleküle. Das kann man berechnen; damit sollten wir uns aber nicht weiter beschäftigen.

Diese Zahl wollen bzw. können wir uns kaum vorstellen. Daher wurde die Größe *Stoffmenge* mit der Einheit *Mol* eingeführt. Das Kürzel für Mol ist mol.

1 mol entspricht einer Teilchenmenge von ungefähr $6{,}022 \cdot 10^{23}$ Teilchen.

$6{,}022 \cdot 10^{23}$ Teilchen ist die sogenannte *Avogadrokonstante*. Sie gibt das Verhältnis von der Anzahl der Teilchen zur Stoffmenge an. Somit enthält ein Mol immer $6{,}022 \cdot 10^{23}$ Teilchen.

Wenn wir nun angeben wollen, wie viele Wassermoleküle sich in einem Liter Wasser befinden, kommen wir mithilfe von einfachstem Dreisatz auf 55,56 mol. Denn $6{,}022 \cdot 10^{23}$ Moleküle entsprechen 1 mol, und $3{,}3456 \cdot 10^{25}$ Moleküle entsprechen $\frac{3{,}3456 \cdot 10^{25} \cdot 1\,\text{mol}}{6{,}022 \cdot 10^{23}} = 56{,}56\,\text{mol}$.

Grundeinheiten des SI-Systems

Abschließend finden Sie eine Übersicht über die Grundeinheiten des SI-Systems.

Grundeinheiten des SI-Systems

Masse	m	Kilogramm	kg
Zeit	t	Sekunde	s
Strecke	s	Meter	m
Temperatur	T	Kelvin	K
Stromstärke	I	Ampere	A
Lichtstärke	I_v	Candela	cd
Stoffmenge	n	Mol	mol

Das *Système International d'Unités* (SI) wurde 1960 von der Generalkonferenz Maß und Gewicht festgelegt. Dazu gehören auch folgende mathematische Kürzel:

Tera	T	$\cdot 10^{12}$
Giga	G	$\cdot 10^{9}$
Mega	M	$\cdot 10^{6}$
kilo	k	$\cdot 10^{3}$
hekto	h	$\cdot 10^{2}$
Deka	D	$\cdot 10^{1}$
dezi	d	$\cdot 10^{-1}$
centi	c	$\cdot 10^{-2}$
milli	m	$\cdot 10^{-3}$
mikro	µ	$\cdot 10^{-6}$
nano	n	$\cdot 10^{-9}$
piko	p	$\cdot 10^{-12}$
femto	f	$\cdot 10^{-15}$
atto	a	$\cdot 10^{-18}$

1.3.2 Mathematische Grundregeln

Die folgenden Rechenarten kennen Sie bestimmt noch aus der Schule. Falls sie aber in Vergessenheit geraten sein sollten, werden sie hier noch einmal in Erinnerung gerufen. Dabei lege ich keinen besonderen Wert auf den strikten Formalismus der Mathematik. Der ist zwar in der Mathematik gut und notwendig, aber erstens soll dies kein Mathebuch werden und zweitens sollen Sie sich nur daran erinnern, wie man etwas berechnet.

Eine vernünftige Formelsammlung und Tabellen erleichtern das Leben ungemein, denn Sie müssen nicht alles neu erfinden: Ihr Problem hat irgendwann schon jemand gelöst. Sie müssen nur wissen, wo es steht.

Differenzialrechnung

Die *Differenzialrechnung* beschreibt *Veränderungen*. Dabei kann es sich um Veränderungen in den Naturwissenschaften, in der Wirtschaft usw. handeln. Diese Veränderungen können in der Regel als Funktion dargestellt werden.

Die *Ableitung* einer Funktion gibt an, nach welcher Vorschrift sich diese Funktion verändert. Dabei wird betrachtet, wie sehr sich *infinitesimal kleine* (unendlich kleine) Veränderungen der Variablen auf die Funktion auswirken. Mathematisch ausgedrückt, heißt das: Die Ableitung f' ist die Funktion, die die Steigung, also die Änderungsrate, einer Funktion f angibt. Schauen Sie sich die folgenden Beispiele zur Veranschaulichung an.

Beispiele für die Berechnung einer Ableitung

$f(x) = 1$ ist eine Waagerechte auf der Höhe 1, sie verändert sich nicht (siehe Abbildung 1.5).

$f'(x) = 0$

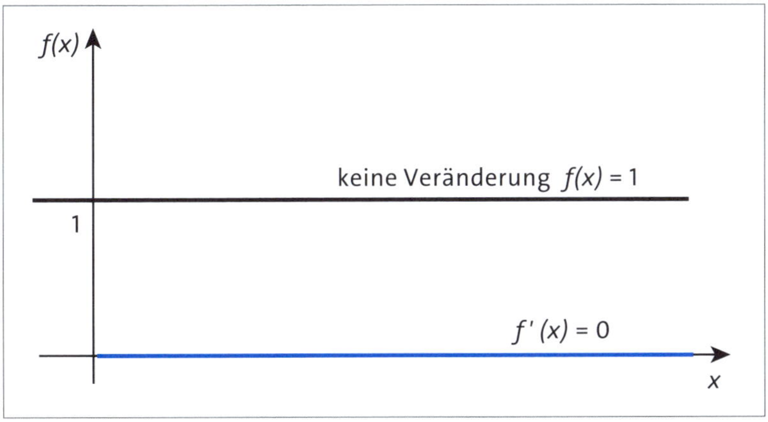

Abbildung 1.5 $f(x) = 1$ (schwarz) und die zugehörige Ableitung $f'(x)$ (blau)

$f(x) = 2x$ ist eine Gerade, die gleichmäßig ansteigt (siehe Abbildung 1.6).

$f'(x) = 2$

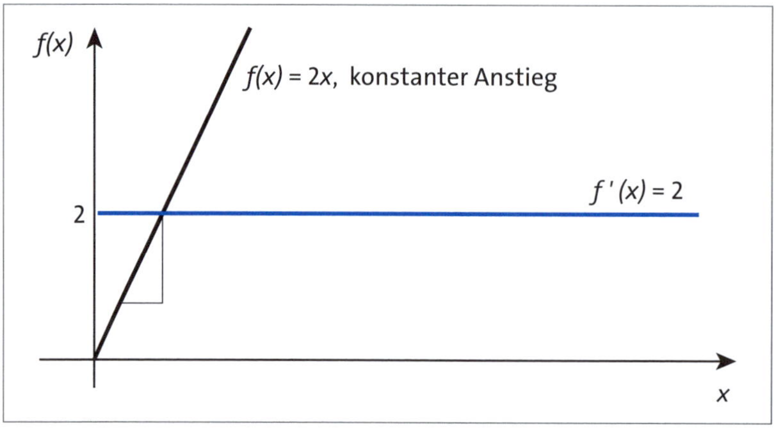

Abbildung 1.6 $f(x) = 2x$ (schwarz) und die zugehörige Ableitung $f'(x)$ (blau)

$f(x) = x^2$ beschreibt zum Beispiel den Weg eines Autos, das konstant beschleunigt. x ist die Zeit und $f(x)$ ist die zurückgelegte Strecke. Das Auto wird immer schneller, legt also in gleichen Zeitabständen eine immer größer werdende Strecke zurück.

$f'(x) = 2x$ ist die Steigungsfunktion von f und entspricht der Beschleunigung (siehe Abbildung 1.7).

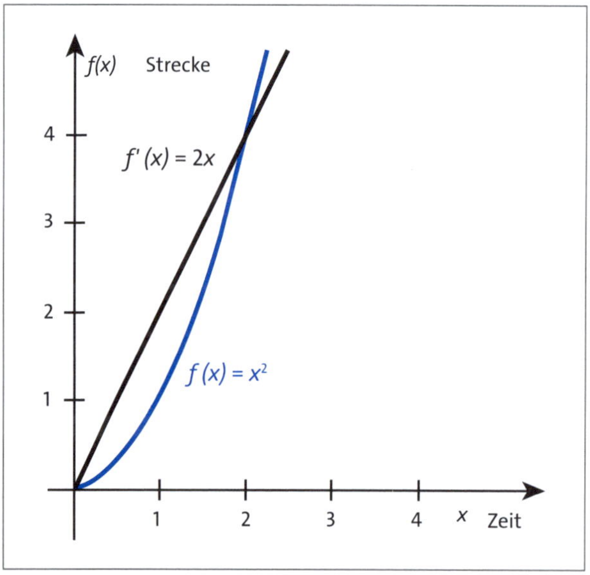

Abbildung 1.7 $f(x) = x^2$ (dunkelblau) und die zugehörige Ableitung $f'(x)$ (schwarz)

Rechenregel für Ableitungen

1. Wenn $f(x)$ folgende Form hat:

   $f(x) = ax^n$

   dann ist:

   $f'(x) = nax^{n-1}$, a ist eine Konstante (Zahl) [1.6]

   Konstanten als einzelne Zahlen fallen weg.

   Sonderfall: $n = 0$: $ax^0 = a$, da $x^0 = 1$ ist.

   $f(x) = a = ax^0 \Longrightarrow f'(x) = 0 \cdot ax^{-1} = 0$

2. **Summenregel**

   $(f(x) + g(x))' = f'(x) + g'(x)$ [1.7]

3. **Produktregel**

   $(f(x)g(x))' = f'(x)g(x) + f(x)g'(x)$ [1.8]

4. **Quotientenregel**

   $\left(\frac{f(x)}{g(x)}\right)' = \frac{f'(x)g(x) - f(x)g'(x)}{g^2(x)}$ [1.9]

5. **Kettenregel**

   $(f(g(x)))' = f'(g(x))g'(x)$ [1.10]

Wenn Sie Ableitungen von speziellen Funktionen suchen, z. B. von trigonometrischen Funktionen oder dem Logarithmus, dann schauen Sie in ein Tabellenbuch. Dort sind Ableitungen von fast allen Funktionen zu finden.

Beispiele für die Anwendung der Regeln 1) und 2)

a) $f(x) = 7x^3 - 5x^2 + 3x + 1 + \frac{1}{x}$

   $\frac{1}{x}$ ist in der Potenzschreibweise x^{-1} und fällt somit auch unter die Rechenregel 1).

   Nach [1.7] werden die Summanden einzeln differenziert und dann wieder aufsummiert.

   $f'(x) = 3 \cdot 7x^2 - 2 \cdot 5x + 3 + 0 + (-1)x^{-2} = 21x^2 - 10x + 3 - \frac{1}{x^2}$

b) $f(x) = \frac{3}{x^5} + \sqrt[4]{x^3}$

$\sqrt[4]{x^3}$ kann ebenfalls als Potenz geschrieben werden: $x^{\frac{3}{4}}$.

Also wird aus $f(x) = \frac{3}{x^5} + \sqrt[4]{x^3}$ eine Funktion, bei der die Anwendung der Potenzregel offensichtlicher ist:

$$f(x) = 3x^{-5} + x^{\frac{3}{4}}$$

$$f'(x) = -15x^{-4} + \frac{3}{4}x^{-\frac{1}{4}} = -\frac{15}{x^4} + \frac{3}{4}\frac{1}{\sqrt[4]{x}}$$

Beispiel für die Anwendung der Produktregel

$f(x) = x^2, g(x) = \sin x$

$f(x)g(x) = x^2 \sin x$

$f'(x) = 2x$ und $g'(x) = \cos x$, die Ableitungen von cos und sin usw. finden Sie in einer Formelsammlung.

Die Anwendung der Produktregel führt dann zu:

$(f(x)g(x))' = 2x \sin x + x^2 \cos x$

Beispiel für die Anwendung der Quotientenregel

$f(x) = 3x^2, g(x) = 2x + 1$

$$\frac{f(x)}{g(x)} = \frac{3x^2}{2x + 1}$$

$f'(x) = 6x$ und $g'(x) = 2$

Die Anwendung der Quotientenregel führt dann zu:

$$\left(\frac{f(x)}{g(x)}\right)' = \frac{6x(2x+1) - 3x^2 \cdot 2}{(2x+1)^2} = \frac{12x^2 + 6x - 6x^2}{(2x+1)^2} = \frac{6x^2 + 6x}{(2x+1)^2}$$

Beispiel für die Anwendung der Kettenregel

$f(g(x)) = (2x + 1)^2$

Hierbei handelt es sich um eine sogenannte *verkettete Funktion*. Die Funktion g ist die Funktion in den Klammern $g(x) = 2x + 1$. Die Funktion f macht nichts anderes, als $g(x)$ zu quadrieren. Also kann man sagen:

$f(g(x)) = (g(x))^2$

Die Ableitung von f ist dann: $2g(x)$ nach der Potenzregel und

$(f(g(x)))' = 2(2x + 1) \cdot 2 = 4(2x + 1)$

Ein häufig verwendeter Merksatz für die Kettenregel lautet: *innere Ableitung mal äußere Ableitung*.

Integralrechnung

Die *Integralrechnung* ist die »Gegenrechenart« zur Differenzialrechnung. Das heißt, integriert man die Ableitung einer Funktion, so erhält man eine Funktion, die entweder der Ursprungsfunktion entspricht oder sich nur um eine Konstante, meist C genannt, von der Ursprungsfunktion unterscheidet. Diese Ursprungsfunktion wird auch als Stammfunktion F bezeichnet.

$$\int f'(x)\mathrm{d}x = f(x) + C \qquad [1.11]$$

Die Integralrechnung wird häufig dazu benutzt, Flächeninhalte oder auch Volumen zu berechnen. Sie bietet sich bei Flächen und Volumen an, die keine geraden oder kreisförmigen Randflächen besitzen, wie z. B. in Abbildung 1.8.

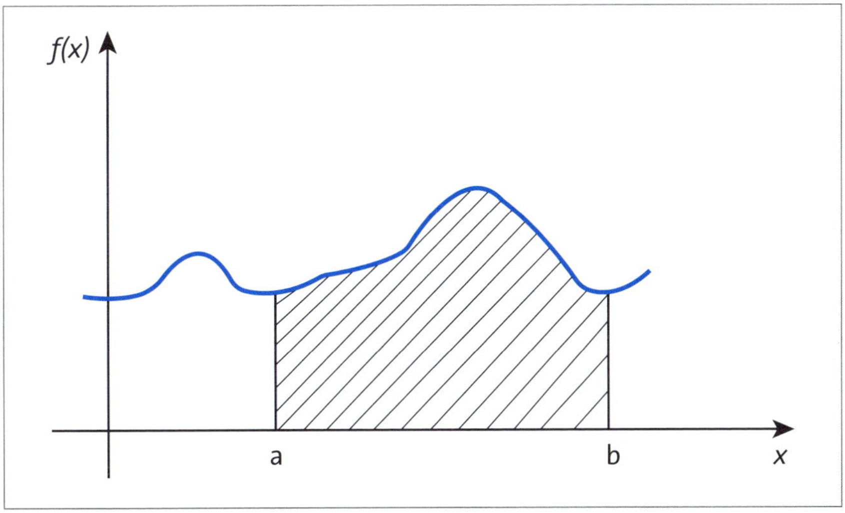

Abbildung 1.8 Fläche unterhalb einer Funktion, begrenzt von a und b

Die Idee, die hinter dieser Rechenart steckt, wird in Abbildung 1.9 deutlich.

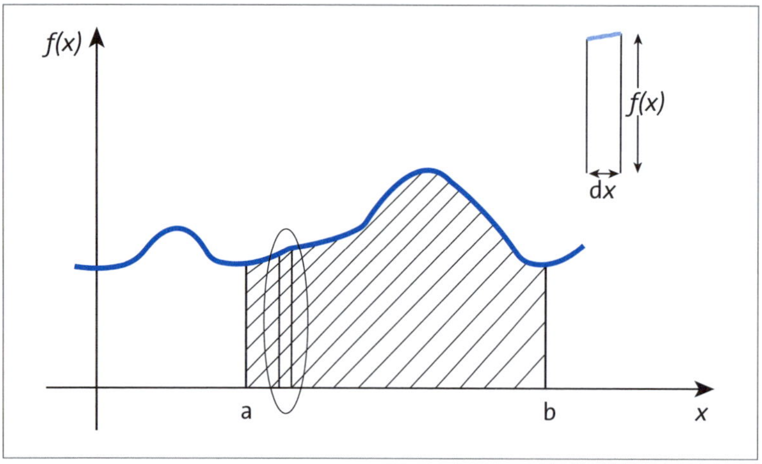

Abbildung 1.9 Definition eines infinitesimal kleinen Flächenelements

Die Fläche wird in unendlich kleine Teilstücke $f(x) \cdot \mathrm{d}x$ geteilt. Diese Teilstücke werden dann zur Gesamtfläche aufsummiert.

Hierbei muss es sich nicht immer nur um geometrische Formen handeln. Denken Sie zum Beispiel an ein Geschwindigkeit-Zeit-Diagramm, beispielsweise so wie in Abbildung 1.10.

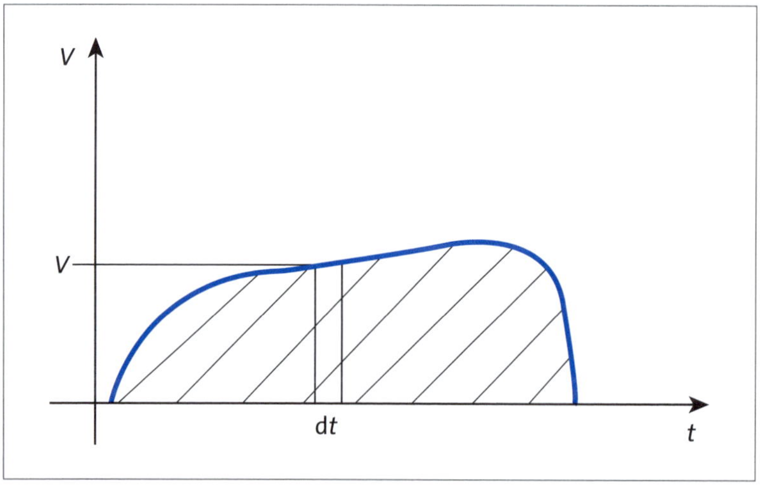

Abbildung 1.10 Die Fläche unterhalb der Geschwindigkeitskurve im Geschwindigkeit-Zeit-Diagramm entspricht der zurückgelegten Strecke.

Die Fläche unterhalb der Kurve setzt sich aus der Summe von unendlich vielen $v \cdot \mathrm{d}t$ zusammen. $v \cdot \mathrm{d}t$ ist aber nichts anderes als die in der Zeit $\mathrm{d}t$ zurückgelegte Strecke.

Also berechnen Sie mit dem Integral die Strecke, die bei der sich verändernden Geschwindigkeit v in der Zeit t zurückgelegt wird.

Rechenregeln für die Integralrechnung

1. **Potenzregel**

$$f(x) = x^n \Longrightarrow F(x) = \int x^n \mathrm{d}x = \frac{1}{n+1} x^{n+1} + C \qquad [1.12]$$

2. **Konstanten können vor das Integral gezogen werden.**

$$\int af(x)\mathrm{d}x = a \int f(x)\mathrm{d}x \qquad [1.13]$$

für eine Konstante a

3. **Summenregel**

$$\int f(x) + g(x)\,\mathrm{d}x = \int f(x)\mathrm{d}x + \int g(x)\mathrm{d}x \qquad [1.14]$$

4. **Partielle Integration**

$$\int f(x)g'(x)\mathrm{d}x = f(x)g(x) - \int f'(x)g(x)\mathrm{d}x \qquad [1.15]$$

5. **Substitutionsregel**

$$g(x) = y \qquad \int f(y)\mathrm{d}y = \int f\big(g(x)\big)g'(x)\mathrm{d}x \qquad [1.16]$$

Beispiel zur Anwendung der Regeln 1) und 2)

$$f(x) = 3x^3 + 3x^2 + 5x$$

$$F(x) = \int (3x^3 + 3x^2 + 5x)\,\mathrm{d}x = \cdots$$

nun werden die Regeln 1) und 2) konsequent angewendet.

$$\begin{aligned} \cdots &= \frac{3}{4}x^4 + \frac{1}{3}3x^3 + \frac{5}{2}x^2 \\ &= \frac{3}{4}x^4 + x^3 + \frac{5}{2}x^2 \end{aligned}$$

An diesem Beispiel sehen Sie, dass $f(x)$ die Ableitung von $F(x)$ ist.

Rechnen Sie es einmal durch!

$$\left(\frac{3}{4}x^4 + x^3 + \frac{5}{2}x^2\right)' = 3x^3 + 3x^2 + 5x$$

Aber Sie können auch noch etwas anderes erkennen.

$f(x)$ ist auch die Ableitung von

$$\frac{1}{4}x^4 + x^3 + \frac{5}{2}x^2 + 3$$

oder

$$\frac{1}{4}x^4 + x^3 + \frac{5}{2}x^2 - 5$$

denn Konstanten werden beim Ableiten zu 0. Deshalb gilt die Form:

$$\int f(x)\mathrm{d}x = F(x) + C$$

Beispiel zur Anwendung der partiellen Integration

Lösen Sie folgendes Integral:

$$\int 2x \cos x \,\mathrm{d}x$$

Die passende Formel lautet:

$$\int f(x)g'(x)\mathrm{d}x = f(x)g(x) - \int f'(x)g(x)\mathrm{d}x$$

Sie bestimmen, was f und g‘ sein sollen, z. B.: $f(x) = 2x$, $g'(x) = \cos x$

Dann ist $f'(x) = 2$ und $g(x) = \sin x$.

Nun wird die partielle Integration angewendet:

$$\int 2x \cos x \,\mathrm{d}x = 2x \sin x - \int 2 \sin x \,\mathrm{d}x$$

Jetzt ist zwar immer noch ein Integral vorhanden, aber es ist um einiges leichter zu lösen als das ursprüngliche:

$$2x \sin x - \int 2 \sin x \,\mathrm{d}x = 2x \sin x - 2\int \sin x \,\mathrm{d}x = 2x \sin x + 2 \cos x$$

Beispiel zur Anwendung der Substitutionsregel

$h(x) = (3x^2 + 4)^6 6x$

Es soll das Integral $\int (3x^2 + 4)^6 6x\mathrm{d}x$ gelöst werden.

Hier ist nun Fantasie erforderlich:

$$\int f(y)\mathrm{d}y = \int f\big(g(x)\big)g'(x)\mathrm{d}x$$

Wenn Sie sich die Struktur der Funktion h anschauen und mit der rechten Seite der Substitutionsregel vergleichen, dann können Sie die Funktion g mit $(3x^2 + 4)$ identifizieren.

Die Funktion f ist dann $(\quad)^6$.

Somit wird aus $f(g(x))$ dann $(3x^2 + 4)^6$. Nun fehlt noch $g'(x)$.

$g'(x) = 6x$ und auch diese Komponente ist in h enthalten. Die Struktur der rechten Seite ist also gegeben, und jetzt können Sie $y = (3x^2 + 4)$ setzen.

Aus $\int (3x^2 + 4)^6 6x\mathrm{d}x$ wird nun $\int y^6 \mathrm{d}y$, also ein Integral, das sehr einfach zu lösen ist:

$$\int y^6 \mathrm{d}y = \frac{1}{7} y^7$$

Dann können Sie für y wieder die ursprüngliche Funktion einsetzen:

$$\int (3x^2 + 4)^6 6x\mathrm{d}x = \frac{1}{7}(3x^2 + 4)^7$$

Ob Sie richtig gerechnet haben, können Sie immer überprüfen, indem Sie die Funktion ableiten. Es muss dann wieder die zu integrierende Funktion als Ergebnis herauskommen:

$$\left(\frac{1}{7}(3x^2 + 4)^7\right)' = \frac{7}{7}(3x^2 + 4)^6 6x = (3x^2 + 4)^6 6x$$

Für Ungeübte gehört die Anwendung der Substitutionsregel zur hohen Kunst der Mathematik, und ich würde lügen, wenn ich behaupten würde, dass das einfach ist. Daher gibt es Tabellen, in denen man die gängigen Substitutionen nachlesen kann.

Flächenberechnung mithilfe der Integralrechnung

Die praktische Anwendung der Integralrechnung ist, wie anfangs schon erwähnt, die Flächenberechnung. Die zentrale Frage lautet: Wie groß ist die Fläche, die die Funktion mit der x-Achse einschließt?

Hierzu werden die Flächenbegrenzungen, also die Schnittpunkte mit der x-Achse, als Integralgrenzen eingesetzt:

$$\int_a^b f(x) = F(x)|_a^b = F(b) - F(a) \qquad [1.17]$$

Die Gleichung aus [1.17] trägt den großen Namen *Hauptsatz der Integralrechnung*.

Da Flächeninhalte positive Werte sind, wird bei Flächen, die sich unterhalb der x-Achse befinden, der Betrag der Fläche als Flächeninhalt angegeben. Schauen Sie sich dazu Abbildung 1.11 an, die dies verdeutlicht.

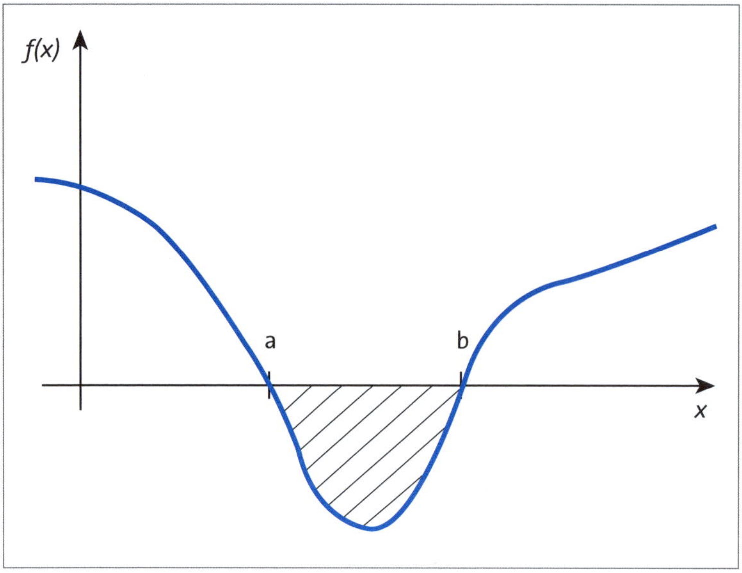

Abbildung 1.11 Die Fläche befindet sich hier z. B. unterhalb der x-Achse.

Beispiel zur Flächenberechnung mithilfe der Integralrechnung

Wie groß ist die Fläche, die die Funktion $f(x) = 3x^2 - 3$ mit der x-Achse einschließt?

Die Nullstellen, also die Schnittpunkte mit der x-Achse, sind $x = -1$ und $x = 1$ (siehe Abbildung 1.12).

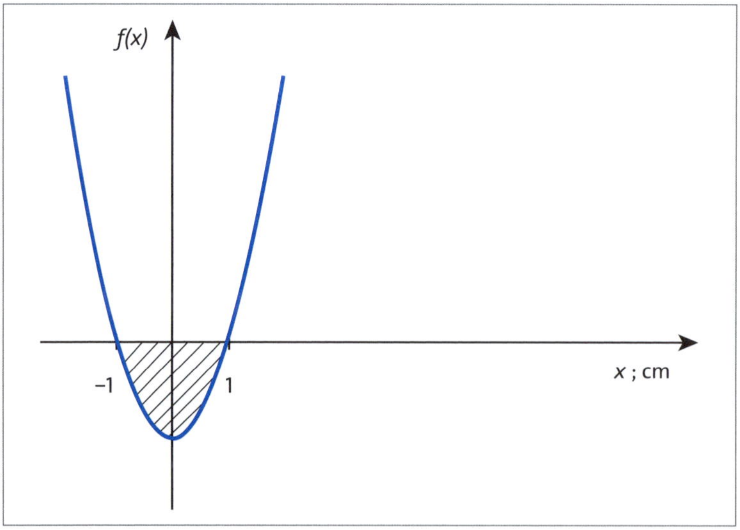

Abbildung 1.12 $f(x) = 3x^2 - 3$

Also lautet das Integral:

$$\int_{-1}^{1} 3x^2 - 3 = \frac{3}{3}x^3 - 3x\Big|_{-1}^{1} = x^3 - 3x|_{-1}^{1} = 1^3 - 3\cdot 1 - \big((-1)^3 - 3\cdot(-1)\big)$$
$$= 1 - 3 - (-1 + 3)$$
$$= -4$$

Eine Fläche kann aber nicht negativ sein. Das Minuszeichen besagt hier, dass die Fläche unterhalb der x-Achse liegt, und der Flächeninhalt ist 4 Flächeneinheiten. Je nachdem, welche Einheiten für die x- und y-Achse gewählt wurden, sieht die Flächeneinheit anders aus, hier sind es cm^2.

Um zu vermeiden, dass sich Flächeninhalte gegeneinander aufheben, weil ein Teil oberhalb der x-Achse und ein anderer unterhalb der x-Achse liegt, teilt man eine Fläche in mehrere Teilflächen auf.

Man integriert von Nullstelle zu Nullstelle zu Nullstelle, und die negativen Anteile werden in Betragsstriche gesetzt, wie zum Beispiel beim Sinus, den Sie in Abbildung 1.13 sehen.

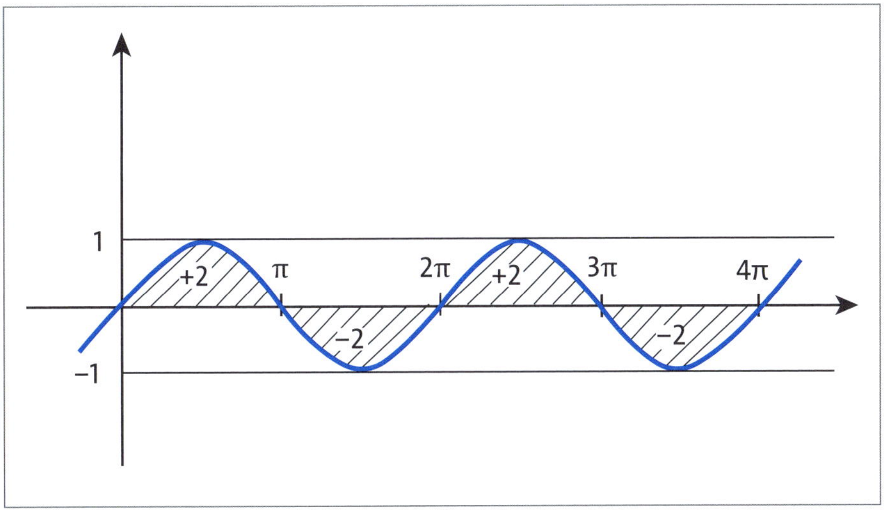

Abbildung 1.13 Flächen einer Sinusfunktion

$$\int_{0}^{4\pi} \sin x \, dx = \int_{0}^{\pi} \sin x \, dx + \left|\int_{\pi}^{2\pi} \sin x \, dx\right| + \int_{2\pi}^{3\pi} \sin x \, dx + \left|\int_{3\pi}^{4\pi} \sin x \, dx\right|$$

1.4 Gefahren des elektrischen Stroms

Die menschlichen Körperfunktionen werden zu einem großen Teil durch elektrischen Strom gesteuert. Natrium-, Kalium-, Calcium- und Protein-Ionen sowie vieles mehr stellen die Ladungsträger dar. Die fließenden Ströme sind sehr klein und liegen im Bereich einiger Mikroampere. Die Spannungen, die im Körper herrschen, liegen bei einigen Millivolt.

Trifft nun ein Strom oder eine Spannung von außen auf dieses System, so kann es zu Fehlfunktionen oder sogar zu tödlichen Verletzungen kommen, dazu gehören u. a.:

- Atemprobleme
- Blutdruckanstieg
- Fehlfunktionen der Nerven
- Flüssigkeitsverluste
- Herzstillstand
- Kammerflimmern
- Muskelverkrampfungen
- Strommarken
- Verblitzungen
- Verbrennungen

Ein großes Problem bei Verletzungen durch elektrischen Strom ist die Tatsache, dass der Körper wie ein Kondensator wirkt und dadurch die Stromstärke erhöht werden kann. Ebenso werden Wasserstoffionen, die für den pH-Wert des Blutes verantwortlich sind, abwandern und das Blut wird sauer. Somit kann es zu Zellschäden und Vergiftungen kommen. Wichtig ist: Komplikationen treten oft erst Stunden nach dem Elektrounfall auf. Deshalb ist nach jedem Elektrounfall eine Einweisung ins Krankenhaus erforderlich. Dann gehört eine 24h-Überwachung zum Standard. Erfahrene Ärzte können in der Regel bereits nach der Anfertigung eines EKGs abschätzen, ob es zu Spätreaktionen kommen wird.

Wie überall, wo es um Strom geht, hat das Ohm'sche Gesetz seinen Einfluss. Im menschlichen Körper gibt es Kapazitäten, und daher spielt auch die Frequenz der Spannung eine große Rolle.

Im Allgemeinen gilt: je höher der *Körperwiderstand*, desto kleiner der Strom, der durch den Körper fließt.

Wie groß ist aber der Körperwiderstand?

Der Körperwiderstand hängt von vielen Faktoren ab, von der Umgebung (trocken, feucht, nass), von der Frequenz, von der Spannung ...

Zunächst wird der Unterschied zwischen verschiedenen Frequenzen, 0Hz, also Gleichstrom, und ein Wechselstrom mit einer Frequenz von 50Hz, betrachtet (Stromweg von Hand zu Hand).

Berührungsspannung U_B	Mittelwert der Körperimpedanz bei DC	Mittelwert der Körperimpedanz bei AC
25 V	3875 Ω	3250 Ω
50 V	2900 Ω	2500 Ω
75 V	2275 Ω	2000 Ω
100 V	1900 Ω	1725 Ω
125 V	1675 Ω	1550 Ω
225 V (230 V)	1225 Ω	1225 Ω
400 V	950 Ω	950 Ω
500 V	850 Ω	850 Ω
700 V	775 Ω	775 Ω
1000 V	775 Ω	775 Ω
asymptotischer Wert	775 Ω	775 Ω

Tabelle 1.3 Spannungsabhängiger Körperwiderstand bei DC und AC

In den unteren Spannungsbereichen stellt sich bei Gleichstrom ein etwas größerer Widerstand ein. Bei höheren Spannungen ab ca. 230 V ist kein Unterschied feststellbar. Das heißt, bei hohen Spannungen fließen frequenzunabhängig gleich große Ströme. Ähnliches gilt auch für die Umgebung, für trockene und nasse Hände, die der Berührungsspannung ausgesetzt werden:

Berührungsspannung U_B (AC)	Mittelwert der Körperimpedanz (trocken)	Mittelwert der Körperimpedanz (nass)
25 V	3250 Ω	1300 Ω
50 V	2500 Ω	1275 Ω
75 V	2000 Ω	1250 Ω
100 V	1725 Ω	1225 Ω
125 V	1550 Ω	1200 Ω
225 V (230 V)	1225 Ω	1115 Ω

Berührungsspannung U_B (AC)	Mittelwert der Körperimpedanz (trocken)	Mittelwert der Körperimpedanz (nass)
400 V	950 Ω	950 Ω
500 V	850 Ω	850 Ω
700 V	775 Ω	775 Ω
1000 V	775 Ω	775 Ω
asymptotischer Wert	775 Ω	775 Ω

Tabelle 1.4 Spannungsabhängiger Körperwiderstand in trocken und nass

Wie aus der Tabelle deutlich wird, verliert sich ab 400 V der Umgebungseffekt.

Aus den beiden Tabellen ist auch erkennbar, dass der menschliche Körper einen spannungsabhängigen Widerstand darstellt. Mit wachsender Spannung vermindert sich der Widerstand. Somit ist auch geklärt, warum der Widerstand einer Person, die sich an ein Multimeter (9 V DC) anschließt, häufig im hunderttausender Bereich, teilweise sogar im Megaohmbereich, liegt. Spielt auch der Weg, den der Strom durch den Körper nimmt, eine Rolle für den Widerstand? Die Antwort ist eindeutig: Ja.

Stromweg	Körperimpedanz (bei U_B = 230 V AC)
Hand → Hand	1300 Ω
Hand, rechts → Fuß, rechts	1300 Ω
Hand, links → Fuß, links	1300 Ω
Hände → Fuß	975 Ω
Hand → Gesäß	715 Ω
Hände → Füße	650 Ω
Hand, links → Rücken	585 Ω
Hand, links → Brust	585 Ω
Hände → Gesäß	319 Ω

Tabelle 1.5 Körperwiderstand in Abhängigkeit vom Stromweg

Aufgrund dieser unterschiedlichen Widerstandswerte wurde der menschliche Widerstand für Spannungen von 230 V (400 V) bei 50–60 Hz gemittelt. Dabei hat man sich auf einen Rechenwert von 1000 Ω geeinigt.

1.4.1 Reaktionen des menschlichen Körpers auf den elektrischen Strom

Welche Ströme sind nun für den Menschen gefährlich?

In den folgenden Diagrammen kann man die Wirkung des Stromes auf den menschlichen Körper in Abhängigkeit von der Zeit ablesen.

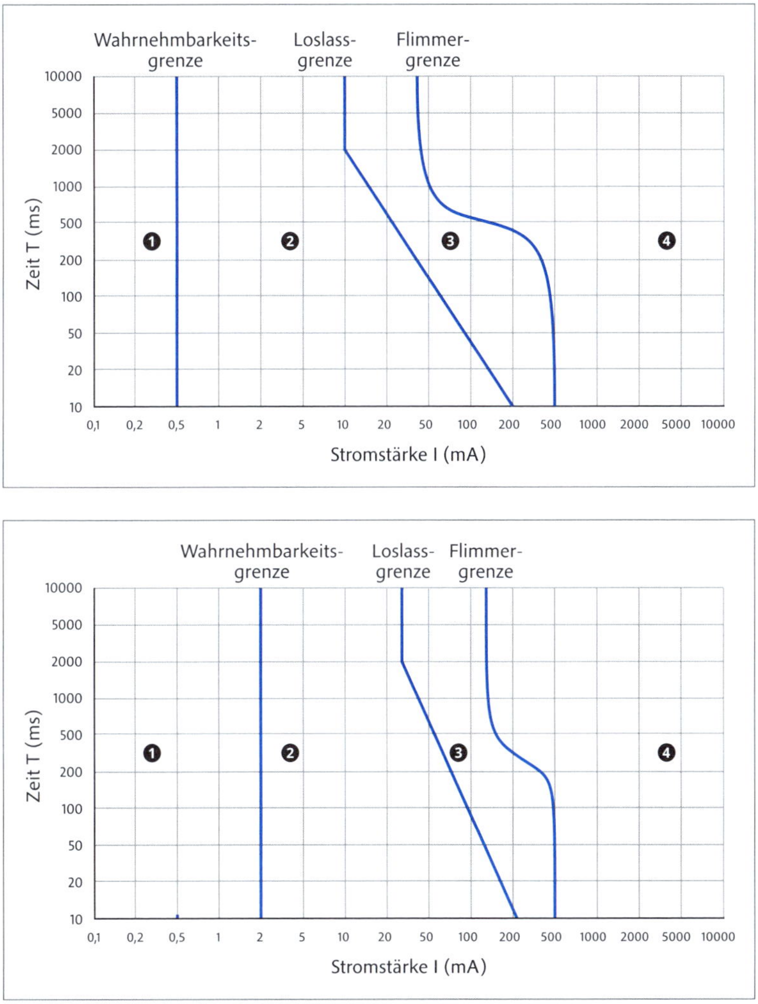

Abbildung 1.14 Verträglichkeitsdiagramme für AC 50Hz (oben) und DC (unten)

Der mit ❶ gekennzeichnete Bereich liegt unterhalb der Wahrnehmbarkeitsgrenze. Unterhalb von 0,5 mA AC (Wechselstrom) und 2 mA DC (Gleichstrom) nehmen wir keine Ströme wahr, egal wie lange sie einwirken. Das ist auch gut so, denn unser Körper wird durch Ströme unterhalb dieser Grenzen gesteuert. Würde man dies spüren, wäre man Tag und Nacht von einem Kribbeln und Zucken begleitet.

Im Bereich ❷ ist spürbar, dass ein Strom fließt. Je nach Stromstärke erlebt man ein Kribbeln, oder Zwicken, es kann aber auch schon extreme Schmerzen hervorrufen.

Dieser Bereich wird durch die *Loslassgrenze* abgeschlossen. Die Loslassgrenze variiert je nach Einwirkdauer von 200 mA bis 10 mA, je nachdem, ob der Strom nur kurz oder sogar einige Sekunden lang fließt.

Oberhalb der Loslassgrenze, also im Bereich ❸, tritt eine Muskellähmung ein. Der Person, die einen Stromschlag bekommt, ist es nicht mehr möglich, sich aus eigener Muskelkraft zu befreien. Man »klebt« an der Spannung fest und ist auf fremde Hilfe angewiesen. In diesem Bereich kommt es bestenfalls zu heftigen Verbrennungen und Muskelschäden.

Sollte keine Abschaltung erfolgen, wird die Kammerflimmergrenze überschritten. Bereich ❸ geht direkt in Bereich ❹ des Kammerflimmerns über. Das Herz kann nicht mehr pumpen und zuckt nur ganz schnell unkontrolliert vor sich hin. Der Körper wird nicht mehr durchblutet, es kommt nach kurzer Zeit zu einem Herzstillstand.

Das gleiche Problem tritt auch auf, wenn der Mensch kurzzeitig Strömen über 500 mA AC ausgesetzt ist. In den Bereichen ❸ und ❹ wird es also für den menschlichen Körper lebensgefährlich.

Geht man von einem Körperwiderstand von 1000 Ω aus, fließt bei 50 V AC ein Strom von 50 mA und bei 120 V DC ein Strom von 120 mA.

Es *scheint* beim gesunden Menschen die Annahme gerechtfertigt, dass eine Wechselspannung unterhalb von 50 V und eine Gleichspannung unterhalb von 120 V keine Gefahr darstellen.

Für Kinder, in Bereichen mit erhöhter Leitfähigkeit (Feuchträume) und im medizinischen Bereich liegt die Grenze bei der Hälfte dieser Werte, also bei 25 V AC und 60 V DC. Diese speziellen Bereiche fallen laut VDE unter die sogenannten *besonderen Bedingungen*.

Die Grenzwerte werden als **maximale Berührungsspannung** bezeichnet.

- 50 V AC und 120 V DC – maximale Berührungsspannung
- 25 V AC und 60 V DC – maximale Berührungsspannung unter besonderen Bedingungen

Die Vermutung, dass unter diesen Spannungen (Grenzen der Berührungsspannungen) keine Gefahr besteht, ist jedoch falsch, wie man im Diagramm sehen kann. Denn es wird hier davon ausgegangen, dass der jeweilige Mensch entsprechende Schutzkleidung trägt und isoliert steht. Es kann bei langer Einwirkung aber trotzdem die Flimmergrenze überschritten werden.

Bei einer Berührungsspannung von 25 V AC und 60 V DC, wie sie z. B. für Kinder vorgeschrieben ist, sieht die Situation schon viel günstiger aus.

Damit im Allgemeinen die Flimmergrenze unterschritten bleibt, müssen in unseren Netzen die Sicherungselemente (Schmelzsicherung, Leitungsschutzschalter) innerhalb einer bestimmten Zeit ausgelöst haben, ansonsten haben diese Sicherungselemente reine Leitungsschutzfunktion.

Als Obergrenzen für die Abschaltung gilt, dass die Abschaltung je nach Netzsystem bei 230V innerhalb von 0,4 s bzw. 0,2 s erfolgen muss.

1.4.2 Schutz- und Sicherheitsmaßnahmen: Die fünf Sicherheitsregeln

Um Gefahren beim Umgang mit elektrischem Strom zu vermeiden, gibt es gewisse Verhaltensregeln, die zu beachten sind. Selbst beim Anschluss einer gewöhnlichen Lampe gelten diese Verhaltensregeln!

- **Freischalten**

  Unter Freischalten versteht man das Abschalten oder Ausschalten der Spannung.

  Einfaches Ausschalten am Schalter, um z. B. eine Lampe einzuschrauben, reicht nicht aus. Also: **Sicherung ausschalten oder entfernen**!

- **Gegen Wiedereinschalten sichern**

  Würde das Freischalten nur durch das Schalten eines Lichtschalters erfolgen, so könnte man einfach durch eine falsche Bewegung wieder an diesen Schalter kommen und es liegt wieder Spannung an.

  Für die Person, die gerade an der Leitung arbeitet, kann es dann zu spät sein. Selbstverständlich kann auch eine Sicherung wieder eingeschraubt oder eingeschaltet werden. Deshalb ist es notwendig, sich gegen Wiedereinschalten zu sichern.

Vorsichtshalber entfernt man die Sicherungen vom Sicherungskasten, man steckt sie z. B. in die Hosentasche. Wenn möglich, schließt man den Sicherungskasten ab oder man hängt ein Schild auf, dass am Netz gearbeitet wird.

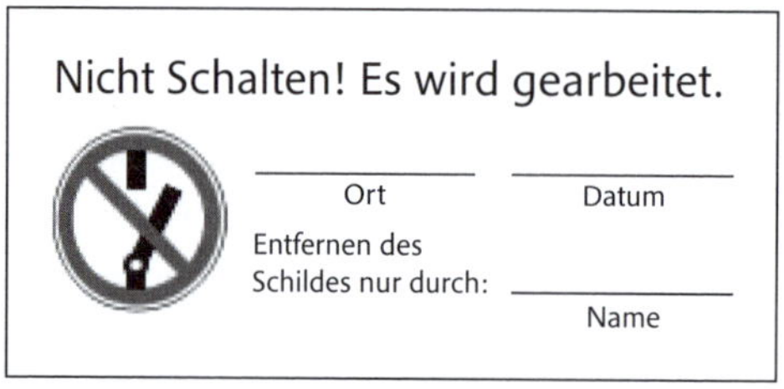

Abbildung 1.15 Beispiel für eine Warnmeldung

- **Auf Spannungsfreiheit prüfen**

  Bevor man nun mit der Arbeit beginnt, muss sichergestellt werden, dass die Leitung wirklich spannungsfrei ist. Dazu muss ein Messgerät oder besser ein *Duspol*, also ein zweipoliger Spannungsprüfer, genutzt werden. Einpolige Spannungsprüfer, also auch der berüchtigte »VDE-Schraubendreher«, sind nicht zulässig. Diese Geräte liefern oft ein trügerisches Ergebnis.

- **Erden und kurzschließen**

  Diese Maßnahme muss bei Spannungen ab 1000 V durchgeführt werden. Die spannungsfreien Leitungen werden alle mit dem Nullpotential der Erde verbunden, damit sich eine Restspannung sofort abbaut. Falls es zum Wiedereinschalten kommen sollte, unterbleibt durch den Erdschluss der Spannungsaufbau.

- **Benachbarte, unter Spannung stehende Teile abschranken oder abdecken**

  Beim Arbeiten an einer Anlage ist es nicht immer möglich, alles freizuschalten. Man kann nicht, nur weil an einer Stelle gearbeitet wird, den gesamten Betrieb stilllegen. Deshalb muss alles, was unter Spannung steht, für den Monteur unzugänglich sein.

  Es könnte sein, dass einfach nur einmal der Schraubendreher oder eine Schraube aus der Hand rutscht und einen Kurzschluss verursacht.

  Als Vorsichtsmaßnahme deckt man in der Regel mit Spezialmatten alle unter Spannung stehenden benachbarten Teile ab. Weiterhin ist es sinnvoll, dass eine Abgrenzung (eine Schranke oder ein Zaun) zu den unter Spannung stehenden Teilen eine Berührung unmöglich macht.

Schutz gegen elektrischen Schlag

Die erste und beste Maßnahme, um sich gegen einen elektrischen Schlag zu schützen, ist das Fernbleiben von elektrischen Anlagen und Geräten. Dies ist aber selten machbar.

Daher werden Maßnahmen ergriffen wie der Schutz gegen direktes Berühren, indirektes Berühren und der Zusatzschutz. Der Schutz gegen elektrischen Schlag ist in der DIN VDE 0100-410 geregelt.

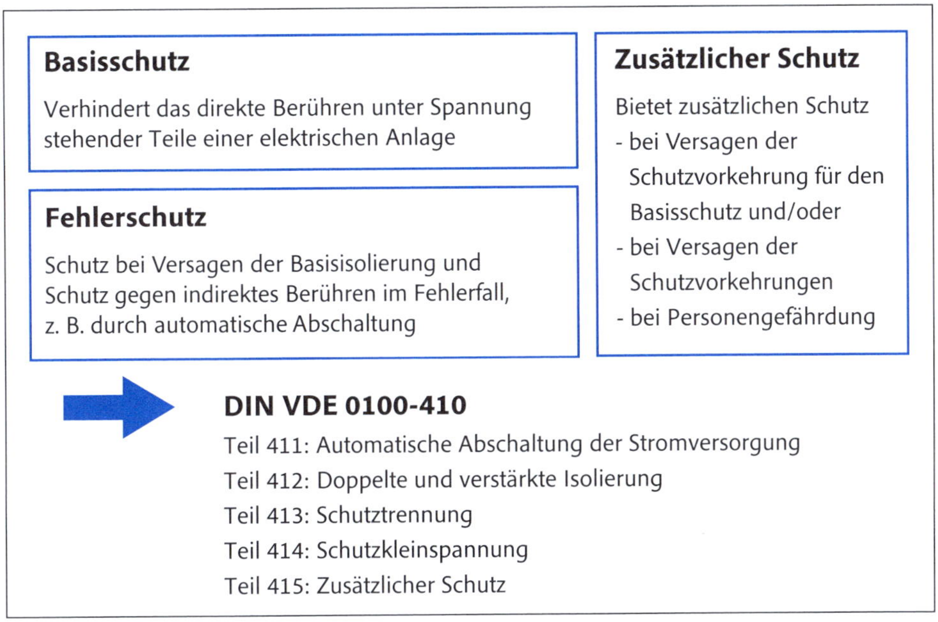

Abbildung 1.16 Prinzip des Schutzsystems gegen einen elektrischen Schlag

Schutz gegen direktes Berühren

Unter direktem Berühren versteht man den direkten Kontakt eines Lebewesens mit einem blanken, unter Spannung stehenden Teil. Eine weitere Bezeichnung dieses Schutzes ist Basisschutz.

Der Basisschutz wird durch die sogenannte *Basisisolierung* erreicht. Damit ist z. B. die Isolation um einen blanken Draht gemeint. Fasst man einen isolierten Draht an, besteht in der Regel keine Gefahr. Ebenso kann als Basisisolierung auch ein Gehäuse, in dem sich offene, unter Spannung stehende Teile befinden, fungieren.

Fehlt eine Basisisolierung, so wird der Basisschutz gewährleistet, indem man **Abstand** hält. Es ist mit zunehmender Spannung eine größere Distanz einzuhalten.

Schutz gegen direktes und indirektes Berühren im Normalbetrieb und im Fehlerfall

Der Gebrauch von Kleinspannungen ist eine weitere Möglichkeit, den menschlichen Körper vor der Berührung unter Spannung stehender Teile zu schützen, die dann zu einer gefährlichen Körperdurchströmung führen können.

Liegen die verwendeten Spannungen unterhalb der Grenze der maximalen Berührungsspannung, also unter 50 V AC und 120 V DC, so geht man davon aus, dass keine Gefährdung bei Berührung oder im Fehlerfall auftritt.

Einschränkungen gibt es im Bereich von Elektrospielzeug. Dann gelten die Grenzen 24 V AC und DC. Bei Geräten, die man in der Badewanne benutzt, liegt die Spannung bei 12 V AC und DC. Für medizinische Geräte ist der Wert 6 V.

Schutz gegen indirektes Berühren

Unter indirektem Berühren versteht man das Berühren von leitfähigen Teilen, die durch einen aufgetretenen Fehler doch unter Spannung stehen. Als Beispiel: Das Gehäuse einer Lampe besitzt normalerweise keine Spannung; durch einen Defekt ist es aber doch dazu gekommen. Berühren des Gehäuses führt zu einem elektrischen Schlag.

Diese Art von Schutz nennt man auch *Fehlerschutz*.

Als Schutzmaßnahmen gegen indirektes Berühren kommen Erdung, Potentialausgleich, doppelte Isolierung und Schutztrennung in Frage.

Der *Zusatzschutz* wirkt durch Abschaltung oder Meldung. Hierzu gehören der zusätzliche Potentialausgleich und RCDs. Der Zusatzschutz fällt funktionell mit unter die Kategorie Schutz gegen indirektes Berühren.

1.4.3 Sicherungselemente

Um in einer elektrischen Anlage, wie zum Beispiel zu Hause oder im Betrieb, Schutz vor elektrischem Schlag und Brand zu gewährleisten, sind diverse Sicherungselemente eingebaut. *Schmelzsicherungen*, *Leitungsschutzschalter* und *Fehlerstromschalter* (FI, RCD) gehören zu den Standards.

Schmelzsicherungen

Schmelzsicherungen bestehen im Wesentlichen aus einem Stück Draht. Fließt über diesen Draht ein Strom, so erwärmt er sich. Ist der Strom allerdings zu hoch, dann schmilzt der Draht: Wir sagen, die Sicherung brennt durch.

Die üblichen Bauformen von Schmelzsicherungen zeigt Abbildung 1.17.

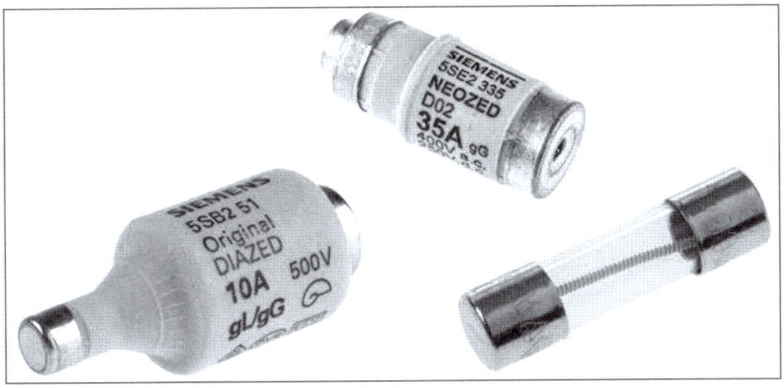

Abbildung 1.17 Beispiele für Schmelzsicherungen

Feinsicherungen sind in der Regel für kleine Ströme (bis ca. 20 A) gedacht und besitzen einen Glaskörper. Man findet sie in vielen Elektrogeräten und im Auto. Sie werden häufig auch als *Geräteschutzsicherung* oder kurz als *G-* oder *GS-Sicherung* bezeichnet.

Man unterscheidet, je nach Auslösezeit, zwischen superträgen (TT), trägen (T), mittelträgen (M), flinken (F) und superflinken (FF) Sicherungen.

Sie schalten beim 5–10-fachen des Nennstroms, d. h. der Stromstärke, die auf den Sicherungen aufgedruckt ist, ab. Man sagt, diese Sicherungen haben den K-Faktor 5 bis 10. Der Nennstrom hat die Funktion eines reinen Rechenwertes.

Flinke Sicherungen schalten in weniger als 20 ms, mittelträge Sicherungen zwischen 50 und 90 ms und träge Sicherungen zwischen 100 und 300 ms.

Anhand von Kennlinien kann man das Verhalten von Sicherungen ablesen. Es wird das Verhältnis von Auslösestrom und Auslösezeit angezeigt. Die Kennlinien sind normalerweise beim Hersteller erhältlich.

Auf den Sicherungen findet sich ein Hinweis, für welche Spannungen sie ausgelegt sind.

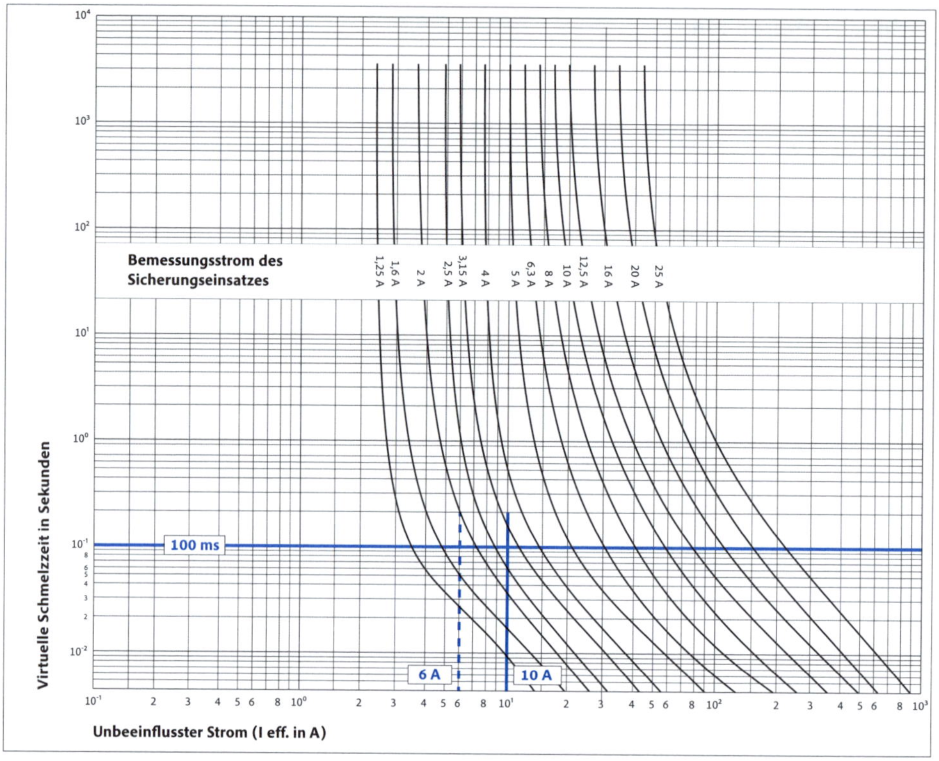

Abbildung 1.18 Auslösekennlinien von Schmelzsicherungen

Schraubsicherungen

Schraubsicherungen werden in unserem Stromnetz verwendet und befinden sich z. B. in unserem Sicherungskasten. Sie sind je nach Typus für Spannungen ab 230 V ausgelegt.

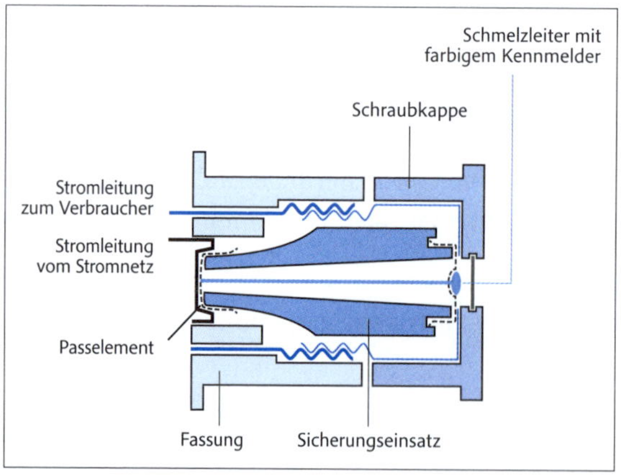

Abbildung 1.19 Aufbau eines Schmelzsicherungseinsatzes mit Halterung

Der Sicherungseinsatz besitzt einen Keramikmantel, durch den der Schmelzleiter geführt ist. Die Schraubkappe besitzt ein Fenster, durch das man den farbigen *Kennmelder* sieht. Am Kennmelder kann man erkennen, ob die Sicherung durchgebrannt ist.

Die farbliche Kennzeichnung der Kennmelder gibt an, für welchen Nennstrom die Sicherung ausgelegt ist. Sie sind in der DIN VDE 0636-3:2008-03 festgelegt.

- 2 A: Rosa
- 4 A: Braun
- 6 A: Grün
- 10 A: Rot
- 13 A: Schwarz
- 16 A: Grau
- 20 A: Blau
- 25 A: Gelb
- 32 A: Violett
- 35 A: Schwarz
- 50 A: Weiß
- 63 A: Kupfer
- 80 A: Silber
- 100 A: Rot

Seit Anfang 1900 sind *Diazed-Sicherungen* (diametrisch abgestufter zweiteiliger Edison-Schmelzstöpsel), auch D-Sicherungen, im Gebrauch. Sie haben, je nach Nennstrom, unterschiedliche Gewindetypen und Baugrößen.

Seit 1967 gibt es *Neozed-Sicherungen* (»neuartige Diazed-Sicherungen«), auch D0-Sicherungen genannt. Sie sind kleiner und haben eine kleinere Verlustleistung, also weniger Wärmeentwicklung. Neozed-Sicherungen erfüllen die gleiche Funktion wie D-Sicherungen.

Bei D-Sicherungen gehen wir in der Praxis von einem K-Faktor 8–10 aus. Diese Sicherungen dienen dem Leitungsschutz, d.h. sie schalten ab, bevor die Leitung aufgrund von zu hoher Hitzeentwicklung durchbrennt. Sie sind seit Ende der 60-er Jahre als trägflinke Sicherungen ausgelegt, d.h. für kleine Überströme reagieren sie träge, bei hohen Kurzschlussströmen reagieren sie flink.

NH-Sicherungen

Für hohe Spannungen und hohe Ströme werden *Niederspannungs-Hochleistungssicherungen* (kurz *NH-Sicherungen*) eingesetzt. Sie sind auch unter dem Namen *Schwert-* oder *Messersicherungen* in Umlauf.

Das Auswechseln von NH-Sicherungen ist speziell ausgebildeten Elektrofachkräften vorbehalten, die dazu auch Spezialkleidung und -werkzeug benötigen.

Leitungsschutzschalter

Wie der Name schon besagt, sollen *Leitungsschutzschalter* Leitungen schützen, genauso wie Schmelzsicherungen. Aber es sind Schalter, d. h. nachdem sie ausgelöst haben, kann man sie wieder einschalten. Sie müssen also nicht gewechselt werden. Andere Namen sind *LS-Schalter* oder *Automaten.*

Man kennt diese LS-Schalter vom Blick in den Sicherungskasten.

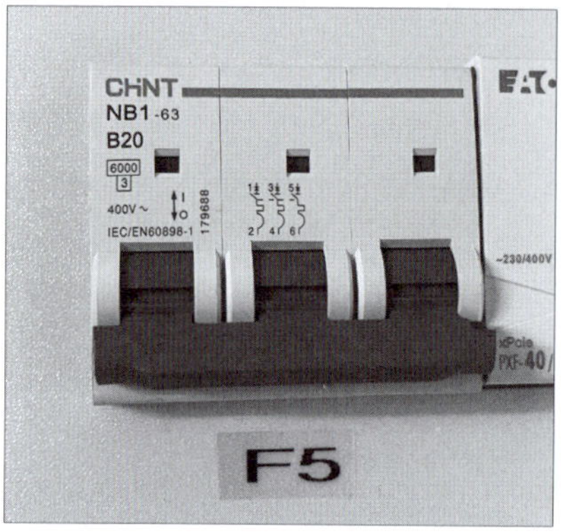

Abbildung 1.20 Ein Leitungsschutzschalter

Leitungsschutzschalter haben zwei Funktionen. Sie schalten bei Kurzschluss ab (*Kurzschlussschutz*) und sie schalten bei Überwärmung der Leitungen ab (*Überlastschutz*).

Überlast kann entstehen, wenn dauerhaft ein Strom fließt, der gewisse Grenzen überschreitet (wieviel genau hängt vom LS-Schalter ab). Die Leitung erwärmt sich dann übermäßig, und es kann zu einem Defekt der Leitungen oder sogar zu einem Brand kommen. Da der LS-Schalter in die Leitung eingebaut wird, erwärmt er sich dann auch. Der thermische Auslöser (Bi-Metall) unterbricht den Stromkreis. Erst nach Abkühlung ist der LS-Schalter wieder einschaltbar.

Der Kurzschlussschutz funktioniert über einen Magnetschalter wie bei einem Relais. Ist eine bestimmte Stromstärke erreicht, wird der Anker angezogen und der Stromkreis ist unterbrochen.

Das Schaltzeichen für Leitungsschutzschalter sieht folgendermaßen aus:

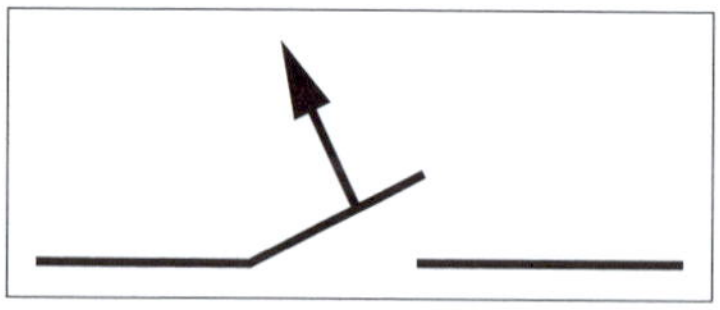

Abbildung 1.21 Schaltzeichen LS-Schalter

Wie bei den Sicherungen gibt es bei den Leitungsschutzschaltern verschiedene Nennströme. Zusätzlich besitzen sie auch verschiedene Charakteristika, d. h. verschiedene Abschaltverhalten. Wir unterscheiden die praxisrelevanten Typen B, C, D, K, Z.

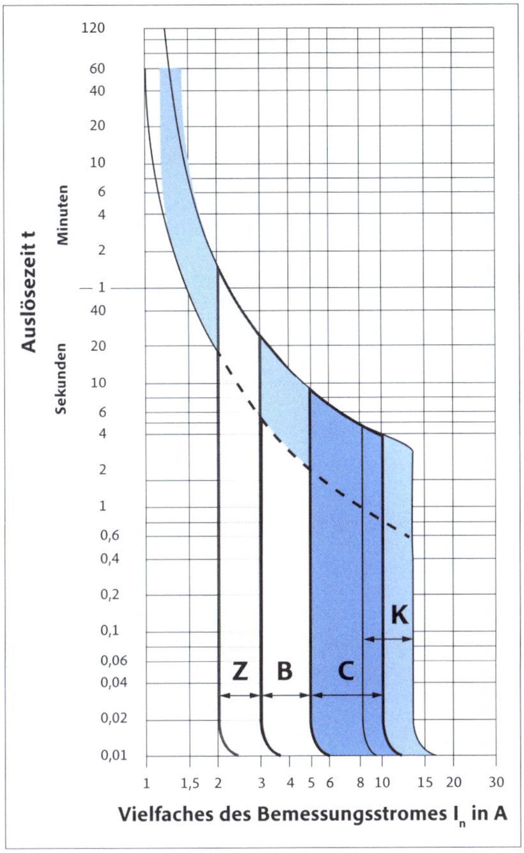

Abbildung 1.22 Auslösecharakteristik von LS-Schaltern

Typ B schaltet frühestens beim 3-fachen und spätestens beim 5-fachen des Nennstroms ab, Typ C beim 5–10-fachen, Typ D beim 10–20-fachen (nicht in der Zeichnung), Typ K beim 8–15-fachen und Typ Z beim 2–3-fachen.

In der Kennlinie sind dies die senkrechten Bereiche. Üblicherweise werden in Hausinstallationen B-Automaten eingebaut. In der Industrie kommt es häufiger vor, dass kurzfristig hohe Ströme fließen, wie zum Beispiel beim Anlaufen eines Motors. Beim Einbau eines B16- Automaten mögen dann 80 A (also 5 ×16 A) kurzzeitig überschritten werden. Man bekommt den Motor nicht ans Laufen. Durch den Einbau eines C-Automaten kann dies vermieden werden.

Typische Nennströme für B-Automaten sind:

6, 10, 13, 16, 20, 25, 32, 40, 50, 63, 80, 100 oder 125 A

Das Überlastverhalten ist der obere, geschwungene Bereich der Kennlinie. Er ist für alle Charakteristika im Wesentlichen ähnlich.

Beim 1,5-fachen Nennstrom schaltet ein B-Automat nach 3 bis 10 Minuten aufgrund der Wärmeentwicklung ab.

Fehlerstromschutzschalter, RCD

Um nun effektiven Personenschutz zu gewährleisten, wurde 1984 eingeführt, dass zumindest in Feuchträumen (also im Badezimmer) und seit 2009 in allen Neuinstallationen ein *Fehlerstromschutzschalter* (FI) verbaut sein muss. Heute ist auch die Bezeichnung *RCD* für *Residual Current Protective Device* gebräuchlich, wobei der FI genaugenommen eine Untergruppe der RCDs darstellt.

Beim FI finden wir das Prinzip der Induktion wieder.

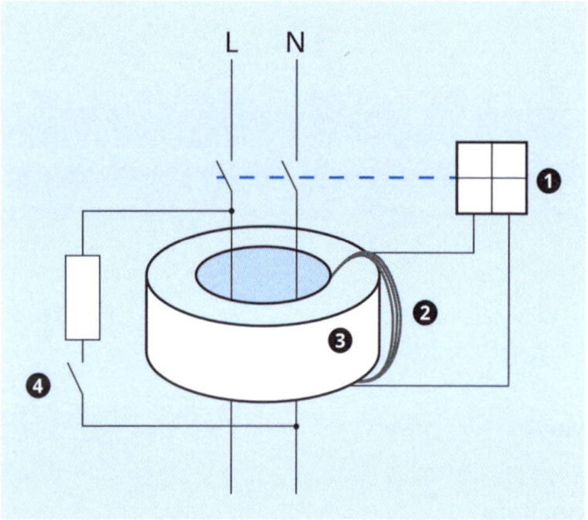

Abbildung 1.23 Prinzipieller Aufbau eines RCD

Durch einen Ringkern ❸ werden L1 und N geführt. Im Idealfall ist der Strom, der über L1 zum Verbraucher hin fließt, genauso groß, wie der Strom, der über den N-Leiter zurückfließt. Somit entsteht in beiden Fällen ein Magnetfeld gleicher Stärke, aber unterschiedlicher Richtung. Die Felder heben sich auf.

In die Spule ❷ wird keine Spannung induziert, und der Magnetschalter ❶ lässt die Schalter geschlossen.

❹ ist ein Testschalter, mit dem geprüft wird, ob der FI funktioniert.

Sollte nun aber ein Fehler auftreten, d. h. sollte hier ein Fehlerstrom über den PE fließen, so gelangt nicht der gesamte Strom über N zurück. Der Anteil, der über PE fließt, fehlt. Im Ringkern überwiegt nun das Magnetfeld von L und dieses Magnetfeld induziert eine Spannung. Das Relais schaltet und die Stromzufuhr wird unterbrochen.

Als Schaltzeichen wird häufig die Darstellung im oberen Bild verwendet, aber auch  oder einfach FI.

Im Haushalt gebräuchliche und dem Personenschutz dienliche RCDs schalten spätestens ab einem Fehlerstrom von 30 mA ab. Neben den 30mA Fis existieren aber noch viele weitere Arten.

- Zum Personenschutz: 10 mA und 30 mA
- Zum Brandschutz: 100 mA und 300 mA
- Zum Fehlerschutz: 500 mA und 1000 mA

1.5 Übungen

Aufgabe 1

Geben Sie folgende Daten in SI-Basiseinheiten an, und benutzen Sie dabei, falls nötig, Zehnerpotenzen.

a) 17 mm	d) $60\ \frac{\text{dm}}{\text{min}}$	g) 300 cm^3	i) 320 kW
b) 600 nm	e) 750 MN	h) 20 °C	j) 0,025 kWh
c) 2 h 10 min 8 s	f) 2 km^2		

Aufgabe 2

a) Zeigen Sie, dass die unten aufgeführten Energieformeln alle die Einheit Joule $\left(\text{kg}\frac{\text{m}^2}{\text{s}^2}\right)$ besitzen.

$E = mgh$ g = Erdbeschleunigung, m = Masse

$E = \frac{m}{2}v^2$ v = Geschwindigkeit, m = Masse

$E = p \cdot V$ p = Druck, V = Volumen

$E = \frac{m}{2}a^2t^2$ a = Beschleunigung, t = Zeit, m = Masse

b) In den folgenden Energieformeln tauchen unbekannte Größen und Konstanten auf.

Finden Sie die Einheiten dieser Größen, und geben Sie diese in SI-Einheiten an.

Elektrische Energie gesucht: U Spannung	$E = UIt$	I = Stromstärke t = Zeit
Spannenergie gesucht: D Federkonstante	$E = \frac{1}{2}Ds^2$	s = Strecke
Im Kondensator gespeicherte Energie gesucht: C Kapazität	$E = \frac{1}{2}Q^2C$	Q = Ladung, $[Q]$ = As
Magnetische Energie gesucht: L Induktivität	$E = \frac{1}{2}L\,I^2$	I = Stromstärke

Aufgabe 3

Differenzieren Sie die folgenden Funktionen:

a) $h(x) = \frac{x}{1-x}$

b) $f(x) = \frac{1}{\sqrt{1+x^2}}$

c) $h(x) = x^2 \cos x$

d) $h(x) = \frac{\sin x}{\cos x} = \tan x$

e) $f(x) = \sqrt[3]{x+1}$

f) $f(x) = \sqrt[3]{x^2+1}$

g) $h(x) = (7x-1)^4 x^{-2}$

Aufgabe 4

Berechnen Sie folgende Integrale:

a) i) $\int_0^4 x^2 + 2x \,\mathrm{d}x$

ii) Berechnen Sie die Fläche, die i) mit der x-Achse innerhalb der Grenzen 0 und 4 einschließt.

b) $\int_1^2 5 - \frac{2}{x^2} \,\mathrm{d}x$

c) $\int_0^3 \sqrt{x} \,\mathrm{d}x$

d) $\int_0^3 \sqrt{2x+3} \,\mathrm{d}x$

e) $\int_0^3 6x\sqrt{x^2+3} \,\mathrm{d}x$

f) $\int_0^{\frac{\pi}{3}} \sin(2x - \pi)\,dx$

Berechnen Sie die Fläche, die der Graph der Funktion $f(x) = x^2 - x - 2$ mit der x-Achse einschließt.

1.6 Lösungen

Lösung 1

a) $17\text{ mm} = 0{,}017\text{ m} = 17 \cdot 10^{-3}\text{ m}$

b) $600\text{ nm} = 600 \cdot 10^{-9}\text{ m}$

c) $2\text{ h } 10\text{ min } 8\text{ s} = 7200\text{ s} + 600\text{ s} + 8\text{ s} = 7808\text{ s}$

d) $60\,\frac{\text{dm}}{\text{min}} = \frac{6\text{ m}}{60\text{ s}} = 0{,}1\ \frac{\text{m}}{\text{s}}$

e) $750\text{ MN} = 750 \cdot 10^6\,\frac{\text{kgm}}{s^2}$

f) $2\text{ km}^2 = 2 \cdot (10^3\text{ m})^2 = 2 \cdot 10^6\text{ m}^2$

g) $300\text{ cm}^3 = 300 \cdot (10^{-2}\text{ m})^3 = 300 \cdot 10^{-6}\text{m}^3$

h) $20\text{ °C} = 273{,}16\text{ K} + 20\text{ K} = 293{,}16\text{ K}$

i) $320\text{ kW} = 320 \cdot 10^3\,\frac{\text{Nm}}{\text{s}} = 320 \cdot 10^3\,\frac{\text{kgm}^2}{\text{s}^3}$

j) $0{,}025\text{ kWh} = 25\text{ W} \cdot 3600\text{ s} = 90000\text{ Ws} = \frac{90000\text{ Nms}}{\text{s}}$

$= 90000\,\frac{\text{kgm}^2\text{s}}{\text{s}^3} = 90000\,\frac{\text{kgm}^2}{\text{s}^2}$

Lösung 2

a) Energieformeln

$[mgh] \rightarrow \text{kg}\frac{\text{m}}{\text{s}^2}\text{m} = \text{kg}\frac{\text{m}^2}{\text{s}^2} = \text{J}$

$\left[\frac{\text{m}}{2}\text{v}^2\right] \rightarrow \text{kg}\frac{\text{m}^2}{\text{s}^2} = \text{J}$

$[pV] \rightarrow \frac{\text{N}}{\text{m}^2}\text{m}^3 = \frac{\text{kgmm}^3}{\text{s}^2\text{m}^2} = \text{kg}\frac{\text{m}^2}{\text{s}^2} = \text{J}$

$$\left[\frac{\mathrm{m}}{2}a^2t^2\right] \rightarrow \mathrm{kg}\frac{\mathrm{m}^2}{\mathrm{s}^4}\mathrm{s}^2 = \mathrm{kg}\frac{\mathrm{m}^2}{\mathrm{s}^2} = \mathrm{J}$$

b) Einheiten umrechnen

$$E = UIt \Leftrightarrow U = \frac{E}{It}$$

$$\left[\frac{E}{It}\right] \rightarrow \frac{\mathrm{kgm}^2}{\mathrm{As}^2\mathrm{s}} = \frac{\mathrm{kgm}^3}{\mathrm{As}^3}$$

$$E = \frac{1}{2}Ds^2 \Leftrightarrow D = \frac{2E}{s^2}$$

$$\left[\frac{2E}{s^2}\right] \rightarrow \frac{\mathrm{kgm}^2}{\mathrm{s}^2\mathrm{m}^2} = \frac{\mathrm{kg}}{\mathrm{s}^2}$$

$$E = \frac{1}{2}CQ^2 \Leftrightarrow C = \frac{2E}{Q^2}$$

$$\left[\frac{2E}{Q^2}\right] \rightarrow \frac{\mathrm{kgm}^2}{\mathrm{s}^2\mathrm{A}^2\mathrm{s}^2} = \frac{\mathrm{kgm}^2}{\mathrm{A}^2\mathrm{s}^4}$$

$$E = \frac{1}{2}LI^2 \Leftrightarrow L = \frac{2E}{I^2}$$

$$\left[\frac{2E}{I^2}\right] \rightarrow \frac{\mathrm{kgm}^2}{\mathrm{s}^2\mathrm{A}^2} = \frac{\mathrm{kgm}^2}{\mathrm{A}^2\mathrm{s}^2}$$

Lösung 3

a) Quotientenregel

$$h(x) = \frac{x}{1-x}$$

$$f(x) = x, \quad f'(x) = 1 \text{ und } g(x) = 1-x, \quad g'(x) = -1$$

$$h'(x) = \frac{1\cdot(1-x)-(-1)\cdot x}{(1-x)^2} = \frac{1}{(1-x)^2}$$

b) Kettenregel

$$f(x) = \frac{1}{\sqrt{1+x^2}} = (1+x^2)^{-\frac{1}{2}}$$

$$f'(x) = -\frac{1}{2}\,(1+x^2)^{-\frac{3}{2}}\cdot 2x = -x(1+x^2)^{-\frac{3}{2}}$$
$$= -x\frac{1}{(1+x^2)^{\frac{3}{2}}} = -\frac{x}{\left(\sqrt{1+x^2}\right)^3}$$

c) Produktregel

$$h(x) = x^2 \cos x$$

$$f(x) = x^2, \ f'(x) = 2x \text{ und } g(x) = \cos x, \ g'(x) = -\sin x$$

$$h'(x) = 2x \cos x - x^2 \sin x$$

d) Quotientenregel

$$h(x) = \tan x = \frac{\sin x}{\cos x}$$

$$f(x) = \sin x, f'(x) = \cos x \text{ und } g(x) = \cos x, \ g'(x) = -\sin x$$

$$h'(x) = \frac{\cos^2 x + \sin^2 x}{\cos^2 x} = \frac{1}{\cos^2 x}$$

e) Kettenregel

$$f(x) = \sqrt[3]{x+1} = (x+1)^{\frac{1}{3}}$$

$$f'(x) = \frac{1}{3}(x+1)^{-\frac{2}{3}} \cdot 1 = \frac{1}{3}(x+1)^{-\frac{2}{3}}$$

$$= \frac{1}{3}\frac{1}{\sqrt[3]{(x+1)^2}}$$

f) Kettenregel

$$f(x) = \sqrt[3]{x^2+1}$$

$$f'(x) = \frac{1}{3}(x^2+1)^{-\frac{2}{3}} \cdot 2x = \frac{1}{3}\frac{2x}{\sqrt[3]{(x^2+1)^2}}$$

g) Produktregel

$$h(x) = (7x-1)^4 x^{-2}$$

$$f(x) = (7x-1)^4, \qquad f'(x) = 21(7x-1)^3$$

$$g(x) = x^{-2}, \qquad g'(x) = -2x^{-3}$$

$$h'(x) = 21(7x-1)^3 x^{-2} - 2x^{-3}(7x-1)^4$$

Lösung 4

a) i)

$$\int_0^4 x^2 + 2x\,\mathrm{d}x = \frac{1}{3}x^3 + \frac{2}{2}x^2\Big|_0^4 = \frac{1}{3}x^3 + x^2\Big|_0^4 = \frac{1}{3}4^3 + 4^2 - 0 = \frac{112}{3}$$

ii) Frage: Gibt es innerhalb des Intervalls [0,4] Schnittpunkte mit der x-Achse, also Nullstellen, sodass ein Teil der Fläche negativ wird?

Nullstellen: $x^2 + 2x = 0 \Leftrightarrow x = 0 \vee x = -2$

Die Nullstellen liegen außerhalb des Intervalls, also entspricht die Fläche dem Integral aus i). Der Inhalt beträgt $\frac{112}{3}$ Flächeneinheiten.

b)

$$\int_1^2 5 - \frac{2}{x^2}\,\mathrm{d}x = \int_1^2 5 - 2x^{-2}\,\mathrm{d}x = 5\mathrm{x} - (-1)\cdot 2x^{-1}\Big|_1^2 = 10 + 1 - (5 + 2) = 4$$

c)

$$\int_0^3 \sqrt{x}\mathrm{d}x = \int_0^3 x^{\frac{1}{2}}\mathrm{d}x = \frac{2}{3}x^{\frac{3}{2}}\Big|_0^3 = \frac{2}{3}3^{\frac{3}{2}} - 0 = \frac{2}{3}\sqrt{3\cdot 9} = 2\sqrt{3}$$

d)

$$\int_0^3 \sqrt{2x+3}\mathrm{d}x = \int_0^3 (2x+3)^{\frac{1}{2}}\mathrm{d}x$$

Hier sehen Sie eine verkettete Funktion $g(x) = 2x + 3$ und f, die eine Wurzelfunktion ist. Also muss hier die Substitutionsregel angewendet werden:

$$\int f(y)\mathrm{d}y = \int f\big(g(x)\big)g'(x)\mathrm{d}x$$

$g(x) = 2x + 3,\ g'(x) = 2$

Die 2 ist in dem Integral aber nicht zu finden, also stimmt die Struktur nicht – noch nicht: Die 2 ist ein konstanter Faktor und Faktoren kann man unter dem Integral stehen lassen oder davorziehen.

Aus

$$\int_0^3 (2x+3)^{\frac{1}{2}}\mathrm{d}x$$

machen Sie:

$$\frac{1}{2}\int_0^3 2(2x+3)^{\frac{1}{2}}\mathrm{d}x$$

Sie haben jetzt durch 2 geteilt und dann mit 2 multipliziert, also nichts verändert.

$$\frac{1}{2}\int_0^3 2(2x+3)^{\frac{1}{2}}\mathrm{d}x = \cdots$$

Nebenrechnung:

$$\frac{1}{2}\int y^{\frac{1}{2}}\mathrm{d}y = \frac{1}{2}\cdot\frac{2}{3}y^{\frac{3}{2}}$$

$$\ldots = \frac{1}{3}\,(2x+3)^{\frac{3}{2}}\Big|_0^3 = \frac{27}{3} - \frac{\sqrt{27}}{3} = 9 - \sqrt{3}$$

e)

$$\int_0^3 6x\sqrt{x^2+3}\mathrm{d}x = \int_0^3 3\cdot 2x\sqrt{x^2+3}\mathrm{d}x = 3\int_0^3 2x\sqrt{x^2+3}\mathrm{d}x = \cdots$$

$g(x) = x^2 + 3, g'(x) = 2x$

Nebenrechnung:

$$3\int y^{\frac{1}{2}}\mathrm{d}y = 2y^{\frac{3}{2}}$$

$$\ldots = 2(x^2+3)^{\frac{3}{2}}\Big|_0^3 = 42\sqrt{3}$$

f) Kettenregel

$$\int_0^{\frac{\pi}{3}}\sin(2x-\pi)\,\mathrm{d}x = \cdots$$

$g(x) = 2x - \pi, g'(x) = 2$

$$\ldots = \frac{1}{2}\int_0^{\frac{\pi}{3}} 2\sin(2x-\pi)\,\mathrm{d}x = \cdots$$

Nebenrechnung:

$$\frac{1}{2}\int \sin y\,\mathrm{d}y = \frac{1}{2}(-\cos y)$$

$$\ldots = \frac{1}{2}(-\cos(2x-\pi)\Big|_0^{\frac{\pi}{3}} = -\frac{3}{4}$$

g) $f(x) = x^3 - x^2 - 2x$

Nullstellen:

$$x^3 - x^2 - 2x = 0 \Leftrightarrow (x-2)(x+1)x = 0 \Leftrightarrow x = 2 \lor x = -1 \lor x = 0$$

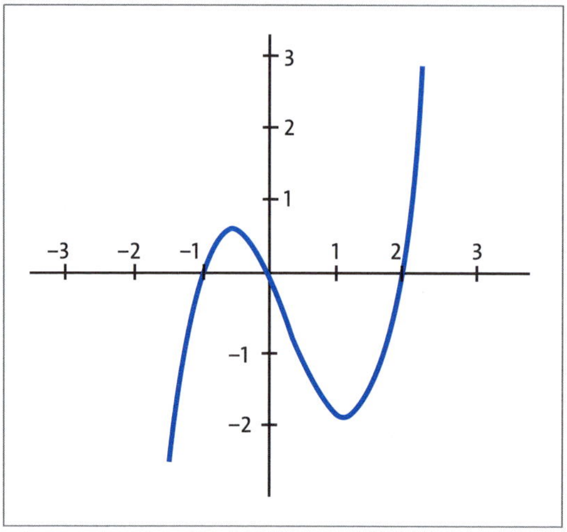

Abbildung 1.24 $f(x) = x^3 - x^2 - 2x$

Die Funktion muss also teilweise auch unterhalb der x-Achse verlaufen (siehe Abbildung 1.24), daher werden die Flächen einzeln ausgerechnet. Von der negativen Fläche wird der Betrag als Flächeninhalt hinzugerechnet.

Die zu lösende Aufgabe wird somit zu:

$$\int_{-1}^{0} x^3 - x^2 - 2x \,\mathrm{d}x + \left| \int_{0}^{2} x^3 - x^2 - 2x \,\mathrm{d}x \right|$$

$$= \frac{1}{4}x^4 - \frac{1}{3}x^3 - x^2 \Big|_{-1}^{0} + \left| \frac{1}{4}x^4 - \frac{1}{3}x^3 - x^2 \Big|_{0}^{2} \right|$$

$$= 0 - \left(\frac{1}{4} + \frac{1}{3} - 1\right) + \left|\frac{1}{4} \cdot 16 - \frac{1}{3} \cdot 8 - 4 - 0\right|$$

$$= \frac{5}{12} + \left|-\frac{8}{3}\right| = \frac{37}{12}$$

Kapitel 2
Elektrische Ladung und Potenzial

In diesem Kapitel werden grundlegende Begriffe allgemeinverständlich erklärt. Bei Potenzial, Spannung, Energie und Leistung wird bewusst auf komplizierte mathematische Erklärungen verzichtet. Diese werden in Kapitel 3 behandelt.

Was ist eigentlich Ladung? Den Begriff *Ladung* kennen Sie aus dem täglichen Leben: Man belädt ein Auto oder man ist geladen, wenn man wütend ist. Mit dem physikalischen Begriff der Ladung bzw. mit der elektrischen Ladung hat das aber nicht besonders viel zu tun. Der Begriff der Ladung muss also hergeleitet werden.

Dazu gehen wir in die Chemie und schauen uns ein Atom etwas genauer an, denn dort finden wir die kleinsten Ladungen, die wir kennen.

2.1 Das Bohrsche Atommodell

Das *Bohrsche Atommodell* ist eine sehr grobe Vereinfachung des Aufbaus eines Atoms. Heute weiß man, dass das Ganze viel komplizierter ist, aber für unsere Zwecke ist dieses Modell völlig ausreichend. Nach Niels Bohr (1855–1962, Nobelpreis 1922) bestehen alle Elemente aus einem Kern und einer Hülle. Die Gesamtheit von Kern und Hülle nennt man *Atom* (siehe Abbildung 2.1).

Im *Kern* befinden sich *Teilchen*: Die sogenannten *Protonen*, die für Sie noch interessant werden, und die *Neutronen*, die im Zusammenhang mit der Elektrotechnik uninteressant sind.

Die Hülle beherbergt *Elektronen*, für Sie die zweite Art von interessanten Teilchen. Die Anzahl von Protonen und Elektronen in einem Element ist immer gleich.

Alle Elemente, die wir kennen, sind in einem System zusammengefasst, dem *Periodensystem*. Sie erinnern sich vielleicht noch an den Chemieraum in Ihrer Schule, an dessen Wand eine große Tabelle hing, die so ähnlich aussah wie Abbildung 2.2.

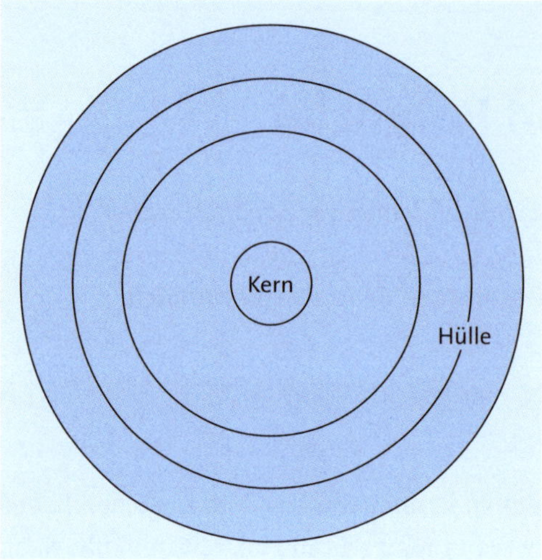

Abbildung 2.1 Aufbau eines Atoms

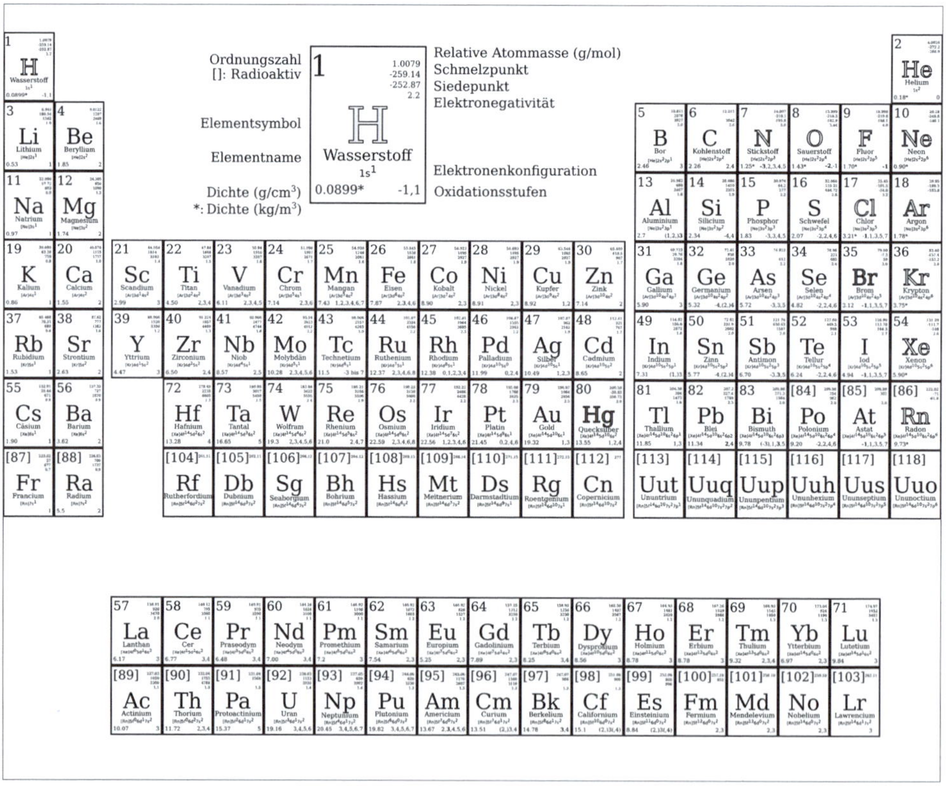

Abbildung 2.2 Das Periodensystem (Quelle: www.grund-wissen.de)

Im Periodensystem sind die Elemente nach der Anzahl ihrer Protonen (Ordnungszahl) geordnet, und zwar von 1 bis derzeit 118.

In der Hülle herrscht eine bestimmte Art von Ordnung: Die Elektronen bewegen sich auf bestimmten Bahnen und folgen festen Regeln. Diese Bahnen werden in der Chemie *Schalen* genannt und sie werden mit *K, L, M, N, O, P* bezeichnet, wobei *K* die innerste und *P* die äußerste Schale ist.

Die Schalen werden bei fast allen Elementen von innen nach außen aufgefüllt. Stellen Sie sich vor, dass sich die Elektronen auf Kreisbahnen um den Kern bewegen (siehe Abbildung 2.3). Auf der innersten Bahn befinden sich maximal 2 Elektronen, auf der zweiten Bahn maximal 8 Elektronen, auf der dritten maximal 18 Elektronen (siehe Tabelle 2.1). Die Verteilung folgt der Formel $2n^2$, wobei n die Nummer der Bahn darstellt.

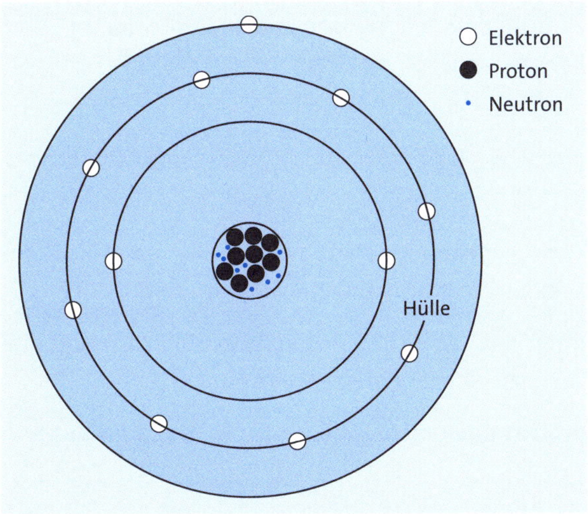

Abbildung 2.3 Elektronenverteilung am Beispiel eines Natriumatoms

An einem Beispiel wird dies deutlicher: Das Element Fluor verfügt über 9 Elektronen. Es ist nicht möglich, dass auf der *K*-Schale 1 Elektron ist, auf der *L*-Schale 6 Elektronen und auf der *M*-Schale 2 Elektronen. Stattdessen befinden sich von den insgesamt 9 Elektronen 2 auf der *K*-Schale und 7 auf der *L*-Schale. Die Elektronen sind also immer zum Kern hin orientiert, d. h. die Schalen werden von innen her (beginnend bei K) aufgefüllt und der Überschuss fällt entsprechend auf die nächste Schale Dieses System wird bis zum 20. Element, Calcium, konsequent eingehalten. Die dann folgenden Übergangsmetalle haben eine Sonderstellung, die später für den Begriff der *Leitfähigkeit* wesentlich ist.

Ordnungszahl	Name	*K*	*L*	*M*	*N*	*O*	*P*
11	Natrium (Na)	2	8	1			
13	Aluminium (Al)	2	8	3			
14	Silizium (Si)	2	8	4			
17	Chlor (Cl)	2	8	7			
29	Kupfer (Cu)	2	8	18	1		
47	Silber (Ag)	2	8	18	18	1	
79	Gold (Au)	2	8	18	32	18	1

Tabelle 2.1 Elektronenverteilung einiger Elemente

Verbinden sich mindestens zwei Elemente, so entstehen neue Stoffe. Aus einer Verbindung von Sauerstoff mit Wasserstoff entsteht Wasser und aus Natrium und Chlor entsteht Kochsalz.

2.2 Ladung

Wenn Sie einem Proton ein Elektron gegenüberstellen, werden Sie feststellen, dass sich beide anziehen. Zwischen ihnen herrscht also eine *Anziehungskraft*.

Stehen sich entweder zwei Protonen oder zwei Elektronen gegenüber, so erkennen Sie, dass sie sich abstoßen. Hier herrscht also eine *Abstoßungskraft*.

Die Kraft zwischen Ladungen wird als *Coulombkraft* bezeichnet. Dazu erfahren Sie mehr in Kapitel 3, »Elektrostatik«.

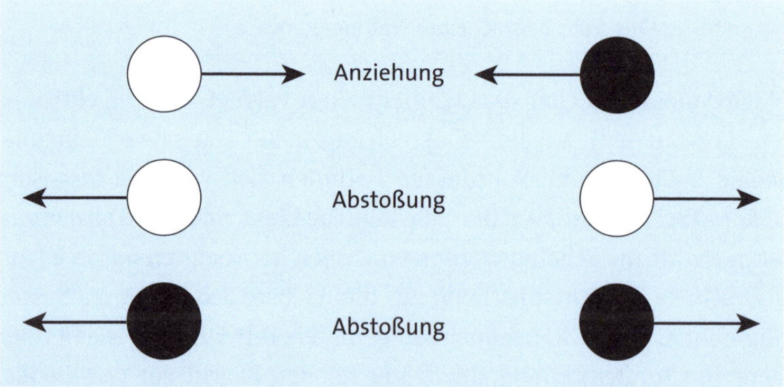

Abbildung 2.4 Kräfte zwischen Ladungen

Es gibt also zwei Sorten von Teilchen: Gleiche Teilchen stoßen sich ab und ungleiche Teilchen ziehen sich an. Schematisch finden Sie dies in Abbildung 2.4 dargestellt.

Die Teilchen werden als *positiv* und *negativ* bezeichnet. Als positiv (+) gelten die Protonen, während die Elektronen als negativ (–) bezeichnet werden. Interpretieren Sie aber nicht zu viel in diese Begriffe: Die Wahl, welches Teilchen als positiv und welches als negativ bezeichnet wird, war, als diese Bezeichnung damals festgelegt wurde, zufällig.

Merke

Man bezeichnet Teilchen als Ladung oder als geladen, wenn sie die folgenden Eigenschaften haben:

- Sie existieren als Einzelteilchen und es gibt zwei Sorten.
- Zwischen gleichen Teilchen herrscht eine *Abstoßungskraft*.
- Zwischen ungleichen Teilchen herrscht eine *Anziehungskraft*.

Natürlich gibt es auch noch andere Stoffe, die sich anziehen oder abstoßen, z. B. Massen oder Magnete, aber dies sind keine Ladungen in unserem Sinne, denn:

- Massen ziehen sich immer nur an. Es gibt keine Abstoßung und auch keine zwei Sorten.
- Magnete haben zwei Pole. Bringt man bei zwei Magneten die Süd- oder die Nordpole zusammen, so stoßen sie sich ab. Dreht man nun einen der Magnete um, so ziehen sie sich an. Hier haben wir also nur ein Teilchen mit beiden Eigenschaften, je nachdem wie herum man es dreht. Ein geladenes Teilchen hat aber nur eine Eigenschaft: entweder + oder –.

Eine wesentliche Größe, durch die Anziehungs- bzw. Abstoßungskräfte zwischen Ladungen bestimmt werden, sind die Ladungen selbst. Ein einzelnes Elektron bzw. Proton ist die kleinste Ladung, daher herrscht zwischen ihnen die kleinste Anziehungskraft. Aber die Anzahl der Ladungen oder auch deren Zusammensetzung spielt hier eine wesentliche Rolle. Dazu lesen Sie mehr in Kapitel 3. Hier müssen Sie ein wenig aufpassen, denn der Begriff Ladung ist zweifach besetzt: einmal als Bezeichnung für ein Teilchen wie im Merkkasten beschrieben, zum anderen gibt er an, wie »stark« Teilchen geladen sind:

Ein Teilchen ist eine Ladung und dieses Teilchen besitzt eine Ladung.

Elektronen und Protonen wird die sogenannte *Elementarladung* zugeordnet, sie »besitzen« die kleinste Ladung, die wir kennen, und sie gibt an, wie »stark« Elektronen bzw. Protonen geladen sind.

Ladung eines Elektrons: $1e^- = -1{,}602 \cdot 10^{-19}$ As (Amperesekunde)

Ladung eines Protons: $1e = \quad 1{,}602 \cdot 10^{-19}$ As (Amperesekunde)

Zu Ehren von Charles Augustin de Coulomb (Physiker, 1736–1806) bekommt die Einheit der Ladung ihren Namen:

1 As = 1 C (Coulomb)

Das Formelzeichen der Ladung ist Q.

Zusammenfassung: Ladung

Formelzeichen	Q
Einheit	As oder C
Elementarladung	$e = 1{,}602 \cdot 10^{-19}$ As

2.3 Energie, Potenzial und Leistung

2.3.1 Potenzial

Setzt man ein geladenes Teilchen an einem bestimmten Ort fest, so übt dieses Teilchen auf andere Ladungen, die in seinen Wirkungskreis kommen, eine Kraft aus. Das Kraftfeld, das von dieser Ladung gebildet wird, nennt man *elektrisches Feld*.

Das Feld wird durch sogenannte *Feldlinien* dargestellt. Bei punktförmigen Ladungen befindet sich das Kraftfeld kugelförmig abstrahlend um diese Ladung herum. Je weiter man sich von der Ladung entfernt, desto schwächer wird die Kraftwirkung.

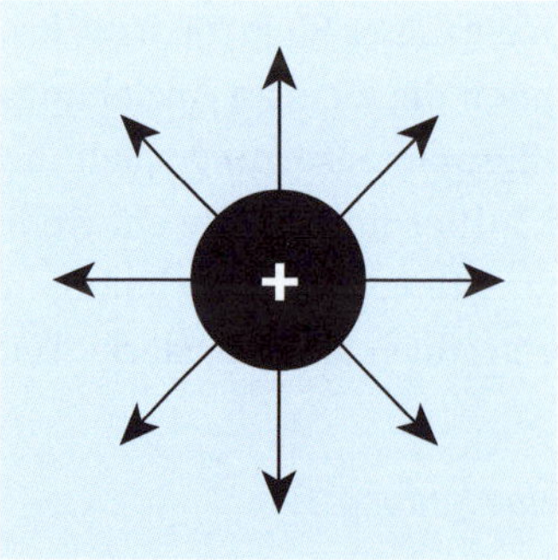

Abbildung 2.5 Elektrisches Feld eines Protons (zweidimensionale Darstellung)

Kräfte können als Vektoren dargestellt werden, und ein Kraftfeld, wie z. B. das elektrische Feld, ist ein sogenanntes *Vektorfeld*.

Bei positiven Ladungen laufen die Feldlinien von der Ladung weg (siehe Abbildung 2.5) und bei negativen Ladungen zur Ladung hin (siehe Abbildung 2.6).

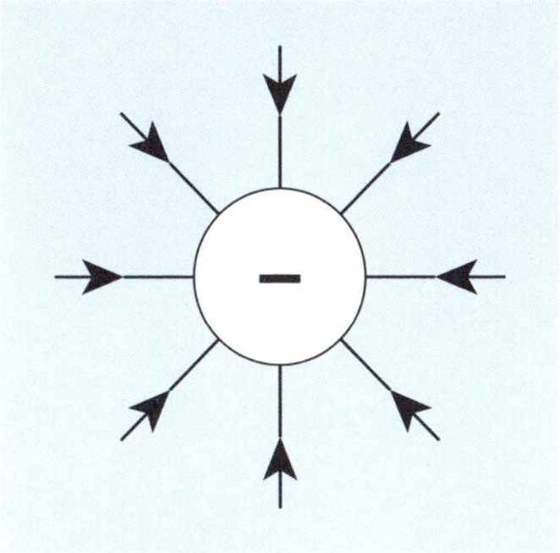

Abbildung 2.6 Elektrisches Feld eines Elektrons (zweidimensionale Darstellung)

Abbildung 2.7 zeigt ein Feld, das sich zwischen zwei Teilchen bildet.

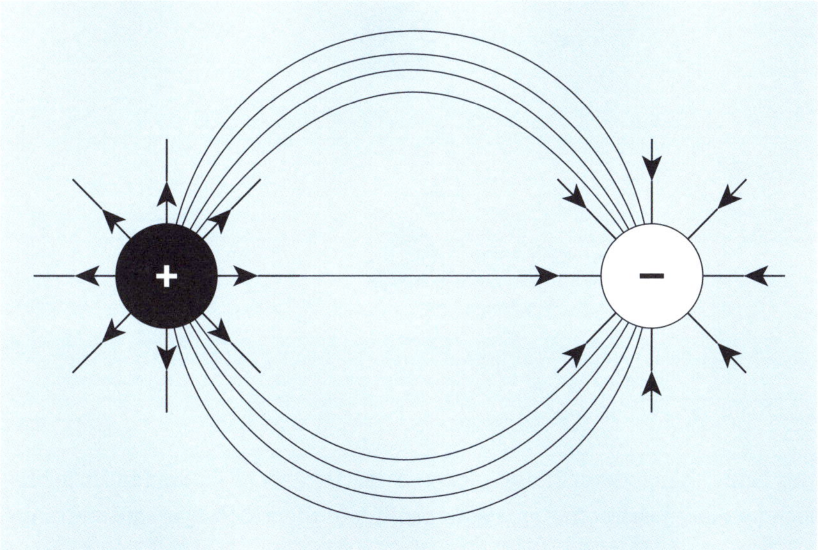

Abbildung 2.7 Das Feld zwischen einem Elektron und einem Proton

Angenommen, die festgesetzte Ladung ist positiv, dann werden negative Teilchen von ihr angezogen und positive Teilchen abgestoßen (siehe Abbildung 2.8).

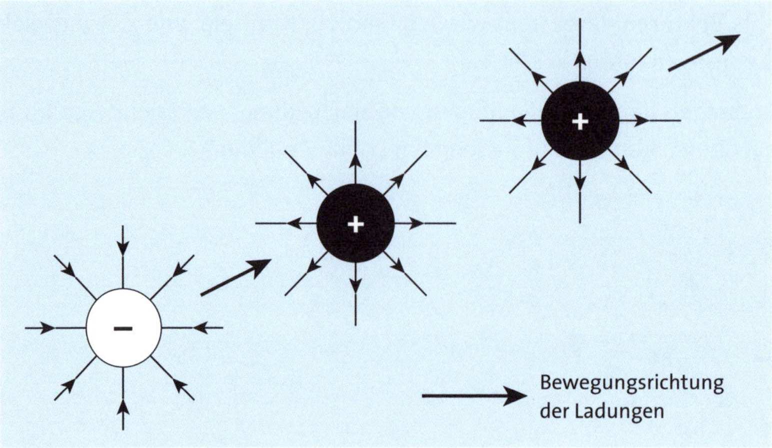

Abbildung 2.8 Bewegungen im Kraftfeld einer Ladung

Die Wirkung dieses Feldes wird verstärkt, wenn Sie statt einer Ladung zwei Ladungen festsetzen. Die *Feldstärke* verhält sich also proportional zur Anzahl der Ladungen und somit auch zur »Größe« der Ladung.

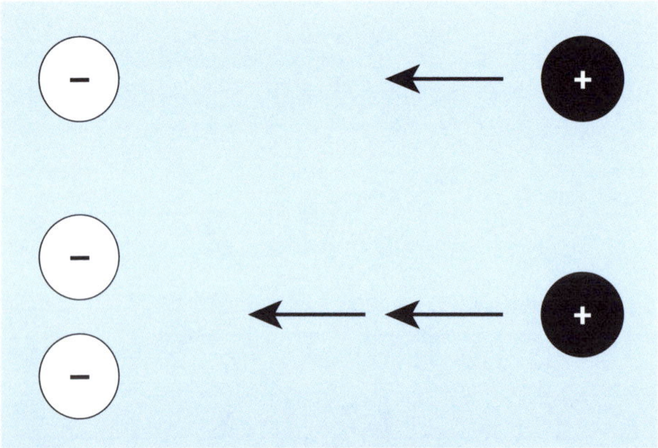

Abbildung 2.9 Kräfte zwischen Ladungen

Die Stärke des Feldes hängt demzufolge auch von der Anzahl der Ladungen ab. Je mehr Ladungen sich an einem Ort befinden, desto größer ist die Feldstärke und desto größer ist die Kraft auf Ladungen, die sich in diesem Feld befinden. Im Endeffekt bewirkt dies, dass sich die freien Ladungen bei größerer Feldstärke schneller zur festen Ladung hinbewegen bzw. von ihr abgestoßen werden, je nach Ladungsart. Die Wirkung, die Sie beobachten können, ist somit die Beschleunigung der Ladungen (siehe Abbildung 2.9).

Die mögliche (potenzielle) Wirkung, die von Ladungen ausgeht, hängt also von der Anzahl der Elementarladungen (also Elektronen und Protonen) an einem Ort (Quelle) bzw. der Größe der Ladung ab sowie von der Entfernung der Quelle, denn je weiter die Quelle entfernt ist, desto kleiner ist die Beschleunigung. Die Größe *Feldstärke durch Abstand der ins Feld tretenden Ladung von der Quelle* wird als *Potenzial* bezeichnet. Das Potenzial an einem Ort ist groß, wenn die Quellladung groß ist und/oder wenn der Abstand des Ortes von der Quelle klein ist.

Das Potenzial bekommt das Formelzeichen U oder φ; in der amerikanischen Literatur, aber auch in einigen Physikbüchern sehen Sie stattdessen V. Die Einheit, in der das Potenzial angegeben wird, ist das *Volt* (V).

2.3.2 Energie

Schauen Sie sich das Verhalten von Ladungen noch mal unter dem Energieaspekt an. Tritt eine Ladung in ein elektrisches Feld ein, so wird sie beschleunigt und besitzt eine gewisse Bewegungsenergie. Diese Bewegungsenergie fällt aber nicht vom Himmel, sondern sie entsteht durch Umwandlung aus potenzieller Energie (siehe Abschnitt 2.4, »Elektrische Spannung«).

Wo steckt in diesem System nun die potenzielle Energie?

Da die Ladung nur beschleunigt wird, wenn sie in den Wirkungskreis einer anderen Ladung gerät, muss die potenzielle Energie etwas mit dem aufgebauten Kraftfeld zu tun haben (siehe Abbildung 2.10).

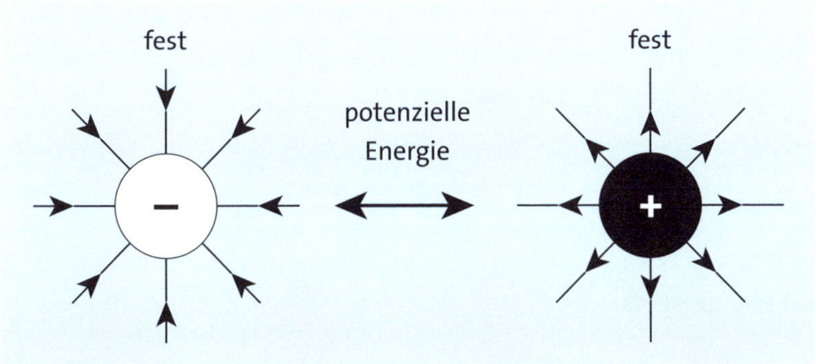

Abbildung 2.10 Potenzielle Energie zwischen Ladungen

Aber auch die beschleunigte Ladung spielt eine Rolle: Je größer die Ladung dieses Teilchens ist, desto besser lässt es sich anziehen. Besitzt es keine Ladung, so wird das Kraftfeld keinerlei Wirkung auf dieses Teilchen haben (siehe Abbildung 2.11).

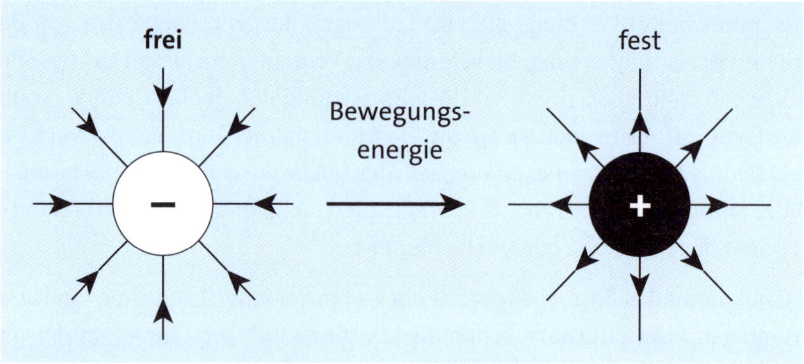

Abbildung 2.11 Bewegungsenergie zwischen Ladungen

Die potenzielle Energie setzt sich somit aus *Potenzial mal Ladung* zusammen:

[2.1] $$E_{\text{pot}} = \varphi \cdot Q$$

Sie hat die Einheit: 1 J = 1 V · 1 As

2.3.3 Leistung

Leistung ist definiert als *Arbeit pro Zeit*. Diese Definition findet man auch im normalen Leben wieder: Man hat eine gute (große) Leistung erbracht, wenn man seine Arbeit schnell erledigt; dauert es sehr lange, um das gleiche Ergebnis zu erreichen, war die Leistung eher schlecht (klein).

Das Formelzeichen für die Leistung ist *P*, abgeleitet von *Power*.

Da potenzielle Energie gespeicherte Arbeit ist (siehe Abschnitt 2.4, »Elektrische Spannung«), können Sie Arbeit und Energie gleichsetzen.

Es gilt somit:

[2.2] $$P = \frac{E_{\text{pot}}}{t} = \frac{U \cdot Q}{t}$$

Ein Blick auf die Einheiten liefert:

$$1\ \frac{\text{V} \cdot \text{As}}{\text{s}} = 1\ \text{V} \cdot 1\ \text{A}$$

Als abgeleitete Größe bekommt die Leistung die Einheit *Watt*, nach James Watt, abgekürzt mit W:

$$1\ \text{W} = 1\ \text{V} \cdot 1\ \text{A}$$

2.3.4 Wirkungsgrad

Unter *Wirkungsgrad* versteht man *das Verhältnis von abgeführter zu zugeführter Energie.* Bei allen realen physikalischen Vorgängen geht Energie in Form von Wärme »verloren«. Verloren steht in Anführungszeichen, da diese Wärme in der Regel nicht genutzt wird. Leitungen, Motoren und auch Lampen erwärmen sich während des Betriebs. Diese Energie steht dann aber nicht mehr für die eigentliche Funktion zur Verfügung: Es gibt Verluste. Die Größe dieser Verluste wird mithilfe des Wirkungsgrades genauer beschrieben. Das Formelzeichen des Wirkungsgrades ist η:

$$\eta = \frac{W_{\mathrm{ab}}}{W_{\mathrm{zu}}} \qquad [2.3]$$

Die Angabe des Wirkungsgrades geschieht als Dezimalzahl oder in Prozent. Dazu ein Beispiel:

$W_{\mathrm{Zu}} = 10\ \mathrm{Nm}$ und $W_{\mathrm{ab}} = 8\ \mathrm{Nm}$

$$\eta = \frac{8\ \mathrm{Nm}}{10\ \mathrm{Nm}} = 0{,}8 = 80\ \%$$

Es gibt also 20 % Verluste.

Da Leistung nichts anderes ist als Arbeit pro Zeit, existiert die gleiche Formel auch für die Leistung:

$$\eta = \frac{P_{\mathrm{ab}}}{P_{\mathrm{zu}}} \qquad [2.4]$$

2.4 Elektrische Spannung

Stellen Sie sich vor, Sie hätten folgenden Versuchsaufbau: Sie haben an einer Stelle im Raum ein festes Potenzial von −1 V, das durch eine negative Quellladung in einer gewissen Entfernung erzeugt wird. Das gleiche Potenzial, aber positiv, erzeugt durch eine positive Quellladung, befindet sich in einem festen Abstand vom negativen Potenzial. Zwischen diesen Potenzialen herrscht nun eine Kraft. Die Orte, an denen sich die Potenziale befinden, nennen wir *Pole.*

Nun wird eine andere Ladung, die aus einem oder mehreren Protonen bestehen kann, in dieses Feld hineingesetzt. Jetzt können Sie beobachten, dass diese Ladung in Richtung Minuspol beschleunigt wird. Das sollte Sie nicht überraschen, denn die positive Ladung wird von den negativen Ladungen angezogen und von den positiven Ladungen abgestoßen. Die Ladung bekommt somit zweimal einen Schubs in die gleiche Richtung (siehe Abbildung 2.12).

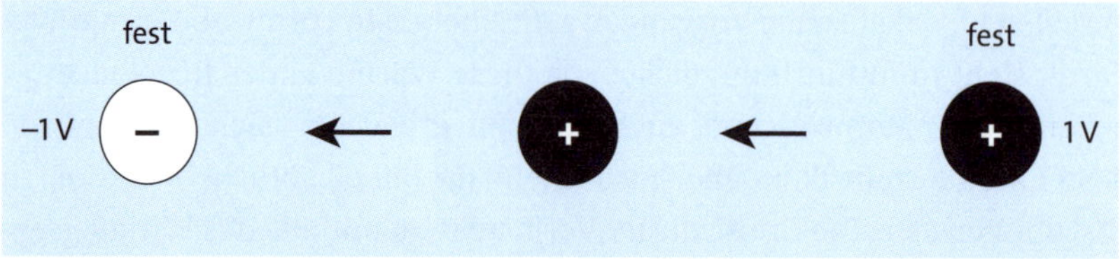

Abbildung 2.12 Bewegung einer positiven Ladung (1)

Der Aufbau wird verändert: Jetzt stehen sich Potenziale mit jeweils 2 V, also –2 V und 2 V gegenüber (siehe Abbildung 2.13). Erzeugt werden können die Potenziale zum Beispiel durch die Verdoppelung der Quellladung.

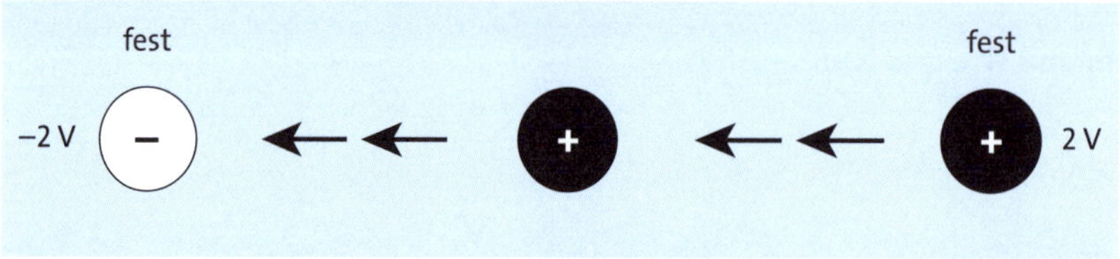

Abbildung 2.13 Bewegung einer positiven Ladung (2)

Die Beobachtung, die Sie jetzt machen, ist prinzipiell die gleiche, aber die Beschleunigung wird größer: Genau genommen ist die Ladung nun doppelt so schnell. Auch das sollte Sie nicht überraschen, denn sie wird jetzt doppelt so kräftig angezogen bzw. abgestoßen.

Dieses Spiel könnten Sie beliebig weiterführen; Sie würden je nach Ladungsverteilung unterschiedliche Geschwindigkeiten feststellen.

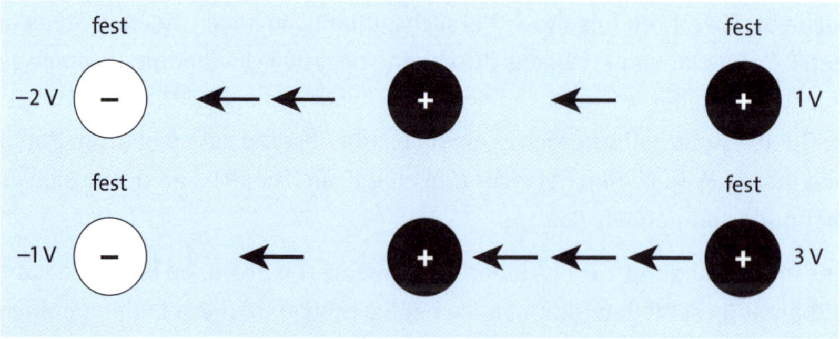

Abbildung 2.14 Bewegung einer positiven Ladung (3)

Die positive Ladung auf der rechten Seite von Abbildung 2.14 ist für eine Bewegung überhaupt nicht nötig. Wenn eine Seite auf Nullpotenzial gesetzt ist, also sich kein Potenzial an dieser Stelle befindet, findet ebenfalls eine Bewegung statt (siehe Abbildung 2.15).

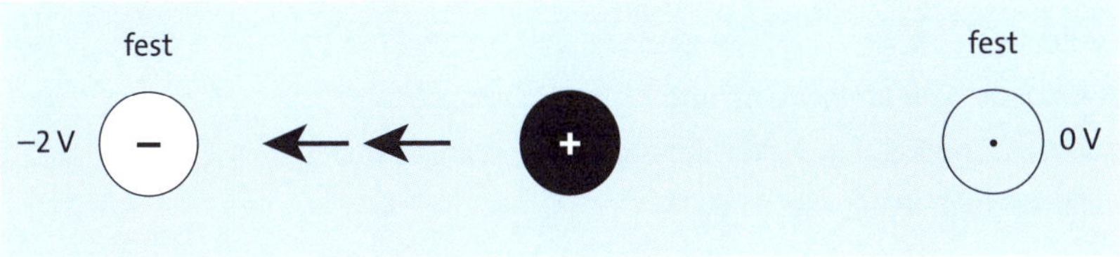

Abbildung 2.15 Bewegung einer positiven Ladung (4)

Wenn sich nun aber auf beiden Seiten das gleiche Potenzial befindet, so wird die Ladung von beiden Seiten gleich stark angezogen (bzw. abgestoßen, wenn es sich um negative Ladungen handeln sollte). Die Ladung steht still, wie in Abbildung 2.16.

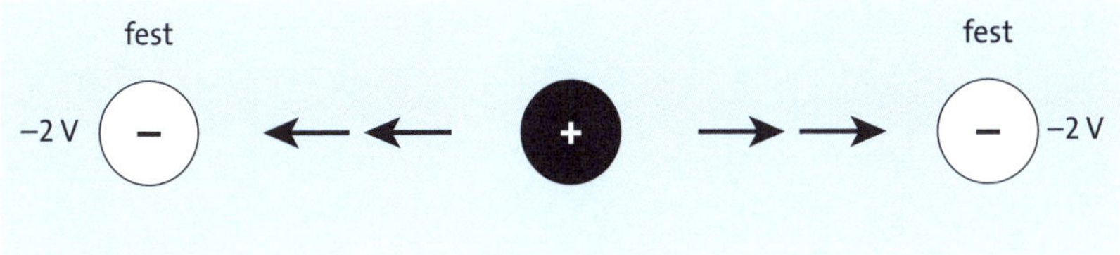

Abbildung 2.16 Bewegung einer positiven Ladung (5)

Wovon hängt denn nun die Bewegung der Ladung ab? Von den einzelnen Potenzialen auf den einzelnen Seiten wohl nicht. Es müssen immer beide Potenziale gleichzeitig betrachtet werden.

Wenn die Geschwindigkeiten gleich sind, konnten Sie feststellen, dass die Differenz der beiden Potenziale ebenfalls die gleiche ist:

Bei $-1\ \text{V} \leftrightarrow 1\ \text{V}$ und $-2\ \text{V} \leftrightarrow 0\ \text{V}$, also jeweils 2 Bewegungspfeile

Bei $-2\ \text{V} \leftrightarrow 2\ \text{V}$ und $-1\ \text{V} \leftrightarrow 3\ \text{V}$, also jeweils 4 Bewegungspfeile

Findet keine Bewegung statt, so unterscheiden sich auch die Potenziale nicht, ihre Differenz ist null. Eine Bewegung kann also nur hervorgerufen werden, wenn eine *Potenzialdifferenz* vorhanden ist. Die Differenz ist die treibende Kraft in diesem System.

Diese Differenz von Potenzialen wird als *elektrische Spannung* bezeichnet.

Die Spannung hat natürlich auch die Einheit Volt (V), denn Volt minus Volt ist auch Volt, und sie bekommt das Formelzeichen U.

Zusammenfassung

Eine Bewegung von Ladungen ist nur möglich in einem Feld, das von unterschiedlichen *Potenzialen* gebildet wird. Dieser Potenzialunterschied wird als *Spannung* bezeichnet.

Potenzial

- Formelzeichen: unterschiedlich U, φ, V
- Einheit: Volt (V)

Potenzielle Energie = elektrische Arbeit: $W = E_{\text{pot}} = \varphi \cdot Q$

- Energie, die eine Ladung Q im Feld einer anderen Ladung besitzt
- Einheit: Wattsekunde (Ws) oder Joule (J)

Spannung

- Differenz zwischen Potenzialen
- Formelzeichen: U
- Einheit: Volt (V)

Leistung

- Formelzeichen: P
- Arbeit pro Zeit: $P = \frac{W}{t} = \frac{E_{pot}}{t}$
- Einheit: Watt (W)

2.5 Strom

Als *Strom* bezeichnen wir die Bewegung einer Art von Teilchen in eine Richtung. Zum Beispiel bewegen sich bei einem Luftstrom Luftmoleküle und bei einem Wasserstrom Wassermoleküle.

Beim elektrischen Strom bewegen sich Ladungen, also Elektronen oder Ionen (siehe Abschnitt 2.7). Protonen bewegen sich in der Regel nicht, sie sitzen fest.

Wie schafft man es nun, dass Elektronen sich bewegen?

Man erschafft einen Potenzialunterschied bzw. eine Spannung, z. B. durch Anschließen einer Batterie. In dem so erzeugten Feld werden die Elektronen nun von einem *Pol*, dem Pluspol, angezogen und vom anderen, dem Minuspol, abgestoßen und bewegen sich.

Wann ist ein Strom groß oder klein?

Bei der Angabe der Größe des Stroms bezieht man sich auch nicht auf einzelne Ladungen, sondern fasst sie als Gruppe zusammen. Dadurch werden die Zahlen, wie schon beim Potenzial, nicht zu groß.

Bewegen sich $6{,}24 \cdot 10^{18}$ Elektronen, also 6,24 Trillionen Elektronen, innerhalb einer Sekunde durch einen Querschnitt, also an einer Stelle vorbei, dann sagen wir, es fließt ein Strom von einem *Ampere* oder ein Strom mit der Stromstärke 1 A (siehe Abbildung 2.17). Das Formelzeichen für die *Stromstärke* ist *I*.

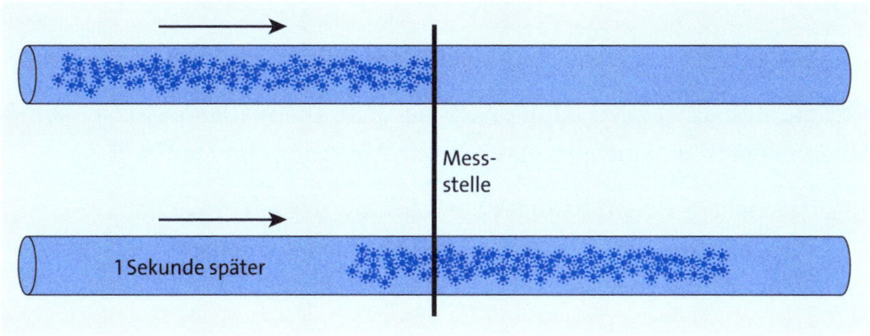

Abbildung 2.17 Stromfluss

Erhöht sich die Spannung, so ist die Strömung der Elektronen größer und sie bewegen sich schneller: innerhalb einer Sekunde passieren mehr Elektronen den Querschnitt.

Demnach wird die Stromstärke, kurz Strom genannt, mit der Menge der bewegten Ladungen pro Sekunde identifiziert. Der Strom ist hoch, wenn sich viele Ladungen innerhalb einer Sekunde bewegen.

Das führt zu der Formel [2.5]:

$$I = \frac{\Delta Q}{\Delta t} \qquad [2.5]$$

mit ΔQ = Ladungsunterschied, Δt = Zeitunterschied.

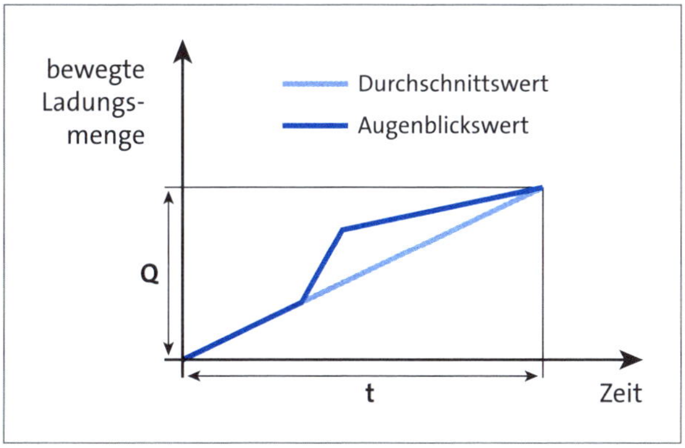

Abbildung 2.18 Strom-Zeitdiagramm

Der *elektrische Strom I* ist also *das Verhältnis von Ladungsänderung pro Zeitänderung*. Dies ist jedoch nur ein Durchschnittswert.

Ändert sich die Ladung mit der Zeit, z. B. durch das Auftreten von Spannungsschwankungen, so werden diese Änderungen mit der Formel aus [2.5] nicht erfasst (siehe Abbildung 2.18).

Um den Augenblickswert zu erfassen, muss die Differenzialrechnung bemüht werden.

Der Strom ist die Ableitung der Ladung nach der Zeit. Die mathematische Schreibweise für Ableitungen ist ein hochgestellter Strich: Ableitung von $f(x) = f'(x)$.

In den Naturwissenschaften wird häufiger die Schreibweise $\frac{\mathrm{d}}{\mathrm{d}x}$ verwendet:

$$f'(x) = \frac{\mathrm{d}}{\mathrm{d}x} f$$

In dieser Schreibweise wird die Formel dann zu:

$$I = \frac{\mathrm{d}Q}{\mathrm{d}t}$$

Hierbei wird Δt infinitesimal klein, also zu $\mathrm{d}t$, und man erhält so den Momentanwert des Stromes (vgl. Kapitel 1). Da die Differenzialrechnung nur Sinn macht, wenn man von sich verändernden Größen spricht, wird bei konstanten Strömen generell die einfache Formel

$$I = \frac{\Delta Q}{\Delta t}$$

verwendet.

Häufige Schreibweisen für den Strom

Für konstante Ströme wird der Großbuchstabe I verwendet. Ändert sich der Strom mit der Zeit, so verwendet man die Kleinschreibung i, aber auch $I(t)$ oder $i(t)$.

Stromrichtung

Wenn man über die *Stromrichtung* spricht, sollte man wissen, dass es zwei Stromrichtungen gibt – die physikalische Stromrichtung und die technische Stromrichtung:

- Bei der *physikalischen Stromrichtung* hat man festgelegt, dass der Strom *von Minus nach Plus* fließt. Sie wird häufig verwendet, wenn man physikalisch erklären möchte, was in einem Leiter vorgeht, denn dort bewegen sich Elektronen, und zwar zum positiven Potenzial hin.

- Die *technische Stromrichtung, von Plus nach Minus,* ist älter als die physikalische Stromrichtung. Als sie festgelegt wurde, wusste man nämlich noch nichts über Elektronenbewegungen. Sie wird überall in der Technik verwendet.

Beispielaufgaben

a) Durch einen Draht fließt für 1 Minute und 12 Sekunden ein Strom von 4 mA. Welche Ladungsmenge wurde transportiert?

Gegeben:

$I = 4\ \text{mA (konst)}$

$t = 72\ \text{s}$

Gesucht Q:

$$I = \frac{\Delta Q}{\Delta t} \Leftrightarrow \Delta Q = I \cdot \Delta t$$

Setzen Sie ein:

$$\Delta Q = 4 \cdot 10^{-3}\text{A} \cdot 72\ \text{s} = 0{,}288\ \text{As} = 0{,}288\ \text{C}$$

b) Die Ladungsmenge, die sich durch einen Draht bewegt, wird durch folgende Funktion beschrieben:

$$Q(t) = 0{,}2 \frac{\text{A}}{\text{s}} \cdot t^2$$

Wie groß ist der Strom, der durch diesen Draht fließt, nach 5 Sekunden und nach einer Minute?

Da es sich hierbei um keine konstante, sondern um eine sich verändernde Ladungsmenge handelt, wird das Ergebnis zunächst kein Zahlenwert sein, sondern eine Funktion, an der Sie ablesen können, zu welchem Zeitpunkt welcher Strom fließt:

$$I(t) = \frac{\text{d}Q}{\text{d}t}$$

Ableitung von Q:

$$I(t) = \frac{\text{d}Q}{\text{d}t} = 0{,}2 \frac{\text{A}}{\text{s}} \cdot 2t$$

$$I(5\ \text{s}) = 0{,}2 \frac{\text{A}}{\text{s}} \cdot 2 \cdot 5\ \text{s} = 2\ \text{A}$$

$$I(60\ \text{s}) = 0{,}2 \frac{\text{A}}{\text{s}} \cdot 2 \cdot 60\ \text{s} = 24\ \text{A}$$

2.6 Strom- und Ladungsdichte

2.6.1 Stromdichte

Ein weiterer Begriff, der häufig im Zusammenhang mit dem elektrischen Strom auftaucht, ist die *Stromdichte*. Die Dichte gibt im Allgemeinen an, *wie viele Teilchen sich in einem bestimmten Volumen befinden* oder welche Masse sich in einem bestimmten Volumen befindet.

Bei der Stromdichte beziehen wir uns nicht auf ein Volumen, sondern auf den Querschnitt des Leiters, durch den ein Strom fließt. Die Bezeichnung für die *Stromdichte* kann S sein oder auch J. Ich werde im Folgenden J verwenden.

Bei konstanter Stromdichte gilt:

[2.6] $$J = \frac{\Delta I}{\Delta A}$$

wobei A die Querschnittsfläche darstellt.

Die Einheit der Stromdichte ergibt sich dann aus den Einheiten von Strom und Fläche, also $\mathrm{A/m^2}$.

Hierbei handelt es sich auch wieder nur um einen Durchschnittswert: Der Strom wird gleichmäßig auf die gesamte Fläche verteilt und man errechnet die Stromdichte, die im Durchschnitt auf der gesamten Fläche herrscht. Diese Durchschnittsstromdichte entspricht der realen Stromdichte aber nur, wenn die Stromdichte konstant ist.

Ist dies nicht der Fall, so wird wieder die Differenzialrechnung bemüht:

[2.7] $$J = \frac{\mathrm{d}I}{\mathrm{d}A}$$

Wie das genau berechnet wird, wird in den folgenden Kapiteln erklärt. Alle Mathematiker mögen jetzt bitte einmal wegschauen:

Wenn eine Funktion *stetig* und *differenzierbar* ist (und das sind fast alle), dann gehen Naturwissenschaftler hin und sehen den Strich zwischen dI und dA als Bruchstrich an und machen daraus:

$$\mathrm{d}I = J\mathrm{d}A$$

Wenn Sie nun darüber *integrieren*, kommen Sie von der Differenzialschreibweise weg, denn die Differenzialrechnung und die Integralrechnung heben sich gegenseitig auf, wie Plus und Minus oder mal und geteilt. Sie erhalten dann eine Formel für den Strom:

$$I = \int J \mathrm{d}A$$

Der Strom I kann somit dargestellt werden als $I = J \cdot A$ bei konstanten Werten und sonst $I = \int_A J \mathrm{d}A$, wobei A die Gesamtfläche und $\mathrm{d}A$ die Teilflächen darstellen.

Das Integral $\int_A \mathrm{d}A$ wird *Flächenintegral* genannt, da über eine Fläche integriert wird.

Aber wie berechnet man das?

Eine Fläche hat zwei Dimensionen, die meistens Länge und Breite genannt werden, und diese beiden Dimensionen werden im Koordinatensystem als x- und y-Koordinate bezeichnet. A ist somit eine Funktion, die von x und y abhängt:

$$A = A(x, y)$$

Das Flächenintegral wird dann in seine Richtungen zerlegt und zu:

$$I = \int_A j \mathrm{d}A = \iint_{yx} J \mathrm{d}x \mathrm{d}y$$

Solche Doppelintegrale berechnen Sie schrittweise von innen nach außen.

Beispielaufgabe

$A = xy$

$J(x, y) = x^2 y, 0 < x < a, 0 < y < b$

Es handelt sich also um eine nichtkonstante Stromdichte in einem Rechteck mit den Maßen a und b.

$$I(a, b) = \int_A J \mathrm{d}A$$

$$= \int_A x^2 y \, \mathrm{d}A = \iint_{00}^{ba} x^2 y \, \mathrm{d}x \mathrm{d}y = \int_0^b \frac{1}{3} x^3 \Big|_0^a y \, \mathrm{d}y = \int_0^b \frac{1}{3} a^3 y \mathrm{d}y = \frac{1}{3} a^{3\frac{1}{2}} y^2 \Big|_0^b$$

$$= \frac{1}{6} a^3 b^2$$

Den Strom erhalten Sie, indem Sie für a und b die Maße einsetzen.

Flächenintergrale in Polarkoordinaten

Handelt es sich um eine *Kreisfläche*, wie zum Beispiel bei einem Leitungsquerschnitt, so gehen Sie folgendermaßen vor: Eine Kreisfläche hängt vom Radius r ab. Wenn Sie nun versuchen, diesen Kreis in x-y-Koordinaten (*kartesische Koordinaten*) darzustellen, dann sehen Sie, dass $x = r\cos\varphi$ und $y = r\sin\varphi$ ist.

Die Kreisfläche kann somit in Abhängigkeit von x und y dargestellt werden als $A(x, y)$, aber auch in Abhängigkeit von r und φ als $A(r, \varphi)$.

r und φ werden als *Polarkoordinaten* bezeichnet. Ein beliebiger Punkt auf der Kreisfläche wird in Polarkoordinaten mithilfe des Radius, der den Abstand des Punktes vom Kreismittelpunkt angibt, und mithilfe des Winkels beschrieben, den der Radius mit der x-Achse einschließt (siehe Abbildung 2.19). Die Darstellung in Polarkoordinaten bietet sich an, da das Integral einfacher zu lösen ist als in kartesischen Koordinaten.

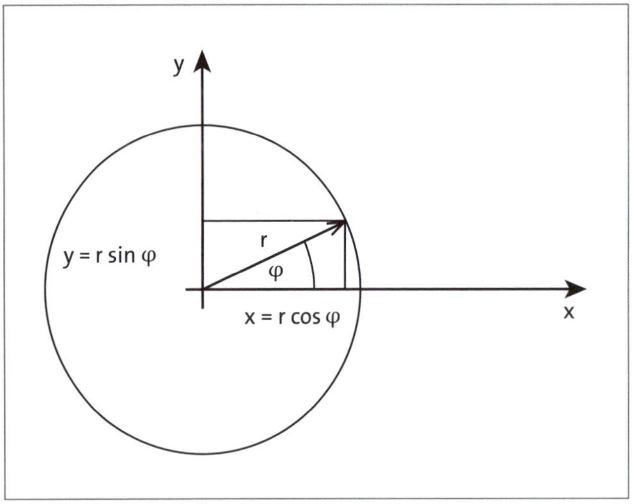

Abbildung 2.19 Polarkoordinaten

Wenn das Integral in Polarkoordinaten dargestellt werden soll, müssen Sie herausfinden, was dx und dy in Polarkoordinaten bedeutet.

Das funktioniert folgendermaßen:

$$x = r\cos\varphi$$

Jetzt wird die Ableitung von x nach r und die Ableitung von x nach φ gebildet. Es wird jeweils nur nach einer Koordinate abgeleitet, d. h., es werden *partielle Ableitungen* gebildet. Formal wird die partielle Ableitung durch ∂ dargestellt; die praktische Vorgehensweise ist aber genauso wie bei »normalen« Ableitungen:

$$\frac{\partial x}{\partial r} = \cos\varphi\,, \qquad \frac{\partial x}{\partial \varphi} = -r\sin\varphi$$

Genauso wird mit

$y = r \sin\varphi$

verfahren:

$$\frac{\partial y}{\partial r} = \sin\varphi\,, \qquad \frac{\partial y}{\partial \varphi} = r\cos\varphi$$

Diese partiellen Ableitungen werden benötigt, um die *Jacobimatrix* zu erstellen:

$$J = \begin{pmatrix} \frac{\partial \mathrm{x}}{\partial \mathrm{r}} & \frac{\partial \mathrm{x}}{\partial \varphi} \\ \frac{\partial \mathrm{y}}{\partial \mathrm{r}} & \frac{\partial \mathrm{y}}{\partial \varphi} \end{pmatrix} \qquad [2.8]$$

Von dieser Matrix muss die *Determinante* $|J|$ gebildet werden, denn die Jacobideterminante stellt die in der Substitutionsregel für eindimensionale Integrale

$$\int f\big(g(x)\big)g^{'}(x)\mathrm{d}x = \int f(y)\mathrm{d}y$$

verwendete Ableitung $g'(x)$ dar.

Genau genommen nehmen wir hier eine Substitution vor: Wir ersetzen x und y durch r und φ.

Wie Sie es in der Mathematikvorlesung gelernt haben, bilden Sie nun die Determinante:

$$|J| = \frac{\partial x}{\partial r}\cdot\frac{\partial y}{\partial \varphi} - \frac{\partial y}{\partial r}\cdot\frac{\partial x}{\partial \varphi} = \cos\varphi\cdot r\cos\varphi \;+\; r\sin\varphi\cdot\sin\varphi$$
$$= r\,(\cos^2\varphi \;+\; \sin^2\varphi) = r$$

Nun wird folgender Integralsatz angewendet:

$$\iint f(x,y)\mathrm{d}x\mathrm{d}y = \iint f(r,\varphi)|J|\mathrm{d}r\mathrm{d}\varphi \qquad [2.9]$$

Dieser Satz ist die zweidimensionale Variante der Substitutionsregel.

$|J|\mathrm{d}r\mathrm{d}\varphi$

ist nach obiger Rechnung:

$r\mathrm{d}r\mathrm{d}\varphi$

Es wird also praktisch dA erst durch $dydx$ und dies dann durch $rdrd\varphi$ ersetzt, und so ist das Integral mithilfe von Polarkoordinaten aufgestellt.

Nun muss dieses Integral berechnet werden, und das machen wir anhand des folgenden Beispiels.

Schauen Sie sich den Fall an, dass die Stromdichte bei einem Kreisring wie in Abbildung 2.20 zum Mittelpunkt hin am größten ist und zu den Rändern langsam abfällt, z. B. $j(r) = \frac{3}{r}\frac{\mathrm{A}}{\mathrm{m}}$. Der Radius r bewegt sich zwischen R_1 und R_2, also $R_1 < r < R_2$.

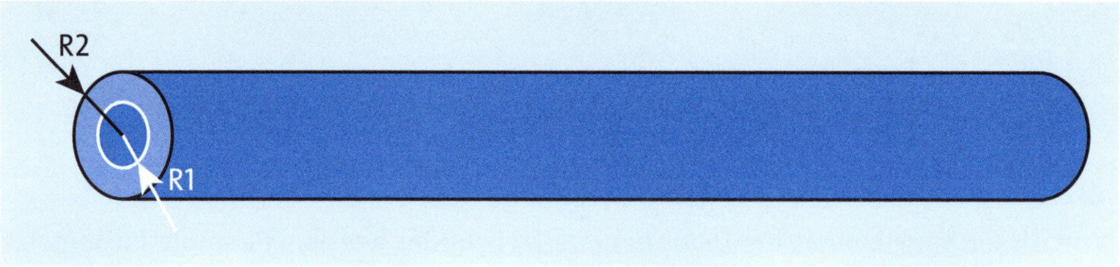

Abbildung 2.20 Metallisches Rohr mit kreisringförmigem Querschnitt

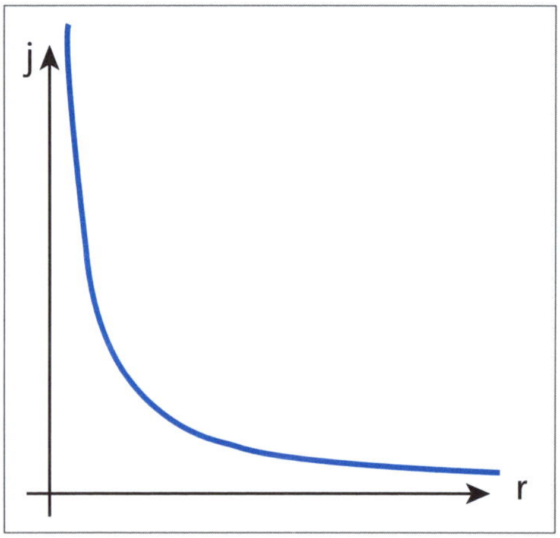

Abbildung 2.21 Verhalten der Stromdichte, wenn sie mit $\frac{1}{r}$ abfällt

Das heißt für diesen Fall:

$\iint j(x,y)\mathrm{d}x\mathrm{d}y = \iint \frac{3}{r}\frac{\mathrm{A}}{\mathrm{m}} r\mathrm{d}r\mathrm{d}\varphi$ mit den passenden Grenzen:

r läuft von R_1 (innerer Radius) bis R_2 (äußerer Radius) und φ von 0 bis 2π:

$$I = \int_0^{2\pi}\int_{R_1}^{R_2} \frac{3}{r} r\mathrm{d}r\mathrm{d}\varphi = \int_0^{2\pi} 3(R_2 - R_1)\mathrm{d}\varphi = 3(R_2 - R_1)2\pi = 6\pi\,(R_2 - R_1)$$

2.6.2 Ladungsdichte

Wenn Sie wissen möchten, wie viel Ladung sich in einem Volumen befindet, so spricht man von der *Ladungsdichte* oder auch der *Volumenladungsdichte*, abgekürzt mit ρ.

Hierbei gilt dann, analog zur Stromdichte:

$$\rho = \frac{\Delta Q}{\Delta V} \qquad [2.10]$$

Die Einheit ist: $\frac{\mathrm{As}}{\mathrm{m}^3}$

Um auch hier wieder von den Durchschnittswerten wegzukommen, geht die Formel über in:

$$\rho = \frac{\mathrm{d}Q}{\mathrm{d}V} \qquad [2.11]$$

Betrachten Sie nun die Stromdichte und die Ladungsdichte einmal unter einem anderen Gesichtspunkt:

Q sei die Ladung von n Elektronen.

Diese Ladungsmenge bewegt sich durch ein Volumen V mit dem Querschnitt A. Angenommen, das Volumen ist ein Zylinder, so können Sie die Länge des Zylinders mit $l = V/A$ berechnen.

Bei diesem Vorgang fließe ein konstanter Strom I.

Nun verändern Sie die Gleichung für die Ladungsdichte ein wenig:

$$\rho = \frac{\Delta Q}{\Delta V} = \frac{I \cdot \Delta t}{A \cdot \Delta l}$$

Δt ist die Zeit, die die Ladungen benötigen, um das Volumen zu durchströmen, und Δl ist die Strecke, die sie dabei zurücklegen. Δl und Δt bilden also die Geschwindigkeit der einzelnen Ladungen. Die Gleichung kann somit noch weiter verändert werden:

$$\rho = \frac{I \cdot \Delta t}{A \cdot \Delta l} = \frac{I}{A \cdot v} \Leftrightarrow v = \frac{I}{A \cdot \rho}$$

I/A ist aber die Stromdichte, daher kann die Geschwindigkeit der Ladungen auch als

$$v = \frac{I}{A \cdot \rho} = \frac{J}{\rho} \qquad [2.12]$$

geschrieben werden. Diese Geschwindigkeit wird als *Driftgeschwindigkeit* bezeichnet.

Ladungserhaltung

Die Ladung ist eine sogenannte *Erhaltungsgröße*. Das heißt: *In einem geschlossenen System bleibt die Ladung konstant.* In einem geschlossenen System, zum Beispiel in einem Stromkreis, kommen am Pluspol genauso viele Ladungen an, wie sich vom Minuspol wegbewegt haben.

Es gehen keine Ladungen verloren und es kommen auch keine hinzu. Diese Ladungserhaltung kann man auch rechnerisch beweisen. Diesen Beweis finden Sie in Kapitel 3, da dazu der *Gauß'sche Satz* angewendet werden muss, der in diesem Kapitel besprochen wird.

Zusammenfassung

Elektrischer Strom ist die gerichtete Bewegung von Ladungen.

Die *Stromstärke* gibt an, wie viel Ladung sich pro Zeit bewegt.

- Formel: $I(t) = \frac{dQ}{dt}, I = \frac{\Delta Q}{\Delta t}$
- Einheit: Ampere (A)

Stromdichte

- Strom pro Fläche: $J = \frac{dI}{dA}, J = \frac{\Delta I}{\Delta A}$

Ladungsdichte

- Ladung pro Volumen: $\rho = \frac{dQ}{dV}, \rho = \frac{\Delta Q}{\Delta V}$

2.7 Ionen- und Massenstrom

Wie Sie bereits gesehen haben, besteht ein Atom im Wesentlichen aus Protonen und Elektronen. Da die Anzahl von Protonen und Elektronen gleich groß ist, die Ladungen (von außen gesehen) sich gegenseitig aufheben, betrachtet man ein Atom als nicht geladen. Im Atom selbst herrschen natürlich die elektrischen Kräfte.

Geht ein Atom mit einem oder mehreren anderen eine Verbindung ein, so entsteht ein *Molekül*.

Der Einfachheit halber betrachten wir nun Kochsalz (Natriumchlorid, NaCl). Kochsalz ist eine Verbindung aus Chlor (Cl) und Natrium (Na). Diese beiden Elemente gehen eine sogenannte *Ionenbindung* ein, d. h., Natrium gibt ein Elektron ans Chlor ab (siehe Abbildung 2.22).

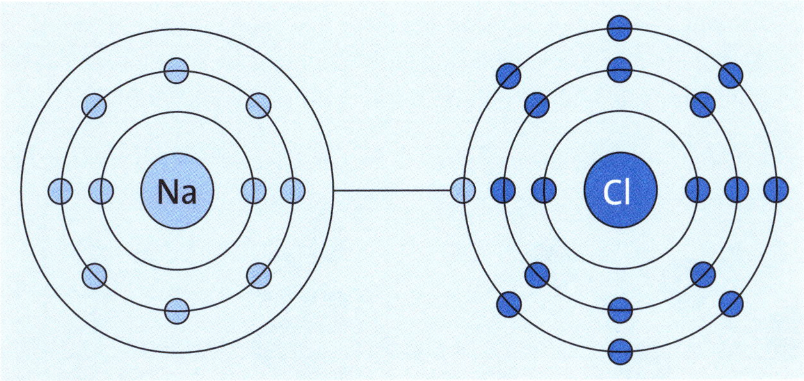

Abbildung 2.22 Kochsalzmolekül

Wenn nun dieses Salz in Wasser gelöst wird, bricht diese Verbindung auf (siehe Abbildung 2.23).

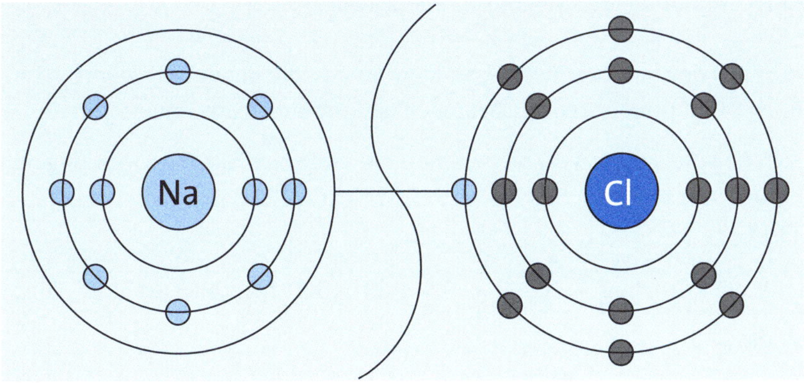

Abbildung 2.23 Das Kochsalzmolekül wird in Wasser gelöst.

Dem Natrium fehlt nun ein Elektron und Chlor hat eins zu viel. Diese Einzelteilchen bewegen sich nun im Wasser.

Es sind nun keine Atome mehr, sondern *Ionen*, da ihre Ladung nicht mehr null ist. Das Natriumion hat 11 Protonen, aber nur noch 10 Elektronen, ist also nach außen hin positiv geladen, und das Chlorion hat 17 Protonen und 18 Elektronen und ist somit nach außen hin negativ geladen.

Da es sich jeweils um die Verschiebung eines Elektrons handelt, gilt:

$Q_{\mathrm{Na}^+} = 1{,}602 \cdot 10^{-19}$ As und $Q_{\mathrm{Cl}^-} = -1{,}602 \cdot 10^{-19}$ As

Ionen stellen also auch Ladungen dar, und bei ihrer Bewegung fließt ein Strom, ein *Ionenstrom*. Legt man an eine Kochsalzlösung eine Spannung an, so bewegen sich die Natriumionen zum Minuspol und die Chlorionen zum Pluspol (siehe Abbildung 2.24).

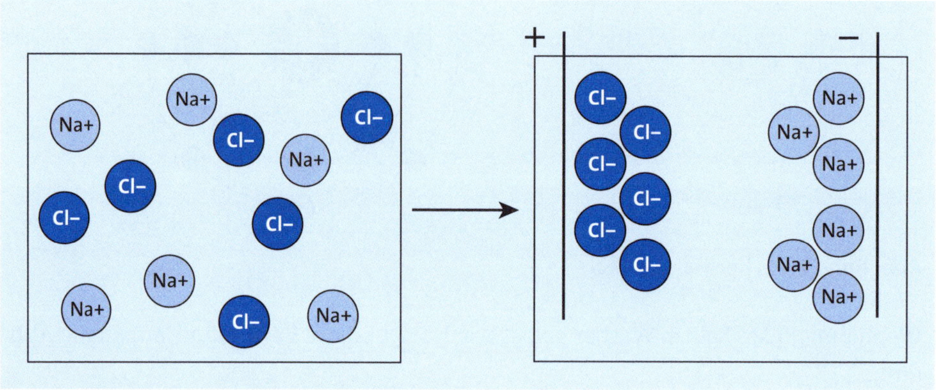

Abbildung 2.24 Ionenverteilung nach Anlegen einer Spannung

Ionenströme haben besonders in der Physiologie eine große Bedeutung, denn Ströme, die unsere Körperfunktionen steuern, bestehen hauptsächlich aus Ionenströmen.

Stellen Sie sich beispielsweise vor, Sie nehmen ein einzelnes Salzkorn von ungefähr 1 µg. Ein Mol Kochsalz wiegt ca. 58,45 g, das entspricht $6{,}022 \cdot 10^{23}$ Molekülen (siehe Abschnitt 1.3.1).

Also sind in diesem Körnchen $\frac{6{,}022 \cdot 10^{23} \cdot 10^{-6}\,\mathrm{g}}{58{,}45\,\mathrm{g}} = 1{,}03 \cdot 10^{16}$ Moleküle enthalten. Für die Ladung heißt das:

$Q_{\mathrm{Na}^+} = 1{,}03 \cdot 10^{16} \cdot 1{,}602 \cdot 10^{-19}\,\mathrm{As} = 1{,}65\,\mathrm{mC}$ und

$Q_{\mathrm{Cl}^-} = -1{,}03 \cdot 10^{16} \cdot 1{,}602 \cdot 10^{-19}\,\mathrm{As} = -1{,}65\,\mathrm{mC}$.

Demnach schwimmt im Wasser eine Ladung von 1,65 mC Natriumionen und eine Ladung von −1,65 mC Chlorionen.

Diese Ionen können nach Anlegen einer Spannung einen Stromfluss hervorrufen.

Da die Ladung mit der Masse steigt (mehr Kochsalz = mehr Ladungen), kann der Strom auch mithilfe der Masse dargestellt werden. Man spricht dann vom *Massenstrom* für konstante Massen:

[2.13] $$I_m = \frac{\Delta m}{\Delta t}$$

[2.14] und $I_m = \frac{\mathrm{d}m}{\mathrm{d}t}$

Die zugehörige Einheit ist: $\frac{\mathrm{kg}}{\mathrm{s}}$

Der *Massenstrom* gibt an, *wie viel Masse sich pro Sekunde bewegt*. Kennt man die Ladung der einzelnen Masseteilchen, kann dann auch der Strom berechnet werden.

2.8 Übungen

Aufgabe 1

Wie viele Elektronen treten bei einer Stromstärke von 200 mA innerhalb von 2,5 s durch den Querschnitt eines Leiters?

Aufgabe 2

In einer Flüssigkeit sind Ionen gelöst. Es bewegen sich $0{,}1 \cdot 10^{12}$ positive Ionen mit Elementarladungen und $0{,}3 \cdot 10^{10}$ negative Ionen mit Elementarladungen pro Sekunde.

a) Wie groß ist der Strom?

b) Wie groß ist die Ladungsmenge, die innerhalb von 20 ms transportiert wird?

Aufgabe 3

a) Beim Berühren des Geländers einer Rolltreppe nehmen Sie eine negative Ladung von 0,25 C auf. Wie viele Elektronen haben Sie aufgenommen?

b) In einem Leiter mit dem Querschnitt von 0,4 mm² fließt ein Strom von 1 A. Der Leiter besitzt $8{,}45 \cdot 10^{22}$ freie Elektronen pro cm³. Berechnen Sie die Driftgeschwindigkeit der Elektronen im Leiter.

Aufgabe 4

Ein Transformator nimmt auf der Primärseite einen Strom von 0,25 A auf und gibt auf der Sekundärseite 2,5 A ab. Die maximale Stromdichte beträgt 2 A/mm², bei höherer Stromdichte würden die Wicklungen des Trafos beschädigt. Berechnen Sie den Mindestdurchmesser der Drähte.

Aufgabe 5

Die Stromdichte in einem Leiter mit kreisförmigem Querschnitt verhält sich gemäß der Funktion $J(r) = ar^2 + b$.

Berechnen Sie den Strom I, wenn die Stromdichte in der Nähe des Mittelpunkts J_0 und an der Oberfläche J_1 ist.

Wie groß sind die jeweiligen Radien bei

$J_0 = 0{,}03 \frac{\mathrm{A}}{\mathrm{m}^2}$

$J_1 = 0{,}05 \frac{\mathrm{A}}{\mathrm{m}^2}$

$a = 200 \frac{\mathrm{A}}{\mathrm{m}^4}$

$b = 0{,}01 \frac{\mathrm{A}}{\mathrm{m}^2}$

Aufgabe 6

a) Welche Leistung muss ein Antriebsmotor für eine Hebebühne aufnehmen, wenn die Bühne stündlich 5000 kg auf eine Höhe von 5 m heben soll? Der Wirkungsgrad des Motors beträgt hierbei $\eta = 90\ \%$.

b) Welche Energiekosten ergeben sich jährlich, wenn die Bühne an 250 Tagen jeweils 8 Stunden lang im Einsatz ist, bei einem Tarif von 0,25 €/kWh?

Aufgabe 7

Eine Masse von 200 g Kochsalzionen bewegt sich innerhalb von 2 s gerichtet durch eine Flüssigkeit.

a) Wie groß ist der Massenstrom?

b) Wie groß ist der fließende elektrische Strom?

Aufgabe 8

Eine Förderpumpe wird von einem Elektromotor angetrieben. Sie fördert pro Stunde aus einem Schacht von 20 m Tiefe 50 m^3 Wasser an die Oberfläche. Der Wirkungsgrad der Pumpe beträgt 55 %, der Wirkungsgrad des Motors 85 %. Die Anlage läuft ununterbrochen.

a) Welche Nennleistung muss der Motor haben?

b) Um die Kosten zu verringern, werden eine neue Pumpe und ein neuer Motor angeschafft:

   Stromtarif: 0,15 €/kWh

   Anschaffungskosten für die Pumpe: 1600 €

   Anschaffungskosten für den Motor: 1400 €

Wirkungsgrad der neuen Pumpe: 65 %

Wirkungsgrad des neuen Motors: 95 %

Nach welcher Zeit sind die Neuanschaffungen bezahlt?

Aufgabe 9

In einem Leiter bewegt sich eine Ladung $Q(t) = Q_0 e^{\frac{-t}{T}}$.

a) Wie berechnet man den Stromfluss in diesem Leiter?

b) Wie groß ist $I(2\text{ ms})$, wenn $T = 20\text{ ms}$ und $Q_0 = 2\text{C}$ sind?

2.9 Lösungen

Lösung 1

Der Strom ist konstant, also gilt $I = \frac{\Delta Q}{\Delta t}$.

$$I = \frac{\Delta Q}{\Delta t} \Leftrightarrow \Delta Q = I\Delta t = 200\text{ mA} \cdot 2{,}5\text{ s} = 0{,}5\text{ C}$$

$$n = \frac{Q}{e^-} = \frac{0{,}5\text{ As}}{1{,}602 \cdot 10^{-19}\text{ As}} = 3{,}12 \cdot 10^{18}$$

Lösung 2

Ein Stromfluss setzt eine Spannung voraus. Die negativen Ladungen bewegen sich in Richtung des positiven Potenzials und die positiven Ladungen wandern zum negativen Potenzial hin (siehe Abbildung 2.25).

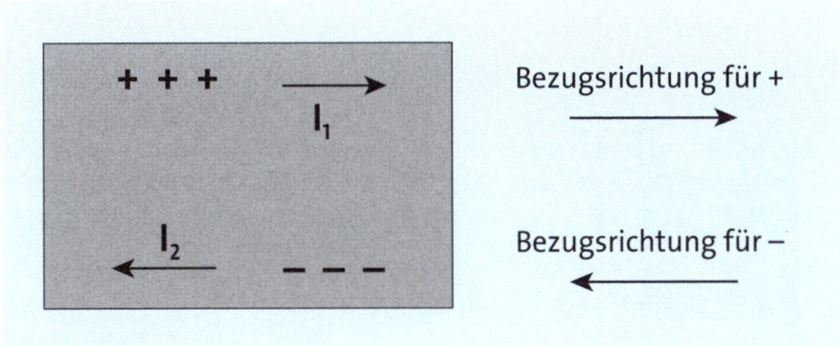

Abbildung 2.25 Ionenstrom

Der Gesamtstrom, der in diesem Leiter fließt, ist die Summe beider Ströme. Da es aber verschiedene Ladungsarten sind, müssen Sie auf die Vorzeichen der Ladungen achten und dürfen die Stromrichtung nicht ignorieren.

$$I = I_1 + (-I_2) = \frac{\Delta Q +}{\Delta t} + \left(- \frac{\Delta Q -}{\Delta t}\right)$$
$$= \frac{0{,}1 \cdot 10^{12} \cdot 1{,}602 \cdot 10^{-19}\,\text{As}}{\text{s}} + \left(- \frac{0{,}3 \cdot 10^{10} \cdot (-1{,}602 \cdot 10^{-19}\,\text{As})}{\text{s}}\right)$$
$$= 15{,}5\text{nA}$$

$$\Delta Q = I\Delta t = 15{,}5\ \text{nA} \cdot 20\ \text{m}s = 31\text{pAs}$$

Lösung 3

a) n = Anzahl der Elektronen

$$n = \frac{Q}{e^-} = \frac{0{,}25\ \text{As}}{1{,}602 \cdot 10^{-19}\ \text{As}} = 1{,}56 \cdot 10^{18}$$

b) In einem cm^3 befinden sich 8,45 · 1022 Ladungen mit einer Ladung von $1{,}602 \cdot 10^{-19}$ As, also beträgt die Ladungsdichte:

$$\rho = \frac{8{,}45 \cdot 10^{22} \cdot 1{,}602 \cdot 10^{-19}\ \text{As}}{\text{cm}^3}$$

$$v = \frac{J}{\rho}, \text{mit}\, J = \frac{I}{A} = \frac{1\ \text{A}}{0{,}4\ \text{mm}^2} = 2{,}5\ \frac{\text{A}}{\text{mm}^2}$$

erhalten Sie:

$$v = \frac{2{,}5\ \frac{\text{A}}{\text{mm}^2}}{\frac{8{,}45 \cdot 10^{22} \cdot 1{,}602 \cdot 10^{-19}\ \text{As}}{\text{cm}^3}} = 0{,}185\ \frac{\text{mm}}{\text{s}}$$

Lösung 4

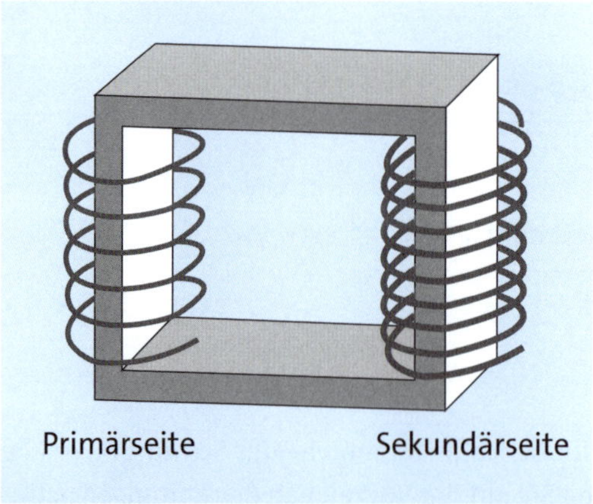

Abbildung 2.26 Transformator

Der Strom auf der Sekundärseite (siehe Abbildung 2.26) ist der höhere und trägt somit zu einer größeren Stromdichte bei.

$$J = \frac{I}{A} \Leftrightarrow A = \frac{I}{J} = \frac{2{,}5\ \mathrm{A}}{2\ \frac{\mathrm{A}}{\mathrm{mm}^2}} = 1{,}25\ \mathrm{mm}^2$$

Lösung 5

$J_0 = J(r_0),\ J_1 = J(r_1)$, man bewegt sich also zwischen den Radien r_0 und r_1.

$$I(r_0, r_1) = \int_A J \mathrm{d}A$$

$$= \int_A ar^2 + b\ \mathrm{d}A = \iint\limits_{0 r_0}^{2\pi r_1} (ar^2 + b) r \mathrm{d}r \mathrm{d}\varphi = \iint\limits_{0 r_0}^{2\pi r_1} (ar^3 + br) \mathrm{d}r \mathrm{d}\varphi$$

$$= \int_0^{2\pi} \frac{a}{4} r_1^4 + \frac{b}{2} r_1^2 - \frac{a}{4} r_0^4 - \frac{b}{2} r_0^2 \mathrm{d}\varphi$$

$$= \left(\frac{a}{4} r_1^4 + \frac{b}{2} r_1^2 - \frac{a}{4} r_0^4 - \frac{b}{2} r_0^2\right) 2\pi = \frac{a\pi}{2}\ (r_1^4 - r_0^4) + b\pi\ (r_1^2 - r_0^2)$$

$$J(r) = ar^2 + b \Leftrightarrow r = \sqrt{\frac{J(r) - b}{a}}$$

$$r_0 = \sqrt{\frac{J(r_0) - b}{a}} = \sqrt{\frac{0{,}03\ \frac{\mathrm{A}}{\mathrm{m}^2} - 0{,}01\ \frac{\mathrm{A}}{\mathrm{m}^2}}{200\ \frac{\mathrm{A}}{\mathrm{m}^4}}} = 0{,}001\ \mathrm{m} = 10\ \mathrm{mm}$$

$$r_1 = \sqrt{\frac{J(r_1) - b}{a}} = \sqrt{\frac{0{,}05\ \frac{\mathrm{A}}{\mathrm{m}^2} - 0{,}01\ \frac{\mathrm{A}}{\mathrm{m}^2}}{200\ \frac{\mathrm{A}}{\mathrm{m}^4}}} = 0{,}014\ \mathrm{m} = 14\ \mathrm{mm}$$

Lösung 6

a)

$$P_{\mathrm{ab}} = \frac{mgh}{t} = \frac{5000\ \mathrm{kg} \cdot 9{,}81\ \frac{\mathrm{m}}{\mathrm{s}^2} \cdot 5\ \mathrm{m}}{3600\ \mathrm{s}} = 68{,}1\ \mathrm{W}$$

$$\eta = \frac{P_{\mathrm{ab}}}{P_{\mathrm{zu}}} \Leftrightarrow P_{\mathrm{zu}} = \frac{P_{\mathrm{ab}}}{\eta} = \frac{68{,}1\ \mathrm{W}}{0{,}9} = 75{,}67\ \mathrm{W}$$

b) Jährliche Arbeitszeit: $t = 250 \cdot 8\ \text{h} = 2000\ \text{h}$

Jährliche Leistung: $2000\ \text{h} \cdot 75{,}67\ \text{W} = 151{,}3\ \text{kWh}$

Jährliche Kosten: $151{,}3\ \text{kWh} \cdot 0{,}25\ €/\text{kWh} = 37{,}83\ €$

Lösung 7

a) Ein Mol Kochsalz wiegt ca. 58,45 g, das entspricht $6{,}022 \cdot 10^{23}$ Molekülen. 200 g entsprechen 3,42 mol, also $2{,}061 \cdot 10^{24}$ Molekülen. Ein Molekül besteht aus 2 Ionen mit jeweils einer Elementarladung.

$$I_{\text{m}} = \frac{\Delta m}{\Delta t} = \frac{200\ \text{g}}{2\ \text{s}} = 100\,\frac{\text{g}}{\text{s}}$$

b) Die gesamte Ladung, die sich bewegt, beträgt:

$$Q = 2 \cdot 2{,}061 \cdot 10^{24} \cdot 1{,}602 \cdot 10^{-19}\ \text{As}$$

$$I = \frac{2 \cdot 2{,}061 \cdot 10^{24} \cdot 1{,}602 \cdot 10^{-19}\ \text{As}}{2\ \text{s}} = 330{,}2\ \text{kA}$$

Lösung 8

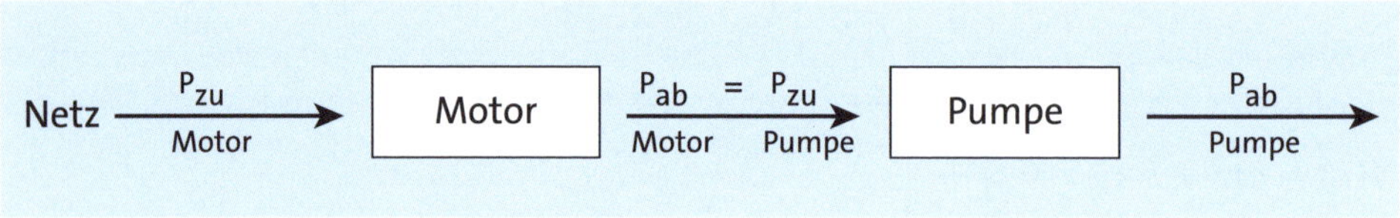

Abbildung 2.27 Blockschaltbild der Anlage

a) Nennleistung = $P_{\text{zu Motor}}$

$50\ \text{m}^3$ Wasser $\triangleq$ $50\ \text{t} = 50000\text{kg}$

Der Gesamtwirkungsgrad beträgt:

$$\eta = \eta_p \cdot \eta_M = 0{,}55 \cdot 0{,}85 = 0{,}4675$$

$$P_{\text{ab Pumpe}} = \frac{mgh}{t} = \frac{50000\ \text{kg} \cdot 9{,}81\,\frac{\text{m}}{\text{s}^2} \cdot 20\ \text{m}}{3600\ \text{s}} = 2{,}725\text{kW}$$

Um die Fördermenge zu liefern, benötigt die Pumpe also 2,725 kW.

Der Motor muss dafür folgende Leistung aufbringen:

$$\eta = \frac{P_{\text{ab Pumpe}}}{P_{\text{zu Motor}}} \Leftrightarrow P_{\text{zu Motor}} = \frac{P_{\text{ab Pumpe}}}{\eta} = \frac{2{,}725\ \text{kW}}{0{,}4675} = 5{,}83\ \text{kW}$$

b) Der Gesamtwirkungsgrad mit den neuen Geräten beträgt:

$$\eta_{\text{neu}} = \eta_{\text{p neu}} \cdot \eta_{\text{M neu}} = 0{,}65 \cdot 0{,}95 = 0{,}6175$$

Die Verbesserung beträgt also

$0{,}6175 - 0{,}4675 = 0{,}15$, also 15 %

Es wird nun 15 % weniger Leistung aus dem Netz gezogen. Bei 5,83 kW werden also 0,875 kW gespart.

In einer Stunde werden somit

$$0{,}875\ \text{kW} \cdot 0{,}15 \frac{€}{\text{kWh}} = 0{,}131 \frac{€}{\text{h}}$$

gespart.

Bei Anschaffungskosten von 3000 € muss die Anlage demnach

$$\frac{3000\ €}{0{,}131 \frac{€}{\text{h}}} = 22901\ \text{h} = 954{,}2\ \text{Tage}$$

laufen.

Lösung 9

$$I(t) = \frac{\text{d}Q}{\text{d}t} = -\frac{1}{T} Q_0 e^{\frac{-t}{T}}$$

$$I(2ms) = -\frac{1}{20\ \text{ms}} \text{As} e^{\frac{-2\ \text{ms}}{20\ \text{ms}}} = -45{,}24\ \text{A}$$

Kapitel 3
Elektrostatik

In diesem Kapitel wird die Wirkung von ruhenden Ladungen auf andere Ladungen betrachtet. Dazu gehören elektrische Felder und Kräfte zwischen Ladungen sowie verschiedene Ladungsanordnungen. Mathematisch ist dies eines der anspruchsvollsten Kapitel des Buches.

3.1 Das elektrische Feld (E-Feld)

Das elektrische Feld, also das Kraftfeld, das von einer Ladung erzeugt wird und auf andere Ladungen wirkt, ist ein sogenanntes *Vektorfeld*.

Dieses Vektorfeld besitzt eine Quelle, das ist die Ladung, und von dieser Quelle geht eine Wirkung aus. Die Wirkung ist das potenzielle Anziehen und Abstoßen anderer Ladungen. Die Stärke dieses Feldes wird als *Feldstärke* bezeichnet. Das Feld wirkt in Richtung der jeweiligen Vektorpfeile (siehe Abbildung 3.1).

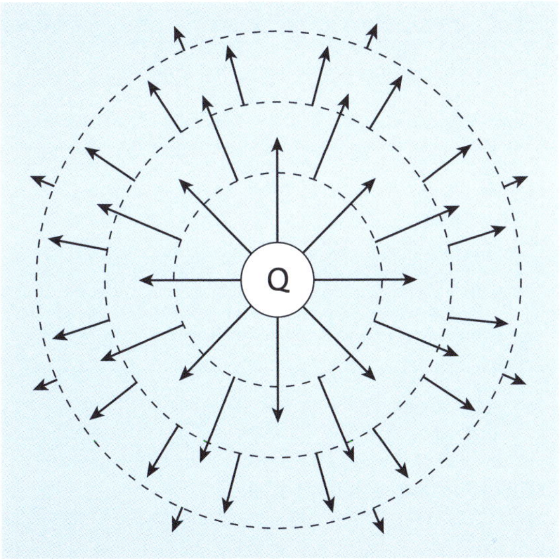

Abbildung 3.1 Elektrisches Feld einer Punktladung Q

Je weiter man sich von der Quelle entfernt, desto schwächer wird das Feld, was an der jeweiligen Länge der Pfeile, also dem Betrag der Vektoren, zu erkennen ist sowie an der Lage der Vektoren: Je schwächer das Feld ist, desto weniger dicht sind sie gepackt.

Je kürzer die Vektoren sind, desto schwächer ist das Feld. Die Richtung der Kraftwirkung wird durch die Richtung des Vektors angegeben.

Die Vektoren stehen senkrecht auf der Oberfläche der Ladung.

Dieses *elektrische Feld* wird durch das Formelzeichen $\vec{E}$ gekennzeichnet. An der Schreibweise mit dem Pfeil können Sie leicht erkennen, dass es sich um ein Vektorfeld handelt.

Die Größe bzw. Stärke, die dieses Feld in einem gewissen Abstand von der Quelle hat, wird grundsätzlich von der Stärke der Quellladung und vom Abstand von der Ladung bestimmt.

Bei gleichmäßiger Ladungsverteilung in der Quelle herrscht bei gleichen Abständen von der Ladung die gleiche Feldstärke. Eine schematische Darstellung sehen Sie in Abbildung 3.2, wo auf den Oberflächen der gedachten Kugeln mit den Radien R_1, R_2 und R_3 jeweils die gleiche Feldstärke anzutreffen ist.

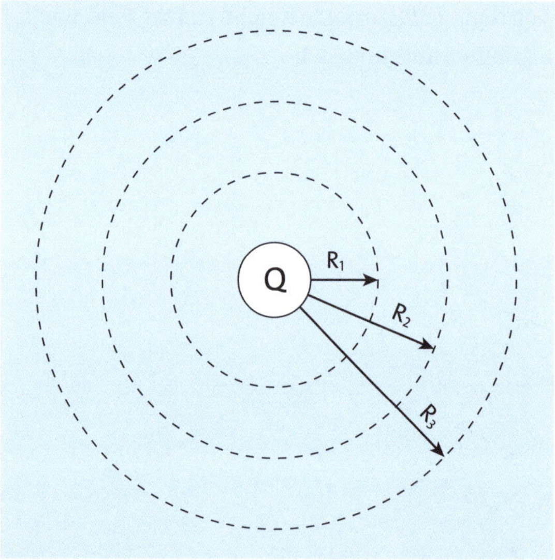

Abbildung 3.2 Gleiche Feldstärken in gleichem Abstand von der Ladung

Auch in Abbildung 3.3 herrscht auf allen parallelen Ebenen zu Q die gleiche Feldstärke.

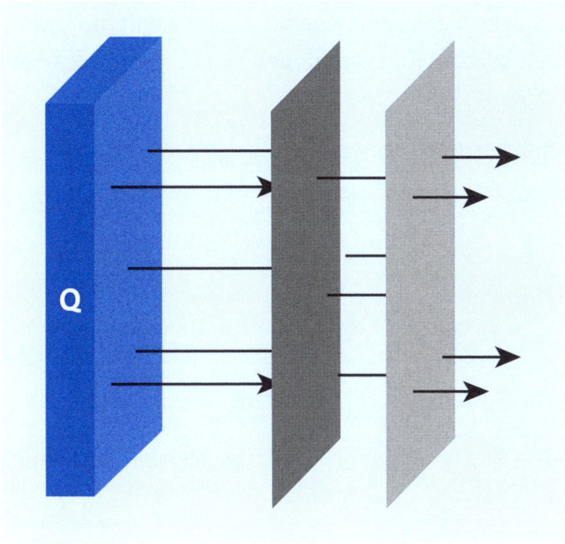

Abbildung 3.3 Gleiche Feldstärken in gleichem Abstand von der Ladung

Natürlich spielt auch die Richtung eine Rolle, denn stellen Sie sich vor, Sie hätten ein elektrisches Feld, das nur in eine Richtung wirkt. Dann würden Punkte, die sich in der entgegengesetzten Richtung befänden, von diesem Feld nicht berührt (siehe Abbildung 3.4).

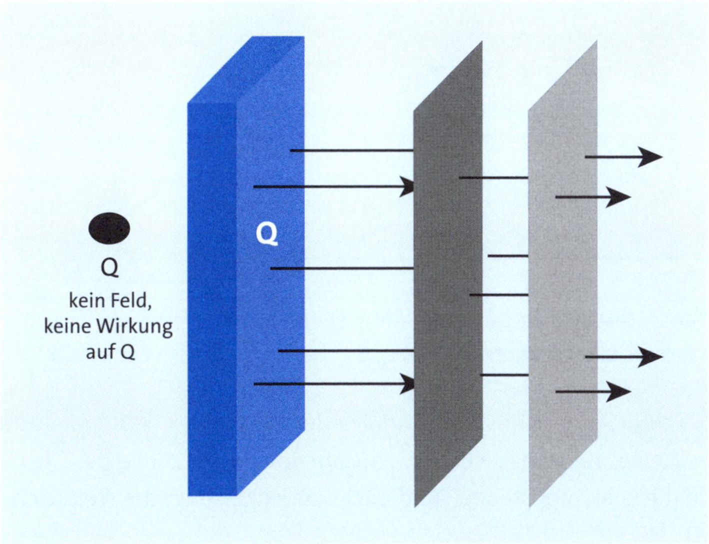

Abbildung 3.4 Elektrisches Feld, das nur in eine Richtung wirkt

Die Formel für die elektrische Feldstärke sieht je nachdem, welche Form die Ladung hat, anders aus. Wie die einzelnen Feldstärken für verschiedene Ladungsanordnungen berechnet werden, wird später geklärt.

Hier ist zunächst die Formel für punktförmige Ladungen:

[3.1] $$\vec{E}(\vec{r}) = \frac{1}{4\pi\varepsilon_0} \frac{Q}{r^2} \overrightarrow{e_r}$$

Q ist die Quellladung.

r ist der Abstand von der Quelle.

$\varepsilon_0 = 8{,}85 \cdot 10^{-12} \frac{\text{As}}{\text{Vm}}$ ist die *elektrische Feldkonstante (Dielektrizitätskonstante).*

Sie sehen, dass die Feldstärke quadratisch vom Abstand abhängt, also bei Entfernung von der Ladung schnell abnimmt.

Was soll nun dieses $\overrightarrow{e_r}$?

$\overrightarrow{e_r}$ ist der *Einheitsvektor in Richtung* $\vec{r}$. Der Vektor hat den Betrag 1, deshalb heißt er Einheitsvektor und zeigt in die Richtung von $\vec{r}$.

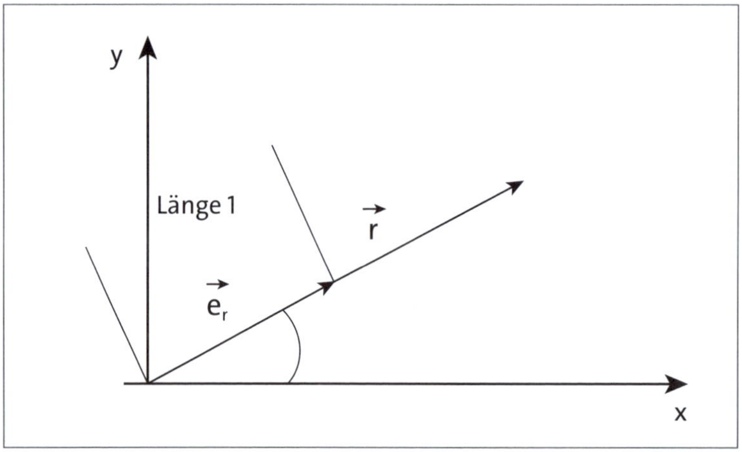

Abbildung 3.5 Darstellung des Einheitsvektors von $\vec{r}$

Die Feldstärke ist ein Vektor. r^2 ist eine Zahl, nämlich der Betrag des Abstandes zum Quadrat. Alle anderen Werte, außer natürlich $\overrightarrow{e_r}$, die auf der rechten Seite des Gleichheitszeichens der Feldstärkeformel stehen, sind auch Zahlen, also ist der Vektorcharakter verschwunden.

Um nun wieder einen Vektor aus dieser Größe zu machen, wird mit dem Einheitsvektor multipliziert.

$\frac{1}{4\pi\varepsilon_0}$ hängt mit dem Einheitensystem, das wir verwenden, zusammen.

Ursprünglich wurde das Cgs-System verwendet, das theoretische Physiker heute immer noch sehr gern anwenden, damit sie sich nicht mit solchen Konstanten wie $\frac{1}{4\pi\varepsilon_0}$ und Ähnlichem auseinandersetzen müssen.

Cgs steht für Zentimeter, Gramm, Sekunde. Die Einheit der Ladung, As, findet man in diesem System nicht.

Im Cgs-System lautet die Formel für das elektrische Feld einer Punktladung:

$$\vec{E} = \frac{Q}{r^2}\,\overrightarrow{e_r} \qquad [3.2]$$

Um diese Formel im SI-System darzustellen, muss eine Konstante hinzugefügt werden, denn sonst stimmen die Einheiten und die Größenverhältnisse nicht mehr.

Diese Konstante ist $\frac{1}{4\pi\varepsilon_0}$, wobei

$$\varepsilon_0 = 8{,}85 \cdot 10^{-12}\,\frac{\text{As}}{\text{Vm}}$$

die sogenannte *elektrische Feldkonstante* ist. (Früher war sie eher unter dem Namen *Dielektrizitätskonstante* bekannt.)

Die Einheit der elektrischen Feldstärke ist:

$$\frac{\text{V}}{\text{m}}$$

Was sagt die Feldstärke nun aus?

Sie gibt an, wie groß die von einer Ladung erzeugte Feldstärke in einem Punkt des Feldes ist und in welche Richtung diese Feldstärke wirkt.

Beispiel 1

Im Abstand von 2 m, 4 m und 10 m von einer punktförmigen Ladung $Q = 0{,}2$ C wird eine E-Feld-Messung durchgeführt. Wie groß ist die Feldstärke?

Das Feld einer punktförmigen Ladung ist im gleichen Abstand von der Ladung überall gleich groß, egal in welche Richtung man geht, denn es handelt sich um Kreisbahnen. Also ist hier nur der Betrag des Abstandsvektors wichtig und der ist in der Aufgabenstellung angegeben.

$$\vec{E}(\vec{r}) = \frac{1}{4\pi\varepsilon_0}\,\frac{Q}{r^2}\,\overrightarrow{e_r}$$

$\vec{e_r}$ ist somit in diesem Zusammenhang völlig uninteressant, es kommt nur auf den Betrag an.

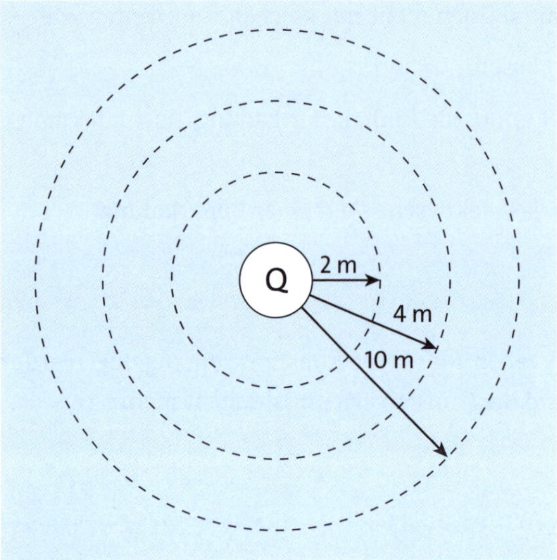

Abbildung 3.6 Die Feldstärke ist auf den gestrichelten Linien jeweils gleich groß.

Die Formel kann dann etwas vereinfacht werden, nämlich zu:

$$E(r) = \frac{1}{4\pi\varepsilon_0} \frac{Q}{r^2}$$

$$E(2\text{ m}) = \frac{1}{4\pi \cdot 8{,}85 \cdot 10^{-12} \frac{\text{As}}{\text{Vm}}} \frac{0{,}2\text{ As}}{(2\text{ m})^2} = 450\ \frac{\text{MV}}{\text{m}}$$

$$E(4\text{ m}) = \frac{1}{4\pi \cdot 8{,}85 \cdot 10^{-12} \frac{\text{As}}{\text{Vm}}} \frac{0{,}2\text{ As}}{(4\text{ m})^2} = 112\ \frac{\text{MV}}{\text{m}}$$

$$E(10\text{ m}) = \frac{1}{4\pi \cdot 8{,}85 \cdot 10^{-12} \frac{\text{As}}{\text{Vm}}} \frac{0{,}2\text{ As}}{(10\text{ m})^2} = 18\ \frac{\text{MV}}{\text{m}}$$

Beispiel 2

Die Quellladung beträgt wie im ersten Beispiel $Q = 0{,}2$ C, aber nun wird die Feldstärke in Richtung des Vektors $\vec{r} = \begin{pmatrix} 3\text{ m} \\ 4\text{ m} \end{pmatrix}$ gemessen. Wie groß ist die Feldstärke?

Obwohl hier auch völlig klar ist, dass die Richtung unerheblich ist, da die Feldstärke auf gleichen Radien um die Quelle gleich groß ist, wird zur Übung die Richtung berücksichtigt.

Zunächst muss berechnet werden, was r^2 ist. Nach Pythagoras:

$r^2 = (3\text{ m})^2 + (4\text{ m})^2 = (5\text{ m})^2 = 25\text{ m}^2$ und der Betrag $r = 5$ m

Den Einheitsvektor bestimmen Sie dadurch, dass Sie den Vektor durch seinen Betrag teilen, also:

$$\overrightarrow{e_r} = \frac{1}{5\text{ m}}\begin{pmatrix}3\text{ m}\\4\text{ m}\end{pmatrix} = \frac{1}{5}\begin{pmatrix}3\\4\end{pmatrix}$$

$\overrightarrow{e_r}$ verändert die Gleichung nicht, denn durch $\overrightarrow{e_r}$ wird die Gleichung nur mit 1 multipliziert.

$$\vec{E}(r) = \frac{1}{4\pi\varepsilon_0}\frac{Q}{r^2}\overrightarrow{e_r}$$

Jetzt wird alles eingesetzt:

$$\vec{E}\begin{pmatrix}3\text{ m}\\4\text{ m}\end{pmatrix} = \frac{1}{4\pi\cdot 8{,}85\cdot 10^{-12}\frac{\text{As}}{\text{Vm}}}\frac{0{,}2\text{ As}}{25\text{ m}^2}\cdot\frac{1}{5\text{ m}}\begin{pmatrix}3\text{ m}\\4\text{ m}\end{pmatrix}$$

$$= \frac{0{,}2\text{ As}}{4\pi\cdot 8{,}85\cdot 10^{-12}\frac{\text{As}}{\text{Vm}}25\text{ m}^2}\cdot\frac{1}{5\text{ m}}\begin{pmatrix}3\text{ m}\\4\text{ m}\end{pmatrix}$$

$$= \frac{72\text{ MV}}{\text{m}}\cdot\frac{1}{5\text{ m}}\begin{pmatrix}3\text{ m}\\4\text{ m}\end{pmatrix}$$

oder anders ausgedrückt: An der Stelle $\begin{pmatrix}3\text{ m}\\4\text{ m}\end{pmatrix}$ beträgt das elektrische Feld $E = 72\frac{\text{MV}}{\text{m}}$.

Elektrisches Feld

Feldstärke	$\vec{E}$
Einheit	$\frac{\text{V}}{\text{m}}$
Formel	$\vec{E}(\vec{r}) = \frac{1}{4\pi\varepsilon_0}\frac{Q}{r^2}\overrightarrow{e_r}$
Betrag	$E(r) = \frac{1}{4\pi\varepsilon_0}\frac{Q}{r^2}$

3.2 Kräfte zwischen Ladungen - die Coulombkraft

Bringt man eine Ladung in das elektrische Feld einer punktförmigen Ladung, dann kommt Bewegung ins Spiel: Die Ladung wird angezogen oder abgestoßen. Also wirkt hier eine Kraft. Diese Kraft wird als *Coulombkraft* bezeichnet und sie wird nach dem *Coulomb'schen Gesetz* in [3.3] berechnet:

[3.3] $$\vec{F}(r) = \frac{1}{4\pi\varepsilon_0} \frac{Q_1 Q_2}{r^2} \overrightarrow{e_r}$$

Q_1 und Q_2 (siehe Abbildung 3.7) sind die beiden Ladungen, zwischen denen die Kraft herrscht, und r ist der Abstand zwischen den Ladungen.

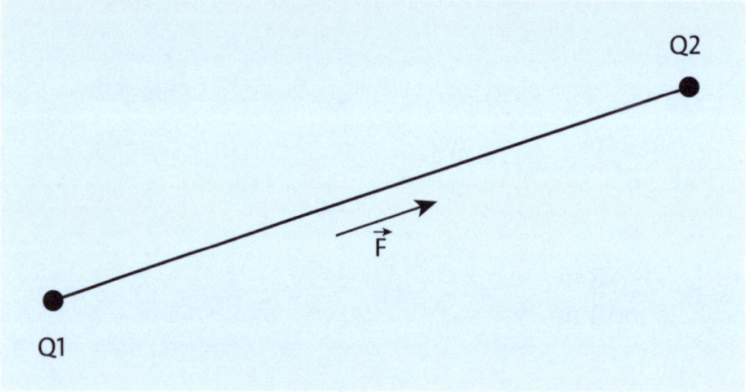

Abbildung 3.7 Coulombkraft zwischen zwei Ladungen

Erinnern Sie sich an die Formel für das elektrische Feld? Wenn Sie genau hinschauen, sehen Sie den Zusammenhang zwischen $\vec{E}$ und $\vec{F}$:

[3.4] $$\vec{F} = \vec{E} \cdot Q$$

Diese Formel gilt immer, egal ob von Punktladungen oder von anderen Geometrien die Rede ist. Das Einzige, was sich verändert, ist die Ladungsverteilung, und daher werden die Ladungen Q je nach Fall etwas anders aussehen. Das ändert aber nichts am Coulomb'schen Gesetz.

Die Coulombkraft ist eine sogenannte *Zentralkraft*. Zentralkräfte sind Kräfte, bei denen das Kraftzentrum von einem Punkt ausgeht. Das ist in diesem Fall die Quellladung. Eine weitere Bezeichnung für die Zentralkraft ist auch *konservative Kraft*.

Diese Art von Kräften hat die Eigenschaft, dass die Arbeit, die gegen diese Kraft verrichtet wird, *wegunabhängig* ist.

Das heißt: Wenn Sie eine Ladung in einem elektrischen Feld von A nach B bewegen, dann ist es vollkommen egal, welchen Weg Sie dabei wählen. Die verrichtete Arbeit ist die gleiche. Es zählt nur der senkrechte Abstand zur Quelle, wie Abbildung 3.8 zeigt.

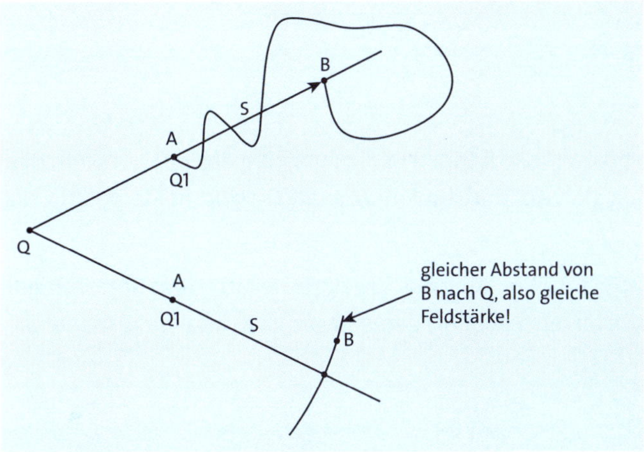

Abbildung 3.8 s ist jeweils der für die Arbeit relevante Weg.

Da die Coulombkraft und die elektrische Feldstärke sich nur um den Faktor Q unterscheiden, gilt diese Eigenschaft natürlich auch für elektrische Felder.

Beispiel

Wie groß ist die Kraft zwischen

a) einem Elektron und einem Proton, Entfernung 1 cm?

b) zwei Elektronen, Entfernung 10 cm?

In beiden Fällen wissen Sie nicht, wo sich die Ladungen genau befinden, und es wird keine Angabe über die Richtungen gemacht. Sie können nur den Betrag der Kraft ausrechnen.

a)

$$F = \frac{1}{4\pi\varepsilon_0}\,\frac{Q_1 Q_2}{r^2}$$

$$= \frac{1}{4\pi \cdot 8{,}85 \cdot 10^{-12}\,\frac{\mathrm{As}}{\mathrm{Vm}}}\;\frac{-1{,}602 \cdot 10^{-19}\mathrm{As} \cdot 1{,}602 \cdot 10^{-19}\,\mathrm{As}}{(0{,}01\ \mathrm{m})^2}$$

$$= -\,2{,}31 \cdot 10^{-24}\ \mathrm{N}$$

Das Minuszeichen bedeutet, dass eine *Anziehungskraft* herrscht.

b)

$$
\begin{aligned}
F &= \frac{1}{4\pi\varepsilon_0} \frac{Q_1\,Q_2}{r^2} \\
&= \frac{1}{4\pi \cdot 8{,}85 \cdot 10^{-12}\,\frac{\mathrm{As}}{\mathrm{Vm}}} \frac{1{,}602 \cdot 10^{-19}\,\mathrm{As} \cdot 1{,}602 \cdot 10^{-19}\,\mathrm{As}}{(0{,}1\,\mathrm{m})^2} \\
&= 2{,}31 \cdot 10^{-26}\,\mathrm{N}
\end{aligned}
$$

Hier ist das Vorzeichen positiv, also handelt es sich um eine *Abstoßungskraft*, denn gleiche Ladungen stoßen sich ab, und sowohl Q_1 und Q_2 sind beide positiv, also gleichartig.

Wäre eine Ladung negativ, so wäre auch das Ergebnis negativ, und unterschiedliche Ladungen ziehen sich an, also bedeutet eine negative Kraft eine *Anziehung*.

Coulombkraft

Formel	$\vec{F} = \frac{1}{4\pi\varepsilon_0} \frac{Q_1Q_2}{r^2} \overrightarrow{e_r}$
Betrag	$F = \frac{1}{4\pi\varepsilon_0} \frac{Q_1Q_2}{r^2}$
Negative Kraft	Anziehung
Positive Kraft	Abstoßung
Zusammenhang zwischen Coulombkraft und elektrischer Feldstärke	$\vec{F} = \vec{E} \cdot Q$

3.3 Ladungsverteilung

Das Grundproblem, das Sie bei der Berechnung der elektrischen Feldstärke und der Coulombkraft zu lösen haben, lautet: »Wie groß ist die Ladung?« Hierzu müssen Sie sich mit der Berechnung von Ladungen in verschiedenen Ladungsverteilungen auseinandersetzen. Ist die Ladung berechnet, so können Sie sie in die jeweiligen Formeln der Feldstärke oder der Coulombkraft einsetzen.

Ein wesentlicher Teil für die Berechnung von Ladungen kam schon in Kapitel 2 vor, die *Volumenladungsdichte* ρ.

Zur Erinnerung:

$$\rho = \frac{\mathrm{d}Q}{\mathrm{d}V}$$

Neben der Volumenladungsdichte existieren auch noch die Begriffe *Flächenladungsdichte* σ und *Linienladungsdichte* λ.

$$\sigma = \frac{\mathrm{d}Q}{\mathrm{dA}}$$

$$\lambda = \frac{\mathrm{d}Q}{\mathrm{d}l}$$

Hierbei handelt es sich um die Ladungsverteilung auf einer Fläche und um die Ladungsverteilung auf einer Geraden (siehe Abbildung 3.9). Da sich in der Praxis Ladung auf bzw. in dreidimensionalen Körpern befindet, werden die Linienladungsdichte und die Flächenladungsdichte nur verwendet, wenn von sehr dünnen Drähten und sehr dünnen Oberflächen die Rede ist. Sie ergeben dann einen guten Näherungswert. Um nun die Ladung berechnen zu können, werden diese drei Formeln umgeformt zu:

$$\mathrm{d}Q = \rho \mathrm{dV}$$

$$\mathrm{d}Q = \sigma \mathrm{dA}$$

$$\mathrm{d}Q = \lambda \mathrm{dl}$$

Wobei dQ ein infinitesimaler Teil der Ladung ist, der sich in einem infinitesimalen Bereich (dV, dA, dl) befindet.

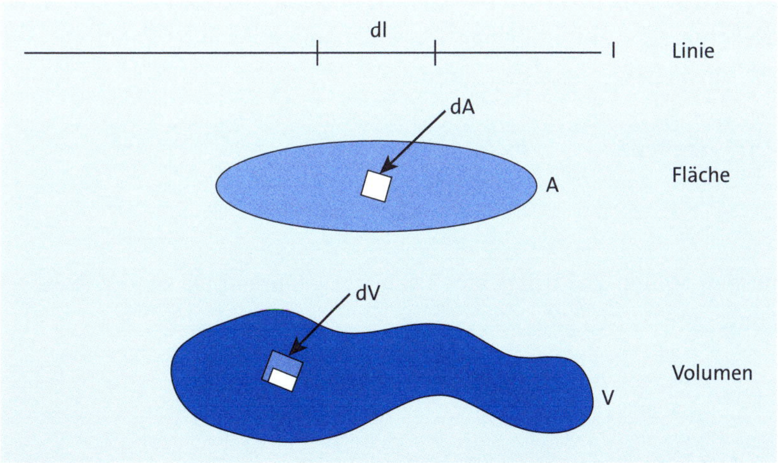

Abbildung 3.9 Ladungsverteilung auf einer Gerade, einer Fläche und in einem Volumen

Um dann auf die Gesamtladung schließen zu können, müssen diese kleinsten Teilchen aufsummiert werden, und das geschieht durch Integrieren.

Sie bekommen dann folgende Integrale:

[3.5] $$Q = \int \rho \mathrm{dV}$$

[3.6] $$Q = \int \sigma \mathrm{dA}$$

[3.7] $$Q = \int \lambda \mathrm{dl}$$

Das ergibt ein Volumen-, ein Flächen- und ein Linienintegral.

Das Flächenintegral wurde in Kapitel 2 besprochen. Dort hatten Sie zum Beispiel eine Fläche in infinitesimal kleine Flächenteile zerlegt und je Flächenteil die Stromdichte betrachtet, um den Strom durch diesen Flächenteil zu berechnen, $\mathrm{d}I = J\mathrm{d}A$. Die Summe, also das Integral, hat den Gesamtstrom dargestellt, und das Linienintegral (siehe Kapitel 1) ist das Integral, das Sie aus der Schule kennen.

Es fehlt nun nur noch die Berechnung des Volumenintegrals, und dieses Problem werden Sie im folgenden Abschnitt lösen.

3.3.1 Berechnung eines Volumenintegrals in kartesischen Koordinaten

Ein Volumen ist ein dreidimensionaler Raum mit einer x-, einer y- und einer z-Koordinate. Deshalb zerlegen Sie dV in seine einzelnen Bestandteile $\mathrm{d}x\mathrm{d}y\mathrm{d}z$ – also so wie schon beim Flächenintegral, nur mit einer Koordinate mehr. Es muss nun dreimal integriert werden, um an das Ergebnis zu kommen:

$$Q = \int_V \rho \mathrm{dV} = \iiint \rho \mathrm{d}x\mathrm{d}y\mathrm{d}z$$

Beispiel

Ein Quader mit den Maßen $x = 0{,}3\ \mathrm{m}, y = 0{,}4\ \mathrm{m}, z = 0{,}5\ \mathrm{m}$ enthält eine Volumenladungsdichte ρ mit

$$\rho = (xy + xz + yz)\frac{\mathrm{As}}{\mathrm{m}^5}$$

Wie groß ist die Ladung, die sich im Quader befindet?

$$Q = \int_V \rho \mathrm{dV} = \iiint \rho \mathrm{d}x\mathrm{d}y\mathrm{d}z$$

Setzen Sie ein:

$$\int_0^{0{,}5\,\mathrm{m}} \int_0^{0{,}4\,\mathrm{m}} \int_0^{0{,}3\,\mathrm{m}} (xy + xz + yz)\frac{\mathrm{As}}{\mathrm{m}^5}\mathrm{d}x\mathrm{d}y\mathrm{d}z$$

$$= \int_0^{0{,}5\,\mathrm{m}} \int_0^{0{,}4\,\mathrm{m}} \left(\frac{1}{2}x^2\,y + \frac{1}{2}\,x^2 z + xyz\right)\frac{\mathrm{As}}{\mathrm{m}^5}\Bigg|_0^{0{,}3\,\mathrm{m}} \mathrm{d}y\mathrm{d}z$$

$$= \int_0^{0{,}5\,\mathrm{m}} \int_0^{0{,}4\,\mathrm{m}} \left(\frac{0{,}09\,\mathrm{m}^2}{2}y + \frac{0{,}09\,\mathrm{m}^2}{2}z + 0{,}3\,\mathrm{m}yz\right)\frac{\mathrm{As}}{\mathrm{m}^5}\mathrm{d}y\mathrm{d}z$$

$$= \int_0^{0{,}5\,\mathrm{m}} \frac{0{,}09\,\mathrm{m}^2}{4}y^2 + \frac{0{,}09\,\mathrm{m}^2}{2}\,yz + \frac{0{,}3\,\mathrm{m}}{2}\,y^2\,z\Bigg|_0^{0{,}4\,\mathrm{m}} \frac{\mathrm{As}}{\mathrm{m}^5}\mathrm{d}z$$

$$= \int_0^5 \left(\frac{0{,}0144}{4}\mathrm{m}^4 + \frac{0{,}036}{2}\mathrm{m}^3 z + \frac{0{,}048}{2}\mathrm{m}^3 z\right)\frac{\mathrm{As}}{\mathrm{m}^5}\mathrm{d}z$$

$$= \frac{0{,}0144}{4}\,\mathrm{m}^4\,z + \frac{0{,}036}{4}\,\mathrm{m}^3\,z^2 + \frac{0{,}048}{4}\mathrm{m}^3\,z^2\Bigg|_0^{0{,}4\,\mathrm{m}} \frac{\mathrm{As}}{\mathrm{m}^5}$$

$$= (0{,}0018\,\mathrm{m}^5 + 0{,}00225\,\mathrm{m}^5 + 0{,}003\,\mathrm{m}^5)\frac{\mathrm{As}}{\mathrm{m}^5} = 0{,}00705\,\mathrm{As}$$

Das sieht wild aus, aber Stück für Stück kommen Sie zum Ziel. Wenn Sie lieber mit Buchstaben rechnen, können Sie die Zahlen auch erst ganz zum Schluss einsetzen.

Die folgenden Umwandlungen kommen vielleicht in einer Übungsaufgabe in der Elektrotechnik oder in der Mathematik vor. Dann müssten Sie diese Schritte nachvollziehen. Normalerweise können Sie aber das hier erhaltene Ergebnis direkt in Ihren Berechnungen verwenden.

3.3.2 Berechnung eines Volumenintegrals in Zylinderkoordinaten

Wie sieht nun die Ladung aus, wenn es sich nicht um einen Quader, sondern um einen Zylinder handelt?

Einen Zylinder in kartesischen Koordinaten darzustellen, ist möglich, aber das Integral wird dann kompliziert werden. Also wählt man in diesem Fall *Zylinderkoordinaten* (siehe Abbildung 3.10).

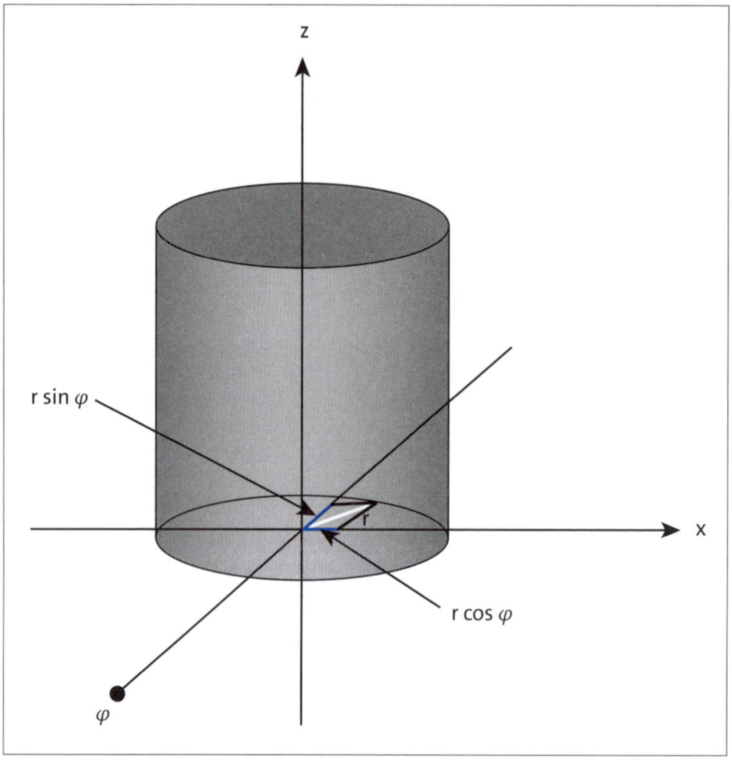

Abbildung 3.10 Radius der Zylinderkoordinaten

Die drei Dimensionen bestehen dann aus der Kreisfläche (zwei Dimensionen, wie bei den Polarkoordinaten in Kapitel 2) und der Höhe des Zylinders.

(x, y, z) gehen dann über in (r, φ, z), und zwar mit

$x = r \cos \varphi$

$y = r \sin \varphi$

und

$z = z$

Die Koordinaten eines Punktes A sind dann $(r \cos \varphi\,, r \sin \varphi, z)$, wie in Abbildung 3.11 zu sehen ist.

Um nun $\mathrm{d}V$ in Zylinderkoordinaten darzustellen, muss wieder die Jacobimatrix gebildet werden. Also müssen Sie zunächst die partiellen Ableitungen ausrechnen.

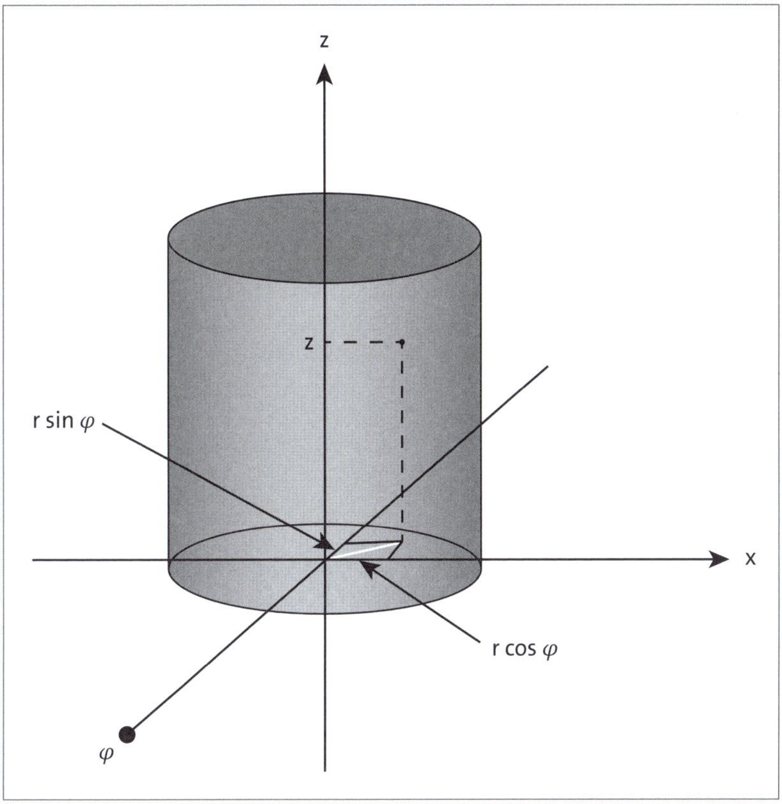

Abbildung 3.11 Darstellung eines Punktes in Zylinderkoordinaten

$$\frac{\partial x}{\partial r} = \cos\varphi\,, \qquad \frac{\partial x}{\partial \varphi} = -r\ \sin\varphi\,, \qquad \frac{\partial x}{\partial z} = 0$$

$$\frac{\partial y}{\partial r} = \sin\varphi\,, \qquad \frac{\partial y}{\partial \varphi} = r\cos\varphi\,, \qquad \frac{\partial y}{\partial z} = 0$$

$$\frac{\partial z}{\partial r} = 0, \qquad \frac{\partial z}{\partial \varphi} = 0, \qquad \frac{\partial z}{\partial z} = 1$$

$$J = \begin{pmatrix} \frac{\partial x}{\partial r} & \frac{\partial x}{\partial \varphi} & \frac{\partial x}{\partial z} \\ \frac{\partial y}{\partial r} & \frac{\partial y}{\partial \varphi} & \frac{\partial y}{\partial z} \\ \frac{\partial z}{\partial r} & \frac{\partial z}{\partial \varphi} & \frac{\partial z}{\partial z} \end{pmatrix}$$

Die Determinante dieser Matrix ist:

$$
\begin{aligned}
|J| &= \frac{\partial x}{\partial r}\frac{\partial y}{\partial \varphi}\frac{\partial z}{\partial z} + \frac{\partial x}{\partial \varphi}\frac{\partial y}{\partial z}\frac{\partial z}{\partial r} + \frac{\partial x}{\partial z}\frac{\partial y}{\partial r}\frac{\partial z}{\partial \varphi} - \frac{\partial x}{\partial z}\frac{\partial y}{\partial \varphi}\frac{\partial z}{\partial r} - \frac{\partial x}{\partial \varphi}\frac{\partial y}{\partial r}\frac{\partial z}{\partial z} - \frac{\partial x}{\partial r}\frac{\partial y}{\partial z}\frac{\partial z}{\partial \varphi} \\
&= \cos\varphi \cdot r\cos\varphi \cdot 1 + (-r\sin\varphi)\cdot 0 \cdot 0 + 0 \cdot \sin\varphi \cdot 0 - 0 \cdot r\cos\varphi \cdot 0 \\
&- (-r\sin\varphi)\cdot \sin\varphi \cdot 1 - \cos\varphi \cdot 0 \cdot 0 + \sin^2\varphi\,) \\
&= r
\end{aligned}
$$

Somit ist $\mathrm{d}V = r\mathrm{d}r\mathrm{d}\varphi\mathrm{d}z$.

Beispiel

Ein Zylinder mit den Maßen $r = 4$ cm und $h = 5$ cm enthält eine Volumenladungsdichte ρ gemäß $\rho = (x^2 + y^2 + z^2)\frac{\mathrm{As}}{\mathrm{m}^5}$.

Wie groß ist die sich im Quader befindliche Ladung?

In ρ werden jetzt anstatt x, y, z die Zylinderkoordinaten eingesetzt:

$$\rho = (r^2\cos^2\varphi^2\sin^2\varphi + z^2)\frac{\mathrm{As}}{\mathrm{m}^5}$$

Sie gehen genauso vor wie im Beispiel mit den kartesischen Koordinaten, nur die Art der Koordinaten hat sich geändert.

$$Q = \int \rho dV = \iiint \rho r\mathrm{d}r\mathrm{d}\varphi\mathrm{d}z$$

Setzen Sie ein:

$$
\begin{aligned}
&\int_0^{0{,}05\,\mathrm{m}}\int_0^{2\pi}\int_0^{0{,}04\,\mathrm{m}} (r^2\cos^2\varphi + r^2\sin^2\varphi + z^2)\frac{\mathrm{As}}{\mathrm{m}^5} r\mathrm{d}r\mathrm{d}\varphi\mathrm{d}z \\
&= \int_0^{0{,}05\,\mathrm{m}}\int_0^{2\pi}\int_0^{0{,}04\,\mathrm{m}} (r^3\cos^2\varphi + r^3\sin^2\varphi + z^2 r)\frac{\mathrm{As}}{\mathrm{m}^5} \mathrm{d}r\mathrm{d}\varphi\mathrm{d}z \\
&= \int_0^{0{,}05\,\mathrm{m}}\int_0^{2\pi}\int_0^{0{,}04\,\mathrm{m}} (r^3 + z^2 r)\frac{\mathrm{As}}{\mathrm{m}^5} \mathrm{d}r\mathrm{d}\varphi\mathrm{d}z
\end{aligned}
$$

$$= \int_0^{0{,}05\,\text{m}} \int_0^{2\pi} \frac{1}{4} r^4 + z^2 r^2 \Big|_0^{0{,}4\,\text{m}} \frac{\text{As}}{\text{m}^5} \text{d}\varphi \text{d}z$$

$$= \int_0^{0{,}05\,\text{m}} \int_0^{2\pi} (0{,}64 \cdot 10^{-6}\,\text{m}^4 + z^2 \cdot 1{,}6 \cdot 10^{-3}\text{m}^2)) \frac{\text{As}}{\text{m}^5} \text{d}\varphi \text{d}z$$

$$= \int_0^{0{,}05} (0{,}64 \cdot 10^{-6}\text{m}^4 \varphi + 1{,}6 \cdot 10^{-3}\text{m}^2 z^2 \varphi)|_0^{2\pi} \frac{\text{As}}{\text{m}^5} \text{d}z$$

$$= \int_0^{0{,}05\,\text{m}} (0{,}64 \cdot 10^{-6}\text{m}^4 2\pi + 1{,}6 \cdot 10^{-3}\text{m}^2 z^2 2\pi) \frac{\text{As}}{\text{m}^5} \text{d}z$$

$$= 1{,}28 \cdot 10^{-6}\text{m}^4 \pi z + \frac{2}{3} \cdot 1{,}6 \cdot 10^{-3}\text{m}^2 z^3 \pi \Big|_0^{0{,}05\,\text{m}} \frac{\text{As}}{\text{m}^5}$$

$$= \left(1{,}28 \cdot 10^{-6}\text{m}^4 \pi \cdot 0{,}05\text{m} + \frac{2}{3} 1{,}6 \cdot 10^{-3}\text{m}^2 \cdot (0{,}05\text{m})^3 \pi\right) \frac{\text{As}}{\text{m}^5}$$

$$= 2{,}7 \cdot \pi \cdot 10^{-6} = 8{,}6\,\mu C$$

3.3.3 Berechnung eines Volumenintegrals in Kugelkoordinaten

Ist das Volumen eine Kugel, so werden *Kugelkoordinaten* verwendet. Eine Kugel ist ebenfalls dreidimensional: Sie besitzt einen Radius r, einen Winkel φ und einen Winkel θ (siehe Abbildung 3.12).

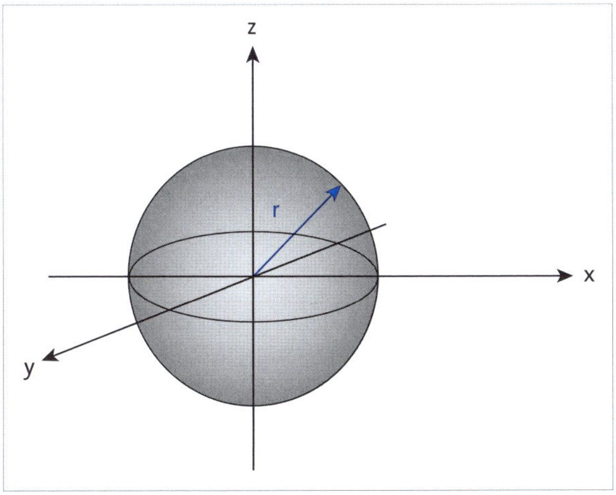

Abbildung 3.12 Radius r der Kugel

Der Winkel φ gibt das an, was wir auf die Erde bezogen als *Längengrad* bezeichnen (siehe Abbildung 3.13), und läuft von 0 bis 2π.

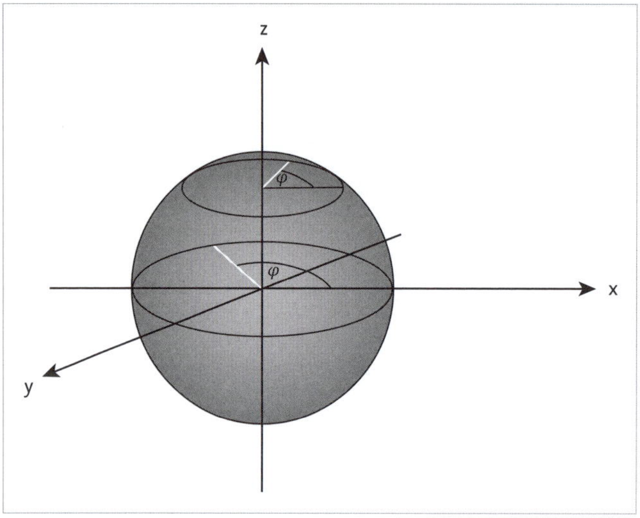

Abbildung 3.13 Winkel, der den Längengrad bestimmt

Der Winkel θ entspricht dem *Breitengrad* (siehe Abbildung 3.14) und läuft nur über eine Halbkugel. Die andere Halbkugel erreichen Sie durch Drehung um den Winkel φ, wie Sie in Abbildung 3.15 sehen.

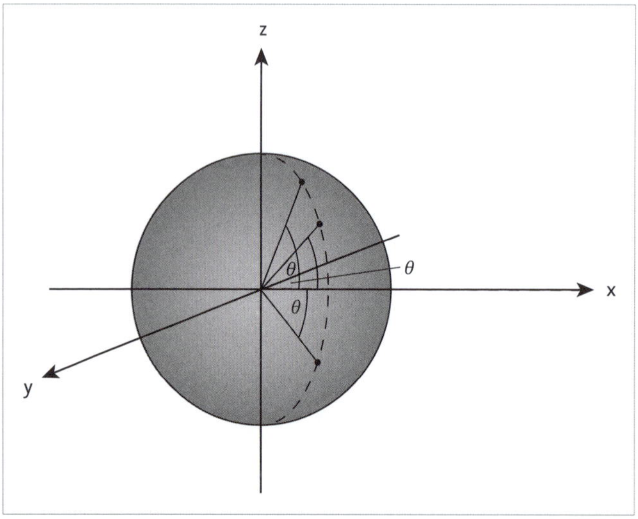

Abbildung 3.14 Winkel θ, der den Breitengrad bestimmt

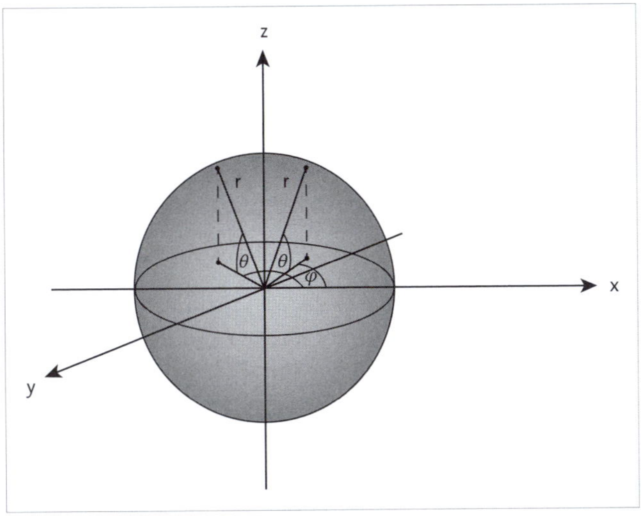

Abbildung 3.15 Durch Drehung in der x-y-Ebene werden die Punkte auf der gegenüberliegenden Halbkugel erreicht

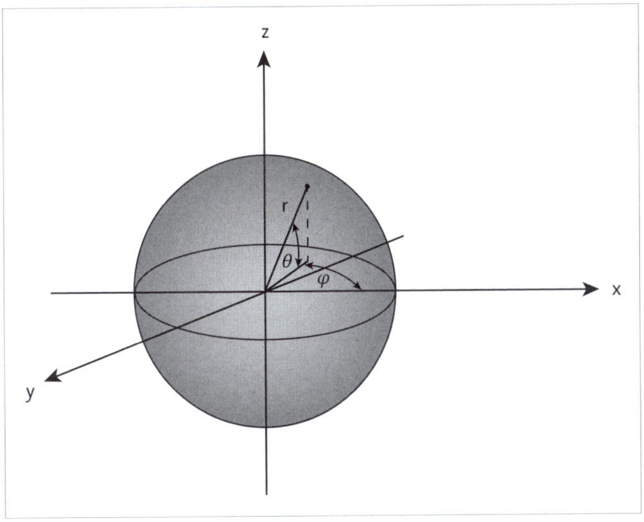

Abbildung 3.16 Darstellung eines Punktes in Kugelkoordinaten

Nun müssen die kartesischen Koordinaten x,y,z (siehe Abbildung 3.16) in Kugelkoordinaten r, θ, φ übersetzt werden.

$$x = r \sin\theta \cos\varphi$$

$$y = r \sin\theta \sin\varphi$$

$$z = r \cos\theta$$

Jetzt werden wieder die partiellen Ableitungen gebildet:

$$\frac{\partial x}{\partial r} = \sin\theta\cos\varphi \qquad \frac{\partial x}{\partial \varphi} = -r\sin\theta\sin\varphi \qquad \frac{\partial x}{\partial \theta} = r\cos\theta\cos\theta$$

$$\frac{\partial y}{\partial r} = \sin\theta\sin\varphi \qquad \frac{\partial y}{\partial \varphi} = r\sin\theta\cos\varphi \qquad \frac{\partial y}{\partial \theta} = r\cos\theta\sin\varphi$$

$$\frac{\partial z}{\partial r} = \cos\theta \qquad \frac{\partial z}{\partial \varphi} = 0 \qquad \frac{\partial z}{\partial \theta} = -r\sin\theta$$

Die Jacobideterminante lautet dann:

$$J = \begin{pmatrix} \frac{\partial x}{\partial r} & \frac{\partial x}{\partial \theta} & \frac{\partial x}{\partial \varphi} \\ \frac{\partial y}{\partial r} & \frac{\partial y}{\partial \theta} & \frac{\partial y}{\partial \varphi} \\ \frac{\partial z}{\partial r} & \frac{\partial z}{\partial \theta} & \frac{\partial z}{\partial \varphi} \end{pmatrix} = \begin{pmatrix} \sin\theta\cos\varphi & r\cos\theta\cos\varphi & -r\sin\theta\sin\varphi \\ \sin\theta\sin\varphi & r\cos\theta\sin\varphi & r\sin\theta\cos\varphi \\ \cos\theta & -r\sin\theta & 0 \end{pmatrix}$$

$$|\,J\,| = \frac{\partial x}{\partial r}\frac{\partial y}{\partial \theta}\frac{\partial z}{\partial \varphi} + \frac{\partial x}{\partial \theta}\frac{\partial y}{\partial \varphi}\frac{\partial z}{\partial r} + \frac{\partial x}{\partial \varphi}\frac{\partial y}{\partial r}\frac{\partial z}{\partial \theta} - \frac{\partial x}{\partial \varphi}\frac{\partial y}{\partial \theta}\frac{\partial z}{\partial r} - \frac{\partial x}{\partial \theta}\frac{\partial y}{\partial r}\frac{\partial z}{\partial \varphi} - \frac{\partial x}{\partial r}\frac{\partial y}{\partial \varphi}\frac{\partial z}{\partial \theta}$$

$$= \sin\theta\cos\varphi\, r\cos\theta\sin\varphi \cdot 0 + r\cos\theta\cos\varphi\, r\sin\theta\cos\varphi\cos\theta$$

$$+ \sin\theta\sin\theta\,(-r\sin\theta)(-r\sin\theta\sin\varphi)$$

$$- (-r\sin\theta\sin\varphi) r\cos\theta\sin\varphi\cos\theta - r\cos\theta\cos\varphi\sin\theta\sin\varphi \cdot 0$$

$$- \sin\theta\cos\varphi\, r\sin\theta\cos\varphi\,(-r\sin\theta)$$

$$= r^2\cos^2\theta\sin\theta\cos^2\varphi$$

$$+ r^2\sin^2\varphi\sin^3\theta$$

$$+ r^2\sin^2\varphi\cos^2\theta\sin\theta$$

$$+ r^2\cos^2\varphi\sin^3\theta$$

$$= r^2\sin^3\theta + r^2\cos^2\theta\sin\theta$$

$$= r^2\sin\theta$$

Damit wird $\mathrm{dV} = \mathrm{d}x\mathrm{d}y\mathrm{d}z$ zu $\mathrm{dV} = r^2\sin\theta\,\mathrm{d}r\mathrm{d}\varphi\mathrm{d}\theta$.

Da Sie es hier mit Winkelfunktionen zu tun haben und sowohl der Cosinus als auch der Sinus periodisch oberhalb und unterhalb der x-Achse verlaufen, kann es sein, dass sich Flächen wieder gegeneinander aufheben (siehe Abbildung 3.17).

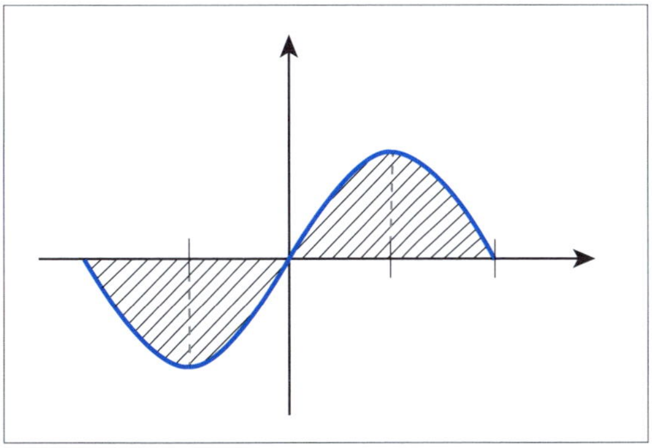

Abbildung 3.17 Die Flächen heben sich gegenseitig auf.

Deshalb müssen Sie beim Winkel θ darauf achten, zwischen welchen Grenzen er verläuft. Durch die Koordinatentransformation steht generell $\sin\theta$ unter dem Integral. Es ist daher sinnvoll, θ zwischen 0 und π laufen zu lassen, denn zwischen $-\pi/2$ und $\pi/2$ heben sich die Flächen zwischen dem Sinus und der x-Achse auf, und damit würde das ganze Integral zu 0. Das würde heißen, dass keine Ladung vorhanden ist, und das kann nicht sein.

Beispiel

Die Ladungsdichte in einer Kugel mit dem Radius $r = 0{,}1$ m ist:

$$\rho = (x^2 + y^2 + z^2)\frac{\mathrm{As}}{\mathrm{m}^5}$$

Wie groß ist die Ladung?

$$Q = \int \rho \mathrm{dV} = \iiint \rho r^2 \sin \mathrm{d}\, \mathrm{d}r\mathrm{d}\varphi\mathrm{d}\theta$$

Setzen Sie ein:

$$\int_0^{\pi}\int_0^{2\pi}\int_0^{0{,}1\mathrm{m}} (r\sin\theta\cos\varphi)^2 + (r\sin\theta\sin\varphi)^2 + (r\cos\theta)^2 r^2 \sin\theta \frac{\mathrm{As}}{\mathrm{m}^5}\mathrm{d}r\mathrm{d}\varphi\mathrm{d}\theta$$

$$= \int_0^{\pi}\int_0^{2\pi}\int_0^{0{,}1\mathrm{m}} (r^4\sin^3\theta\cos^2\varphi + r^4\sin^3\theta\sin^2\varphi + r^4\sin\theta\cos^2\theta)\frac{\mathrm{As}}{\mathrm{m}^5}\mathrm{d}r\mathrm{d}\varphi\mathrm{d}\theta$$

$$= \int_0^{\pi}\int_0^{2\pi}\int_0^{0{,}1\,\mathrm{m}} (r^4 \sin^3\theta + r^4 \sin\theta\cos^2\theta)\frac{\mathrm{As}}{\mathrm{m}^5}\mathrm{d}r\mathrm{d}\varphi\mathrm{d}\theta$$

$$= \int_0^{\pi}\int_0^{2\pi}\int_0^{0{,}1\,\mathrm{m}} \left(\frac{1}{5}r^5\sin^3\theta + \frac{1}{5}r^5\sin\theta\cos^2\theta\right)\frac{\mathrm{As}}{\mathrm{m}^5}\bigg|_0^{0{,}1\,m} \mathrm{d}\varphi\mathrm{d}\theta$$

$$= \int_{-\frac{\pi}{2}}^{\frac{\pi}{2}}\int_0^{2\pi} \left(\frac{1}{5}0{,}1^5\sin^3\theta + \frac{1}{5}0{,}1^5\sin\theta\cos^2\theta\right)\mathrm{As}\,\mathrm{d}\varphi\mathrm{d}\theta$$

$$= \int_{-\frac{\pi}{2}}^{\frac{\pi}{2}} \left(\frac{1}{5}0{,}1^5\varphi\sin^3\theta + \frac{1}{5}0{,}1^5\varphi\sin\theta\cos^2\theta\right)\mathrm{As}\bigg|_0^{2\pi} \mathrm{d}\theta$$

$$= \int_0^{\pi} \left(\frac{2\pi}{5}0{,}1^5\sin^3\theta + \frac{2\pi}{5}0{,}1^5\varphi\sin\theta\cos^2\theta\right)\mathrm{As}\;\mathrm{d}\theta = \cdots$$

Die Stammfunktionen von $\sin^3\theta$ und $\sin\theta\cos^2\theta$ kann man in jeder guten Formelsammlung nachschlagen. Sie lauten:

$$\int \sin^3\theta\mathrm{d}\theta = \cos^3(x) - \cos(x)$$

und

$$\int \sin\theta\cos^2\theta\mathrm{d}\theta = -\frac{1}{3}\cos^3\theta \ldots$$
$$= \frac{2\pi}{5}0{,}1^5(\cos^3(\theta) - \cos(\theta)) + \frac{2\pi}{5}0{,}1^5\left(-\frac{1}{3}\cos^3\theta\right)\bigg|_0^{\pi} \mathrm{As}$$
$$= -\frac{2\pi}{5}0{,}1^5\cos(\theta)\bigg|_0^{\pi}$$
$$= -\frac{2\pi}{5}0{,}1^5(-1) - \left(-\frac{2\pi}{5}0{,}1^5\cdot 1\right)\mathrm{As}$$
$$= \frac{4\pi}{5}\cdot 0{,}1^5\mathrm{As} = 25\,\mu C$$

Koordinatentransformation

Flächenintegrale

$\mathrm{dA} = dxdy$	in kartesischen Koordinaten
$\mathrm{dA} = rdrd\varphi$	in Polarkoordinaten

Volumenintegrale

$\mathrm{dV} = \mathrm{d}x\mathrm{d}y\mathrm{d}z$	in kartesischen Koordinaten
$\mathrm{dV} = r\mathrm{d}r\mathrm{d}\varphi\mathrm{d}z$	in Zylinderkoordinaten
$\mathrm{dV} = r^2 \sin\theta \,\mathrm{d}r\mathrm{d}\varphi\mathrm{d}\theta$	in Kugelkoordinaten

Ladungsverteilung

$Q = \int \rho \,\mathrm{dV}$	Verteilung bei gegebener Raumladungsdichte
$Q = \int \sigma \,\mathrm{dA}$	Verteilung bei gegebener Flächenladungsdichte
$Q = \int \lambda \,\mathrm{dl}$	Verteilung bei gegebener Linienladungsdichte

3.4 Berechnung von E-Feldern

Nun haben Sie das nötige Werkzeug, um elektrische Felder zu berechnen.

Wir gehen nun verschiedene geometrische Formen durch, um eine allgemeine Formel für die jeweiligen Gebilde zu erhalten.

3.4.1 Elektrisches Feld einer Punktladung

Wie Sie schon in Abschnitt 3.1 gesehen haben, berechnet sich das elektrische Feld einer Punktladung nach:

$$\vec{E} = \frac{1}{4\pi\varepsilon_0} \frac{Q}{r^2} \overrightarrow{e_r}$$

Da $\vec{E}$ ein Vektor ist, kann $\vec{E}$ in seine Komponenten

$$\vec{E} = \begin{pmatrix} E_x \\ E_y \\ E_z \end{pmatrix}$$

zerlegt werden, also in den Teil, der in x-Richtung wirkt, in den Teil, der in y-Richtung wirkt, und in den Teil, der in z-Richtung wirkt (siehe Abbildung 3.18).

Zusammen betrachtet, ergeben die verschiedenen Richtungen das elektrische Feld in Richtung $\vec{r}$.

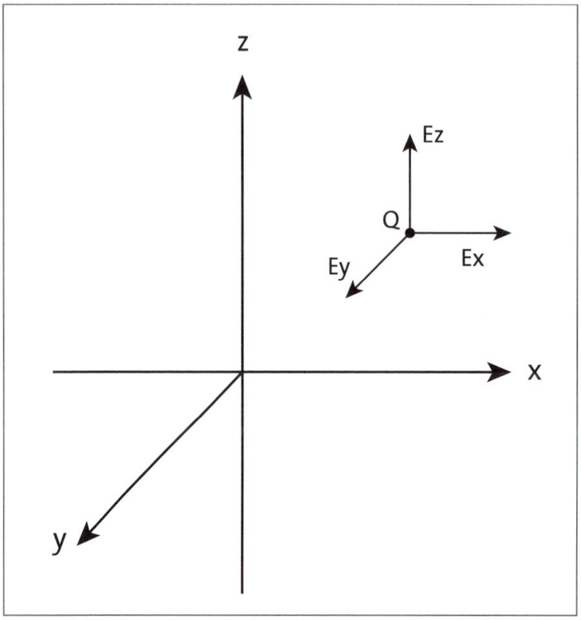

Abbildung 3.18 Zerlegung von E in seine Komponenten

Das Überlagern der einzelnen Komponenten nennt man *Superposition*.

$$\vec{E} = \frac{1}{4\pi\varepsilon_0}\frac{Q}{r^2}\overrightarrow{e_r} = \frac{1}{4\pi\varepsilon_0}\frac{Q}{r^2}\begin{pmatrix} e_x \\ e_y \\ e_z \end{pmatrix} = \begin{pmatrix} E_x \\ E_y \\ E_z \end{pmatrix}$$

Dabei stellen e_x, e_y, e_z die Richtungskomponenten des Einheitsvektors $\overrightarrow{e_r}$ und E_x, E_y, E_z die Richtungskomponenten des elektrischen Feldes $\vec{E}$ dar.

Betrachten Sie hierzu noch einmal das Beispiel aus Abschnitt 3.1:

Das Ergebnis lautete:

$$\vec{E}\begin{pmatrix} 3\text{ m} \\ 4\text{ m} \end{pmatrix} = \frac{1}{4\pi \cdot 8{,}85 \cdot 10^{-12}\frac{\text{As}}{\text{Vm}}}\frac{0{,}2\text{ As}}{25\text{ m}^2}\cdot\frac{1}{5\text{ m}}\begin{pmatrix} 3\text{ m} \\ 4\text{ m} \end{pmatrix} = \frac{72\text{ MV}}{\text{m}}\frac{1}{5\text{ m}}\begin{pmatrix} 3\text{ m} \\ 4\text{ m} \end{pmatrix}$$

Hier haben Sie es mit nur zwei Dimensionen zu tun. Die dritte ist nicht vorhanden, also setzen Sie sie gleich 0.

Die dreidimensionale Darstellung des Richtungsvektors $\vec{r}$ ist dann:

$$\vec{r} = \begin{pmatrix} 3\text{m} \\ 4\text{m} \\ 0 \end{pmatrix}$$

$$E_x = \frac{1}{4\pi \cdot 8{,}85 \cdot 10^{-12} \frac{\text{As}}{\text{Vm}}} \frac{0{,}2\ \text{As}}{25\ \text{m}^2} \cdot \frac{3\ \text{m}}{5\ \text{m}} \overrightarrow{e_x}$$

$$E_y = \frac{1}{4\pi \cdot 8{,}85 \cdot 10^{-12} \frac{\text{As}}{\text{Vm}}} \frac{0{,}2\ \text{As}}{25\ \text{m}^2} \cdot \frac{4\ \text{m}}{5\ \text{m}} \overrightarrow{e_y}$$

$$E_z = \frac{1}{4\pi \cdot 8{,}85 \cdot 10^{-12} \frac{\text{As}}{\text{Vm}}} \frac{0{,}2\ \text{As}}{25\ \text{m}^2} \cdot \frac{0\ \text{m}}{5\ \text{m}} \overrightarrow{e_z} = 0$$

Überlagern Sie diese 3 Feldkomponenten wieder, so erhalten Sie:

$$\vec{E}\begin{pmatrix} 3\ \text{m} \\ 4\ \text{m} \\ 0 \end{pmatrix} = \begin{pmatrix} \frac{1}{4\pi \cdot 8{,}85 \cdot 10^{-12} \frac{\text{As}}{\text{Vm}}} \frac{0{,}2\ \text{As}}{25\ \text{m}^2} \cdot \frac{3\ \text{m}}{5\ \text{m}} \overrightarrow{e_x} \\ \frac{1}{4\pi \cdot 8{,}85 \cdot 10^{-12} \frac{\text{As}}{\text{Vm}}} \frac{0{,}2\ \text{As}}{25\ \text{m}^2} \cdot \frac{4\ \text{m}}{5\ \text{m}} \overrightarrow{e_y} \\ \frac{1}{4\pi \cdot 8{,}85 \cdot 10^{-12} \frac{\text{As}}{\text{Vm}}} \frac{0{,}2\ \text{As}}{25\ \text{m}^2} \cdot \frac{0\ \text{m}}{5\ \text{m}} \overrightarrow{e_z} \end{pmatrix}$$

$$= \frac{1}{4\pi \cdot 8{,}85 \cdot 10^{-12} \frac{\text{As}}{\text{Vm}}} \frac{0{,}2\ \text{As}}{25\ \text{m}^2} \frac{1}{5\ \text{m}} \begin{pmatrix} 3\ \text{m} \\ 4\ \text{m} \\ 0 \end{pmatrix}$$

Falls eine oder mehrere Komponenten negativ sind, heißt das nicht, dass der Betrag der Feldstärke negativ ist, sondern, dass sie in die *negative Richtung des Koordinatenkreuzes* wirkt.

Das elektrische Feld von mehreren Punktladungen

Wird ein elektrisches Feld von mehreren Punktladungen gebildet, die sich an verschiedenen Orten befinden, so spricht man von einer *diskreten Ladungsverteilung*.

Bei der Berechnung eines solchen Feldes können Sie sich das *Superpositionsprinzip* zunutze machen: Die E-Felder der einzelnen Ladungen werden berechnet, denn jede Ladung hat ein eigenes Feld, und danach werden diese Felder überlagert, denn sie wirken schließlich zusammen (siehe Abbildung 3.19).

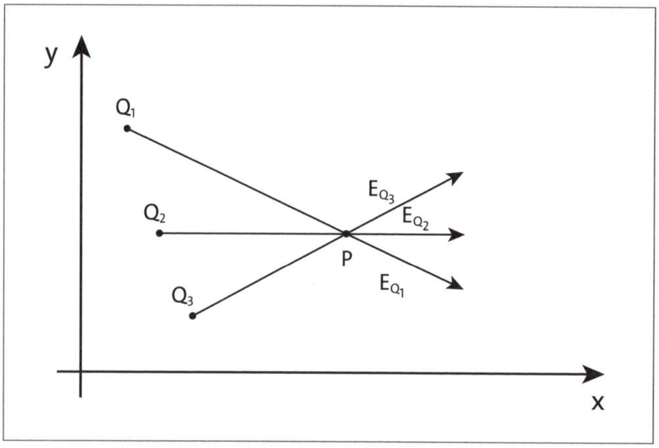

Abbildung 3.19 Einzel-E-Felder von den drei Punktladungen Q_1, Q_2, Q_3 und deren Felder E_{Q1}, E_{Q2}, E_{Q3} im Punkt P

Beispiel

Zwei Punktladungen $Q_1 = 1\,C$ und $Q_2 = 1\,C$ erzeugen jeweils ein elektrisches Feld. Die Ladung Q_1 befinde sich bei den Koordinaten (0,0,0) und die Ladung Q_2 bei den Koordinaten (1,1,0). Wie groß ist das elektrische Feld im Punkt $P(1{,}0{,}0)$? Die Längeneinheit des Koordinatensystems sei Meter.

Zunächst sollten Sie sich anhand einer Skizze wie in Abbildung 3.20 einen Überblick über diese Verteilung verschaffen.

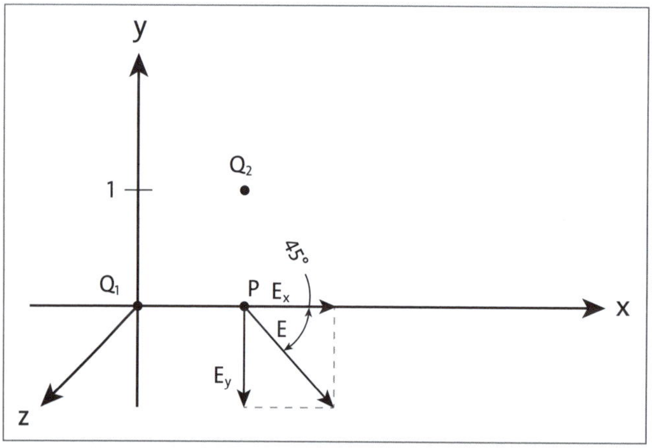

Abbildung 3.20 Das Feld von Q_1 wirkt im Punkt P nur in x-Richtung und das Feld von Q_2 nur in y-Richtung. Die Felder werden überlagert, das Gesamtfeld ist E.

Dann betrachten Sie eine Ladung nach der anderen:

Q_1: Der Vektor, der von Q_1 nach P weist, ist:

$$\overrightarrow{r_1} = \begin{pmatrix}1\\0\\0\end{pmatrix}, r_1^2 = 1 \text{ und } \overrightarrow{e_{r_1}} = \begin{pmatrix}1\\0\\0\end{pmatrix}$$

Das setzen Sie in die Gleichung $\overrightarrow{E_1} = \frac{1}{4\pi\varepsilon_0}\frac{Q_1}{r^2}\overrightarrow{e_r}$ ein:

$$\overrightarrow{E_1} = \frac{1}{4\pi\varepsilon_0}\frac{1\,\mathrm{C}}{1\,\mathrm{m}^2}\begin{pmatrix}1\\0\\0\end{pmatrix}$$

Das Gleiche wird nun mit Q_2 durchgeführt:

$$\overrightarrow{r_2} = \begin{pmatrix}0\\-1\\0\end{pmatrix},\ r_2^2 = 1 \text{ und } \overrightarrow{e_{r_2}} = \begin{pmatrix}0\\-1\\0\end{pmatrix}$$

$$\overrightarrow{E_2} = \frac{1}{4\pi\varepsilon_0}\frac{1\,\mathrm{C}}{1\,\mathrm{m}^2}\begin{pmatrix}0\\-1\\0\end{pmatrix}$$

Das sind nun die Felder der Einzelladungen im Punkt $P(1{,}0{,}0)$. Jetzt werden die Felder überlagert:

$$\vec{E} = \overrightarrow{E_1} + \overrightarrow{E_2} = \frac{1}{4\pi\varepsilon_0}\frac{1\,C}{1\,\mathrm{m}^2}\begin{pmatrix}1\\0\\0\end{pmatrix} + \frac{1}{4\pi\varepsilon_0}\frac{1\,C}{1\,\mathrm{m}^2}\begin{pmatrix}0\\-1\\0\end{pmatrix} = \frac{1}{4\pi\varepsilon_0}\frac{1\,C}{1\,\mathrm{m}^2}\begin{pmatrix}1\\-1\\0\end{pmatrix}$$

Den Betrag von $\vec{E}$ erhalten Sie wie gewohnt durch:

$$E = \sqrt{E_1^2 + E_2^2} = \frac{1}{4\pi\varepsilon_0}\frac{1\,C}{1\,\mathrm{m}^2}\sqrt{2}$$

Sowohl die Richtung als auch der Betrag stimmen mit dem überein, was an der Zeichnung abzulesen ist.

3.4.2 Elektrisches Feld einer Linienladung

Eine Linienladung der Länge l hat eine Ladungsverteilung λ. Das E-Feld der Linienladung befindet sich konzentrisch wie ein Zylinder um diese Ladung herum.

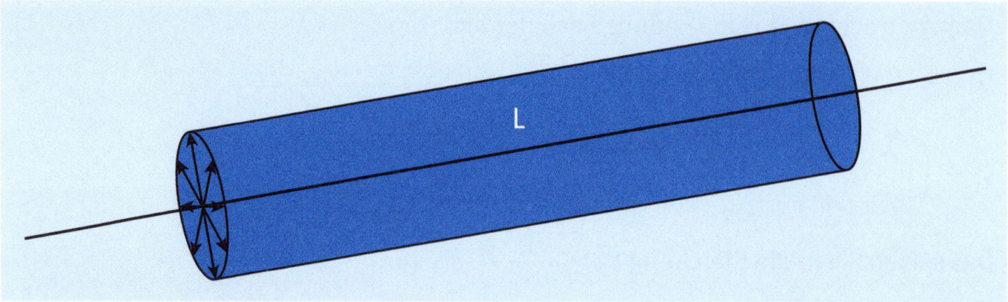

Abbildung 3.21 E-Feld einer Linienladung

Wie groß ist das elektrische Feld in einem Punkt P im Abstand zu der Linienladung?

Gehen Sie der Einfachheit halber einmal von einer konstanten Ladungsverteilung aus. Das heißt, die Ladungen sind gleichmäßig in der Linie (z. B. einem Draht) verteilt, sodass jedes Längenstück die gleiche Ladung besitzt. Alle Ladungen wirken gleichzeitig auf den Punkt P, wie in Abbildung 3.22 zu sehen ist.

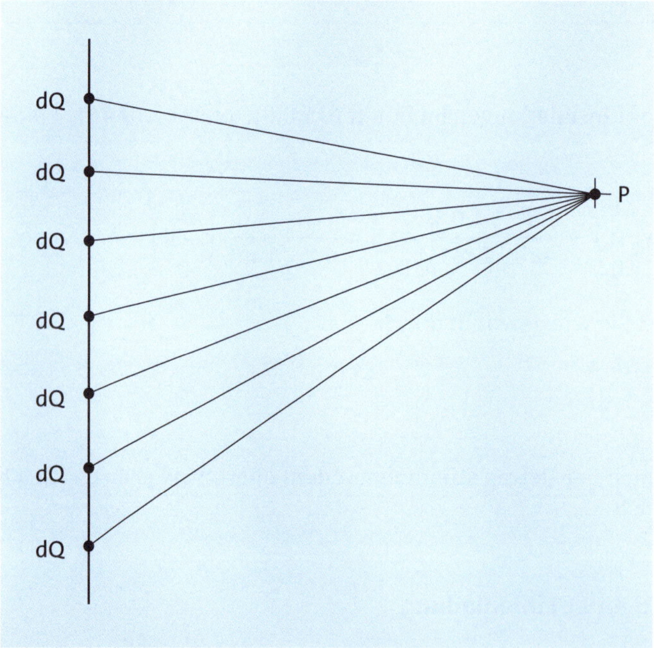

Abbildung 3.22 Abstände der dQ von P

Das bedeutet, dass auch hier eine Überlagerung von E-Feldern vieler Punktladungen vorhanden ist.

Um die Gesamtladung zu erfassen, muss über alle Ladungen integriert werden. Das geschieht mit:

$$Q = \int \lambda(r)\mathrm{d}l$$

Da dies aber die Formel für eine beliebige Ladungsverteilung ist, kann auf die Voraussetzung einer konstanten Ladungsverteilung verzichtet werden.

Der Abstand r von P zu der jeweiligen in der Linienladung enthaltenen Punktladung variiert mit jedem $\mathrm{d}Q$.

Wenn Sie sich nun noch einmal die Formel des elektrischen Feldes anschauen,

$$\vec{E} = \frac{1}{4\pi\varepsilon_0} \frac{Q}{r^2} \overrightarrow{e_r}$$

dann sehen Sie, dass der Abstand r in Form von r^2 das elektrische Feld beeinflusst. r ist aber kein konstanter Wert, sondern ist für jedes dQ anders. Also müssen diese unterschiedlichen Abstände ebenfalls aufsummiert werden. Über sie wird also auch integriert, und aus

$$\vec{E} = \frac{1}{4\pi\varepsilon_0} \frac{\int \lambda(r)}{r^2} \overrightarrow{e_r}\, \mathrm{d}l$$

wird dann:

$$\vec{E} = \frac{1}{4\pi\varepsilon_0} \int \frac{\lambda(r)}{r^2} \overrightarrow{e_r}\, \mathrm{d}l$$

So erhalten Sie die allgemeine Formel zur Berechnung des elektrischen Feldes einer Linienladung.

Die Lösung bzw. die Berechnung dieser und der folgenden Formeln ist extrem umfangreich und kompliziert. Ich verzichte hier bewusst darauf, diese Lösungen explizit anzugeben, da Sie in Abschnitt 3.4.5 mit dem Gauß'schen Satz eine einfachere Methode, die genau das gleiche Ergebnis liefert, an die Hand bekommen.

3.4.3 Elektrisches Feld einer Flächenladung

Sind Ladungen auf einer Fläche verteilt, so spricht man von einer Flächenladung σ. Wir gehen dabei allerdings davon aus, dass die Fläche sehr dünn ist, denn sonst hätten wir ein Volumen.

Eine Flächenladung könnte zum Beispiel die Ladung auf einer dünnen Platte sein. Die Fläche kann gerade (siehe Abbildung 3.23), aber auch gekrümmt sein, wie zum Beispiel eine Kugeloberfläche oder ein Zylindermantel wie in Abbildung 3.24.

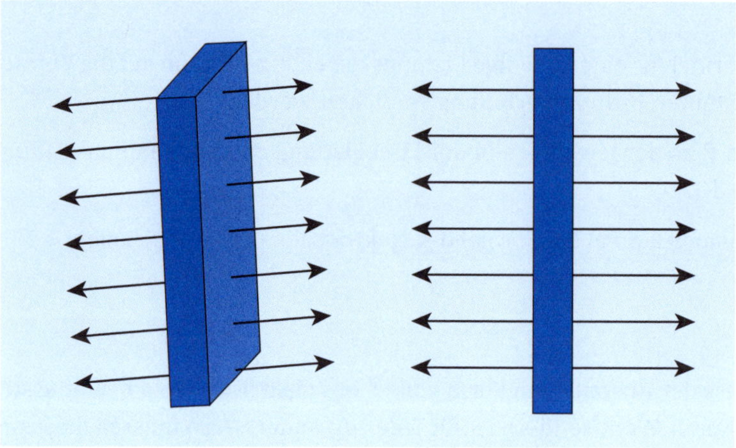

Abbildung 3.23 E-Feld einer geladenen geraden Fläche

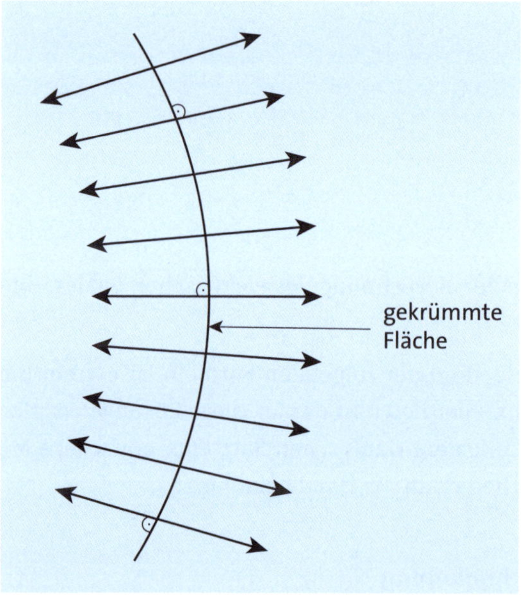

Abbildung 3.24 E-Feld einer geladenen gekrümmten Fläche

Wenn die Flächenladungsdichte σ gegeben ist, dann kann die Ladung mit

$$Q = \int \sigma(r)\, \mathrm{d}A \quad [3.8]$$

berechnet werden, und das elektrische Feld wird dann zu:

$$\vec{E} = \frac{1}{4\pi\varepsilon_0} \frac{Q}{r^2} \overrightarrow{e_r} = \frac{1}{4\pi\varepsilon_0} \int \frac{\sigma(r)}{r^2} \overrightarrow{e_r}\, \mathrm{d}A \quad [3.9]$$

3.4.4 Elektrisches Feld einer Volumenladung

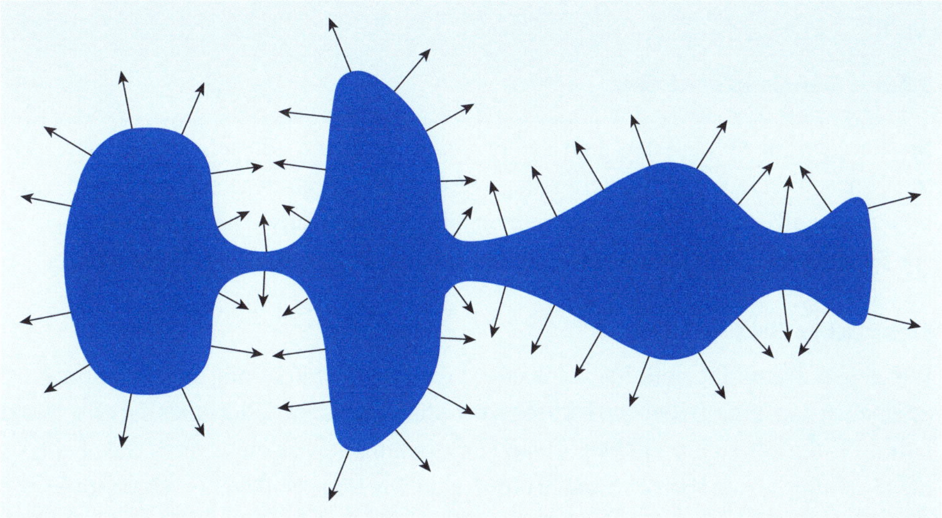

Abbildung 3.25 E-Feld eines beliebigen geladenen Volumens

Mit der gleichen Vorgehensweise wie in den Fällen davor erhalten Sie:

$$Q = \int \rho(r)\, \mathrm{d}V$$

Das elektrische Feld wird dann zu:

$$\vec{E} = \frac{1}{4\pi\varepsilon_0} \frac{Q}{r^2} \overrightarrow{e_r} = \frac{1}{4\pi\varepsilon_0} \int \frac{\rho(r)}{r^2} \overrightarrow{e_r}\, \mathrm{d}V$$

E-Felder

$\vec{E} = \frac{1}{4\pi\varepsilon_0}\frac{Q}{r^2}\vec{e_r}$	Punktladung
$\vec{E} = \frac{1}{4\pi\varepsilon_0}\frac{Q}{r^2}\vec{e_r} = \frac{1}{4\pi\varepsilon_0}\int\frac{\lambda(r)}{r^2}\vec{e_r}dl$	Linienladung
$\vec{E} = \frac{1}{4\pi\varepsilon_0}\frac{Q}{r^2}\vec{e_r} = \frac{1}{4\pi\varepsilon_0}\int\frac{\sigma(r)}{r^2}\vec{e_r}\mathrm{d}A$	Flächenladung
$\vec{E} = \frac{1}{4\pi\varepsilon_0}\frac{Q}{r^2}\vec{e_r} = \frac{1}{4\pi\varepsilon_0}\int\frac{\rho(r)}{r^2}\vec{e_r}\,\mathrm{d}V$	Volumenladung

3.4.5 Der Gauß'sche Satz

Die Berechnung von elektrischen Feldern kann aufgrund von sehr komplizierten Integralen sehr schwierig und aufwendig werden. Die Methode, elektrische Felder mithilfe des Gauß'schen Satzes zu berechnen, bietet eine relativ einfache Alternative. Bevor Sie ihn anwenden können, müssen noch ein paar Begriffe hergeleitet werden.

Elektrischer Fluss

Wir gehen der Einfachheit halber wieder von einer Punktladung aus. Es könnte sich aber auch um eine beliebige Ladungsverteilung handeln; allerdings ist die Punktladung einfacher zu handhaben. Diese Punktladung besitzt ein elektrisches Feld. Um diese Ladung herum denken Sie sich eine Kugel. Die Kugel soll weiter nicht stören, ihre Oberfläche enthält keine Ladungen, sie ist einfach nur da.

Diese Kugel bekommt einen besonderen Namen, sie heißt *Gaußkugel* (siehe Abbildung 3.26). Wenn allerdings nicht von Kugeln die Rede ist, sondern von anderen Geometrien, die um eine Ladung gelegt werden, können Sie auch einfach *Gaußvolumen* sagen.

Die Feldlinien des E-Feldes der Punktladung oder, anders ausgedrückt, die Vektoren des E-Feldes dringen durch diese Kugel hindurch. Verändert man nun die Größe dieser Kugel, so tritt immer noch dieselbe Anzahl an Feldlinien durch die Kugeloberfläche (siehe Abbildung 3.27).

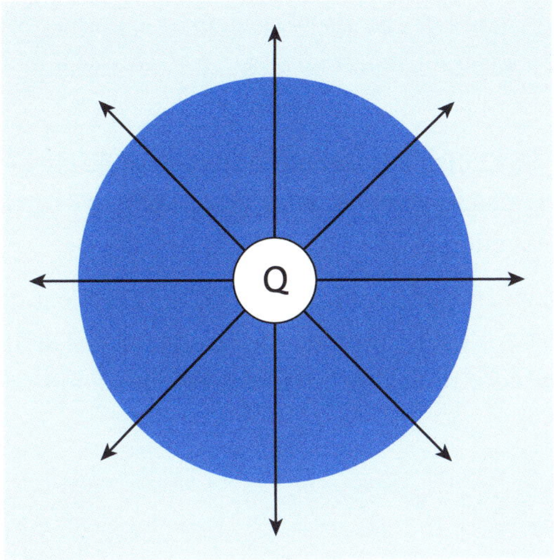

Abbildung 3.26 Eine Gaußkugel

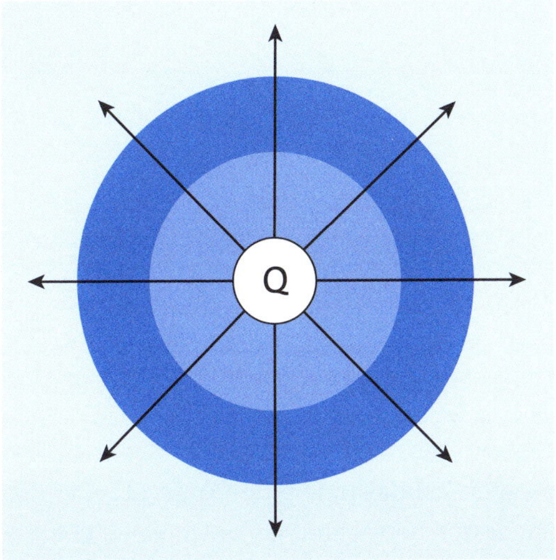

Abbildung 3.27 Zwei Gaußkugeln mit verschiedenen Radien

Die Summe aller Feldlinien hängt also nicht von der betrachteten Oberfläche, sondern von der Ladung in diesem Körper ab. Somit ist die *Anzahl der Feldlinien*, die durch diese gedachte Kugel treten, ein Maß für die Ladung und somit auch für das elektrische Feld.

Diese Größe wird *elektrischer Fluss* ϕ_{el} genannt. Da es auch noch einen magnetischen Fluss gibt, sollten Sie den Index *el* dazuschreiben, damit es nicht zu Verwechslungen kommen kann.

Die Einheit des Flusses ist, genauso wie die Einheit der Ladung, As und deshalb können Sie den Fluss und die Ladung inhaltlich gleichsetzen. Es wird die gleiche Größe beschrieben, nur die Betrachtungsweise ist anders.

Aber Achtung! Wir reden von Vektoren. Auch hier kommt es wieder auf die Richtung an. Befindet sich eine Ladung innerhalb der Kugel, so treten alle Feldlinien aus. Befindet sich die Ladung allerdings außerhalb der Kugel, so treten die Feldlinien ein und wieder aus (siehe Abbildung 3.28).

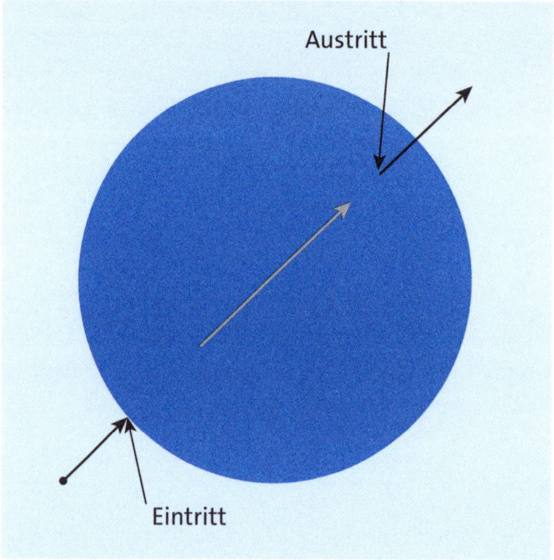

Abbildung 3.28 Befindet sich die Ladung außerhalb der Kugel, dann treten die Feldlinien in die Kugel ein und auch wieder aus.

Befindet sich die Ladung außerhalb der Kugel – ist das Innere der Kugel also ladungsfrei –, dann treten, von der Kugeloberfläche aus betrachtet, genauso viele Feldlinien ein wie aus.

Um die Richtungen klarzustellen, damit Sie wissen, wie Sie dieses Gebilde betrachten müssen, bekommt auch die Kugeloberfläche eine Richtung, nämlich den *Normalenvektor* $\vec{n}$ der Oberfläche.

Der Normalenvektor ist ein Vektor, der senkrecht auf der Oberfläche steht und die Länge 1 hat. Es ist also ein Einheitsvektor senkrecht zur Fläche (siehe Abbildung 3.29).

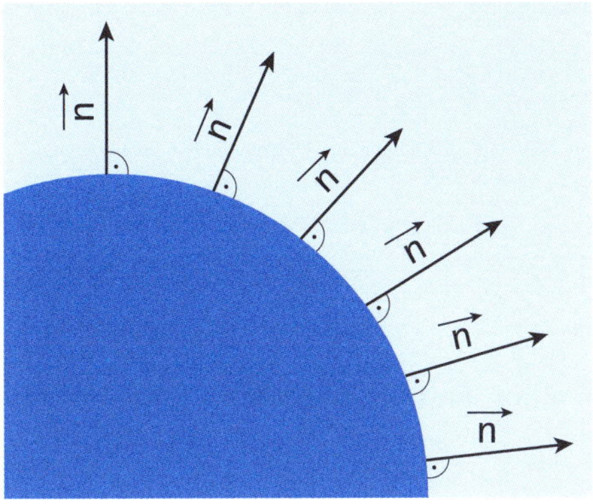

Abbildung 3.29 Normalenvektoren einer Kugeloberfläche

Natürlich hat die Kugeloberfläche nicht nur einen Normalenvektor, die Richtung des Vektors ändert sich von Flächenelement zu Flächenelement.

Aus der Kugeloberfläche A wird dann

$$\vec{A} = A\vec{n}$$

also wieder ein Vektor.

Betrachten Sie noch einmal die Kugel mit Richtungsvektor: Alle Feldlinien, die in Richtung des Normalenvektors zeigen, werden positiv gezählt und alle in Gegenrichtung negativ (siehe Abbildung 3.30).

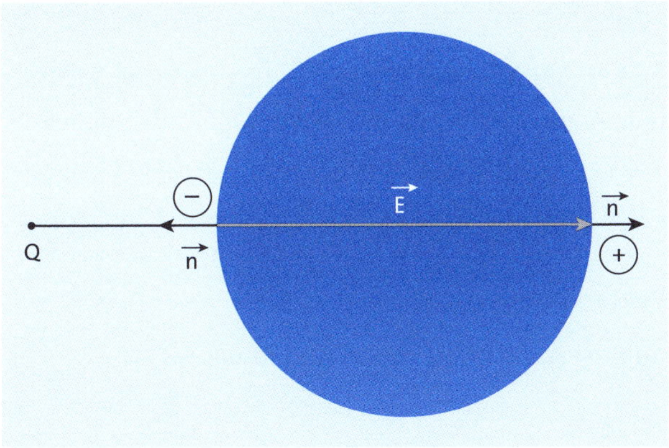

Abbildung 3.30 Zählweise des Flusses

Dadurch wird der Fluss 0, denn die Ladung liegt außerhalb der Kugel und die Feldlinien treten ein und aus.

Ladungsfreier Raum

Generell sollten Sie sich merken:

Ist ein Raum ladungsfrei, so ist der elektrische Fluss, der durch die Gaußkugel tritt, gleich null.

Der Teilfluss $\mathrm{d}\Phi$, der durch eine kleine Teilfläche $\mathrm{d}\vec{A}$ fließt, ist:

[3.10] $$\mathrm{d}\Phi = \vec{E} \cdot \mathrm{d}\vec{A}$$

Die formale Darstellung des gesamten elektrischen Flusses sieht dann folgendermaßen aus:

[3.11] $$\Phi_{el} = \int \vec{E} \cdot \mathrm{d}\vec{A}$$

Das elektrische Feld hängt nicht von der Oberfläche ab. Es ist egal, ob Sie eine kleine Kugel oder eine große Kugel um die Ladung legen, das elektrische Feld wird sich dabei nicht verändern. Also ist $\vec{E}$ unabhängig von A und kann vor das Integral geschrieben werden:

$$\Phi_{el} = \vec{E} \cdot \int \mathrm{d}\vec{A}$$

Dass $\vec{A}$ ein Vektor ist, sollte Sie nicht weiter stören, rechnerisch stellen Sie zu A keinen Unterschied fest, nur das Ergebnis ist wieder ein Vektor:

$$\Phi_{el} = \int \vec{E} \cdot \mathrm{d}\vec{A} = \vec{E} \cdot \int \mathrm{d}\vec{A} = \vec{E} \cdot \int \vec{n}\mathrm{dA}$$

$\vec{n}$ ist nur der Richtungsvektor und beeinflusst das betragsmäßige Ergebnis nicht. Da es sich um eine Kugeloberfläche handelt, die von den Feldlinien durchdrungen wird, ist das Integral nichts anderes als die Kugeloberfläche $4\pi r^2$. Damit wird der Fluss zu:

$$\Phi_{el} = 4\pi r^2 \, \vec{E} \cdot \vec{n}$$

$\vec{E} \cdot \vec{n}$ ist das *Skalarprodukt* der Vektoren.

Zur Erinnerung: Das Skalarprodukt ist so definiert (siehe Abbildung 3.31):

$$\vec{E} \cdot \vec{n} = E_x n_x + E_y n_y + E_z n_z = E \cdot n \cos\alpha$$

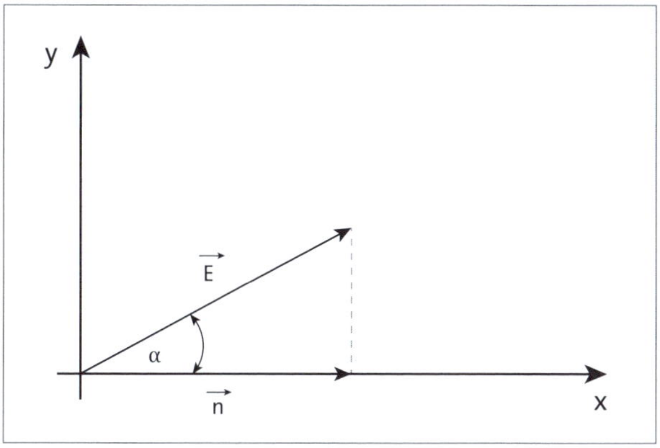

Abbildung 3.31 Skalarprodukt zwischen $\vec{E}$ und $\vec{n}$

Das Endergebnis ist der Betrag von $\vec{E}$, da beide Vektoren parallel zueinander sind, der $\cos\alpha$ 1 ist, und der Betrag von $\vec{n}$ ist per Definition 1:

$$\Phi_{el} = 4\pi r^2 \, E$$

Da Sie die Gaußkugel um eine Punktladung gelegt haben, kann nun für E das Feld einer Punktladung eingesetzt werden, und das führt uns zu folgender Formel:

$$\Phi_{el} = 4\pi r^2 \, E = 4\pi r^2 \frac{1}{4\pi\varepsilon_0} \frac{Q}{r^2} = \frac{Q}{\varepsilon_0}$$

Wenn Sie genauer hinschauen, gilt das aber nicht nur für Punktladungen, denn Sie haben Q allgemein eingesetzt. Wenn Q aus einer anderen Ladungsverteilung resultiert, ändert das hier nichts. Somit gilt allgemein:

$$\Phi_{el} = \frac{Q}{\varepsilon_0}$$

Nun kommen wir zum eigentlichen gauß'schen Satz.

Der Gauß'sche Satz

Allgemein heißt dieser Satz:

$$\oint_A \vec{F} \mathrm{d}\vec{A} = \int_V \operatorname{div} \vec{F} \mathrm{d}V \qquad [3.12]$$

Diese Formel sollte Sie jetzt nicht erschrecken. Wir werden uns Stück für Stück anschauen, worum es sich bei den einzelnen Komponenten handelt.

$\vec{F}$ stellt ein Vektorfeld dar, das für unseren Zweck $\vec{E}$ sein wird.

div $\vec{F}$ ist die sogenannte *Divergenz* des Vektorfeldes $\vec{F}$. Darunter verstehen wir:

[3.13]

$$\operatorname{div}\vec{F} = \nabla \cdot \vec{F} = \begin{pmatrix} \frac{\partial}{\partial x} \\ \frac{\partial}{\partial y} \\ \frac{\partial}{\partial z} \end{pmatrix} \cdot \begin{pmatrix} F_x \\ F_y \\ F_z \end{pmatrix} = \frac{\partial}{\partial x}F_x + \frac{\partial}{\partial y}F_y + \frac{\partial}{\partial z}F_z$$

Die Divergenz ist also das Skalarprodukt des Operators, der die partiellen Ableitungen bildet, mit dem Vektorfeld. Dieser Operator wird als *Gradient* bezeichnet und mit ∇ oder grad abgekürzt.

Praktisch bedeutet das, dass die partiellen Ableitungen der Komponenten F_x, F_y und F_z gebildet und dann aufsummiert werden.

Schauen Sie sich dazu ein Beispiel an:

$$\vec{F} = \begin{pmatrix} \frac{1}{x} \\ xz \\ xz \end{pmatrix}$$

$$\begin{aligned} \operatorname{div}\vec{F} &= \frac{\partial}{\partial x}\frac{1}{x} + \frac{\partial}{\partial y}xz + \frac{\partial}{\partial z}zx \\ &= -\frac{1}{x^2} + 0 + x \\ &= -\frac{1}{x^2} + x \end{aligned}$$

Die Divergenz gibt die *Strömungsstärke* eines Vektorfeldes an. Eine große Divergenz lässt auf eine große Ladung schließen. Im Beispiel hängt die Divergenz nur von *x* ab. Das heißt, die Strömung findet nur in *x*-Richtung statt, und die Stärke hängt von den jeweiligen *x* Werten ab.

$\oint$: Der Kreis um dieses Integralzeichen sollte Sie nicht weiter stören. Er ist nur eine Kennzeichnung dafür, dass es sich um ein geschlossenes Gebilde handelt. Unsere Kugeloberfläche ist geschlossen, also sind die Voraussetzungen erfüllt.

Was heißt das nun alles für Sie?

Allgemein bedeutet dieser Satz, dass ein Flächenintegral (bei geschlossener Fläche) in ein Volumenintegral umgewandelt werden kann, wenn sich unter dem Integral ein Vektorfeld befindet. Das hat den Vorteil, dass die Berechnungen einfacher werden können.

Wenn das betrachtete Vektorfeld ein elektrisches Feld ist, stellt sich der Gauß'sche Satz wie in [3.14] dar:

$$\oint_A \vec{E}\mathrm{d}\vec{A} = \int_V \operatorname{div} \vec{E}\mathrm{d}V \qquad [3.14]$$

Setzen Sie nun alles, was Sie kennen, in diese Formel ein, einschließlich der Vorüberlegungen, die wir gerade gemacht haben:

$$\Phi_{el} = \oint_A \vec{E}\mathrm{d}\vec{A} = \int_V \operatorname{div} \vec{E}\mathrm{d}V = \frac{Q}{\varepsilon_0}$$

Sie erhalten:

$$\frac{Q}{\varepsilon_0} = \oint_A \vec{E}\mathrm{d}\vec{A}$$

Diese Gleichung ist auch unter dem Namen *1. Maxwellgleichung (in Integralform)* bekannt; »in Integralform« deswegen, weil in der Formel ein Integral vorkommt. Mit

$$Q = \int \rho \,\mathrm{d}V$$

wird nun aus:

$$\Phi_{el} = \oint_A \vec{E}\mathrm{d}\vec{A} = \frac{Q}{\varepsilon_0} = \frac{\int \rho \,\mathrm{d}V}{\varepsilon_0} = \int_V \operatorname{div} \vec{E}\mathrm{d}V$$

Vergleichen Sie nun

$$\frac{\int \rho \,\mathrm{d}V}{\varepsilon_0}$$

mit der rechten Seite des Gauß'schen Satzes, so erhalten Sie:

$$\operatorname{div} \vec{E} = \frac{\rho}{\varepsilon_0}$$

Da dieses Ergebnis nur durch Umformungen direkt aus der 1. Maxwellgleichung entstanden ist, ist es auch nur eine andere Darstellungsform dieser Gleichung. Daher gilt:

$$\operatorname{div} \vec{E} = \frac{\rho}{\varepsilon_0} \qquad [3.15]$$

Dies ist die *erste Maxwellgleichung in differenzieller Form.*

Nun wieder zurück zur Berechnung der E-Felder. Sie wissen:

$$\Phi_{el} = \int \vec{E}\mathrm{d}\vec{A} = \vec{E}\int \mathrm{d}\vec{A} = \vec{E}\,4\pi r^2 = \frac{Q}{\varepsilon_0} = \frac{\int \rho\,\mathrm{d}V}{\varepsilon_0} = \int \operatorname{div}\vec{E}\,\mathrm{d}V$$

Was bringt das nun für Vorteile?

Da der elektrische Fluss $\Phi_{el} = \frac{Q}{\varepsilon_0}$ und das elektrische Feld $\vec{E}$ unabhängig von der umschließenden Fläche sind, kann das E-Feld mithilfe von

$$\vec{E}\cdot\vec{A} = \frac{Q}{\varepsilon_0} = \frac{\int \rho\,\mathrm{d}V}{\varepsilon_0}$$

berechnet werden.

Berechnung des elektrischen Feldes einer Punktladung

Für punktförmige Ladungen haben Sie das bereits bei der Formel

$\Phi_{el} = 4\pi r^2\, E = 4\pi r^2 \frac{1}{4\pi\varepsilon_0}\frac{Q}{r^2} = \frac{Q}{\varepsilon_0}$ gesehen. Umgestellt nach E wird daraus:

$$E = \frac{Q}{4\pi\varepsilon_0 r^2}$$

Berechnung des elektrischen Feldes einer Linienladung

Im Folgenden berechnen wir das Feld eines unendlich langen geladenen Stabes. (Natürlich gibt es keine unendlich langen Stäbe, aber solange Sie einen Abstand betrachten, der klein im Verhältnis zur Stablänge ist, liefert die Betrachtung eines unendlichen langen Stabes eine sehr gute Näherung).

Der Körper, der um den Draht gelegt wird, ist ein Zylinder (siehe Abbildung 3.32). Wir gehen deshalb von einem Zylinder aus, damit die Feldlinien alle schön senkrecht durch die Mantelfläche treten. Die Höhe des Zylinders ist H.

Wenn Sie von einem sehr dünnen Draht ausgehen, so hat er eine Linienladungsdichte λ. Diese soll homogen sein, d. h., die Ladungen sind gleichmäßig verteilt.

Nach dem Gauß'schen Satz ist:

$$\Phi_{el} = \int \vec{E}\mathrm{d}\vec{A} = \vec{E}\int \mathrm{d}\vec{A} = E 2\pi r H = \frac{Q}{\varepsilon_0}$$

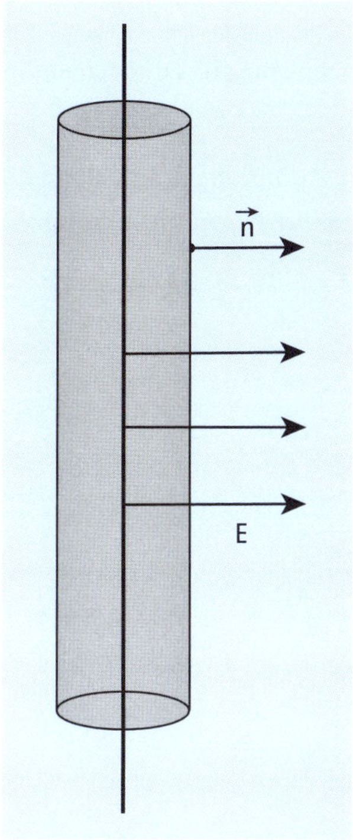

Abbildung 3.32 Gaußvolumen um eine Linienladung

Nach E umgestellt, erhalten Sie:

$$E = \frac{Q}{2\pi r H}$$

Und da λ homogen sein sollte, also $\lambda = \frac{Q}{H}$, gilt:

$$E = \frac{\lambda H}{2\pi r H} = \frac{\lambda}{2\pi r}$$

Bei inhomogener Ladungsverteilung muss aus der Ladungsdichte zunächst Q berechnet werden. Das ist dann insgesamt ein Rechenschritt mehr, aber immer noch viel einfacher, als über das Coulomb'sche Gesetz die Berechnung durchzuführen.

Um die beiden Rechenverfahren miteinander zu vergleichen, gibt es in den Übungen zu diesem Kapitel eine Aufgabe dazu.

Berechnung des elektrischen Feldes einer Flächenladung

Das elektrische Feld einer unendlich ausgedehnten Flächenladung kann ebenfalls sehr einfach mithilfe von Gauß berechnet werden. Als Beispiel nehmen Sie eine homogen geladene Platte. »Unendlich ausgedehnt« heißt hier wieder, dass der Abstand zur Platte, in dem das E-Feld berechnet wird, sehr klein im Verhältnis zur Oberfläche der Platte ist.

Um diese Flächenladung legen Sie nun einen Quader (siehe Abbildung 3.33). Die Feldlinien laufen alle parallel zueinander und der Normalenvektor zeigt in Richtung der Feldlinien. Also wird das Skalarprodukt zum Produkt der Beträge.

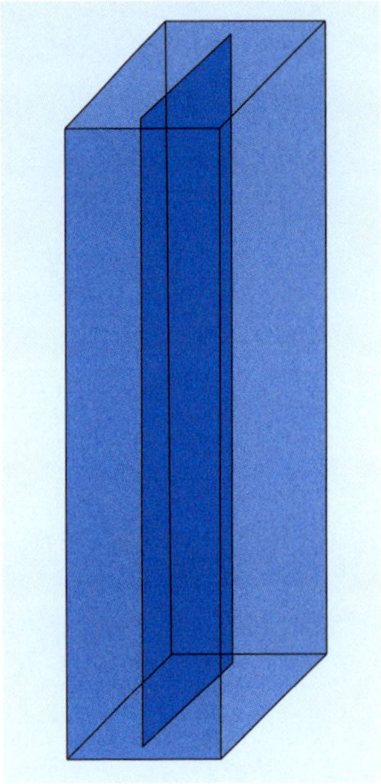

Abbildung 3.33 Gaußvolumen um eine Flächenladung

Sie müssen beachten, dass sich die Feldlinien auf beiden Seiten der Platte befinden und dann insgesamt zwei Mantelflächen durchdringen:

$$\Phi_{el} = \int \vec{E} \mathrm{d}\vec{A} = \vec{E} \int \mathrm{d}\vec{A} = \vec{E} \cdot 2\vec{A} = E \cdot 2A = \frac{Q}{\varepsilon_0} = \frac{\sigma A}{\varepsilon_0}$$

$$\Leftrightarrow E \cdot 2A = \frac{\sigma A}{\varepsilon_0}$$

$$\Leftrightarrow E = \frac{\sigma}{2\varepsilon_0}$$

Hier ist das elektrische Feld sogar vollkommen unabhängig vom Abstand.

Berechnung des elektrischen Feldes einer Volumenladung

Bei einer geladenen Kugel mit dem Radius R legen wir um diese Kugel eine gedachte Kugel mit dem Radius r (siehe Abbildung 3.34), wie wir es auch schon bei der Punktladung getan haben.

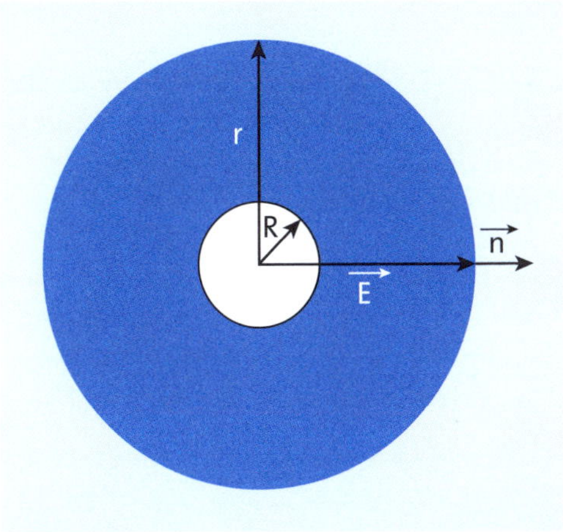

Abbildung 3.34 Gaußvolumen um eine Volumenladung

Die Volumenladungsdichte sei hier wieder homogen. Da sich die Ladungen nur innerhalb der geladenen Kugel befinden, ist die Ladungsdichte außerhalb der Kugel 0, und innerhalb der Kugel soll sie konstant sein.

Um diesen Sachverhalt darzustellen, schreibt man:

$$\rho(r) = \begin{cases} \rho_0 & \text{für } r \leq R,\ \rho_0 = \text{const} \\ 0 & \text{für } r > R \end{cases}$$

Auch hier verlaufen die Feldlinien in Richtung des jeweiligen Normalenvektors.

$$\Phi_{el} = \int \vec{E} \mathrm{d}\vec{A} = \vec{E} \int \mathrm{d}\vec{A} = \vec{E} \cdot \vec{A} = E \cdot A = E \cdot 4\pi r^2 = \frac{Q}{\varepsilon_0}$$

Mit $Q = \rho V = \frac{4\pi R^3 \rho_0}{3}$ wird daraus:

$$E = \frac{4\pi \rho_0 R^3}{3\varepsilon_0 \cdot 4\pi r^2} = \frac{\rho_0 R^3}{3\varepsilon_0 r^2}$$

außerhalb der geladenen Kugel und

$$E = \frac{4\pi\rho_0 r^3}{3\varepsilon_0 \cdot 4\pi r^2}$$

$$= \frac{\rho_0 r}{3\varepsilon_0}$$

innerhalb der geladenen Kugel. Setzen Sie statt ρ wieder Q ein, so wird das Verhalten des elektrischen Feldes deutlicher:

$E = \frac{Q}{\varepsilon_0 \cdot 4\pi r^2}$ außerhalb der geladenen Kugel und

$E = \frac{Qr}{\varepsilon_0 \cdot 4\pi R^3}$ innerhalb der geladenen Kugel

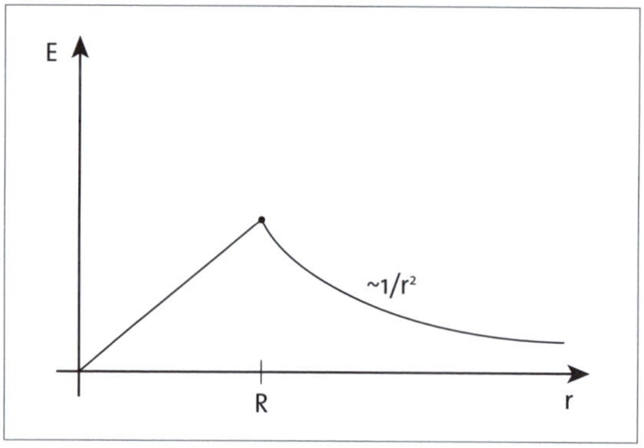

Abbildung 3.35 E-Feld einer geladenen Kugel mit Radius R

Außerhalb der geladenen Kugel findet man das übliche $\frac{1}{r^2}$-Verhalten, das E-Feld fällt quadratisch mit dem Abstand (siehe Abbildung 3.35). Innerhalb der Kugel steigt das elektrische Feld bis zum Rand an. Am Rand hat es sein Maximum.

Merke

$\Phi_{el} = \oint_A \vec{E} \cdot \mathrm{d}\vec{A} = \int_V \operatorname{div} \vec{E} \mathrm{d}V = \frac{Q}{\varepsilon_0}$ Gauß'scher Satz

$\frac{Q}{\varepsilon_0} = \oint_A \vec{E} \cdot \mathrm{d}\vec{A}$ 1. Maxwellgleichung

$div\, \vec{E} = \frac{\rho}{\varepsilon_0}$

3.5 Elektrische Flussdichte und Verschiebungsflussdichte

Ausgehend von der 1. Maxwellgleichung

$$\frac{Q}{\varepsilon_0} = \oint_A \vec{E} \cdot \mathrm{d}\vec{A}$$

wird eine weitere Größe definiert. Dazu stellen Sie die Formel nach Q um:

$$Q = \oint_A \varepsilon_0 \vec{E} \cdot \mathrm{d}\vec{A}$$

Die Größe $\varepsilon_0 \vec{E}$ wird als *elektrische Flussdichte* $\vec{\mathrm{D}}$ bezeichnet; ein weiterer Name für diese Größe ist *Verschiebungsflussdichte*. Der Zusammenhang zwischen $\vec{E}$ und $\vec{D}$ ist offensichtlich:

$$\vec{D} = \varepsilon_0 \vec{E} \tag{3.16}$$

Und wenn Sie nun statt $\varepsilon_0 \vec{E}$ $\vec{D}$ in die 1. Maxwellgleichung einsetzen, haben Sie ein neues Integral definiert:

$$\psi_{el} = \int \vec{D} \cdot \mathrm{d}\vec{A} = Q \tag{3.17}$$

Dieses Integral wird als *elektrischer Verschiebungsfluss* bezeichnet. Es kommt allerdings in einigen Büchern auch vor, dass beide, ψ_{el} und Φ_{el}, als elektrischer Fluss bezeichnet werden.

Wenn Sie nun ψ_{el} auch als elektrischen Fluss bezeichnen und sich überlegen, dass $\int \vec{D} \cdot \mathrm{d}\vec{A}$ zu $D \cdot A$ wird, wenn $\vec{D}$ und $\vec{A}$ senkrecht aufeinander stehen, denn die Feldlinien treten senkrecht in die Fläche ein, so können Sie

$$\psi_{el} = \int \vec{D} \cdot \mathrm{d}\vec{A}$$

zu

$$D = \frac{\psi_{el}}{A}$$

umformen.

Sie bekommen den Ausdruck *Fluss pro Fläche*, also wieder etwas, was mit der Dichte zu tun hat. Insofern bekommt nun auch der Name *Flussdichte* für D einen Sinn.

Merke

$\Phi_{el} = \oint_A \vec{E} \cdot d\vec{A} = \frac{Q}{\varepsilon_0}$ Elektrischer Fluss

$\psi_{el} = \int \vec{D} \cdot d\vec{A} = Q$ Elektrischer (Verschiebungs-)Fluss

$D = \varepsilon_0 E$ Elektrische Flussdichte

bzw.

$\vec{D} = \varepsilon_0 \vec{E}$

3.6 Potenzielle Energie, Potenziale und Spannung im elektrischen Feld

In Kapitel 2 hatten Sie gesehen, dass die potenzielle Energie einer Ladung, die sich in einem elektrischen Feld befindet, mit Potenzial φ mal Ladung Q

$$E_{\text{pot}} = \varphi Q$$

definiert wird.

Die potenzielle Energie wurde in Kapitel 1 als *gespeicherte verrichtete Arbeit* bezeichnet.

In den bisherigen Fällen in Kapitel 1 und 2 wurden Arbeiten berechnet, bei denen die Kraft konstant war. Das klassische Beispiel für eine konstante Kraft ist die Gewichtskraft $F = \mathrm{m}g$.

Ist die Kraft aber nicht konstant, sondern ändert sie sich auf dem zurückgelegten Weg, so muss die Änderung der Kraft bei der Berechnung der Arbeit berücksichtigt werden. Steigt die Kraft, zum Beispiel auf einer Strecke von 2 Metern von 3 N auf 5 N, welche Kraft soll dann als Grundlage für die Arbeit genommen werden?

Daher muss für jedes kleine Streckenelement ds die zugehörige Kraft eingesetzt werden, und diese Teilarbeitsstücke dW werden dann aufsummiert, also integriert.

Für die Arbeit gilt dann:

$$W = \int_a^b \vec{F} \cdot d\vec{s}$$

Stellen Sie sich ein beliebiges elektrisches Feld vor, das von einer Ladung erzeugt wird. In dieses Feld bringen Sie eine zunächst festsitzende Ladung hinein. Diese Ladung nennen Sie *Probeladung* Q_p. Zwischen der Quellladung Q und der Probeladung Q_p herrscht eine Kraft, die Coulombkraft.

Gehen Sie davon aus, dass die Ladungen gleichwertig sind, also zum Beispiel zwei negative Ladungen, dann ist die Coulombkraft abstoßend.

Nennen Sie den Punkt, an dem Sie Q_p platzieren, P_1 (siehe Abbildung 3.36). An P_1 herrscht ein Potenzial, denn sonst würde sich die Probeladung nicht von der Quellladung wegbewegen wollen bzw. sonst würde keine Kraft zwischen den Ladungen herrschen. Dieses Potenzial nennen Sie $\varphi(P_1)$.

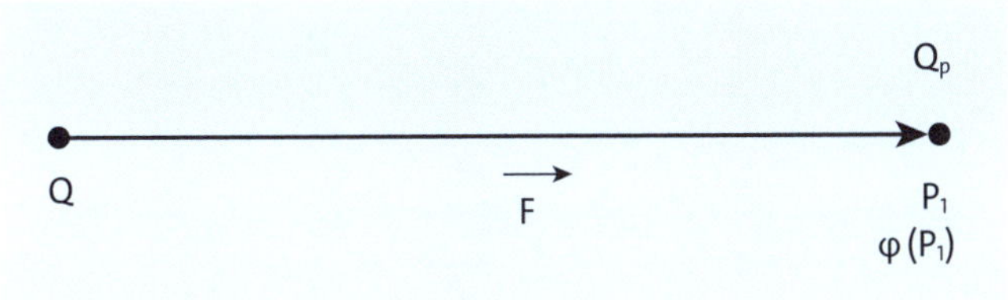

Abbildung 3.36 Zwischen Q und Q_P herrscht eine abstoßende Coulombkraft. Im Punkt P_1 herrscht ein Potenzial von $\varphi(P_1)$.

Nun verschieben Sie die Probeladung um die Strecke s in Richtung Quellladung zum Punkt P_2 (siehe Abbildung 3.37). Sie müssen dabei gegen die Coulombkraft arbeiten.

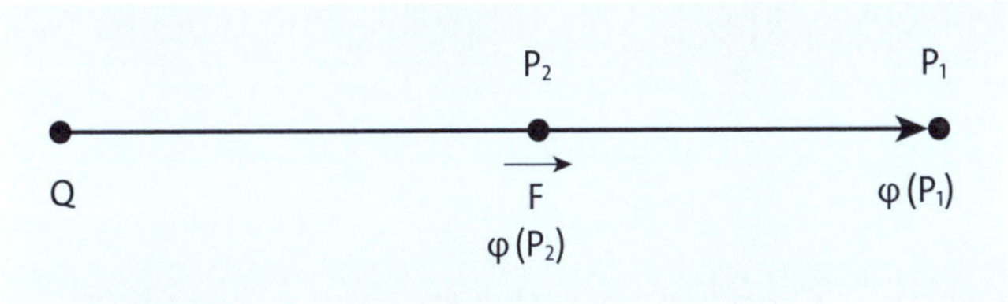

Abbildung 3.37 Die Ladung Q_P wird um s in Richtung Q verschoben, dabei wird gegen die Coulombkraft gearbeitet.

Die Arbeit W, die Sie verrichtet haben, ist also:

$$\int_{P_1}^{P_2} \vec{F} \cdot \mathrm{d}\vec{s}$$

Diese Arbeit ist als zusätzliche potenzielle Energie nun in der Probeladung gespeichert.

Das Ganze können Sie sich veranschaulichen, indem Sie sich vorstellen, dass Sie diese Ladung freilassen: Die Probeladung wird sich von P_2 aus schneller von Q wegbewegen als von P_1 aus. Somit ist:

$$W = \int_{P_1}^{P_2} \vec{F} \cdot d\vec{s} = E_{\text{pot}}(P_2) - E_{\text{pot}}(P_1)$$

Setzen Sie nun die elektrischen Größen ein:

$$W = \int_{P_1}^{P_2} \vec{F} d\vec{s} = \int_{P_1}^{P_2} \vec{E} Q_p d\vec{s} = \int_{P_1}^{P_2} \frac{1}{4\pi\varepsilon_0} \frac{QQ_p}{s^2} ds$$

$$= \varphi(P_2)Q_p - \varphi(P_1)Q_p$$

$$= Q_p\big(\varphi(P_2) - \varphi(P_1)\big)$$

Die potenzielle Energie, die der Ladung Q_p zugeführt wird, ist also:

$E_{\text{pot}}(P_2) - E_{\text{pot}}(P_1) = Q_p(\varphi(P_2) - \varphi(P_1))$

$\varphi(P_2) - \varphi(P_1)$ ist eine Potenzialdifferenz, also eine Spannung U (siehe Kapitel 2).

Damit wird die Arbeit W zu:

$E_{\text{pot}}(P_2) - E_{\text{pot}}(P_1) = Q_p U$

Nun stellen Sie sich vor, die Probeladung startet nicht von P_1, sondern kommt aus dem Unendlichen. Unendlich weit weg von der Quellladung herrscht kein elektrisches Feld mehr vor und es gibt dort dann auch kein Potenzial. Es gilt:

$\varphi(\infty) = 0$

Also ist die potenzielle Energie unserer Probeladung am Punkt P_2:

$E_{\text{pot}}(P_2) = 0 - Q_2\varphi(P_2) = -Q_2\varphi(P_2)$

Betrachten Sie nun das Potenzial an einem beliebigen Punkt in einem beliebigen elektrischen Feld, so können Sie

[3.18] $$\varphi(P) = -\int_{\infty}^{P} \vec{E} \cdot d\vec{s}$$

sagen, da die Probeladung aus dem Unendlichen zu P geführt wird.

Um nun bei gegebenem Potenzial auf die Feldstärke schließen zu können, kehren Sie die Rechnung einfach um: Aus der Integration machen Sie eine Differenziation.

Da es sich um mehrere Dimensionen handeln kann, reicht es nicht aus, die einfache Ableitung zu bilden, sondern die partiellen Ableitungen jeder Richtung müssen berücksichtigt werden.

Das führt zu:

$$E = -\nabla\varphi = -\text{grad}\,\varphi \qquad [3.19]$$

$$\nabla\,\varphi = \begin{pmatrix} \frac{\partial}{\partial x}\varphi \\ \frac{\partial}{\partial y}\varphi \\ \frac{\partial}{\partial z}\varphi \end{pmatrix} \qquad [3.20]$$

Sie bilden den Vektor, der aus den partiellen Ableitungen des Potenzials besteht, und der liefert Ihnen das negative elektrische Feld.

grad ist nur eine andere Schreibweise für den Operator ∇, der auch *Nabla-Operator* genannt wird.

Jeder Ort im elektrischen Feld hat also ein Potenzial und zwischen zwei Orten in einem elektrischen Feld gibt es eine Potenzialdifferenz, also eine Spannung (siehe Kapitel 2).

Beispiel

Ein Elektron bewegt sich aus dem Unendlichen auf ein elektrisches Feld zu. An einer Stelle P_1 in diesem Feld herrscht ein Potenzial von 1 V.

a) Wie groß ist die potenzielle Energie des Elektrons an P_1?

b) Nun bewegt sich das Elektron weiter zu P_2 mit dem Potenzial $\varphi(P_2) = 2$ V. Welche Strecke hat das Elektron zwischen P_1 und P_2 zurückgelegt, wenn das elektrische Feld konstant ist mit $E = 0{,}3\,\frac{\text{V}}{\text{m}}$?

c) $E_{\text{pot}}(P_1) - E_{\text{pot}}(\infty) =$

$E_{\text{pot}}\,(P_1) = e^-\,\varphi(P_1) = 1{,}602 \cdot 10^{-19}\text{As} \cdot 1\text{ V} = 1{,}602 \cdot 10^{-19}\,\text{J}$

d) An P_2 beträgt die Energie des Elektrons das Doppelte von P_1, da sich das Potenzial verdoppelt hat.

Die Energiezunahme beträgt also wieder $1{,}602 \cdot 10^{-19}$ J, und die Spannung zwischen P_1 und P_2 beträgt 1 V.

Da E konstant ist, wird aus

[3.21] $$Q\big(\varphi(P_2) - \varphi(P_1)\big) = \int_a^b Q\vec{E} \cdot \mathrm{d}\vec{s}$$

einfach nur:

$$Q \cdot U = QE \cdot s$$

$$\Leftrightarrow s = \frac{U}{E} = \frac{1\ \mathrm{V}}{0{,}3\ \frac{\mathrm{V}}{\mathrm{m}}} = 3{,}3\ \mathrm{m}$$

Die Energiezunahme von $1{,}602 \cdot 10^{-19}$ J wird nach dem benannt, woraus sie entstanden ist, nämlich $e^- \cdot 1$ V. Sie wird als 1 eV, ein *Elektronenvolt* bezeichnet und wird häufig dort verwendet, wo mit Elementarladungen gearbeitet wird, zum Beispiel in der Kernphysik. 1 eV ist die Energie, die ein Elektron oder Proton zur Überwindung einer Potenzialdifferenz von 1 V benötigt.

Arbeit, Energie, Potenzial, Spannung

$W = \int_a^b \vec{F} \cdot \mathrm{d}\vec{s}$	Arbeit
$E = -\nabla, \quad \varphi = -\mathrm{grad}\ \varphi$	Elektrische Feldstärke
$\varphi(P) = -\int_\infty^P \vec{E} \cdot \mathrm{d}\vec{s}$	Potenzial
$\int_{P_1}^{P_2} \vec{E} \cdot \mathrm{d}\vec{s} = \varphi(P_2) - \varphi(P_1)$	Spannung

3.6.1 Äquipotenziallinien

Nehmen Sie eine kugelförmige Ladung mit homogener Ladungsverteilung, und schauen Sie sich dort die Potenziale an verschiedenen Punkten an.

Sie haben schon festgestellt, dass das elektrische Feld auf Kreisbahnen um die Ladung die gleiche Feldstärke hat und dass auch die Coulombkraft gleich groß ist.

Da Sie aber zur Berechnung des Potenzials die Coulombkraft oder die Feldstärke heranziehen, ist auch das Potenzial bei gleichen Abständen zur Ladung gleich groß.

Diese Orte gleichen Potenzials nennt man *Äquipotenziallinien* (siehe Abbildung 3.38). Da wir uns eine zweidimensionale Darstellung eines dreidimensionalen Körpers anschauen, sprechen wir von »Linien«, aber eigentlich sind es *Äquipotenzialflächen*.

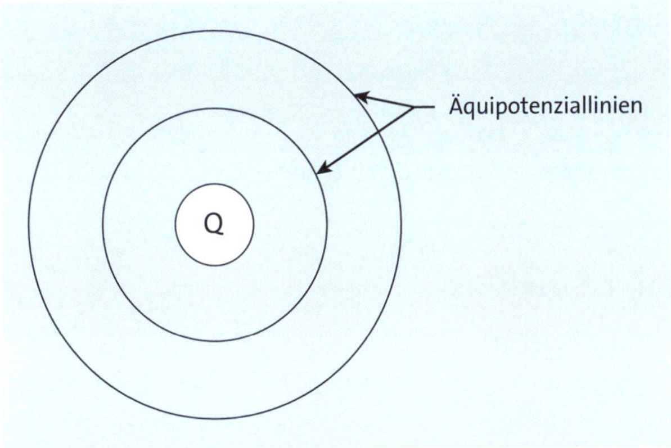

Abbildung 3.38 Äquipotenziallinien um eine kugelförmige Ladung

Äquipotenziallinien stehen senkrecht auf den Feldlinien. Sie erinnern ein wenig an eine Wetterkarte, bei der die sogenannten Isobaren, die Linien gleichen Drucks, eingetragen sind.

Je nachdem, wie die Ladungsverteilung aussieht, können Sie natürlich nicht immer erwarten, dass hier eine Symmetrie vorherrscht (siehe Abbildung 3.39).

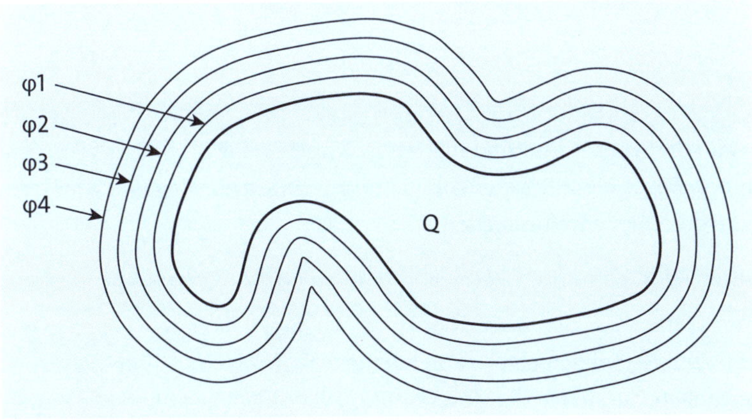

Abbildung 3.39 Äquipotenziallinien eines beliebigen Volumens

Beispiel

Eine kugelförmige Ladung Q von 5 mC wird in einem elektrischen Feld $E(r) = \frac{1}{r}\frac{\mathrm{V}}{\mathrm{m}}$ von $P_1(1{,}2{,}3)$ nach $P_2(2{,}3{,}4)$ bewegt.

Die Einheit der Entfernungen im Koordinatensystem ist Dezimeter dm.

Wie groß ist die Verschiebearbeit?

Das elektrische Feld ist ein Zentralfeld, also das Feld einer Zentralkraft. Also interessiert uns der Verschiebeweg nicht, sondern das Potenzial am Startpunkt und am Endpunkt. Die gesuchte Größe ist dann die Differenz der beiden mal Q.

Als Erstes werden die Abstände der Punkte P_1 und P_2 zu Q bestimmt.

Der Abstand r_1 von P_1 zum Ursprung beträgt:

$$r_1 = \sqrt{(0{,}1\ \mathrm{m})^2 + (0{,}2\ \mathrm{m})^2 + (0{,}3\ \mathrm{m})^2} = 0{,}37\ \mathrm{m}$$

Der Abstand r_2 von P_2 zum Ursprung beträgt:

$$r_2 = \sqrt{(0{,}2\ \mathrm{m})^2 + (0{,}3\ \mathrm{m})^2 + (0{,}4\ \mathrm{m})^2} = 0{,}54\ \mathrm{m}$$

Auf den Radien r_1 und r_2 um die Quellladung herrscht jeweils das gleiche Potenzial.

Also ist der Abstand der Äquipotenziallinien $r_2 - r_1$. Das führt zu folgender Berechnung:

$$W = Q \int_{r_1}^{r_2} \frac{1}{r}\frac{\mathrm{V}}{\mathrm{m}} \mathrm{d}r = Q \cdot \frac{\mathrm{V}}{\mathrm{m}} ln\left(\frac{r_2}{r_1}\right) = 5\ \mathrm{mC} \cdot \frac{\mathrm{V}}{\mathrm{m}}\ ln\left(\frac{0{,}54\ \mathrm{m}}{0{,}37\ \mathrm{m}}\right)$$
$$= 1{,}89\ \mathrm{mJ}$$

3.7 Kapazität

Sie nehmen zwei Metallkörper – das können Platten, Kugeln oder Ähnliches sein – und stellen sie gegenüber. Beide Metallkörper sollen betragsmäßig die gleiche Ladung tragen, aber mit unterschiedlichem Vorzeichen.

Durch diesen Aufbau haben Sie einen sogenannten *Kondensator* geschaffen.

Einen Kondensator treffen Sie also überall dort an, wo sich geladene Körper gegenüberstehen. Das ist zum Beispiel auch der Fall bei der Zuleitung von jedem Elektrogerät. Die beiden Leitungen, die sich in der Ummantelung befinden, bestehen aus Kupfer: sie haben durch die Isolation einen Abstand voneinander und sie tragen Ladungen.

Eine spezielle Form des Kondensators, den Plattenkondensator, schauen wir uns nun genauer an.

Sind die Metallkörper Platten, die sich gegenüberstehen (siehe Abbildung 3.40), so spricht man von einem *Plattenkondensator*.

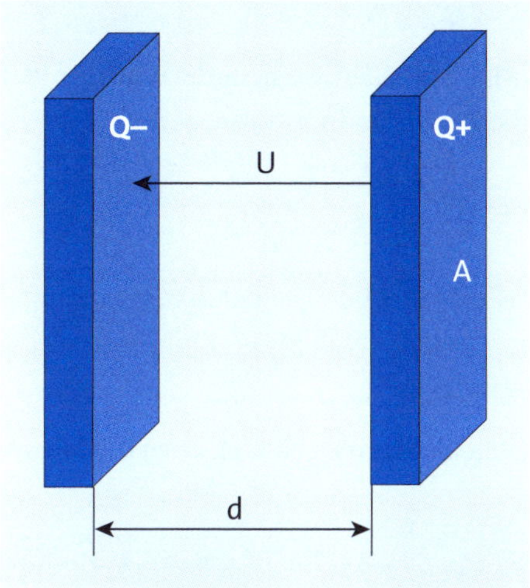

Abbildung 3.40 Plattenkondensator

Beide Platten besitzen ein elektrisches Feld. Betrachten Sie den Feldlinienverlauf der einzelnen Platten, so können Sie sehen, dass sich die Feldlinien im Außenbereich der Platten gegeneinander aufheben und dass nur das Feld zwischen den Platten wirksam ist (siehe Abbildung 3.41).

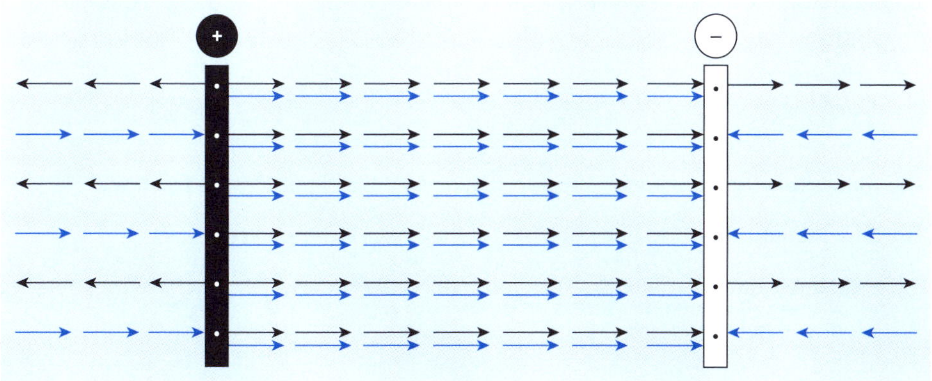

Abbildung 3.41 Das elektrische Feld eines Plattenkondensators

Die Feldlinien zwischen den Platten verlaufen parallel.

Bei der Berechnung der Feldstärke einer Flächenladung haben Sie festgestellt, dass das elektrische Feld einer Platte

$$E = \frac{\sigma}{2\varepsilon_0}$$

ist.

Da Sie aber hier nur eine Richtung berücksichtigen müssen, denn außerhalb der Platten heben sich die Felder gegeneinander auf, beträgt E im Inneren:

$$E = \frac{\sigma}{\varepsilon_0}$$

Da in diesem Feld keine Länge oder Fläche vorkommt, ist das Feld vollkommen unabhängig vom Ort. Die Feldstärke ist im Inneren überall gleich groß, und genau das ist die besondere Eigenschaft eines Plattenkondensators.

Ein elektrisches Feld, das an jedem Ort die gleiche Feldstärke besitzt, wird *homogenes elektrisches Feld* genannt.

Die Eigenschaft des homogenen elektrischen Feldes vereinfacht die Berechnungen von Spannungen, Potenzialen, Kräften und Energien sehr, denn bei konstanten, ortsunabhängigen Werten kann auf komplizierte Integration verzichtet werden.

Die Platten tragen jeweils die Ladung Q bzw. $-Q$. Somit besitzt jede Platte ein bestimmtes Potenzial. Zwischen den Platten liegt also eine Spannung U an. Je größer die Ladung ist, desto größer werden das Potenzial und auch die Spannung. Dieses Wachstum ist proportional.

Das Verhältnis von Spannung zwischen den Platten und der Ladung wird *Kapazität* C genannt:

[3.22] $$C = \frac{Q}{U}$$

Die Kapazität gibt an, wie viel Ladung sich pro Volt auf den Platten befindet.

Die allgemeine Definition der Kapazität sieht etwas komplizierter aus:

Sie ersetzen U durch $\varphi(a) - \varphi(b) = \int_a^b \vec{E} \cdot \mathrm{d}\vec{s}$ und Q durch $\int \vec{D} \cdot \mathrm{d}\vec{A}$. Das sagt aber natürlich das Gleiche aus:

[3.23] $$C = \frac{\int \vec{D} \cdot \mathrm{d}\vec{A}}{\int_a^b \vec{E} \cdot \mathrm{d}\vec{s}}$$

Die Strecke zwischen a und b stellt dabei den Abstand der Platten dar.

Die Einheit der Kapazität setzt sich aus den Grundeinheiten von Ladung und Spannung zusammen und bekommt den Namen *Farad* F, nach Michael Faraday:

$$[C] = \frac{\mathrm{As}}{\mathrm{V}} = \mathrm{F}$$

An der Einheit der Kapazität erkennen Sie, dass sie angibt, wie viel Ladung sich pro Volt auf den Platten sammelt. Jetzt passt der Begriff auch in den normalen Sprachgebrauch, denn unter *Kapazität* verstehen wir *Fassungsvermögen* oder *Speicherfähigkeit*.

Da ein Fassungsvermögen in der Regel von den geometrischen Gegebenheiten abhängt, schauen Sie sich die Formel für die Kapazität noch einmal etwas genauer an.

Das elektrische Feld eines Plattenkondensators ist:

$$E = \frac{Q}{A\varepsilon_0}$$

In dieser Formel ist schon einmal die Plattengröße vorhanden. Nach Q umgeformt, wird sie zu:

$$Q = EA\varepsilon_0$$

Die Arbeit in diesem elektrischen Feld beträgt:

$$W = EQd = UQ$$

Da E konstant ist, können Sie aus dem Integral einfach eine Multiplikation machen. d ist hier der Abstand einer Ladung von einer der Platten. Die einzige Ladung, die sich in diesem Feld befindet, ist aber die andere Platte, also ist d der Plattenabstand.

Formen Sie die rechte Seite der Arbeit nach E um, so erhalten Sie:

$$E = \frac{U}{d}$$

Nun setzen Sie das alles in $C = \frac{Q}{U}$ ein, dann erhalten Sie:

$$C = \frac{Q}{U} = \frac{EA\varepsilon_0}{U} = \frac{UA\varepsilon_0}{Ud} = \frac{A\varepsilon_0}{d}$$

Die Kapazität hängt also vom Aufbau des Kondensators, nämlich der Plattengröße und dem Plattenabstand ab.

Sieht die Kapazität von anderen Kondensatoren, die nicht aus Platten bestehen, anders aus?

Betrachten Sie hierzu den Kondensator aus Abbildung 3.42: Der Kondensator besteht aus zwei ineinandergeschobenen Röhren.

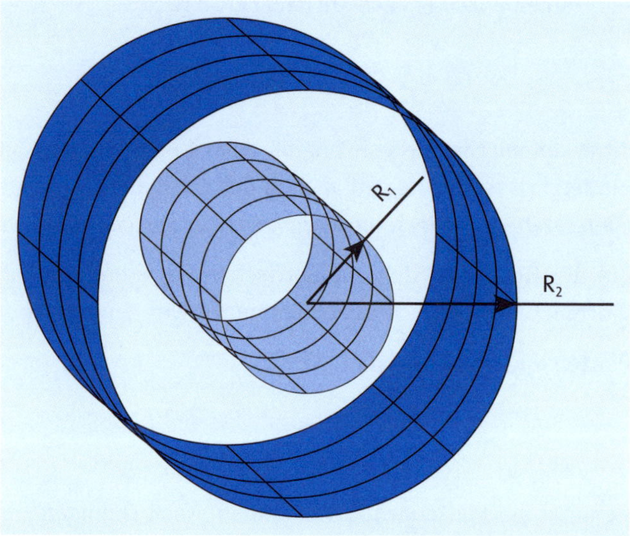

Abbildung 3.42 Ein Kondensator aus ineinandergeschobenen Röhren

Wenn Sie die gleiche Vorgehensweise wie beim Plattenkondensator anwenden wollen, müssen Sie nur wissen, wie das elektrische Feld zwischen diesen beiden Röhren aussieht. Die anderen Angaben, die Sie verwendet haben, sind nicht von der Geometrie abhängig.

Das innere Rohr hat den Radius R_1 und das äußere den Radius R_2. Der Abstand zwischen den Rohren sei im Verhältnis zur Länge klein.

Das elektrische Feld zwischen den Röhren beträgt:

$$E = \frac{Q}{4\pi\varepsilon_0 r^2}$$

mit $R_1 < r < R_2$

Um das innere Rohr legen Sie einen Gaußzylinder und erhalten:

$$\Phi_{el} = E \cdot A = E 2\pi r l = \frac{Q}{\varepsilon_0} \Leftrightarrow E = \frac{Q}{\varepsilon_0 2\pi r l}$$

Da Sie das Feld außerhalb des inneren Rohrs betrachten, ist $r > R_1$. l ist die Länge des Rohrs. Vom äußeren Rohr aus betrachtet, ergibt sich genau dasselbe Ergebnis, nur dass $r < R_2$ ist.

Fassen Sie dies zusammen, so ergibt sich für das E-Feld zwischen den Rohren:

$$E = \frac{Q}{\varepsilon_0 2\pi r l}$$

mit $R_1 < r < R_2$

Nun müssen Sie noch herausfinden, wie groß die Spannung zwischen den Rohren ist. Dazu betrachten Sie die einzelnen Potenziale:

$$\varphi(r_2) - \varphi(r_1) = \int_{R_1}^{R_2} \vec{E} \cdot \mathrm{d}\vec{r} = \int_{R_1}^{R_2} \frac{Q}{\varepsilon_0 2\pi r l} \mathrm{d}r = \frac{Q}{\varepsilon_0 2\pi l} \ln\left(\frac{R_2}{R_1}\right)$$

Um nun die Kapazität zu berechnen, müssen wir die Teilergebnisse in $C = \frac{Q}{U}$ einsetzen:

$$C = \frac{Q}{\frac{Q}{\varepsilon_0 2\pi l} \ln\left(\frac{R_2}{R_1}\right)} = \frac{\varepsilon_0 2\pi l}{\ln\left(\frac{R_2}{R_1}\right)}$$

Auch hier ist die Kapazität nur von der Geometrie abhängig.

Wenn Sie die vorherige Rechnung noch mal genauer betrachten, können Sie schließen, dass nicht nur in den Fällen des Platten- und des Zylinderkondensators die Kapazität vom Aufbau des Kondensators abhängt, sondern dass dies allgemein gilt, denn Q kürzt sich in jedem Fall aus der Gleichung heraus und es bleiben nur noch die Längen übrig.

Sie können allerdings auch erkennen, dass es sich hier nicht um ein homogenes elektrisches Feld handelt. Die Feldstärke ist nicht konstant und die Feldlinien verlaufen auch nicht parallel.

Kapazität

Größe	Kapazität C
Einheit	$\frac{1\ \mathrm{As}}{1\ \mathrm{V}} = 1\ \mathrm{F}$
Formel	$C = \frac{Q}{U}$
	$C = \frac{\int \vec{D} \cdot \mathrm{d}\vec{A}}{\int_a^b \vec{E} \cdot \mathrm{d}\vec{s}}$

Nun ist noch die Frage zu klären, inwieweit das Material, das die beiden Metallkomponenten auf Abstand hält, eine Rolle für die Kapazität des Kondensators spielt. Dazu folgt mehr im nächsten Abschnitt.

3.7.1 Influenz und Polarisation

Was passiert, wenn Sie einen Stoff in ein elektrisches Feld bringen?

Nehmen wir einen Plattenkondensator mit den Plattenabstand d, und laden wir die Platten mit der Ladung Q bzw. $-Q$ auf.

In dieses entstandene E-Feld führen Sie nun zwei direkt aufeinanderliegende Metallplatten ein. Metall hat die Eigenschaft, dass es sogenannte *freie Elektronen* besitzt. Das sind Elektronen, die sich vollkommen frei in diesem Metall bewegen können.

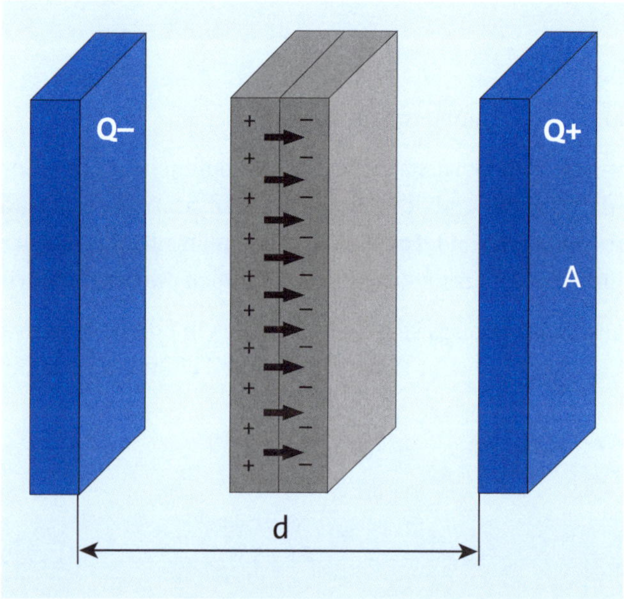

Abbildung 3.43 Die freien Elektronen der linken Platte wandern auf die rechte Platte. Dadurch kommt es auf der linken Platte zu einem Elektronenmangel.

Nun bewegen Sie die beiden Platten wie in Abbildung 3.44 etwas auseinander, sodass sie sich nicht mehr berühren.

Danach werden diese Platten nacheinander aus dem elektrischen Feld entfernt und genauer untersucht.

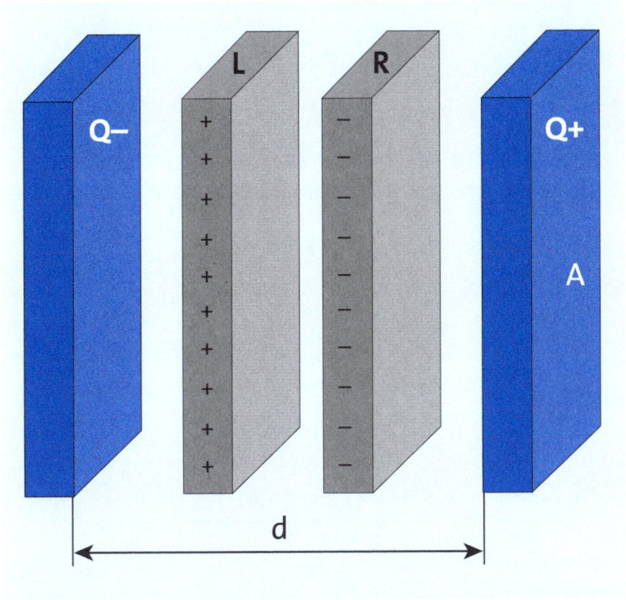

Abbildung 3.44 Die linke Platte ist nun positiv geladen und die rechte negativ.

Sie werden nun feststellen, dass die Platte *R*, die sich näher an der positiv geladenen Platte befand, einen Elektronenüberschuss hat, also negativ geladen ist, und dass die andere Platte *L* betragsmäßig genau den gleichen Elektronenmangel aufweist.

Was ist also passiert? Die freien Elektronen beider Platten sind in Richtung positiver Platte gewandert und fehlen dann natürlich auf der anderen Platte. Diese Verschiebung der Elektronen wird *Influenz* genannt.

Wenn nun aber ein Stoff, der sich in diesem Feld befindet, keine freien Elektronen enthält, also kein Metall ist, so können Sie einen ähnlichen Vorgang beobachten. Jeder Stoff besteht aus Atomen, und Atome besitzen Protonen und Elektronen. Schauen Sie sich das Ganze am Beispiel von Wasser an.

Wasser besteht aus einem Sauerstoff- und zwei Wasserstoffatomen, die eine festgelegte Struktur haben, die Sie in Abbildung 3.45 sehen.

Die beiden Wasserstoffatome sind gegenüber dem Sauerstoffatom um 120° verschoben. So können Sie sagen, dass Wasser aus einem positiven und einem negativen Teil besteht. Ein Stoff, der einen positiv und einen negativ geladenen Teil besitzt, wird *Dipol* genannt.

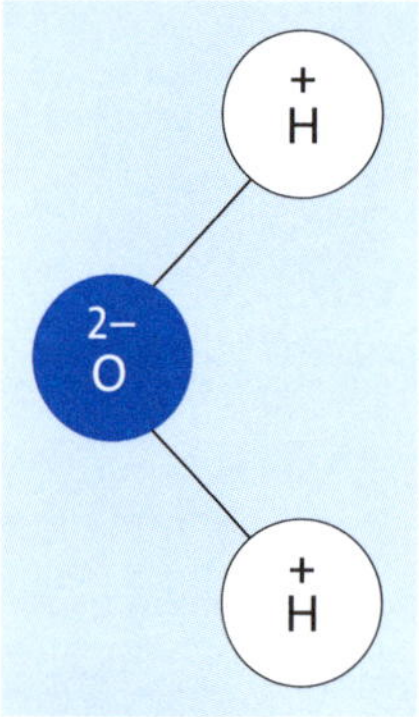

Abbildung 3.45 Atomarer Aufbau von Wasser

Wenn nun ein elektrisches Feld angelegt wird, richten sich die Wassermoleküle, die vorher ungeordnet waren wie in Abbildung 3.46, so aus, dass der positive Teil zum Minuspol zeigt und der negative Teil zum Pluspol (siehe Abbildung 3.47).

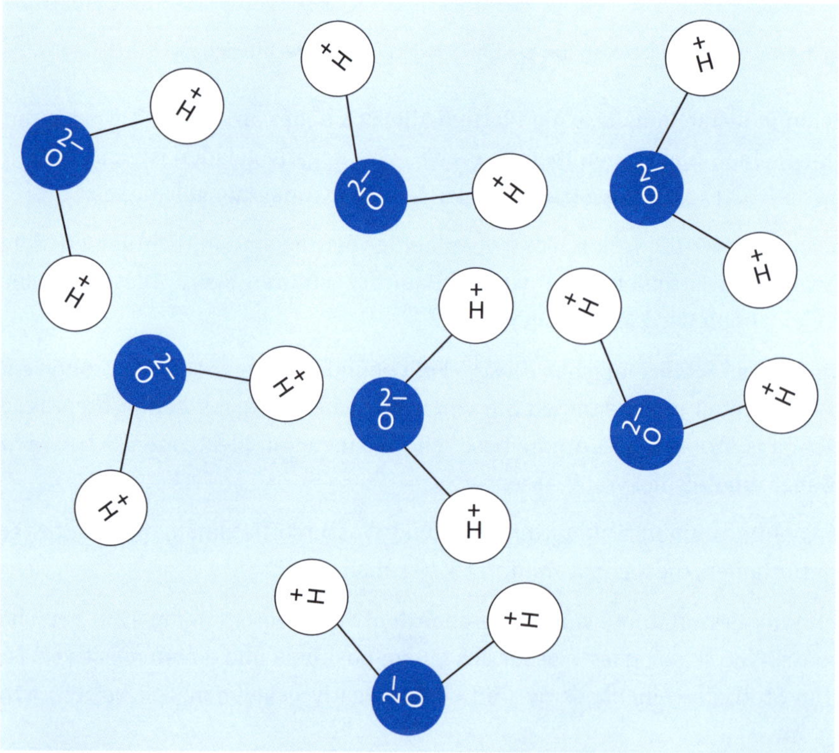

Abbildung 3.46 Wasser; die Atome sind ungeordnet

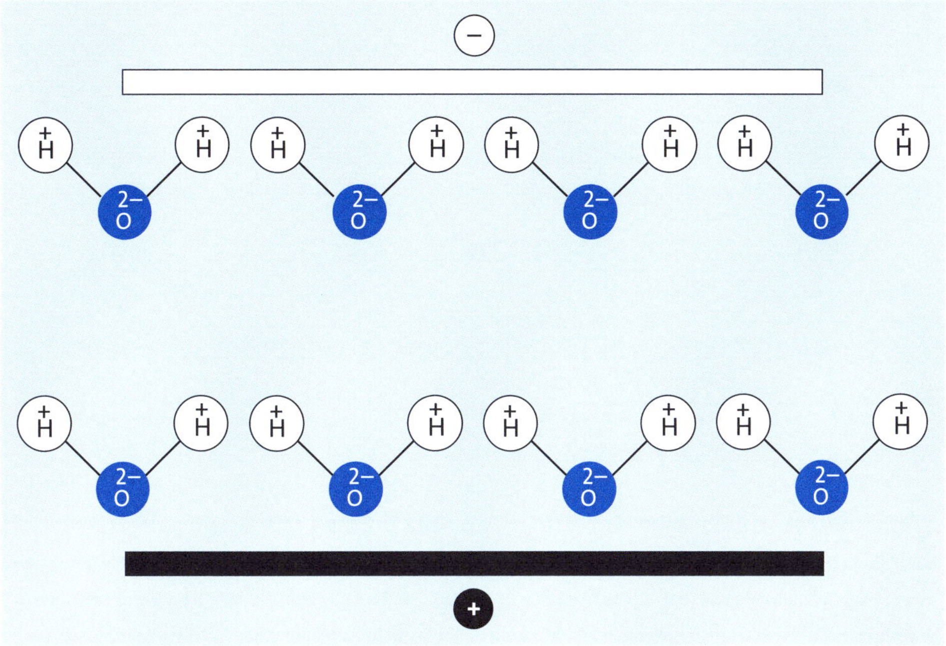

Abbildung 3.47 Polarisation von Wasser

Diesen Vorgang nennt man *Polarisation*. Wird die Polarität der Spannung ständig geändert, so ändert sich auch ständig die Polarisation der Wassermoleküle. Sie besitzen Bewegungsenergie und es entsteht Wärme. Das ist das Prinzip, das bei Mikrowellenherden angewendet wird.

Um die Kapazität eines Kondensators zu vergrößern, ohne dabei die Baugröße wesentlich zu verändern, macht man sich die Polarisation zunutze.

Bei einem Plattenkondensator zum Beispiel passiert Folgendes: Das elektrische Feld, also der Zwischenraum, wird mit einem Isolierstoff gefüllt. Dieser Stoff, *Dielektrikum* genannt, wird polarisiert, wenn an die Kondensatorplatten eine Spannung angelegt wird (siehe Abbildung 3.48).

Dann liegen die positiven Ladungen der negativen Platte gegenüber und die negativen Ladungen der positiven Platte gegenüber. Die Potenziale heben sich dadurch zum Teil gegeneinander auf. Das heißt, die Spannung zwischen den Platten sinkt.

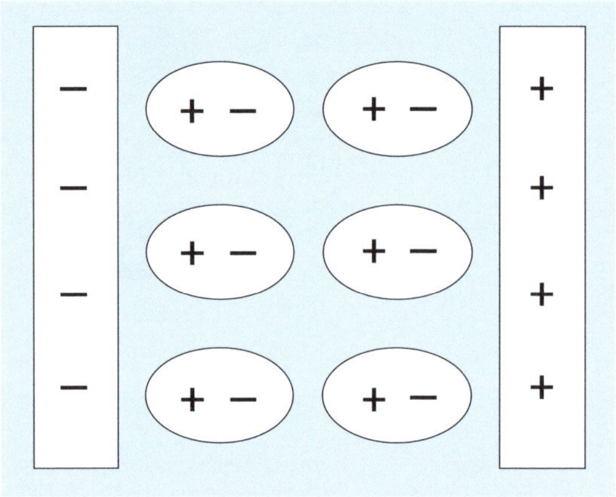

Abbildung 3.48 Polarisation des Dielektrikums

Wenn Sie von außen aber eine feste Spannung an die Platten anlegen, z. B. mithilfe einer Batterie, dann werden sich die Platten genau auf die angelegte Spannung aufladen. Das heißt, es fließen noch mehr negative Ladungen auf die negativ geladene Platte bzw. von der positiven Platte ab, bis die Potenziale wieder der angelegten Spannung entsprechen.

Dadurch wird aber die auf den Platten gespeicherte Ladung *erhöht*. Um welchen Faktor die Kapazität erhöht wird, hängt vom Isolierstoff ab.

Der Faktor wird *relative Permittivität* ε_r genannt; er ist aber auch unter dem Namen *relative Dielektrizitätszahl* oder nur *Dielektrizitätszahl* bekannt.

Die Kapazität des Plattenkondensators hat sich somit von

$$C = \varepsilon_0 \frac{A}{d}$$

auf

$$C = \varepsilon_0 \varepsilon_r \frac{A}{d}$$

vergrößert.

Der Faktor $\varepsilon_0 \varepsilon_r$ wird als *Permittivität* bezeichnet und mit ε abgekürzt:

$$\varepsilon = \varepsilon_0 \varepsilon_r$$

Stoff	ε_r
Vakuum	1,0
Ammoniak (0 °C)	1,007
Luft	1,00059
Benzol	2,28
Glas	6–8
Gummi	2,5–3
Petroleum	2
Polystyrol-Schaum	1,03
Papier	1–4
Polypropylen (PP) (90 °C)	2,1
Wasser	80

Tabelle 3.1 Relative Permittivitäten verschiedener Stoffe

Das Einsetzen eines Dielektrikums vergrößert natürlich nicht nur die Kapazität von Plattenkondensatoren, sondern von allen Kondensatoren.

Eine weitere Möglichkeit, die Kapazität zu erhöhen, ist die Vergrößerung der Oberfläche durch Ausstülpungen oder Verschachtelung, wie in Abbildung 3.49 gezeigt.

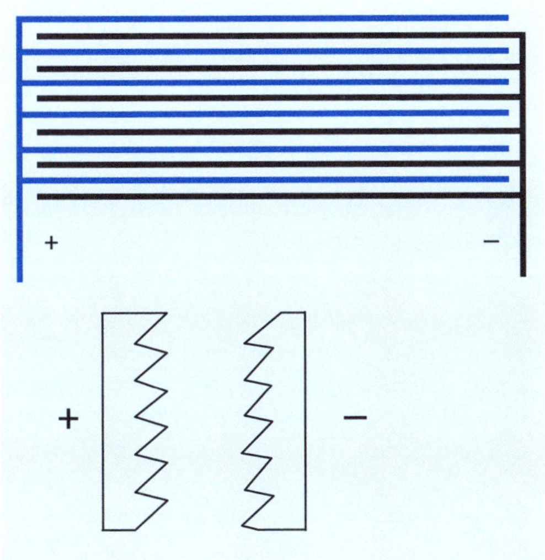

Abbildung 3.49 Oberflächenvergrößerung

3.8 Übungen

Aufgabe 1

Wie groß ist der Betrag einer Punktladung, die in einer Entfernung von 60 cm ein elektrisches Feld vom Betrag $3\,\frac{\mathrm{V}}{\mathrm{m}}$ erzeugt?

Aufgabe 2

Eine Ladung $Q = 1{,}0$ nC erfährt in einem elektrischen Feld E die Kraft $F = 0{,}1$ mN. Wie groß ist die Feldstärke?

Aufgabe 3

Ein Proton und ein Elektron sind 1 m voneinander entfernt. Vergleichen Sie die Gravitations- und Coulomb-Anziehungskräfte miteinander. Bilden Sie dazu das Verhältnis $\frac{F_C}{G}$ zwischen Gravitations- und Coulombkraft. Die Gravitationskraft zwischen zwei Massen wird mit $G = \gamma \frac{\mathrm{m}_1 \mathrm{m}_2}{r^2}$ berechnet, wobei $\gamma = 6{,}67 \cdot 10^{-11} \frac{\mathrm{m}^3}{\mathrm{kg} \cdot s^2}$ beträgt. Die Masse eines Protons beträgt $\mathrm{m}_p = 1{,}67 \cdot 10^{-27}$kg und die Masse eines Elektrons beträgt $\mathrm{m}_e = 9{,}11 \cdot 10^{-31}$ kg.

Aufgabe 4

Zwei positive, punktförmige Ladungen vom selben Betrag wirken im Abstand von 10 cm mit einer Kraft F von $3{,}6 \cdot 10^{-2}$ N aufeinander.

a) Wie groß sind die Ladungen?

b) Welche Kraft würden sie in 5 cm und 2,5 cm Abstand aufeinander ausüben?

Aufgabe 5

Schauen Sie sich Abbildung 3.50 an, und bestimmen Sie im Punkt P den Betrag des elektrischen Feldes, das von den vier Punktladungen erzeugt wird.

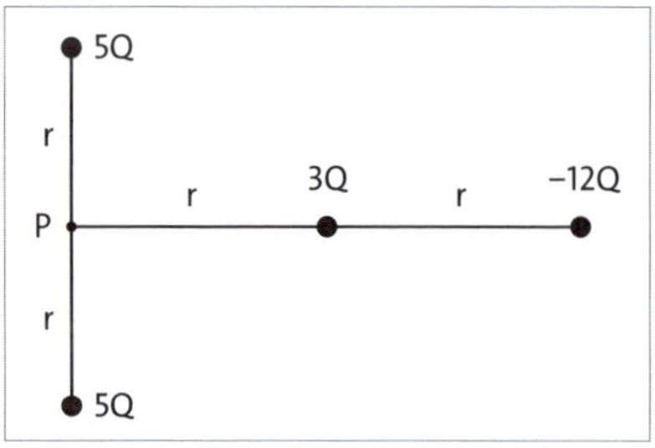

Abbildung 3.50 Ladungsverteilung zu Aufgabe 5

Aufgabe 6

Zwei Punktladungen, $Q_1 = 2{,}1 \cdot 10^{-8}$ C und $Q_2 = -4Q_1$, sind im Abstand von 50 cm fixiert. Wo ist das durch diese Anordnung entstandene elektrische Feld auf der Verbindungslinie der Ladungen gleich 0?

Aufgabe 7

In Abbildung 3.51 sehen Sie die Darstellung eines elektrischen Feldes. Der Feldlinienabstand auf der rechten Seite ist doppelt so groß wie der Abstand auf der linken Seite.

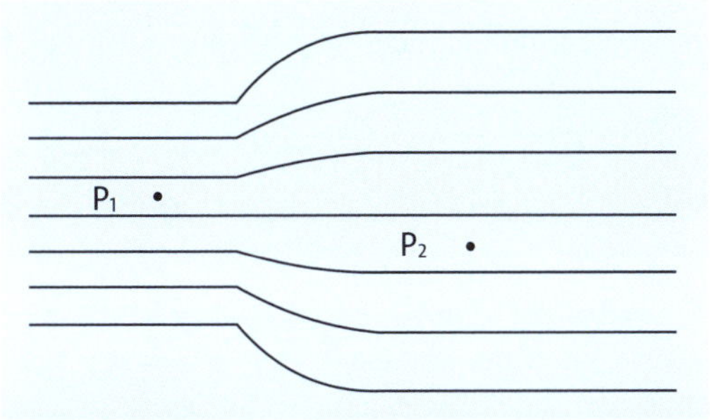

Abbildung 3.51 Elektrisches Feld mit sich ändernder Feldstärke

Der Betrag des elektrischen Feldes im Punkt P_2 sei $80\,\frac{\mathrm{V}}{\mathrm{m}}$.

Welchen Betrag hat das Feld im Punkt P_1?

Welche Kraft wirkt auf ein Proton im Punkt P_2?

Aufgabe 8

Ein Elektron wird in einem elektrischen Feld der Stärke $E = 7{,}5\,\frac{\mathrm{kV}}{\mathrm{cm}}$ um 5 mm in Richtung auf das höhere Potenzial hin verschoben. Wie ändert sich dabei sein elektrisches Energieniveau?

Aufgabe 9

Berechnen Sie das elektrische Feld eines unendlich langen geladenen Stabes *ohne* Anwendung des Gauß'schen Satzes. Hierbei dürfen Sie die Ladungsverteilung einer Linienladung als homogen annehmen.

Aufgabe 10

Zwei punktförmige Ladungen, Q_1, Q_2, sind im Abstand $a = 10$ cm voneinander angeordnet. In der Mitte der Verbindungsgeraden zwischen den beiden Ladungen weist das Potenzial den Wert 10 V auf.

a) Wie groß ist die Ladung Q_1 und Q_2?

b) Ermitteln Sie das Potenzial auf einer Ebene A in Abhängigkeit des Abstandes y vom Mittelpunkt der Verbindungsgeraden zwischen den Ladungen.

c) Berechnen Sie die elektrische Feldstärke in der Ebene A in Abhängigkeit von y.

Aufgabe 11

Zwischen den Elektroden eines konzentrischen Kugelkondensators mit den Radien R_a und R_i liegt die Spannung U an.

a) Ermitteln Sie den Radius r der Äquipotenzialfläche, die die Spannung $\frac{U}{2}$ aufweist.

b) Berechnen Sie die Kapazität des Kondensators.

3.9 Lösungen

Lösung 1

Gegeben: $E = 3\,\frac{\text{V}}{\text{m}}$

$r = 60\text{ cm} = 0{,}6\text{ m}$

Gesucht: Q

Das elektrische Feld einer Punktladung hat folgende Form:

$$\vec{E}(\vec{r}) = \frac{1}{4\pi\varepsilon_0}\,\frac{Q}{r^2}\,\vec{e_r}$$

Betrag:

$$E(r) = \frac{1}{4\pi\varepsilon_0}\,\frac{Q}{r^2}$$

$$\Leftrightarrow Q = 4\pi\varepsilon_0 r^2 E$$

Setzen Sie die Werte ein:

$$Q = 4\pi \cdot 8{,}85 \cdot 10^{-12}\,\frac{\text{As}}{\text{Vm}} \cdot (0{,}6\text{ m})^2 \cdot 3\,\frac{\text{V}}{\text{m}}$$

$$= 0{,}12\text{ nC}$$

Lösung 2

Gegeben:

$Q = 1\text{ nC}$ und $F = 0{,}11\text{ mN}$

Gesucht: E

Greifen Sie aufs Coulomb'sche Gesetz zurück:

$$F = E \cdot Q \Leftrightarrow E = \frac{F}{Q}$$

Setzen Sie die Werte ein:

$$E = 0{,}11 \cdot \frac{10^{-3}\,\mathrm{N}}{1 \cdot 10^{-9}\,\mathrm{As}}$$

$$E = 0{,}11 \cdot 10^{6}\,\frac{\mathrm{V}}{\mathrm{m}} = 0{,}11\,\frac{\mathrm{MV}}{\mathrm{m}}$$

Lösung 3

Gegeben:

$\mathrm{m}_p = 1{,}67 \cdot 10^{-27}\,\mathrm{kg}$

$\mathrm{m}_e = 9{,}11 \cdot 10^{-31}\,\mathrm{kg}$

$r = 1\,\mathrm{m}$

$e = 1{,}602 \cdot 10^{-19}\,\mathrm{As}$

$e^- = -1{,}602 \cdot 10^{-19}\,\mathrm{As}$

Gesucht:

$$\frac{F_c}{G}$$

$$F_c(r) = \frac{1}{4\pi\varepsilon_0}\,\frac{e \cdot e^-}{r^2}$$

Setzen Sie die Werte ein:

$$F_c(1\mathrm{m}) = \frac{1}{4\pi \cdot 8{,}85 \cdot 10^{-12}\,\frac{\mathrm{As}}{\mathrm{Vm}}}\;\frac{-1{,}602 \cdot 10^{-19}\mathrm{As} \cdot 1{,}602 \cdot 10^{-19}\mathrm{As}}{1\,\mathrm{m}^2}$$
$$= -2{,}3 \cdot 10^{-28}\mathrm{N}$$

Das Minuszeichen gibt hier nur an, dass die Kraft anziehend ist, und ist für das Verhältnis unerheblich.

Betrag von F_c: $2{,}3 \cdot 10^{-28}\mathrm{N}$

$$G = \gamma\,\frac{\mathrm{m}_p \mathrm{m}_e}{r^2}$$

Setzen Sie die Werte ein:

$$G = 6{,}67 \cdot 10^{-11} \frac{\text{m}^3}{\text{kg} \cdot \text{s}^2} \frac{1{,}67 \cdot 10^{-27}\,\text{kg} \cdot 9{,}11 \cdot 10^{-31}\,\text{kg}}{1\,\text{m}^2} = 1{,}01 \cdot 10^{-67}\,\text{N}$$

$$\frac{F_c}{G} = \frac{2{,}3 \cdot 10^{-28}\,\text{N}}{1{,}01 \cdot 10^{-67}\,\text{N}} = 2{,}3 \cdot 10^{39}$$

Lösung 4

Gegeben sind:

$Q_1 = Q_2$

$r = 10\,\text{cm}$

$F(10\,\text{cm}) = 3{,}6 \cdot 10^{-2}\,\text{N}$

Gesucht:

a) Q_1

b) $F(5\,\text{cm})$

c) $F(2{,}5\,\text{cm})$

a)

$$F(r) = \frac{1}{4\pi\varepsilon_0} \frac{Q_1 \cdot Q_2}{r^2} = \frac{1}{4\pi\varepsilon_0} \frac{Q_1^2}{r^2} \Leftrightarrow Q_1 = \sqrt{F(r) 4\pi\varepsilon_0 r^2}$$

Setzen Sie die Werte ein:

$$Q_1 = \sqrt{3{,}6 \cdot 10^{-2} N \cdot 4\pi \cdot 8{,}85 \cdot 10^{-12} \frac{\text{As}}{\text{Vm}} (0{,}1\,\text{m})^2} = 0{,}2\,\mu C$$

b)

$$F(5\,\text{cm}) = \frac{1}{4\pi \cdot 8{,}85 \cdot 10^{-12} \frac{\text{As}}{\text{Vm}}} \frac{(0{,}2\,\mu C)^2}{(5\,\text{cm})^2} = 14{,}4 \cdot 10^{-2}\,\text{N}$$
$$= 144\,\text{mN}$$

c)

$$F(2{,}5\,\text{cm}) = \frac{1}{4\pi \cdot 8{,}85 \cdot 10^{-12} \frac{\text{As}}{\text{Vm}}} \frac{(0{,}2\,\mu C)^2}{(2{,}5\,\text{cm})^2} = 57{,}6 \cdot 10^{-2}\,\text{N}$$
$$= 576\,\text{mN}$$

Die Berechnung der Kräfte können Sie sich auch einfacher machen, wenn Sie sich überlegen, dass 5 cm die Hälfte und 2,5 cm ein Viertel von 10 cm sind. Aufgrund des $\frac{1}{r^2}$-Verhaltens müssen die Kräfte dann 4- bzw. 16-mal größer sein.

Lösung 5

Um einen besseren Überblick zu haben, werden die Felder der einzelnen Ladungen einzeln bezeichnet und es wird ein Koordinatensystem auf die Zeichnung gelegt (siehe Abbildung 3.52).

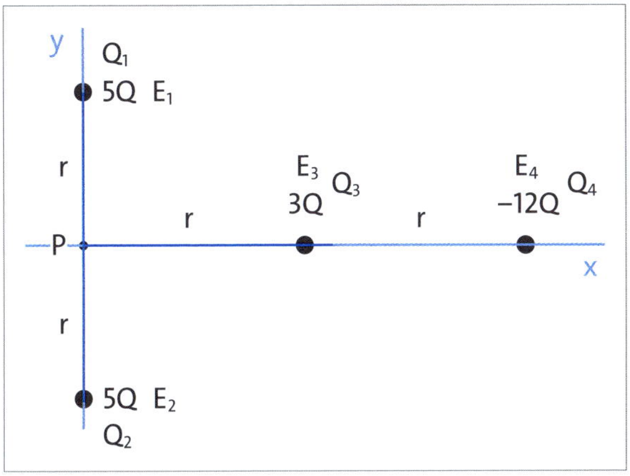

Abbildung 3.52 Ladungsverteilung zu Aufgabe 5

Nun stellen Sie die Gleichungen für E_1bis E_4 auf und berücksichtigen die Richtungen. Vom Ursprung aus betrachtet, liegt Q_1 bei $(0, d)$, Q_2 bei $(0, -d)$, Q_3 bei $(d, 0)$ und Q_4 bei $(2d, 0)$. Die jeweiligen Vektoren $\vec{e_r}$ werden folgendermaßen berechnet:

$$\vec{e_r} = \frac{1}{r}\vec{r}$$

$$\vec{r_1} = \begin{pmatrix} 0 \\ d \end{pmatrix}, \qquad r_1 = d, \vec{e_r} = \frac{1}{d}\begin{pmatrix} 0 \\ d \end{pmatrix} = \begin{pmatrix} 0 \\ 1 \end{pmatrix}$$

$$\vec{r_2} = \begin{pmatrix} 0 \\ -d \end{pmatrix}, \qquad r_1 = d, \vec{e_r} = \frac{1}{d}\begin{pmatrix} 0 \\ -d \end{pmatrix} = \begin{pmatrix} 0 \\ -1 \end{pmatrix}$$

$$\vec{r_3} = \begin{pmatrix} d \\ 0 \end{pmatrix}, \qquad r_1 = d, \vec{e_r} = \frac{1}{d}\begin{pmatrix} d \\ 0 \end{pmatrix} = \begin{pmatrix} 1 \\ 0 \end{pmatrix}$$

$$\vec{r_4} = \begin{pmatrix} 2d \\ 0 \end{pmatrix}, \qquad r_1 = 2d, \vec{e_r} = \frac{1}{2d}\begin{pmatrix} 2d \\ 0 \end{pmatrix} = \begin{pmatrix} 1 \\ 0 \end{pmatrix}$$

$$\vec{E}(\vec{r}) = \frac{1}{4\pi\varepsilon_0}\frac{Q}{r^2}\vec{e_r}$$

Setzen Sie die Werte ein:

$$\vec{E}_1\begin{pmatrix}0\\d\end{pmatrix}=\frac{1}{4\pi\varepsilon_0}\,\frac{5Q}{d^2}\begin{pmatrix}0\\1\end{pmatrix}$$

$$\vec{E}_2\begin{pmatrix}0\\-d\end{pmatrix}=\frac{1}{4\pi\varepsilon_0}\,\frac{5Q}{d^2}\begin{pmatrix}0\\-1\end{pmatrix}$$

$$\vec{E}_3\begin{pmatrix}d\\0\end{pmatrix}=\frac{1}{4\pi\varepsilon_0}\,\frac{3Q}{d^2}\begin{pmatrix}1\\0\end{pmatrix}$$

$$\vec{E}_4\begin{pmatrix}0\\2d\end{pmatrix}=\frac{1}{4\pi\varepsilon_0}\,\frac{-12Q}{4d^2}\begin{pmatrix}1\\0\end{pmatrix}$$

Das E-Feld im Punkt P setzt sich nun aus der Überlagerung der Felder E_1 bis E_4 zusammen:

$$\begin{aligned}\vec{E}&=\vec{E}_1\begin{pmatrix}0\\d\end{pmatrix}+\vec{E}_2\begin{pmatrix}0\\-d\end{pmatrix}+\vec{E}_3\begin{pmatrix}d\\0\end{pmatrix}+\vec{E}_4\begin{pmatrix}2d\\0\end{pmatrix}\\&=\frac{1}{4\pi\varepsilon_0}\,\frac{5Q}{d^2}\begin{pmatrix}0\\1\end{pmatrix}+\frac{1}{4\pi\varepsilon_0}\,\frac{5Q}{d^2}\begin{pmatrix}0\\-1\end{pmatrix}+\frac{1}{4\pi\varepsilon_0}\,\frac{3Q}{d^2}\begin{pmatrix}1\\0\end{pmatrix}-\frac{1}{4\pi\varepsilon_0}\,\frac{12Q}{4d^2}\begin{pmatrix}1\\0\end{pmatrix}\\&=\frac{1}{4\pi\varepsilon_0}\,\frac{Q}{d^2}\begin{pmatrix}0+0+3+\frac{12}{4}\\5-5+0+0\end{pmatrix}=\frac{1}{4\pi\varepsilon_0}\,\frac{Q}{d^2}\begin{pmatrix}6\\0\end{pmatrix}\end{aligned}$$

Lösung 6

Die passende Skizze sehen Sie in Abbildung 3.53.

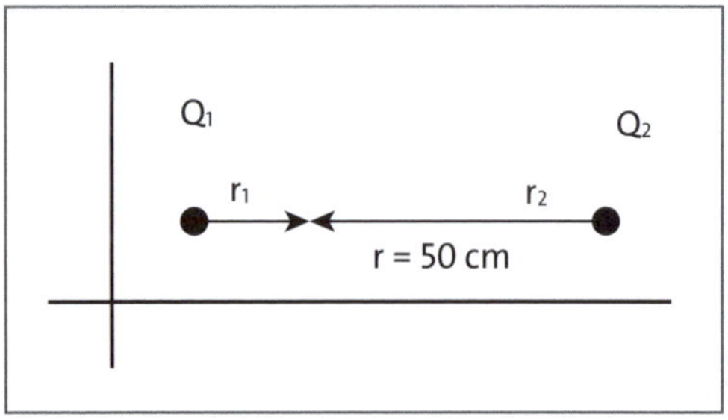

Abbildung 3.53 Ladungsverteilung zu Aufgabe 6

Gegeben sind:

$Q_1 = 2{,}1 \cdot 10^{-8}\,C$

$Q_2 = -4Q_1$

$r = r_1 + r_2 = 50$ cm

Das gesamte elektrische Feld, das von diesen beiden Ladungen erzeugt wird, ist die Überlagerung der Einzelfelder:

$E(r) = E_{Q_1}(r_1) + E_{Q_2}(r_2)$

$$E_{Q_1}(r_1) = \frac{1}{4\pi\varepsilon_0}\frac{Q_1}{r_1^2}$$

$$E_{Q_2}(r_2) = \frac{1}{4\pi\varepsilon_0}\frac{Q_2}{r_2^2}$$

$$E(r) = \frac{1}{4\pi\varepsilon_0}\frac{Q_1}{r_1^2} + \frac{1}{4\pi\varepsilon_0}\frac{Q_2}{r_2^2}$$

$$= \frac{Q_1}{4\pi\varepsilon_0}\left(\frac{1}{r_1^2} - \frac{4}{r_2^2}\right) = 0$$

$$\Leftrightarrow \left(\frac{1}{r_1^2} - \frac{4}{r_2^2}\right) = 0$$

$$\Leftrightarrow 4r_1^2 = r_2^2 \Longrightarrow r_2 = 2r_1$$

Mit $r_1 = 50\text{ cm} - r_2$ folgt daraus:

$r_2 = 2 \cdot 50\text{ cm} - 2r_2 \Leftrightarrow r_2 = 33{,}33\text{ cm}$ und $r_1 = 16{,}66\text{ cm}$

Lösung 7

Betrachten Sie den elektrischen Fluss in den jeweiligen Bereichen: Dazu denken Sie sich eine Fläche, durch die die Feldlinien verlaufen (siehe Abbildung 3.54).

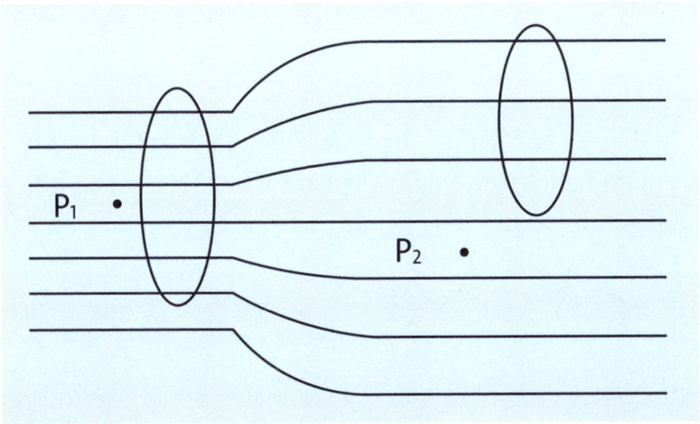

Abbildung 3.54 Die Flussdichte ist im linken und im rechten Feld unterschiedlich.

Da die Feldlinien im rechten Feld doppelt so weit auseinanderliegen wie im linken, ist die Flussdichte links doppelt so groß wie rechts.

Da D und E proportional zueinander sind, ist auch das linke Feld doppelt so groß. Also ist $E_{P_1} = 2E_{P_2} = 80\frac{\text{V}}{\text{m}}$.

$$E = \frac{F}{Q} \Leftrightarrow F = E \cdot Q$$

Hier:

$$\begin{aligned} F &= E_{P_2} \cdot e = 40\frac{\text{V}}{\text{m}} \cdot 1{,}602 \cdot 10^{-19}\ \text{As} \\ &= 6{,}4 \cdot 10^{-18}\ \text{N} \end{aligned}$$

Lösung 8

Gegeben sind:

$$E = 7{,}5\ \frac{\text{kV}}{\text{cm}}$$

$$s = 5\ \text{mm}$$

Gesucht ist die Energiezunahme des Elektrons.

E ist konstant, also gilt $U = E \cdot s$.

$$U = 7{,}5\ \frac{\text{kV}}{\text{cm}} \cdot 0{,}5\ \text{cm} = 3{,}75\ \text{kV}$$

Das Potenzial hat um 3,75 kV zugenommen; die Energiezunahme beträgt:

$$\begin{aligned} E_{\text{pot}} &= e^- \cdot U = -1{,}602 \cdot 10^{-19}\ \text{As} \cdot 3{,}75\ \text{kV} \\ &= -6 \cdot 10^{-16}\ \text{J} \end{aligned}$$

Lösung 9

Um das elektrische Feld des Stabes zu berechnen, legen wir den Stab auf die y-Achse und schauen uns das Feld in einem beliebigen Punkt P an. Da P beliebig ist, könnte er also überall im Feld liegen, und somit gilt die Lösung für das Feld in P im ganzen Feld (siehe Abbildung 3.55).

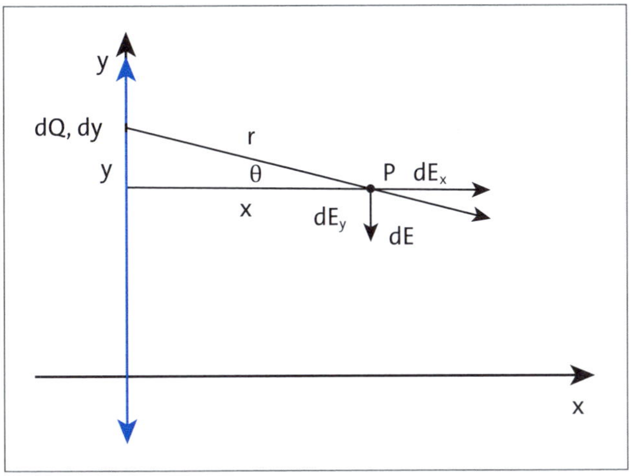

Abbildung 3.55 Eine Teilladung dQ des Stabes ruft in P das Feld dE hervor. Der Abstand von dQ zu P ist r.

Um das gesamte Feld E zu erfassen, muss über alle $\mathrm{d}Q$ summiert, also integriert werden, denn alle $\mathrm{d}Q$ wirken in P.

Es gilt:

$$\mathrm{d}E = \frac{1}{4\pi\varepsilon_0} \frac{\mathrm{d}Q}{r^2}$$

Mit $\mathrm{d}Q = \lambda \mathrm{d}y$ (siehe [3.7]) erhalten Sie dann:

$$\mathrm{d}E = \frac{1}{4\pi\varepsilon_0} \frac{\lambda \mathrm{d}y}{r^2}$$

Um das gesamte Feld zu erhalten, wird nun über y integriert. y selbst kommt nicht direkt in der Gleichung vor, ist aber in r enthalten, nämlich so:

$$r^2 = x^2 + y^2$$

Daraus wird dann:

$$\mathrm{d}E = \frac{1}{4\pi\varepsilon_0} \frac{\lambda \mathrm{d}y}{x^2 + y^2}$$

Für E heißt das:

$$E = \int_{-\infty}^{\infty} \frac{1}{4\pi\varepsilon_0} \frac{\lambda \mathrm{d}y}{x^2 + y^2} = \frac{\lambda}{4\pi\varepsilon_0} \int_{-\infty}^{\infty} \frac{\mathrm{d}y}{x^2 + y^2}$$

Um dieses uneigentliche Integral zu lösen, versuchen Sie ∞ und $-\infty$ durch konkrete Werte zu ersetzen.

Wenn Sie sich nun noch einmal Abbildung 3.55 anschauen, sehen Sie den Winkel θ. Der maximale Winkel, den θ erreichen kann, liegt bei $-\frac{\pi}{2}$ (also $-90°$), wenn dQ bei $-\infty$ auf dem Stab liegt, und bei $\frac{\pi}{2}$ (also $90°$), wenn dQ bei ∞ liegt. Damit ist dann die komplette Länge der Linienladung erfasst, nämlich von $-\infty$ bis ∞.

Mithilfe der Winkelfunktionen erhalten Sie

$y = x \tan\theta$

und $\mathrm{d}y = \frac{x}{\cos\theta}\mathrm{d}\theta$, wenn Sie y nach θ ableiten.

Ersetzen Sie nun y und $\mathrm{d}y$, so erhalten Sie:

$$E = \frac{\lambda}{4\pi\varepsilon_0} \int_{-\frac{\pi}{2}}^{\frac{\pi}{2}} \frac{x\,\mathrm{d}\theta}{(x^2 + (x\tan\theta\,)^2)\cos\theta}$$

$$= \frac{\lambda}{4\pi\varepsilon_0} \int_{-\frac{\pi}{2}}^{\frac{\pi}{2}} \frac{x\,\mathrm{d}\theta}{x^2(1+\tan^2\theta)\cos\theta} = \frac{\lambda}{4\pi\varepsilon_0 x} \int_{-\frac{\pi}{2}}^{\frac{\pi}{2}} \frac{\mathrm{d}\theta}{(1+\tan^2\theta)\cos\theta}$$

$$= \cdots$$

Mit $\sin^2\theta + \cos^2\theta = 1$ und $\tan\theta = \frac{\sin\theta}{\cos\theta}$

wird aus

$$\frac{1}{(1+\tan^2\theta)\cos\theta} = \frac{1}{\left(\sin^2\theta + \cos^2\theta + \frac{\sin^2\theta}{\cos^2\theta}\right)\cos\theta}$$

$$= \frac{1}{\frac{\sin^2\theta\cos^2\theta + \cos^4\theta + \sin^2\theta}{\cos\theta}}$$

$$= \frac{1}{\frac{\cos^2\theta(\sin^2\theta+\cos^2\theta)+\sin^2\theta}{\cos\theta}}$$

$$= \frac{1}{\frac{\sin^2\theta+\cos^2\theta}{\cos\theta}}$$

$$= \cos\theta$$

$$\ldots = \frac{\lambda}{4\pi\varepsilon_0 x} \int_{-\frac{\pi}{2}}^{\frac{\pi}{2}} \cos\theta \, d\theta = \frac{\lambda}{4\pi\varepsilon_0 x} \left(\sin\frac{\pi}{2} - \sin\left(-\frac{\pi}{2}\right)\right) = \frac{\lambda}{2\pi\varepsilon_0 x}$$

Wenn Sie das Ergebnis betrachten, sehen Sie, dass es nur von x, also nur vom waagerechten Abstand vom Stab abhängt. Dieser Zusammenhang ist in Abbildung 3.56 dargestellt.

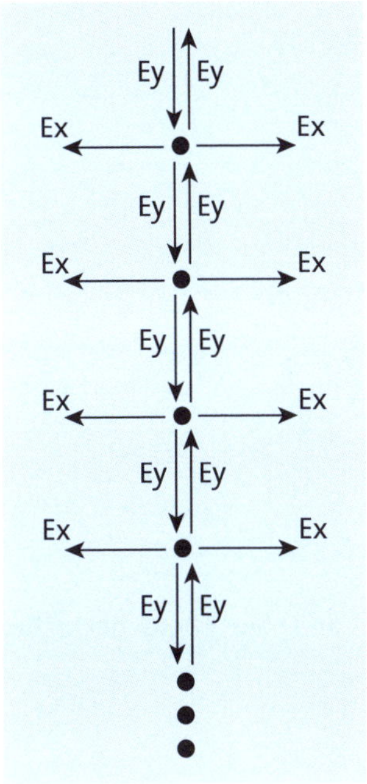

Abbildung 3.56 Die elektrischen Felder in y-Richtung heben sich gegeneinander auf. Nur das Feld in x-Richtung ist wirksam.

Lösung 10

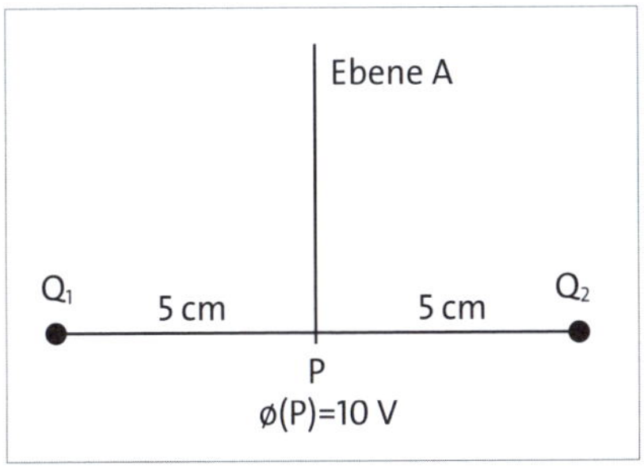

Abbildung 3.57 Ladungsverteilung zu Aufgabe 10

a) Die beiden Ladungen Q_1 und Q_2 müssen entgegengesetzt geladen sein, sonst wäre das Potenzial in P gleich 0.

Also ist $Q_1 = -Q_2$.

Das gesamte Feld ist eine Überlagerung aus den einzelnen Feldern von Q_1 und Q_2. Von P aus betrachtet, zeigen die Felder aber in die gleiche Richtung. Denn die Feldlinien der positiven Ladung zeigen von der Ladung weg und die der negativen zur Ladung hin (siehe Abschnitt 3.6).

$$E_{Q_1}(\vec{x}) = \frac{1}{4\pi\varepsilon_0}\frac{Q_1}{x^2}\overrightarrow{e_x}$$

$$E_{Q_2}(\vec{x}) = \frac{1}{4\pi\varepsilon_0}\frac{-Q_1}{x^2}(-\overrightarrow{e_x})$$

$$E(r) = E_{Q_1}(r_1) + E_{Q_2}(r_2) = \frac{2}{4\pi\varepsilon_0}\frac{Q_1}{x^2}\overrightarrow{e_x}$$

$$\varphi(x) = -\int_{\infty}^{x}\frac{2}{4\pi\varepsilon_0}\frac{Q_1}{x^2}\overrightarrow{e_x}\,\mathrm{d}x = \frac{2}{4\pi\varepsilon_0}\frac{Q_1}{x}\bigg|_{-\infty}^{x} = \frac{2}{4\pi\varepsilon_0}\frac{Q_1}{x} - 0$$

$$\varphi(5\text{ cm}) = \frac{1}{2\pi\varepsilon_0}\frac{Q_1}{5\text{ cm}} = 10\text{ V} \Leftrightarrow Q_1 = 27{,}8\text{ pC}$$

b) Für das Potenzial auf der Ebene muss der Abstand r von Q zur Ebene betrachtet werden:

$$\varphi(r) = \frac{1}{2\pi\varepsilon_0}\frac{Q_1}{r}$$

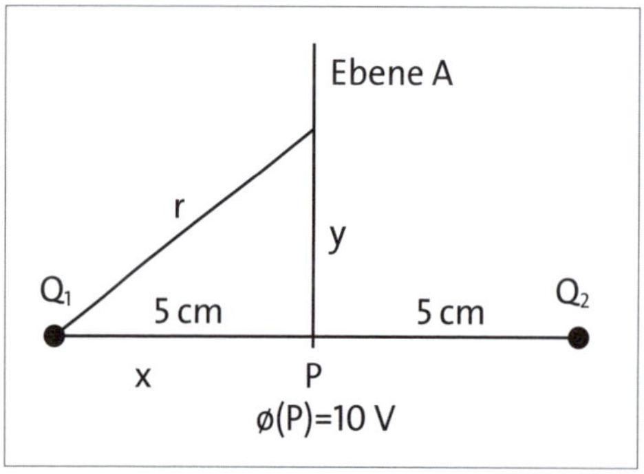

Abbildung 3.58 Übersicht über die Abstände der Ebene zu den Ladungen

$$\varphi(r) = \frac{1}{2\pi\varepsilon_0} \frac{Q_1}{\sqrt{x^2 + y^2}}$$

Da aber nur y variiert und x fest ist, ändert sich das Potenzial nur in Abhängigkeit von y, je nachdem, auf welcher Höhe über oder unter P das Potenzial betrachtet werden soll:

$$\Rightarrow \varphi(y) = \frac{1}{2\pi\varepsilon_0} \frac{Q_1}{\sqrt{x^2 + y^2}}$$

$$E = -\text{grad}\,\varphi$$

Da hier aber nur die y-Richtung betrachtet werden soll, brauchen Sie nur die Ableitung in y-Richtung zu bilden:

$$E(y) = \frac{\mathrm{d}\varphi(y)}{\mathrm{d}y} = \frac{1}{2\pi\varepsilon_0} \frac{2yQ_1}{\left(\sqrt{x^2 + y^2}\right)^3} = \frac{1}{\pi\varepsilon_0} \frac{yQ_1}{\left(\sqrt{x^2 + y^2}\right)^3}$$

Lösung 11

a) Der Betrag des elektrischen Feldes eines Kugelkondensators hat folgende Form:

$$E = \frac{Q}{4\pi\varepsilon_0 r^2}, \qquad R_i < r < R_a$$

Für das Potenzial gilt dann:

$$\varphi(r) = -\int_{\infty}^{r} \frac{Q}{4\pi\varepsilon_0 r^2}\,\mathrm{d}r = -\frac{Q}{4\pi\varepsilon_0 r} + 0$$

$$U = \varphi(R_a) - \varphi(R_i)$$

$$\frac{U}{2} = \frac{\varphi(R_a) - \varphi(R_i)}{2} = \varphi(r) - \varphi(R_i)$$

$$\Leftrightarrow \varphi(r) = \frac{\varphi(R_a) + \varphi(R_i)}{2}$$

Setzen Sie die Werte ein:

$$-\frac{Q}{4\pi\varepsilon_0 r} = \frac{-\frac{Q}{4\pi\varepsilon_0 R_a} - \frac{Q}{4\pi\varepsilon_0 R_i}}{2} \Leftrightarrow \frac{1}{r} = \frac{\frac{1}{R_a} + \frac{1}{R_i}}{2}$$

$$\Leftrightarrow r = \frac{2}{\frac{1}{R_a} + \frac{1}{R_i}}$$

b) Für die Kapazität gilt:

$$C = \frac{Q}{U} = \frac{\int \vec{D} \mathrm{d}\vec{A}}{\int_a^b \vec{E} \mathrm{d}\vec{s}}$$

mit

$$E = \frac{Q}{4\pi\varepsilon_0 r^2}$$

und

$$\varphi(R_a) - \varphi(R_i)$$

$$= \int_{R_i}^{R_a} \vec{E} \cdot \mathrm{d}\vec{r} = \int_{R_i}^{R_a} \frac{Q}{4\pi\varepsilon_0 r^2} \mathrm{d}r = -\frac{Q}{4\pi\varepsilon_0 R_a} + \frac{Q}{4\pi\varepsilon_0 R_i}$$

erhalten Sie:

$$C = \frac{Q}{\frac{Q}{4\pi\varepsilon_0 R_i} - \frac{Q}{4\pi\varepsilon_0 R_a}} = \frac{Q}{\frac{R_a Q - R_i Q}{4\pi\varepsilon_0 R_i R_a}}$$

$$= 4\pi\varepsilon_0 \left(\frac{R_i R_a}{R_a - R_i}\right)$$

Kapitel 4
Gleichstrom

Dieses Kapitel handelt vom Aufbau einfacher Gleichstromkreise. In ihm werden folgende Fragen beantwortet: Wie funktioniert die Spannungsversorgung, woraus besteht ein Stromkreis, welche grundlegenden Schaltungen gibt es und wie werden sie berechnet?

In Kapitel 2 haben Sie grundlegende Begriffe wie *Ladung*, *Spannung*, *Strom* und *Leistung* kennengelernt. Sie haben gesehen, dass Ladungen ein Potenzial besitzen und dass eine Potenzialdifferenz, die wir Spannung nennen, einen Stromfluss bewirken kann.

4.1 Strom- und Spannungsquellen

Nun stellt sich die grundsätzliche Frage: »Wo kommt die Spannung her und wo kommen die Ladungen her, die sich bewegen, also den Stromfluss darstellen?« Dazu schauen Sie sich genauer eine elementare Spannungsquelle an, das galvanische Element.

4.1.1 Galvanisches Element

Der grundsätzliche Aufbau eines *galvanischen Elements* besteht aus zwei Elektroden, die durch ein Elektrolyt miteinander in Verbindung stehen. Abbildung 4.1 zeigt ein Beispiel.

Ein *Elektrolyt* ist ein Stoff, in dem sich Ionen bewegen können. Der Stoff muss aber nicht zwingend eine Flüssigkeit sein, auch wenn sie häufig zur Anschauung herangezogen wird.

Bei galvanischen Elementen unterscheidet man *Primärelemente*, *Sekundärelemente* und *Tertiärelemente*.

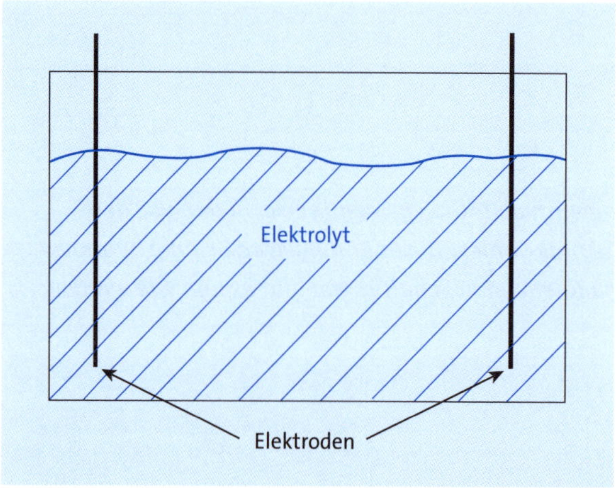

Abbildung 4.1 Schematische Darstellung eines galvanischen Elements

Batterie

Das gängigste Beispiel für ein Primärelement ist die *Batterie*. Sie besteht aus einem oder mehreren galvanischen Elementen.

Die klassische Batterie ist die Zink-Kohle-Batterie (Zn-C-Batterie). Am Namen können Sie ablesen, aus welchen Materialien die Elektroden bestehen: Eine besteht nämlich aus Zink und die andere aus Kohlenstoff.

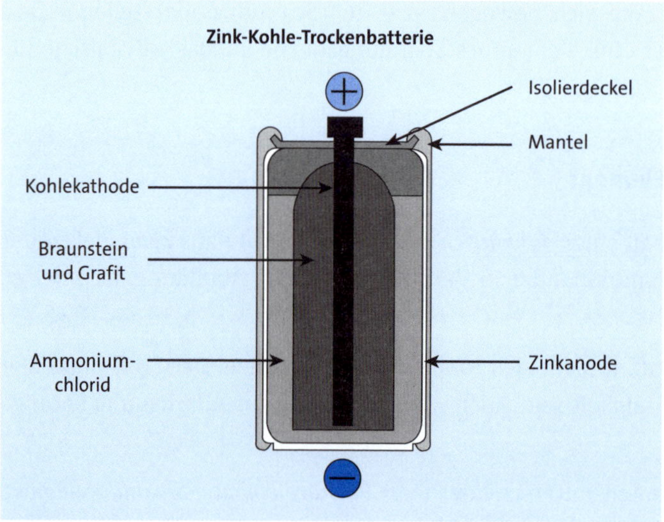

Abbildung 4.2 Schnitt durch eine Zink-Kohle-Batterie

Der Elektrolyt, also der Stoff zwischen diesen Elektroden, ist bei Zn-C-Batterien Braunstein und Salmiak als extrem dickflüssige Lösung. Im Gegensatz zu einer Autobatterie, in der sich der Elektrolyt aus destilliertem Wasser und Schwefelsäure zusammensetzt und daher eine wässrige Konsistenz besitzt, werden diese Batterien auch als *Trockenbatterien* bezeichnet.

Abbildung 4.2 zeigt den genauen Aufbau einer Zink-Kohle-Batterie.

Spannungserzeugung in einer Batterie

Der Salmiak, NH_4Cl, chemisch Ammoniumchlorid genannt, greift die Oberfläche des Zinks an. Er ionisiert das Zink, d. h., er zerlegt ein Zinkatom in ein positives Zn^{2+}-Ion und in die beiden freien Elektronen des Zinks. Dann löst er einige positive Zink-Ionen aus der Oberfläche heraus. Somit ist die Zinkelektrode jetzt negativ geladen.

Chemisch gesehen, ist bisher Folgendes passiert:

$$Zn \rightarrow Zn^{2+} + 2e^-$$

Zinkionen werden gelöst, die Elektrode wird negativ.

Bei dieser Reaktion spricht man von einer *Oxidation*. Eine Oxidation ist nicht zwingend eine Reaktion mit Sauerstoff, sondern die Abgabe von Elektronen – und das ist genau das, was mit dem Zink passiert.

Die Elektrode, an der die Oxidation stattfindet, wird als *Anode* bezeichnet.

Im weiteren Verlauf reagieren die Zinkionen mit dem Salmiak:

$$Zn^{2+} + 2NH_4Cl \rightarrow ZnCl_2 + 2NH_3 + 2H^+$$

Zwischen der Zinkelektrode und der Kohlenstoffelektrode herrscht nun, da die Zinkelektrode durch das Aufspalten des Zinks negativ geladen ist, eine Spannung. Die Elektroden werden nun als Minus- und Pluspol bezeichnet. Damit innerhalb der Batterie kein Strom von Minus- zum Pluspol fließt und möglicherweise ein Kurzschluss entsteht, sind sogenannte *Separatoren* in der Batterie eingebaut. Ein Separator besteht aus isolierendem Material, ist aber für Ionen durchlässig.

Schließen Sie nun diese Batterie an einen Verbraucher an, z. B. an einen Kupferdraht, so bewegen sich die Elektronen durch den Draht von der Zinkelektrode zur Kohlenstoffelektrode. Es fließt also ein Strom. (Wieso Kupfer leitet, sehen Sie im nächsten Abschnitt.)

Abbildung 4.3 Schnitt durch eine leere galvanische Zelle

Sind die Elektronen nun am Pluspol angekommen, kommt das Mangandioxid (Mn_2O_2) ins Spiel. Es »fängt« die freien Elektronen und die aus der Reaktion mit dem Salmiak freigewordenen H^+-Ionen ein und verbindet sich mit ihnen zu Braunstein (einem Manganoxid) und Wasser:

$2H^+ + 2e^- + 2MnO_2 \rightarrow Mn_2O_3 + H_2O$

Abbildung 4.4 Das Innenleben einer leeren Batterie

An der Kohleelektrode werden also Elektronen vom Mangandioxid aufgenommen. Diese Reaktion heißt *Reduktion*, und die Elektrode, an der die Reduktion stattfindet, heißt *Kathode*.

Durch den Stromfluss sind nun die abschirmenden Elektronen an der Anode abgeflossen und der Salmiak ionisiert das verbleibende Zink weiter. Dadurch werden weitere Elektronen geliefert und die Spannung wird aufrechterhalten.

Dieses Verfahren hat aber zwei Nachteile:

- Irgendwann sind das Zink und der Braunstein verbraucht. Das heißt: Es werden an der Anode weniger Elektronen »erzeugt« und an der Kathode können weniger Elektronen und H^+-Ionen durch die Reaktion mit Braunstein gefangen werden.

  Die Spannung sinkt also. Im allgemeinen Sprachgebrauch bezeichnet man so eine Batterie dann als »leer« (siehe Abbildung 4.4).
- Da die Zinkelektrode den Außenkörper der Batterie darstellt, kann er brüchig werden und der Elektrolyt kann austreten. Das bezeichnet man dann als *Auslaufen* (siehe Abbildung 4.5).

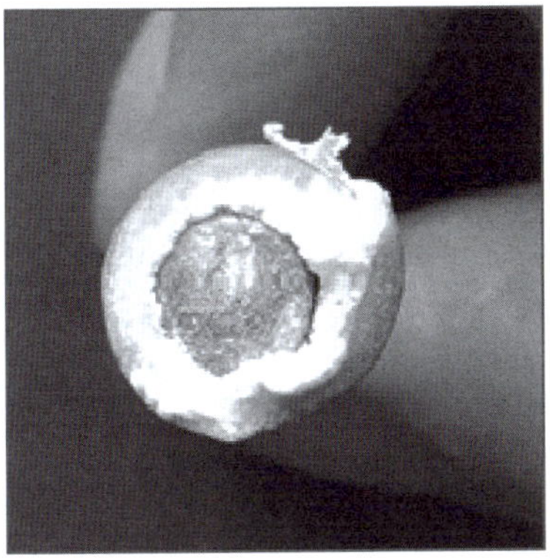

Abbildung 4.5 Ausgelaufene Batterie

Andere Batteriearten, z. B. Alkaline-Batterien, sind ausgereifter, da andere chemische Reaktionen ablaufen. Sie behalten dadurch eine annähernd konstante Spannung, bis die Zelle komplett verbraucht ist.

Die Spannung, die zwischen Anode und Kathode erzeugt wird, hängt von den verwendeten Materialien ab, z. B.:

- Alkali-Mangan-Batterie: 1,5 V
- Zink-Kohle-Batterie: 1,5 V
- Lithium-Batterien: je nach Kathodenmaterial unterschiedlich von 1,5–3,7 V.

Akkumulator (Akku)

Ein *Akkumulator*, kurz *Akku*, ist ein sogenanntes *Sekundärelement*. Charakteristisch für diese Zelle ist, dass sie wiederaufladbar ist.

Die Bestandteile und den Aufbau eines Akkus zeigt Ihnen Abbildung 4.6.

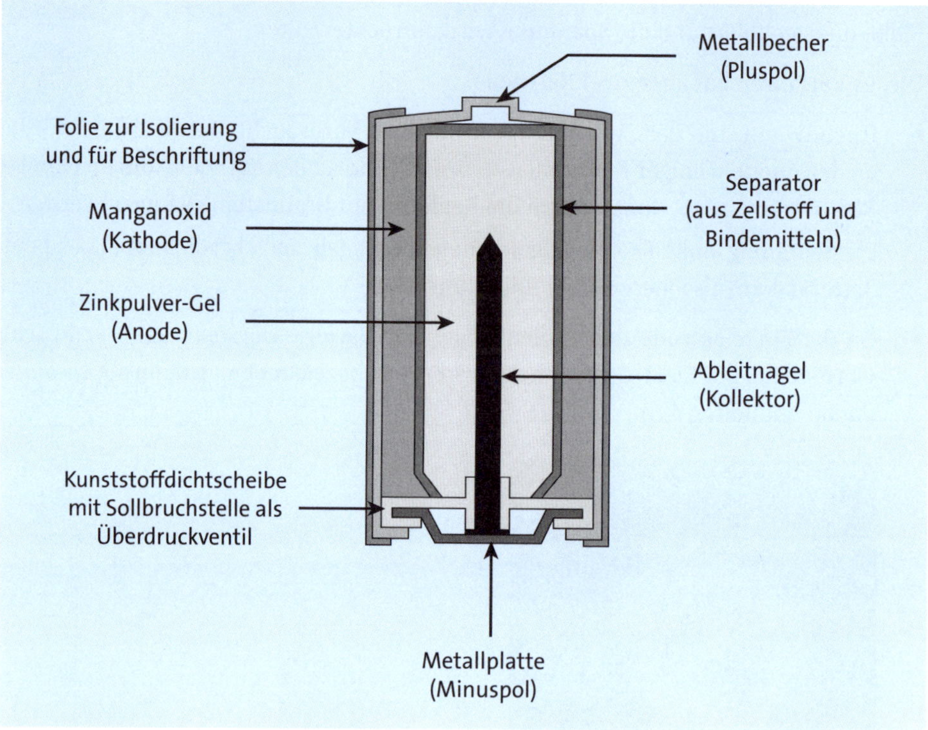

Abbildung 4.6 Schematische Darstellung eines Akkus

Akkus findet man heutzutage überall: im Handy, im Rasierapparat, un Werkzeugen etc. Eine Art von Akku wird fälschlicherweise als »Batterie« bezeichnet, nämlich die Autobatterie. Eine Autobatterie ist ein Bleiakkumulator: Die Elektroden bestehen aus Blei und als Elektrolyt wird Schwefelsäure H_2SO_4 (in wässriger Lösung) verwendet.

Entladung

Die chemische Reaktion, die an der Anode stattfindet, verläuft im Akkumulator genauso wie bei der Batterie, nur dass in ihm andere Stoffe eine Rolle spielen.

Die Schwefelsäure verbindet sich mit dem Blei, und bei dieser Reaktion werden Elektronen frei. Die Anodenreaktion wird mit

$Pb + H_2SO_4 \rightarrow PbSO_4 + 2e^- + 2H^+$

beschrieben.

Die Elektronen können sich nun auf den Weg durch einen geschlossenen Stromkreis machen.

An der Kathode werden wieder freie Elektronen und H^+-Ionen gebunden:

$PbO_2 + SO_4^{2-} + 4H^+ + 2e^- \rightarrow PbSO_4 + 2H_2O$

Der Akku ist entladen, wenn das Blei keine freien Elektronen mehr liefert, also genauso wie bei der Batterie, bei der die gewünschte Spannung nicht mehr aufrechterhalten werden kann.

Aufladung

Um den Akku wieder aufzuladen, wird von außen eine Spannung angelegt (siehe Abbildung 4.7).

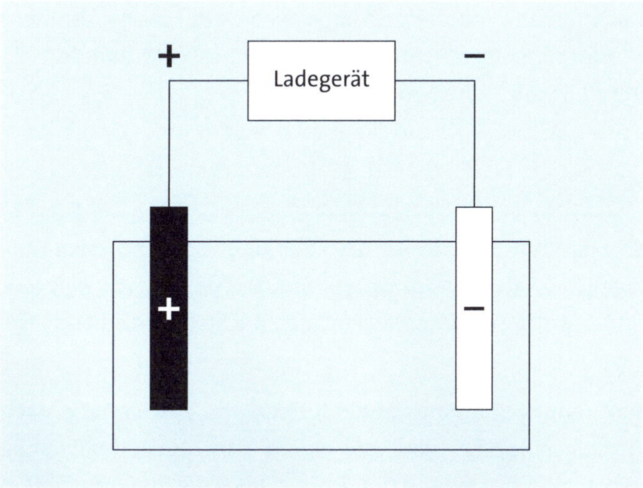

Abbildung 4.7 Aufbau bei der Ladung eines Akkus

Durch das Anlegen der Spannung laufen die Reaktionen der Entladung in entgegengesetzter Richtung ab.

Durch die angelegte Spannung wird folgende Reaktion angeregt:

$2H_2O + PbSO_4 \rightarrow PbO_2 + SO_4^{2-} + 4H^+ + 2e^-$

Da es sich hierbei um eine Oxidation handelt, ist der Pluspol nun die Anode.

Im allgemeinen Sprachgebrauch wird die Anode als »Pluspol« und die Kathode als »Minuspol« bezeichnet, das ist aber falsch: Ob eine Elektrode die Anode oder die Kathode ist, hängt nur von der dort stattfindenden chemischen Reaktion ab.

Die freien Elektronen werden an der anderen Elektrode vom Blei wieder aufgenommen, und durch $SO_4^{2-}+2H^+$ wird die Schwefelsäurekonzentration wiederhergestellt:

$$PbSO_4+2e^-+2H^+ \rightarrow Pb+H_2SO_4$$

Die Anode der Entladung ist durch die Aufnahme von Elektronen nun zur Kathode geworden.

Im Vergleich zur Entladung haben Plus- und Minuspol also ihre Rollen vertauscht. Die Anode wird bei der Entladung zur Kathode und umgekehrt.

Auch beim Akku sind, um unerwünschte Verbindungen zwischen den Elektroden zu verhindern, Separatoren verbaut.

Aus Umweltschutzgründen werden Akkus, die Quecksilber, Cadmium oder auch Blei enthalten, nur bis auf einige Ausnahmen noch verwendet. Zu diesen Ausnahmen gehört z. B. die Autobatterie, da die Funktion dieses Akkus auch durch große Temperaturschwankungen nicht wesentlich eingeschränkt wird. Der meistverwendete Akku ist der technisch ausgereiftere Lithium-Ionen-Akku.

4.1.2 Spannungsquelle

Das Charakteristikum einer Spannungsquelle ist, dass sie eine konstante Spannung liefert. Zu den Spannungsquellen zählt man Batterien, Akkus, stabilisierte Netzteile, Generatoren und Transformatoren, die unter anderem auch die Spannung an unseren Steckdosen liefern.

Der Strom, der bei Anschluss einer Spannungsquelle fließt, kann variieren, je nachdem, welcher Verbraucher angeschlossen wird. Bei einem Verbraucher mit einem kleinen Widerstand fließt ein großer Strom und umgekehrt, aber die Spannung bleibt konstant.

Eine Spannungsquelle wird als *ideale Spannungsquelle* bezeichnet, wenn sie zeitlich unbegrenzt eine konstante Spannung liefert. Das Wort »ideal« kommt in diesem Fall von »Idee«, denn es ist nur eine Idee: Solche Spannungsquellen gibt es nicht.

Das Schaltbild einer idealen Spannungsquelle sehen Sie in Abbildung 4.8.

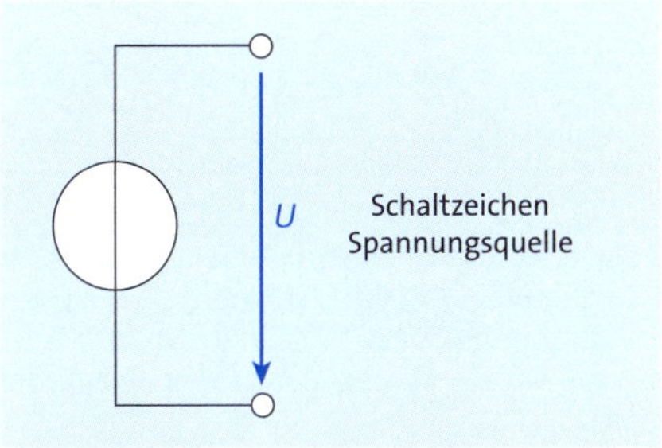

Abbildung 4.8 Schaltzeichen einer idealen Spannungsquelle

Möchte man kennzeichnen, dass es sich um eine Gleichspannungsquelle handelt, werden häufig auch die Schaltzeichen aus Abbildung 4.9 benutzt.

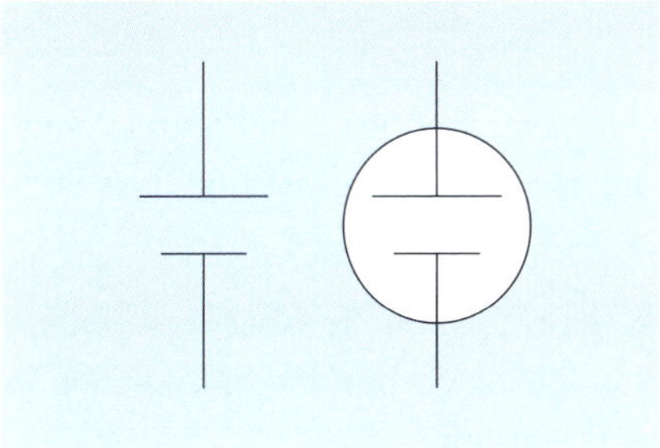

Abbildung 4.9 Schaltzeichen von Gleichspannungsquellen. Der lange Pol stellt den Pluspol dar.

4.1.3 Stromquelle

Eine Stromquelle liefert laut Definition einen konstanten Strom. Natürlich muss auch eine Spannung vorhanden sein, denn ohne Spannung gibt es keinen Strom. Aber die Spannung kann ohne Weiteres variieren. Wesentlich ist, dass der Stromfluss konstant ist. Als Stromquelle dienen Schaltungen von elektronischen Bauelementen, z. B. von Transistoren, Fotodioden und vielen mehr. Sie liefern real natürlich keinen hundertprozentig konstanten Strom, aber annähernd.

Wie bei den Spannungsquellen gilt auch hier: Eine Stromquelle, die unbegrenzt einen konstanten Strom liefert, ist eine *ideale Stromquelle*. Auch solchen Quellen gibt es nicht.

Wie reale Strom- und Spannungsquellen zu behandeln sind, können Sie sich am Ende dieses Kapitels anschauen. Das Schaltzeichen sehen Sie bereits in Abbildung 4.10.

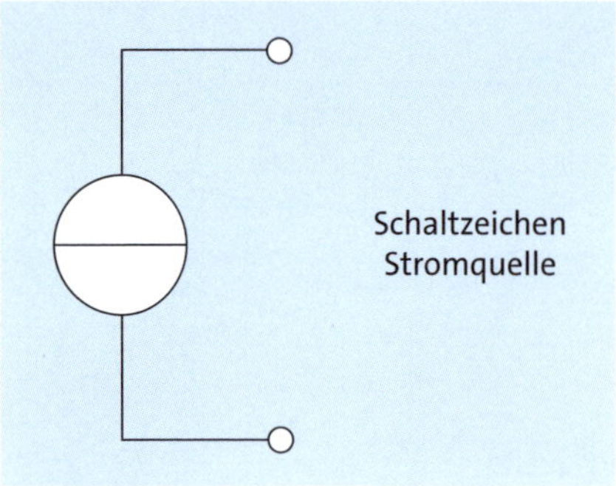

Abbildung 4.10 Schaltzeichen einer idealen Stromquelle

4.2 Widerstand und Leitwert

Zwischen den Polen einer Spannungsquelle liegt eine Spannung an. In Kapitel 2 haben Sie gesehen, dass die Spannung die Grundlage eines Stromflusses ist und dass Strom die gerichtete Bewegung von Ladungen ist.

Der Stromfluss erfolgt zwischen den Polen der Spannungsquelle, aber dazu müssen die Pole miteinander in Verbindung stehen und in dieser Verbindung müssen Ladungen vorhanden sein, die dann in Bewegung gesetzt werden.

Schauen Sie sich dazu den Versuchsaufbau aus Abbildung 4.11 an.

Sie legen nacheinander eine Spannung von 10 V an verschiedene Stäbe an. Die Stäbe haben eine Länge von $l = 1$ m und einen Querschnitt von $A = 1$ mm^2.

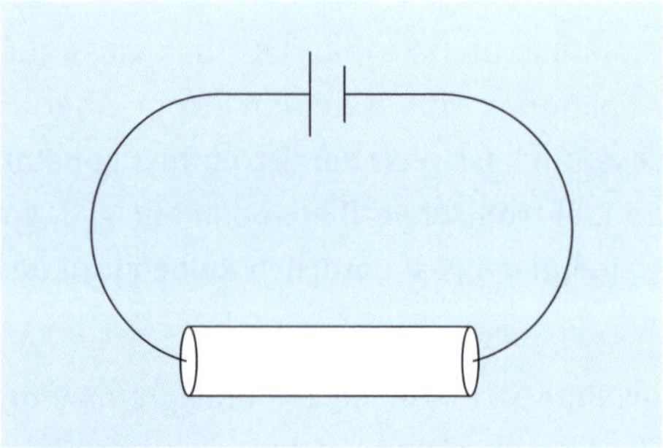

Abbildung 4.11 An einen Stab aus einem bestimmten Material mit der Länge 1 m und dem Querschnitt 1 mm^2 wird eine feste Spannung angeschlossen.

Die Materialien, aus denen die Stäbe bestehen, seien Kupfer, Kohlenstoff, Silber und Pertinax (ein spezieller Kunststoff).

Nach dem Anlegen der Spannung wird der Strom I gemessen, der in diesen Stäben fließt. Sie stellen fest, dass der Stromfluss sehr unterschiedlich ist:

$I_{\mathrm{Cu}} = 560\ \mathrm{A}$

$I_{\mathrm{C}} = 1\ \mathrm{A}$

$I_{\mathrm{Ag}} = 614\ \mathrm{A}$

$I_{\mathrm{Pert}} = 1 \cdot 10^{-12} \mathrm{A}$

Das Verhältnis von angelegter Spannung zu fließendem Strom wird als *Widerstand R* bezeichnet. Die Einheit des Widerstands ist *Ohm*, nach Georg Simon Ohm, und wird mit Ω abgekürzt.

$$1\ \Omega = \frac{1\ \mathrm{V}}{1\ \mathrm{A}}$$

Das Schaltzeichen für einen Widerstand sehen Sie in Abbildung 4.12.

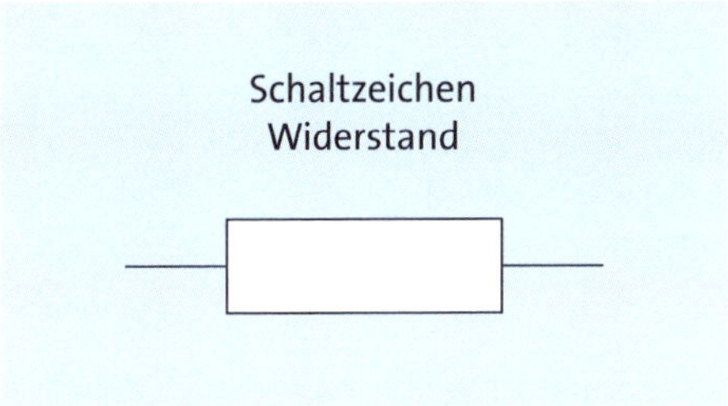

Abbildung 4.12 Schaltzeichen eines Widerstandes

4.2.1 Das Ohm'sche Gesetz

Wenn bei konstanter Spannung ein kleiner Strom fließt, ist der Widerstand groß, und wenn ein großer Strom fließt, ist der Widerstand klein. Dieser Sachverhalt ist als das *Ohm'sche Gesetz* bekannt. Es lautet:

$$I = \frac{U}{R} \qquad [4.1]$$

Besser bekannt ist diese Formel, wenn sie nach U umgestellt wird, als Merkwort URI:

$$U = R \cdot I \qquad [4.2]$$

Das Ohm'sche Gesetz in dieser Form wird in der Praxis verwendet, wenn das Verhältnis zwischen Strom und Spannung konstant ist, wenn also der Strom proportional zur Spannung ansteigt oder fällt.

Wenn Sie nun den Widerstand der Stäbe aus dem Versuch berechnen möchten, wird das Ohm'sche Gesetz nach R umgestellt:

[4.3] $$R = \frac{U}{I}$$

Dann setzen Sie die jeweiligen Werte ein. Abbildung 4.13 zeigt die Ergebnisse in einem Koordinatensystem.

$$R_{\text{Cu}} = \frac{10\ \text{V}}{560\ \text{A}} = 17{,}9\ \text{m}\Omega$$

$$R_{\text{C}} = \frac{10\ \text{V}}{1\ \text{A}} = 10\ \text{k}\Omega$$

$$R_{\text{Ag}} = \frac{10\ \text{V}}{614\ \text{A}} = 16{,}3\ \text{m}\Omega$$

$$R_{\text{Pert}} = \frac{10\ \text{V}}{1 \cdot 10^{-12}\ \text{A}} = 10 \cdot 10^{12}\ \Omega$$

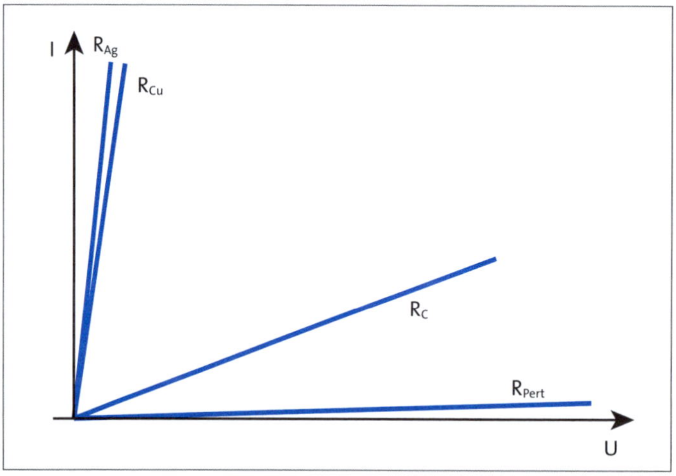

Abbildung 4.13 Widerstandsverhalten unterschiedlicher Materialien

Der Widerstand gibt an, wie sehr der Stromfluss »gebremst« wird. Schaut man sich den Sachverhalt von der anderen Seite an, möchte man also wissen, wie »gut« der Strom fließen kann, betrachtet man den *Leitwert* G. Der Leitwert ist nichts anderes als der Kehrwert des Widerstandes:

[4.4] $$G = \frac{1}{R}$$

Die Einheit des Leitwertes ist *Siemens* S:

$$1\,\text{S} = \frac{1}{\Omega} = \frac{1\,\text{A}}{1\,\text{V}} \qquad [4.5]$$

4.2.2 Spezifischer Leitwert und spezifischer Widerstand

Nun schauen Sie sich noch einmal die gemessenen Ströme an:

$I_{\text{Cu}} = 560\,\text{A}$

$I_{\text{C}} = 1\,\text{A}$

$I_{\text{Ag}} = 614\,\text{A}$

$I_{\text{Pert}} = 1 \cdot 10^{-12}\text{A}$

Die Größe des Stromes ist je nach Material unterschiedlich. Bei Kupfer und Silber fließt ein großer Strom, bei Grafit ist der Strom relativ klein und bei Pertinax praktisch nicht vorhanden. Es gibt also Stoffe, die Strom gut weiterleiten, und Stoffe, die ihn schlecht oder gar nicht leiten.

Diese Eigenschaft wird als *spezifische Leitfähigkeit* κ bezeichnet. Sie ist eine Materialeigenschaft, deshalb heißt sie »spezifisch«.

Wenn Sie sich den allgemeinen Aufbau eines Metalls anschauen, wie den des Kupfers in Abbildung 4.14, wird auch deutlich, warum Metalle Strom besser leiten als Nichtmetalle.

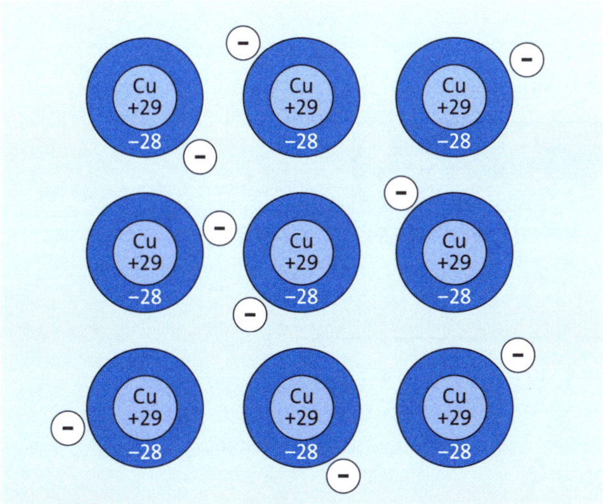

Abbildung 4.14 Aufbau eines Kupferblechs

Bei Metallen sind die Elektronen auf der äußersten Schale, auch *Leitungselektronen* genannt, frei beweglich. Sie sind praktisch nicht mehr an ihr Atom gebunden. Der Name *Valenzelektronen*, der häufig in diesem Zusammenhang verwendet wird, ist nicht ganz korrekt, denn Valenzelektronen sind die Elektronen auf der Außenschale. Jedes Atom besitzt Valenzelektronen, aber nur bei Metallen sind sie frei.

Schauen Sie sich das Bändermodell aus Abbildung 4.15 und Abbildung 4.16 an. Als *Bänder* werden verschiedene Energiebereiche innerhalb eines Atoms bezeichnet. Dort sehen Sie, dass die freien Elektronen im energetisch höher liegenden Leitungsband liegen. Sie werden auch als *Elektronengas* bezeichnet.

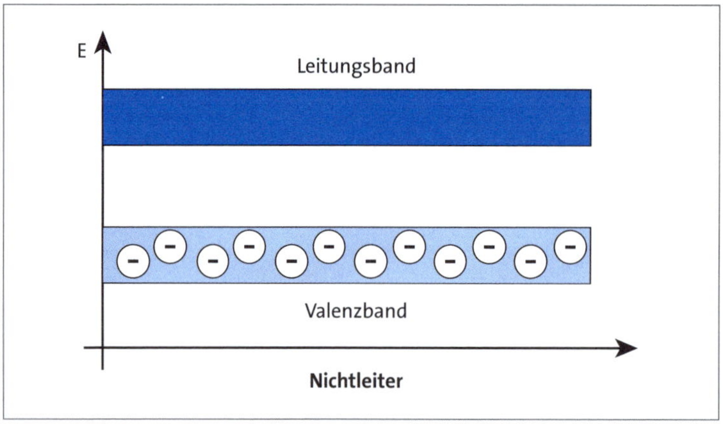

Abbildung 4.15 Bänderdarstellung eines Nichtleiters

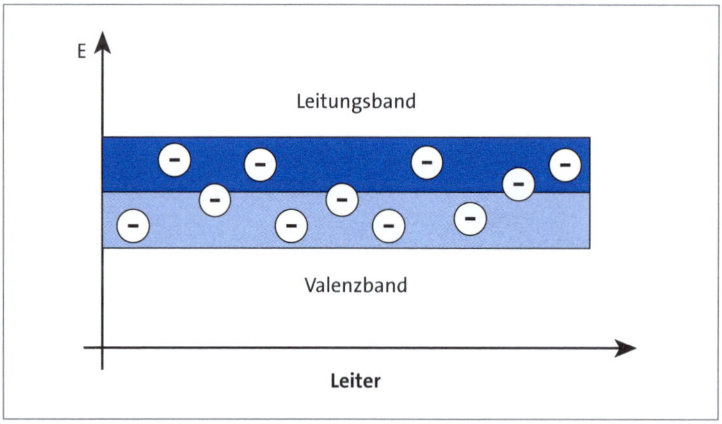

Abbildung 4.16 Bänderdarstellung eines Leiters. Befinden sich Elektronen im Leitungsband, so sind sie frei.

Liegt also an den Enden eines Metalldrahtes eine Spannung an, so können die Elektronen ohne große Probleme in Richtung Pluspol wandern. Diese Wanderung können Sie sich wie in Abbildung 4.17 vorstellen.

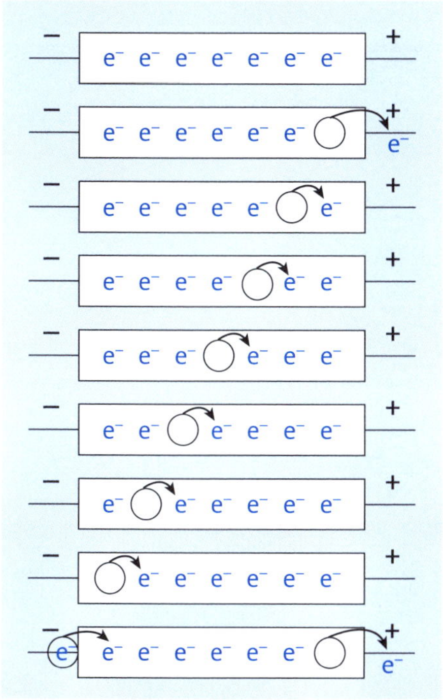

Abbildung 4.17 Bewegung von Elektronen in einem Leiter

Die freien Elektronen in der Nähe des Pluspols werden vom Pluspol angezogen und bewegen sich zu ihm hin. Die Elektronen hinterlassen sogenannte *Löcher*. An den Löchern herrscht dann ein positives Potenzial, das wiederum weitere Elektronen anzieht. Diese Wanderung setzt sich in dem gesamten Draht fort. Da der Minuspol der Spannungsquelle kontinuierlich Elektronen nachliefert, fließt kontinuierlich ein Strom durch den Draht.

Wenn Sie sich die Bewegung der Elektronen anschauen, bewegen sie sich vom Minuspol zum Pluspol. Die Löcher scheinen sich vom Pluspol zum Minuspol hin zu bewegen. Tatsächlich bewegen sie sich natürlich nicht, sondern sitzen fest und werden nur vom Minuspol aus mit Elektronen gefüllt.

Diese scheinbare Bewegung wird *Löcherstrom* genannt.

Vergleichen Sie den Aufbau eines guten Leiters, z. B. Kupfer, mit einem schlechter leitenden Material, z. B. Silizium, so können Sie erkennen, warum der Stromfluss in den verschiedenen Materialien so unterschiedlich ist. Den Aufbau von Silizium-Atomen zeigt Ihnen Abbildung 4.18.

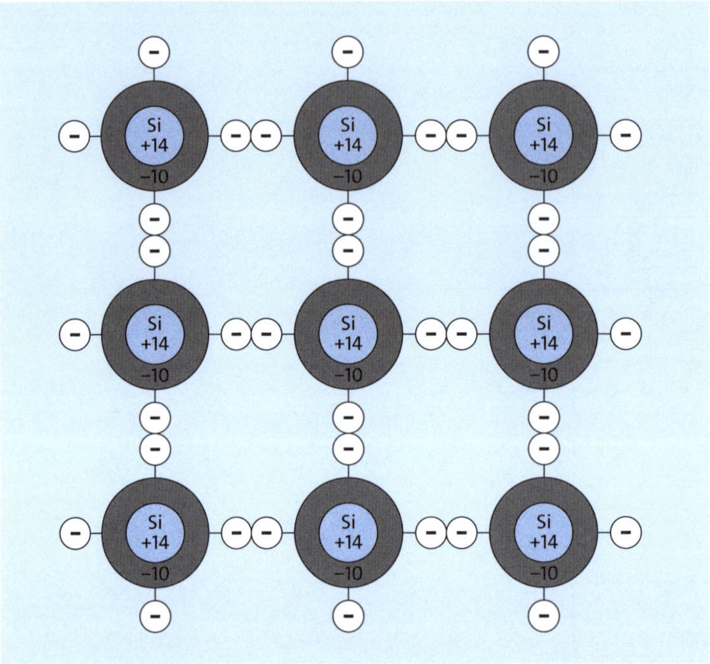

Abbildung 4.18 Bindung von Siliziumatomen

Im Silizium herrscht eine feste Kristallstruktur vor. Die Atome, inklusive aller Elektronen haben ihren festen Platz. Es sind keine freien Elektronen vorhanden. Was soll da fließen?

Um Elektronen aus ihrem festen Verband herauszulösen, gibt es zwei Möglichkeiten:

- **Sie erwärmen das Material** – Je mehr Wärme zugeführt wird, desto mehr Bewegung steckt in den Molekülen und dadurch wird natürlich auch die Energie größer, sodass nun einige Elektronen ins Leitungsband »hüpfen«. Je nach Material muss aber so viel Wärme zugeführt werden, dass der Stoff nicht mehr brauchbar ist, weil er sich z. B. verflüssigt, um genügend Stromfluss zu gewährleisten.
- **Sie erhöhen die Spannung** – Je höher die Spannung ist, desto stärker wird die elektrische Feldstärke und somit die Kraftwirkung auf die Elektronen. Die Feldstärke, bei der Elektronen aus ihrer Bindung herausgelöst werden können, wird *Durchschlagsfeldstärke* E_{DS} oder auch *Durchbruchsfeldstärke* genannt. Die Durchschlagsfestigkeit verschiedener Materialien finden Sie in Tabelle 4.1.

Der Nachteil bei diesen Verfahren ist, dass das Material unter Umständen beschädigt werden kann. Beide Möglichkeiten sind also nicht besonders praktikabel.

Material	**Durchschlagsfestigkeit in kV/mm**	**Aggregatzustand**
Trockene Luft	3	gasförmig
Porzellan	30–35	fest
Glas	> 10	fest
Emaille	20–30	fest
Quarzglas	40	fest
Destilliertes Wasser	65–70	flüssig
Polymethylmethacrylat (Plexiglas)	35–40	fest
Polypropylen (PP)	bis 100	fest
Polyvinylchlorid	30–50	fest
Glimmer	20–42	fest

Tabelle 4.1 Durchschlagsfestigkeit ausgewählter Materialien (20 °C)

Wie groß die spezifische Leitfähigkeit ist, hängt vom inneren Aufbau des jeweiligen Materials ab. Diese Materialkonstante kann aus entsprechenden Tabellen entnommen werden. Tabelle 4.2 liefert Ihnen eine Auswahl.

Material	**Spezifische Leitfähigkeit κ in $\frac{\text{m}}{\Omega \cdot \text{mm}^2}$**
Silber (Ag)	61,4
Kupfer (Cu)	56
Gold (Au)	45,5
Aluminium (Al)	37
Platin (Pt)	10
Konstantan	2
Kohlenstoff (Grafit)	0,1
Germanium (Ge)	0,002
Selen (Se)	0,001

Material	Spezifische Leitfähigkeit κ in $\frac{m}{\Omega \cdot mm^2}$
Silizium (Si)	0,001
Pertinax	10^{-13}
Glas	10^{-17}
Porzellan	10^{-19}
Glimmer	10^{-20}
Polystyrol	10^{-22}

Tabelle 4.2 Materialkonstanten

Stoffe, deren spezifische Leitfähigkeit über $1 \cdot 10^{-2} \frac{m}{\Omega\, mm^2}$ liegt, werden als *Leiter* bezeichnet. Materialien mit Leitwerten zwischen 0,01 und $10^{-12} \frac{m}{\Omega\, mm^2}$ sind sogenannte *Halbleitermaterialien* (siehe Abbildung 4.19), und Stoffe, bei denen der Leitwert unter $10^{-12} \frac{m}{\Omega\, mm^2}$ liegt, bezeichnen wir als *Nichtleiter*.

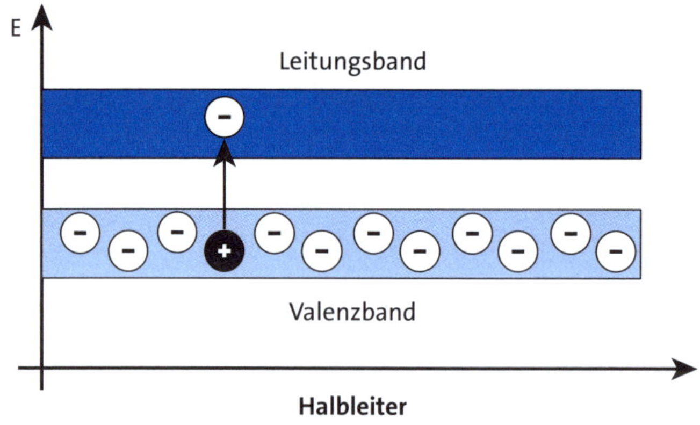

Abbildung 4.19 Bändermodell eines Halbleiters – Elektronen »hüpfen« durch Energiezufuhr, z. B. durch Erwärmung, ins Leitungsband.

Die Leitfähigkeit gibt an, wie »gut« ein Strom durch ein bestimmtes Material fließen kann. Betrachtet man das Gegenteil, so spricht man vom *spezifischen Widerstand* ρ, der dann angibt, wie »schlecht« das Material leitet.

Der spezifische Widerstand ist der Kehrwert des spezifischen Leitwerts:

$$\rho = \frac{1}{\kappa}$$

Tabelle 4.3 zeigt Ihnen die spezifischen Widerstandswerte verschiedener Materialien.

Spezifischer Widerstand	ρ in $\Omega \cdot mm^2/m$
Silber (Ag)	0,016286645
Kupfer (Cu)	0,017857143
Gold (Au)	0,021978022
Aluminium (Al)	0,027027027
Platin (Pt)	0,1
Konstantan	0,5
Kohlenstoff (Grafit)	10
Kohlenstoff (C), elementar	33,33333333
Germanium (Ge)	500
Selen (Se)	1000
Silizium (Si)	1000
Pertinax	10^{13}
Glas	10^{17}
Weich-PVC	10^{17}
Porzellan	10^{19}
Glimmer	10^{20}
Kautschuk	10^{20}
Polystyrol	10^{22}

Tabelle 4.3 Die spezifischen Widerstandswerte verschiedener Materialien

Der Begriff »Leiter«

Der Begriff *Leiter* wird aber noch anderweitig verwendet. Da Verbindungsleitungen in elektrischen oder elektronischen Schaltungen ebenfalls aus leitfähigem Material bestehen, werden auch die Verbindungsleitungen als Leiter bezeichnet.

Verbindungsleitungen werden grob in zwei Kategorien eingeteilt: in Kabel und Leitungen.

Der Unterschied zwischen diesen beiden ist, dass *Kabel* fest verlegt sind, d. h., sie können nicht einfach ohne Hilfe von Werkzeug bewegt werden. Die Anschlussleitungen von elektrischen Geräten z. B. sind *Leitungen*. Im allgemeinen Sprachgebrauch werden diese Leitungen aber als »Netzkabel« bezeichnet, was nicht korrekt ist.

4.2.3 Widerstand eines stabförmigen Leiters

Nicht nur das Material spielt beim Leitwert und beim Widerstand eine Rolle. Auch die Maße eines Leiters beeinflussen den Strom.

Je dicker ein Leiter ist, desto mehr Strom kann fließen. Anschaulich gesprochen: Je dicker der Draht ist, desto mehr Möglichkeiten haben die Elektronen, um zum Pluspol zu kommen. Genauso wesentlich wie der Querschnitt ist die Länge: Je länger ein Draht ist, desto mehr Widerstand stellt sich den Elektronen entgegen, denn sie müssen die gesamte Länge hinter sich bringen.

Fassen Sie nun die Material- und die geometrischen Eigenschaften eines Leiters zusammen, so kommen Sie zur Formel [4.6].

[4.6] $$R = \frac{\rho \cdot l}{A}$$

l = Länge des Drahtes

A = Querschnitt des Drahtes (in mm^2)

ρ = spezifischer Widerstand

R = Widerstand

Wird anstatt des spezifischen Widerstandes die spezifische Leitfähigkeit verwendet, gestaltet sich der Widerstand folgendermaßen:

[4.7] $$R = \frac{l}{\kappa \cdot A}$$

Den Leitwert erhalten Sie durch Kehrwertbildung:

[4.8] $$G = \frac{A}{\rho \cdot l}$$

und

[4.9] $$G = \frac{\kappa \cdot A}{l}$$

Stellen Sie die jeweiligen Widerstand- oder Leitwertformeln nach den spezifischen Werten um, so wird auch die Einheit des spezifischen Widerstandes und des spezifischen Leitwerts klar:

$$[\rho] = \frac{\Omega \cdot \mathrm{mm}^2}{\mathrm{m}}$$

und

$$[\kappa] = \frac{\mathrm{m}}{\Omega \cdot \mathrm{mm}^2}$$

4.2.4 Einfluss der Temperatur auf den Widerstand

Wie schon erwähnt, kann ein Nichtleiter durch Erwärmen seine Leitfähigkeit erhöhen. Wenn Sie allerdings einen (Metall-)Draht erwärmen, stellen Sie fest, dass der Widerstand steigt. Vereinfacht gesagt liegt das daran, dass sich die Elektronen durch die starke Bewegung des Metallgitters im Inneren des Drahtes am Gitter stoßen. Der Fachbegriff hierfür lautet *Streuung*. Je höher die Temperatur ist, desto größer ist die Kollisionsgeschwindigkeit und desto größer ist die Ablenkung der Elektronen von ihrem Weg.

Die Veränderung des Widerstandes unter Einfluss der Temperatur wird durch den Temperaturkoeffizienten α angegeben. Eine Auswahl von Werten können Sie in Tabelle 4.4 sehen.

Material	Temperaturkoeffizient α in 1/K
Aluminium (99,5 %)	$4{,}0 \cdot 10^{-3}$
Blei	$4{,}2 \cdot 10^{-3}$
Eisen (rein)	$6{,}57 \cdot 10^{-3}$
Gold	$4 \cdot 10^{-3}$
Konstantan (CuNi44)	$\pm 0{,}01 \cdot 10^{-3}$
Kupfer (99,9 %)	$3{,}93 \cdot 10^{-3}$
Silber	$4{,}1 \cdot 10^{-3}$
Grafit	$-0{,}2 \cdot 10^{-3}$
Kohlenstoff	$-0{,}5 \cdot 10^{-3}$
Germanium	$-48 \cdot 10^{-3}$
Silizium	$-75 \cdot 10^{-3}$

Tabelle 4.4 Temperaturkoeffizienten

Ein *negativer* Temperaturkoeffizient bedeutet, dass der Widerstand bei steigender Temperatur sinkt. Es zeigt sich also das Verhalten von Nichtmetallen. Ist der Temperaturkoeffizient *positiv*, so steigt der Widerstand bei Temperaturerhöhung. Das ist das typische Verhalten von Metallen.

Es gibt Widerstände, die als Temperatursensoren verwendet werden. Hierbei wird die Widerstandsänderung pro Kelvin genutzt, um eine Temperaturmessung vorzunehmen. Widerstände, deren Widerstandswert mit der Temperatur steigt, die also einen positiven Temperaturkoeffizienten besitzen, werden *PTC* (*Positive Temperature Coefficient*) genannt. Die Gegenstücke dazu heißen *NTC* (*Negative Temperature Coefficient*). Bei NTCs sinkt der Widerstand mit steigender Temperatur.

Das berühmteste Beispiel der Temperatursensoren ist der PT100. Er besteht aus Platin und hat eine lineare Kennlinie, sodass eine Temperaturänderung von 1 °C immer die gleiche Widerstandsänderung hervorruft, egal in welchem Temperaturbereich man sich befindet. Bei einer Temperatur von 0 °C besitzt er einen Widerstand von 100 Ω.

Die Änderung des Widerstandes ΔR ergibt sich aus

$$\Delta R = \alpha R \Delta T,$$

wobei ΔT die Temperaturänderung darstellt.

Der durch die Temperatur veränderte Widerstand ist dann:

$$R_\vartheta = R + \Delta R$$

Diese Betrachtung der linearen Temperaturabhängigkeit reicht in den meisten Fällen in der Praxis aus. Sie gehen dabei von einer linearen Widerstandsänderung aus. Das ist aber in der Regel nicht der Fall.

Möchten Sie genauer über die Temperaturabhängigkeit Bescheid wissen, so können Sie mithilfe der Entwicklung einer Taylorreihe der Widerstandsfunktion genauere Ergebnisse erzielen:

$$R_\vartheta = R + \alpha R \Delta T + \beta R \Delta T^2 + \gamma R \Delta T^3 + \delta R \Delta T^4 + \varepsilon R \Delta T^5 + \cdots$$

Die Koeffizienten $\alpha, \beta, \gamma, \delta, \varepsilon$ ... heißen Temperaturkoeffizienten 1., 2., 3., 4., 5. ... Grades. Die Größenordnung von β entspricht ungefähr dem Quadrat von α, die von γ entspricht der Größenordnung von α^3 usw. Es handelt sich hier also um sehr kleine Änderungen.

Widerstand und Leitwert

Spezifischer Leiter κ	Einheit:	$\frac{\mathrm{m}}{\Omega \cdot \mathrm{mm}^2}$
Spezifischer Widerstand ρ	Einheit:	$\frac{\Omega \cdot \mathrm{mm}^2}{\mathrm{m}}$
Widerstand R	Einheit:	Ω (Ohm)
Leitwert G	Einheit:	S (Siemens)
Der (spezifische) Leitwert ist der Kehrwert des (spezifischen) Widerstandes.		
Stabförmiger Leiter	$R = \frac{\rho l}{A} = \frac{l}{\kappa A}$	
Widerstandsänderung bei Temperaturänderung	$\Delta R = \alpha R \Delta T$	

4.3 Allgemeine Form des Ohm'schen Gesetzes

In Abschnitt 4.2.1 wurde mithilfe des Ohm'schen Gesetzes

$$R = \frac{U}{I} \qquad [4.10]$$

der Widerstand berechnet.

Dabei sind wir stillschweigend davon ausgegangen, dass der Widerstand konstant ist, dass also das Verhältnis von Spannung zu Strom immer gleich bleibt und die Strom-Spannungs-Kennlinie linear ist.

Es gibt jedoch Widerstände, deren Stromfluss von der angelegten Spannung abhängt. Zum Beispiel sinkt der Widerstand bei steigender Spannung bei *Varistoren*, die auch *spannungsabhängige Widerstände* genannt werden. Bei *Dioden* ist der Widerstand ebenfalls von der angelegten Spannung abhängig.

Schauen Sie sich bei diesen Bauteilen die Strom-Spannungs-Kennlinie an, so verläuft sie nicht linear, wie Abbildung 4.20 zeigt.

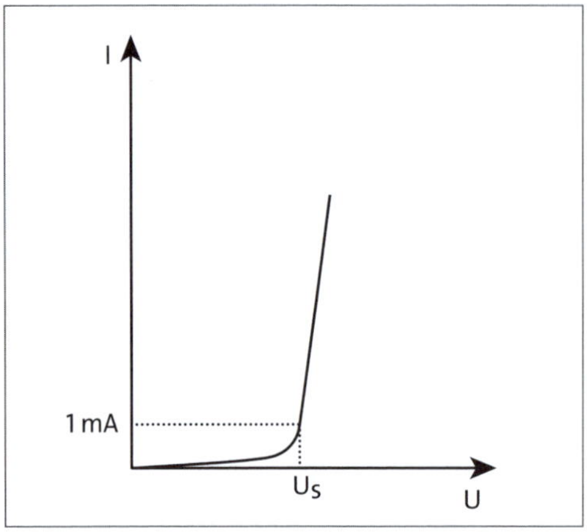

Abbildung 4.20 Kennlinie eines Varistors

Hier müssen Sie wieder zu den Momentanwerten übergehen und den Widerstand dann durch

[4.11] $$R = \frac{\mathrm{d}U}{\mathrm{d}I}$$

berechnen.

Was passiert aber, wenn das elektrische Feld, aus dem die Spannung gewonnen wird, nicht konstant ist oder wenn die Stromdichte in einem Leiter variiert?

In diesen Fällen müssen Sie sich an die allgemeinen Formeln für den Strom und die Spannung aus Kapitel 2 und Kapitel 3 erinnern:

[4.12] $$I = \int \vec{J} \cdot \mathrm{d}\vec{A}$$

und

[4.13] $$U = \int \vec{E} \cdot \mathrm{d}\vec{l}$$

Zur Erinnerung: J ist die Stromdichte, E die elektrische Feldstärke, A die Querschnittsfläche, durch die der Strom fließt, und l ist der Abstand zwischen den betrachteten Potenzialen.

Für den Widerstand R erhalten Sie dann:

[4.14] $$R = \frac{\int \vec{E} \cdot \mathrm{d}\vec{l}}{\int \vec{J} \cdot \mathrm{d}\vec{A}}$$

Auch diese Formel spiegelt das Ohm'sche Gesetz wider.

Wenn $\vec{E}$ konstant ist und die Feldlinien des elektrischen Feldes senkrecht auf der Oberfläche stehen, so wie es z. B. bei metallischen Leitern der Fall ist, der Leiter die Länge l hat und der Strom, bei konstanter Stromdichte, senkrecht durch den Querschnitt A eines Leiters tritt, dann vereinfacht sich diese Formel zu:

$$R = \frac{E \cdot l}{J \cdot A} \qquad [4.15]$$

Stellen Sie diese Gleichung nach J um, so erhalten Sie:

$$J = \frac{l}{R \cdot A} E \qquad [4.16]$$

$\frac{l}{R \cdot A}$ ist der spezifische Leitwert, also kann das Ohm'sche Gesetz auch als

$$J = \kappa \cdot E$$

geschrieben werden. Hierbei handelt es sich um den Betrag.

Unter Berücksichtigung der Richtung erhalten Sie:

$$\vec{J} = \kappa \cdot \vec{E} \qquad [4.17]$$

Ohm'sches Gesetz

Lineare Widerstandsänderung	$R = \frac{U}{I}$
Nicht lineare Widerstandsänderung	$R = \frac{\mathrm{d}U}{\mathrm{d}I}$
Allgemeine Form	$R = \frac{\int \vec{E} \cdot \mathrm{d}\vec{l}}{\int \vec{J} \cdot \mathrm{d}\vec{A}}$

4.4 Gleichstrom und Wechselstrom

Bisher haben Sie den Stromfluss in einem Leiter immer unter dem Gesichtspunkt betrachtet, wie sich Elektronen in einem Leiter bewegen, nämlich vom Minuspol zum Pluspol hin. Sie haben also die *physikalische Stromrichtung* betrachtet. Hätten Sie den Löcherstrom betrachtet, wären Sie von der *technischen Stromrichtung* ausgegangen.

Eines haben aber beide Betrachtungsweisen gemeinsam: Weder die Löcher noch die Elektronen verändern ihre Bewegungsrichtung. Die Höhe der Stromstärke kann möglicherweise variieren, z. B. durch Verändern der Höhe der angelegten Spannung, aber *nicht* die Bewegungsrichtung.

Das liegt an der Natur der Ladungen: Negative Ladungen werden immer vom positiven Potenzial angezogen und umgekehrt. Dazu muss aber gewährleistet sein, dass die Spannungsquelle ihre Polarität nicht ändert, und davon sind wir bisher stillschweigend ausgegangen.

Eine Spannung, die eine feste Polarität hat, wird *Gleichspannung* genannt, genauso wie ein Strom, der immer in die gleiche Richtung fließt, *Gleichstrom* genannt wird.

Wechselt hingegen die Polarität der Spannungsquelle, so spricht man von einer *Wechselspannung*, und ändert sich die Flussrichtung des Stromes, spricht man von einem *Wechselstrom*.

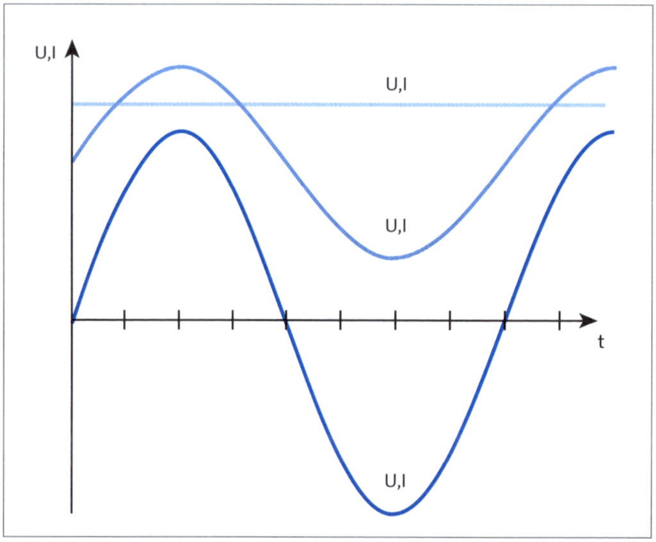

Abbildung 4.21 Dunkelblaue Kurve: Wechselspannung bzw. -strom, mittelblaue Kurve: Gleichspannung bzw. Gleichstrom, hellblaue Kurve: konstante Gleichspannung bzw. konstanter Gleichstrom

Bei der mittelblauen und der hellblauen Kurve in Abbildung 4.21 bewegen sich die Elektronen in die gleiche Richtung. Bei der hellblauen Kurve ist der Stromfluss konstant, und bei der dunkelblauen Kurve variiert die Stromstärke.

Die dunkelblaue Kurve hingegen befindet sich zeitweise unterhalb der x-Achse. Das heißt, die Bewegungsrichtung des Stromes hat sich umgekehrt. Das ist aber nur möglich, wenn sich die Polarität der Spannungsquelle geändert hat. Die dunkelblaue Kurve stellt also den Verlauf eines Wechselstroms bzw. einer Wechselspannung dar.

Im Folgenden werden wir uns ausschließlich mit Gleichspannungen und Gleichströmen beschäftigen.

4.5 Berechnung eines einfachen Stromkreises

Schauen Sie sich nun die bisherige Theorie in der Anwendung an. Sie nehmen eine Spannungsquelle, beispielsweise eine Batterie, eine Lampe und zwei Kupferdrähte. Aus diesen Materialien bauen Sie einen Stromkreis wie in Abbildung 4.22.

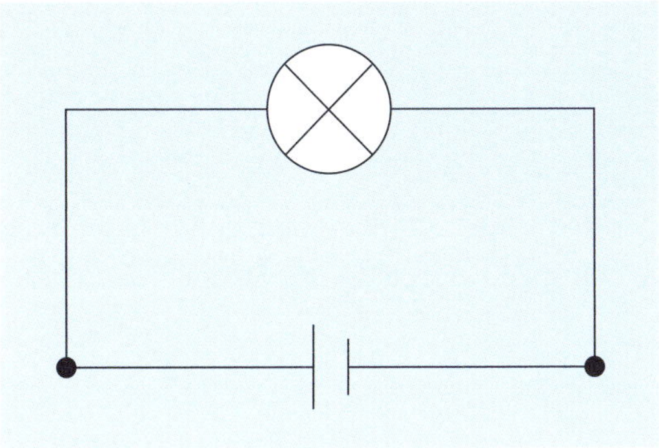

Abbildung 4.22 Einfacher Stromkreis

Die Lampe stellt in diesem Stromkreis den Verbraucher dar. Der Begriff *Verbraucher* ist ein wenig unglücklich gewählt. Es wird genau genommen nichts »verbraucht«. Strom wird nicht verbraucht, die Ladungen verschwinden nicht einfach im Verbraucher, und auch die Energie, die dem Verbraucher zugeführt wird, wird umgewandelt und nicht verbraucht. Die Lampe ist in dieser Schaltung der Widerstand. Sie können natürlich auch jeden anderen Verbraucher in diese Schaltung einbauen. Jeder Verbraucher stellt einen Widerstand dar.

Die Elektronen setzen sich nun in Richtung Pluspol in Bewegung und es fließt ein Strom. Die Höhe dieses Stroms wird durch die Widerstände der Lampe und der Leitungen bestimmt.

Die Spannungsquelle liefert 9 V, die Leitungen sind aus Kupfer, 10 cm lang mit einem Querschnitt von 0,2 mm^2. Auf der Lampe ist die Leistung mit 3,5 W angegeben.

Mithilfe dieser Angaben können Sie nun den Strom berechnen. Zunächst sammeln Sie alles, was Sie wissen:

$$I = \frac{U}{R}$$

$$R = \frac{l}{\kappa \cdot A}$$

$$P = U \cdot I$$

Das sind die Formeln, die Sie hier benötigen.

Die gegebenen Daten sind:

$U = 9\ \mathrm{V}$

$\kappa = 56 \frac{\mathrm{m}}{\Omega \cdot \mathrm{mm}^2}$

$l = 20\ \mathrm{cm}$

$A = 0{,}2\ \mathrm{mm}^2$

$P = 3{,}5\ \mathrm{W}$

Um den Strom zu bestimmen, müssen Sie den Widerstand kennen, der sich den Elektronen entgegenstellt. Dazu gehören die Leitungen, durch die der Strom fließen muss, und die Lampe.

Widerstand der Leitungen R_l:

$$R_l = \frac{l}{\kappa \cdot A}$$

Setzen Sie die Werte ein:

$$R_l = \frac{0{,}2\ \mathrm{m}}{56 \frac{\mathrm{m}}{\Omega \cdot \mathrm{mm}^2} \cdot 0{,}2\ \mathrm{mm}^2} = 17{,}8\ \mathrm{m}\Omega$$

Widerstand der Lampe R_L:

Durch Einsetzen des Ohm'schen Gesetzes in die Leistungsformel erhalten Sie:

$$P = U \cdot \frac{U}{R_L} = \frac{U^2}{R_L}$$

$$\Leftrightarrow R_L = \frac{U^2}{P}$$

Setzen Sie die Werte ein:

$$R_L = \frac{(9\ \mathrm{V})^2}{3{,}5\ \mathrm{W}} = \frac{81\ \mathrm{V}^2}{3{,}5\ \mathrm{V{\cdot}A}} = 23{,}1\ \Omega$$

Der gesamte Widerstand, den die Elektronen zu überwinden haben, ist die Summe aus den beiden Einzelwerten:

$R = 23{,}10178\ \Omega$

Da der Widerstand der Leitungen im Verhältnis zur Lampe sehr klein ist, müssen wir uns später Gedanken darüber machen, ob es sinnvoll ist, ihn überhaupt zu berücksichtigen.

Nun kann der Strom berechnet werden:

$$I = \frac{9\ \text{V}}{23{,}10178\ \Omega} = 389{,}5803\ \text{mA}$$

Ohne die Leitungen liegt der Strom bei:

$$I = \frac{9\ \text{V}}{23{,}1\ \Omega} = 389{,}6\ \text{mA}$$

Je nach Messinstrument, das zur Bestimmung des Stromes verwendet wird, wird dieser Unterschied überhaupt nicht messbar sein. Auch wenn Sie die Werte runden, fällt der Unterschied komplett weg.

Daher wird generell der Leiterwiderstand nicht berücksichtigt, wenn abzusehen ist, dass der Wert das Ergebnis nicht wesentlich beeinflusst. Sollte der Leitungswiderstand allerdings groß sein, so wird er als zusätzlicher Widerstand in eine Schaltung mit eingezeichnet.

Kritisch wird es, wenn der Leitungswiderstand so groß ist, dass ein Verbraucher nicht mehr den nötigen Strom geliefert bekommt, um einwandfrei zu funktionieren. Auch dazu sehen wir uns jetzt eine Beispielsrechnung an.

Eine Spannungsquelle liefert eine Spannung von 10 V. Der an diese Spannungsquelle angeschlossene Verbraucher benötigt 0,95 bis 1,1 A, um optimal zu funktionieren, und er hat einen Widerstand von 10 Ω. Die Kupferleitungen zum Verbraucher sind insgesamt 200 m lang und haben einen Querschnitt von 0,5 mm^2.

Ohne Berücksichtigung der Leitungen reicht der Strom auf jeden Fall aus. Aber wie sehr beeinflussen die Leitungen den Stromfluss?

Der Widerstand der Leitungen beträgt:

$$R = \frac{l}{\kappa \cdot A} = \frac{200\ \text{m}}{56\,\frac{\text{m}}{\Omega\cdot\text{mm}^2} \cdot 0{,}5\ \text{mm}^2} = 7{,}1\ \Omega$$

Der gesamte Widerstand beträgt somit

$$R = 17{,}1\ \Omega$$

und damit fast das Doppelte.

Ohne nun über weitere elektrotechnische Gesetze Bescheid zu wissen, ist jedem klar, dass dann der Strom fast halbiert wird und dass ein einwandfreies Funktionieren ohne Weiteres nicht mehr gewährleistet ist.

Kennzeichnung von Spannungen und Strömen in einer Schaltung

Ströme und Spannungen werden wie in Abbildung 4.23 in einem Schaltbild als Pfeile gekennzeichnet.

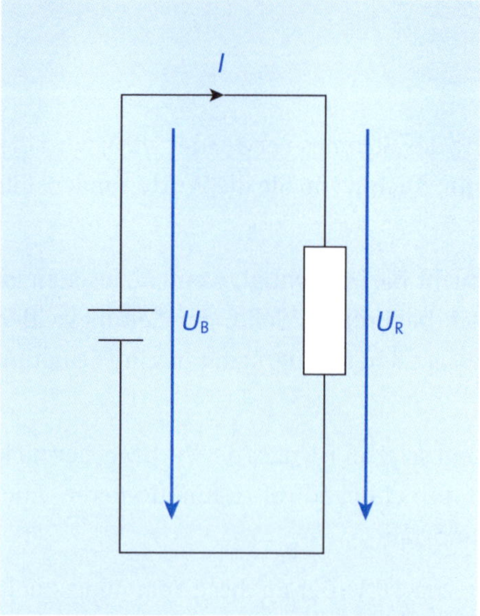

Abbildung 4.23 Strom- und Spannungspfeile

Die Spannungspfeile zeigen vom Pluspol zum Minuspol und die Strompfeile zeigen in die technische Stromrichtung.

Richtungen

Technische Stromrichtung:	von Plus nach Minus
Physikalische Stromrichtung:	von Minus nach Plus
Spannungspfeile:	vom Pluspol zum Minuspol

4.6 Reihen- und Parallelschaltung

Bisher haben Sie Fälle betrachtet, in denen an eine Spannungsquelle nur ein Widerstand angeschlossen wurde.

Die Frage, mit der Sie sich nun auseinandersetzen müssen, lautet:

Wie verhalten sich Strom und Spannung, wenn sich mehrere Widerstände in einem Stromkreis befinden?

Um diese Frage zu beantworten, schauen Sie sich nun die beiden grundlegenden Schaltungsmöglichkeiten – die Reihen- und die Parallelschaltung – genauer an.

4.6.1 Reihenschaltung

Bei der Reihenschaltung liegen die Widerstände in einer Reihe (siehe Abbildung 4.24). Manchmal wird auch die Bezeichnung *Hintereinanderschaltung* verwendet, was den Aufbau dieser Schaltung genauer erklärt.

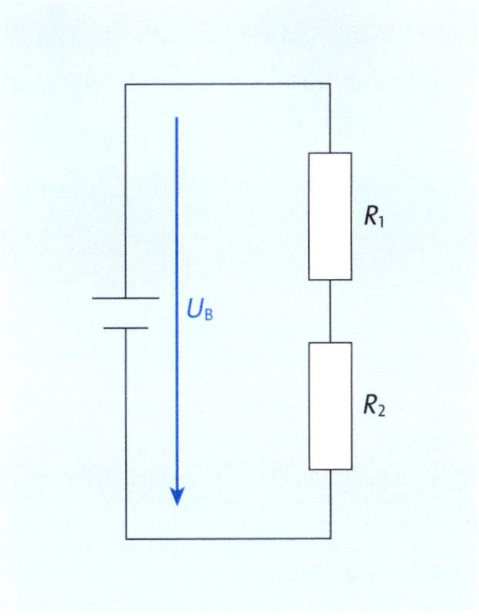

Abbildung 4.24 Reihenschaltung zweier Widerstände

Die freien Elektronen in der Leitung bewegen sich in Richtung Pluspol. Sie rücken, wie in Abschnitt 4.2.2 dargestellt, von einem Loch zum nächsten weiter. Entstandene Löcher werden durch Elektronen der Spannungsquelle wieder aufgefüllt.

Der gesamte Widerstand, den die Elektronen nun passieren müssen, um zum Pluspol zu kommen, besteht aus R_1und R_2. Jeder dieser Widerstände hat Einfluss auf den

Stromfluss, sodass der Gesamtstrom in dieser Schaltung durch die Summe der Widerstände bestimmt wird.

Der Strom in dieser Schaltung setzt sich also zusammen aus:

[4.18] $$I = \frac{U}{R_1 + R_2}$$

Betrachten Sie nun den Stromfluss durch die einzelnen Widerstände.

Die Stromstärke ist definiert als Ladungsmenge pro Zeit. Durch den Widerstand R_2 bewegt sich eine bestimmte Ladungsmenge pro Sekunde. Wenn die Ladungsmenge pro Sekunde durch R_1 größer oder kleiner wäre als durch R_2, dann müssten von irgendwoher zusätzliche Ladungen gekommen sein oder Ladungen müssten »verschwinden«. In einer Reihenschaltung besteht diese Möglichkeit aber nicht. Woher sollten die Ladungen kommen? Wo sollten sie hingehen? Durch R_1fließt also pro Sekunde die gleiche Ladungsmenge wie durch R_2. Der Strom in einer Reihenschaltung ist also überall gleich groß und entspricht dem Gesamtstrom.

Wenn wir nun von widerstandslosen Leitungen ausgehen, die den Stromfluss also nicht noch zusätzlich beeinflussen, dann stellen die Leitungen zu den Widerständen eine Art Verlängerung der Pole dar. Die von der Spannungsquelle gelieferte Spannung liegt also direkt an den Widerständen an.

Wenn Sie nun wieder das Ohm'sche Gesetz zu Hilfe nehmen, können Sie die Spannung, die an jedem Widerstand abfällt, berechnen:

Für die Spannung an R_1 gilt:

$$U_{R1} = R_1 \cdot I$$

und für R_2:

$$U_{R2} = R_2 \cdot I$$

Die Summe dieser Teilspannungen stellt sich folgendermaßen dar:

$$U_{R1} + U_{R_2} = R_1 \cdot I + R_2 \cdot I = (R_1 + R_2) \cdot I = U_{\text{ges}}$$

Diese Schaltung teilt also die Gesamtspannung in Teilspannungen auf. Daher wird sie auch als *Spannungsteiler* bezeichnet. Mithilfe eines Spannungsteilers kann man also eine Spannung in Teilspannungen zerlegen (siehe Abbildung 4.25).

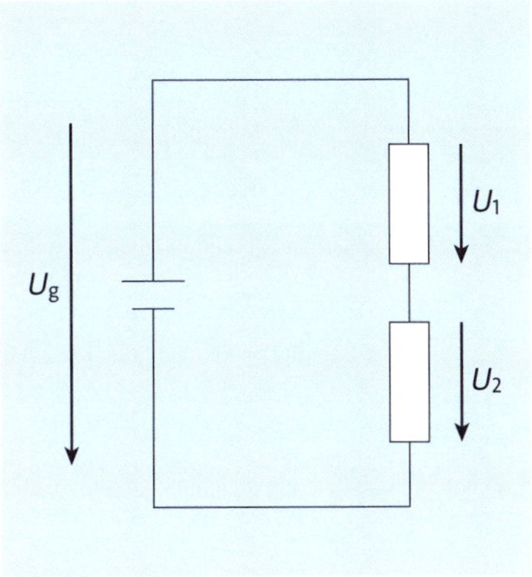

Abbildung 4.25 Spannungen in einer Reihenschaltung

Für eine größere Anzahl n in Reihe geschalteter Widerstände stellen sich diese Formeln folgendermaßen dar:

$$U_{ges} = \sum_{i=1}^{n} U_i = U_1 + U_2 + \cdots + U_n \quad [4.19]$$

$$R_{ges} = \sum_{i=1}^{n} R_i = R_1 + R_2 + \cdots + R_n \quad [4.20]$$

Beispiel

Eine Reihenschaltung besteht aus vier Widerständen mit $R_1 = 20\,\Omega$, $R_2 = 40\,\Omega$, $R_3 = 80\,\Omega$ und $R_4 = 10\,\Omega$. Der Strom, der durch diese Schaltung fließt, beträgt 15 mA. Wie groß ist die angelegte Spannung und wie groß sind die Teilspannungen U_1 bis U_4? Wie groß ist der Gesamtwiderstand?

Zunächst hilft eine Skizze der Schaltung (siehe Abbildung 4.26) weiter.

Die Teilspannungen ergeben sich direkt aus dem Ohm'schen Gesetz:

$$U = R \cdot I$$

$$U_1 = R_1 I = 20\,\Omega \cdot 15\text{ mA} = 0{,}3\text{ V}$$

$$U_2 = R_2 I = 40\,\Omega \cdot 15\text{ mA} = 0{,}6\text{ V}$$

$$U_3 = R_3 I = 80\,\Omega \cdot 15\text{ mA} = 1{,}2\text{ V}$$

$$U_4 = R_4 I = 10\,\Omega \cdot 15\text{ mA} = 0{,}15\text{ V}$$

$$U_{ges} = U_1 + U_2 + U_3 + U_4 = 2{,}25\ \text{V}$$

$$R_{ges} = R_1 + R_2 + R_3 + R_4 = 150\ \Omega$$

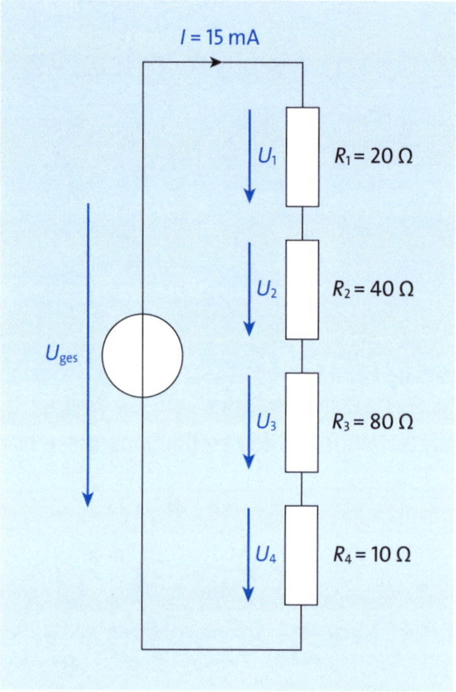

Abbildung 4.26 Skizze zur Beispielaufgabe

Eigenschaften der Reihenschaltung

Der Strom in einer Reihenschaltung ist überall gleich groß.

Die Spannung teilt sich in Teilspannungen auf; die Summe aller Teilspannungen ist die von außen angelegte Spannung:

$$U_{ges} = \sum_{i=1}^{n} U_i$$

Der Gesamtwiderstand setzt sich aus der Summe der Einzelwiderstände zusammen:

$$R_{ges} = \sum_{i=1}^{n} R_i$$

Er ist somit größer als die Einzelwiderstände.

4.6.2 Parallelschaltung

Bei der Parallelschaltung liegen die Widerstände parallel zueinander und sie sind alle an der gleichen Spannungsquelle angeschlossen (siehe Abbildung 4.27).

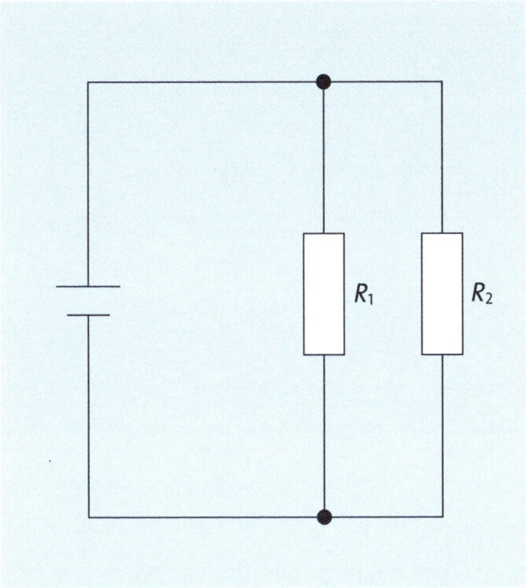

Abbildung 4.27 Parallelschaltung zweier Widerstände

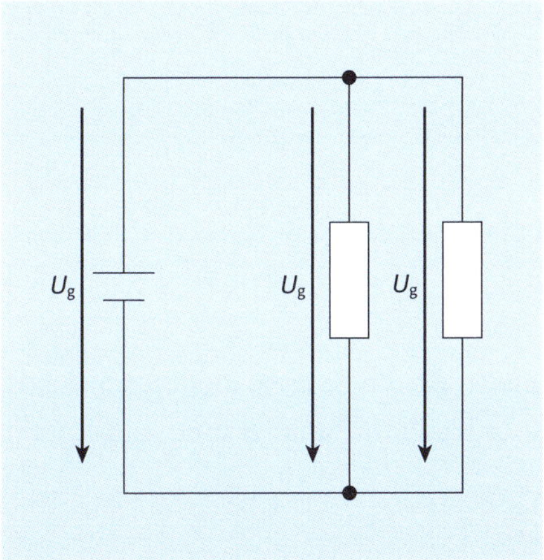

Abbildung 4.28 Spannungen in einer Parallelschaltung

Da wir auch hier davon ausgehen, dass der Leitungswiderstand nicht vorhanden ist, herrscht auf den Leitungen jeweils das gleiche Potenzial, an beiden Widerständen liegt somit die gleiche Spannung an, nämlich die Gesamtspannung (siehe Abbildung 4.28).

Gelangen die Elektronen, die sich vom Minuspol aus bewegen, zum Punkt *B* in Abbildung 4.29, so können sie sich durch R_1 oder R_2bewegen. Die Elektronen, die sich durch R_1 bewegen, bilden den Strom I_1 und die, die sich durch R_2 bewegen, bilden den Strom I_2. Der Stromfluss durch die Widerstände wird mithilfe des Ohm'schen Gesetzes bestimmt:

$I_1 = \frac{U_{\text{ges}}}{R_1}$ und $I_2 = \frac{U_{\text{ges}}}{R_2}$

Durch den kleineren Widerstand fließt der größere Strom und umgekehrt.

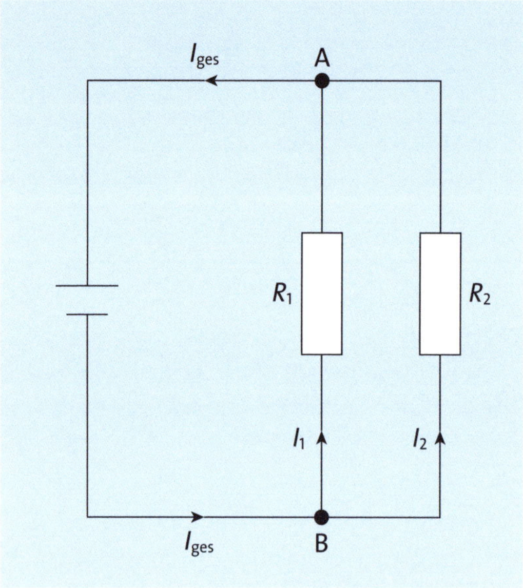

Abbildung 4.29 Stromfluss in einer Parallelschaltung

Der gesamte Strom, der in dieser Schaltung fließt, ist die Summe aus diesen beiden Strömen. Der Gesamtstrom fließt vom Minuspol bis zum Punkt *B* und vom Knotenpunkt *A* zum Pluspol.

Es gilt hier also:

$I_1 + I_2 = I_{\text{ges}}$

$U_1 = U_2 = U_{\text{ges}}$

Da bei dieser Schaltung der Gesamtstrom in Teilströme aufgeteilt wird, heißt diese Schaltung auch *Stromteiler*.

Wenn Sie diese Schaltung nun um mehrere Widerstände erweitern, erhöhen Sie die Summe der Teilströme. Das heißt, der Strom wird insgesamt größer. Nach dem Ohm'schen Gesetz heißt das aber wiederum, dass der Widerstand insgesamt kleiner wird.

Sie eröffnen durch die Parallelschaltung den Elektronen mehr Möglichkeiten, zum Pluspol zu kommen, also erhöhen Sie den Leitwert $G = \frac{1}{R}$ der gesamten Schaltung.

Das kann auch rechnerisch nachgewiesen werden, denn:

$$I_{\text{ges}} = I_1 + I_2 \Longrightarrow \frac{U_{\text{ges}}}{R_{\text{ges}}} = \frac{U_{\text{ges}}}{R_1} + \frac{U_{\text{ges}}}{R_2} = U_{\text{ges}}\left(\frac{1}{R_1} + \frac{1}{R_2}\right)$$

$\left(\frac{1}{R_1} + \frac{1}{R_2}\right)$ ist aber gerade die Summe der Leitwerte. Somit setzt sich in dieser Schaltung der Gesamtleitwert aus der Summe der Einzelleitwerte zusammen.

Um den Gesamtwiderstand zu erhalten, gehen Sie folgendermaßen vor: Sie bilden den Gesamtleitwert und bilden dann den Kehrwert. Denn der Widerstand ist der Kehrwert des Leitwertes.

Sie können den Widerstand natürlich auch bestimmen, ohne zunächst den Leitwert zu berechnen, nämlich durch Umstellen der Formel

$$\frac{1}{R_{\text{ges}}} = \frac{1}{R_1} + \frac{1}{R_2}$$

nach R_{ges}:

$$\frac{1}{R_{\text{ges}}} = \frac{1}{R_1} + \frac{1}{R_2}$$

$$\Leftrightarrow \frac{1}{R_{\text{ges}}} = \frac{R_2}{R_1 R_2} + \frac{R_1}{R_1 R_2} = \frac{R_2 + R_1}{R_1 R_2}$$

$$\Leftrightarrow R_{\text{ges}} = \frac{R_1 R_2}{R_1 + R_2}$$

Für n parallel geschaltete Widerstände gilt:

$$I_{\text{ges}} = \sum_{i=1}^{n} I_i = I_1 + I_2 + \cdots I_n \qquad [4.21]$$

$$G_{\text{ges}} = \frac{1}{R_{\text{ges}}} = \sum_{i=1}^{n} \frac{1}{R_i} = \sum_{i=1}^{n} G_i \qquad [4.22]$$

Das Umstellen der Gleichung nach R_{ges} bei mehr als zwei Widerständen ist mühselig. Rechnen Sie in solchen Fällen besser den Gesamtleitwert aus, und bilden Sie dann den Kehrwert.

Mithilfe des Gesamtwiderstandes kann dann der Gesamtstrom in der Schaltung berechnet werden.

Beispiel

Eine Parallelschaltung aus zwei Widerständen liegt an einer Spannung von 10 V. Wie groß ist der Gesamtwiderstand, wenn $R_1 = 100\ \Omega$ und $R_2 = 200\ \Omega$ sind?

Wie groß sind sämtliche in der Schaltung fließenden Ströme?

$$R_{ges} = \frac{R_1 R_2}{R_1 + R_2} = \frac{100\ \Omega \cdot 200\ \Omega}{100\ \Omega + 200\ \Omega} = 66{,}7\ \Omega$$

R_{ges} ist hier gerundet, das genaue Ergebnis ist $66,\overline{6}\ \Omega$.

Für R_1 gilt: $I_1 = \frac{U}{R_1} = \frac{10\ \text{V}}{100\ \Omega} = 100\ \text{mA}$

R_2: $I_2 = \frac{U}{R_2} = \frac{10\ \text{V}}{200\ \Omega} = 50\ \text{mA}$

$I_{ges} = I_1 + I_2 = 100\ \text{mA} + 50\ \text{mA} = 150\ \text{mA}$

Machen wir hier die Gegenprobe:

I_{ges} kann auch direkt mit dem Ohm'schen Gesetz berechnet werden:

$$I_{ges} = \frac{U}{R_{ges}} = \frac{10\ \text{V}}{66{,}7\ \Omega} = 150\ \text{mA}$$

Es kommt also dasselbe Ergebnis heraus.

Eigenschaften der Parallelschaltung

Die Spannung an jedem Verbraucher ist gleich der angelegten Spannung.

Der Strom teilt sich in Teilströme auf. Die Summe aller Teilströme ist der Gesamtstrom:

[4.23] $$I_{ges} = \sum_{i=1}^{n} I_i$$

Der Gesamtleitwert ist die Summe aller Einzelleitwerte:

$$G_{\text{ges}} = \frac{1}{R_{\text{ges}}} = \sum_{i=1}^{n} \frac{1}{R_i} = \sum_{i=1}^{n} G_i \qquad [4.24]$$

Für den Gesamtwiderstand resultiert daraus, dass er kleiner ist als der kleinste Einzelwiderstand.

4.6.3 Kirchhoff'sche Regeln

In diesem und im nächsten Abschnitt geht es um das Kennenlernen und die Anwendung der *Kirchhoff'schen Regeln*.

Maschenregel

Eine *Masche* ist ein geschlossener Weg. In Falle der Elektrotechnik wäre so ein geschlossener Weg z. B. ein einfacher Stromkreis oder eine Reihenschaltung (siehe Abbildung 4.30).

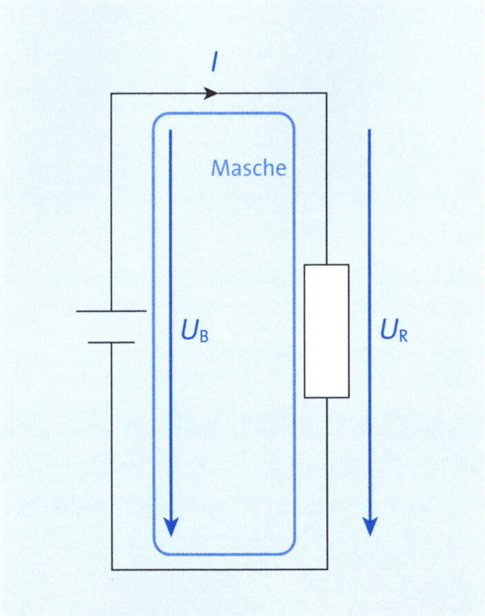

Abbildung 4.30 Masche

Die von Gustav Robert Kirchhoff postulierte Regel über die Masche heißt:

Die Summe aller Spannungen in einer Masche ist gleich null.

[4.25] $$\sum_{i=1}^{n} U_i = 0$$

Was das heißen soll, schauen Sie sich nun anhand einer Reihenschaltung von drei Widerständen an. In diese Schaltung sind auch alle Spannungs- und Strompfeile eingezeichnet (siehe Abbildung 4.31).

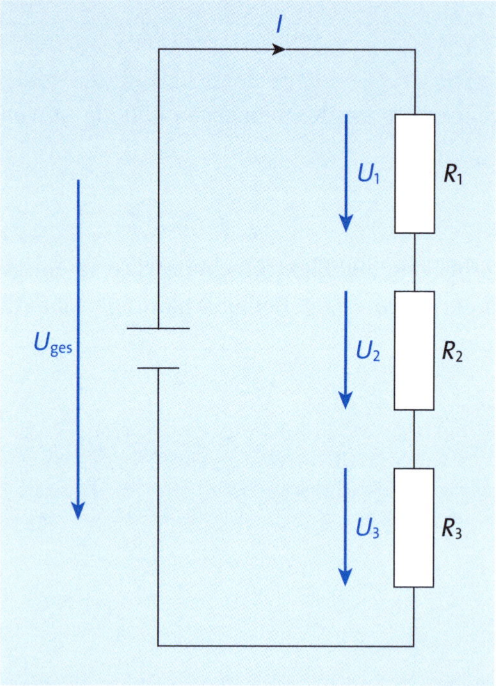

Abbildung 4.31 Spannungen in einer Reihenschaltung aus drei Widerständen

Nun wandern Sie von einem Punkt aus – nehmen Sie z. B. den Pluspol – in Stromrichtung weiter und zählen alle Spannungen zusammen, bei denen Sie in Pfeilrichtung wandern, und alle Spannungen, deren Pfeile in Gegenrichtung zeigen, ziehen Sie ab.

Sie erhalten dann: $U_1 + U_2 + U_3 - U_{\text{ges}} = 0$

Wenn Sie diese Formel nun nach U_{ges} umstellen, erhalten Sie die Formel, die Sie sich bei der Reihenschaltung mühsam erarbeitet haben:

$$U_{\text{ges}} = U_1 + U_2 + U_3$$

Als Folgerung aus dieser Regel können nun über die Widerstandsverhältnisse die Spannungen berechnet werden, die an den Widerständen abfallen.

Knotenpunktregel

Ein *Knoten* bzw. Knotenpunkt ist eine Stelle, an der sich Ströme verzweigen. Ein Knoten hat somit mindestens drei Anschlussstellen. Die Knotenpunktregel lautet:

Die Summe aller Ströme in einem Knoten ist gleich null.

$$\sum_{i=1}^{n} I_i = 0 \quad [4.26]$$

Schauen Sie sich hierzu die Parallelschaltung zweier Widerstände in Abbildung 4.32 an.

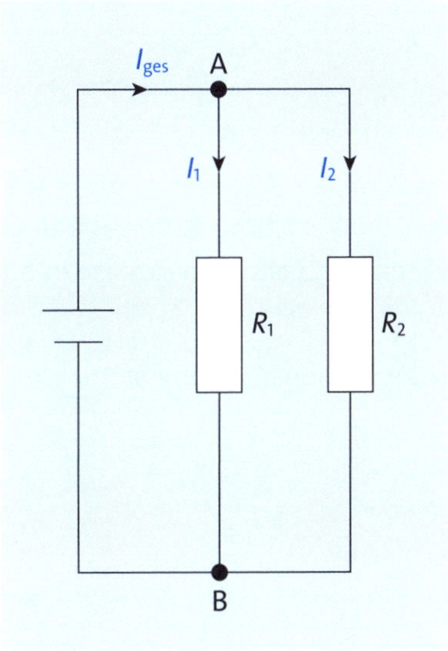

Abbildung 4.32 Stromfluss in einer Parallelschaltung

Die beiden Knotenpunkte sind mit A und B gekennzeichnet.

Die Strompfeile zeigen wieder in die technische Stromrichtung. Alle Strompfeile, die auf den Knoten zulaufen, werden positiv gezählt und alle Strompfeile, die vom Knoten wegführen, negativ.

Das führt dann in A zu:

$$I_{ges} - I_1 - I_2 = 0$$

Und in B zu:

$$-I_{ges} + I_1 + I_2 = 0$$

Umgestellt nach I_{ges}, folgt dann in beiden Fällen:

$$I_1 + I_2 = I_{ges}$$

Das ist die charakteristische Eigenschaft der Parallelschaltung.

Zwei Konsequenzen aus diesen Regeln ergeben sich für Reihenschaltungen und Parallelschaltungen.

Reihenschaltung

Es existiert kein Knoten, also gibt es nur einen Strom, der die gesamte Masche durchfließt.

Somit gilt:

$$I = \frac{U_{ges}}{R_{ges}} = \frac{U_1}{R_1} = \frac{U_2}{R_2} = \cdots$$

Sie können also, ohne den Strom zu kennen, nur über die Verhältnisse von Spannung und Widerstand die Schaltung berechnen, vorausgesetzt natürlich, dass diese in hinreichender Anzahl gegeben sind.

Schauen Sie sich dazu noch einmal das Beispiel aus der Reihenschaltung an:

$$U_1 = R_1 I = 20\,\Omega \cdot 15\text{ mA} = 0{,}3\text{ V}$$

$$U_2 = R_2 I = 40\,\Omega \cdot 15\text{ mA} = 0{,}6\text{ V}$$

$$U_3 = R_3 I = 80\,\Omega \cdot 15\text{ mA} = 1{,}2\text{ V}$$

$$U_4 = R_4 I = 10\,\Omega \cdot 15\text{ mA} = 0{,}15\text{ V}$$

$$U_{ges} = U_1 + U_2 + U_3 + U_4 = 2{,}25\text{ V}$$

$$R_{ges} = R_1 + R_2 + R_3 + R_4 = 150\,\Omega$$

R_2 ist doppelt so groß wie R_1 und für die Spannungen U_2 und U_1 gilt dasselbe. Widerstände und Spannungen verhalten sich proportional:

$$\frac{R_1}{R_2} = \frac{U_1}{U_2}$$

$$\frac{R_{ges}}{R_2} = \frac{U_{ges}}{U_2}$$

usw.

Die Indizes sind beliebig austauschbar, achten Sie aber darauf, dass Sie sie passend zuordnen: Die Indizes in den Zählern müssen jeweils gleich sein und die in den Nennern auch.

Mithilfe der Maschenregel können also z. B. die Teilspannungen eines Spannungsteilers allein mithilfe der Widerstandsverhältnisse berechnet werden.

Parallelschaltung

Hier ist die Spannung konstant, also gilt:

$$U = R_{\mathrm{ges}} I_{\mathrm{ges}} = R_1 I_1 = R_2 I_2 = \cdots$$

Stellen Sie hier die Größen ins Verhältnis, so erhalten Sie:

$$\frac{R_{\mathrm{ges}}}{R_1} = \frac{I_1}{I_{\mathrm{ges}}}, \quad \frac{R_2}{R_1} = \frac{I_1}{I_2}$$

Strom und Widerstand verhalten sich also umgekehrt proportional.

Kirchhoff'sche Regeln

Für alle Stromkreise gilt:

Maschenregel: Die Summe aller Spannungen in einer Masche ist gleich 0.

Knotenregel: Die Summe aller Ströme in einem Knotenpunkt ist gleich 0.

4.6.4 Gemischte Widerstandsschaltungen

Eine gemischte Schaltung ist eine Kombination aus Parallel- und Reihenschaltung. Sie gehört zur Kategorie der *Netzwerke*.

Je nach Form der gemischten Schaltung lässt sie sich aber einfach in Reihen- und Parallelschaltungen zerlegen, sodass eine *Netzwerkanalyse*, wie sie in Kapitel 5 beschrieben wird, nicht notwendig ist.

Sehen Sie sich nun Beispiele an, die ohne große Probleme einfach zu lösen sind.

Beispiel 1

Die Widerstände $R_1 = 18\,\Omega$, $R_2 = 24\,\Omega$ und $R_3 = 36\,\Omega$ liegen in Reihe an 230 V. Parallel zu R_2 und R_3 liegt $R_4 = 30\,\Omega$. Berechnen Sie den Gesamtwiderstand, die Spannung an R_4 und den Strom durch R_2.

Als Erstes machen Sie sich dazu eine Skizze (wie in Abbildung 4.33) von der Schaltung und tragen dort auch alle bekannten und unbekannten Größen ein.

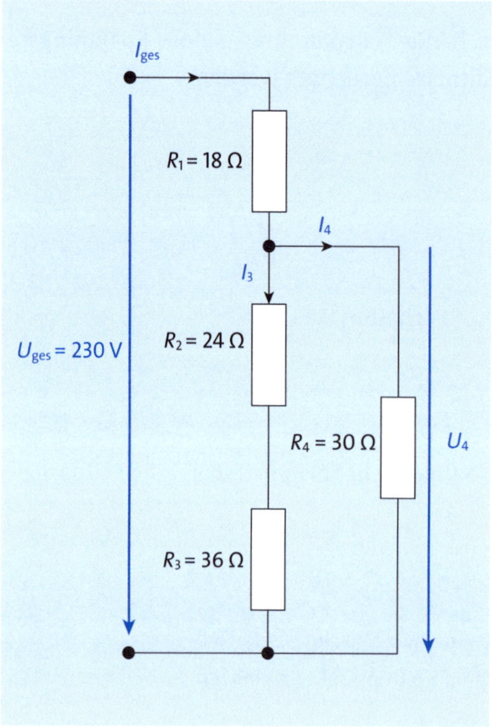

Abbildung 4.33 Beispielaufgabe 1 zur Berechnung von gemischten Schaltungen

Danach denken Sie kurz über den Aufbau der Schaltung nach:

- Die Reihenschaltung von R_2 und R_3 liegt parallel zu R_4.
- Dazu in Reihe liegt R_1.

Nach dieser Reihenfolge wird nun der Gesamtwiderstand berechnet.

Die folgenden Skizzen (Abbildung 4.34 bis Abbildung 4.36) dienen nur zur Verdeutlichung; mit ein wenig Übung vollziehen Sie diese Schritte im Kopf nach.

Eine Parallelschaltung wird im Folgenden, besonders in den Berechnungen, mit || gekennzeichnet, eine Reihenschaltung mit →. Die Schreibweisen sehen also beispielsweise so aus: $R'||R_4$ oder $R_2 \rightarrow R_3$.

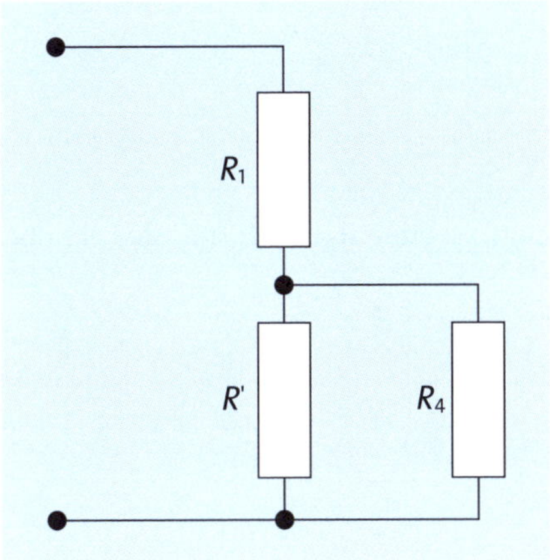

Abbildung 4.34 R': Ersatzwiderstand der Reihenschaltung von R_2 und R_3 , gekennzeichnet durch $(R_2 \rightarrow R_3)$

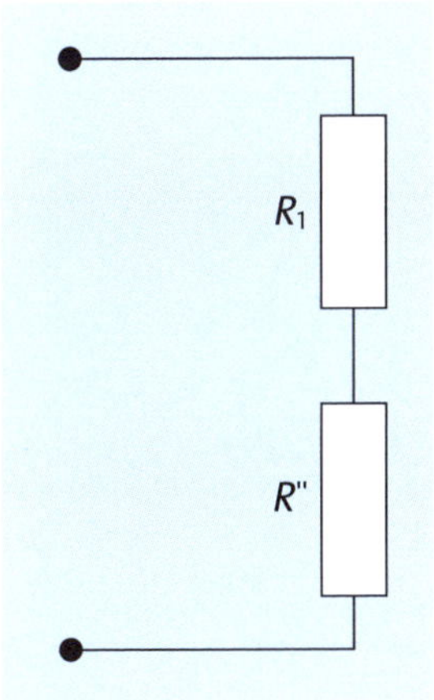

Abbildung 4.35 R'': Ersatzwiderstand der Parallelschaltung von R' und R_4 $(R'||R_4)$

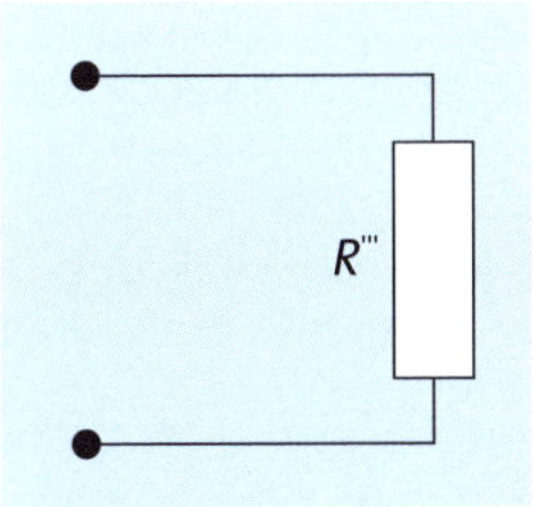

Abbildung 4.36 $R_{\text{ges}} = R'''$: R': Ersatzwiderstand von $(R_1 \rightarrow R'')$

$$R' = R_2 + R_3 = 24\,\Omega + 36\,\Omega = 60\,\Omega$$

$$R'' = \frac{R'R_4}{R' + R_4} = \frac{60\,\Omega \cdot 30\,\Omega}{90\,\Omega^2} = 20\,\Omega$$

$$R_{ges} = R''' = R'' + R_1 = 20\,\Omega + 18\,\Omega = 38\,\Omega$$

R_1 und R'' liegen in Reihe. Da R_4 parallel zu R' liegt, werden R_4und R' mit der gleichen Spannung, nämlich U_{R4}versorgt.

Durch die Kirchhoff'sche Regel ergibt dies:

$$\frac{R''}{R_{ges}} = \frac{U_{R4}}{U_{ges}} \Leftrightarrow U_{R4} = \frac{U_{ges}R''}{R_{ges}} = \frac{230\,\mathrm{V} \cdot 20\,\Omega}{38\,\Omega} = 121{,}1\,\mathrm{V}$$

Somit ist $U_{R4} = 121{,}1$ V.

Am Knotenpunkt *A* teilt sich der Gesamtstrom in die Ströme I_{23} und I_4 auf.

Da R_2 und R_3 in Reihe geschaltet sind, ist I_{23} auch der Strom, der durch R_2 fließt.

$$I_{ges} = \frac{U_{ges}}{R_{ges}} = \frac{230\,\mathrm{V}}{38\,\Omega} = 6{,}1\,\mathrm{A}$$

$$I_4 = \frac{U_{R_4}}{R_4} = \frac{121{,}1\,\mathrm{V}}{30\,\Omega} = 4\,\mathrm{A}$$

$$I_2 = I_{23} = I_{ges} - I_4 = 6{,}1\,\mathrm{A} - 4\,\mathrm{A} = 2{,}1\,\mathrm{A}$$

Beispiel 2

Die Skizze zur Beispielaufgabe 2 sehen Sie in Abbildung 4.37. Gesucht sind alle fehlenden Größen.

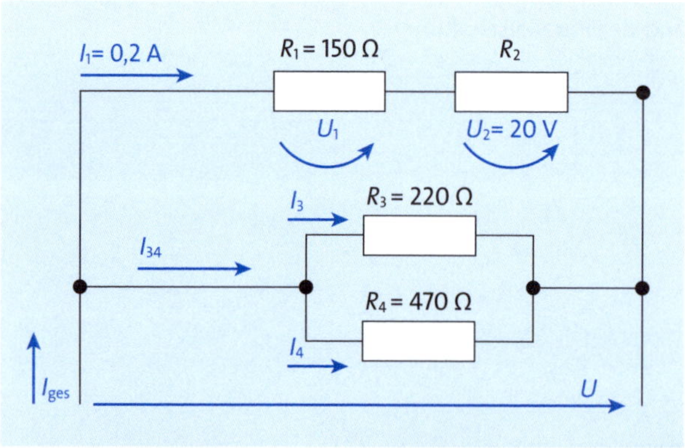

Abbildung 4.37 Beispielaufgabe 2 zur Berechnung von gemischten Schaltungen

Nachdem Sie sich einen Überblick verschafft haben und wissen, was hier in Reihe und was parallel zu was liegt, fangen Sie mit der Berechnung bei den Widerständen an, bei denen zwei Größen gegeben sind. Die dritte Größe bekommen Sie einfach über das Ohm'sche Gesetz:

Hier sind das R_2 und R_1:

1. Von R_2 kennen Sie die Spannung und den Strom. Sie können nun den Widerstand berechnen: $R_2 = \frac{U_2}{I_1} = \frac{20\ \text{V}}{0{,}2\ \text{A}} = 100\ \Omega$
2. Bei R_1 kennen Sie den Strom und den Widerstand und können die Spannung berechnen: $U_1 = R_1 I_1 = 150\ \Omega \cdot 0{,}2\ \text{A} = 30\ \text{V}$
3. $U = U_1 + U_2 = 30\ \text{V} + 20\ \text{V} = 50\ \text{V}$
4. R_3 und R_4 liegen parallel an U_{ges}, somit ist:

   $I_3 = \frac{U_{\text{ges}}}{R_3} = \frac{50\ \text{V}}{220\ \Omega} = 227{,}3\ \text{mA}$ und $I_4 = \frac{U_{\text{ges}}}{R_4} = \frac{50\ \text{V}}{470\ \Omega} = 106{,}4\ \text{mA}$
5. Der Gesamtstrom teilt sich am Knotenpunkt in I_3, I_4und I_2 auf, deshalb gilt:

   $I_{\text{ges}} = I_1 + I_3 + I_4 = 200\ \text{mA} + 106{,}4\ \text{mA} + 227{,}3\ \text{mA} = 533{,}7\ \text{mA}$

4.7 Ersatzquellen, reale Strom- und Spannungsquellen

In allen Beispielen in diesem Kapitel sind Sie bisher davon ausgegangen, dass die Spannungsquellen immer eine konstante Spannung liefern, und haben dazu dann einen konstanten Strom berechnet, der durch den gegebenen Widerstand in der Schaltung bestimmt wurde.

Sie sind dabei von Idealbedingungen ausgegangen, die in der Realität nicht anzutreffen sind.

- Eine *ideale Spannungsquelle* ist eine Spannungsquelle, die unbegrenzt eine konstante Spannung liefert.
- Analog dazu ist eine *ideale Stromquelle* eine Stromquelle, die unbegrenzt einen konstanten Strom liefert.

Schon am Beispiel der Batterie haben Sie am Anfang dieses Kapitels gesehen, dass das nicht möglich ist.

Wir haben es mit realen Spannungs- und Stromquellen zu tun: Bei Batterien sowie Akkus sinkt die Spannung mit zunehmender Entladung; bei elektronischen Bauelementen verändert sich der Stromfluss bei Erwärmung. In bestimmten Grenzen kann man versuchen, durch bestimmte Beschaltungen dagegen anzuarbeiten, aber eine hundertprozentige Konstanz und die auch noch unbegrenzt – das funktioniert in der Realität nicht.

Daher müssen wir reale Spannungs- und Stromquellen betrachten.

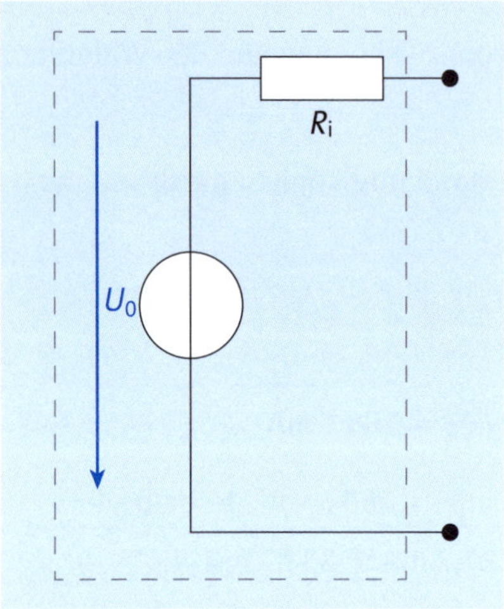

Abbildung 4.38 Ersatzschaltbild einer realen Spannungsquelle

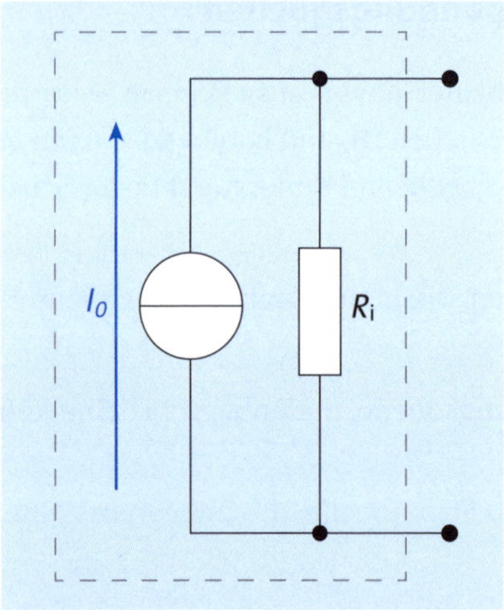

Abbildung 4.39 Ersatzschaltbild einer realen Stromquelle

Beide Quellen sind aus Materie aufgebaut. Diese Materie hat einen Widerstand, der sich im ungünstigsten Fall auch noch verändern kann, z. B. durch Umwelteinflüsse wie die Temperatur.

Dieser Widerstand wird bei realen Quellen berücksichtigt und bei einer Spannungsquelle als *Reihenwiderstand* und bei der Stromquelle als *Parallelwiderstand* dargestellt. Dieser Widerstand wird *Innenwiderstand* R_i genannt.

Ersatzschaltbilder sehen Sie in Abbildung 4.38 und Abbildung 4.39.

Die Spannungs- und Stromquelle stellen ideale Quellen dar – der Widerstand schafft Realbedingungen.

Die reale Spannungsquelle

Eine reale Spannungsquelle zeigt folgendes Verhalten: Nehmen Sie eine Batterie, und verbinden Sie die Pole miteinander. Werden Sie an den Polen dann noch die Spannung messen, die auf der Batterie steht? Nein!

Die Spannung sinkt, man sagt dazu: »Sie bricht zusammen.« Der Stromfluss ist sehr hoch, und die Batterie wird so heiß, dass Sie sich verbrennen werden.

Bei einer idealen Spannungsquelle wäre die Spannung konstant geblieben. Der angeschlossene Widerstand, also die Verbindungsleitung, hat einen Widerstand, der gegen 0 Ω tendiert, also ginge der Stromfluss gegen unendlich (∞), doch die Spannung bliebe konstant.

Was ist bei der realen Spannungsquelle passiert und wovon hängt die Spannung an den Anschlüssen einer realen Spannungsquelle ab?

Schauen Sie sich dazu das Ersatzschaltbild einer realen Spannungsquelle (z. B. einer Batterie) wie in Abbildung 4.40 an, an der ein Widerstand angeschlossen ist.

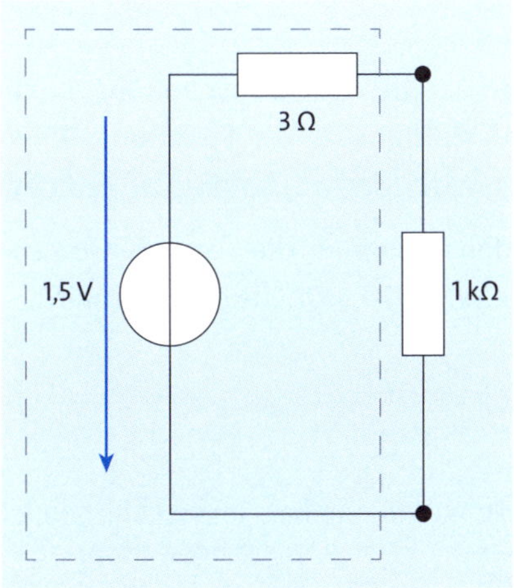

Abbildung 4.40 Ersatzschaltbild einer Batterie, an die ein Verbraucher mit einem Widerstand von 1 kΩ angeschlossen ist

Sie haben hier eine ideale Quelle, die eine konstante Spannung von 1,5 V liefert, und in Reihe dazu den Innenwiderstand. Der Innenwiderstand ist der Widerstand, der sich durch den inneren Aufbau der Spannungsquelle ergibt. Nun schließen Sie einen Verbraucher an diese Spannungsquelle an.

Sie erhalten eine Reihenschaltung. In einer Reihenschaltung verhalten sich die Spannungen proportional zu den Widerständen.

Das heißt für diesen Fall: Die Spannung am Lastwiderstand R_L hängt von der Größe des Widerstandes ab.

Nehmen Sie an, die Spannungsquelle habe einen Innenwiderstand von 3 Ω (ein typischer Wert von herkömmlichen Batterien), und schließen Sie an diese Spannungsquelle einen Widerstand von 1 kΩ an.

Wie groß die Spannung am Lastwiderstand ist, können Sie nun berechnen:

$$U_{RL} = \frac{U_{ges} R_L}{R_{ges}} = \frac{1{,}5\,\mathrm{V} \cdot 1000\,\Omega}{1003\,\Omega} = 1{,}4955\,\mathrm{V}$$

Das sind annähernd 1,5 V, Sie können also zufrieden sein.

Nun wird die Last geändert. Der Lastwiderstand beträgt nun nur noch 5 Ω.

$$U_{RL} = \frac{U_{ges} R_L}{R_{ges}} = \frac{1{,}5\,\mathrm{V} \cdot 5\,\Omega}{8\,\Omega} = 0{,}9375\,\mathrm{V}$$

Jetzt sieht es schon anders aus: Die Spannung ist merklich kleiner geworden. Wäre der Lastwiderstand genauso groß wie der Innenwiderstand, so hätten Sie nur noch die Hälfte der Spannung an den Klemmen.

Bei realen Spannungsquellen beeinflusst also die Last die Ausgangsspannung, da die Last und der Innenwiderstand als Spannungsteiler fungieren. Die Spannung, die an den Klemmen der realen Spannungsquelle anliegt, wird *Klemmspannung* U_k genannt.

Solange keine Last angeschlossen ist, liegt an den Klemmen die sogenannte *Leerlaufspannung* U_0. Das ist die Spannung, die von der »idealen« Quelle geliefert wird.

Für die Klemmspannung gilt

$$U_k = U_0 - R_i \cdot I$$

wobei I der Strom ist, der über die Klemmen fließt, wenn eine Last angeschlossen ist.

Wenn Sie nun die Klemmen kurzschließen, ist der Lastwiderstand praktisch null, deshalb ist auch keine Klemmspannung vorhanden und der Innenwiderstand ist der einzige Widerstand, der den Strom begrenzt, also:

$$I_k = \frac{1{,}5\ \mathrm{V}}{3\ \Omega} = 0{,}5\ \mathrm{A}$$

Dieser Strom wird, da er nur bei Kurzschluss fließt, *Kurzschlussstrom* I_k genannt.

Reale Spannungsquellen liefern also nur die Nennspannung (die Spannung, die auf der Quelle angegeben ist), wenn der Lastwiderstand groß im Verhältnis zum Innenwiderstand ist. Wenn der Innenwiderstand 0 Ω betrüge, hätten wir Idealbedingungen.

Die reale Stromquelle

Bei der Stromquelle finden Sie das gleiche Verhalten vor, nur auf der Seite des Stroms. Die Stromquelle, auch hier wieder als »ideal« angenommen, liefert einen konstanten Strom I_0 und der Innenwiderstand R_i sorgt für reale Bedingungen.

Betreiben Sie die Stromquelle im *Leerlauf*, d. h., Sie haben keine Last angeschlossen, so fließt der gesamte Strom, den die Quelle liefert, über den Innenwiderstand. Die Klemmspannung U_{kl}, die Sie an den Anschlüssen messen können, ist:

$$U_{kl} = I_0 R_i$$

Diese Spannung wird auch als *Leerlaufspannung* U_0 bezeichnet, da sie nur im Leerlauf an den Klemmen anliegt.

Schließen Sie die Quelle kurz, so wird der gesamte Strom über den Kurzschluss fließen und die Klemmspannung ist null.

Belasten Sie die Stromquelle, indem Sie einen Lastwiderstand an die Quelle anschließen, so entsteht eine Parallelschaltung aus Lastwiderstand und Innenwiderstand. Der konstante Quellstrom teilt sich somit auf in den Strom, der durch den Innenwiderstand fließt, und in den Laststrom I_L.

Für I_L gilt somit:

$$I_L = I_0 - U_{kl} R_i$$

Die Klemmspannung variiert aber auch mit dem Lastwiderstand, und zwar nach:

$$U_{kl} = U_0 - I R_i$$

Also fällt der Laststrom mit größer werdendem Lastwiderstand und ist »real« nicht konstant.

Optimalerweise sollte der Innenwiderstand einer Stromquelle groß sein, damit der Strom durch ihn kaum Einfluss auf den Laststrom hat, also fast der gesamte Quellstrom durch die Last fließen kann.

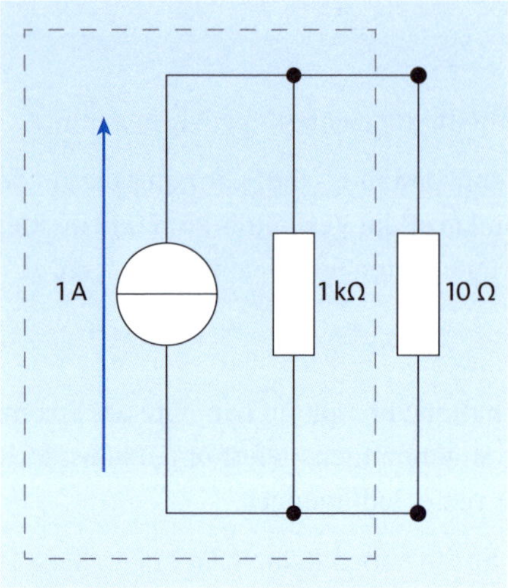

Abbildung 4.41 Mit einem 10-Ω-Widerstand belastete Stromquelle

Nehmen Sie wie in Abbildung 4.41 eine Stromquelle, die einen konstanten Strom von 1 A liefern soll und einen Innenwiderstand von 1 kΩ hat.

Der Lastwiderstand soll 10 Ω betragen:

$$R_{\text{ges}} = \frac{1000\ \Omega \cdot 10\ \Omega}{1010\ \Omega} = 9{,}9\ \Omega$$

$$I_{\text{L}} = \frac{I_{\text{ges}} \cdot R_{\text{ges}}}{R_{\text{L}}} = \frac{1\ \text{A} \cdot 9{,}9\ \Omega}{10\ \Omega} = 0{,}99\ \text{A}$$

Mit 0,99 A ist das Ziel 1 A auch vertretbar erreicht.

Aber was passiert, wenn der Lastwiderstand größer wird, z. B. 3 kΩ?

$$R_{\text{ges}} = \frac{1000\ \Omega \cdot 3000\ \Omega}{4000\ \Omega} = 750\ \Omega$$

$$I_{\text{L}} = \frac{I_{\text{ges}} \cdot R_{\text{ges}}}{R_{\text{L}}} = \frac{1\ \text{A} \cdot 750\ \Omega}{3000\ \Omega} = 0{,}25\ \text{A}$$

Das ist ein wenig klein, entspricht aber dem realen Verhalten von Stromquellen.

Für den Strom, den die Stromquelle liefert, gilt somit:

$$I = I_0 - \frac{U}{R_i}$$

I_0 ist der Strom, den die »ideale« Stromquelle liefert, und U ist die Spannung, die am Innenwiderstand abfällt.

In diesem Fall wird auch häufig anstelle des Widerstandes der Leitwert eingesetzt. Die Formel sieht dann folgendermaßen aus:

$$I = I_0 - U \cdot G_i$$

Reale Quellen

Eine reale Quelle besteht aus einer idealen Quelle und einem Innenwiderstand.

Bei einer realen Spannungsquelle liegt der Innenwiderstand in Reihe zur Quelle.

Es gilt:

$$U_k = U_0 - R_i \cdot I$$

Der Innenwiderstand einer Spannungsquelle sollte möglichst gering sein, damit die Klemmspannung nicht sehr von der Leerlaufspannung abweicht.

Bei einer realen Stromquelle liegt der Innenwiderstand parallel zur Quelle.

Es gilt:

$$I = I_0 - \frac{U_{kl}}{R_i}$$

Der Innenwiderstand einer Stromquelle sollte sehr groß sein, damit der Ausgangsstrom nicht sehr vom Kurzschlussstrom abweicht.

4.7.1 Parallel- und Reihenschaltung von Spannungs- bzw. Stromquellen

Viele Elektrogeräte laufen mit Batteriebetrieb. Häufig sehen Sie, dass mehrere 1,5-V-Batterien in Reihe geschaltet sind, um eine bestimmte Spannung zu erhalten.

Durch die Reihenschaltung addieren sich die Einzelspannungen und die Innenwiderstände der Batterien addieren sich zum Gesamtwiderstand.

Bei der Reihenschaltung von n gleichen Batterien, also gleicher Spannung und gleichem Innenwiderstand, erhalten Sie so also eine Spannungsquelle mit n-facher Spannung und n-fachem Innenwiderstand.

Schalten Sie diese Spannungsquellen aber parallel, wie in Abbildung 4.42, so liefert Ihnen jede Quelle einen Strom. Das bedeutet aber, dass sich der Gesamtstrom erhöht und dass natürlich auch die Leistung $P = U \cdot I$ erhöht wird.

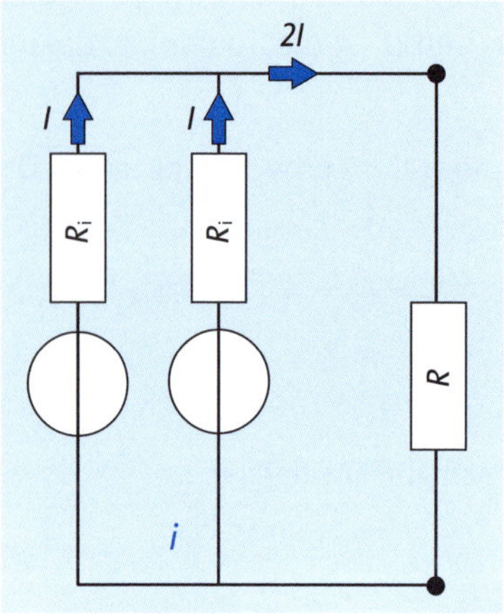

Abbildung 4.42 Durch den Widerstand R fließt der Strom, der von beiden Quellen geliefert wird, also der doppelte Strom.

Schalten Sie n Spannungsquellen parallel, kommt es zu einer Ver-n-fachung der Stromstärke, was wiederum zu einer extremen Erhöhung (dem n^2-Fachen) der Leistung führt. Das kann zu einer großen Wärmeentwicklung führen (Brandgefahr!).

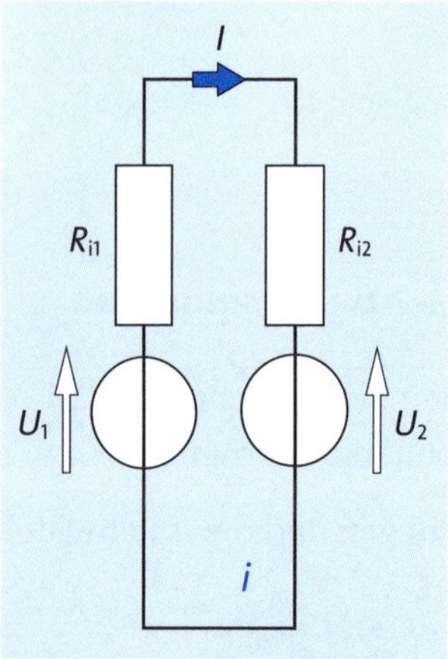

Abbildung 4.43 Parallelschaltung zweier Spannungsquellen

Wenn Sie allerdings Spannungsquellen (Batterien) mit unterschiedlichen Ausgangsspannungen oder unterschiedlichen Ladezuständen wie in Abbildung 4.43 parallelschalten, so haben Sie allein durch die Schaltung einen Stromkreis aufgebaut. In dieser Schaltung fließt ein Strom I, der sich nach den Kirchhoff'schen Regeln aus

$$I = \frac{U_1 - U_2}{R_1 - R_2}$$

zusammensetzt. Das führt dazu, dass sich die Batterien schnell entladen.

Schalten Sie zwei Stromquellen parallel, so erhöhen Sie den Gesamtstrom, der sich aus der Summe der Einzelströme zusammensetzt.

Bei einer Reihenschaltung zweier Stromquellen wie in Abbildung 4.44 liegen die Innenwiderstände parallel zu den Quellen, aber in Reihe zueinander. Somit bildet diese Schaltung einen geschlossenen Stromkreis.

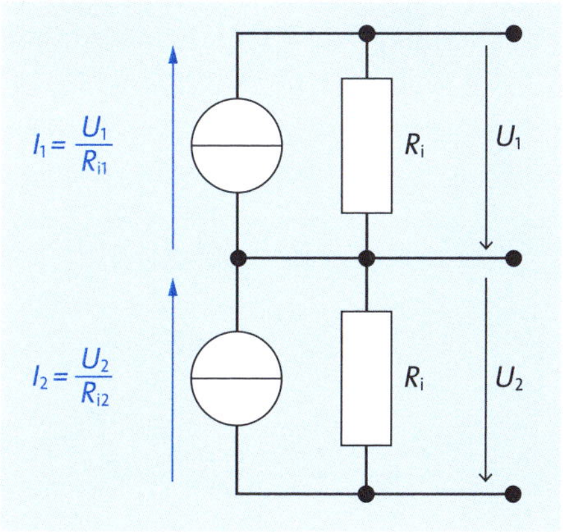

Abbildung 4.44 Reihenschaltung zweier Stromquellen

Stimmen die beiden Ströme, die die Quellen liefern, nicht exakt überein, so bilden sich sogenannte Ausgleichströme, denn beide Quellen versuchen, der jeweils anderen ihren Strom »aufzuzwingen«. Jede Quelle für sich versucht aber wiederum, ihren Strom aufrechtzuerhalten. Nach dem Ohm'schen Gesetz gilt:

$$I = \frac{U_k}{R_1}$$

Die Klemmspannung der größeren Quellen wird also steigen und die Klemmspannung der kleineren sinkt. Die Stromdifferenz der Quellen ändert sich aber nicht, und daher wird die Spannung weiter steigen bzw. an der anderen Quelle weiter sinken. Dadurch steigt aber auch die Leistung und es kann zu einer sehr großen Wärmeentwicklung und zur Zerstörung der Quelle kommen.

4.7.2 Umwandlung von Spannungsquellen in Stromquellen und umgekehrt

Sowohl eine Spannungsquelle als auch eine Stromquelle liefern Strom und Spannung, und bei beiden können wir in der Realität nicht von »unbegrenzt« und »konstant« sprechen. Insofern haben reale Strom- und Spannungsquellen eigentlich die gleiche Funktion.

Es können also Spannungsquellen als Stromquellen aufgefasst werden und umgekehrt. In der Praxis werden Spannungsquellen an Stellen verwendet, wo möglichst konstante Spannungen benötigt werden, und Stromquellen dort, wo möglichst konstante Ströme fließen sollen. In der Theorie erleichtert aber die Umwandlung von Quellen die Berechnung von Strömen und Spannungen in komplexen Schaltungen.

Schauen Sie sich dazu folgendes Beispiel an:

Sie haben eine Spannungsquelle mit einer Quellspannung von 9 V und einem Innenwiderstand von 100 Ω. Diese Quelle belasten Sie mit einem 100-Ω-Widerstand. Der Strom durch den Lastwiderstand beträgt:

$$I = \frac{U_0}{R_i + R_L} = \frac{9\ \text{V}}{200\ \Omega} = 45\ \text{mA}$$

Und die Spannung am Lastwiderstand beträgt:

$$\begin{aligned} U &= U_0 - IR_i = 9\ \text{V} - 0{,}045\ \text{A} \cdot 100\ \Omega \\ &= 4{,}5\ \text{V} \end{aligned}$$

Diese Spannungsquelle liefert in dieser Schaltung also 4,5 V und 45 mA.

Aufgefasst als Stromquelle, muss diese Quelle nun die gleichen Ergebnisse liefern, und da es sich um dieselben baulichen Begebenheiten handelt, ist auch der Innenwiderstand identisch.

Sie suchen nun den Quellstrom der Quelle, die Ihnen 4,5 V und 45 mA an der Last bei einem Innenwiderstand von 100 Ω liefert:

$$I_0 = \frac{U_0}{R_i} = \frac{9\ \text{V}}{100\ \Omega} = 0{,}09\ \text{A}$$

Belasten Sie nun diese Quelle mit 100 Ω, so erhalten Sie folgendes Ergebnis:

$R_{ges} = 50\ \Omega$,

$I_{ges} = 90\ \text{mA}$,

$U_{ges} = R_{ges} I_{ges} = 4{,}5 \text{ V}$ und

$I_L = 45 \text{ mA}.$

Sie haben also nun eine Stromquelle, die die gleichen Ergebnisse liefert wie die Spannungsquelle.

Die Umwandlung von Spannungs- und Stromquellen besteht also im Wesentlichen aus der Umzeichnung der Quellen: Anstelle der Stromquelle müssen Sie eine Spannungsquelle zeichnen und umgekehrt. Dann wird der Reihenwiderstand der ursprünglichen Spannungsquelle parallel zur Stromquelle gezeichnet, und umgekehrt wird aus dem Parallelwiderstand der Stromquelle nun der Reihenwiderstand der Spannungsquelle.

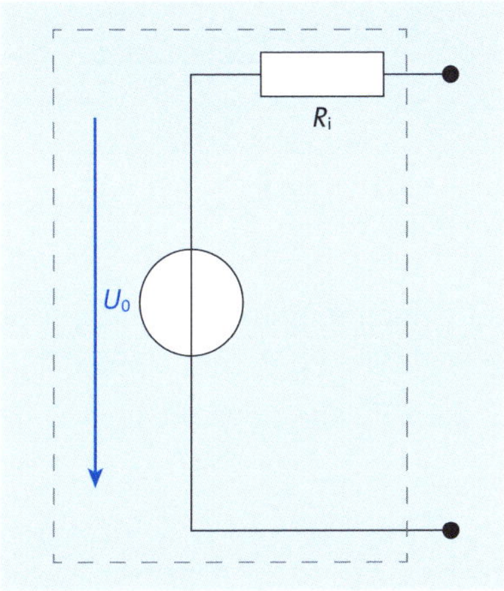

Abbildung 4.45 Ersatzschaltbild einer realen Spannungsquelle

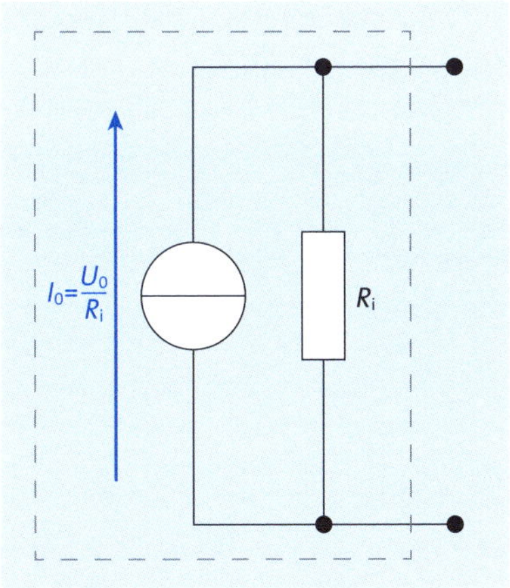

Abbildung 4.46 Umwandlung von Spannungs- in Stromquellen

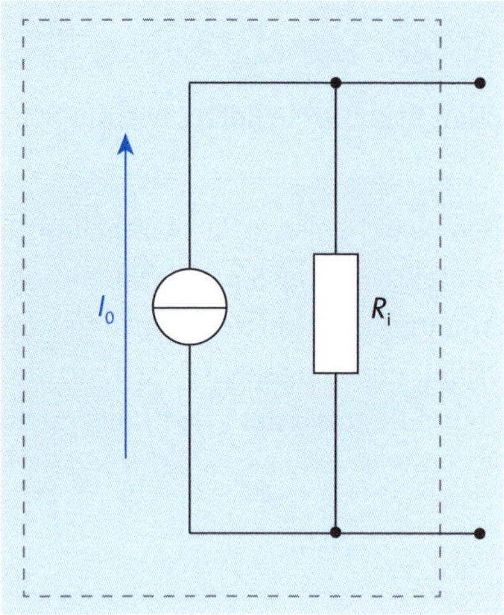

Abbildung 4.47 Ersatzschaltbild einer realen Stromquelle

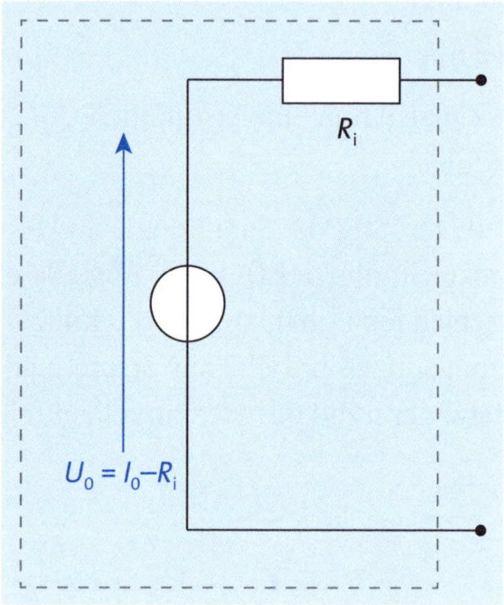

Abbildung 4.48 Umwandlung von Strom- in Spannungsquellen

Mithilfe des Ohm'schen Gesetzes wird dann die neue Spannung bzw. der Strom berechnet. Nur achten Sie darauf, dass der Spannungspfeil vom Plus- zum Minuspol gezeichnet wird, der Strompfeil aber vom Minuspol zum Pluspol; das entspricht der technischen Stromrichtung.

4.8 Kondensatoren im Gleichstromkreis

Den Aufbau eines Kondensators, so wie er in Kapitel 3 beschrieben wurde, kann man am Schaltzeichen des Bauteils (siehe Abbildung 4.49) wiedererkennen.

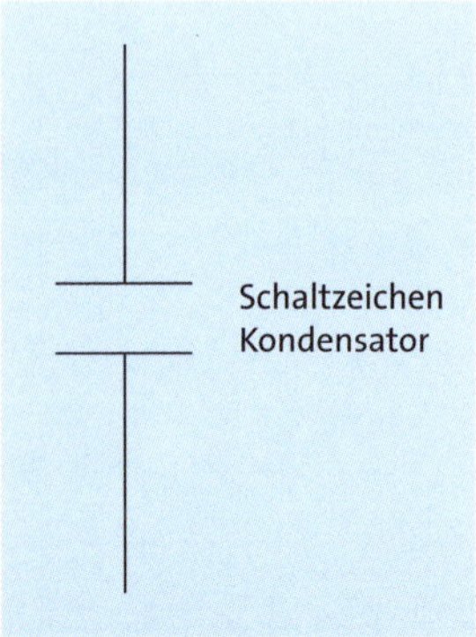

Abbildung 4.49 Schaltzeichen eines Kondensators

4.8.1 Aufladung

Sie schließen einen Plattenkondensator an eine Gleichspannungsquelle an. Wie groß ist der Strom, der nun durch den Kondensator fließt?

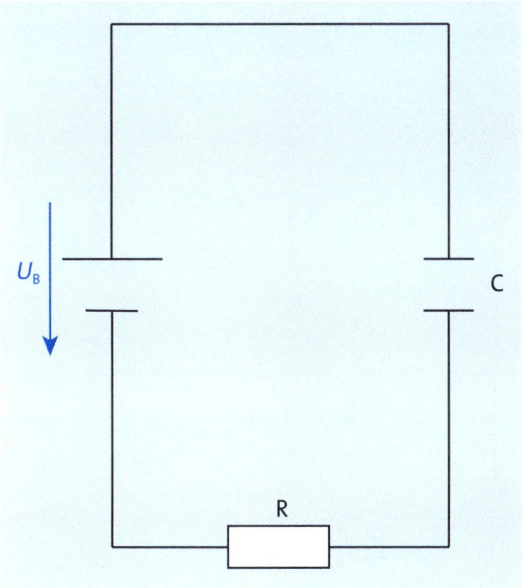

Abbildung 4.50 Aufladung eines Kondensators

Ich hoffe, Ihre Antwort ist: »Es fließt kein Strom.« Zwischen den Platten eines Kondensators liegt entweder Luft (siehe Abbildung 4.50) oder ein anderes Dielektrikum, und ein Dielektrikum ist nichtleitendes Material. Deshalb kann durch den Kondensator kein Strom fließen. Sollte das doch passieren, ist die Isolierschicht durchbrochen und der Kondensator ist defekt.

Aber durch das Anlegen der Spannung passiert in den Leitungen etwas: Die freien Elektronen der Platte, die am Pluspol liegt, und die Elektronen der angrenzenden Verbindungsleitung wandern zum Pluspol. Somit hat diese Platte nun ein positives Potenzial. Sie ist positiv geladen.

Angezogen von diesem Potenzial, wandern nun Elektronen zu der Platte, die am Minuspol angeschlossen ist. Sie können aber nicht durch den Kondensator und stehen an der Platte an.

Diesen Vorgang schauen Sie sich in Abbildung 4.51 nun ein wenig genauer an.

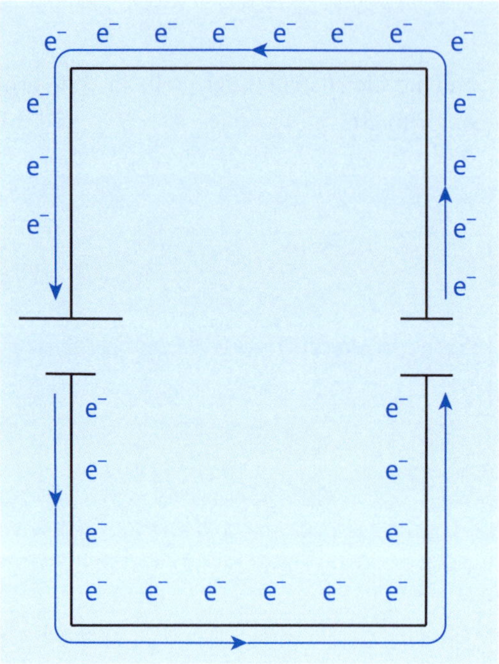

Abbildung 4.51 Bewegung der Ladungen beim Anschließen eines Kondensators an eine Gleichspannung

Beim Anlegen der Spannung fließt durch die Leitungen ein Strom. Die Stärke dieses Stromes wird am Anfang der Aufladung durch den Widerstand der Leitungen bestimmt. Da dieser sehr klein ist, ist der Strom sehr groß. Nachdem sich nun einige Elektronen auf der Platte gesammelt haben, wird die Potenzialdifferenz zwischen Minuspol und dieser Platte kleiner, denn die Elektronen schwächen das elektrische Feld zwischen Minuspol und negativer Platte ab. Dadurch wird der Stromfluss kontinuierlich verkleinert.

Der Strom fließt so lange, bis die Spannung zwischen den Kondensatorplatten genauso groß ist wie die der Spannungsquelle, denn dann herrscht zwischen Minuspol und negativer Platte keine Spannung mehr.

Dieser Stromfluss verläuft nach der Kurve aus Abbildung 4.52.

Diese Funktion ist eine e-Funktion, und zwar:

$$I(t) = I_0 e^{-\frac{t}{\tau}}$$

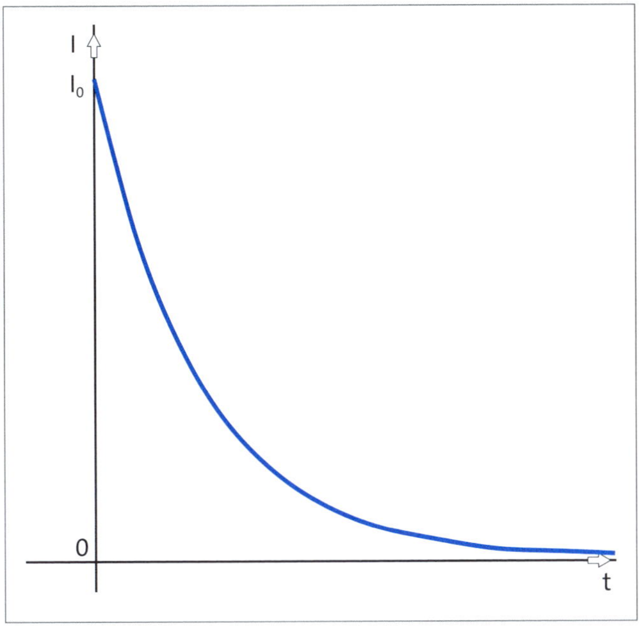

Abbildung 4.52 Stromkurve der Aufladung eines Kondensators

I_0 ist der Strom, der zu Beginn der Aufladung fließt. Er hängt von der angelegten Spannung und vom Widerstand der Schaltung ab, also hier vom Widerstand der Leitungen.

τ ist die sogenannte *Zeitkonstante*, die ein Maß dafür ist, wann der Kondensator vollständig geladen ist, also wann keine Ladungen mehr aufgenommen werden. Es gilt:

$$\tau = R \cdot C \qquad [4.27]$$

Je größer der Widerstand ist, umso weniger Strom fließt, desto länger dauert der Vorgang; und je größer die Kapazität ist, desto mehr Ladungen können gespeichert werden – die müssen aber erst durch den Strom zum Kondensator transportiert werden.

Wenn Sie sich den Verlauf der e-Funktion anschauen, sehen Sie, dass die Funktion die x-Achse nie schneidet, der Stromfluss hört nie auf.

Das ist allerdings pure Theorie. Der maximale Strom I_0 wird durch $I_0 = \frac{U}{R}$ bestimmt, und nach 5τ ist der Kondensator praktisch vollständig geladen. In der Theorie gehen wird auch davon aus, dass durch den Kondensator kein Strom fließt, denn das Dielektrikum isoliert die Platten gegeneinander, praktisch ist es aber doch möglich. Denn das Dielektrikum hat einen endlichen Widerstand, sodass sehr kleine Ströme, sogenannte *Leckströme* durch den Kondensator fließen. Die Stromstärke dieser Ströme ist in der

Regel $< 10^{-12}$ A. Der genaue Wert hängt von der Spannung und dem spezifischen Widerstand des Materials ab.

Dass die Stromkurve bei der Aufladung des Kondensators wirklich eine e-Funktion ist, kann auch rechnerisch nachgewiesen werden.

Dazu schauen Sie sich die Spannungen in der Schaltung an: U_0 ist eine konstante Spannung, die von außen angelegt wird. $U_R$ist die Spannung, die durch den Leitungswiderstand bestimmt wird. Um U_R nicht zu vergessen, zeichnen wir den Leitungswiderstand als Reihenwiderstand in die Schaltung mit ein. U_C ist die Spannung am Kondensator. Sowohl U_R als auch U_C sind zeitabhängig, denn je mehr Zeit vergeht, desto größer wird U_C, und da es sich um eine Reihenschaltung handelt, sinkt entsprechend U_R.

Nach Kirchhoff gilt:

$$U_0 + U_R(t) + U_C(t) = 0$$

Da Sie eine Aussage über den Strom haben möchten, sollten die Spannungen nun ersetzt werden, und zwar so, dass auch Ströme in dieser Gleichung vorkommen:

$$U_R(t) = RI(t)$$

und $U_C(t) = \frac{Q(t)}{C}$ (siehe Kapitel 3)

Also haben Sie:

$$U_0 = RI(t) + \frac{Q(t)}{C}$$

$$\Leftrightarrow I(t) = \frac{U_0}{R} - \frac{Q(t)}{CR}$$

Da auch $Q(t)$ von $I(t)$ abhängt, reicht ein einfaches Umstellen der Gleichung nach $I(t)$ nicht aus, so einfach ist das nicht. In $Q(t)$ ist $I(t)$ enthalten.

Nun schauen Sie sich die Veränderung des Stromes in infinitesimal kleinen Zeitabschnitten an, das heißt, Sie leiten diese Gleichung nach t ab.

Dann erhalten Sie:

$$\frac{\mathrm{d}I(t)}{\mathrm{d}t} = -\frac{\mathrm{d}Q(t)}{\mathrm{d}t\,RC} = -\frac{1}{RC}\frac{\mathrm{d}Q(t)}{\mathrm{d}t}$$

$\frac{\mathrm{d}Q(t)}{\mathrm{d}t}$ ist aber $I(t)$ und RC ist τ.

Somit erhalten Sie:

$$\frac{\mathrm{d}I(t)}{\mathrm{d}t} = -\frac{1}{\tau} \cdot I(t)$$

So eine Gleichung nennt man *gewöhnliche Differenzialgleichung*. Differenzialgleichungen sind Gleichungen, in denen eine Funktion und ihre Ableitungen vorkommen.

Die werden Sie nun lösen.

Dazu teilen Sie die Gleichung zunächst durch $I(t)$:

$$\frac{1}{I(t)} \frac{\mathrm{d}I(t)}{\mathrm{d}t} = -\frac{1}{\tau}$$

Um die Ableitung auf der linken Seite verschwinden zu lassen, wird die Gleichung integriert:

$$\int \frac{1}{I(t)} \frac{\mathrm{d}I(t)}{\mathrm{d}t} \mathrm{d}t = \int -\frac{1}{\tau} \mathrm{d}t$$

$$\Leftrightarrow \int \frac{\mathrm{d}I(t)}{I(t)} = \int -\frac{1}{\tau} \mathrm{d}t$$

Um diese Gleichung zu lösen, sollten Sie sich an folgende Rechenregeln erinnern:

$$\int \frac{\mathrm{d}x}{x} = \ln x$$

$$\ln a - \ln b = \ln \frac{a}{b}$$

$$\int b \, \mathrm{d}x = bx$$

$$e^{lnx} = x$$

Die linke Seite von $\int \frac{\mathrm{d}I(t)}{I(t)} = \int -\frac{1}{\tau} \mathrm{d}t$ ist die Stammfunktion des Logarithmus, und rechts wird über eine Konstante integriert.

Wenn Sie den Zeitraum von $t = 0$ bis t_a betrachten, dann erhalten Sie:

$$\int_0^{t_a} \frac{\mathrm{d}I(t)}{I(t)} = \int_0^{t_a} -\frac{1}{\tau} \mathrm{d}t$$

$$\Leftrightarrow \ln I(t_a) - \ln I(0) = -\frac{t}{\tau}$$

$$\Leftrightarrow \ln \frac{I(t_a)}{I(0)} = -\frac{t}{\tau}$$

$$\Longrightarrow \frac{I(t_a)}{I(0)} = e^{-\frac{t}{\tau}}$$

$$\Leftrightarrow I(t_a) = I(0) \cdot e^{-\frac{t_a}{\tau}}$$

Und für ein beliebiges t erhalten Sie:

[4.28] $$I(t) = I_0 \cdot e^{-\frac{t}{\tau}}$$

Den gleichen Verlauf, nur als steigende Funktion, können Sie beobachten, wenn Sie sich den Verlauf der Spannung am Kondensator genauer anschauen.

Zunächst ist die Spannung null, steigt aber durch den großen Stromfluss steil an, denn er transportiert die Ladungsträger zu den Kondensatorplatten. Da sich der Strom im Laufe der Zeit verringert, steigt die Spannung immer schwächer an – bis zu dem Zeitpunkt, an dem kein Strom mehr fließt, da die Spannung am Kondensator genauso groß ist wie die angelegte Spannung. Dann herrscht auf den Leitungen keine Potenzialdifferenz mehr (siehe Abbildung 4.53).

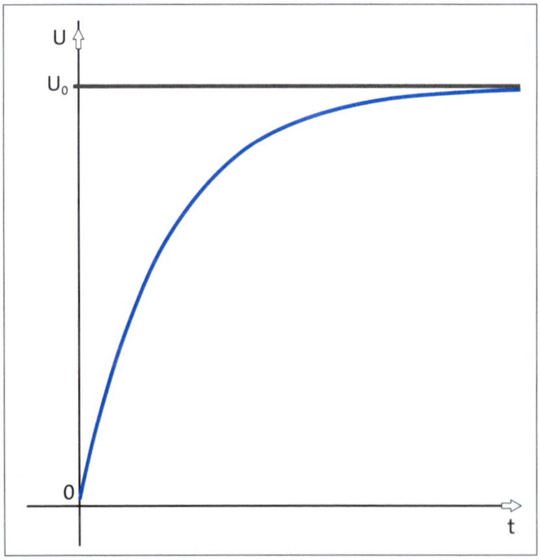

Abbildung 4.53 Spannungskurve der Aufladung eines Kondensators

Die Spannung verhält sich nach:

$$U(t) = U_0\left(1 - e^{-\frac{t}{\tau}}\right) \qquad [4.29]$$

Wenn Sie sich die Stromstärke nach einem $\tau, 2\tau, \ldots$ anschauen, stellen Sie Folgendes fest:

Nach einem τ ist der Strom um ca. 63 % von I_0 gefallen, beträgt also nur noch ca. 37 % von I_0, und nach einem weiteren τ wieder um 63 %:

$$\frac{I(n\tau)}{I((n+1)\tau)} = \frac{I_0 e^{-\frac{n\tau}{\tau}}}{I_0 e^{-\frac{(n+1)\tau}{\tau}}} = e^{-n+n-1} = e^{-1} = 0{,}3678$$

Nach 5τ spricht man in der Praxis von einer kompletten Aufladung.

4.8.2 Entladung

Zum Entladen wird der Kondensator über einen Widerstand kurzgeschlossen. Das heißt hier, dass die Platten über einen Widerstand miteinander verbunden werden. Wird der vollgeladene Kondensator nun entladen, so wird der Ladungsprozess genau umgekehrt.

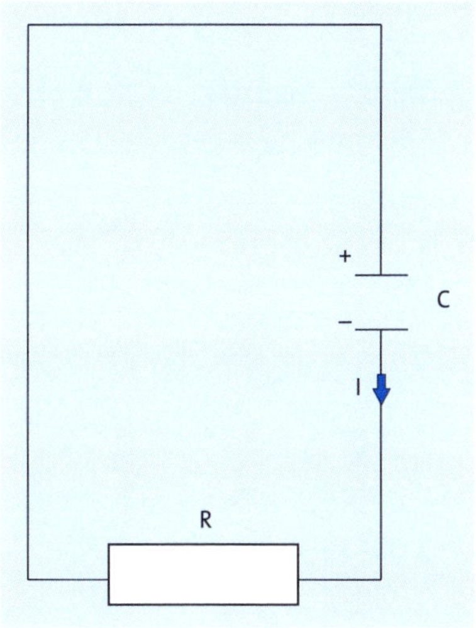

Abbildung 4.54 Entladung eines Kondensators

Die Elektronen wandern nun vom Minuspol zum Pluspol (siehe Abbildung 4.54) und die Spannung am Kondensator wird dadurch nach und nach kleiner, ebenfalls gemäß einer e-Funktion (siehe Abbildung 4.55). Da sich die Spannung genauso verhält wie der Strom bei der Aufladung, gilt hier:

[4.30] $$U_e = U_0 e^{-\frac{t}{\tau}}$$

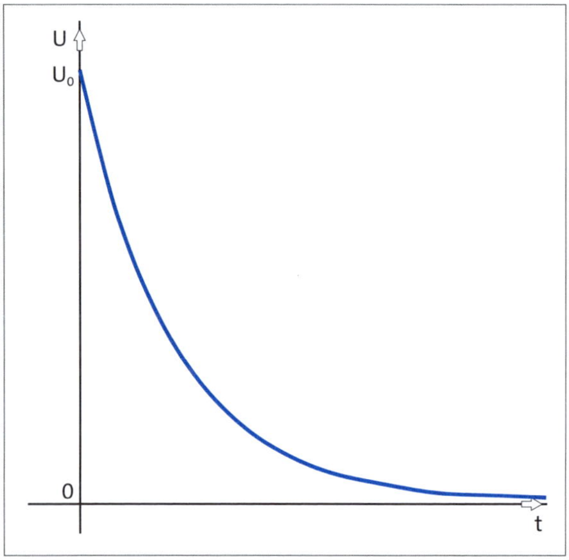

Abbildung 4.55 Spannungskurve der Entladung eines Kondensators

Der Strom verhält sich wie bei der Aufladung, denn es findet genau der gleiche Prozess statt, nur dass die Ladungen sich nun in umgekehrter Richtung bewegen: Sie bewegen sich jetzt von der negativ geladenen Platte weg.

Aufladung und Entladung eines Kondensators

Zeitkonstante	$\tau = R \cdot C$
Aufladung	$I(t) = I_0 e^{-\frac{t}{\tau}}$
	$U(t) = U_0(1 - e^{-\frac{t}{\tau}})$
Entladung	$I_e = -I_0 e^{-\frac{t}{\tau}}$
	$U_e = U_0 e^{-\frac{t}{\tau}}$

Also ist (siehe Abbildung 4.56):

[4.31] $$I_e = -I_0 e^{-\frac{t}{\tau}}$$

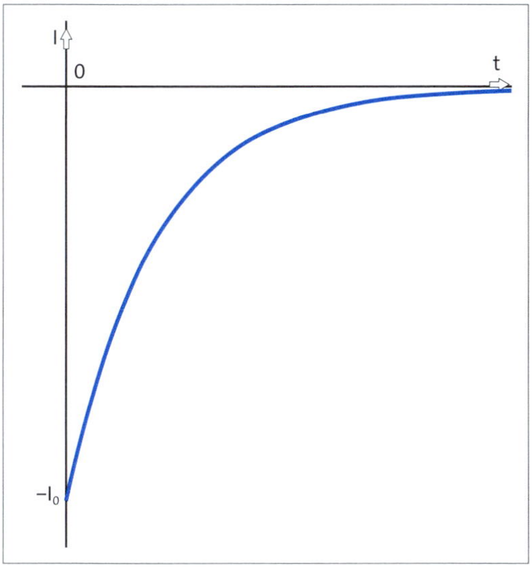

Abbildung 4.56 Stromkurve der Entladung eines Kondensators

4.8.3 Reihenschaltung von Kondensatoren

Werden zwei Kondensatoren in Reihe geschaltet, so beobachten wir den gleichen Auf- und Entladungsprozess wie bei nur einem Kondensator. Der Unterschied ist aber, dass die obere Platte von C_1 positiv geladen und die untere Platte von C_2 negativ geladen wird. Die beiden anderen Platten sind miteinander verbunden, liegen also auf gleichem Potenzial (siehe Abbildung 4.57). Was ist also passiert? Wir haben dadurch einen neuen Kondensator erschaffen, dessen Plattenabstand d nun aus dem Abstand d_1 von C_1 plus dem Abstand d_2 von C_2 besteht.

C_1 besitzt die Ladung Q_1 und die Spannung U_1. Für C_2 beträgt die Ladung Q_2 und die Spannung U_2.

Betrachten wir nun die Gesamtgrößen, so können wir sehen, dass $U_{\text{ges}} = U_1 + U_2$ ist und $Q_{\text{ges}} = Q_1 = Q_2$ ist, denn durch $I = \frac{\mathrm{d}Q}{\mathrm{d}t}$ ist der Strom proportional zur Ladungsänderung.

Für die Kapazität gilt also:

$$C_{\text{ges}} = \frac{Q}{U_1 + U_2}$$

$$\Leftrightarrow \frac{1}{C_{\text{ges}}} = \frac{U_1 + U_2}{Q} = \frac{U_1}{Q} + \frac{U_2}{Q} = \frac{1}{C_1} + \frac{1}{C_2}$$

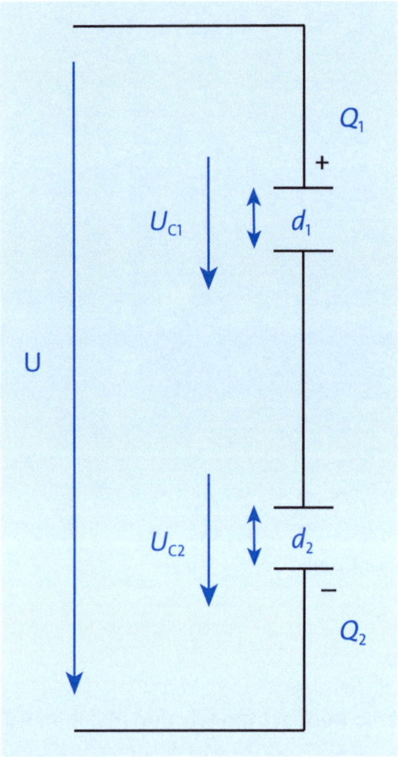

Abbildung 4.57 Reihenschaltung von Kondensatoren

Bei *n* Kondensatoren gilt:

[4.32] $$\frac{1}{C_{\text{ges}}} = \sum_{i=1}^{n} \frac{1}{C_i} = \frac{1}{C_1} + \frac{1}{C_2} + \cdots + \frac{1}{C_n}$$

4.8.4 Parallelschaltung von Kondensatoren:

Beide Kondensatoren liegen an der gleichen Spannung, die jeweilige Ladung hängt von der Kapazität der einzelnen Kondensatoren ab. C_1besitzt die Ladung Q_1. C_2 besitzt die Ladung Q_2 (siehe Abbildung 4.58).

Eine Parallelschaltung können Sie wie einen Kondensator betrachten, dessen Plattengröße aus der Summe der Einzelplatten besteht. Daher wird also die Gesamtkapazität größer.

$$C_{\text{ges}} = \frac{Q_{\text{ges}}}{U} = \frac{Q_1}{U} + \frac{Q_2}{U} = C_1 + C_2$$

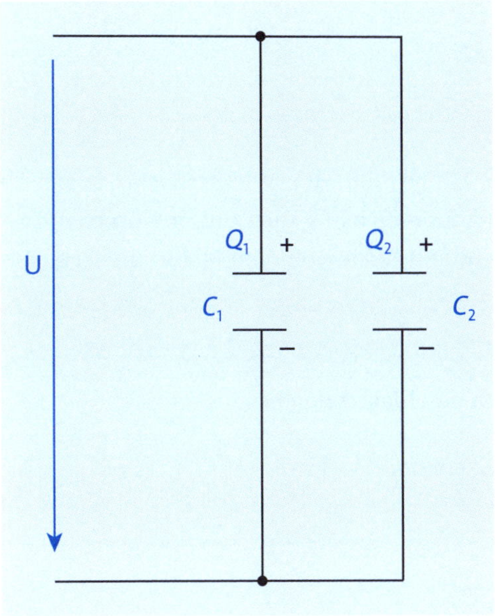

Abbildung 4.58 Parallelschaltung von Kondensatoren

Für n Kondensatoren erhalten Sie:

$$C_{\text{ges}} = \sum_{i=1}^{n} C_i = C_1 + C_2 + \cdots + C_n \qquad [4.33]$$

Gesamtkapazität von Kondensatorschaltungen

Reihenschaltung
$$\frac{1}{C_{\text{ges}}} = \sum_{i=1}^{n} \frac{1}{C_i}$$

Parallelschaltung
$$C_{\text{ges}} = \sum_{i=1}^{n} C_i$$

4.9 Übungen

Aufgabe 1

Gegeben ist ein stückweise aus vier verschiedenen Materialien zusammengesetzter Leiter mit kreisförmigem Querschnitt, der vom Strom I durchflossen wird. Die Materialstücke sind gleich lang und verhalten sich in ihren elektrischen Leitfähigkeiten zueinander wie $K_1 : K_2 : K_3 : K_4 = 1 : 2 : 3 : 4$. In welchem Verhältnis stehen die Spannungen U_1 bis U_4 zueinander?

Aufgabe 2

Gegeben ist ein quaderförmiger Leiter der Länge l und Querschnittsfläche A nach Abbildung 4.59. Die elektrische Leitfähigkeit ändert sich in y-Richtung entsprechend der Funktion $\kappa = \kappa_0 + Cy$. Die Stirnflächen sind mit hochleitendem Material beschichtet und dienen als Elektroden.

An diesen Leiter wird eine Spannungsquelle mit der Spannung U angeschlossen.

Berechnen Sie den Widerstand R zwischen den Elektroden für

$\kappa_0 = 1 \frac{\text{S m}}{\text{mm}^2}$, $C = 0{,}9 \frac{\text{S m}}{\text{mm}^3}$, $a = 0{,}1$ cm, $b = 2$ cm und $l = 1$ m.

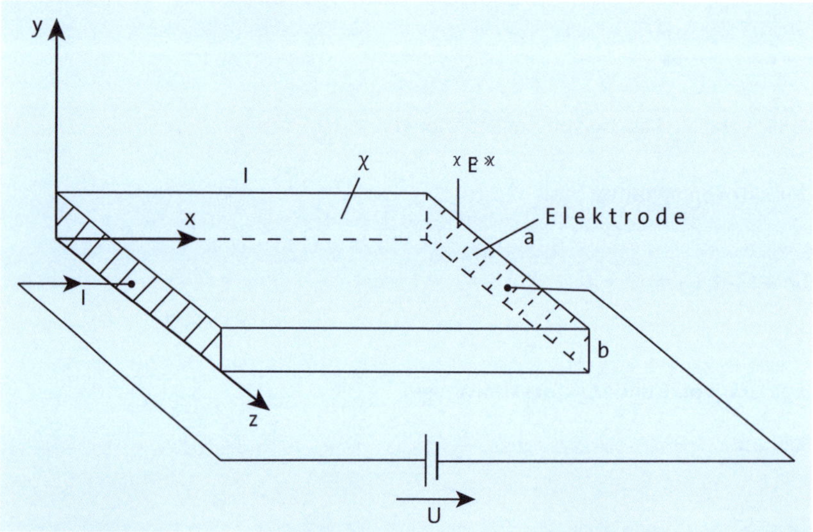

Abbildung 4.59 Skizze zu Aufgabe 2

Aufgabe 3

Betrachten Sie Abbildung 4.60 und berechnen Sie:

a) die Spannungen U, U_{R3}

b) die Widerstände R_1, R_{ges}

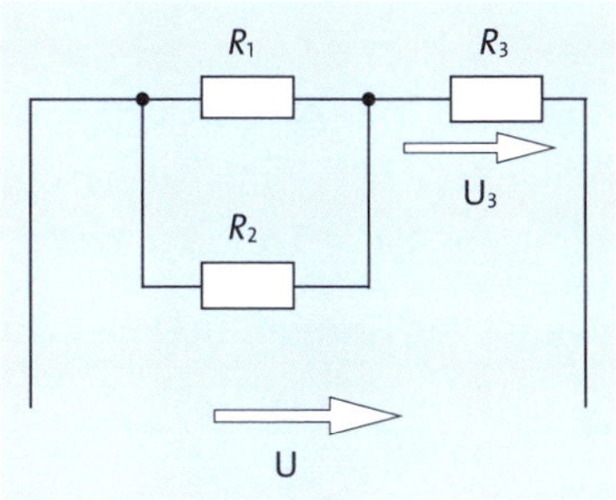

Abbildung 4.60 Skizze zu Aufgabe 3

Aufgabe 4

Berechnen Sie den Gesamtstrom der Schaltung aus Abbildung 4.61.

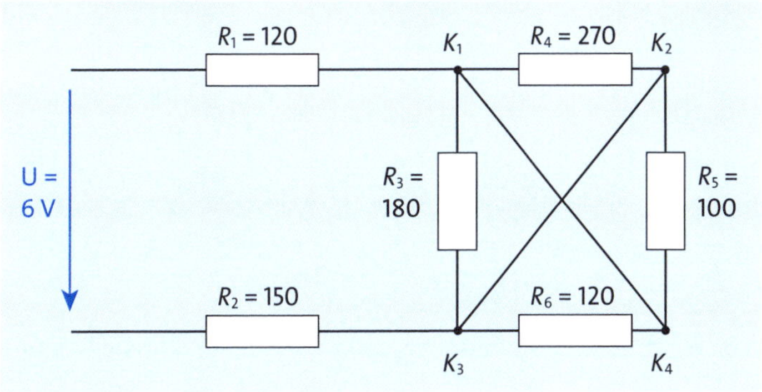

Abbildung 4.61 Skizze zu Aufgabe 4

Aufgabe 5

a) Wie groß ist der Widerstand eines Kupferdrahtes R_{Cu} mit der Länge $l = 10$ m und dem Durchmesser $d = 1$ mm? Die Leitfähigkeit des Kupfers beträgt $\kappa_{Cu} = 58 \frac{\mathrm{m}}{\Omega\,\mathrm{mm}^2}$.

b) Wie groß wird der Widerstand R_{Al}, wenn der Kupferdraht durch Aluminiumdraht gleicher Länge und Stärke ersetzt wird? Die Leitfähigkeit des Aluminiums beträgt $\kappa_{Al} = 36 \frac{\mathrm{m}}{\Omega\,\mathrm{mm}^2}$.

c) Welcher Querschnitt A_{Al} müsste bei Aluminium gewählt werden, um bei gleicher Länge den Widerstand des Kupfers nicht zu überschreiten?

Aufgabe 6

Zwei Adern mit einem Durchmesser von $d = 0{,}9$ mm eines im Erdreich liegenden Fernsprechkabels zeigen einen Kurzschluss gegeneinander. Zur Fehlerortbestimmung wird am Kabelanfang zwischen ihnen ein Widerstand von $R = 13{,}1\ \Omega$ gemessen.

a) An welcher Stelle s muss gegraben werden, wenn von einer Temperatur von 20 °C im Erdreich ausgegangen wird $\left(\rho_{20} = 0{,}0178\ \frac{\Omega\,\mathrm{mm}^2}{\mathrm{m}}, \alpha_{20} = 3{,}9 \cdot 10^{-3} K^{-1}\right)$?

b) Um welche Strecke Δs liegt der tatsächliche Fehlerort vom vermeintlichen entfernt, wenn
   i) die mittlere Temperatur im Erdreich 12 °C beträgt?
   ii) der spezifische Widerstand um 3 % höher ist als angenommen?
   iii) der Leitungsdurchmesser 2 % größer oder kleiner ist?

Aufgabe 7

Berechnen Sie die abgegebene Leistung einer Spannungsquelle mit $U_0 = 10$ V, $R_i = 100\ \Omega$ mit einem Lastwiderstand:

a) $R_L = 1\ \Omega$

b) $R_L = 100\ \Omega$

c) $R_L = 10\ \mathrm{k}\Omega$

d) Für welche Werte von R_L von einer Spannungsquelle wird die maximale Leistung abgegeben?

Aufgabe 8

Berechnen Sie die Kapazität der gemischten Schaltung, die in Abbildung 4.62 zu sehen ist.

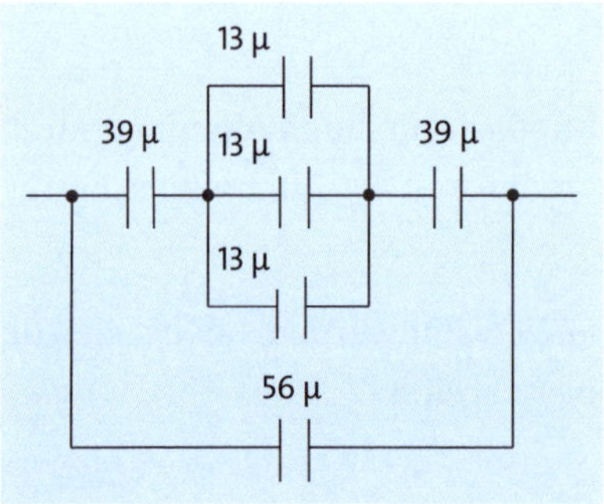

Abbildung 4.62 Skizze zu Aufgabe 8

Aufgabe 9

Ein Kondensator von 390 µF soll mit einem zweiten in Reihe geschaltet werden, damit sich eine Gesamtkapazität von 80 µF ergibt. Wie groß ist die Kapazität des zweiten Kondensators?

Aufgabe 10

Aus Sicherheitsgründen muss nach DIN VDE eine Maschine innerhalb 1 s von 230 V auf 50 V entladen sein. Um dies zu prüfen, wird die Maschine mit einer Gleichspannung von 230 V aufgeladen. Nach einer Sekunde wird die Spannung gemessen.

Berechnen Sie den Entladewiderstand, der für den Fall benötigt wird, dass die Maschine eine Kapazität von 6 µF besitzt.

Aufgabe 11

Gegeben ist ein Spannungsteiler mit den Widerständen R_1 und R_2, der durch die Spannung U_1 versorgt wird. Der Spannungsteiler ist mit einem variablen Widerstand R_L belastet (siehe Abbildung 4.63).

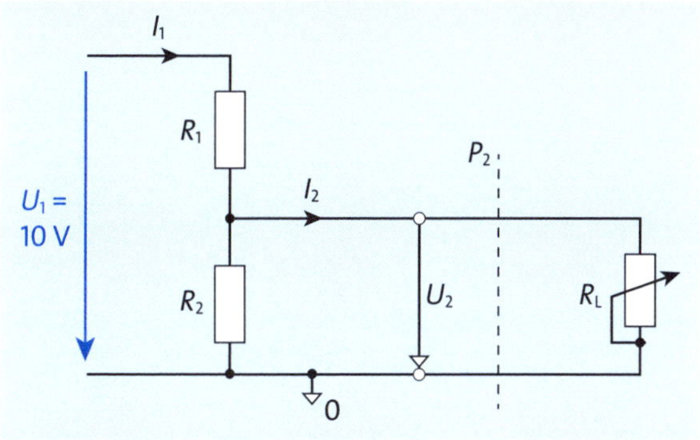

Abbildung 4.63 Skizze zu Aufgabe 11

a) Entwickeln Sie eine Formel zur Berechnung der Spannung U_2, des Stromes I_2 und der Leistung P_2

b) In welcher Beziehung stehen die Ströme I_1 und I_2 zueinander? Berechnen Sie $\frac{I_1}{I_2}$.

4.10 Lösungen

Lösung 1

Teilspannungen: U_1, U_2, U_3, U_4

Teilleitwerte: $\kappa_1, \kappa_2, \kappa_3, \kappa_4$

$$\kappa_1 : \kappa_2 : \kappa_3 : \kappa_4 = 1 : 2 : 3 : 4 \Longrightarrow \frac{\kappa_1}{\kappa_2} = \frac{1}{2} \wedge \frac{\kappa_2}{\kappa_3} = \frac{2}{3} \wedge \frac{\kappa_3}{\kappa_4} = \frac{3}{4}$$

Reihenschaltung: I durch alle Widerstände ist gleich groß.

$$U_i = \frac{l}{\kappa_i \cdot A} \cdot I$$

$$\frac{U_i}{U_j} = \frac{\frac{l}{\kappa_i \cdot A} \cdot I}{\frac{l}{\kappa_j \cdot A} \cdot I} = \frac{\kappa_j}{\kappa_i}$$

$$\frac{U_1}{U_2} = \frac{\kappa_2}{\kappa_1} = \frac{2}{1}$$

$$\frac{U_1}{U_3} = \frac{\kappa_3}{\kappa_1} = \frac{3}{1}$$

$$\frac{U_1}{U_4} = \frac{\kappa_4}{\kappa_1} = \frac{4}{1}$$

$$U_1 : U_2 : U_3 : U_4 = 1 : \frac{1}{2} : \frac{1}{3} : \frac{1}{4}$$

Lösung 2

Das Ohm'sche Gesetz in der einfachen Form $R = \frac{U}{I}$ ist hier nicht anwendbar, da sich die Leitfähigkeit mit der Höhe ändert und somit I nicht konstant ist. Greifen Sie also auf die allgemeine Form des Ohm'schen Gesetzes zurück:

$$R = \frac{U}{I} = \frac{\int \vec{E} \cdot \mathrm{d}\vec{l}}{\int \vec{J} \cdot \mathrm{d}\vec{A}}$$

$\int \vec{E} \cdot \mathrm{d}\vec{l} = U$, und U ist eine konstante Größe, somit können Sie $U = El$ verwenden. Nach der allgemeinen Form des Ohm'schen Gesetzes ist $\vec{J} = \kappa \cdot \vec{E}$. Dies wird nun in die Formel $\int \vec{J}\, \mathrm{d}\vec{A}$ eingesetzt:

$$\int \vec{J} \cdot d\vec{A} = \int \kappa \cdot \vec{E} \cdot d\vec{A}$$

Das elektrische Feld ist parallel zum Normalenvektor der Fläche, also vereinfacht sich das Integral zu:

$$\int \kappa \cdot E \, dA$$

Dieses Integral muss nun gelöst werden. E ist eine Konstante und kann vor das Integral gezogen werden. Die Fläche A wird in ihre Komponenten zerlegt:

$$\int \kappa \cdot E \, dA = E \iint_{0\,0}^{ab} \kappa_0 + Cy \, dy dz = E \int_0^a \kappa_0 b + \frac{C}{2} b^2 dz = E\left(\kappa_0 ab + \frac{C}{2} ab^2\right)$$

Nun wird E durch $\frac{U}{l}$ ersetzt und alles in $R = \frac{\int \vec{E} \cdot d\vec{l}}{\int \vec{J} \cdot d\vec{A}}$ eingesetzt:

$$R = \frac{\frac{U}{l} l}{\frac{U}{l}\left(\kappa_0 ab + \frac{C}{2} ab^2\right)} = \frac{l}{\left(\kappa_0 ab + \frac{C}{2} ab^2\right)}$$

Wenn Sie nun die Werte einsetzen, erhalten Sie die Lösung:

$$R = \frac{1000 \text{ mm}}{1 \text{ mm} \cdot 20 \text{ mm} \cdot \left(1 \frac{\text{Sm}}{\text{mm}^2} + \frac{1}{2} \cdot 0{,}9 \frac{\text{Sm}}{\text{mm}^3} \cdot 20 \text{ mm}\right)} = 5\,\Omega$$

Lösung 3

Gegeben sind:

$I = 3{,}5 \text{ A}$

$R_2 = 50\,\Omega$

$R_3 = 40\,\Omega$

$U_{\text{R1}} = 100 \text{ V}$

a)

$$U_{R3} = R_3 I = 40\,\Omega \cdot 3{,}5 \text{ A} = 140 \text{ V}$$

$$U = U_{R1} + U_{R3} = 100 \text{ V} + 140 \text{ V} = 240 \text{ V}$$

b)

$$R_{\text{ges}} = \frac{U}{I} = \frac{240 \text{ V}}{3{,}5 \text{ A}} = 68{,}6\,\Omega$$

$$R_{1,2} = R - R_3 = 68{,}6\,\Omega - 40\,\Omega = 28{,}6\,\Omega$$

$$\frac{1}{R_{1,2}} = \frac{1}{R_1} + \frac{1}{R_2} \Leftrightarrow \frac{1}{R_1} = \frac{1}{R_{1,2}} - \frac{1}{R_2} = \frac{1}{28{,}6\,\Omega} - \frac{1}{50\,\Omega} \approx 0{,}015$$

$$R_1 \approx 67\,\Omega$$

Lösung 4

Diese Schaltung wirkt sehr unübersichtlich. Daher muss sie umgezeichnet werden. Wir gehen vom Original in Abbildung 4.64 aus:

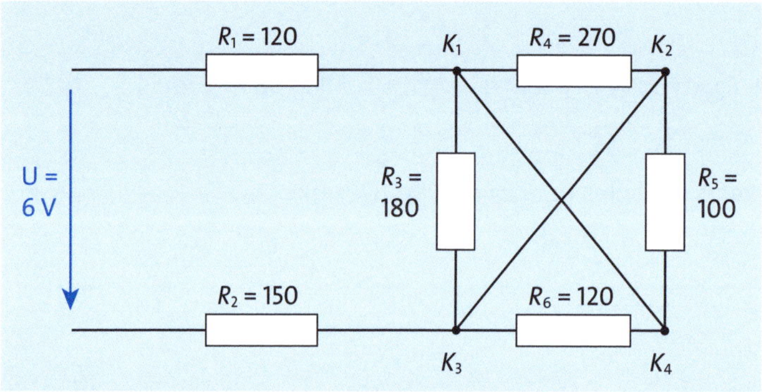

Abbildung 4.64 Schaltung zu Aufgabe 4

Die Knotenpunkte K_1 und K_4 sind miteinander verbunden, also liegen alle vier Widerstände am gleichen Knotenpunkt.

Das Gleiche ist bei den Knoten K_2 und K_3 der Fall, die jeweils anderen Anschlüsse der Widerstände liegen auch alle zusammen an einem Knoten.

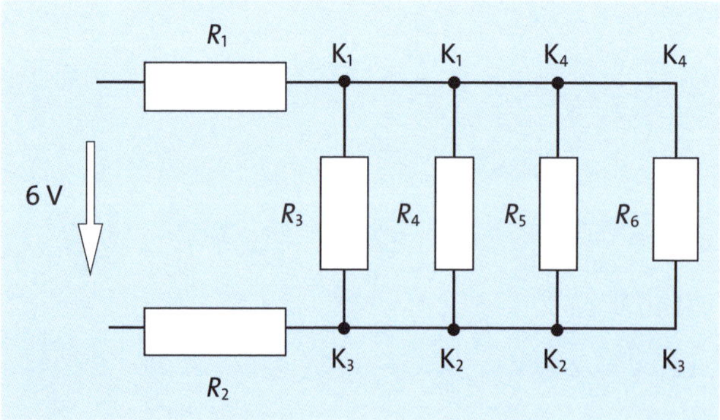

Abbildung 4.65 Umzeichnung der Schaltung zu Aufgabe 4, um die Schaltung besser zu erkennen

Also liegen die Widerstände R_3, R_4, R_5, R_6 parallel.

Der gesamte Parallelwiderstand beträgt:

$$\frac{1}{R_{\text{pges}}} = \frac{1}{R_3} + \frac{1}{R_4} + \frac{1}{R_5} + \frac{1}{R_6} = \frac{1}{180\,\Omega} + \frac{1}{270\,\Omega} + \frac{1}{100\,\Omega} + \frac{1}{120\,\Omega} = \frac{1}{36{,}24\,\Omega}$$

$$R_{\text{ges}} = R_1 + R_2 + R_{\text{ges}} = 120\,\Omega + 150\,\Omega + 36{,}24\,\Omega = 306{,}24\,\Omega$$

$$I_{\text{ges}} = \frac{U}{R_{\text{ges}}} = \frac{6\,\text{V}}{306{,}24\,\Omega} = 19{,}6\,\text{mA}$$

Lösung 5

a) Gegeben sind:

$$l = 10\,\text{m}$$
$$d = 1\,\text{mm}$$
$$\kappa_{\text{cu}} = 58\,\frac{\text{m}}{\Omega\text{mm}^2}$$

Gesucht ist:

$$R = \frac{l}{\kappa A}$$

Da es sich bei einem Draht um einen kreisförmigen Querschnitt handelt, gilt:

$$A = \frac{d^2\pi}{4} = (1\,\text{mm})^2 \cdot \frac{\pi}{4} = 0{,}79\,\text{mm}^2$$

$$R_{\text{Cu}} = \frac{10\,\text{m}}{58\,\frac{\text{m}}{\Omega\text{mm}^2} \cdot 0{,}79\,\text{mm}^2} = 218\,\text{m}\Omega$$

b)

$$\kappa_{\text{Al}} = 36\,\frac{\text{m}}{\Omega\text{mm}^2}$$

$$R_{\text{Al}} = \frac{10\,\text{m}}{36\,\frac{\text{m}}{\Omega\text{mm}^2} \cdot 0{,}79\,\text{mm}^2} = 351\,\text{m}\Omega$$

c)

$$R_{\text{Cu}} = R_{\text{Al}} = \frac{l}{\kappa_{\text{Al}} A} \Leftrightarrow A = \frac{l}{\kappa_{\text{Al}} R_{\text{cu}}} = \frac{10\,\text{m}}{36\,\frac{\text{m}}{\Omega\text{mm}^2} \cdot 0{,}218\,\Omega} = 1{,}27\,\text{mm}^2$$

Lösung 6

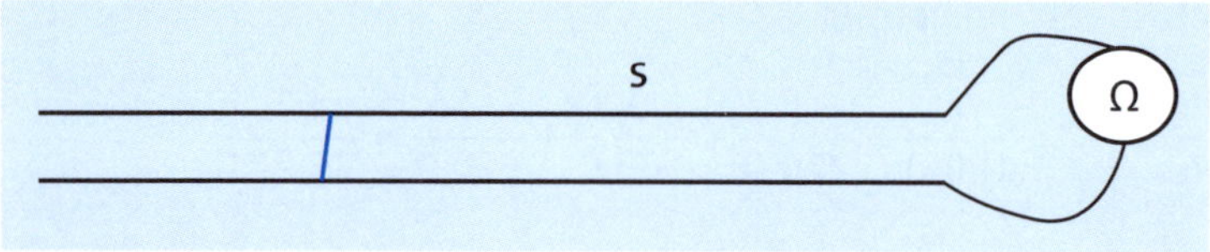

Abbildung 4.66 Messung des Widerstandes, um die Bruchstelle zu lokalisieren

a) Die Strecke, die mit dem Ohmmeter durchgemessen wird, ist 2 s (siehe Abbildung 4.66). Das entspricht der Länge des gesamten gemessenen Leiters. Der Querschnitt der Leitung beträgt:

$$A = \frac{d^2\pi}{4} = (0{,}9\ \text{mm})^2 \cdot \frac{\pi}{4} = 0{,}64\ \text{mm}^2$$

$$R = \frac{2s\rho}{A} \Leftrightarrow s = \frac{RA}{2\rho} = \frac{13{,}1\ \Omega \cdot 0{,}64\ \text{mm}^2}{2 \cdot 0{,}0178 \frac{\Omega\text{mm}^2}{\text{m}}} = 235{,}5\ \text{m}$$

Der Kurzschluss liegt bei 235,5 m.

b) Bei einer Temperatur von 12 °C sinkt der Widerstand, und zwar sinkt er bei Kupfer pro Ohm um das $3{,}9 \cdot 10^{-3}$-Fache pro Kelvin.

Die Temperaturdifferenz beträgt: $\Delta T = 8\ \text{K}$

$$\Delta R = R\alpha\Delta T = 13{,}1\ \Omega \cdot 3{,}9 \cdot 10^{-3} \frac{1}{\text{K}} \cdot 8\ \text{K} = 0{,}4\ \Omega$$

$$R_{12} = R - \Delta R = 12{,}7\ \Omega$$

$$s = \frac{RA}{2\rho} = \frac{12{,}7\ \Omega \cdot 0{,}64\ \text{mm}^2}{2 \cdot 0{,}0178\ \frac{\Omega\text{mm}^2}{\text{m}}} = 288{,}2\ \text{m}$$

$$\Delta s = 52{,}7\ \text{m}$$

$$s = \frac{RA}{2\rho} = \frac{13{,}1\ \Omega \cdot 0{,}64\ \text{mm}^2}{2 \cdot 0{,}0178 \frac{\Omega\text{mm}^2}{\text{m}} \cdot 1{,}03} = 228{,}6\ \text{m}$$

$$\Delta s = 59{,}6\ \text{m}$$

$$s = \frac{RA}{2\rho} = \frac{13{,}1\ \Omega \cdot 0{,}64\ \text{mm}^2 \cdot 1{,}02}{2 \cdot 0{,}0178 \frac{\Omega\text{mm}^2}{\text{m}}} = 240{,}2\ \text{m}$$

$$\Delta s = 4{,}7\ \text{m}$$

$$s = \frac{RA}{2\rho} = \frac{13{,}1\,\Omega \cdot 0{,}64\,\text{mm}^2 \cdot 0{,}98}{2 \cdot \frac{0{,}0178\,\Omega\text{mm}^2}{\text{m}}} = 230{,}8\,\text{m}$$

$$\Delta s = 4{,}7\,\text{m}$$

Lösung 7

Die an R_L abgegebene Leistung wird mit $P = U_\text{RL} I$ berechnet.

$$I = \frac{U_0}{R_\text{L} + R_\text{i}}$$

und $U_\text{RL} = U_0 - R_\text{i} I = U_0 - R_\text{i} \frac{U_0}{R_\text{L} + R_\text{i}}$

$$P_\text{RL} = \left(U_0 - R_\text{i} \frac{U_0}{R_\text{L} + R_\text{i}}\right) \cdot \frac{U_0}{R_\text{L} + R_\text{i}}$$

a) $P_\text{RL} = 9{,}8\,\text{mW}$

b) $P_\text{RL} = 250\,\text{mW}$

c) $P_\text{RL} = 9{,}8\,\text{mW}$

d) Um das Maximum zu berechnen, wird die Leistung nach R_L abgeleitet:

$$P'(R_\text{L}) = \frac{{U_0}^2 (R_\text{L} + R_\text{i}) - 2{U_0}^2 R_\text{L}}{(R_\text{L} + R_\text{i})^3}$$

$$P'(R_\text{L}) = 0 \iff {U_0}^2 (R_\text{L} + R_\text{i}) - 2{U_0}^2 R_\text{L} = 0$$

$$\iff R_\text{L} = R_\text{i}$$

Die maximale Leistung wird abgegeben, wenn $R_\text{i} = R_\text{L}$ ist.

Lösung 8

Für die Reihenschaltung von Kondensatoren gilt:

$$\frac{1}{C_\text{ges}} = \sum_{i=1}^{n} \frac{1}{C_i} = \frac{1}{C_1} + \frac{1}{C_2} + \cdots + \frac{1}{C_n}$$

Für die Parallelschaltung von Kondensatoren gilt:

$$C_\text{ges} = \sum_{i=1}^{n} C_i = C_1 + C_2 + \cdots + C_n$$

Drei Kondensatoren à 13 µF parallel:

$$C_P = 3 \cdot 13\ \mu\text{F} = 39\ \mu\text{F}$$

Dazu sind zwei Kondensatoren à 39 µF in Reihe geschaltet. Da alle drei Kondensatoren gleich groß sind, drittelt sich die Gesamtkapazität der Reihenschaltung:

$$C_{R1} = \frac{39\ \mu\text{F}}{3} = 13\ \mu\text{F}$$

Dazu parallel liegt ein 56-µF- Kondensator:

$$C_{\text{ges}} = 13\ \mu\text{F} + 56\ \mu\text{F} = 69\ \mu\text{F}$$

Lösung 9

$$\frac{1}{C_{\text{ges}}} = \frac{1}{C_1} + \frac{1}{C_2} \Leftrightarrow \frac{1}{C_2} = \frac{1}{C_{\text{ges}}} - \frac{1}{C_1}$$

$$\Leftrightarrow C_2 = \frac{C_{\text{ges}} C_1}{C_1 - C_{\text{ges}}} = \frac{80\ \text{pF} \cdot 390\ \text{pF}}{390\ \text{pF} - 80\ \text{pF}}$$

$$= 100\ \text{pF}$$

Lösung 10

Für die Entladung gilt:

$$U(t) = U_0 e^{-\frac{t}{\tau}}$$

Nach τ umstellen:

$$\tau = \frac{-t}{ln\ U(t) - ln\, U_0}$$

$$\tau = \frac{-1s}{ln\, 50\ \text{V} - ln\, 230\ \text{V}} = 0{,}66\ \text{s}$$

$$\tau = RC \ \Leftrightarrow R = \frac{\tau}{C}$$

$$R = \frac{0{,}66}{6 \cdot 10^{-6}} \frac{\text{sV}}{\text{As}} = 109\ \text{k}\Omega$$

Lösung 11

a) Gegeben sind: R_1, R_2, U_1

Gesucht sind: U_2, I_2, P_2:

Der Parallelwiderstand R_p von R_2 und R_L setzt sich zusammen aus:

$$R_p = \frac{R_2 R_L}{R_2 + R_L} = \frac{1}{\frac{1}{R_2} + \frac{1}{R_L}}$$

Nach Kirchhoff gilt:

$$\frac{U_2}{U_1} = \frac{R_p}{R_p + R_1}$$

$$\Leftrightarrow U_2 = \frac{R_p U_1}{R_p + R_1} = \frac{\frac{R_2 R_L}{R_2 + R_L} U_1}{\frac{R_2 R_L}{R_2 + R_L} + R_1} = \frac{\frac{R_2 R_L}{R_2 + R_L} U_1}{\frac{R_2 R_L + R_1 (R_2 + R_L)}{R_2 + R_L}} = \frac{R_2 R_L U_1}{R_2 R_L + R_1 R_2 + R_1 R_L}$$

Für I_2 gilt dann:

$$I_2 = \frac{U_2}{R_L} = \frac{\frac{R_2 R_L U_1}{R_2 R_L + R_1 R_2 + R_1 R_L}}{R_L} = \frac{R_2 U_1}{R_2 R_L + R_1 R_2 + R_1 R_L}$$

Und für P_2 gilt:

$$P_2 = U_2 I_2 = \frac{R_2 R_L U_1}{R_2 R_L + R_1 R_2 + R_1 R_L} \cdot \frac{R_2 U_1}{R_2 R_L + R_1 R_2 + R_1 R_L}$$
$$= R_L \left(\frac{R_2 U_1}{R_2 R_L + R_1 R_2 + R_1 R_L} \right)^2$$

b) Gesucht ist: $\frac{I_1}{I_2}$

Rechnen Sie wie folgt:

$$I_1 = \frac{U_1}{R_p + R_1} = \frac{U_1}{\frac{R_2 R_L}{R_2 + R_L} + R_1} = \frac{U_1}{\frac{R_2 R_L + R_1 (R_2 + R_L)}{R_2 + R_L}} = \frac{U_1 (R_2 + R_L)}{R_2 R_L + R_1 R_2 + R_1 R_L}$$

$$\frac{I_1}{I_2} = \frac{\frac{U_1 (R_2 + R_L)}{R_2 R_L + R_1 R_2 + R_1 R_L}}{\frac{R_2 U_1}{R_2 R_L + R_1 R_2 + R_1 R_L}} = \frac{R_2 + R_L}{R_2}$$

Kapitel 5
Netzwerkberechnungen

Dieses Kapitel behandelt verschiedene Methoden, um Netzwerke zu berechnen. Die beschriebenen Methoden sind das Zweigstrom-, das Maschenstrom- und das Knotenpotenzialverfahren, die Zweipolmethode und die Überlagerungsmethode (Superpositionsmethode).

Netzwerke sind komplexe Schaltungen. Bevor es an die Berechnungen geht, müssen zunächst einige Begriffe geklärt werden. Ein *Netzwerk* besteht aus Punkten, die miteinander in Verbindung stehen. Die Punkte müssen dabei so verbunden sein, dass mindestens ein Punkt mit drei anderen Punkten verbunden ist und dass jeder Punkt mit mindestens zwei anderen Punkten in Verbindung steht. Abbildung 5.1 zeigt, was ein Netzwerk ist und was nicht. Punkte mit mehr als zwei Abzweigungen heißen *Knoten* (siehe Abbildung 5.2). Die Verbindungen zwischen zwei Knoten werden *Zweige* genannt (siehe Abbildung 5.3).

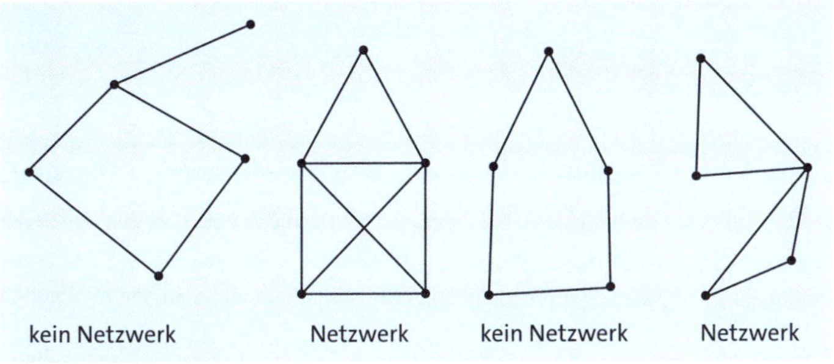

Abbildung 5.1 Netzwerke

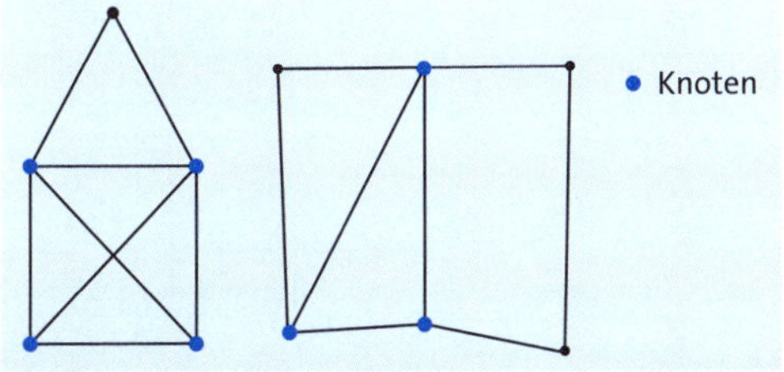

Abbildung 5.2 Knoten in einem Netzwerk

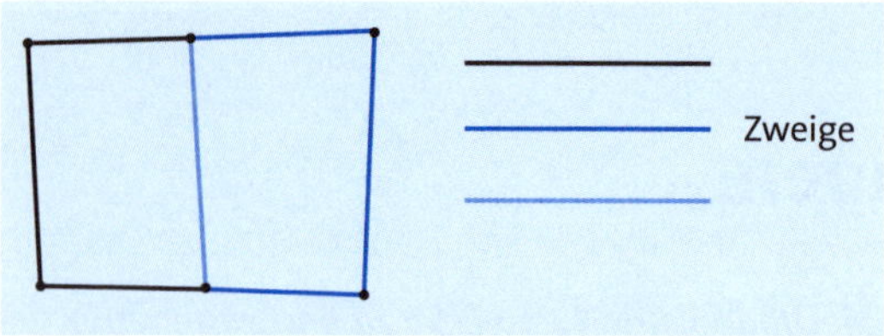

Abbildung 5.3 Zweige in einem Netzwerk

Dieser Aufbau führt dazu, dass ein Netzwerk nicht nur aus Knoten, sondern auch aus *Maschen* besteht. Das sind geschlossene Wege, die Knoten verbinden. Die kleinsten Maschen, also die Maschen, die nicht in zwei oder mehr Maschen unterteilt werden können, werden *Sehnen* genannt. In Abbildung 5.4 sind Maschen I–IV Sehnen. Alle anderen Maschen bestehen aus mehreren Sehnen.

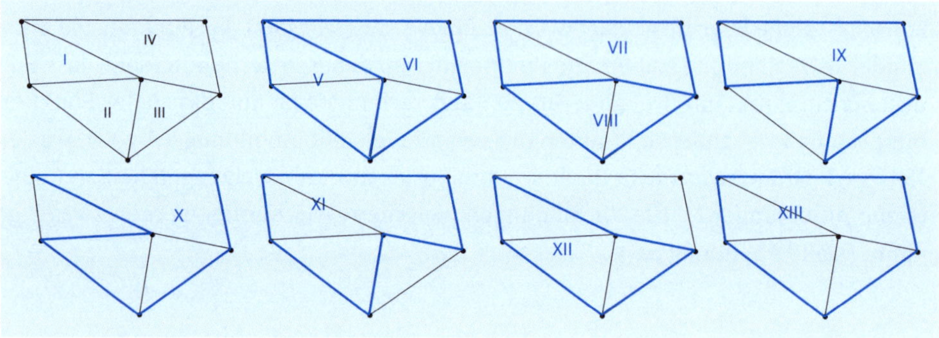

Abbildung 5.4 Maschen eines Netzwerks

In der Elektrotechnik ist ein Netzwerk die Verschaltung von Bauelementen. Das heißt, das Netzwerk stellt eine Schaltung dar und in den Zweigen befinden sich Bauelemente. Die Darstellung eines Netzwerks ohne die entsprechenden Bauelemente wird *Graph* genannt.

Ein *Baum* ist ein spezieller Graph. Bei einem Baum sind keine Maschen vorhanden. Bei einem *vollständigen Baum* ist jeder Knoten Teil des Baumes (siehe Abbildung 5.5).

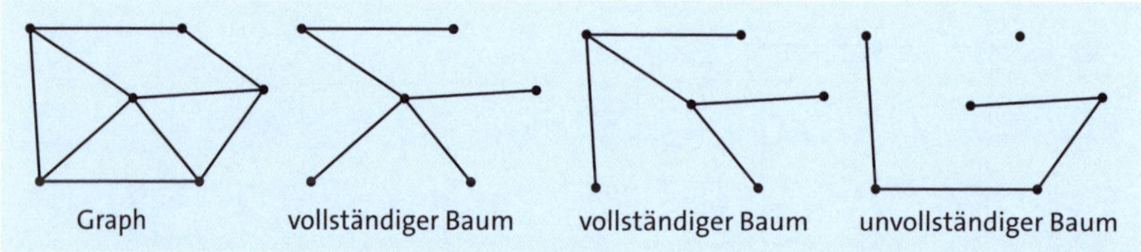

Abbildung 5.5 Darstellung von Graph und Bäumen

Damit kennen Sie die grundlegenden Begriffe, die für das Verständnis dieses Kapitels wichtig sind. Um nun zu wissen, wie groß die elektrischen Größen, Ströme und Spannungen in so einem Netzwerk sind, muss das jeweilige Netzwerk analysiert werden.

Zur Netzwerkanalyse gibt es verschiedene Methoden, die in den folgenden Abschnitten besprochen werden.

5.1 Zweipole und die Zweipolmethode

Ein *Zweipol* ist ein Bauelement mit zwei Anschlüssen. Das kann z. B. ein Widerstand sein, eine Spannungs- oder Stromquelle. Werden diese Bauelemente in einen Stromkreis eingebaut, so kann man an ihnen eine Spannung messen oder auch einen Strom, der durch diese Bauelemente fließt bzw. von ihnen erzeugt wird.

Ein *aktiver Zweipol* ist eine Schaltungskomponente, die eine Spannung bzw. einen Strom erzeugt. Aktive Zweipole können somit als Spannungs- oder Stromquelle betrachtet werden. *Passive Zweipole* erzeugen keine Ströme und Spannungen; darunter fallen z. B. Widerstände.

Betrachten Sie eine gemischte Schaltung wie in Abbildung 5.6, dann stellt jedes Bauelement für sich einen Zweipol dar.

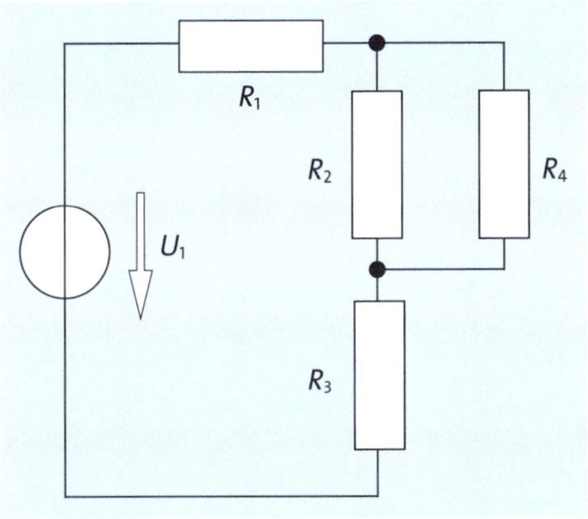

Abbildung 5.6 Gemischte Widerstandsschaltung

Wenn Sie nun in der gegebenen Schaltung einen bestimmten Strom und/oder eine bestimmte Spannung berechnen (z. B. die Spannung an R_4 und den Strom, der durch R_4 fließt), so können Sie diese Schaltung auch so auffassen, wie sie in Abbildung 5.7 gezeigt wird.

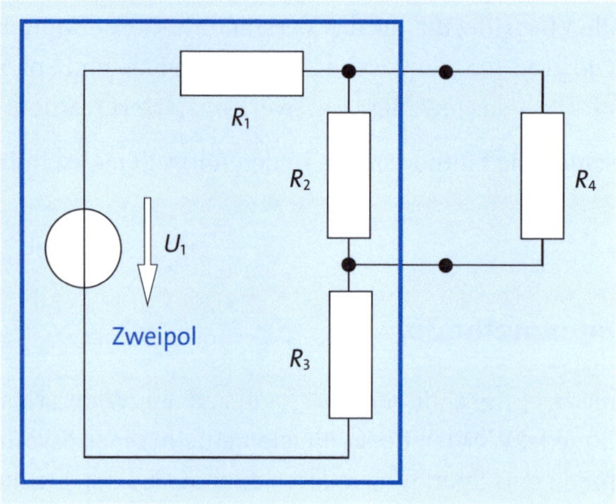

Abbildung 5.7 Aufteilung der Schaltung in Zweipol und Widerstand

U_1, R_1, R_2 und R_3 bilden zusammen einen Zweipol, der R_4 versorgt.

Innerhalb dieses Zweipols kann die Schaltung nun noch weiter vereinfacht werden, denn R_1 und R_3 sind in Reihe geschaltet und können wie in Abbildung 5.8 zusammengefasst werden.

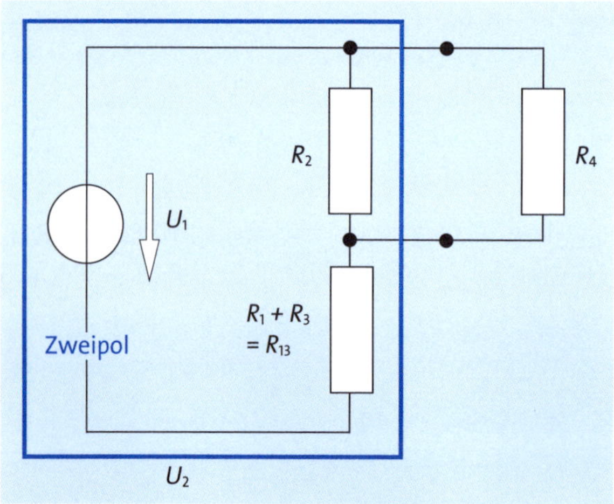

Abbildung 5.8 Zusammenfassung des Zweipols (1)

R_{13} liegt in Reihe zur Spannungsquelle und stellt somit den Innenwiderstand einer realen Spannungsquelle dar.

Diese Spannungsquelle wird anschließend in eine Stromquelle umgewandelt (siehe Abbildung 5.9).

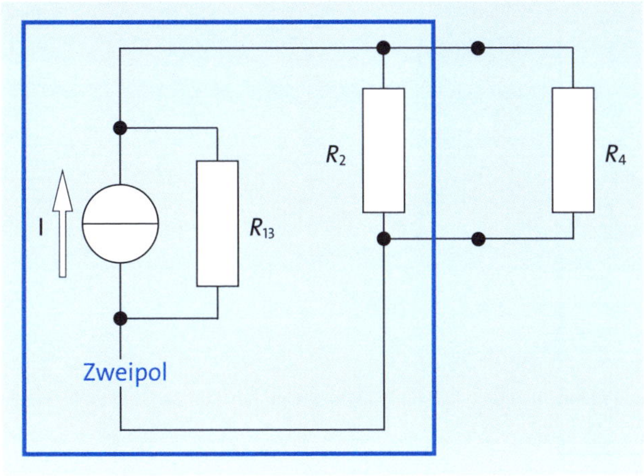

Abbildung 5.9 Zusammenfassung des Zweipols (2)

Sie können jetzt den Strom der Quelle berechnen. R_2 und R_{13} liegen parallel zueinander (siehe Abbildung 5.10), also fassen Sie nun die beiden Widerstände als einen Parallelwiderstand R_{123} zusammen (siehe Abbildung 5.11).

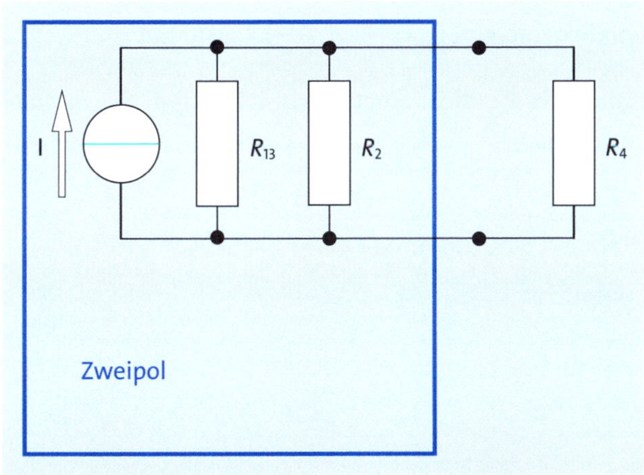

Abbildung 5.10 Zusammenfassung des Zweipols (3)

Nun berechnen Sie den Parallelwiderstand aus den Werten, die Sie unterhalb von Abbildung 5.11 finden, um die Spannung zu bestimmen, die an R_4 anliegt.

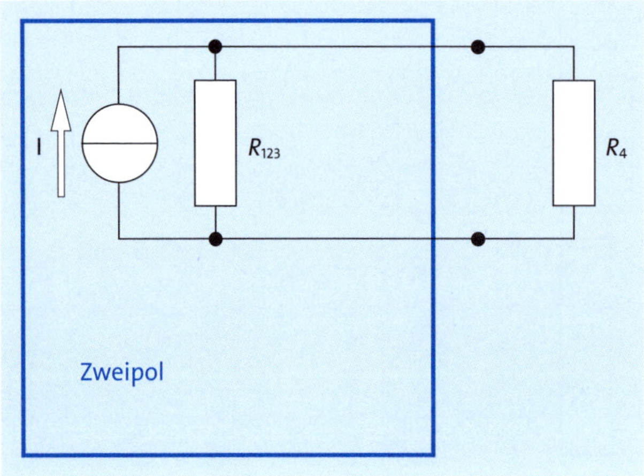

Abbildung 5.11 Zusammenfassung des Zweipols (4)

Gehen Sie von folgenden Werten in der Schaltung aus:

$R_2 = R_4 = 100\ \Omega, \qquad R_1 = R_3 = 50\ \Omega, \quad U_0 = 10\ \text{V}$

$R_{13} = R_1 + R_3 = 100\ \Omega$

Die Ersatzstromquelle liefert einen Strom von $I_0 = \frac{U_0}{R_{13}} = \frac{10\ \text{V}}{100\ \Omega} = 100\ \text{mA}$

Die Spannung, die an den Klemmen der Quelle anliegt, setzt sich wegen der Parallelschaltung von R_{13}und R_2 zusammen aus:

$$U = I_0 \cdot R_{13||2} = 0{,}1\ \text{A} \cdot \frac{100\ \Omega \cdot 100\ \Omega}{200\ \Omega} = 5\ \text{V}$$

Diese Spannung liegt an R_4 an, somit ist:

$$I_{R4} = \frac{U}{R_4} = \frac{5\ \text{V}}{100\ \Omega} = 50\ \text{mA}$$

$$U_{R4} = 5\ \text{V}$$

Sollten in einer Schaltung mehrere Größen gesucht sein, ist es meist vorteilhafter, andere Verfahren zu verwenden.

Zweipolmethode

- **Verwendung**
  Anzuwenden bei gesuchten Größen, z. B. Strom und Spannung, an *einem* Widerstand.
- **Vorgehensweise**
  Die komplette Schaltung wird nach und nach in *eine* Ersatzstrom- oder Ersatzspannungsquelle umgewandelt, an der nur der Verbraucher angeschlossen ist, der die gesuchten Größen liefert.

5.2 Maschen- und Knotenregel in Netzwerken

Grundlegend für die Netzwerkanalyse sind die Kirchhoff'schen Regeln, also die Knotenregel und die Maschenregel. Zunächst aber noch eine Definition: Die Ströme, die durch einen Zweig fließen werden *Zweigströme* genannt. Zweigströme sind die realen Ströme, die in den Zweigen fließen.

Knotensatz

Die Summe aller Ströme in einem Knoten ist gleich null. Das haben Sie bereits in Kapitel 4 gelernt.

Oder anders formuliert: Alle Ströme, die in einen Knoten hineinfließen, fließen auch wieder hinaus. Ein Beispiel dazu sehen Sie in Abbildung 5.12.

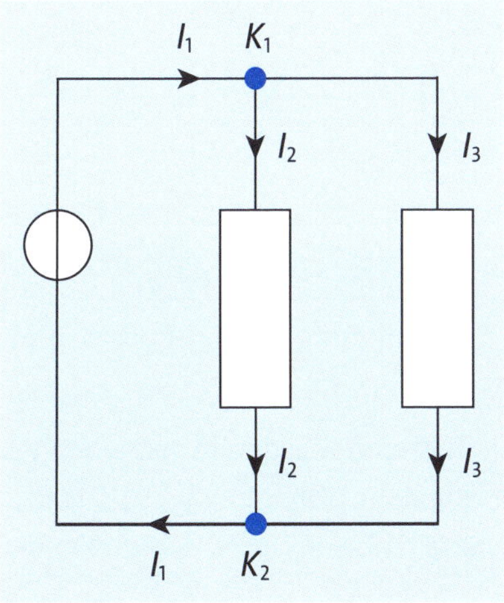

Abbildung 5.12 Parallelschaltung mit Strompfeilen

In diesem einfachen Netzwerk existieren zwei Knoten. Wenn Sie nun für jeden Knoten die Knotengleichung aufstellen, erhalten Sie

K_1: $\quad I_1 - I_2 - I_3 = 0$

und

K_2: $\quad -I_1 + I_2 + I_3 = 0$

Diese beiden Gleichungen sind *linear abhängig*.

Erinnern Sie sich an die Mathematikvorlesung: Zwei Vektoren bzw. Gleichungen sind linear abhängig, wenn sie sich nur um ein Vielfaches unterscheiden und beide das Gleiche aussagen. Ein Vektor bzw. eine Gleichung ist linear abhängig, von anderen, wenn er bzw. sie aus einer Linearkombination des bzw. der anderen besteht, z. B.:

$\vec{a} = 3\vec{b} - \vec{c}$

Hier ist $\vec{a}$ linear abhängig von $\vec{b}$ und $\vec{c}$.

Ohne weitere Kenntnis über die Schaltung, z. B. über die Größe der Spannung und der Widerstände, wäre ein Gleichungssystem mit drei Unbekannten und zwei Gleichungen nicht eindeutig lösbar. Im Endeffekt haben Sie hier drei Unbekannte, aber durch die lineare Abhängigkeit leider nur eine Gleichung zur Verfügung.

Allgemein gilt, dass bei einer Anzahl von k Knoten $k - 1$ *unabhängige* Knotengleichungen aufgestellt werden können.

Ohne zusätzliche Informationen fehlt Ihnen also immer eine Gleichung.

Maschensatz

Die Summe aller Spannungen in einer Masche ist gleich null. Auch das sollte Ihnen aus Kapitel 4 bekannt vorkommen.

Bleiben wir bei dem Beispiel der Parallelschaltung aus Abbildung 5.12. Es existieren in dieser Schaltung insgesamt drei Maschen (siehe Abbildung 5.13). Bei diesen Maschen geben Sie sich eine Zählrichtung vor.

Nun legen Sie Spannungspfeile fest, und zwar für jede Spannungsquelle und jeden Verbraucher, und Sie zeichnen auch die Zweigströme ein (siehe Abbildung 5.14). Die Richtung der Pfeile können Sie wieder willkürlich wählen. Falls die reale Richtung anders sein sollte, wird Ihr Ergebnis negativ.

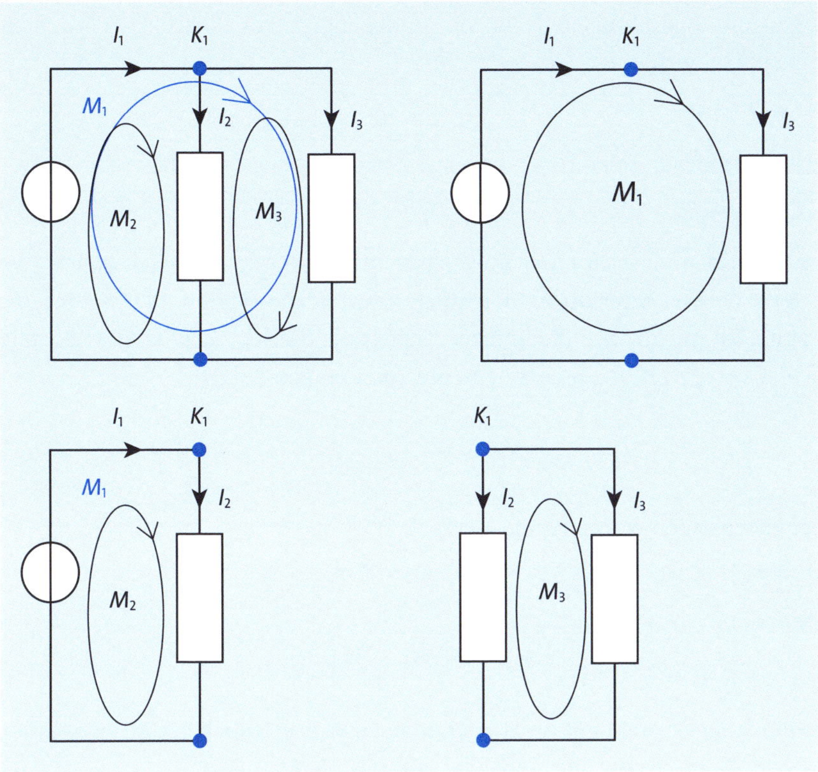

Abbildung 5.13 Festlegung der Maschen

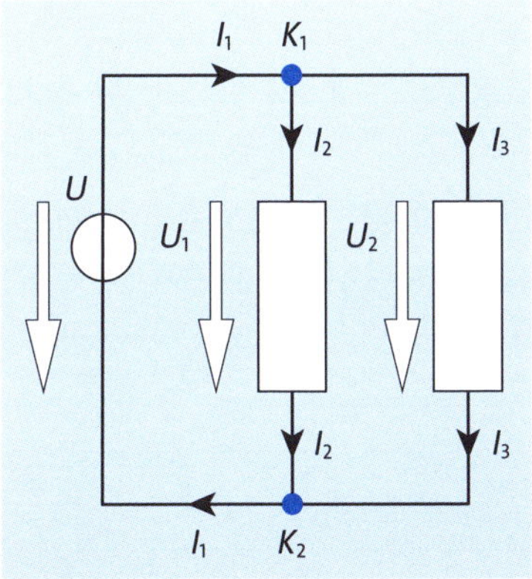

Abbildung 5.14 Festlegung der Spannungsrichtung

Gehen Sie nun Masche für Masche durch und stellen die Spannungsgleichung nach der Maschenregel auf. Dafür wandern Sie innerhalb einer Masche von Bauteil zu Bauteil und addieren die abfallenden Spannungen, wenn die Spannungspfeile in Zählrichtung zeigen. Zeigen die Spannungspfeile in die entgegengesetzte Richtung, werden die Spannungen subtrahiert.

M_1: $-U + U_2 = 0$

M_2: $-U + U_1 = 0$

M_3: $-U_1 + U_2 = 0$

Da Sie bereits wissen, dass in einer Parallelschaltung alle Spannungen gleich groß sind, ist es jetzt witzlos, über diese Gleichungen zu philosophieren. Was Sie interessiert, sind zunächst die Ströme, die in dieser Schaltung fließen. Also nehmen Sie jetzt das Ohm'sche Gesetz zu Hilfe und ersetzen die Spannungen durch:

$U_1 = R_1 I_2$

$U_2 = R_2 I_3$

Die Maschengleichungen werden dann zu:

M_1: $-U + R_2 I_3 = 0$

M_2: $-U + R_1 I_2 = 0$

M_3: $-R_1 I_2 + R_2 I_3 = 0$

Nun ist ein Gleichungssystem mit drei Gleichungen und drei Unbekannten entstanden, aber bei genauer Betrachtung lautet die Gleichung $M_3 = M_1 - M_2$.

M_3 ist also von M_1 und M_2 linear abhängig. Und auch dieses System ist ohne weitere Informationen nicht eindeutig lösbar.

Allgemein gilt: Bei z Zweigen und k Knoten existieren $z - (k - 1)$ linear unabhängige Maschengleichungen.

Beide Regeln für sich führen also nicht generell zu einem befriedigenden Ergebnis. Werden Sie aber zusammen angewendet, ist eine hinreichende Anzahl von linear unabhängigen Gleichungen vorhanden. Die Knotenregel und die Maschenregel müssen also zusammen angewendet werden.

Maschen- und Knotenregel in einem Netzwerk

Anzahl der linear unabhängigen Knotengleichungen K bei k Knoten:	$K = k - 1$
Anzahl der Maschengleichungen M bei z Zweigen und k Knoten:	$M = z - (k - 1)$

5.3 Zweigstromverfahren

Beim *Zweigstromverfahren* werden die Knotenströme und die Maschenspannungen gleichzeitig betrachtet. Schauen Sie sich hierzu das Beispiel aus Abbildung 5.15 an.

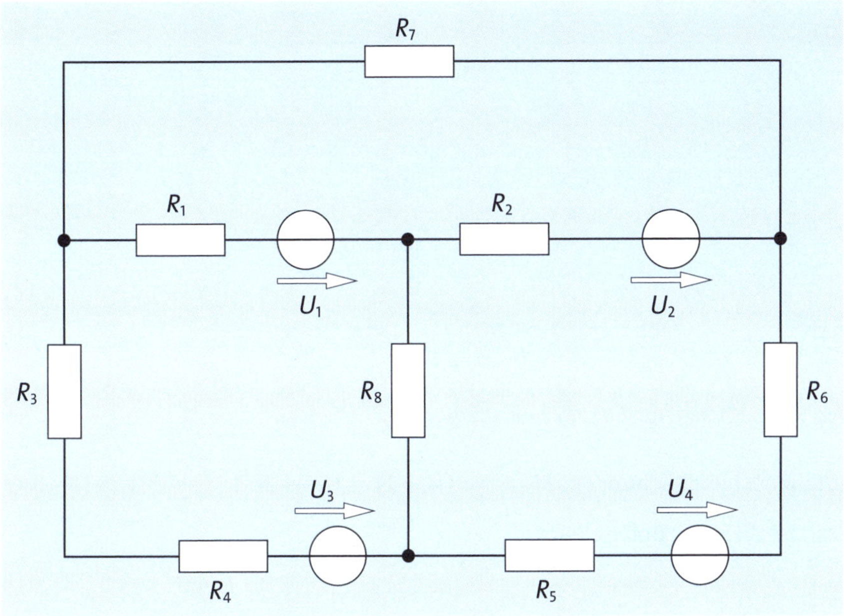

Abbildung 5.15 Beispielschaltung für das Zweigstromverfahren

Folgende Daten sind gegeben:

R_1 bis $R_8 = 10\ \Omega$

$U_1 = 5\ \text{V}$

$U_2 = 10\ \text{V}$

$U_3 = 15\ \text{V}$

$U_4 = 20\ \text{V}$

Gesucht sind alle Ströme, die in dieser Schaltung fließen.

Zunächst verschaffen Sie sich einen Überblick über die Anzahlen an Knoten, Maschen und Zweigen wie in Abbildung 5.16 und Abbildung 5.17.

Es sind vier Knoten und sechs Zweige vorhanden. Da die Zweigströme gesucht sind, benötigen Sie sechs linear unabhängige Gleichungen. Die vier Knoten liefern drei Gleichungen, also werden noch drei aus den Maschen benötigt.

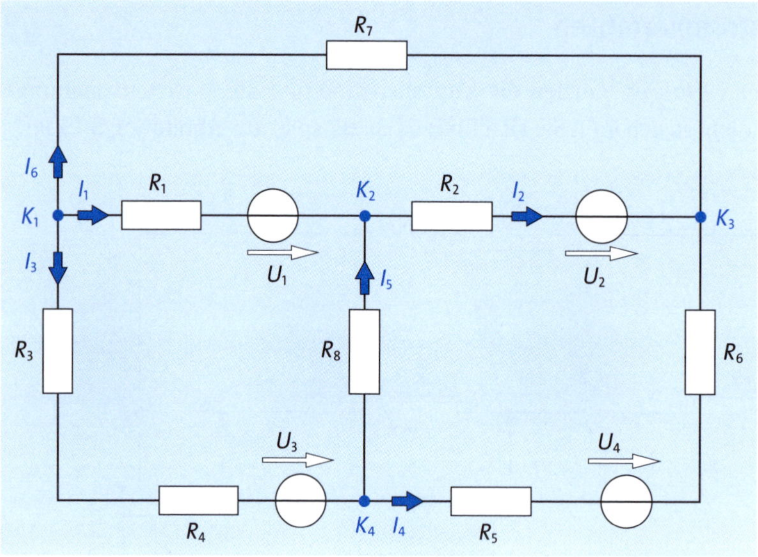

Abbildung 5.16 Knoten und Stromrichtung festlegen

Anzahl der Maschengleichungen: $M = z - (k - 1) = 6 - 3 = 3$

Passt! Also ist dieses Problem lösbar.

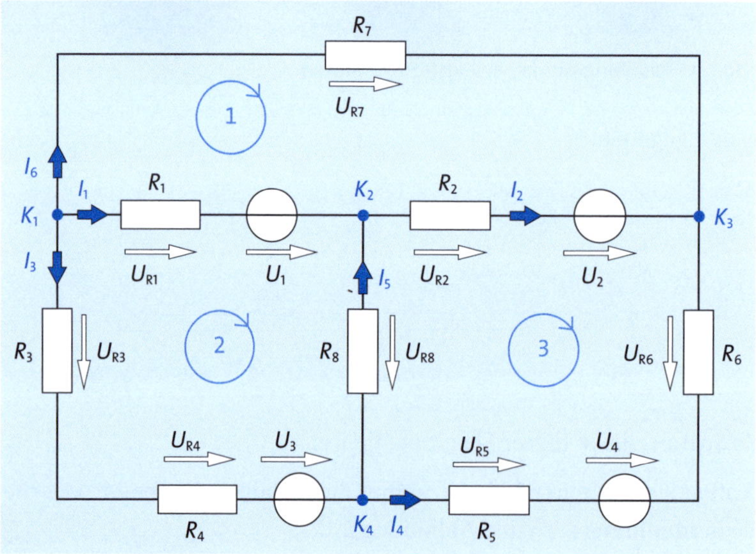

Abbildung 5.17 Maschen und deren Laufrichtung festlegen

Der nächste Schritt besteht aus:

- Maschen festlegen
- Richtung festlegen
- Spannungen bezeichnen

Nun werden die Knoten- und Maschengleichungen aufgestellt:

K_1: $-I_1 - I_3 - I_6 = 0$

K_2: $I_1 - I_2 + I_5 = 0$

K_3: $I_2 + I_4 + I_6 = 0$

M_1: $-U_1 - U_{R1} + U_{R7} - U_2 - U_{R2} = 0$

M_2: $U_{R1} + U_1 + U_{R8} - U_3 - U_{R4} - U_{R3} = 0$

M_3: $U_{R2} + U_2 + U_{R6} - U_4 - U_{R5} - U_{R8} = 0$

Formen Sie alle unbekannten Spannungen mithilfe des Ohm'schen Gesetzes nach $R \cdot I$ um, und setzen Sie dies nun für das jeweilige U ein:

K_1: $-I_1 - I_3 - I_6 = 0$

K_2: $I_1 - I_2 + I_5 = 0$

K_3: $I_2 + I_4 + I_6 = 0$

M_1: $-U_1 - R_1I_1 + R_7I_6 - U_2 - R_2I_2 = 0$

M_2: $R_1I_1 + U_1 + R_8I_5 - U_3 - R_4I_3 - R_3I_3 = 0$

M_3: $R_2I_2 + U_2 + R_6I_4 - U_4 - R_5I_4 - R_8I_5 = 0$

Nun sortieren Sie diese Gleichungen. Stellen Sie alle bekannten Spannungen auf die rechte Seite. Auf der linken Seite sortieren Sie die Ströme in aufsteigender Reihenfolge:

K_1: $-I_1 - I_3 - I_6 = 0$

K_2 $I_1 - I_2 + I_5 = 0$

K_3: $I_2 + I_4 + I_6 = 0$

M_1: $-R_1I_1 - R_2I_2 + R_7I_6 = U_1 + U_2$

M_2: $R_1I_1 - (R_4 + R_3)I_3 + R_8I_5 = -U_1 + U_3$

M_3: $R_2I_2 + (R_6 - R_5)I_4 - R_8I_5 = -U_2 + U_4$

Sie können nun mithilfe des Gaußalgorithmus dieses Gleichungssystem lösen.

Dabei ist es vollkommen egal, ob Sie die Gleichungsschreibweise beibehalten möchten oder alles in Matrixschreibweise notieren möchten.

Zu lösen ist nun folgendes System:

$$\begin{pmatrix} -1 & 0 & -1 & 0 & 0 & -1 \\ 1 & -1 & 0 & 0 & 1 & 0 \\ 0 & 1 & 0 & 1 & 0 & 1 \\ -R_1 & -R_2 & 0 & 0 & 0 & R_7 \\ R_1 & 0 & -(R_4+R_3) & 0 & R_8 & 0 \\ 0 & R_2 & 0 & R_6-R_5 & -R_8 & 0 \end{pmatrix} \begin{pmatrix} I_1 \\ I_2 \\ I_3 \\ I_4 \\ I_5 \\ I_6 \end{pmatrix} = \begin{pmatrix} 0 \\ 0 \\ 0 \\ U_1+U_2 \\ -U_1+U_3 \\ -U_2+U_4 \end{pmatrix}$$

Ich bevorzuge die Matrixschreibweise der erweiterten Gaußmatrix, um nicht so viel Schreibarbeit zu haben. Dabei nutze ich eine Spalte pro Unbekannte und eine Spalte für das Ergebnis:

$$\begin{matrix} I_1 & I_2 & I_3 & I_4 & I_5 & I_6 & E \end{matrix}$$

$$\left(\begin{array}{cccccc|c} -1 & 0 & -1 & 0 & 0 & -1 & 0 \\ 1 & -1 & 0 & 0 & 1 & 0 & 0 \\ 0 & 1 & 0 & 1 & 0 & 1 & 0 \\ -R_1 & -R_2 & 0 & 0 & 0 & R_7 & U_1+U_2 \\ R_1 & 0 & -(R_4+R_3) & 0 & R_8 & 0 & -U_1+U_3 \\ 0 & R_2 & 0 & R_6-R_5 & -R_8 & 0 & -U_2+U_4 \end{array}\right)$$

Diese Matrix wird nun schrittweise auf Dreiecksform gebracht. Da die allgemeine Umwandlung der Matrix, d. h. ohne Einsetzen der Zahlen, die Seitenmaße dieses Buches sprengen würde, werde ich die konkreten Werte einsetzen und die Einheiten weglassen:

$$\left(\begin{array}{cccccc|c} -1 & 0 & -1 & 0 & 0 & -1 & 0 \\ 1 & -1 & 0 & 0 & 1 & 0 & 0 \\ 0 & 1 & 0 & 1 & 0 & 1 & 0 \\ -10 & -10 & 0 & 0 & 0 & 10 & 15 \\ 10 & 0 & -20 & 0 & 10 & 0 & 10 \\ 0 & 10 & 0 & 0 & -10 & 0 & 10 \end{array}\right) \quad \begin{matrix} \\ \text{Zeile 2} + \text{Zeile 1} \\ \\ \text{Zeile 4} - \text{Zeile 1} \\ \text{Zeile 5} + \text{Zeile 1} \\ \\ \end{matrix}$$

$$\rightarrow \left(\begin{array}{cccccc|c} -1 & 0 & -1 & 0 & 0 & -1 & 0 \\ 0 & -1 & -1 & 0 & 1 & -1 & 0 \\ 0 & 1 & 0 & 1 & 0 & 1 & 0 \\ 0 & -10 & 10 & 0 & 0 & 20 & 15 \\ 0 & 0 & 30 & 0 & 10 & -10 & 10 \\ 0 & 10 & 0 & 0 & -10 & 0 & 10 \end{array}\right) \begin{array}{l} \\ \\ \text{Zeile 3} - \text{Zeile 2} \\ \text{Zeile 4} - 10 \cdot \text{Zeile 2} \\ \\ \text{Zeile 6} + 10 \cdot \text{Zeile 2} \end{array}$$

$$\rightarrow \left(\begin{array}{cccccc|c} -1 & 0 & -1 & 0 & 0 & -1 & 0 \\ 0 & -1 & -1 & 0 & 1 & -1 & 0 \\ 0 & 0 & -1 & 1 & 1 & 0 & 0 \\ 0 & 0 & 20 & 0 & -10 & 30 & 15 \\ 0 & 0 & -30 & 0 & 10 & -10 & 10 \\ 0 & 0 & -10 & 0 & 0 & -10 & 10 \end{array}\right) \begin{array}{l} \\ \\ \\ \text{Zeile 4} + 20 \cdot \text{Zeile 3} \\ \text{Zeile 5} - 30 \cdot \text{Zeile 3} \\ \text{Zeile 6} - 10 \cdot \text{Zeile 3} \end{array}$$

$$\rightarrow \left(\begin{array}{cccccc|c} -1 & 0 & -1 & 0 & 0 & -1 & 0 \\ 0 & -1 & -1 & 0 & 1 & -1 & 0 \\ 0 & 0 & -1 & 1 & 1 & 0 & 0 \\ 0 & 0 & 0 & 20 & 10 & 30 & 15 \\ 0 & 0 & 0 & -30 & -20 & -10 & 10 \\ 0 & 0 & 0 & -10 & -10 & -10 & 10 \end{array}\right) \begin{array}{l} \\ \\ \\ \\ \text{Zeile 5} - 3/2 \cdot \text{Zeile 4} \\ \text{Zeile 6} - 1/2 \cdot \text{Zeile 4} \end{array}$$

$$\rightarrow \left(\begin{array}{cccccc|c} -1 & 0 & -1 & 0 & 0 & -1 & 0 \\ 0 & -1 & -1 & 0 & 1 & -1 & 0 \\ 0 & 0 & -1 & 1 & 1 & 0 & 0 \\ 0 & 0 & 0 & 20 & 10 & 30 & 15 \\ 0 & 0 & 0 & 0 & -5 & 35 & 65/2 \\ 0 & 0 & 0 & 0 & -5 & -5 & 35/2 \end{array}\right) \begin{array}{l} \\ \\ \\ \\ \\ \text{Zeile 6} - \text{Zeile 5} \end{array}$$

$$\rightarrow \left(\begin{array}{cccccc|c} -1 & 0 & -1 & 0 & 0 & -1 & 0 \\ 0 & -1 & -1 & 0 & 1 & -1 & 0 \\ 0 & 0 & -1 & 1 & 1 & 0 & 0 \\ 0 & 0 & 0 & 20 & 10 & 30 & 15 \\ 0 & 0 & 0 & 0 & -5 & 35 & 65/2 \\ 0 & 0 & 0 & 0 & 0 & -30 & 15 \end{array}\right)$$

Nun werden die Werte der Ströme ermittelt. Sie fangen in der untersten Zeile an und formen die Zeile wieder in eine vernünftige Gleichung um:

$$-30I_6 = -\frac{15\text{ V}}{\Omega} \Leftrightarrow I_6 = 0{,}5\text{ A}$$

Jetzt folgt das Gleiche mit der zweiten Zeile von unten:

$$-5I_5 + 35I_6 = \frac{32{,}5\text{ V}}{\Omega} \Leftrightarrow I_5 = -3\text{ A}$$

usw.

$$20I_4 + 10I_5 + 30I_6 = 15\frac{\text{V}}{\Omega} \Leftrightarrow I_4 = 1{,}5\text{ A}$$

$$-I_3 + I_4 + I_5 = 0 \Leftrightarrow I_3 = -1{,}5\text{ A}$$

$$-I_2 - I_3 + I_5 = 0 \Leftrightarrow I_2 = -2\text{ A}$$

$$-I_1 - I_3 - I_6 = 0 \Leftrightarrow I_1 = 1\text{ A}$$

Zweigstromverfahren

- **Verwendung**
  Anzuwenden in einem Netzwerk, in dem viele bis alle Größen gesucht sind
- **Vorgehensweise**
  Benötigte Anzahl an Gleichungen aufstellen. Vorzugsweise Knotengleichungen verwenden, da die Berechnung des Gleichungssystems dann einfacher wird. Die restlichen Gleichungen ergeben sich aus den Maschengleichungen.

5.4 Maschenstromverfahren

Beim Maschenstromverfahren wird eine Schaltung in Maschen zerlegt und für jede Masche ein *Maschenstrom* definiert.

Als Maschenstrom wird der Strom bezeichnet, der durch eine Masche fließt. Die Maschenströme sind allerdings nur eine Idee. Sie helfen bei der Berechnung, haben aber nichts mit den wirklich fließenden Strömen zu tun.

Die gegebenen Größen sind:

$R_1 = 50\,\Omega$

$R_2 = 30\,\Omega$

$R_3 = 10\,\Omega$

$R_4 = 20\,\Omega$

$U_1 = 10\,\text{V}$

$U_2 = 0{,}5\,\text{V}$

Zeichnen Sie sich die Zählrichtungen der Maschen, die Richtungen aller Spannungen und die Richtungen der Ströme in die Schaltung ein (siehe Abbildung 5.19) – genauso wie in der vorigen Aufgabe.

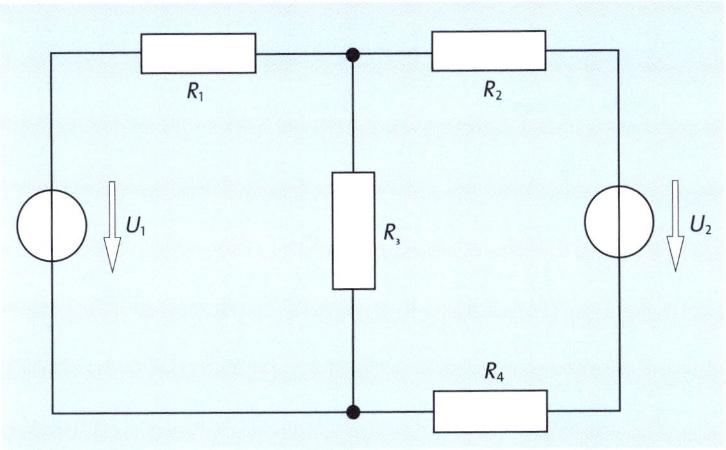

Abbildung 5.18 Beispielaufgabe für das Maschenstromverfahren

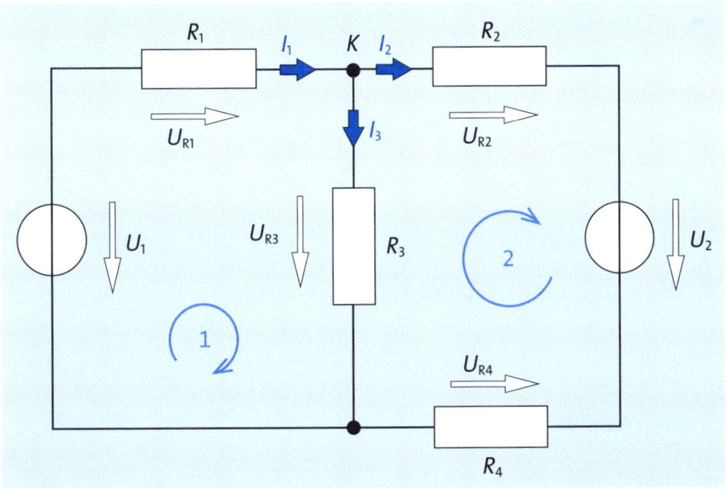

Abbildung 5.19 Stromrichtung, Spannungsrichtung und Laufrichtung der Maschen festlegen

Die blauen, eingekreisten Zahlen kennzeichnen die Maschen, K ist der Knotenpunkt. Stellen Sie für jede Sehne eine Maschengleichung auf:

M_1: $-U_1 + U_{R1} + U_{R3} = 0$

M_2: $U_{R2} + U_2 - U_{R4} - U_{R3} = 0$

Nun werden *Maschenströme* festgelegt (siehe Abbildung 5.20). Dabei gehen Sie davon aus, dass in einer Masche ein konstanter Strom fließt. Maschenströme sind rein fiktive Ströme, die sich aus den Zweigströmen zusammensetzen.

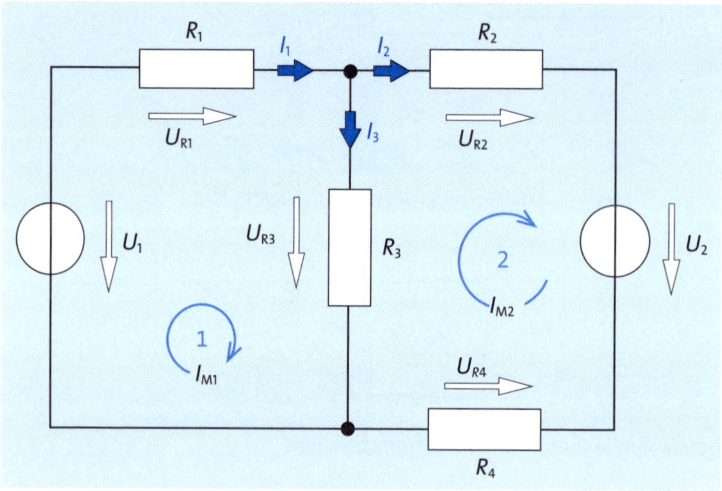

Abbildung 5.20 Maschenstromrichtung festlegen

Der Widerstand R_3 ist Teil der ersten und der zweiten Masche, er wird sowohl von I_{M1} als auch von I_{M2} gleichsinnig durchflossen. Daher setzt sich U_{R3} aus

$U_{R3} = R_3 \cdot (I_{M1} - I_{M2})$

zusammen. Nach demselben Prinzip gehen Sie bei allen anderen Widerständen vor.

Dann erhalten Sie für die Spannungen in Masche 1:

$U_{R1} = R_1 \cdot I_{M1}$

$U_{R3} = R_3 \cdot (I_{M1} - I_{M2})$

Und in Masche 2:

$U_{R2} = R_2 \cdot I_{M2}$

$U_{R4} = R_4 \cdot I_{M2}$

$U_{R3} = R_3 \cdot (I_{M2} - I_{M1})$

Nun ersetzen Sie alle unbekannten Spannungen in den Gleichungen I und II mithilfe des Ohm'schen Gesetzes und tragen als Strom den jeweiligen Maschenstrom I_{M1}, I_{M2} ein.

M_1: $\quad -U_1 + R_1 \cdot I_{M1} + R_3 \cdot (I_{M1} - I_{M2}) = 0$

M_2: $\quad R_2 \cdot I_{M2} + U_2 - R_4 \cdot I_{M2} - R_3 \cdot (I_{M2} - I_{M1}) = 0$

Da Sie pro Masche einen unbekannten Strom haben, reichen die zwei Maschengleichungen aus, um die Maschenströme zu berechnen.

Stellen Sie alle bekannten Spannungen auf die rechte Seite des Gleichheitszeichens, und sortieren Sie die Gleichungen so, dass die erste Variable, die Ihnen begegnet, I_{M1} ist und die zweite I_{M2}:

M_1: $\quad I_{M1}(R_1 + R_3) - R_3 I_{M2} = U_1$

M_2: $\quad R_3 I_{M1} + I_{M3}(R_2 - R_4 - R_3) = -U_2$

Jetzt können Sie hierzu eine Matrix aufstellen:

$$\left(\begin{array}{cc|c} 60 & -10 & 10 \\ 10 & 0 & -0{,}5 \end{array}\right)$$

Die erste Spalte enthält die Koeffizienten von I_1 und die zweite die Koeffizienten von I_2. Die dritte Spalte ist der Ergebnisvektor.

Die Matrix bringen Sie dann in die Dreiecksform:

$$\left(\begin{array}{cc|c} 60 & -10 & 10 \\ 10 & 0 & -0{,}5 \end{array}\right) \qquad 60 \cdot \text{Zeile 2} - \text{Zeile 1}$$

$$\rightarrow \left(\begin{array}{cc|c} 60 & -10 & 10 \\ 0 & \frac{5}{3} & -\frac{13}{6} \end{array}\right)$$

$$I_{M2} = -\frac{13 \cdot 3}{6 \cdot 5}\,\text{A} = -\frac{13}{10}\,\text{A}$$

$$I_{M1} = \frac{1}{6}\,\text{A} - \frac{1}{6} \cdot \frac{13}{10}\,\text{A} = -\frac{1}{20}\,\text{A}$$

Nun werden die Zweigströme mithilfe der Maschenströme dargestellt. Hierzu schauen Sie sich noch einmal die Schaltung an und stellen fest, dass

$I_1 = I_{M1}$

$I_2 = I_{M2}$

$I_3 = I_{M1} - I_{M2}$

ist.

Also erhalten Sie:

$$I_1 = -\frac{1}{20}\,\mathrm{A}$$

$$I_2 = -\frac{13}{10}\,\mathrm{A}$$

$$I_3 = \frac{5}{4}\,\mathrm{A}$$

Sie haben dieses nicht einfache Problem gelöst.

Maschenstromverfahren

- **Verwendung**
  Wenden Sie dieses Verfahren an, wenn in einem Netzwerk viele bis alle Größen gesucht sind.
- **Vorgehensweise**
  - Im Netzwerk dürfen nur Spannungsquellen vorkommen, daher alle Stromquellen in Spannungsquellen umwandeln.
  - Alle Spannungspfeile in die Schaltung eintragen.
  - Maschenströme festlegen, pro Sehne ein Strom.
  - Maschengleichung mithilfe des jeweiligen Maschenstroms aufstellen.
  - Gleichungssystem mit irgendeinem geeigneten Verfahren lösen.
  - Zweigströme mithilfe der Maschenströme ausrechnen.
- **Vorteil**
  Reduzierung der Variablen, da nur wenige Maschenströme im Gegensatz zu Zweigströmen existieren.

5.5 Knotenpotenzialverfahren

Beim Knotenpotenzialverfahren nutzen Sie *Knotenpotenziale,* um Informationen über die Zweigströme zu erhalten.

Schauen Sie sich hierzu das Beispiel aus Abbildung 5.21 an.

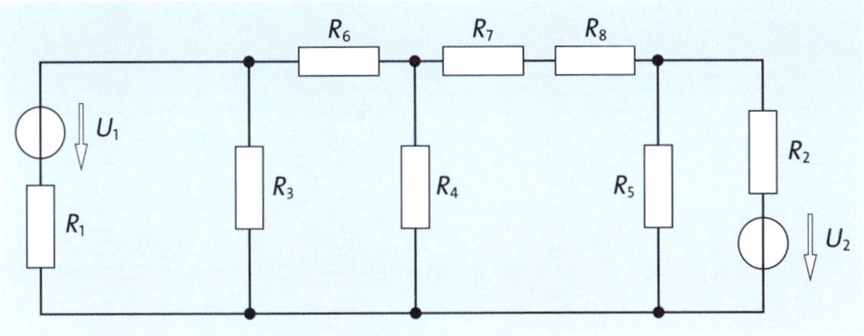

Abbildung 5.21 Beispielaufgabe für das Knotenpotenzialverfahren

$U_1 = 6\ \text{V}$

$U_2 = 32\ \text{V}$

$R_1 = R_3 = 6\ \Omega$

$R_4 = 10\ \Omega$

$R_2 = R_5 = 16\ \Omega$

$R_6 = R_7 = R_8 = 1\ \Omega$

Zunächst werden die Knoten benannt und es wird ein Bezugspotenzial festgelegt. Das ist das Potenzial, auf das wir uns beim Rechnen beziehen werden. In der Praxis ist es das Potenzial, gegen das gemessen wird. Das Bezugspotenzial kann beliebig gewählt werden, aber um Rechenarbeit zu sparen, wählen Sie das Nullpotenzial und setzen dieses Potenzial an einen Knoten, der mit vielen Widerständen verbunden ist. Die Potenziale der anderen Knoten werden entsprechend der Knotennummerierung $\varphi_1, \varphi_2, \varphi_3$ benannt (siehe Abbildung 5.22).

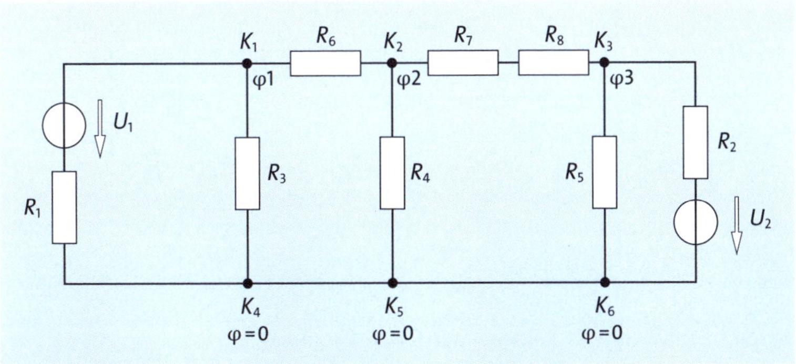

Abbildung 5.22 Potenziale festlegen, insbesondere das Bezugspotenzial $\varphi = 0$

Dadurch ist automatisch gegeben, dass $U_{R3} = \varphi_1, U_{R4} = \varphi_2, U_{R5} = \varphi_3$ ist. Nun werden die Spannungsquellen in Stromquellen umgewandelt (siehe Abbildung 5.23).

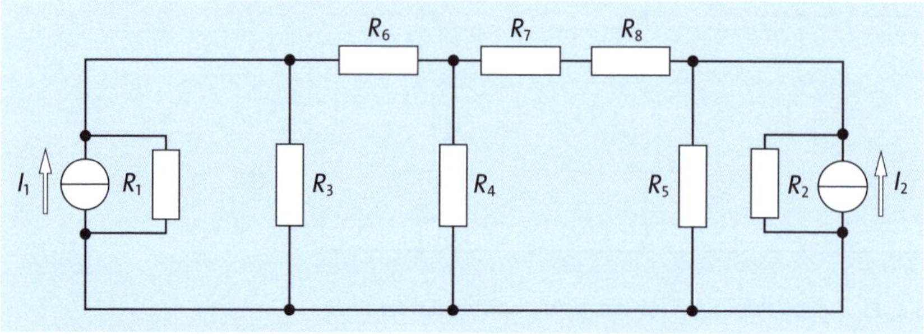

Abbildung 5.23 Umwandlung von Spannungs- in Stromquellen

$$I_1 = \frac{U_1}{R_1} = \frac{6\,\text{V}}{6\,\Omega} = 1\,\text{A}$$

$$I_2 = \frac{U_2}{R_2} = \frac{32\,\text{V}}{16\,\Omega} = 2\,\text{A}$$

Wenn Sie nun genau hinschauen, sehen Sie, dass die Widerstände R_1 und R_3 parallel liegen, genauso wie R_2 und R_5. Diese Widerstände können Sie später, wenn Sie mit diesem Verfahren genügend Übung haben, jeweils zu einem Parallelwiderstand zusammenfassen. Jetzt lassen Sie sie aber einzeln stehen, um die Übersicht nicht zu verlieren.

Aber die Widerstände der Reihenschaltung $R_7 \rightarrow R_8$ werden zu einem Widerstand zusammengefasst, denn der Strom durch R_7 fließt auch durch R_8.

$R_{78} = R_7 + R_8 = 2\,\Omega$ (siehe Abbildung 5.24).

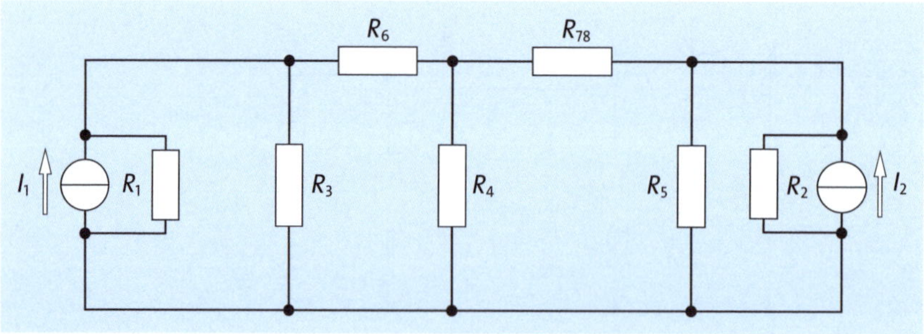

Abbildung 5.24 Zusammenfassung der Reihenwiderstände R_7 und R_8

Somit haben Sie die Schaltung etwas vereinfacht. Sie legen jetzt die Richtung der Spannungen fest (siehe Abbildung 5.25).

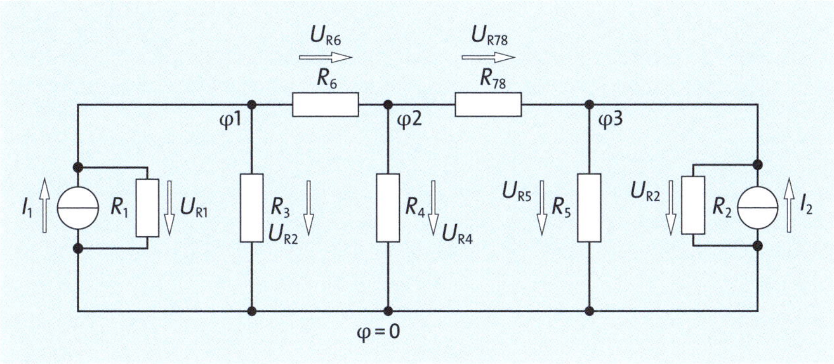

Abbildung 5.25 Spannungsrichtungen festlegen

Nun legen Sie die Stromrichtungen gemäß der Spannungsrichtungen fest. Die Ströme fließen vom positiven zum negativen Potenzial (siehe Abbildung 5.26).

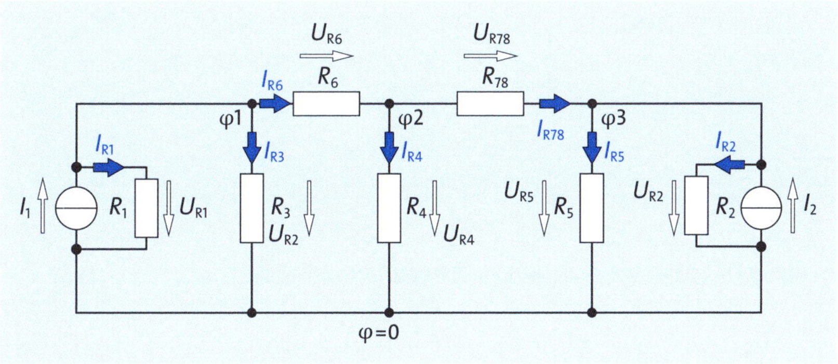

Abbildung 5.26 Stromrichtungen festlegen

Jetzt können Sie die Knotengleichungen aufstellen.

Zum ersten Knoten fließt I_1 und I_{R1}, I_{R3}, I_{R6} fließen ab, denn R_1 hängt mit am ersten Knoten, auch wenn man es nicht direkt sieht. Genauso sieht es am dritten Knoten aus: I_2 und I_{R78} fließen zu und I_{R2}, I_{R5} fließen ab, also:

K_1: $I_1 - I_{R1} - I_{R3} - I_{R6} = 0$

K_2: $I_{R6} - I_{R78} - I_{R4} = 0$

K_3: $I_2 + I_{R78} - I_{R2} - I_{R5} = 0$

Die Ströme können mithilfe der Potenziale und der Widerstände dargestellt werden:

$$I_1 = \frac{U_1}{R_1}$$

$$I_2 = \frac{U_2}{R_2}$$

$$I_{R1} = \frac{\varphi_1}{R_1}$$

$$I_{R2} = \frac{\varphi_3}{R_2}$$

$$I_{R3} = \frac{\varphi_1}{R_3}$$

$$I_{R4} = \frac{\varphi_2}{R_4}$$

$$I_{R5} = \frac{\varphi_3}{R_5}$$

$$I_{R6} = \frac{\varphi_1 - \varphi_2}{R_6}$$

$$I_{R78} = \frac{\varphi_2 - \varphi_3}{R_{78}}$$

Jetzt werden diese Daten in die Knotengleichungen eingesetzt:

K_1: $$\frac{U_1}{R_1} - \frac{\varphi_1}{R_1} - \frac{\varphi_1}{R_3} - \frac{\varphi_1 - \varphi_2}{R_6} = 0$$

K_2: $$\frac{\varphi_1 - \varphi_2}{R_6} + \frac{\varphi_2 - \varphi_3}{R_{78}} - \frac{\varphi_2}{R_4} = 0$$

K_3: $$\frac{U_2}{R_2} + \frac{\varphi_2 - \varphi_3}{R_{78}} - \frac{\varphi_3}{R_2} - \frac{\varphi_3}{R_5} = 0$$

Somit sind aus drei Gleichungen mit sieben Unbekannten drei Gleichungen mit drei Unbekannten geworden.

Sie sortieren nun die Gleichungen nach den Variablen $\varphi_1, \varphi_2, \varphi_3$ so, dass vor den Potenzialen ein Pluszeichen steht:

K_1: $$\varphi_1\left(-\frac{1}{R_3}-\frac{1}{R_3}-\frac{1}{R_6}\right)+\frac{\varphi_2}{R_6}=-\frac{U_1}{R_1}$$

K_2: $$\frac{\varphi_1}{R_6}+\varphi_2\left(-\frac{1}{R_6}-\frac{1}{R_{78}}-\frac{1}{R_4}\right)+\frac{\varphi_3}{R_{78}}=0$$

K_3: $$\frac{\varphi_2}{R_{78}}+\varphi_3\left(-\frac{1}{R_{78}}-\frac{1}{R_2}-\frac{1}{R_5}\right)=-\frac{U_2}{R_2}$$

Jetzt wird ein Schritt durchgeführt, der Ihnen später als Merkregel die Anwendung dieses Verfahrens extrem erleichtert. Sie multiplizieren alle Gleichungen mit -1. Dadurch möchten Sie erreichen, dass in der Matrix, die Sie zu diesem Gleichungssystem gleich erstellen, auf der Diagonalen alle Leitwerte positiv stehen und auf den Nebendiagonalen negativ.

K_1: $$\varphi_1\left(\frac{1}{R_3}+\frac{1}{R_3}+\frac{1}{R_6}\right)-\frac{\varphi_2}{R_6}=\frac{U_1}{R_1}$$

K_2: $$-\frac{\varphi_1}{R_6}+\varphi_2\left(\frac{1}{R_6}+\frac{1}{R_{78}}+\frac{1}{R_4}\right)-\frac{\varphi_3}{R_{78}}=0$$

K_3: $$-\frac{\varphi_2}{R_{78}}+\varphi_3\left(\frac{1}{R_{78}}+\frac{1}{R_2}+\frac{1}{R_5}\right)=\frac{U_2}{R_2}$$

Nun bilden Sie die dazugehörige Matrix:

$$\left(\begin{array}{ccc|c} \frac{1}{R_1}+\frac{1}{R_3}+\frac{1}{R_6} & -\frac{1}{R_6} & 0 & \frac{U_1}{R_1} \\ -\frac{1}{R_6} & \frac{1}{R_6}+\frac{1}{R_{78}}+\frac{1}{R_4} & -\frac{1}{R_{78}} & 0 \\ 0 & -\frac{1}{R_{78}} & \frac{1}{R_{78}}+\frac{1}{R_2}+\frac{1}{R_5} & \frac{U_2}{R_2} \end{array}\right)$$

Alle Leitwerte, die auf der Diagonalen stehen, sind die Leitwerte der Widerstände, die direkt an dem jeweiligen Knotenpunkt angeschlossen sind. Alle Leitwerte auf den Nebendiagonalen sind die negativen Leitwerte der Widerstände, die zwei Knoten direkt miteinander verbinden.

In der ersten Zeile geht es um die Verbindungen von Knoten 1. Das erste Element, Teil der Hauptdiagonalen, stellt die Leitwerte der an Knoten 1 angeschlossenen Widerstände dar. R_6verbindet Knoten 1 mit Knoten 2, deshalb steht in der ersten Zeile der zweiten Spalte $-\frac{1}{R_6}$. Eine direkte Verbindung zwischen Knoten 1 und Knoten 3 gibt es nicht, deshalb steht in der ersten Zeile der dritten Spalte 0.

In der zweiten Spalte finden Sie die Verbindungen von Knoten 2. Die Verbindung von Knoten 1 zu Knoten 2 besteht durch R_6, also steht an erster Stelle $-\frac{1}{R_6}$. Die 2. Spalte ist Teil der Hauptdiagonalen. Hier stehen die Leitwerte der an Knoten 2 angeschlossenen Widerstände, und die Verbindung von Knoten 2 zu Knoten 3 ist in der dritten Spalte durch $-\frac{1}{R_{78}}$ dargestellt.

In der dritten Zeile sind die Verbindungen von Knoten 3 aufgeführt. Das erste Element stellt wieder die Verbindung zu Knoten 1 dar. Da Knoten 1 und Knoten 3 aber keine direkte Verbindung haben, steht dort eine Null. Weiter geht es mit der Verbindung zu Knoten 2, die durch R_{78} gegeben ist, also $-\frac{1}{R_{78}}$. Und an dritter Stelle stehen die Leitwerte der angeschlossenen Widerstände.

Sie können diese Matrix also auch ohne viel Arbeit durch das Aufstellen und Umformen der Knotengleichungen aufstellen.

$$\left(\begin{array}{ccc|c} \frac{1}{R_1}+\frac{1}{R_3}+\frac{1}{R_6} & -\frac{1}{R_6} & 0 & \frac{U_1}{R_1} \\ -\frac{1}{R_6} & \frac{1}{R_6}+\frac{1}{R_{78}}+\frac{1}{R_4} & -\frac{1}{R_{78}} & 0 \\ 0 & -\frac{1}{R_{78}} & \frac{1}{R_{78}}+\frac{1}{R_2}+\frac{1}{R_5} & \frac{U_2}{R_2} \end{array}\right)$$

$$\rightarrow \left(\begin{array}{ccc|c} \frac{4}{3} & -1 & 0 & 1 \\ -1 & \frac{8}{5} & -\frac{1}{2} & 0 \\ 0 & -\frac{1}{2} & \frac{5}{8} & 2 \end{array}\right)$$

Zeile 1 – 4/3 · Zeile 2, dann Zeile 1 und 2 vertauschen

$$\rightarrow \left(\begin{array}{ccc|c} -1 & \frac{8}{5} & -\frac{1}{2} & 1 \\ 0 & \frac{17}{15} & -\frac{2}{3} & 1 \\ 0 & -\frac{1}{2} & \frac{5}{8} & 2 \end{array}\right)$$

$$\rightarrow \left(\begin{array}{ccc|c} -1 & \frac{8}{5} & -\frac{1}{2} & 1 \\ 0 & \frac{17}{15} & -\frac{2}{3} & 1 \\ 0 & 0 & \frac{45}{136} & \frac{83}{34} \end{array}\right)$$

$$\frac{45}{136} = 2 \Leftrightarrow \varphi_3 = \frac{332}{45}$$

$$\frac{17}{15}\varphi_2 - \frac{2}{3} \cdot \frac{332}{45} = 1 \Leftrightarrow \varphi_2 = \frac{47}{9}$$

$$-\varphi_1 + \frac{8}{5} \cdot \frac{47}{9} - \frac{1}{2} \cdot \frac{332}{45} = 1 \Leftrightarrow \varphi_1 = \frac{14}{3}$$

Somit stehen die Potenziale fest, und durch Einsetzen in die Stromgleichungen können nun die Einzelströme berechnet werden. Aber Achtung! Da Sie aus den Spannungsquellen Stromquellen machen sollten, sind R_1 und R_2 nicht mehr an ihren ursprünglichen Positionen. Daher rechnen Sie zunächst alle anderen Ströme aus und danach schauen Sie sich I_{R1} und I_{R2} in der ursprünglichen Schaltung an.

$$I_{R3} = \frac{\varphi_1}{R_3} = \frac{\frac{14}{3}\,\text{V}}{6\,\Omega} = 0{,}778\text{ A}$$

$$I_{R4} = \frac{\varphi_2}{R_4} = \frac{\frac{47}{9}\,\text{V}}{10\,\Omega} = 0{,}522\text{ A}$$

$$I_{R5} = \frac{\varphi_3}{R_5} = \frac{\frac{332}{45}\,\text{V}}{16\,\Omega} = 0{,}461\,\text{A}$$

$$I_{R6} = \frac{\varphi_1 - \varphi_2}{R_6} = \frac{\frac{14}{3}\,\text{V} - \frac{47}{9}\,\text{V}}{1\,\Omega} = -0{,}556\,\text{A}$$

$$I_{R7} = \frac{\varphi_2 - \varphi_3}{R_{78}} = \frac{\frac{47}{9}\,\text{V} - \frac{332}{45}\,\text{V}}{2\,\Omega} = -1{,}078\,\text{A}$$

In der ursprünglichen Schaltung sahen die Spannungsquellen wie in Abbildung 5.27 aus.

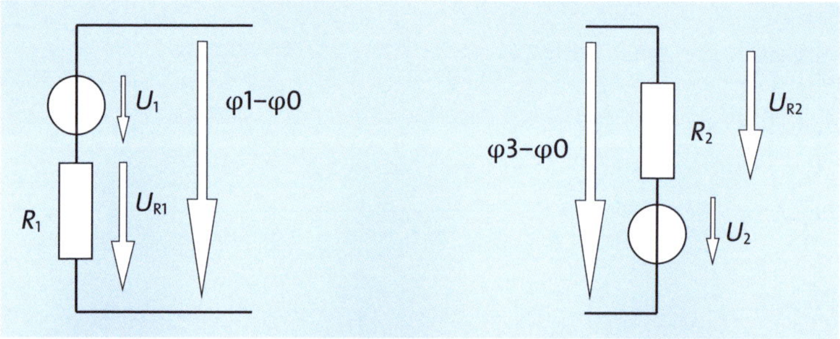

Abbildung 5.27 Betrachtung der Spannung an den Innenwiderständen der ursprünglichen Spannungsquellen

Um nun I_{R1} und I_{R2} zu berechnen, benötigen Sie erst einmal die Spannungen U_{R1} und U_{R2}:

$$U_{R1} = \varphi_1 - U_1 = \frac{14}{3}\,\text{V} - 6\,\text{V} = -\frac{4}{3}\,\text{V}$$

$$U_{R2} = \varphi_3 - U_2 = \frac{332}{45}\,\text{V} - 32\,\text{V} = -\frac{1108}{45}\,\text{V}$$

Diese Ergebnisse zeigen, da sie negativ sind, dass die Spannungspfeile verkehrt herum angenommen wurden. Richtig sähe es dann wie in Abbildung 5.28 aus.

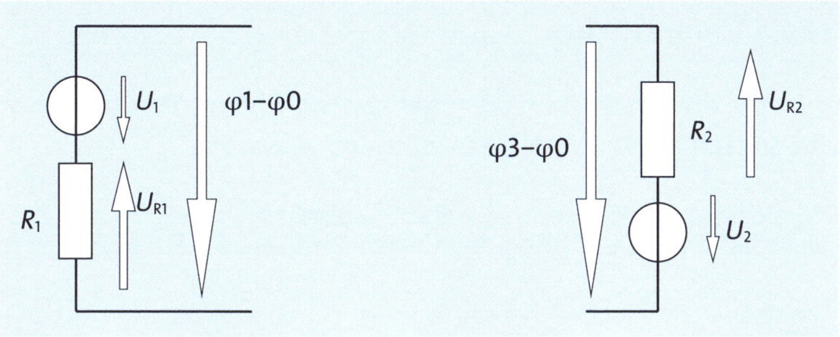

Abbildung 5.28 Die wirkliche Spannungsrichtung an den Innenwiderständen der Spannungsquellen

Jetzt können Sie die Spannungen U_{R1} und U_{R2} als positiv annehmen und erhalten dann für die Ströme

$$I_{R1} = \frac{\frac{7}{3}\ \mathrm{V}}{6\ \Omega} = 0{,}389\mathrm{A}$$

und:

$$I_{R2} = \frac{\frac{1108}{45}\ \mathrm{V}}{16\ \Omega} = 1{,}539\ \mathrm{A}$$

Damit wäre die ganze Schaltung berechnet.

Knotenpotenzialverfahren

- **Verwendung**
  Anzuwenden, wenn in einem Netzwerk viele bis alle Größen gesucht sind.
- **Vorgehensweise**
  - Im Netzwerk dürfen nur Stromquellen vorkommen, daher alle Spannungsquellen in Stromquellen umwandeln.
  - Bezugspotenzial festlegen (optimalerweise Nullpotenzial) an einem Knoten, an dem möglichst viele Widerstände angeschlossen sind.
  - Knotenpotenziale benennen.
  - Alle Spannungspfeile und Strompfeile in die Schaltung eintragen.
  - Leitwertmatrix für die Knotenpotenziale aufstellen.
  - Gleichungssystem mit geeignetem Verfahren lösen.
  - Mithilfe der Potenziale die Spannungen und Ströme berechnen.
- **Vorteil**
  Reduzierung der Variablen, da nur wenige Maschenströme im Gegensatz zu Zweigströmen existieren.

5.6 Das Superpositionsprinzip

Das *Superpositionsprinzip*, auch einfacher *Überlagerungsprinzip* genannt, haben Sie schon im Zusammenhang mit elektrischen Feldern kennengelernt.

Dort haben Sie nacheinander alle Quellen bis auf eine ausgeblendet und jeweils das Feld dieser Quelle berechnet. Das Gesamtfeld ergab sich dann aus der Summe der Einzelergebnisse.

Genau das wird auch bei der Schaltungsanalyse durchgeführt. Dieses Verfahren eignet sich besonders, wenn nur wenige Größen gesucht sind.

Sie betrachten jeweils nur eine Quelle des Netzwerks. Sie schließen alle anderen Quellen kurz, wenn es Spannungsquellen sind. Das heißt, Sie ersetzen sie im Schaltplan durch einen Strich und berechnen dann die entstandene einfache Schaltung. Handelt es sich um Stromquellen, werden sie einfach weggelassen und die Leitung bleibt unterbrochen. Das führen Sie nacheinander für alle Quellen durch.

Rechnen Sie folgendes Beispiel durch: In Abbildung 5.29 ist der Strom I_2 gesucht, der durch den Widerstand R_2 fließt.

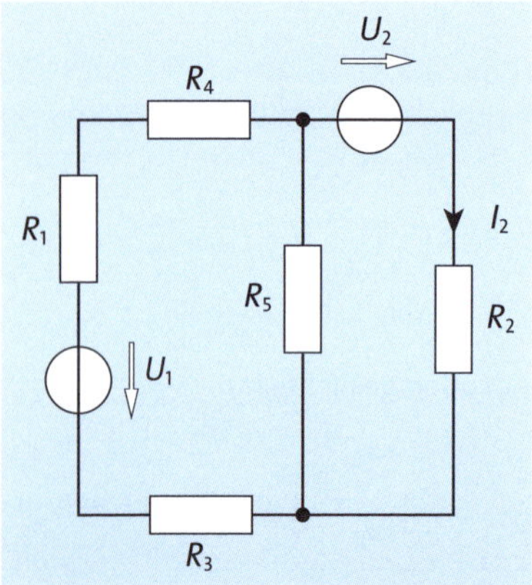

Abbildung 5.29 Beispielaufgabe für das Superpositionsprinzip

Die gegebenen Größen sind:

$U_1 = U_2 = 60\,\text{V}$

$R_1 = R_2 = 3\,\Omega$

$R_3 = R_4 = 5\,\Omega$

$R_5 = 10\,\Omega$

Aus dieser Schaltung machen Sie zwei Schaltungen, wobei jeweils eine Spannungsquelle kurzgeschlossen wird.

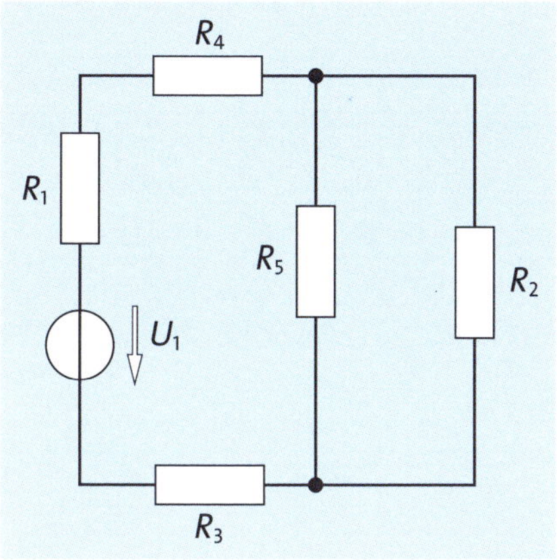

Abbildung 5.30 Schaltung I. Kurzschluss der Spannungsquelle U_2

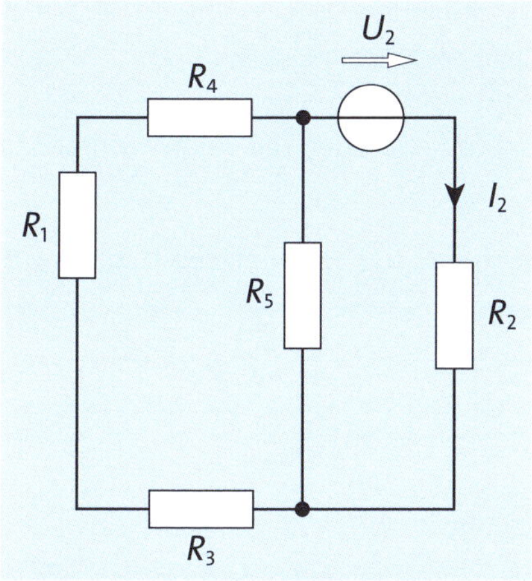

Abbildung 5.31 Schaltung II. Kurzschluss der Spannungsquelle U_1

In der Schaltung I aus Abbildung 5.30 werden alle Ströme und Spannungen eingezeichnet. Sie können die Schaltung auch gerne übersichtlicher aufmalen, so wie ich es in Abbildung 5.32 getan habe.

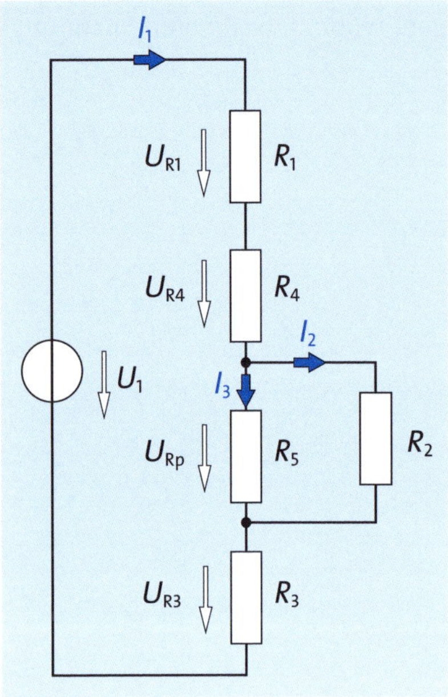

Abbildung 5.32 Schaltung I umzeichnen, um den Aufbau besser zu erkennen

Es handelt sich hierbei um eine einfache gemischte Schaltung, die relativ einfach zu berechnen ist.

Der Gesamtwiderstand dieser Schaltung setzt sich aus der Parallelschaltung von R_2 und R_5 zusammen, die in Reihe zu R_1, R_4 und R_3 liegt:

$$R_{\text{ges}} = R_1 + R_4 + \frac{R_2 \cdot R_5}{R_2 + R_5} + R_3$$

Der Widerstand der Parallelschaltung R_p beträgt:

$$R_p = \frac{R_2 \cdot R_5}{R_2 + R_5} = \frac{3\,\Omega \cdot 10\,\Omega}{13\,\Omega} = \frac{30}{13}\,\Omega$$

$$R_{\text{ges}} = 3\,\Omega + 5\,\Omega + \frac{30}{13}\,\Omega + 5\,\Omega = \frac{199}{13}\,\Omega$$

Die Gesamtspannung verteilt sich auf die Reihenwiderstände. Sie interessiert die Spannung an der Parallelschaltung, da Sie damit I_2 ausrechnen können:

$$\frac{U_{Rp}}{U_{\text{ges}}} = \frac{R_{\text{p}}}{R_{\text{ges}}} \Leftrightarrow U_{Rp} = \frac{R_{\text{p}} \cdot U_{\text{ges}}}{R_{\text{ges}}} = \frac{\frac{30}{13}\,\Omega \cdot 60\,\text{V}}{\frac{199}{13}\,\Omega} = 9{,}04\,\text{V}$$

Da R_2 an U_{Rp} liegt, kann nun I_2 berechnet werden:

$$I_2 = \frac{U_{Rp}}{R_2} = \frac{9{,}04\ \text{V}}{3\ \Omega} = 3{,}01\ \text{A}$$

Nun machen Sie das Gleiche mit Schaltung II aus Abbildung 5.31, die Sie in Abbildung 5.33 umgezeichnet sehen.

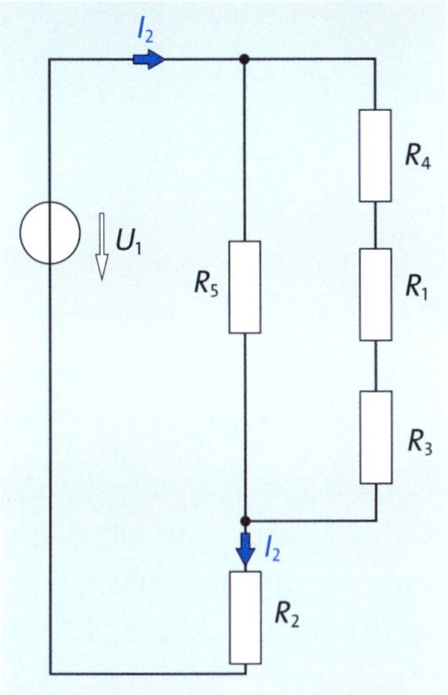

Abbildung 5.33 Schaltung II umzeichnen, um den Aufbau besser zu erkennen

Der Strom I_2 stellt in dieser Schaltung den Gesamtstrom dar. Wenn Sie den Gesamtwiderstand berechnen, haben Sie schnell die Lösung für I_2:

$$R_{\text{ges}} = \frac{(R_4 + R_1 + R_3) \cdot R_5}{R_4 + R_1 + R_3 + R_5} + R_2 = \frac{13\ \Omega \cdot 10\ \Omega}{23\ \Omega} + 3\ \Omega = \frac{199}{23}\ \Omega$$

$$I_2 = \frac{60\ \text{V}}{\frac{199}{23}\ \Omega} = 6{,}93\ \text{A}$$

Nun müssen die Ströme überlagert werden. Hierbei müssen Sie aber auf die Stromrichtung achten. Schauen Sie sich dazu Abbildung 5.34 an.

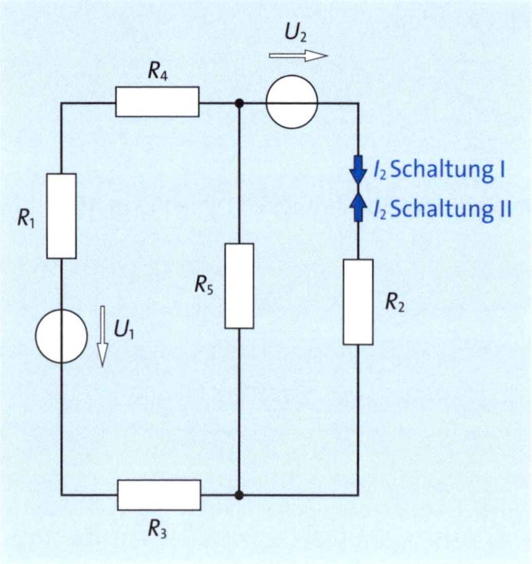

Abbildung 5.34 Vergleich der Stromrichtungen aus beiden Schaltungen

Die beiden Ströme, so wie sie in Schaltung I und Schaltung II angenommen wurden, sind gegenläufig. Um den Strom I_2 in der ursprünglichen Schaltung zu erhalten, müssen sie voneinander abgezogen werden. Die Stromrichtung der ursprünglichen Schaltung ist die Richtung, in die der größere Strom fließt. Die Stromstärke ist die Differenz der beiden Ströme.

$$I_2 = I_{2II} - I_{2I} = 6{,}93\ \text{A} - 3{,}01\ \text{A} = 3{,}92\ \text{A}$$

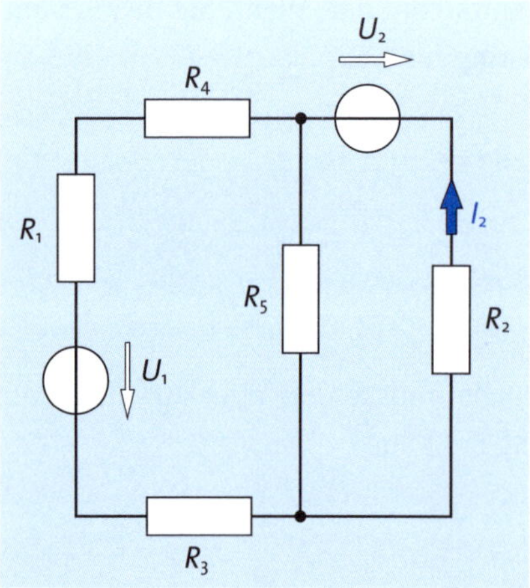

Abbildung 5.35 Strom I_2 in der ursprünglichen Schaltung

Superpositionsverfahren

- **Verwendung**
  Anzuwenden, wenn in einem Netzwerk viele bis alle Größen gesucht sind.
- **Vorgehensweise**
  - Im Netzwerk werden alle Quellen bis auf eine entfernt, und zwar so, dass Spannungsquellen kurzgeschlossen und Stromquellen einfach entfernt werden, also eine Unterbrechung darstellen.
  - Die jeweiligen gesuchten Größen werden in der Schaltung berechnet. Dieses Verfahren wird für alle Quellen durchgeführt, sodass Sie letztlich genauso viele Schaltungen berechnet haben, wie es Quellen gibt.
  - Durch Addition der Einzelergebnisse (unter Berücksichtigung der Richtung) erhalten Sie das Endergebnis.

5.7 Stern-Dreieck-Umwandlung

Sie haben bereits mehrere Verfahren kennengelernt, mit denen Sie ein Netzwerk berechnen können.

Sie sollen nun den Gesamtwiderstand der Schaltung aus Abbildung 5.36 berechnen. Die Schaltung ist sehr übersichtlich und sollte eigentlich kein Problem darstellen.

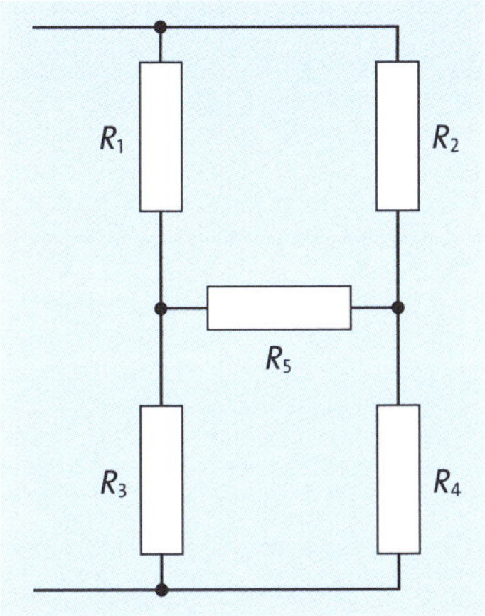

Abbildung 5.36 Beispiel für eine Dreieckschaltung

Die übliche Methode, die einfache gemischte Schaltung durch Umzeichnen in Reihen und Parallelschaltungen zu zerlegen, funktioniert hier jedoch nicht: In diesem Fall können Sie nämlich keine klare Zuordnung treffen, was in Reihe und was parallel geschaltet ist.

Das Problem ist die Dreieckschaltung, die in der oberen Masche und auch in der unteren Masche vorzufinden ist.

Eine *Dreieckschaltung* besteht aus drei Widerständen, die im Dreieck angeordnet sind (siehe Abbildung 5.37). Dieses Dreieck kann aber in einen Stern umgewandelt werden. Abbildung 5.38 zeigt eine solche *Sternschaltung*.

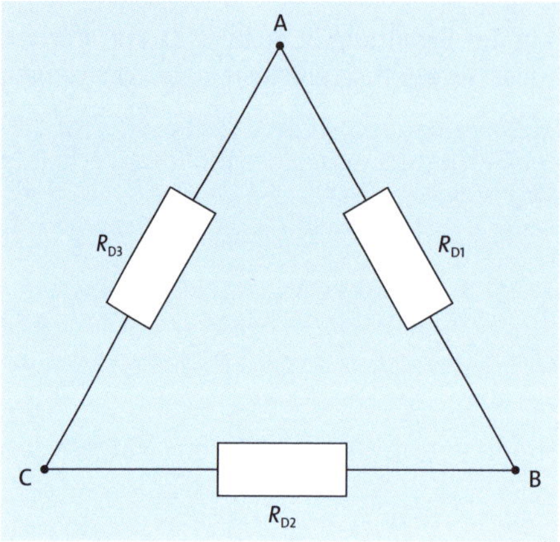

Abbildung 5.37 Dreieckschaltung

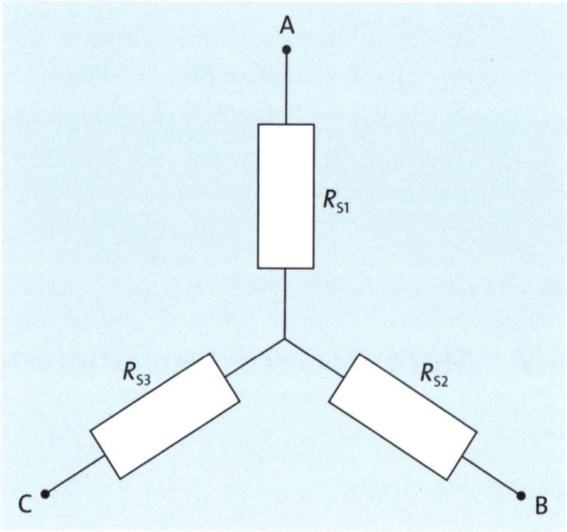

Abbildung 5.38 Sternschaltung

Wenn Sie die Schaltung so wie in Abbildung 5.39 umgewandelt haben, ist sie ganz einfach zu berechnen.

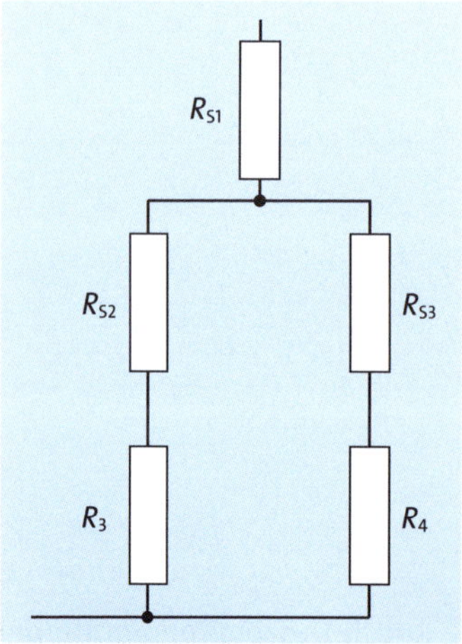

Abbildung 5.39 Die Schaltung aus Abbildung 5.36 nach der Dreieck-Stern-Umwandlung

Wie funktioniert das?

5.7.1 Dreieck-Stern-Umwandlung

Sie suchen eine Sternschaltung, die genau die gleichen Ergebnisse liefert wie die Dreieckschaltung. Also müssen die Widerstandswerte, die Sie an den Anschlüssen messen, gleich sein.

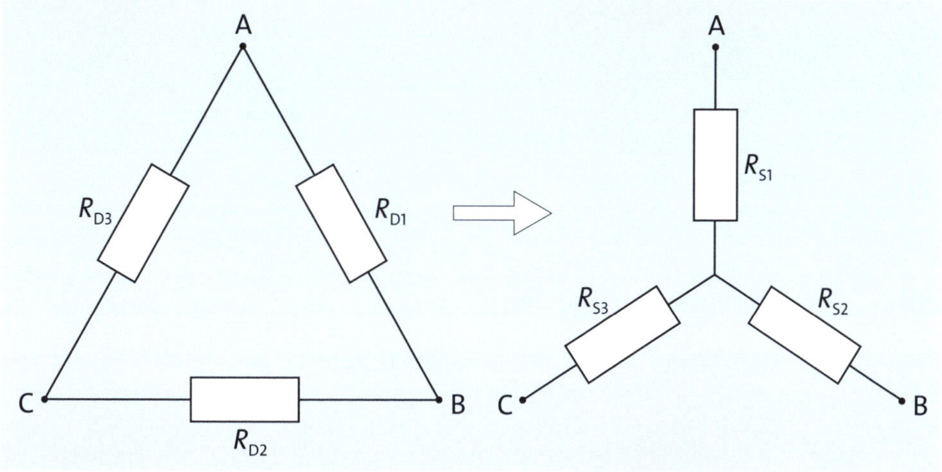

Abbildung 5.40 Bezeichnung der Widerstände bei Dreieck-Stern-Umwandlung

Dazu überlegen Sie sich, wie sich die Widerstände zusammensetzen.

Der Widerstand zwischen den Punkten *B* und *C* setzt sich zusammen aus:

$$\frac{R_{D1} \cdot R_{D3}}{R_{D1} + R_{D3}} + R_{D2} = R_{S3} + R_{S2}$$

Der Widerstand zwischen den Punkten *A* und *C* setzt sich zusammen aus:

$$\frac{R_{D1} \cdot R_{D2}}{R_{D1} + R_{D2}} + R_{D3} = R_{S1} + R_{S3}$$

Der Widerstand zwischen den Punkten *A* und *B* setzt sich zusammen aus:

$$\frac{R_{D3} \cdot R_{D2}}{R_{D3} + R_{D2}} + R_{D1} = R_{S1} + R_{S2}$$

Bei bekannten Dreieckswiderständen können Sie dieses Gleichungssystem einfach lösen. Das Ergebnis ergibt dann die Umrechnungsformel für eine Transformation von Dreiecksschaltung zu Sternschaltung:

[5.1] $$R_{S1} = \frac{R_{D1} \cdot R_{D3}}{R_{D1} + R_{D2} + R_{D3}}$$

[5.2] $$R_{S2} = \frac{R_{D2} \cdot R_{D1}}{R_{D1} + R_{D2} + R_{D3}}$$

[5.3] $$R_{S3} = \frac{R_{D2} \cdot R_{D3}}{R_{D1} + R_{D2} + R_{D3}}$$

5.7.2 Stern-Dreieck-Umwandlung

Eine Sternschaltung kann auch in eine Dreieckschaltung umgewandelt werden (siehe Abbildung 5.41).

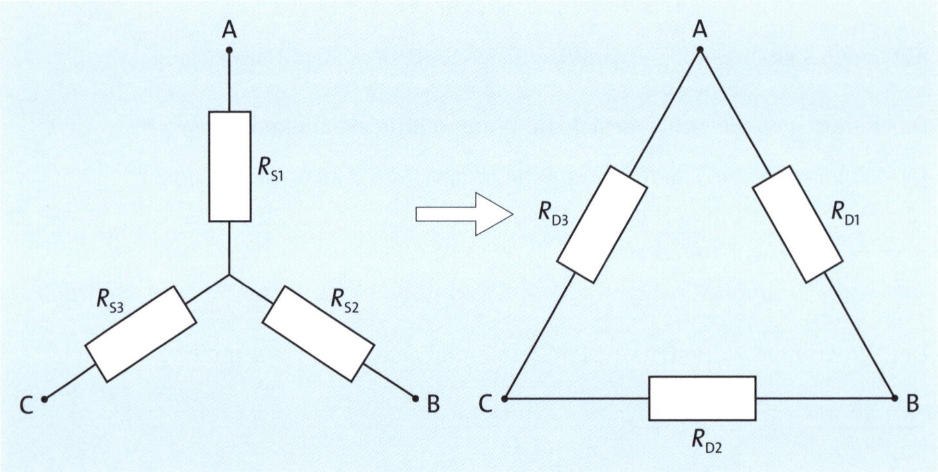

Abbildung 5.41 Bezeichnung der Widerstände bei Stern-Dreieck-Umwandlung

Hierzu denken Sie sich beim Stern jeweils zwei Anschlüsse kurzgeschlossen und betrachten dann die Leitwerte dieser Schaltung. Die Leitwerte müssen beim Stern die gleichen sein wie beim Dreieck (siehe Abbildung 5.42).

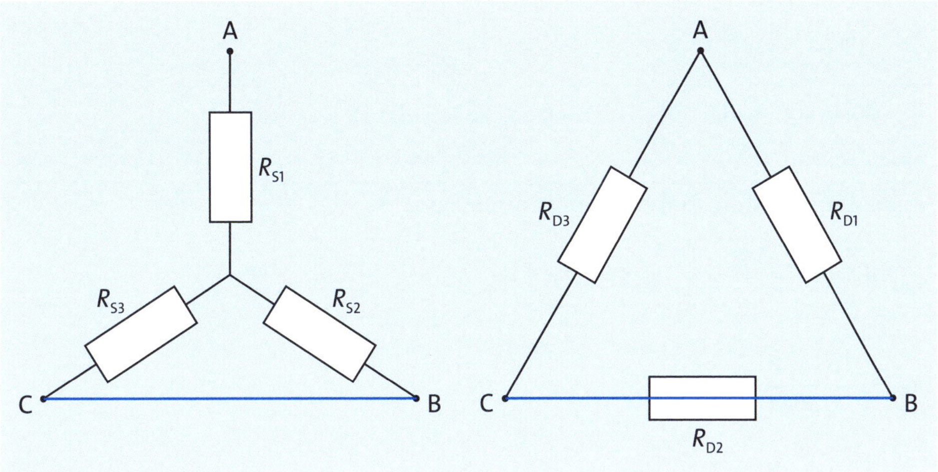

Abbildung 5.42 Vorgehensweise bei der Herleitung der Formel für die Stern-Dreieck- bzw. Dreieck-Stern-Umwandlung

Das führt zu folgenden Gleichungen:

Leitwert zwischen *A* und dem Kurzschluss *CB*:

$$\frac{1}{R_{S1}} + \frac{1}{R_{S2} + R_{S3}} = \frac{1}{R_{D1}} + \frac{1}{R_{D3}}$$

Leitwert zwischen *B* und dem Kurzschluss *AC*:

$$\frac{1}{R_{S2}} + \frac{1}{R_{S1} + R_{S3}} = \frac{1}{R_{D1}} + \frac{1}{R_{D2}}$$

Leitwert zwischen *C* und dem Kurzschluss *AB*:

$$\frac{1}{R_{S3}} + \frac{1}{R_{S2} + R_{S1}} = \frac{1}{R_{D2}} + \frac{1}{R_{D3}}$$

Die Lösung dieses Systems lautet:

$$R_{D1} = R_{S1} + R_{S2} + \frac{R_{S1} \cdot R_{S2}}{R_{S3}} \quad [5.4]$$

$$R_{D2} = R_{S3} + R_{S2} + \frac{R_{S3} \cdot R_{S2}}{R_{S1}} \quad [5.5]$$

[5.6] $$R_{D3} = R_{S1} + R_{S3} + \frac{R_{S1} \cdot R_{S3}}{R_{S2}}$$

Die Widerstände der Originalschaltung sollen alle 10 Ω betragen.

Setzen Sie die Widerstände R_1, R_2, R_5 in der Originalschaltung als Dreieckwiderstände in die Dreieck-Stern-Umwandlungsformeln ein:

$$R_{S1} = \frac{10\,\Omega \cdot 10\,\Omega}{30\,\Omega} = \frac{10}{3}\,\Omega$$

$$R_{S2} = \frac{10\,\Omega \cdot 10\,\Omega}{30\,\Omega} = \frac{10}{3}\,\Omega$$

$$R_{S3} = \frac{10\,\Omega \cdot 10\,\Omega}{30\,\Omega} = \frac{10}{3}\,\Omega$$

Die Schaltung sieht nun wie in Abbildung 5.43 aus.

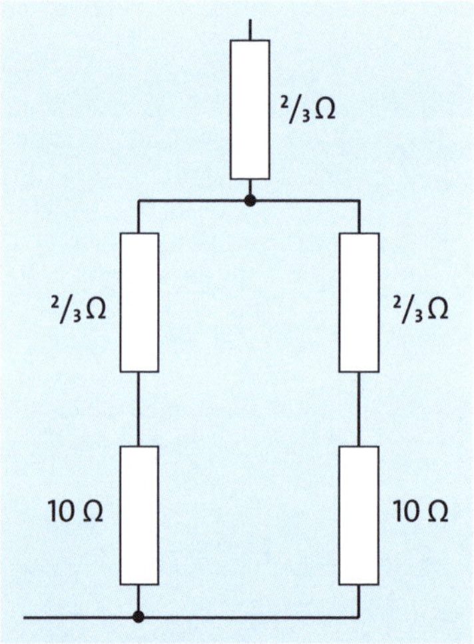

Abbildung 5.43 Widerstandswerte nach der Dreieck-Stern-Umwandlung aus Abbildung 5.39

Der Gesamtwiderstand beträgt:

$$R_{\text{ges}} = \frac{(10 + \frac{10}{3}) \cdot (10 + \frac{10}{3})}{26\frac{2}{3}}\,\Omega + \frac{10}{3} = 23\frac{1}{3}\,\Omega$$

Stern- und Dreieckschaltung

Stern-Dreieck-Umwandlung

$$R_{D1} = R_{S1} + R_{S2} + \frac{R_{S1} \cdot R_{S2}}{R_{S3}}$$

$$R_{D2} = R_{S3} + R_{S2} + \frac{R_{S3} \cdot R_{S2}}{R_{S1}}$$

$$R_{D3} = R_{S1} + R_{S3} + \frac{R_{S1} \cdot R_{S3}}{R_{S2}}$$

Dreieck-Stern-Umwandlung

$$R_{S1} = \frac{R_{D1} \cdot R_{D3}}{R_{D1} + R_{D2} + R_{D3}}$$

$$R_{S2} = \frac{R_{D2} \cdot R_{D1}}{R_{D1} + R_{D2} + R_{D3}}$$

$$R_{S3} = \frac{R_{D2} \cdot R_{D3}}{R_{D1} + R_{D2} + R_{D3}}$$

5.8 Unendliche Kettennetzwerke

Ein *unendliches Kettennetzwerk* sehen Sie in Abbildung 5.44.

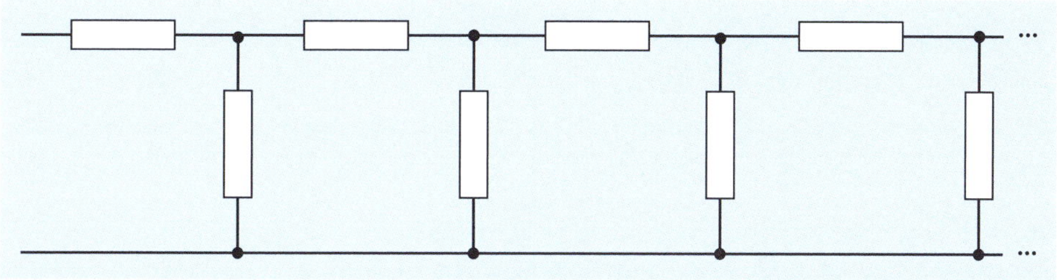

Abbildung 5.44 Unendliches Kettennetzwerk

Es dient als Modellvorstellung einer zweiadrigen Leitung, durch die ein Gleichstrom geschickt wird. Hierbei stellt der Längswiderstand den Leitungswiderstand und der Parallelwiderstand die Isolation der Leitung dar. Es ist davon auszugehen, dass R_{P} viel größer als R_{L} ist, denn der Leitungswiderstand besteht aus Metall und die Isolation in der Regel aus Kunststoff.

Abbildung 5.45 zeigt jeweils ein Kettenglied.

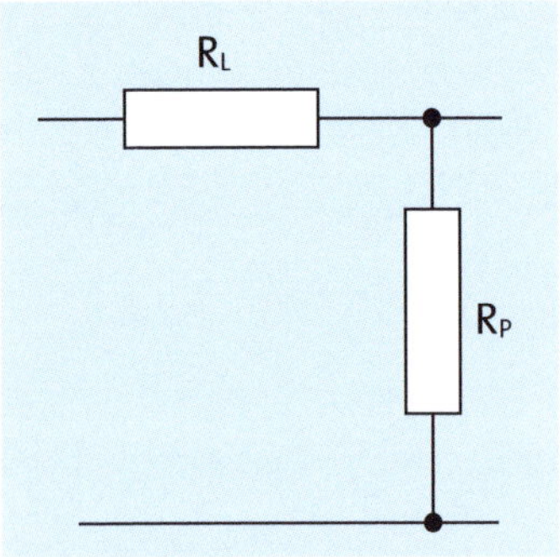

Abbildung 5.45 Kettenglied

Das *Kettenglied* ist die kleinste Einheit einer Leitung, und um die gesamte Länge der Leitung zu erfassen, müssen unendlich viele Segmente aneinandergereiht werden. So gibt die Modellvorstellung es vor.

Wenn Sie den Gesamtwiderstand berechnen möchten, stoßen Sie häufig an mathematische Grenzen. Nehmen Sie z. B. nur einen kleinen Teil daraus, wie ihn Abbildung 5.46 zeigt.

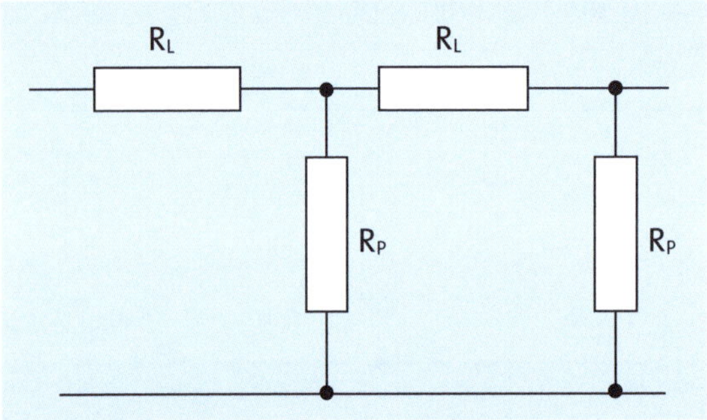

Abbildung 5.46 Kette aus zwei Gliedern

So erhalten Sie:

$$R'_{\text{ges}} = \frac{(R_L + R_P)R_P}{R_L + R_P + R_P} + R_L$$

Erweitern Sie dieses Netzwerk um ein Glied, so sieht der Widerstand schon etwas komplizierter aus (siehe Abbildung 5.47).

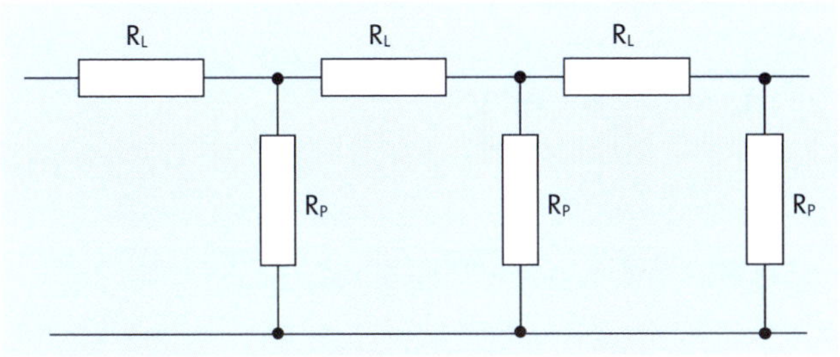

Abbildung 5.47 Kette aus drei Gliedern

$$R''_{\text{ges}} = R_\text{L} + \frac{R_\text{P} R'_{\text{ges}}}{R_\text{P} R'_{\text{ges}}} = R_\text{L} + \frac{R_\text{P} \frac{(R_\text{L}+R_\text{P})R_\text{P}}{R_\text{L}+R_\text{P}+R_\text{P}} + R_\text{L}}{R_\text{P} \frac{(R_\text{L}+R_\text{P})R_\text{P}}{R_\text{L}+R_\text{P}+R_\text{P}} + R_\text{L}}$$

Dies kann für eine beliebige Anzahl von Gliedern weitergeführt werden. Sie können sich vorstellen, wie furchtbar die Formel am Ende aussieht. Wie soll das für unendlich viele Kettenglieder machbar sein?

Hier bedient man sich folgender Idee:

Unendlich +1 ist wieder unendlich!

Sie können den Widerstand von n Kettengliedern als sogenannte *rekursive Folge* definieren, die Sie aus der Mathematikvorlesung kennen sollten. Da R_P viel größer ist als R_L, ist diese Folge konvergent. Sie besitzt also einen Grenzwert, und dieser Grenzwert ist der Gesamtwiderstand der Kette aus unendlich vielen Gliedern.

Wenn Sie also schon eine sehr große Menge – nämlich unendlich viele – Kettenglieder haben, so wird eins mehr den Widerstand nicht verändern.

R sei der Widerstand der unendlichen Kette. Wenn Sie nun vor die Kette ein zusätzliches Glied setzen, dann erhalten Sie den Aufbau aus Abbildung 5.48.

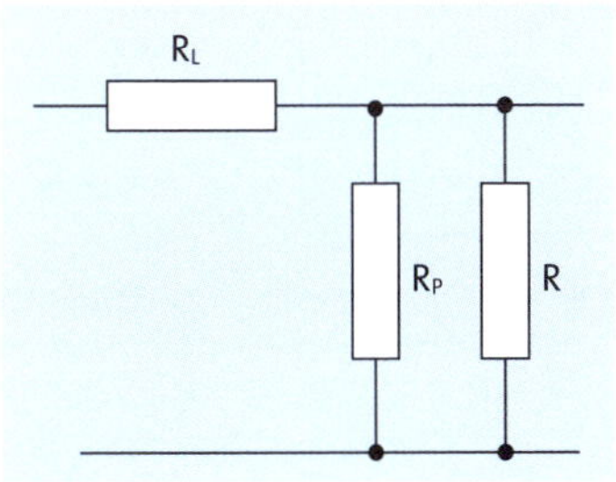

Abbildung 5.48 Erweiterung einer unendlichen Kette um ein Glied

$R = R||R_\text{P} + R_\text{L}$

Diesen Sachverhalt können Sie nun in eine Formel schreiben:

$$R = \frac{R \cdot R_\text{P}}{R + R_\text{P}} + R_\text{L}$$

Stellen Sie sie um, bekommen Sie eine quadratische Gleichung:

$R^2 - R_\text{L}R - R_\text{L}R_\text{P} = 0$

Wenn Sie diese Gleichung lösen, bekommen Sie zwei Ergebnisse. Da negative Widerstände keinen Sinn ergeben, muss die Lösung

[5.7] $$R = \frac{R_\text{L}}{2} + \sqrt{\frac{{R_\text{L}}^2}{4} + R_\text{L}R_\text{P}}$$

sein.

5.9 Übungen

Aufgabe 1

Schauen Sie sich das Substitutionsprinzip der Schaltung aus dem Knotenpotenzialverfahren (siehe Abbildung 5.49) an, und berechnen Sie den Strom I_2, der durch R_2 fließt.

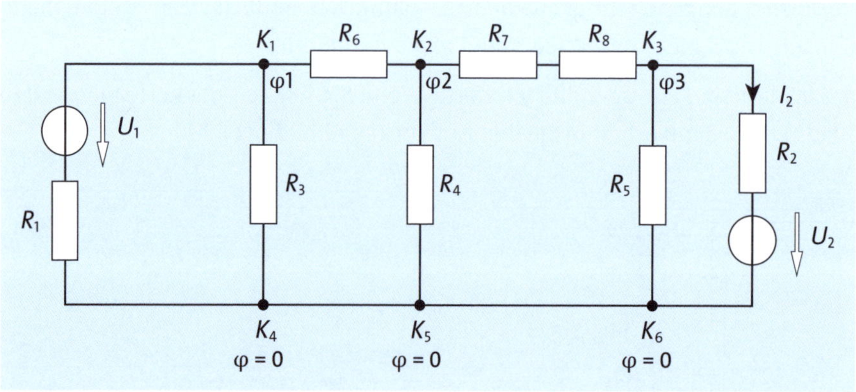

Abbildung 5.49 Schaltung zu Aufgabe 1

Die Bauteilgrößen sind:

$U_1 = 6\ \text{V}$

$U_2 = 32\ \text{V}$

$R_1 = R_3 = 6\ \Omega$

$R_4 = 10\ \Omega$

$R_2 = R_5 = 16\ \Omega$

$R_6 = R_7 = R_8 = 1\ \Omega$

Aufgabe 2

Berechnen Sie mithilfe des Zweigstromverfahrens alle Zweigströme im Netzwerk aus Abbildung 5.50.

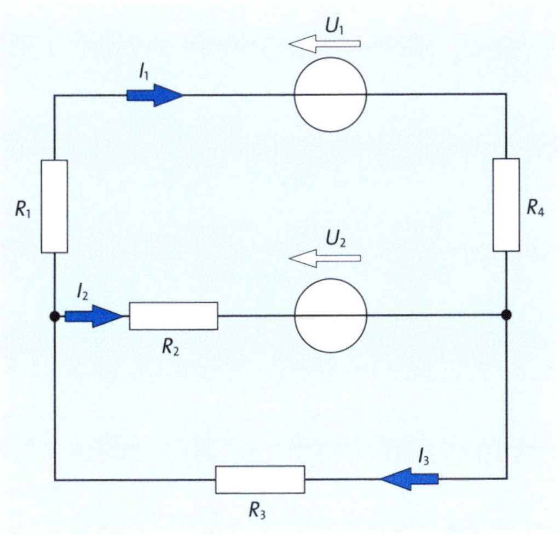

Abbildung 5.50 Schaltung zu Aufgabe 2

$U_1 = U_2 = 60\ \text{V}$

$R_1 = R_2 = 3\ \Omega$

$R_3 = R_4 = 10\ \Omega$

Aufgabe 3

Berechnen Sie die Spannung zwischen den Punkten A und B in Abbildung 5.51.

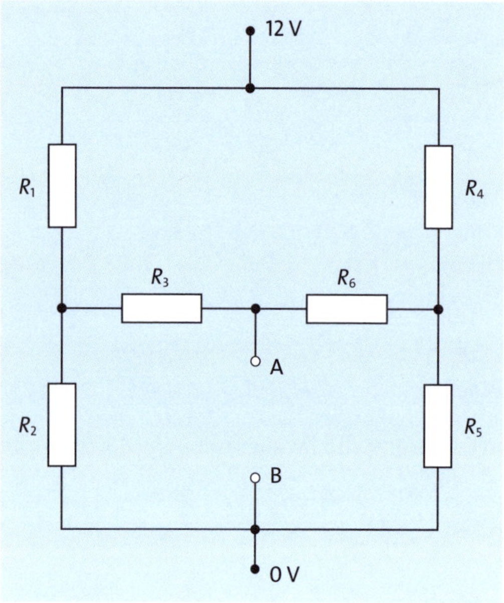

Abbildung 5.51 Schaltung zu Aufgabe 3

$R_1 = R_2 = R_3 = 3\,\Omega$

$R_4 = R_5 = R_6 = 6\,\Omega$

Aufgabe 4

Berechnen Sie den Strom I_4 aus Abbildung 5.52 mithilfe der Zweipolmethode.

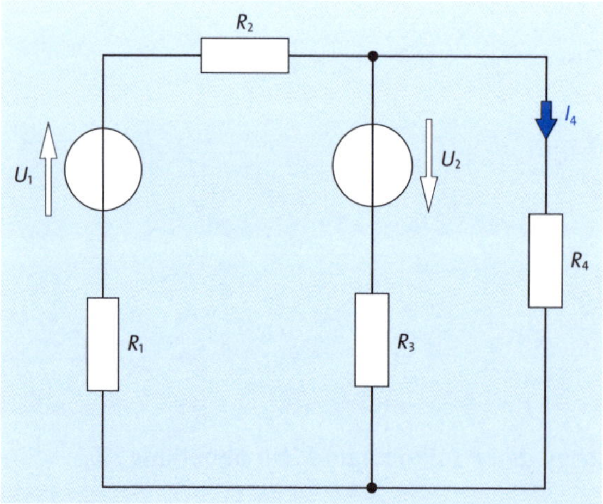

Abbildung 5.52 Schaltung zu Aufgabe 4

$U_1 = 40\,\text{V}$

$U_2 = 15\,\text{V}$

$R_1 = R_3 = 25\,\Omega$

$R_2 = R_4 = 15\,\Omega$

Aufgabe 5

Berechnen Sie den Strom I_6 durch R_6 (siehe Abbildung 5.53) mithilfe der Methode der Maschenströme.

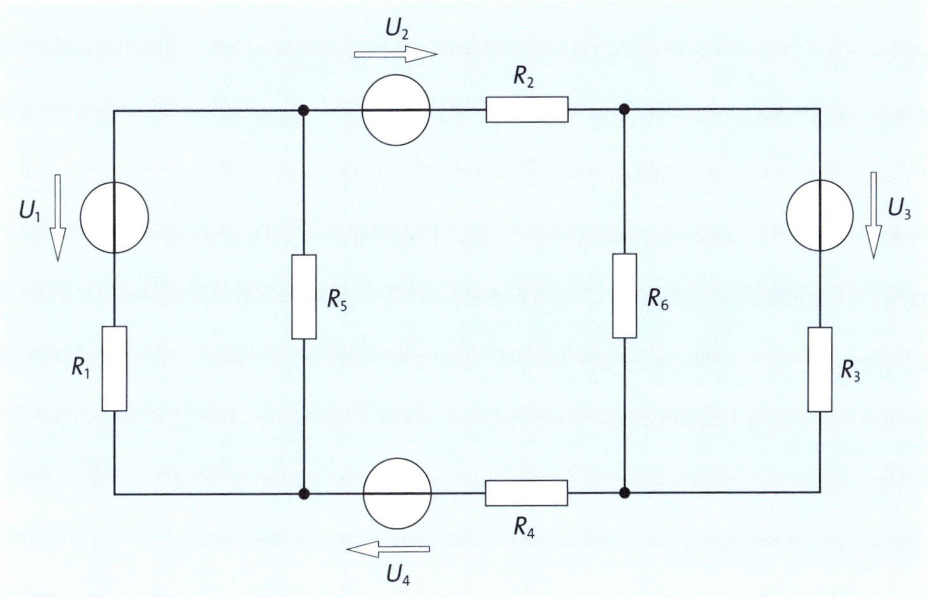

Abbildung 5.53 Schaltung zu Aufgabe 5

$U_1 = U_2 = U_3 = U_4 = 6\,\text{V}$

$R_1 = R_2 = R_3 = R_4 = 2\,\Omega$

$R_5 = R_6 = 10\,\Omega$

Aufgabe 6

Berechnen Sie alle Zweigströme aus Abbildung 5.54. Nutzen Sie das Knotenpotenzialverfahren.

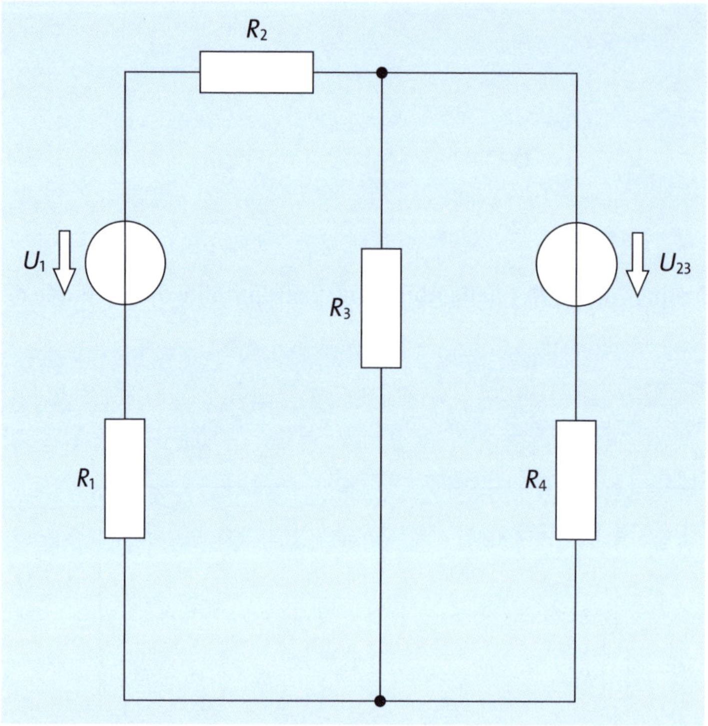

Abbildung 5.54 Schaltung zu Aufgabe 6

$U_1 = U_2 = 42\,\text{V}$

$U_3 = 12\,\text{V}$

$R_1 = 15\,\Omega$

$R_2 = 30\,\Omega$

$R_3 = R_4 = 10\,\Omega$

5.10 Lösungen

Lösung 1

Die ursprüngliche Schaltung wird zerlegt. Daraus werden nun zwei Schaltungen (siehe Abbildung 5.55 und Abbildung 5.56).

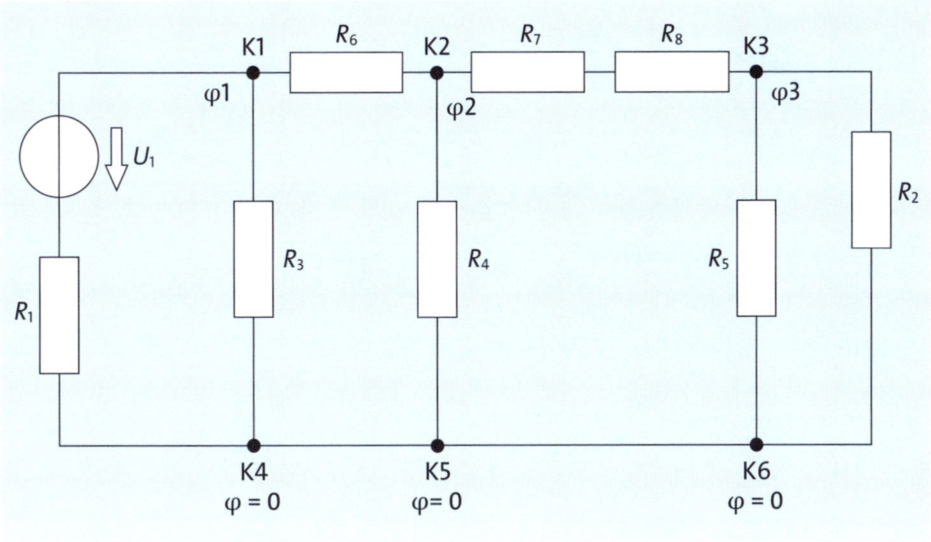

Abbildung 5.55 Schaltung I

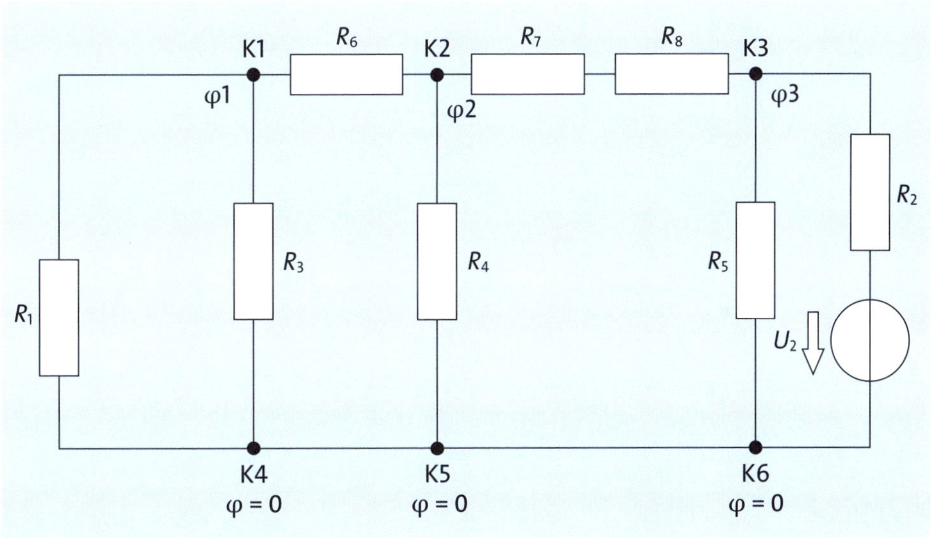

Abbildung 5.56 Schaltung II

Zu Schaltung I

In dieser Schaltung werden nun alle Ströme und Spannungen eingezeichnet. Sie können die Schaltung gerne übersichtlicher aufmalen. Sie sollte so wie in Abbildung 5.57 aussehen.

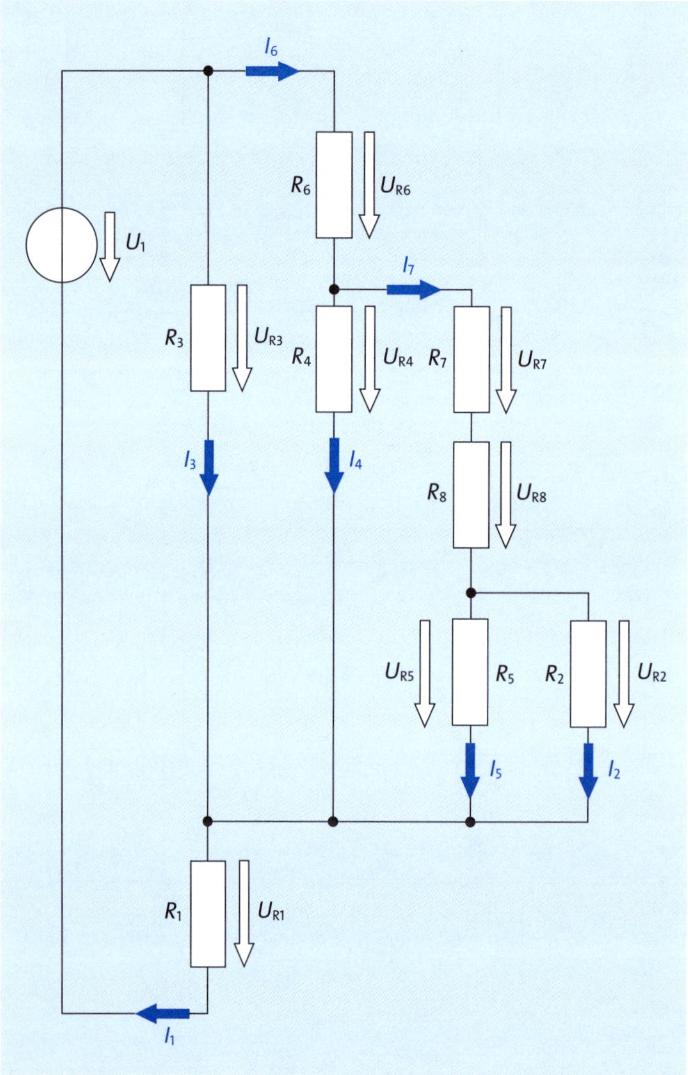

Abbildung 5.57 Schaltung I wurde umgezeichnet, damit Reihen- und Parallelschaltungen erkennbar sind.

I_1 ist der Gesamtstrom der Schaltung. Um ihn zu berechnen, muss zuerst der Gesamtwiderstand bestimmt werden.

Die Parallelschaltung von R_2 und R_5 ergibt einen Parallelwiderstand von $R_{\mathrm{P1}} = 8\ \Omega$.

In Reihe zu R_{P1} liegen R_7 und R_8: $R_{e1} = R_{\mathrm{P1}} + R_7 + R_8 = 10\ \Omega$.

Parallel zu R_{e1} liegt R_4: $R_{\mathrm{P2}} = \frac{R_{e1}R_4}{R_{e1}+R_4} = 5\ \Omega$

Dazu liegt R_6 in Reihe: $R_{e2} = R_{\mathrm{P2}} + R_6 = 6\ \Omega$

R_{P3} ist die Parallelschaltung von R_{e2} und R_3 : $R_{\mathrm{P3}} = \frac{R_{e2}R_3}{R_{e2}+R_3} = 3\ \Omega$

$R_{\mathrm{ges}} = R_{\mathrm{P3}} + R_1 = 9\ \Omega$

Der Gesamtstrom $I_1 = \frac{U_1}{R_{\mathrm{ges}}} = \frac{6\ \mathrm{V}}{9\ \Omega} = \frac{2}{3}\ \mathrm{A}$

$$U_{\mathrm{R1}} = \frac{R_1 U_{\mathrm{ges}}}{R_{\mathrm{ges}}} = 4\ \mathrm{V}$$

$$U_{R3} = U_{e2} = U_{\mathrm{ges}} - U_{R1} = 2\ \mathrm{V}$$

$$U_{R6} = \frac{R_6 U_{e2}}{R_{e2}} = \frac{1}{3}\ \mathrm{V}$$

$$U_{e1} = U_{R4} = U_{e2} - U_{R6} = \frac{5}{3}\ \mathrm{V}$$

$$U_{R7} = \frac{R_7 U_{e1}}{R_{e1}} = \frac{1}{6}\ \mathrm{V}$$

$$U_{R2} = U_{R5} = U_{R4} - 2U_{R7} = \frac{4}{3}\ \mathrm{V}$$

$$I_2 = \frac{U_2}{R_2} = \frac{1}{12}\mathrm{A} = 0{,}083\ \mathrm{A}$$

Zu Schaltung II

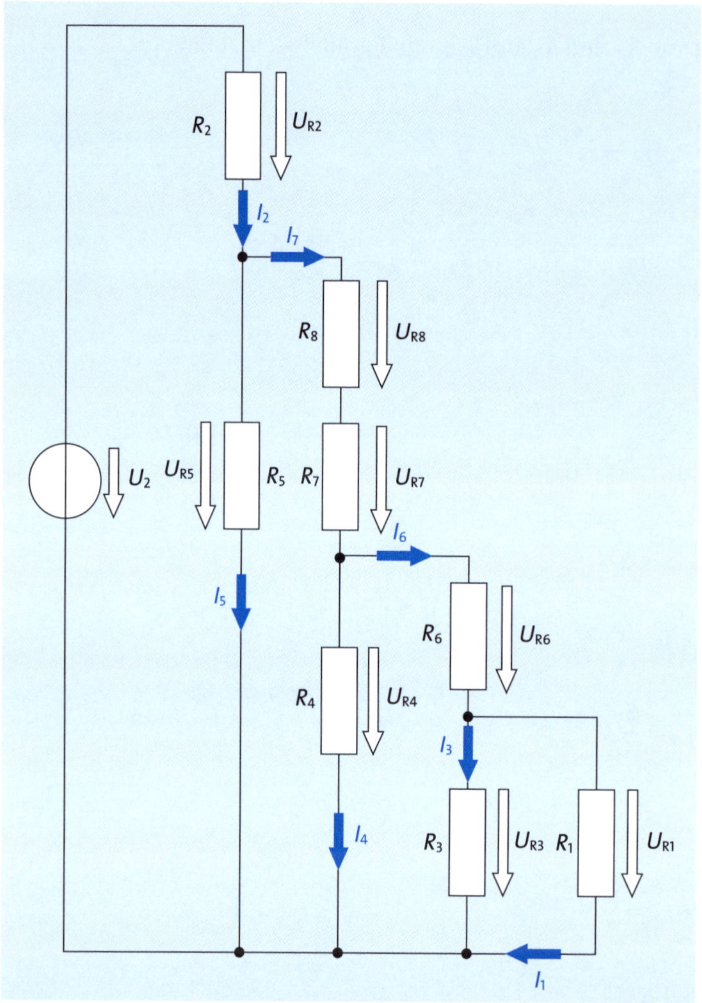

Abbildung 5.58 Schaltung II wurde umgezeichnet, damit Reihen- und Parallelschaltungen erkennbar sind

Auch hier muss zunächst der Gesamtwiderstand berechnet werden:

R_1 parallel zu R_3 ergibt $R_{P1} = 3\,\Omega$

Dazu in Reihe liegt R_6: $R_{e1} = R_{P1} + R_6 = 4\,\Omega$.

Dazu parallel liegt R_4: $R_{P2} = \frac{R_{e1} R_4}{R_{e1} + R_4} = 2{,}86\,\Omega$

R_7 und R_8 liegen in Reihe zu R_{P2}: $R_{e2} = R_7 + R_8 + R_{P2} = 4{,}86\,\Omega$

Dazu parallel liegt R_5: $R_{P3} = \frac{R_{e2} R_5}{R_{e2} + R_5} = 3{,}73\ \Omega$

$R_{ges} = R_2 + R_{P3} = 19{,}73\ \Omega$

$$I_2 = \frac{U_2}{R_{ges}} = \frac{32\ \text{V}}{19{,}73\ \Omega} = 1{,}62\ \text{A}$$

I_2 Schaltung I: 0,083 A

I_2 Schaltung II: 1,62 A

Beide Ströme wurden gegensinnig berechnet; I_2 der ursprünglichen Schaltung ist die Differenz der beiden Ströme: $I_2 = 1{,}54\ \text{A}$

Lösung 2

Gegeben sind:

$U_1 = U_2 = 60\ \text{V}$

$R_1 = R_2 = 3\ \Omega$

$R_3 = R_4 = 10\ \Omega$

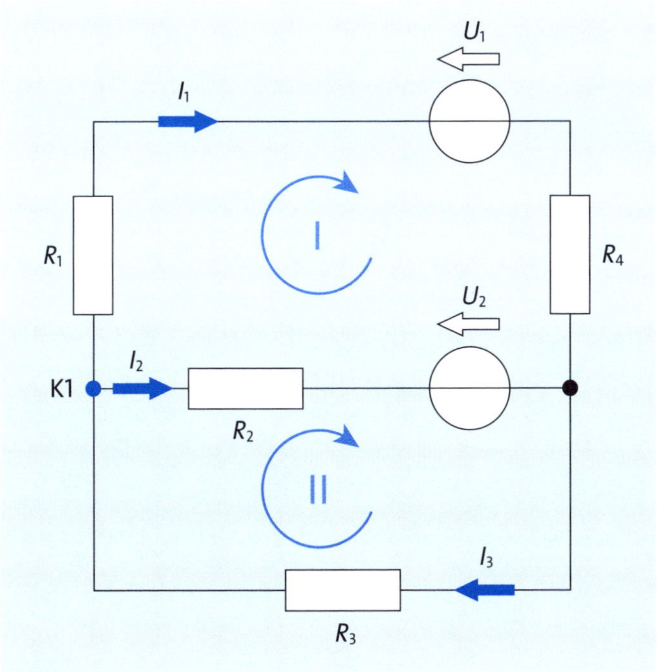

Abbildung 5.59 Schaltung zu Aufgabe 2

Stellen Sie die Knoten- und Maschengleichungen auf:

K_1: $I_3 - I_2 - I_1 = 0$

M_1: $-U_1 + U_{R1} + U_{R2} + U_2 + U_{R4} = 0$

M_2: $-U_2 - U_{R2} + U_{R3} = 0$

Formen Sie Gleichungen um, und setzen Sie die Werte ein:

M_1: $-U_1 + R_1 I_1 + R_2 I_2 + U_2 + R_4 I_1 = 0$

M_2: $-U_2 - R_2 I_2 + R_3 I_3 = 0$

K_1: $-I_1 - I_2 + I_3 = 0$

M_1: $R_1 I_1 + R_2 I_2 + R_4 I_1 = U_1 - U_2$

M_2: $-R_2 I_2 + R_3 I_3 = U_2$

$$\begin{array}{ccc|c} I_1 & I_2 & I_3 & E \\ \end{array}$$

$$\left(\begin{array}{ccc|c} -1 & -1 & 1 & 0 \\ R_1 + R_4 & R_2 & 0 & U_1 - U_2 \\ 0 & -R_2 & R_3 & U_2 \end{array}\right)$$

Die Einheiten werden während der Matrixumformung weggelassen.

$$\left(\begin{array}{ccc|c} -1 & -1 & 1 & 0 \\ 13 & 3 & 0 & 0 \\ 0 & 3 & 10 & 60 \end{array}\right)$$

$$\rightarrow \left(\begin{array}{ccc|c} -1 & -1 & 1 & 0 \\ 0 & -10 & 13 & 0 \\ 0 & 3 & 10 & 60 \end{array}\right)$$

$$\rightarrow \left(\begin{array}{ccc|c} -1 & -1 & 1 & 0 \\ 0 & -10 & 13 & 0 \\ 0 & 0 & \frac{61}{10} & 60 \end{array}\right)$$

Aus der Matrix in Dreiecksform ergeben sich folgende Gleichungen:

$$-I_1 - I_2 + I_3 = 0 \wedge -10I_2 + 13I_3 = 0 \wedge \frac{61}{10}I_3 = 60\ \text{A}$$

Die Gleichungen werden nun gelöst. Beginnen Sie mit der einfachsten:

$$I_3 = \frac{600}{61}\text{A}$$

$$-10I_2 = -13I_3 = -13\left(\frac{600}{61}\right)\text{A} = \frac{-7800}{61}\text{A}$$

$$\Leftrightarrow\ I_2 = \frac{780}{61}\text{A}$$

$$-I_1 = I_2 - I_3 = \frac{780\ \text{A}}{61} - \frac{600\ \text{A}}{61} = \frac{180}{61}\text{A}$$

$$I_1 = \frac{-180}{61}\ \text{A} = -2{,}950\ \text{A}$$

$$I_2 = \frac{780}{61}\text{A} = 12{,}79\ \text{A}$$

$$I_3 = \frac{600}{61}\text{A} = 9{,}84\ \text{A}$$

Lösung 3

Wenn Sie diese Schaltung näher betrachten, erkennen Sie zwei Sternschaltungen. Das Potenzial am Punkt B beträgt null, aber die Bestimmung des Potenzials am Punkt A gestaltet sich so problematisch.

Wenn die Sternschaltungen allerdings jeweils in eine Dreieckschaltung umgewandelt werden, wird die Schaltung sehr einfach (siehe Abbildung 5.61).

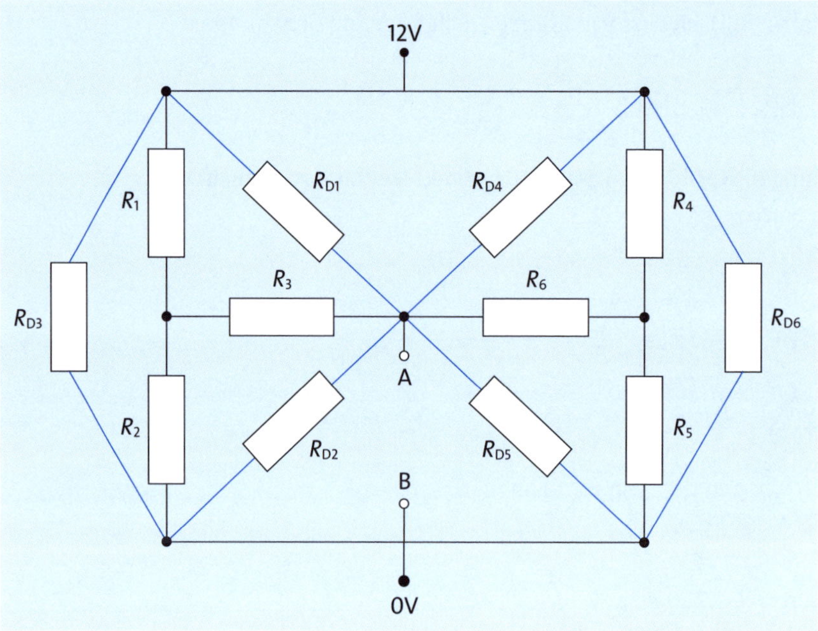

Abbildung 5.60 Schaltung zu Aufgabe 3 mit gedachten Dreieckswiderständen, die die Sternwiderstände ersetzen können

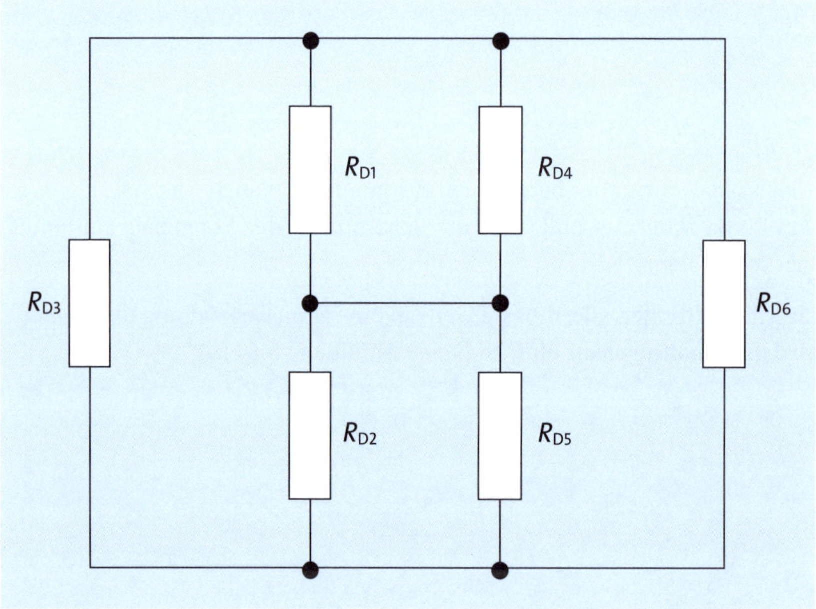

Abbildung 5.61 Schaltung zu Aufgabe 3 nach Umwandlung in Dreieckschaltung

Die Formeln für die Stern-Dreieck-Umwandlung lauten:

$$R_{D1} = R_1 + R_3 + \frac{R_1 \cdot R_3}{R_2}$$

$$R_{D2} = R_3 + R_2 + \frac{R_3 \cdot R_2}{R_1}$$

$$R_{D3} = R_1 + R_2 + \frac{R_1 \cdot R_2}{R_3}$$

Da die Widerstände innerhalb der Dreiecke alle gleich groß sind, reichen zwei Rechnungen, einmal für das linke Dreieck und einmal für das rechte, denn die Ergebnisse sind identisch:

$$R_{D1} = R_{D2} = R_{D3} = 3\,\Omega + 3\,\Omega + \frac{3\,\Omega \cdot 3\,\Omega}{3\,\Omega} = 9\,\Omega$$

$$R_{D4} = R_{D5} = R_{D6} = 6\,\Omega + 6\,\Omega + \frac{6\,\Omega \cdot 6\,\Omega}{6\,\Omega} = 18\,\Omega$$

Die Parallelschaltung aus R_{D1} und R_{D4} ergibt

$$R_{P1} = \frac{18\,\Omega \cdot 9\,\Omega}{27\,\Omega} = 6\,\Omega$$

genauso wie die Parallelschaltung von R_{D2} und R_{D6} mit $R_{P2} = 6\,\Omega$.

Da die beiden Widerstände gleich groß sind, halbiert sich die Spannung. Sie beträgt also 6 V.

Lösung 4

Die Widerstände R_1 und R_2 liegen in Reihe (siehe Abbildung 5.63) und bilden zusammen den Innenwiderstand R_{i1} der Spannungsquelle U_1.

$$R_{i1} = 40\,\Omega$$

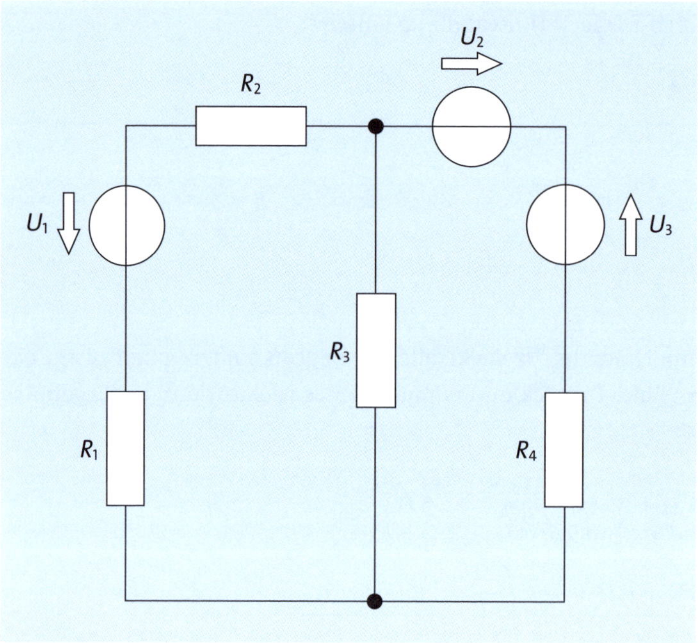

Abbildung 5.62 Schaltung zu Aufgabe 4

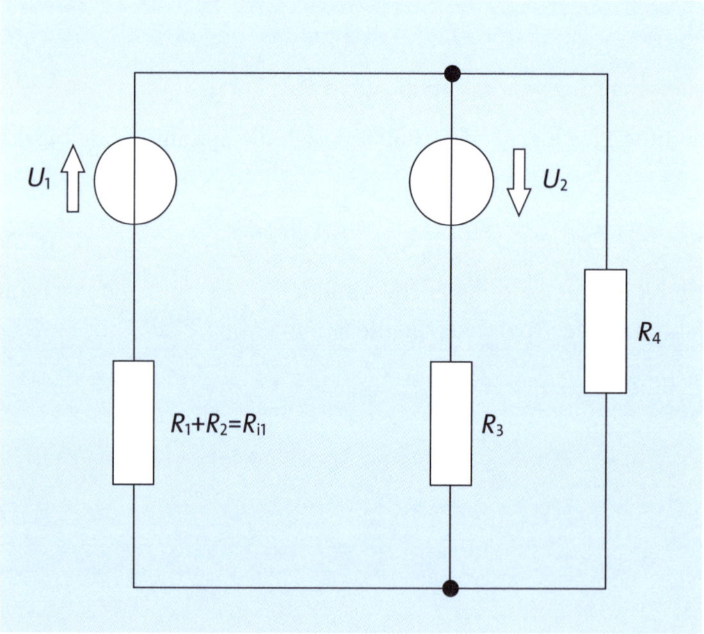

Abbildung 5.63 Zusammenfassung von R_1 und R_2

Um die Quellen zusammenzufassen, werden die Quellen in Stromquellen umgewandelt (siehe Abbildung 5.64):

$$I_1 = \frac{U_1}{R_{i1}} = \frac{40\ \text{V}}{40\ \Omega} = 1\ \text{A}$$

$$I_2 = \frac{U_2}{R_3} = \frac{15\ \text{V}}{25\ \Omega} = 0{,}6\ \text{A}$$

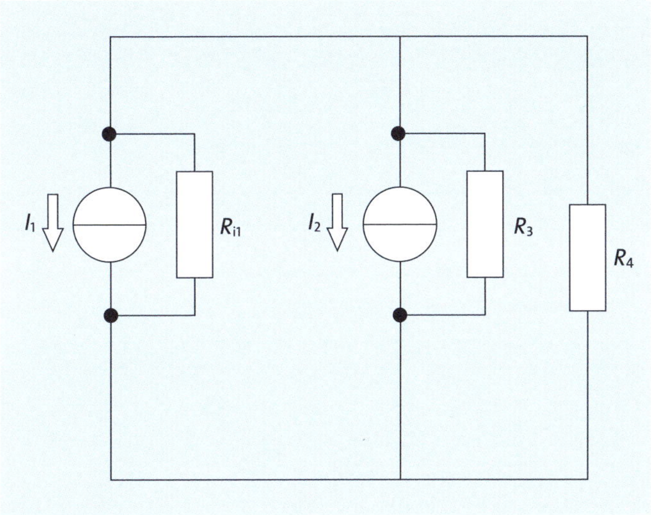

Abbildung 5.64 Umwandlung der Spannungsquellen in Stromquellen

Die beiden Stromquellen werden zu einer zusammengefasst. I_1 ist größer als I_2, somit fließt der resultierende Strom I in Richtung von I_1:

$$I = I_1 - I_2 = 0{,}4\ \text{A}$$

Der Innenwiderstand R_i ergibt sich aus der Parallelschaltung von R_{i1} und R_3:

$$R_\text{i} = \frac{R_{i1} \cdot R_3}{R_{i1} + R_3} = 15{,}38\ \Omega$$

Der Gesamtwiderstand von R_4 und R_i beträgt 7,6 Ω.

Der Strom I_4 beträgt somit:

$$I_4 = \frac{I \cdot R_\text{ges}}{R_4} = 0{,}203\ \text{A}$$

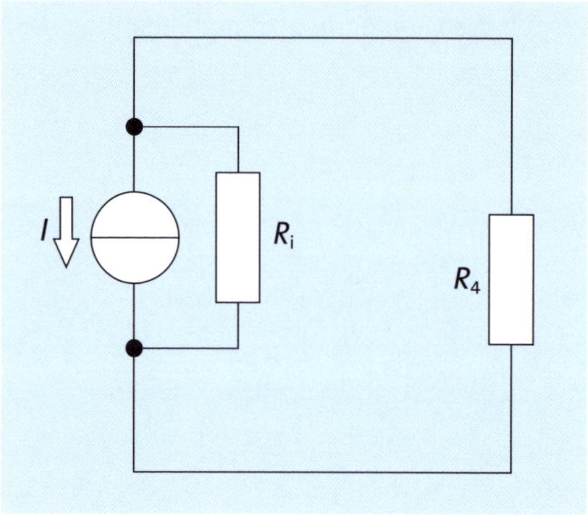

Abbildung 5.65 R_4 ist nun an einen Zweipol angeschlossen.

Lösung 5

Gegeben sind:

$U_1 = U_2 = U_3 = U_4 = 6\ \mathrm{V}$

$R_1 = R_2 = R_3 = R_4 = 2\ \Omega$

$R_5 = R_6 = 10\ \Omega$

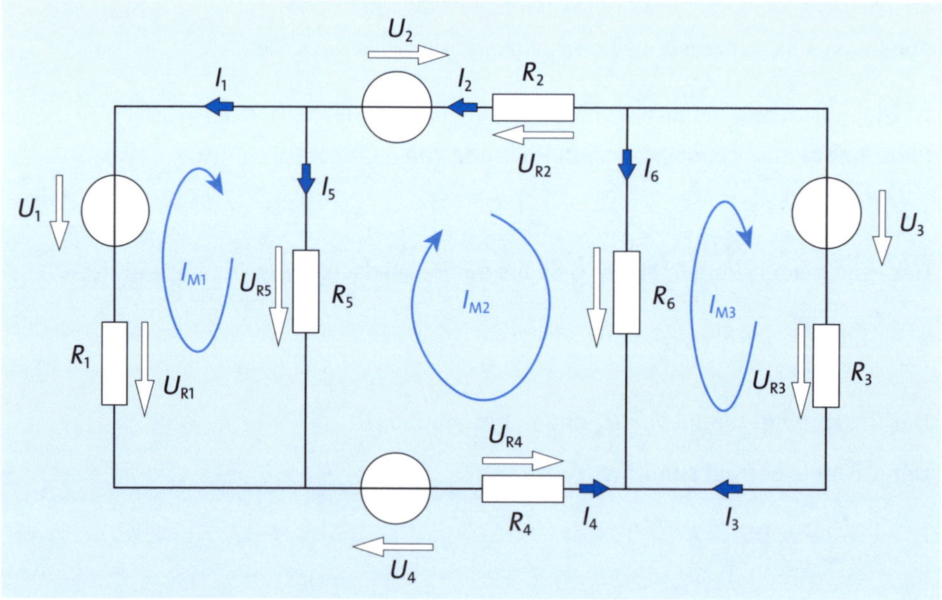

Abbildung 5.66 Schaltung zu Aufgabe 5

Aus den Maschen ergeben sich folgende Maschenstromgleichungen:

IM_1: $-U_1 + R_5(I_{M1} - I_{M2}) + I_{M1}R_1 = 0$

IM_2: $U_2 + R_2 I_{M2} + R_6(I_{M2} - I_{M3}) + R_4 I_{M2} + U_4 + R_5(I_{M2} - I_{M1}) = 0$

IM_3: $U_3 + R_3 I_{M3} + R_6(I_{M3} - I_{M2}) = 0$

Sortieren Sie sie ein bisschen übersichtlicher:

IM_1: $I_{M1}(R_5 + R_1) - I_{M2}R_5 = U_1$

IM_2: $-I_{M1}R_5 + I_{M2}(R_2 + R_6 + R_4 + R_5) - I_{M3}R_6 = -U_2 - U_4$

IM_3: $-I_{M2}R_6 + I_{M3}(R_3 + R_6) = -U_3$

Stellen Sie die Matrix auf, und setzen Sie die Werte ein:

$$\left(\begin{array}{ccc|c} 12 & -10 & 0 & 6 \\ -10 & 24 & -10 & -12 \\ 0 & -10 & 12 & -6 \end{array}\right)$$

Formen Sie die Matrix um:

$$\rightarrow \left(\begin{array}{ccc|c} 12 & -10 & 0 & 6 \\ 0 & -\frac{47}{3} & -10 & -7 \\ 0 & -10 & 12 & -6 \end{array}\right)$$

$$\rightarrow \left(\begin{array}{ccc|c} 12 & -10 & 0 & 6 \\ 0 & -10 & 12 & -6 \\ 0 & 0 & \frac{44}{5} & -\frac{82}{5} \end{array}\right)$$

Berechnen Sie die Ströme:

$$-\frac{44}{5} I_3 = -\frac{82\text{ A}}{5} \Leftrightarrow I_{M3} = -\frac{41}{22}\text{ A}$$

$$-10 I_2 + 12 I_3 = -6\text{ A} \Leftrightarrow I_{M2} = \frac{18}{11}\text{ A}$$

$$12I_1 - 10I_2 = 6\text{ A} \Leftrightarrow I_{M1} = -\frac{19}{22}\text{ A}$$

$$I_1 = I_{M1} = -0{,}86\text{ A}$$

$$I_2 = I_4 = I_{M2} = 1{,}64\text{ A}$$

$$I_3 = I_{M3} = -0{,}18\text{ A}$$

$$I_5 = I_{M1} - I_{M2} = -2{,}5\text{ A}$$

$$I_6 = I_{M2} - I_{M3} = 1{,}82\text{ A}$$

Lösung 6

Die Spannungsquellen U_2 und U_3 liegen in Reihe und können zu U_{23} zusammengefasst werden (siehe Abbildung 5.67):

$$U_{23} = U_2 - U_3 = 30\text{ V}$$

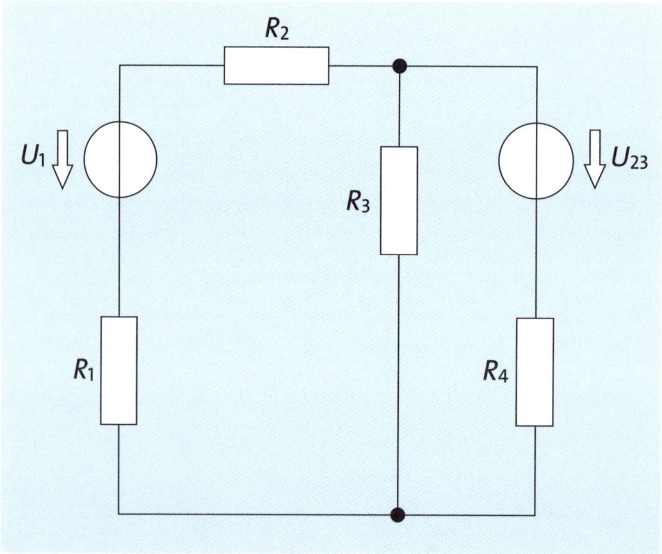

Abbildung 5.67 Zusammenfassung der Spannungsquellen U_2 und U_3 zu U_{23}

Nun wandeln Sie alle Spannungsquellen in Stromquellen um (siehe Abbildung 5.68).

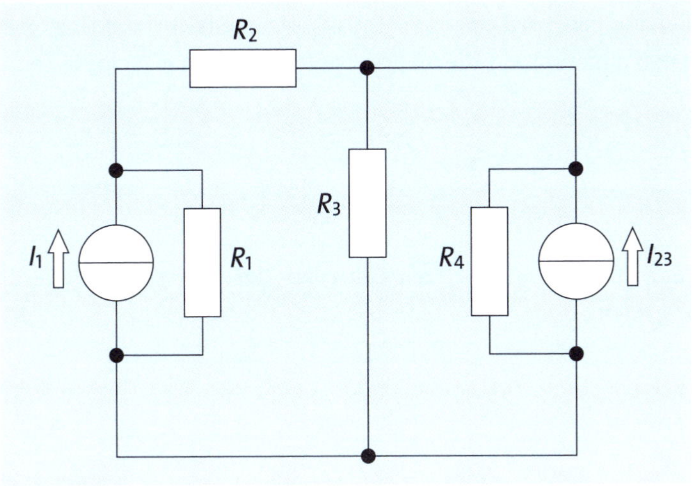

Abbildung 5.68 Schaltung zu Aufgabe 6 mit Stromquellen

$$I_1 = \frac{U_1}{R1} = \frac{42\ \text{V}}{15\ \Omega} = 2{,}8\ \text{A}$$

$$I_{23} = \frac{U_{23}}{R_4} = \frac{30\ \text{V}}{10\ \Omega} = 3\ \text{A}$$

Fassen Sie die Parallelwiderstände R_3 und R_4 zusammen (siehe Abbildung 5.69), benennen Sie die Knotenpunkte und legen Sie die Potenziale fest:

$R_{34} = R_3||R_4 = 5\ \Omega$

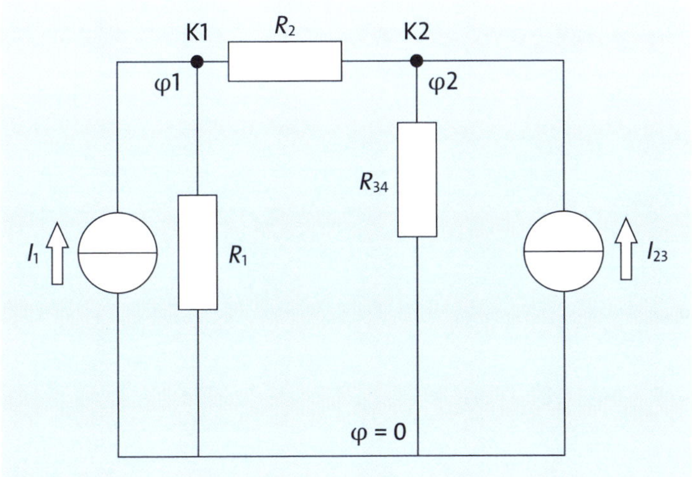

Abbildung 5.69 Zusammenfassung der Parallelwiderstände

Ohne Aufstellen der Gleichungen wird jetzt die Matrix aufgestellt. Auf die Diagonale kommen die Leitwerte der Widerstände, die an den Knotenpunkt angeschlossen sind:

$$\left(\begin{array}{cc|c} \frac{1}{R_1}+\frac{1}{R_2} & & \\ & \frac{1}{R_2}+\frac{1}{R_{34}} & \end{array}\right)$$

Auf der Nebendiagonalen stehen die negativen Leitwerte der Widerstände, die die Knoten miteinander verbinden:

$$\left(\begin{array}{cc|c} \frac{1}{R_1}+\frac{1}{R_2} & -\frac{1}{R_2} & I_1 \\ -\frac{1}{R_2} & \frac{1}{R_2}+\frac{1}{R_{34}} & I_{23} \end{array}\right)$$

$$\rightarrow \left(\begin{array}{cc|c} \frac{1}{15}+\frac{1}{30} & -\frac{1}{30} & 2{,}8 \\ -\frac{1}{30} & \frac{1}{30}+\frac{1}{5} & 3 \end{array}\right)$$

$$\rightarrow \left(\begin{array}{cc|c} \frac{1}{10} & -\frac{1}{30} & 2{,}8 \\ -\frac{1}{30} & \frac{7}{30} & 3 \end{array}\right)$$

$$\rightarrow \left(\begin{array}{cc|c} \frac{1}{10} & -\frac{1}{30} & 2{,}8 \\ 0 & \frac{2}{9} & \frac{59}{15} \end{array}\right)$$

$$\varphi_2 = \frac{59}{15} \cdot \frac{9}{2}\ \mathrm{V} = 17{,}7\ \mathrm{V}$$

$$\varphi_1 = 2{,}8\ \mathrm{V} + \frac{17{,}7\ \mathrm{V}}{30} = 33{,}9\ \mathrm{V}$$

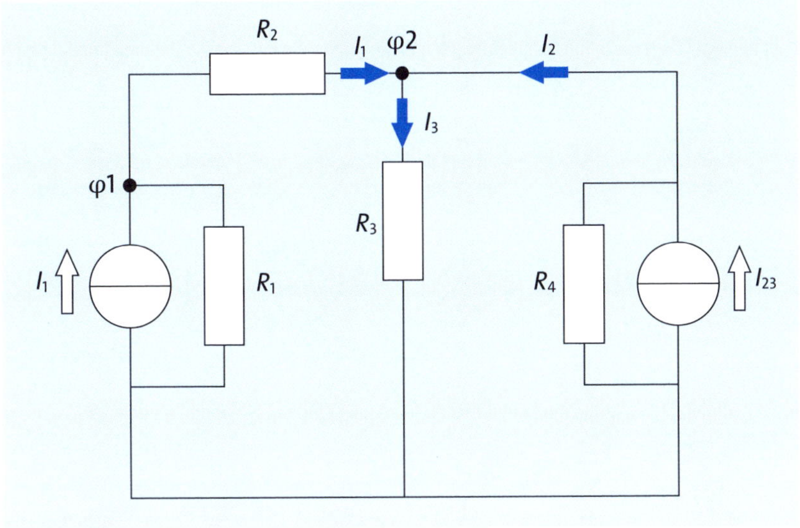

Abbildung 5.70 Stromrichtungen von I_1, I_2, I_3

$$U_{R2} = \varphi_1 - \varphi_2 = 33{,}9\ \text{V} - 17{,}7\ \text{V} = 16{,}2\ \text{V}$$

$$I_1 = \frac{U_{R2}}{R_2} = \frac{16{,}2\ \text{V}}{30\ \Omega} = 0{,}54\ \text{A}$$

$$U_{R3} = \varphi_2 = 17{,}7\ \text{V}$$

$$I_3 = \frac{U_{R3}}{R_3} = \frac{17{,}7\ \text{V}}{10\ \Omega} = 1{,}77\ \text{A}$$

$$I_2 = I_3 - I_1 = 1{,}77\ \text{A} - 0{,}54\ \text{A} = 1{,}23\ \text{A}$$

Kapitel 6
Magnetische Felder

Dieses Kapitel beschäftigt sich mit den Eigenschaften von magnetischen Feldern, insbesondere von solchen, die durch elektrischen Strom erzeugt werden. In diesem Zusammenhang werden Grundgrößen eingeführt: die magnetische Feldstärke, die Flussdichte und die Durchflutung sowie die Induktion.

Die folgenden Sachverhalte kennen Sie aus dem täglichen Leben: Ein Magnet hat zwei *Pole*, den Nord- und den Südpol, und kann ferromagnetische Metalle, z. B. Eisen, Nickel und Kobalt, anziehen.

Die *Anziehungskraft* ist an den Polen eines Magneten am stärksten.

Treffen zwei Magnete aufeinander, so ziehen sie sich an, wenn der Südpol des einen auf den Nordpol des anderen trifft. Gleiche Pole hingegen stoßen sich ab.

Magnetfelder können Sie sichtbar machen, indem Sie einen Magneten unter z. B. eine Glasplatte legen und darauf Eisenspäne streuen. Die Eisenspäne richten sich entlang der *Magnetfeldlinien* aus.

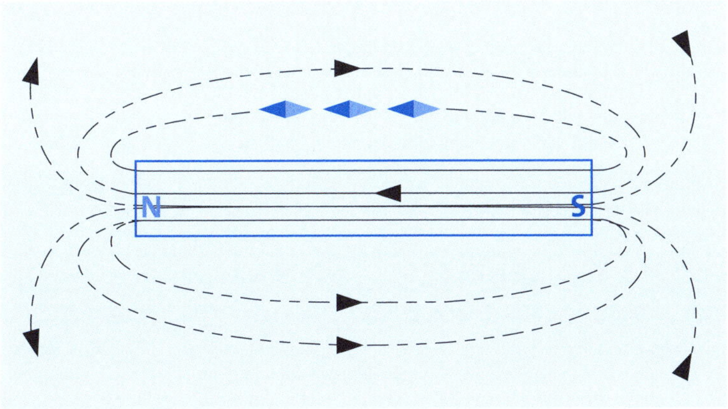

Abbildung 6.1 Feldlinien eines Magneten

Diese Feldlinien sind geschlossene Linien, die eine Richtung, einen *Drehsinn*, besitzen. Außerhalb des Magneten verlaufen die Linien von seinem Nord- zum Südpol und im

Innern des Magneten vom Süd- zum Nordpol. Schauen sie sich dies in Abbildung 6.1 am Beispiel eines Stabmagneten an.

Stellen Sie nun zwei Magneten wie in Abbildung 6.2 nebeneinander, so stoßen sie sich ab. Bei Betrachtung der Feldlinien können Sie sehen, dass sie zwischen den Magneten in die gleiche Richtung verlaufen. Nach außen hin wirkt das Feld wie das eines doppelt so starken Magneten.

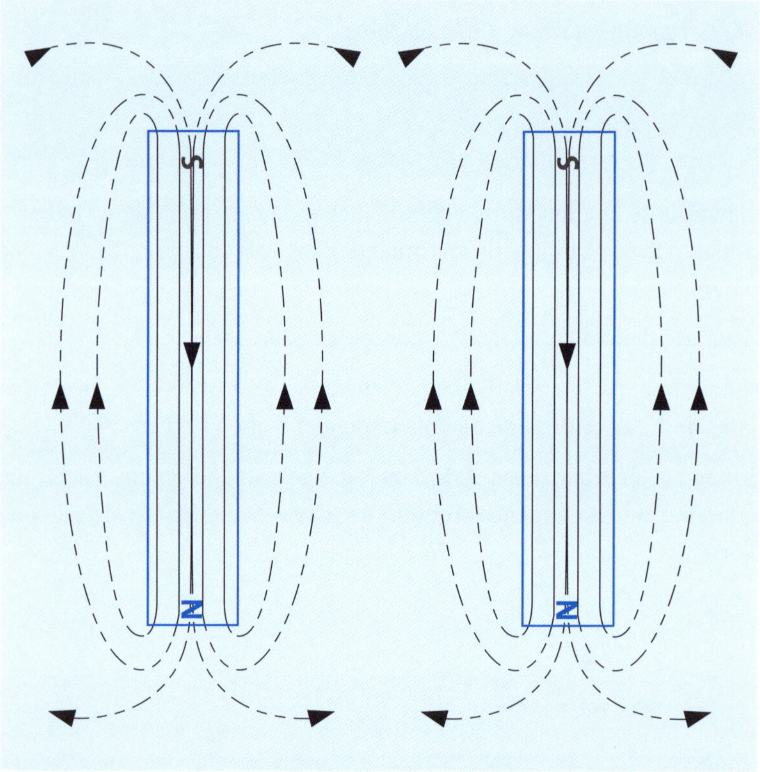

Abbildung 6.2 Abstoßung von Magneten

In Abbildung 6.3 ziehen sich die Magneten an und die Feldlinien verlaufen zwischen den Magneten entgegengesetzt. Vorausgesetzt beide Felder sind gleich groß, heben sie sich dabei gegenseitig auf.

Feldlinien

Verlaufen Feldlinien in die gleiche Richtung, so *verstärkt* sich das Magnetfeld.

Laufen die Feldlinien entgegengesetzt, so *schwächen* sich die Felder zwischen den Magneten ab bzw. heben sich auf, wenn beide Felder gleich groß sind.

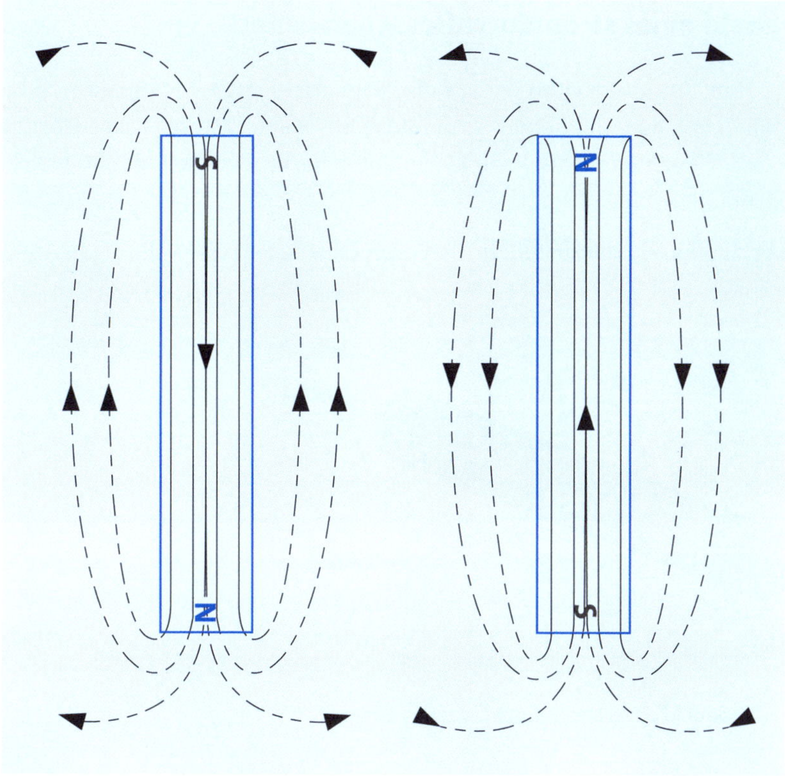

Abbildung 6.3 Anziehung von Magneten

Den Effekt des Magnetismus können Sie aber nicht nur bei Magneten beobachten, sondern auch in der Elektrotechnik: Sobald ein Strom durch einen Leiter fließt, verhält sich der Leiter wie ein Magnet. Fließen sehr kleine Ströme, so wird das Magnetfeld in der Regel nicht bemerkt, sind die Ströme allerdings groß, so kann eine Kraftwirkung auf metallische Gegenstände eindeutig festgestellt werden.

Dieses Phänomen, dass mithilfe von elektrischem Strom Magnetfelder erzeugt werden, nennt man *Elektromagnetismus*.

Anwendungen des Elektromagnetismus können Sie bei Schaltern, z. B. bei Relais oder Schützen, aber auch im Großen bei Kränen auf dem Schrottplatz sehen, die über einen Magneten metallische Autoteile anheben und nach Abschalten des Stromes wieder fallen lassen.

Schauen Sie sich nun das Magnetfeld um einen stromdurchflossenen Leiter an.

6.1 Magnetfeld eines stromdurchflossenen Leiters

1820 entdeckte Hans Christian Ørsted, dass ein Magnetfeld entsteht, sobald sich Ladungen bewegen. Das Magnetfeld eines stromdurchflossenen Leiters ist kreisförmig. Die Feldlinien laufen rechts oder links um den Leiter herum, je nachdem, in welche Richtung der Strom fließt.

Man hat, um das Magnetfeld darzustellen, die Vereinbarung getroffen, die Sie in Abbildung 6.4 sehen.

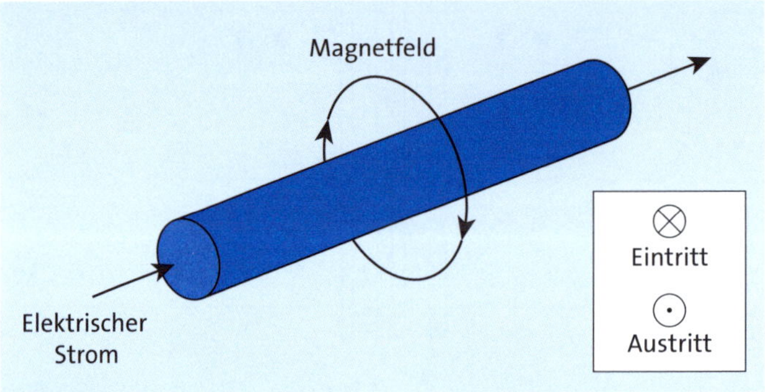

Abbildung 6.4 Magnetfeld eines stromdurchflossenen Leiters

Fließt der Strom vom Betrachter weg, so dreht sich das Magnetfeld, vom Betrachter aus gesehen, rechts um den Leiter und der Querschnitt des Leiters wird mit einem Kreuz gekennzeichnet. Fließt der Strom zum Betrachter hin, ist das Feld links herum gerichtet und der Querschnitt bekommt dann einen Punkt als Symbol.

Als Merkregel für die Richtung des Magnetfeldes eines stromdurchflossenen Leiters gibt es die Rechte-Hand-Regel aus Abbildung 6.5.

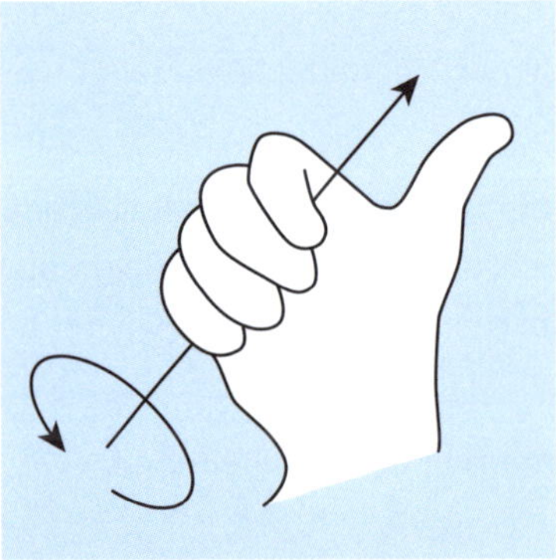

Abbildung 6.5 Rechte-Hand-Regel

Zeigt der Daumen wie in Abbildung 6.5 in die Richtung des Stromes, so zeigen die gebeugten Finger in die Drehrichtung des Feldes.

Die Felder können Sie sich also wie in Abbildung 6.6 vorstellen.

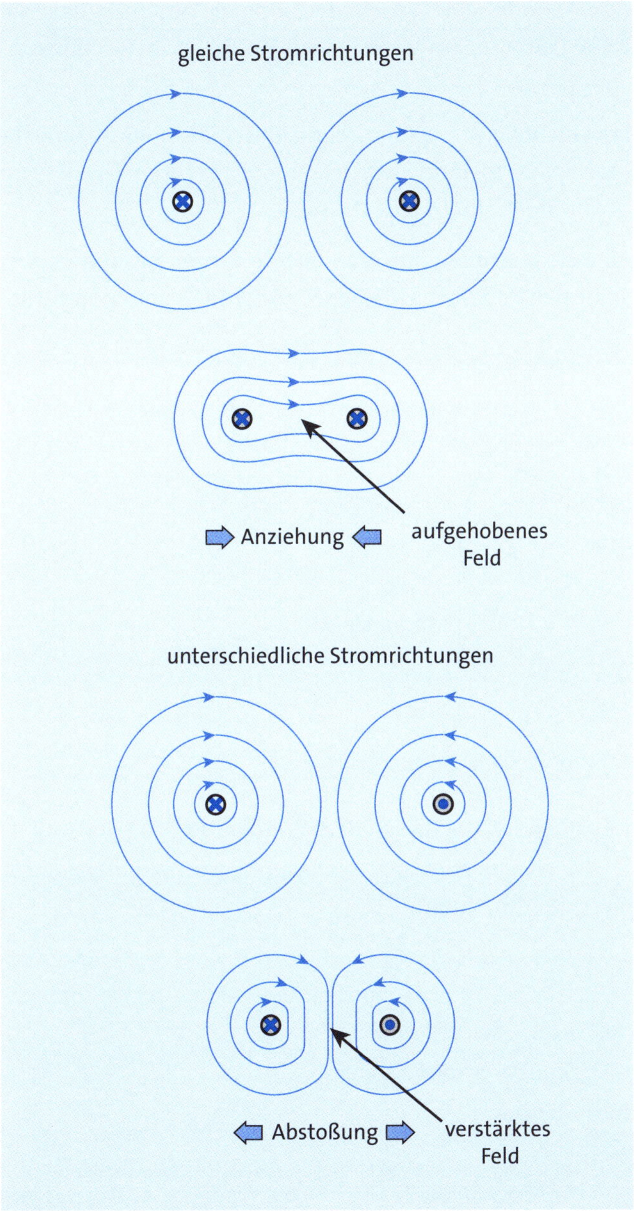

Abbildung 6.6 Kräfte zwischen stromdurchflossenen Leitern

Technische Stromrichtung

Bei der Betrachtung der Felder wird grundsätzlich von der technischen Stromrichtung ausgegangen.

Wenn Sie sich die Feldlinien in Abbildung 6.6 anschauen, können Sie sehen, dass sich zwei gegensinnig durchflossene Leiter abstoßen und zwei gleichsinnig durchflossene Leiter anziehen.

Das ist z. B. für die Installation von Stromschienen wichtig, durch die hohe Ströme fließen. Sie können sich bei zu geringem Abstand auch schon mal aus ihrer Verankerung lösen, da die magnetischen Kraftfelder aufeinander wirken.

Das Magnetfeld ist umso stärker, je größer der erzeugende Strom ist, und es wird umso schwächer, je weiter man sich von dem als Magnet wirkenden Leiter entfernt.

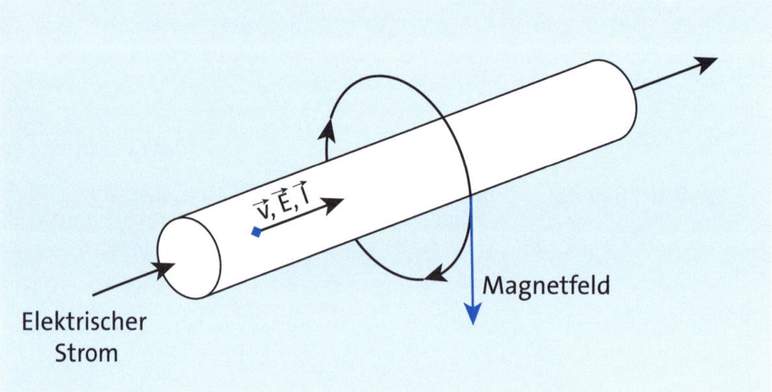

Abbildung 6.7 Magnetfeld eines stromdurchflossenen Leiters

Die Bewegungsrichtung der Ladungen $\vec{I}$, die Geschwindigkeit der Ladungen $\vec{v}$ und das elektrische Feld $\vec{E}$ zeigen in die gleiche Richtung und das Magnetfeld steht immer senkrecht zu diesen Größen (siehe Abbildung 6.7).

Stromdurchflossener Leiter

Das Magnetfeld liegt zylindrisch um den Leiter herum.

Die Richtung der Feldlinien hängt von der Stromrichtung ab:

- Vom Betrachter weg: rechtsdrehend
- Zum Betrachter hin: linksdrehend

Elektrisches Feld und magnetisches Feld stehen senkrecht aufeinander.

6.2 Magnetisches Feld von Leiterschleifen

Das magnetische Feld eines langgestreckten Leiters befindet sich zylinderförmig um den Leiter herum. Was passiert mit dem Magnetfeld eines stromdurchflossenen Leiters, wenn dieser Leiter gebogen wird?

Biegen Sie einen Draht so zu einem Kreis, dass die Enden sich nicht berühren, und lassen Sie dann einen Strom durch diesen Leiter fließen, dann hat sich das Feld nicht wesentlich verändert. Es befindet sich immer noch um den Leiter herum, aber da der Leiter nun kein Zylinder mehr ist, sondern fast einen Kreis bildet, ist das Feld eine Art Torus. Die Form des Leiters wird *Leiterschleife* genannt (siehe Abbildung 6.8). Aber auch wenn die Schleife etwas eckig wird, z. B. rechteckig oder quadratisch, spricht man ebenfalls von einer Leiterschleife.

Abbildung 6.8 Magnetfeld einer Leiterschleife (1)

Wenn Sie diese Schleife flach hinlegen und seitlich draufschauen, dann sehen Sie wie in Abbildung 6.9 das Feld eines sehr kurzen Stabmagneten.

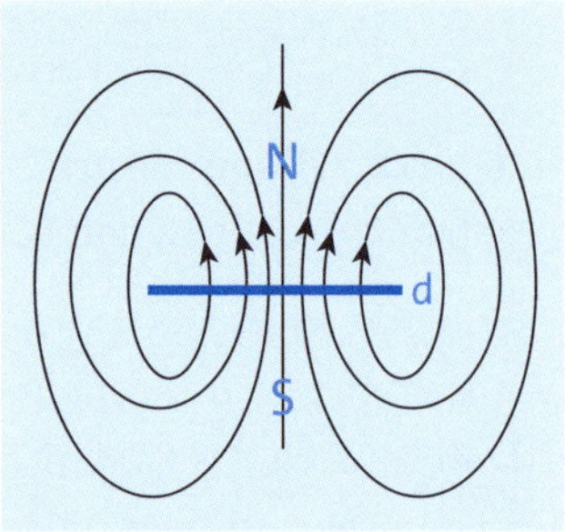

Abbildung 6.9 Magnetfeld einer Leiterschleife (2)

Dieser »Stabmagnet« hat die Länge des Durchmessers *d* des Leiters. Die Seite, auf der die Feldlinien austreten, ist der Nordpol, und die Seite, auf der die Feldlinien wieder in den Kreis eintreten, ist der Südpol.

Wenn Sie nun mehrere Leiterschleifen hintereinanderreihen, so bezeichnet man dieses Gebilde als *Spule*, genauer als Zylinderspule (siehe Abbildung 6.10).

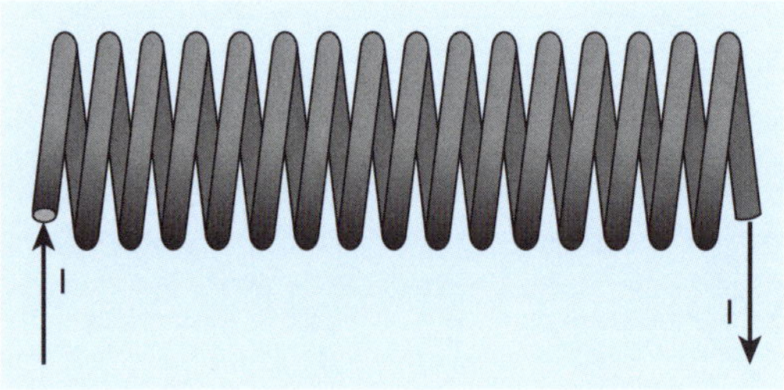

Abbildung 6.10 Zylinderspule

Da eine Spule aus einer bestimmten Anzahl an Leiterschleifen besteht (diese Anzahl wird *Windungszahl N* genannt), besteht das Feld einer Spule aus der Summe der Einzelfelder der Schleifen, die sich miteinander vereinigen (siehe Abbildung 6.11).

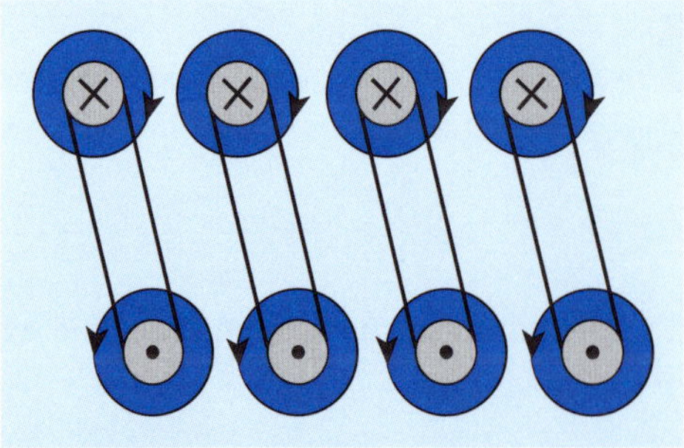

Abbildung 6.11 Magnetfelder der einzelnen Windungen einer Spule

Die Felder der Schleifen sind gleichsinnig durchflossen. Sie bilden also ein großes Feld aus der Überlagerung der Einzelfelder (siehe Abbildung 6.12).

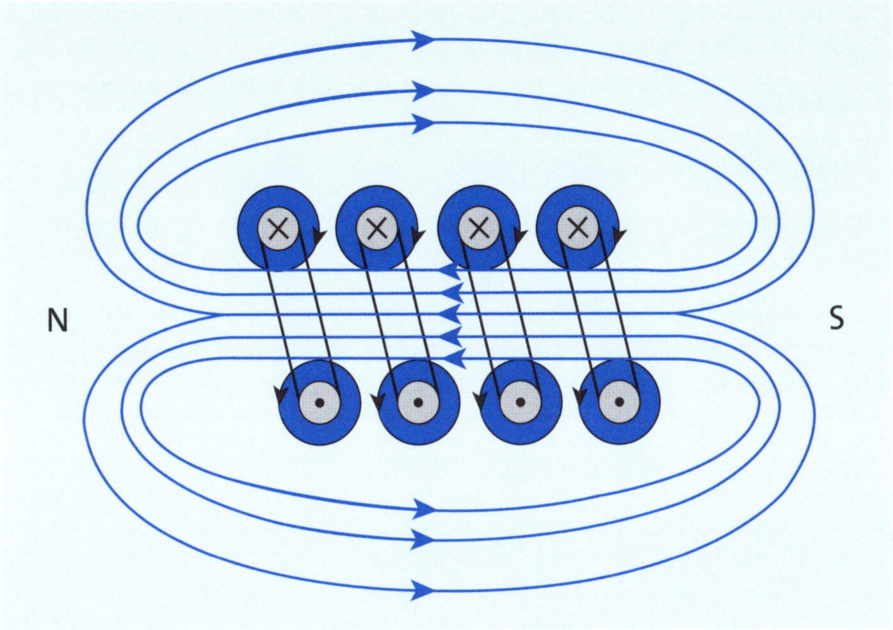

Abbildung 6.12 Magnetfeld einer stromdurchflossenen Spule

Was durch das Aufwickeln des Drahtes, durch den der Strom fließt, erreicht wurde, ist eine Verstärkung des Feldes um das n-Fache – bei gleichem Stromfluss. Sie sehen auch in Abbildung 6.12 wieder das Magnetfeldbild eines Stabmagneten. Das Magnetfeld einer stromdurchflossenen Zylinderspule gleicht also dem Magnetfeld eines Stabmagneten. Durch den Aufbau bedingt, entsteht im Inneren der Spule ein homogenes Magnetfeld. Das Feld ist also überall im Inneren der Spule gleich stark.

6.3 Magnetische Grundgrößen

Bevor Sie sich mit der Berechnung der magnetischen Grundgrößen befassen, ist es notwendig, eine für den Magnetismus wesentliche Rechenart einzuführen, ohne die keine Magnetfelder berechnet werden können. Sie haben im Vorfeld gelesen, dass das Magnetfeld senkrecht zum elektrischen Feld steht. Aber diese Tatsache muss auch mathematisch ausgedrückt werden, und dazu benutzen wir das *Vektorprodukt*.

6.3.1 Das Vektorprodukt (Kreuzprodukt)

In Kapitel 3 haben Sie gesehen, dass zwei Vektoren miteinander multipliziert werden können und das Ergebnis ein skalarer Wert ist. Dieses Produkt wird *Skalarprodukt* genannt.

Zur Erinnerung:

$$\vec{a} \cdot \vec{b} = a_1 b_1 + a_2 b_2 + \cdots + a_n b_n = ab \cos \alpha$$

Dabei sind a und b die Beträge der Vektoren $\vec{a}$ und $\vec{b}$, und α ist der Winkel, den sie einschließen.

Das Skalarprodukt hat die Eigenschaft, dass es sein Maximum erreicht, wenn die Vektoren parallel zueinander stehen, und dass es null ist, wenn die Vektoren senkrecht aufeinander stehen.

Den entgegengesetzten Zusammenhang stellt das *Vektorprodukt* dar. Ein weiterer Name für das Vektorprodukt ist *Kreuzprodukt*.

Das Vektorprodukt zweier Vektoren $\vec{a}$ und $\vec{b}$ ist folgendermaßen definiert:

$$\vec{a} \times \vec{b} = \begin{pmatrix} a_1 \\ a_2 \\ a_3 \end{pmatrix} \times \begin{pmatrix} b_1 \\ b_2 \\ b_3 \end{pmatrix} = \begin{pmatrix} a_2 b_3 - a_3 b_2 \\ a_3 b_1 - a_1 b_3 \\ a_1 b_2 - a_2 b_1 \end{pmatrix}$$

Das Ergebnis dieses Vektorproduktes ist also wieder ein Vektor. Daraus resultiert auch der Name.

Charakteristisch für das Vektorprodukt ist, dass der Ergebnisvektor $\vec{a} \times \vec{b}$ senkrecht auf $\vec{a}$ und auf $\vec{b}$ steht, wie Sie in Abbildung 6.13 sehen.

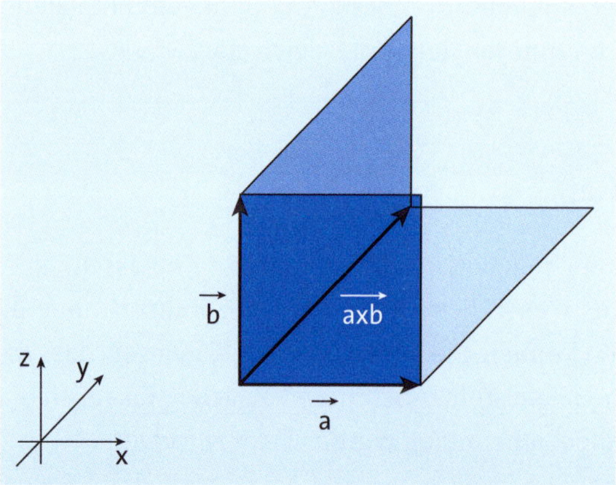

Abbildung 6.13 Vektorprodukt zweier Vektoren

Der Betrag dieses Produktes $\vec{a} \times \vec{b}$ kann mithilfe von

$$|\vec{a} \times \vec{b}| = a \cdot b \cdot \sin \alpha$$

berechnet werden. Der Winkel α ist der Winkel, in dem die Vektoren aufeinandertreffen. $\sin \alpha = 1$, wenn $\alpha = 90°$ beträgt, und $\sin \alpha = 0$, wenn die Vektoren parallel zueinander stehen.

Vorsicht: Das Vektorprodukt ist nicht kommutativ und assoziativ! Das bedeutet, dass $\vec{a} \times \vec{b} \neq \vec{b} \times \vec{a}$ und $\vec{a} \times (\vec{b} \times \vec{c}) \neq (\vec{a} \times \vec{b}) \times \vec{c}$. Sie müssen also unbedingt auf die Reihenfolge achten!

6.3.2 Durchflutung

Die Ursache für ein elektromagnetisches Feld ist der Strom. Eine Spule mit N Windungen hat ein N-mal größeres Magnetfeld als eine Schleife, obwohl der Strom in beiden Fällen gleich groß ist. Die Wirkung, also die Größe des erzeugten Magnetfeldes, hängt somit bei konstantem Strom von der Windungszahl ab.

Um nun Ursache und Wirkung ins Verhältnis setzen zu können, wurde der Begriff der *Durchflutung* eingeführt. Die Durchflutung ist das Produkt von Strom und Windungszahl. Das Formelzeichen ist ein großes griechisches Theta Θ:

$$\Theta = I \cdot N \qquad [6.1]$$

Da die Windungszahl keine Einheit besitzt, ergibt sich für die Einheit der Durchflutung die Einheit der Stromstärke, das Ampere: $[\Theta] = \mathrm{A}$

Die Durchflutung wird auch als *magnetische Spannung* bezeichnet, da sie die Ursache eines Magnetfeldes bildet, genauso wie die elektrische Spannung die Ursache des Stromflusses darstellt.

Bei der Beschreibung der Durchflutung sind wir davon ausgegangen, dass der Strom konstant ist. Aber was ist bei nicht konstanter Stromdichte im Leiter? Die Formel

$$\Theta = I \cdot N$$

ist somit nicht allgemeingültig. Sie muss verallgemeinert werden.

Dazu wird die Stromdichte in infinitesimal kleinen Teilstücken der Fläche $\mathrm{d}\vec{A}$ betrachtet, und dann wird aufsummiert:

$$\Theta = \int_A N \vec{J} \cdot \mathrm{d}\vec{A} = N \int_A \vec{J} \cdot \mathrm{d}\vec{A} \qquad [6.2]$$

6.3.3 Magnetische Feldstärke

Um die Stärke eines magnetischen Feldes zu beurteilen, schauen Sie sich das Feld der Spule (siehe Abbildung 6.14), eines Hufeisenmagneten (siehe Abbildung 6.15) oder Felder anderer Magnetformen (wie der Erde in Abbildung 6.16) an.

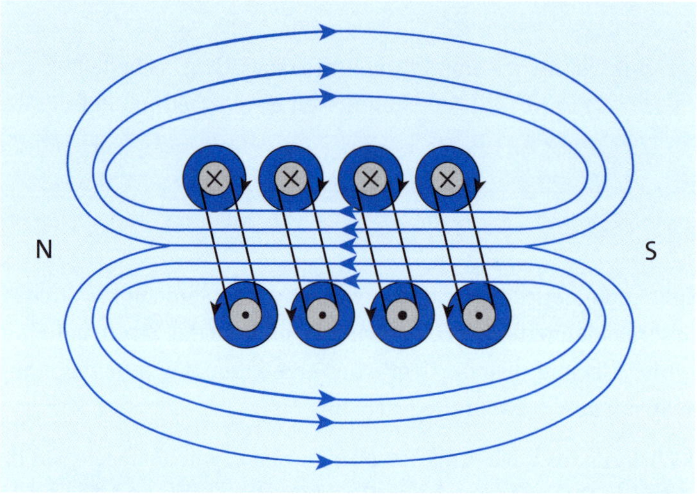

Abbildung 6.14 Magnetfeld einer Spule

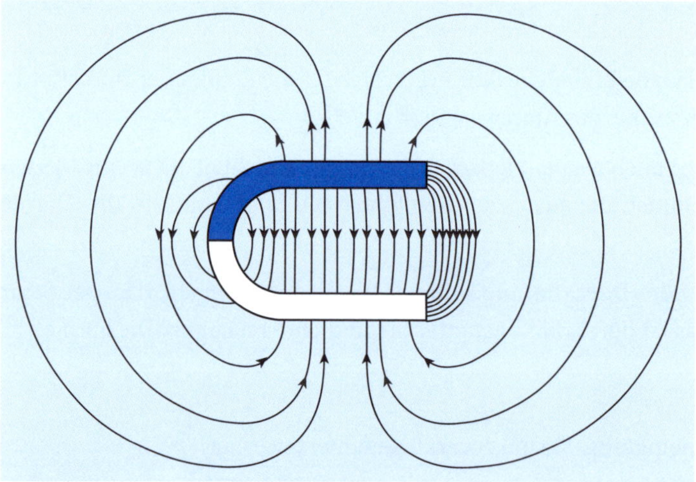

Abbildung 6.15 Magnetfeld eines Hufeisenmagneten

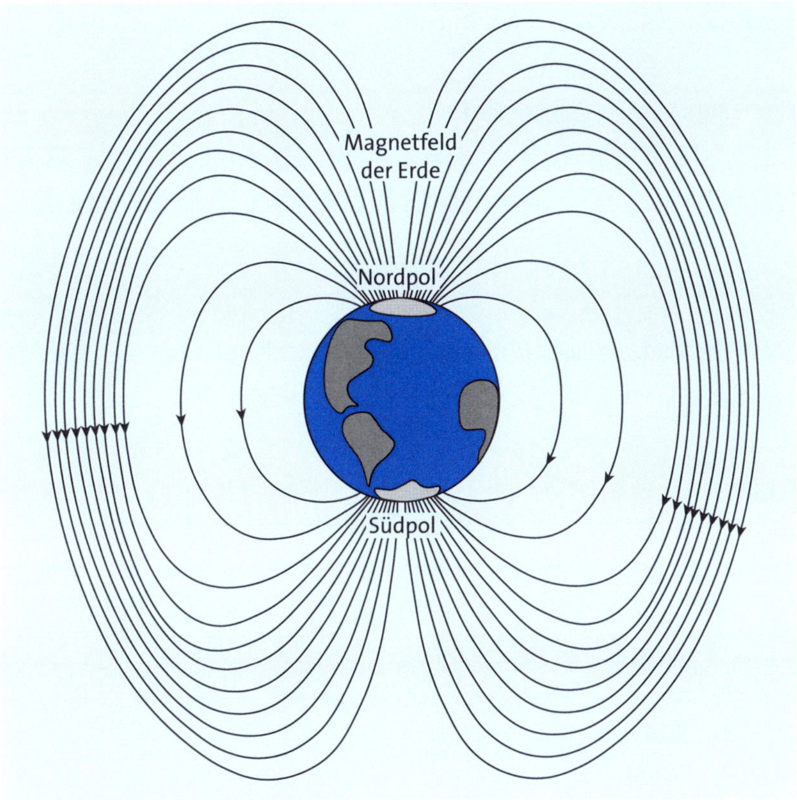

Abbildung 6.16 Magnetfeld der Erde

Wir sammeln, was Sie an den Feldlinienbildern erkennen können und was Sie aus Erfahrung wissen:

- An den Polen ist das magnetische Feld am stärksten – das wissen Sie aus Erfahrung. An den Polen ist auch die Feldlinienkonzentration am größten.
- Je weiter Sie ein Stück Eisen von einem Magneten entfernen, desto schwächer wird es angezogen, umso schwächer ist somit das magnetische Feld.
- Je weiter Sie sich vom Magneten entfernen, desto länger werden die Feldlinien. Dieser Sachverhalt ist auch unabhängig von der Form des Magneten.

Der Zusammenhang zwischen Feldlinienlänge und Stärke des Feldes wird bei der Definition der *magnetischen Feldstärke* H verwendet.

Für den Betrag der Feldstärke gilt:

$$H = \frac{\Theta}{l_\mathrm{m}} \quad [6.3]$$

H ist die magnetische Feldstärke, Θ die Durchflutung und l_{m} die mittlere Feldlinienlänge.

Die Einheit der magnetischen Feldstärke ist

$$[H] = \frac{\mathrm{A}}{\mathrm{m}}$$

Beispiel 1

Eine Spule hat $N = 1000$ Windungen. An dem Ort, an dem die mittlere Feldlinienlänge $l_{\mathrm{m}} = 30$ cm beträgt, erzeugt sie eine magnetische Feldstärke von $H = 400$ A/m. Wie groß ist die Stromstärke, die durch den Spulendraht fließt?

$$H = 400\,\frac{\mathrm{A}}{\mathrm{m}},$$

$$l_{\mathrm{m}} = 30\ \mathrm{cm},$$

$$N = 1000$$

$$H = \frac{\Theta}{l_{\mathrm{m}}} \Leftrightarrow \Theta = \mathrm{H} \cdot l_{\mathrm{m}} = 400\,\frac{\mathrm{A}}{\mathrm{m}} \cdot 0{,}30\ \mathrm{m} = 120\ \mathrm{A}$$

$$\Theta = I \cdot N \Leftrightarrow I = \frac{\Theta}{N} = \frac{120\ \mathrm{A}}{1000} = 0{,}12\ \mathrm{A} = 120\ \mathrm{mA}$$

Die Stromstärke beträgt 120 mA.

Da je nach Stromfluss die Durchflutung variieren kann, kann auch hier nicht immer von konstanten Größen ausgegangen werden. Daher wird der Betrag der Feldstärke allgemein mit

$$H = \frac{\mathrm{d}\Theta}{\mathrm{d}l_{\mathrm{m}}}$$

berechnet.

Als Vektor bekommt $\vec{H}$ die Richtung der Feldlinien, somit ist die vektorielle Form der Formel:

[6.4] $$\vec{H} = \frac{\mathrm{d}\Theta}{\mathrm{d}l_{\mathrm{m}}}\vec{e}_{l\mathrm{m}}$$

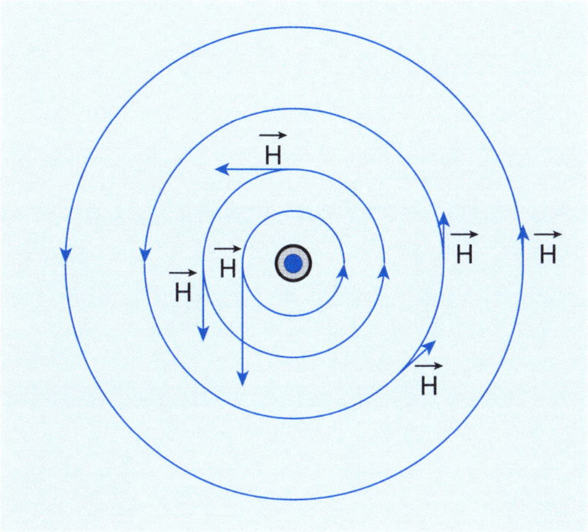

Abbildung 6.17 Feldstärken eines stromdurchflossenen Leiters in Abhängigkeit von dem Ort bzw. Abstand vom Leiter. Die Feldstärke verringert sich, je weiter man sich vom Leiter entfernt.

Durchflutungsgesetz

Die Durchflutung wird durch

$$\Theta = \oint_l \vec{H} \cdot \mathrm{d}\vec{l}_\mathrm{m}$$

dargestellt. Hier wird das Kurvenintegral über einen geschlossenen Weg l gewählt, denn die Feldlinie ist eine geschlossene Linie.

Vergleichen Sie nun diese Formel mit der Durchflutung aus Abschnitt 6.3.2, dann erhalten Sie:

$$\Theta = \oint_l \vec{H} \cdot \mathrm{d}\vec{l}_\mathrm{m} = N \int_A \vec{J} \cdot \mathrm{d}\vec{A}$$

Für eine Leitschleife ist $N = 1$ und es gilt:

$$\Theta = \oint_l \vec{H} \cdot \mathrm{d}\vec{l}_\mathrm{m} = \int_A \vec{J} \cdot \mathrm{d}\vec{A} \qquad [6.5]$$

Diese Formel ist als *Durchflutungsgesetz* bekannt. Das Durchflutungsgesetz stellt den Zusammenhang zwischen der Feldstärke und der felderzeugenden Stromdichte dar.

Beispiel 2

Ein Draht mit einem Radius R wird von einem konstanten Strom I durchflossen (siehe Abbildung 6.18). Wie groß ist die Feldstärke im Inneren (Abstand r_i) und außerhalb des Drahtes (Abstand r_a)?

Da I konstant ist, ist auch Θ eine konstante Größe. Es stellt sich nun nur noch die Frage nach der Länge von l_m. Der Umfang eines Kreises l_m wird nach der Umfangsformel $l_\mathrm{m} = 2\pi r$ berechnet. Trotzdem werden wir l_m nun mithilfe der Integralrechnung berechnen, damit Sie es einmal gesehen haben.

l_m ist der Rand einer Fläche, hier eines Kreises, und $\mathrm{d}l_\mathrm{m}$ ist ein infinitesimal kleines Stückchen dieses Randes.

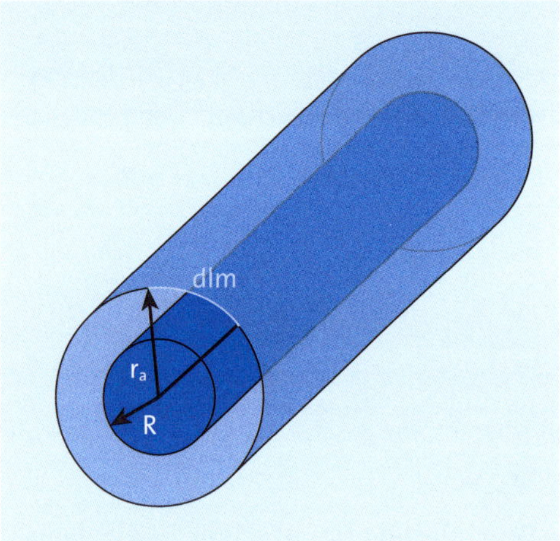

Abbildung 6.18 Das Magnetfeld eines stromdurchflossenen Leiters mit dem Radius R im Abstand r_a vom Mittelpunkt

Sie summieren nun diese Teilstücke auf und erhalten:

$$l_\mathrm{m} = \oint_{\partial A} \mathrm{d}l_\mathrm{m} = \int_0^{2\pi} \int_0^{r_a} \mathrm{d}r\mathrm{d}\varphi = 2\pi r_a$$

∂A ist der Rand der Fläche A.

Für H erhalten Sie:

$$H = \frac{I}{2\pi r_a}$$

Wir sind dabei stillschweigend davon ausgegangen, dass r_a außerhalb des Leiters liegt, also $r_a > R$ ist, denn dort wirkt das Feld, das durch den gesamten Strom im Leiter erzeugt wurde, und alle Größen sind hier konstant.

Wie sieht es innerhalb des Leiters aus?

Die Stromdichte des Leiters beträgt $J = \frac{I}{\pi R^2}$. Am Radius r_i trägt aber nur die Fläche $A = \pi {r_i}^2$ zur Durchflutung bei (siehe Abbildung 6.19).

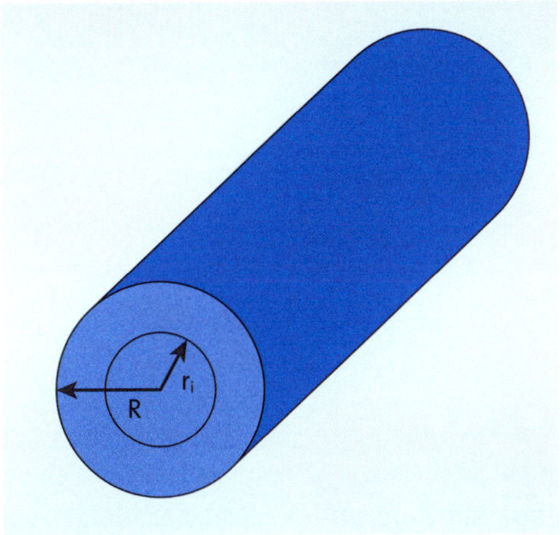

Abbildung 6.19 Das Magnetfeld eines stromdurchflossenen Leiters im Inneren des Leiters

Die Größen j und A werden nun in das Durchflutungsgesetz eingesetzt. Da die Stromdichte konstant ist und j und A senkrecht aufeinander stehen, wird aus dem Integral

$$\Theta = \int_A \vec{J} \cdot \mathrm{d}\vec{A} = J \cdot A = \frac{I}{\pi R^2} \pi {r_i}^2 = \frac{I {r_i}^2}{R^2}$$

und:

$$\Theta = \oint_l H \cdot \mathrm{d}l_\mathrm{m} = H \cdot 2\pi r_i$$

Zusammengefasst und nach H umgestellt, erhalten Sie:

$$H = \frac{I r_i}{2\pi R^2}$$

Das Feld steigt also im Inneren des Leiters linear an und fällt außerhalb des Leiters proportional zu $^1/_r$ ab (siehe Abbildung 6.20).

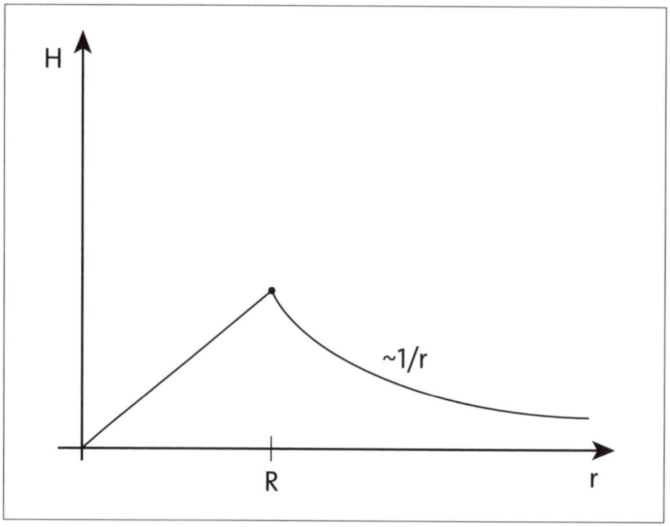

Abbildung 6.20 Verhalten der magnetischen Feldstärke in Abhängigkeit des Abstandes vom Leitermittelpunkt

Richtung der Feldlinien

Bisher haben wir die Richtung der Felder nicht berücksichtigen müssen, da es sich um Größen handelte, die parallel zueinander verliefen. Aufgrund des Skalarproduktes von $\vec{J}$ und $\vec{A}$ bzw. $\vec{H}$ und $\overrightarrow{l_m}$ fiel die Richtung dann weg. Dies ist aber nicht generell der Fall. Also müssen wir uns mit folgender Frage auseinandersetzen: Welche Richtung besitzen die Feldlinien?

Schauen Sie sich in Abbildung 6.21 noch einmal das Feld eines stromdurchflossenen Leiters an.

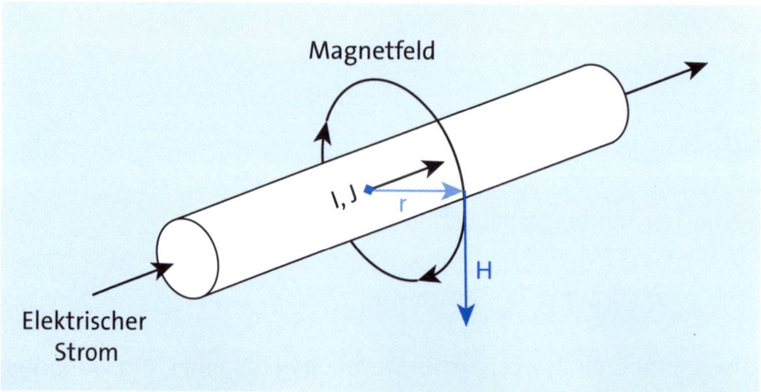

Abbildung 6.21 Magnetfeld eines stromdurchflossenen Leiters I

Von einer Ladung aus betrachtet, stehen der Strom $\vec{I}$, der Abstand $\vec{r}$ der Ladung von der Stelle, an der Sie das Magnetfeld betrachten wollen, und das Magnetfeld $\vec{H}$ senkrecht aufeinander.

Da der Strom bzw. die Stromdichte und der Abstand in der Regel bekannt sind, kann die Richtung des Magnetfeldes mithilfe des Kreuzproduktes der Richtungen von $\vec{I}$ und $\vec{r}$ bestimmt werden.

Schauen Sie sich hierzu Abbildung 6.22 an.

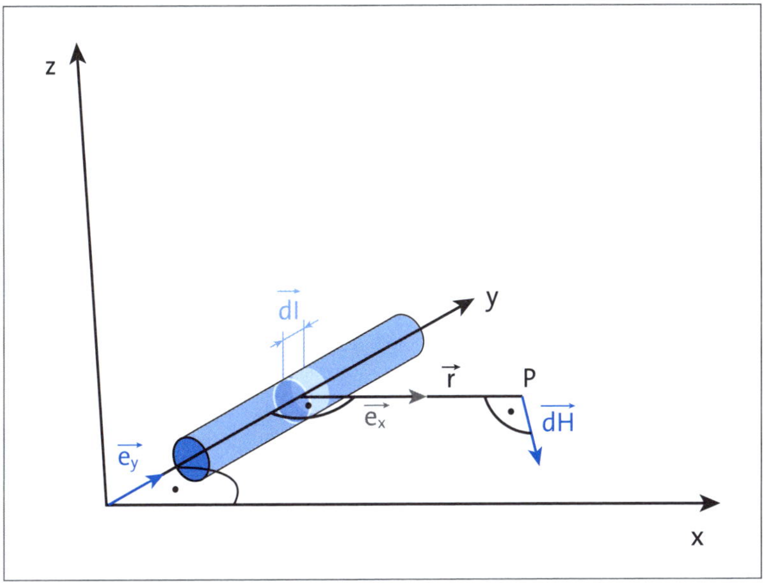

Abbildung 6.22 Magnetfeld eines stromdurchflossenen Leiters II

Der Strom fließt in Richtung der y-Achse. Betrachtet werden soll das Magnetfeld im Punkt P, der in der x-y-Ebene liegt. Also liegt der Abstand r von I zu P in Richtung der x-Achse.

Sie wissen aufgrund der Festlegung der Feldrichtung eines Leiters, dass das Magnetfeld nun in die Richtung der negativen z-Achse zeigen muss.

Das können Sie auch rechnerisch beweisen:

$$\text{Richtung von } \vec{H} = \vec{e}_I \times \vec{e}_r = \begin{pmatrix} 0 \\ 1 \\ 0 \end{pmatrix} \times \begin{pmatrix} 1 \\ 0 \\ 0 \end{pmatrix} = \begin{pmatrix} 0 \\ 0 \\ -1 \end{pmatrix}$$

Für die Feldstärke eines Drahtes heißt das

$$\vec{H} = \frac{\vec{I}}{l_\mathrm{m}}\vec{e}_{l\mathrm{m}} = \frac{I}{2\pi r}\vec{e}_I \times \vec{e}_r$$

wobei $\vec{e}_l$ die Richtung des Stromes I und $\vec{e}_r$ die Richtung des Abstandes r darstellen.

Feld einer beliebigen Leiterform

Wenn die Form des Leiters nicht langgestreckt ist, sondern eine beliebige Form hat, müssen Sie die Teilfeldstärken $\mathrm{d}\vec{H}$ betrachten, die von einem Teilleiterstück $\mathrm{d}\vec{l}$ erzeugt werden.

Hier hilft das *Biot-Savart-Gesetz* bei der Berechnung.

$\mathrm{d}\vec{H}$ kann mithilfe dieses Gesetzes folgendermaßen dargestellt werden:

[6.6]
$$\mathrm{d}\vec{H} = \frac{1}{4\pi} I\mathrm{d}\vec{l} \times \frac{\vec{r} - \vec{r'}}{\left|\vec{r} - \vec{r'}\right|^3}$$

Um die Bedeutung der einzelnen Komponenten zu verstehen, schauen Sie sich Abbildung 6.23 an.

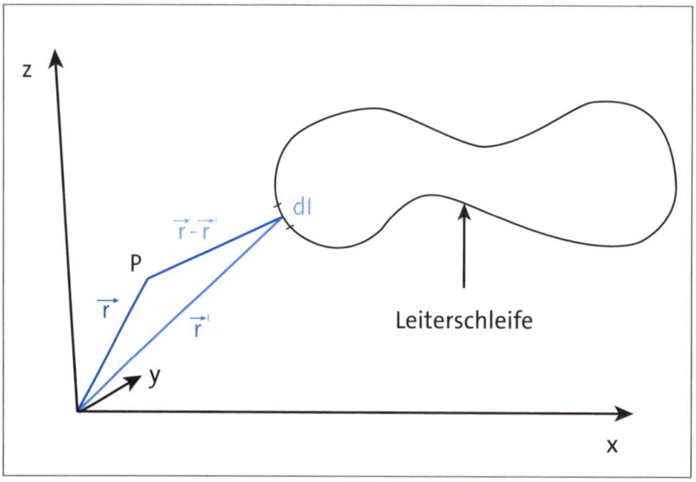

Abbildung 6.23 Der Abstand von P zu dl wird durch die Differenz der Ortsvektoren von P und dl bestimmt.

Eine beliebige Leiterschleife befindet sich im dreidimensionalen Raum. P ist der Punkt, an dem Sie sich für die Feldstärke interessieren.

Vom Koordinatenursprung aus betrachtet, zeigt der Vektor $\vec{r}$ zu P, und der Vektor $\overrightarrow{r'}$ zeigt zu der Stelle, an der das Magnetfeld erzeugt wird, also dl.

$\vec{r}-\overrightarrow{r'}$ stellt also den Vektor dar, den wir vorher mit $\vec{r}$ bezeichnet haben, also den Abstand vom Leiter zu P.

$\frac{\vec{r}-\overrightarrow{r'}}{|(\vec{r}-\overrightarrow{r'})|}=\overrightarrow{e_r}$ ist der Einheitsvektor in Richtung von $\vec{r}-\overrightarrow{r'}$.

Um nun $\vec{H}$ zu erhalten, werden die Teilstücke über die Länge des Leiters aufsummiert. Sie erhalten:

$$\vec{H}=\frac{1}{4\pi}I\int_l \mathrm{d}\vec{l}\times\frac{\vec{r}-\overrightarrow{r'}}{|\vec{r}-\overrightarrow{r'}|^3}$$

Somit erhalten Sie eine allgemeine Formel zur Berechnung der magnetischen Feldstärke.

6.3.4 Magnetischer Fluss, magnetische Flussdichte

Wenn Sie sich noch einmal die Feldlinienbilder von Magneten in Erinnerung rufen, so stellen Sie fest, dass das Feld senkrecht zu den Polflächen viel stärker als in gleicher Entfernung an einer anderen Stelle ist. Auch die Feldlinienkonzentration ist dort größer als anderswo.

Zur Beschreibung des magnetischen Feldes kommen nun noch zwei weitere Größen ins Spiel: die Anzahl und die Konzentration der Feldlinien.

Wie auch in der Elektrostatik wird die Größe des Flusses, genauer des *magnetischen Flusses* ϕ_{mag}, eingeführt. Der Fluss stellt ein Maß für die Anzahl der Feldlinien dar. Die Einheit, in der der Fluss angegeben wird, ist Vs (*Voltsekunde*) oder Wb (*Weber*).

$$[\phi]=\text{Vs}=\text{Wb}$$

Wenn die Durchflutung als magnetische Spannung bezeichnet wird, da sie die Ursache eines Magnetfeldes ist, so wird der Fluss als *magnetischer Strom* bezeichnet.

Im Falle einer Spule, bei der jede Windung einen eigenen Fluss hervorruft, spricht man vom sogenannten *Verkettungsfluss* ψ. Der Verkettungsfluss setzt sich aus den Einzelflüssen jeder Schleife zusammen:

$$\psi=N\cdot\phi \qquad [6.7]$$

Die *magnetische Flussdichte* B ist ebenfalls analog zur Elektrostatik Fluss pro Fläche:

[6.8] $$B = \frac{\phi}{A}$$

A stellt die Querschnittsfläche dar, die vom Fluss durchdrungen wird. Auch hier wird bei nicht konstanten Werten die Differenzialrechnung bemüht, und das führt zu:

$$B = \frac{\mathrm{d}\phi}{\mathrm{d}A}$$

Bei der Flussdichte handelt es sich ebenfalls um eine vektorielle Größe. Und auch hier, wie schon in Kapitel 3, kann der Fluss dann über

[6.9] $$\phi = \int_A \vec{B} \cdot \mathrm{d}\vec{A}$$

berechnet werden.

Die Einheit der Flussdichte lautet T und ist nach Nikola Tesla benannt. Sie setzt sich zusammen aus:

$$[B] = \frac{\mathrm{Vs}}{\mathrm{m}^2} = \mathrm{T}$$

Sie kann ebenso wie die Feldstärke als Maß der Stärke eines magnetischen Feldes herangezogen werden. H und B sind proportional zueinander, und die Proportionalitätskonstante für magnetische Felder, die sich im Vakuum ausbreiten, ist $\mu_0 = 4\pi \cdot 10^{-7} \frac{\mathrm{Vs}}{\mathrm{Am}} = 1{,}256 \cdot 10^{-6} \frac{\mathrm{Vs}}{\mathrm{Am}}$ μ_0 heißt *magnetische Feldkonstante.* Alternativ wird sie auch *Permeabilitätskonstante* genannt.

[6.10] $$\vec{B} = \mu_0 \vec{H}$$

Für einen geraden Leiter erhalten Sie dann:

$$\vec{B} = \mu_0 \frac{\vec{I} \times \overrightarrow{e_r}}{l_\mathrm{m}} = \frac{\mu_0 I}{2\pi r} \overrightarrow{e_I} \times \overrightarrow{e_r} = \frac{\mu_0 I}{2\pi r} \overrightarrow{e_{l_\mathrm{m}}}$$

Wie sieht das Magnetfeld eines gebogenen Drahtes oder anderer Strukturen aus?

Auch hier benutzen Sie das Biot-Savart-Gesetz, das im Vergleich mit der Feldstärke $\vec{H}$ nur mit μ_0 multipliziert wird. Und wieder erhalten Sie eine allgemeine Formel zur Berechnung der magnetischen Flussdichte:

$$\vec{B} = \frac{\mu_0}{4\pi} I \int_l d\vec{l} \times \frac{\vec{r} - \vec{r'}}{\left|(\vec{r} - \vec{r'})\right|^3}$$

Permeabilität

Betrachten Sie Magnetfelder, die sich nicht im Vakuum befinden, sondern durch Materie gehen, so beeinflusst dieses Material die Flussdichte.

Bei gleicher Feldstärke konzentrieren sich die Feldlinien in einem Stück Eisen; ein Stück Holz hingegen beeinflusst die Feldlinien so gut wie gar nicht.

Als Modellvorstellung zieht man sogenannte *Elementarmagneten* heran. Die Idee dahinter ist folgende: Jedes Material besteht aus Elementarmagneten. Die Anordnung könnte z. B. so wie in Abbildung 6.24 aussehen.

Abbildung 6.24 Elementarmagnete

Diese Magneten richten sich je nach Material mehr oder weniger in einem äußeren Magnetfeld aus.

Je nach Ausrichtungsgrad unterscheidet man vier Arten von Materialien:

1. **neutrale Materialien:** Die Elementarmagneten richten sich nicht aus. Die Feldlinien werden nicht beeinflusst. Sie verhalten sich im Wesentlichen genauso wie im Vakuum.

2. **diamagnetische Materialien:** Die Elementarmagneten richten sich entgegengesetzt dem äußeren Feld aus und stoßen die äußeren Feldlinien ab, die Flussdichte wird also im Vergleich zum Vakuum verkleinert (siehe Abbildung 6.25 und Abbildung 6.26).

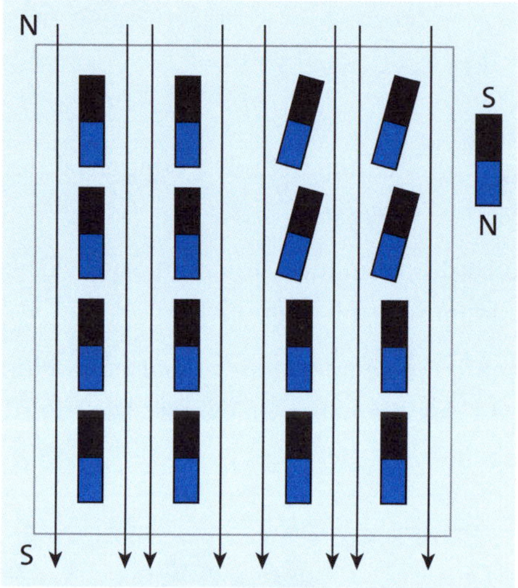

Abbildung 6.25 Ausrichtung der Elementarmagnete in diamagnetischem Material bei äußerem Magnetfeld

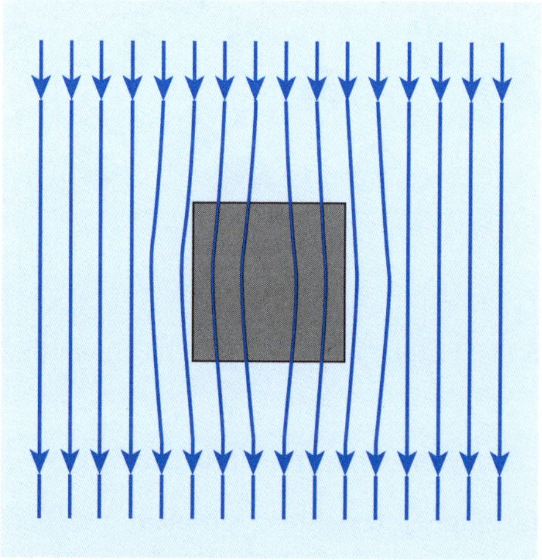

Abbildung 6.26 Verhalten eines äußeren Magnetfeldes bei diamagnetischem Material

3. **paramagnetische Materialien:** Die Elementarmagneten richten sich teilweise in Richtung des äußeren Feldes aus (siehe Abbildung 6.27 und Abbildung 6.28). Dadurch wird die Flussdichte vergrößert.

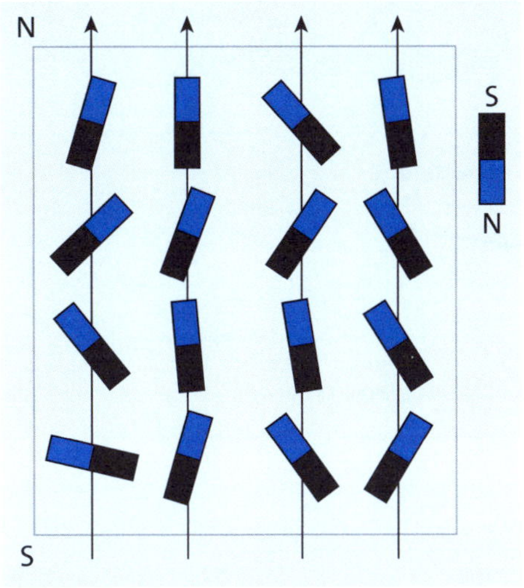

Abbildung 6.27 Ausrichtung der Elementarmagnete von paramagnetischem Material

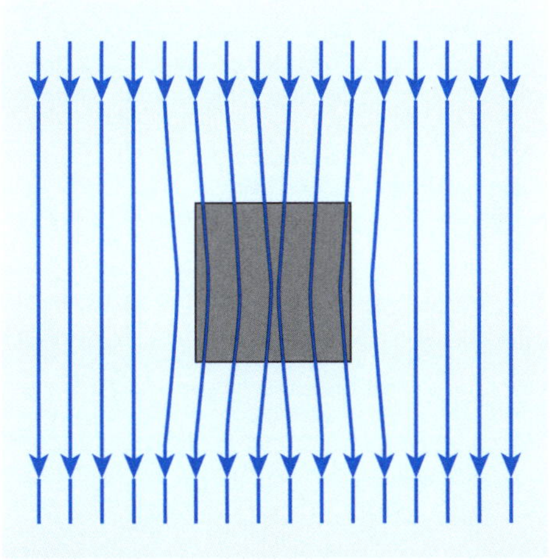

Abbildung 6.28 Verhalten eines äußeren Magnetfeldes bei paramagnetischem Material

4. **ferromagnetische Materialien:** Die Elementarmagneten richten sich in Richtung des äußeren Feldes aus und verstärken dadurch die Flussdichte extrem. Wie groß die Verstärkung ist, hängt von der jeweiligen Feldstärke ab (siehe Abbildung 6.29 bis Abbildung 6.31. Je größer die Feldstärke ist, umso mehr wird die Flussdichte verstärkt, bis die sogenannte *Sättigung* erreicht ist. Typische ferromagnetische Stoffe sind Eisen, Nickel und Kobalt.

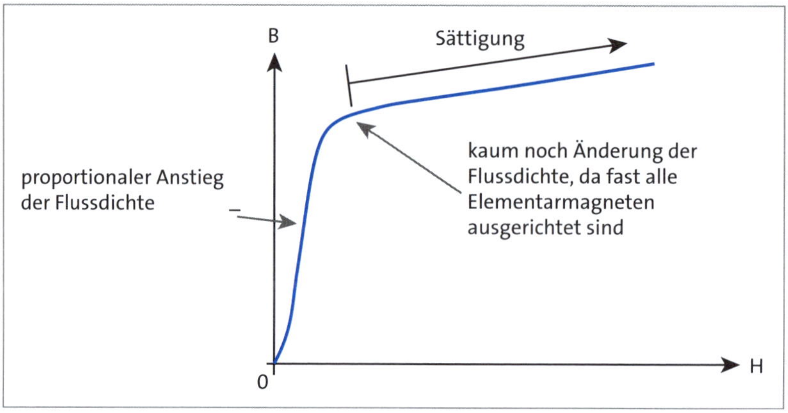

Abbildung 6.29 Verhalten der Flussdichte in Abhängigkeit von der Feldstärke. Je nach Material tritt ab einer bestimmten Feldstärke die Sättigung ein.

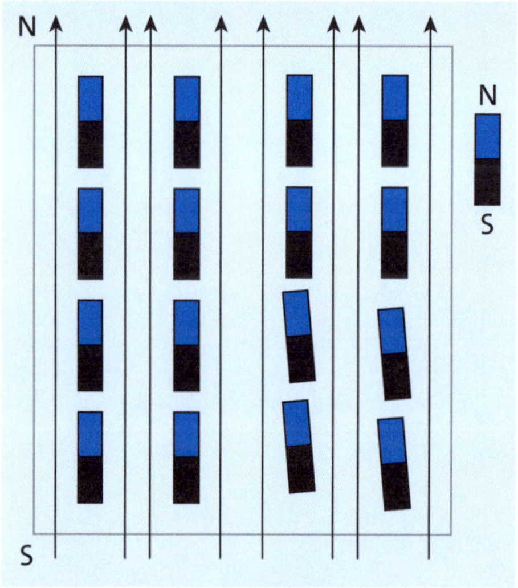

Abbildung 6.30 Ausrichtung der Elementarmagnete von ferromagnetischem Material bei äußerem Magnetfeld

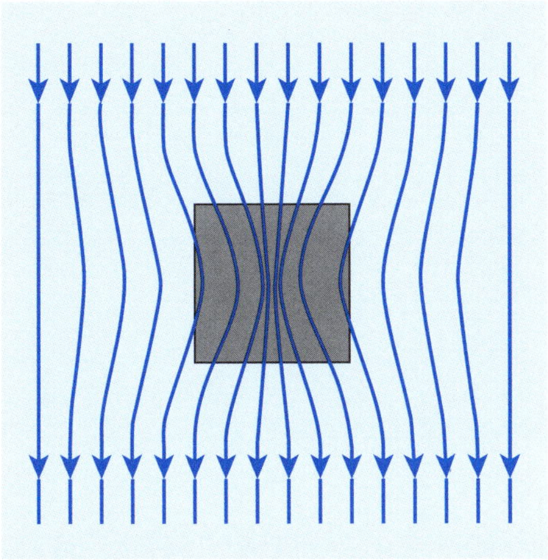

Abbildung 6.31 Verhalten eines äußeren Magnetfeldes bei ferromagnetischem Material: Die Feldlinien konzentrieren sich in diesem Material.

Der Verstärkungsfaktor wird als *relative Permeabilitätszahl* μ_r bezeichnet.

- Für neutrale Stoffe gilt: $\mu_r = 1$
- Für diamagnetische Stoffe gilt: $\mu_r < 1$
- Für paramagnetische Stoffe gilt: $\mu_r > 1$
- Für ferromagnetische Stoffe gilt: $\mu_r \gg 1$

diamagnetische Stoffe		paramagnetische Stoffe		ferromagnetische Stoffe	
Stoff	μ_r	**Stoff**	μ_r	**Stoff**	μ_r
Blei	0,999984	Aluminium	1,000024	Stahl	800 ... 2000
Kupfer	0,999990	Chrom	1,00028	Dynamoblech	3000 ... 60000
Wismut	0,999843	Eisen(III)-chlorid	1,003756	Eisen, technisch rein	1000 ... 7000
Wasser	0,999991	Luft	1,0000004	Nickel	280 ... 2500
Stickstoff	0,999999994	Platin	1,00025	Sonderlegierungen	bis 900000

Tabelle 6.1 Permeabilitätszahl (relative Permeabilität)

Somit gilt für die Flussdichte allgemein:

[6.11] $$\vec{B} = \mu_0 \mu_r \vec{H}$$

oder kürzer mit $\mu = \mu_0 \mu_r$:

[6.12] $$\vec{B} = \mu \vec{H}$$

μ wird als *Permeabilität* bezeichnet.

6.4 Lorentzkraft

Von einem stromdurchflossenen Leiter geht ein Magnetfeld aus. Dieses Feld übt eine Kraft auf andere Magneten und somit auch auf andere stromdurchflossene Leiter aus. Diese Kraft wird *Lorentzkraft* genannt.

Wovon hängt diese Kraft ab?

- Von der Höhe des Stromes, denn dadurch wird die magnetische Feldstärke bzw. die Flussdichte bestimmt. Je größer die Feldstärke ist, desto größer ist auch die Flussdichte.
- Von der Entfernung der Leiter, denn je weiter sie voneinander entfernt sind, desto schwächer sind die Felder.

Stellen Sie sich einen fest verlegten Leiter vor, durch den ein konstanter Strom $\vec{I}$ fließt. Dieser Leiter baut ein Magnetfeld $\vec{B}$ auf.

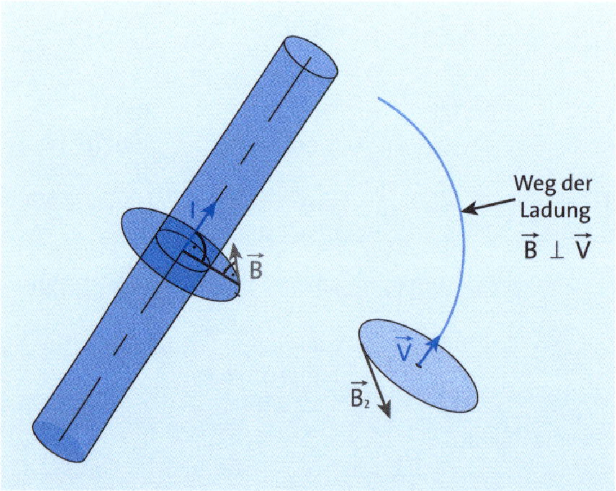

Abbildung 6.32 Bewegung einer Ladung in einem Magnetfeld

In dieses Feld kommt nun eine Ladung. Die Ladung bewege sich mit einer Geschwindigkeit $\vec{v}$. Bewegte Ladung bedeutet nun aber Stromfluss und das Entstehen eines Magnetfeldes. Also hat die bewegte Ladung auch ein Magnetfeld.

Es treffen zwei Magnetfelder aufeinander und zwischen diesen Magnetfeldern herrschen Kräfte. In so einem Fall können Sie beobachten, dass die Ladung von ihrer Bahn abgelenkt wird (siehe Abbildung 6.32).

Die auf diese Ladung wirkende Lorentzkraft kann nach folgender Formel berechnet werden:

$$\overrightarrow{F_L} = Q\vec{v} \times \vec{B} \qquad [6.13]$$

Q ist die sich bewegende Ladungsmenge, $\vec{v}$ die Geschwindigkeit der Ladung Q, und $\vec{B}$ ist das Magnetfeld, in dem sich diese Ladung bewegt.

Aus dem Kreuzprodukt können Sie folgern, dass die Kraft am größten ist, wenn das Magnetfeld senkrecht zur Bewegungsrichtung wirkt, und dass sie null ist, wenn das Magnetfeld und die Bewegungsrichtung parallel verlaufen.

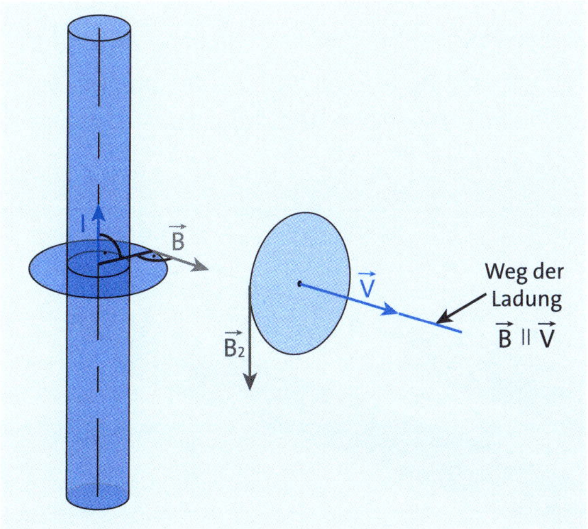

Abbildung 6.33 Bewegt sich die Ladung parallel zum Magnetfeld, wirkt keine Kraft auf die Ladung.

Um nun festzustellen, in welche Richtung die Kraft wirkt, ohne große Rechnungen aufzustellen, kann man sich mit der *Rechte-Hand-Regel* helfen. Die Finger werden wie in Abbildung 6.34 abgespreizt, und jeder der drei Finger steht für eine Größe: Der Daumen steht für die Stromrichtung, der Zeigefinger für das Magnetfeld und der Mittelfinger für die Lorentzkraft.

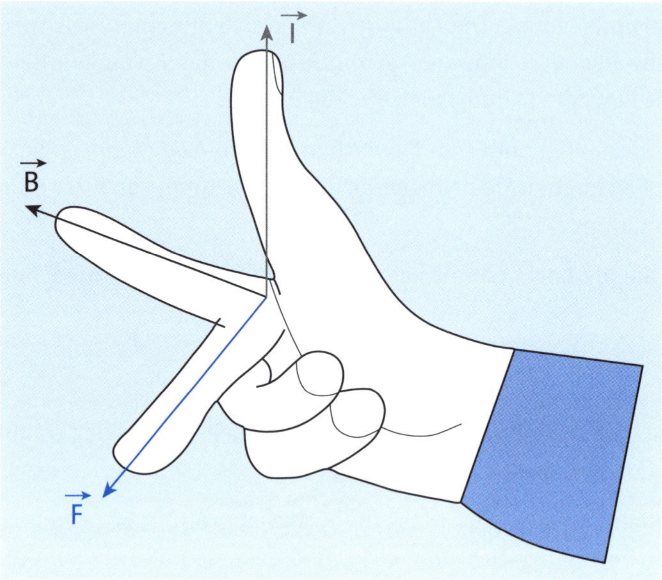

Abbildung 6.34 Rechte-Hand-Regel

Wenn Sie nun davon ausgehen, dass das feste Feld wie bisher von einer stromdurchflossenen Leitung erzeugt wird und dass sich die bewegende Ladung auch in einem Leiter befindet, dann haben Sie das Bild von zwei stromdurchflossenen Leitern, die sich in einem Raum befinden (siehe Abbildung 6.35).

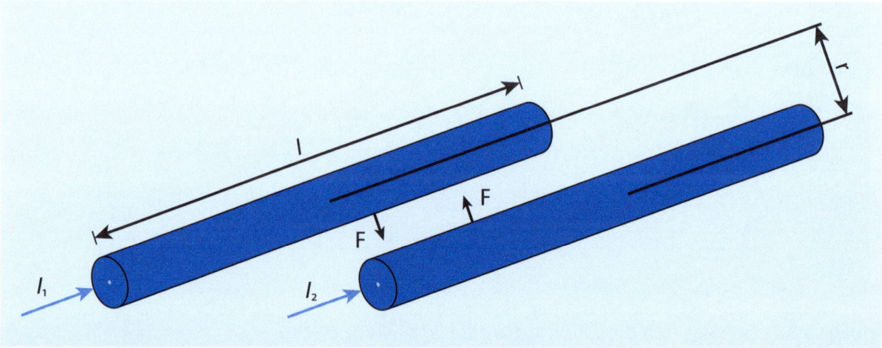

Abbildung 6.35 Kräfte zwischen zwei stromdurchflossenen Leitern

Um nun die Ströme und Magnetfelder eindeutig zuordnen zu können, wird einer der beiden Leiter als derjenige Leiter festgelegt, der das feste Magnetfeld B erzeugt. In diesem Fall soll das der Leiter sein, durch den in Abbildung 6.35 der Strom I_1 fließt.

B kann mithilfe des Stromes ausgedrückt werden:

$$B = \mu H = \mu \frac{\Theta}{2\pi r} = \mu \frac{I_1}{2\pi r}$$

Um die Richtung von $\vec{B}$ anzugeben, müssen die Richtungen von $\overrightarrow{I_1}$ und $\vec{r}$ mit einbezogen werden. Zur Erinnerung: r stellt den senkrechten Abstand vom Leiter zum Magnetfeld dar. Da wir uns aber für das Magnetfeld interessieren, das im rechten Leiter herrscht, ist r der Abstand der beiden Leiter.

$$\vec{B} = \mu \frac{I_1}{2\pi r} \overrightarrow{e_{I_1}} \times \overrightarrow{e_r}$$

$$\overrightarrow{F_L} = Q\vec{v} \times \vec{B}$$

wird dann zu:

$$\overrightarrow{F_L} = Q\vec{v} \times \mu \frac{I_1}{2\pi r} \overrightarrow{e_{I_1}} \times \overrightarrow{e_r}$$

Die Geschwindigkeit $\vec{v}$ ist die Geschwindigkeit, die die Ladungen im rechten Leiter besitzen. $\vec{v}$ setzt sich aus der Strecke l zusammen, die die Ladungen im zweiten Leiter in der Zeit t zur die Ladungen im zwei$Q\vec{v}$ auch mithilfe des Stromes dargestellt werden:

$$Q\vec{v} = \frac{Q\vec{l}}{t} = I_2\vec{l} = I_2 l\overrightarrow{e_{I_2}}$$

I_2 ist der Strom, der durch den zweiten Leiter fließt. Die Lorentzkraft zwischen zwei parallelen stromdurchflossenen Leitern kann dann mit folgender Formel berechnet werden:

$$\overrightarrow{F_L} = I_2 l\overrightarrow{e_{I_2}} \times \mu \frac{I_1}{2\pi r} \overrightarrow{e_{I_1}} \times \overrightarrow{e_r}$$

r ist der Abstand zwischen den Leitern,

$\overrightarrow{e_{I_2}}$ zeigt in Stromflussrichtung des Leiters, durch den I_2 fließt,

l ist die Leiterlänge, über die die Kraft betrachtet wird,

und $\overrightarrow{e_r}$ ist die Richtung des Verbindungsvektors der beiden Leiter.

Etwas übersichtlicher wirkt die Formel, wenn sie umsortiert wird:

$$\overrightarrow{F_L} = \mu \frac{I_1 I_2 l}{2\pi r} \overrightarrow{e_{I_2}} \times \left(\overrightarrow{e_{I_1}} \times \overrightarrow{e_r}\right)$$

Der Betrag der Lorentzkraft ist:

[6.14] $$F_L = \frac{\mu I_1 I_2 l}{2\pi r}$$

Da stromdurchflossene Leiter sich häufig in Luft befinden, reduziert sich μ meist auf μ_0.

Beispiel

Gesucht ist die Kraft zwischen zwei parallelen Leitern, die gleichsinnig durchflossen werden (siehe Abbildung 6.36).

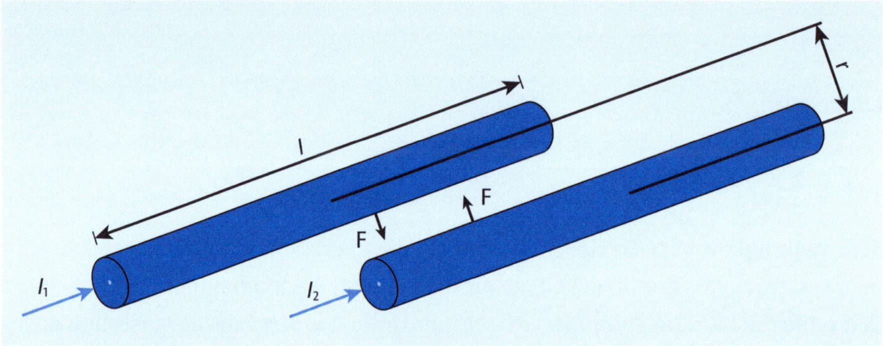

Abbildung 6.36 Kräfte zwischen zwei stromdurchflossenen Leitern

Beide Leiter liegen über eine Länge von 6 m parallel zueinander, also ist die Flussrichtung des Stromes gleich. Beide Leiter zeigen in Richtung der z-Achse und werden von den Strömen $I_1 = 10$ A und $I_2 = 15$ A durchflossen. Der Abstand der beiden Leiter beträgt 2 m.

Wie groß sind Richtung und Betrag der Kraft zwischen diesen Leitern?

Der Betrag ist mit

$$F_L = \frac{l\mu I_1 I_2}{2\pi r}$$

schnell berechnet:

$$F_L = \frac{6\ \text{m} \cdot 1{,}256 \cdot 10^{-6}\ \text{Vs} \cdot 10\ \text{A} \cdot 15\ \text{A}}{2\pi \cdot 2\ \text{m} \cdot \text{Am}} = 89{,}95\ \mu\text{N}$$

Setzen Sie dies nun in die Lorentzkraft ein, so wird die Formel ein wenig übersichtlicher:

$$\begin{aligned}\overrightarrow{F_L} &= I_2 l \mu \frac{I_1}{2\pi r} \overrightarrow{e_{I_2}} \times \left(\overrightarrow{e_{I_1}} \times \overrightarrow{e_r}\right) \\ &= 89{,}95 \cdot \overrightarrow{e_{I_2}} \times \left(\overrightarrow{e_{I_1}} \times \overrightarrow{e_r}\right) \mu\text{N}\end{aligned}$$

Um die Richtung zu ermitteln, wird nun zuerst die Richtung des B-Feldes des ersten Leiters ausgerechnet.

Die Stromrichtung zeigt in z-Richtung, entspricht somit dem Einheitsvektor der z-Achse. Der Abstand der beiden Leiter voneinander zeigt in Richtung der x-Achse, und da wir vom ersten zum zweiten Leiter schauen, zeigt er in Richtung der positiven x-Achse:

$$\overrightarrow{e_B} = \overrightarrow{e_{I_1}} \times \overrightarrow{e_r} = \begin{pmatrix}0\\0\\1\end{pmatrix} \times \begin{pmatrix}1\\0\\0\end{pmatrix} = \begin{pmatrix}0\\1\\0\end{pmatrix}$$

Das Magnetfeld zeigt somit in Richtung der positiven y-Achse.

Die Kraftrichtung ergibt sich nun aus:

$$\overrightarrow{e_{I_2}} \times \overrightarrow{e_B} = \begin{pmatrix}0\\0\\1\end{pmatrix} \times \begin{pmatrix}0\\1\\0\end{pmatrix} = \begin{pmatrix}-1\\0\\0\end{pmatrix}$$

Die Kraft wirkt also in Richtung der x-Achse. Sie ist positiv, also handelt es sich um eine anziehende Kraft.

Notiert werden kann sie dann durch:

$$\overrightarrow{F_L} = 89{,}95\ \mu\text{N}\ (-\overrightarrow{e_x})$$

oder durch:

$$\overrightarrow{F_L} = -89{,}95\ \mu\text{N} \begin{pmatrix}1\\0\\0\end{pmatrix}$$

Drehen Sie die Stromrichtung eines Leiters um, so wird sich der Betrag nicht ändern, aber die Kraftrichtung.

Der zweite Leiter wird von einem Strom von $I_2 = 15$ A durchflossen, der in die negative z-Richtung fließt:

$$\overrightarrow{e_B} = \overrightarrow{e_{I_2}} \times \overrightarrow{e_r} = \begin{pmatrix} 0 \\ 0 \\ -1 \end{pmatrix} \times \begin{pmatrix} 1 \\ 0 \\ 0 \end{pmatrix} = \begin{pmatrix} 0 \\ -1 \\ 0 \end{pmatrix}$$

Für die Kraftrichtung heißt das dann:

$$\overrightarrow{e_{I_2}} \times \overrightarrow{e_B} = \begin{pmatrix} 0 \\ 0 \\ -1 \end{pmatrix} \times \begin{pmatrix} 0 \\ 1 \\ 0 \end{pmatrix} = \begin{pmatrix} 1 \\ 0 \\ 0 \end{pmatrix}$$

Die Kraft zeigt nun in die entgegengesetzte Richtung. Setzen Sie dies nun in die Lorentzkraft ein, so erhalten Sie:

$$\overrightarrow{F_L} = 89{,}95\ \mu\text{N}\ (\overrightarrow{e_x}) = 89{,}95\ \mu\text{N}\ \overrightarrow{e_x}$$

In diesem Fall haben Sie nun die erwartete Abstoßungskraft.

6.5 Induktivität und Induktion

In diesem Abschnitt schauen wir uns die Kenngrößen einer Spule und die Stromerzeugung aufgrund von Magnetismus an.

6.5.1 Aufbau einer Spule

Eine Spule ist ein Stück Draht, der zu mehreren Leiterschleifen, die hintereinander liegen, aufgewickelt ist. Wichtige geometrische Größen einer Zylinderspule können Sie in Abbildung 6.37 betrachten.

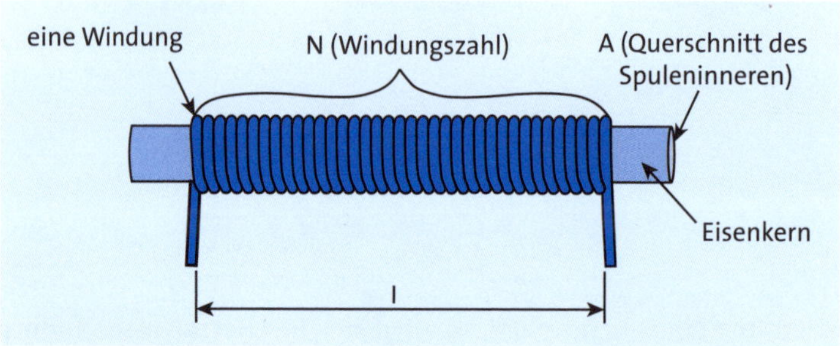

Abbildung 6.37 Bestandteile einer Spule mit Eisenkern

Die Spule kann einen Kern besitzen, wie z. B. einen Eisenkern. Dieser Kern befindet sich im Spuleninneren.

Der Kern dient dazu, das magnetische Feld zu verstärken, da durch die ferromagnetischen Eigenschaften dieses Kerns (vgl. Permeabilität, Abschnitt 6.3.4) die Flussdichte erhöht wird.

Die Schaltzeichen einer Spule können Sie in Abbildung 6.38 betrachten.

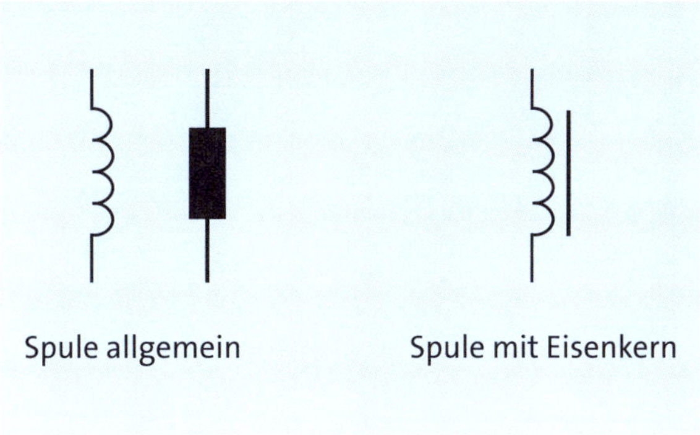

Abbildung 6.38 Schaltbilder von Spulen

6.5.2 Induktivität

Als *Induktivität L* einer Spule wird das Verhältnis von Verkettungsfluss zu erzeugendem Strom bezeichnet. Diese Größe wird zur Beschreibung der Eigenschaften einer Spule verwendet. Einfacher ausgedrückt: Die Induktivität ist der Faktor, der angibt, wie viel Fluss pro Ampere Strom erzeugt wird:

$$L = \frac{\psi}{I} \qquad [6.15]$$

Die Einheit der Induktivität ist *Henry* (H) und setzt sich zusammen aus:

$$[L] = \frac{\mathrm{Vs}}{\mathrm{A}} = \mathrm{H}$$

Die Induktivität ist eine Größe, die nur vom Material und den geometrischen Eigenschaften der Spule bestimmt wird.

$$L = \frac{\psi}{I} = \frac{N\phi}{I} = \frac{N\mu HA}{I} = \frac{N\mu\Theta A}{l_\mathrm{m}I} = \frac{N\mu INA}{l_\mathrm{m}I} = \frac{N^2\mu A}{l_\mathrm{m}}$$

$\mu = \mu_0\mu_r$, wobei μ_r das Material des Spulenkerns darstellt.

Sie finden in dieser Gleichung auf der rechten Seite nur Größen, die direkt mit dem Aufbau der Spule zu tun haben.

6.5.3 Spule im Gleichstromkreis

Schließen Sie eine Spule an eine Gleichspannungsquelle wie in Abbildung 6.39 an.

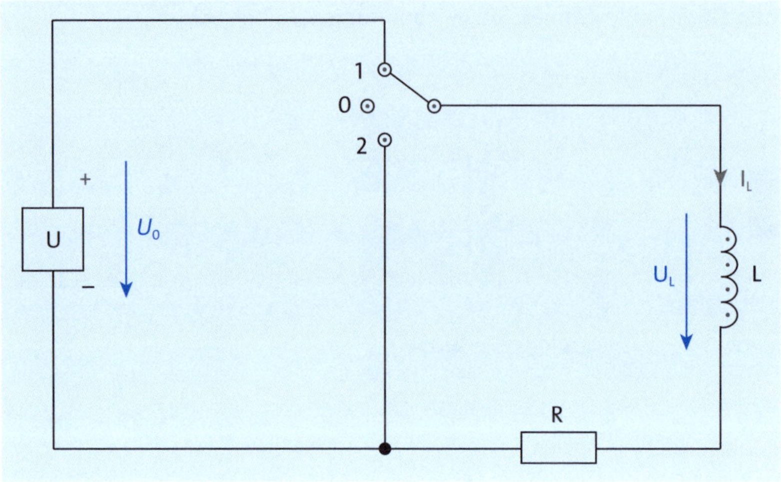

Abbildung 6.39 Aufladung einer Spule

Messen Sie dann den Strom und die Spannung an der Spule in den ersten Momenten, so können Sie den Verlauf aus Abbildung 6.40 bzw. aus Abbildung 6.41 beobachten:

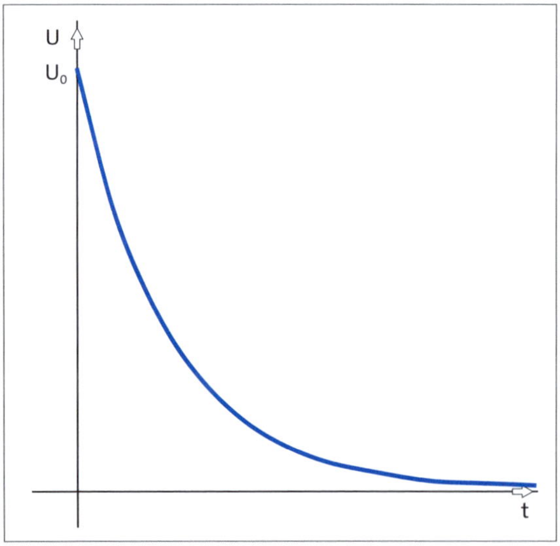

Abbildung 6.40 Verhalten der Spannung an einer Spule bei Anschluss an eine Gleichspannung (Aufladung)

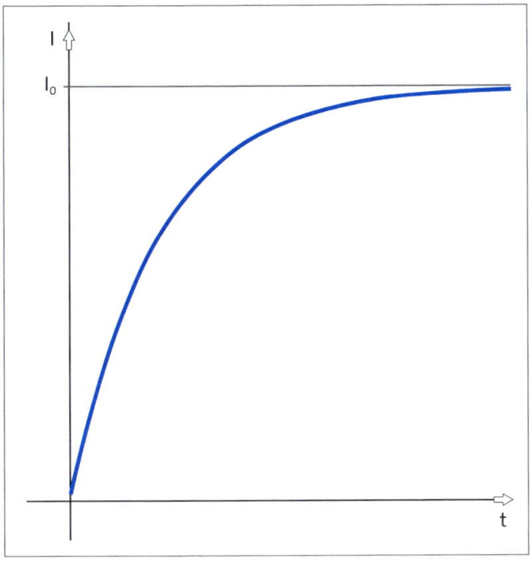

Abbildung 6.41 Verhalten des Stromes in einer Spule bei Anschluss an eine Gleichspannung (Aufladung)

Diesen Verlauf haben Sie schon bei der Aufladung eines Kondensators gesehen, nur haben Strom und Spannung hier die Rollen getauscht.

Schließen Sie danach die Spule über einen Widerstand kurz, so wie es Abbildung 6.42 zeigt.

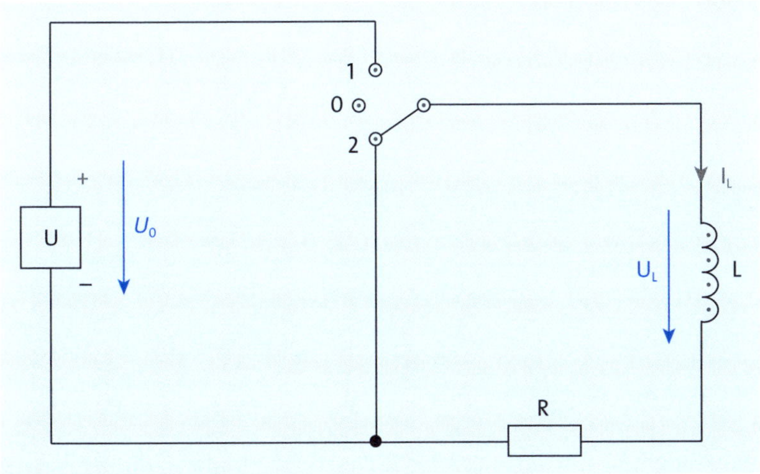

Abbildung 6.42 Entladen einer Spule

Sie machen dann die Beobachtung, die Abbildung 6.43 bzw. Abbildung 6.44 zeigen.

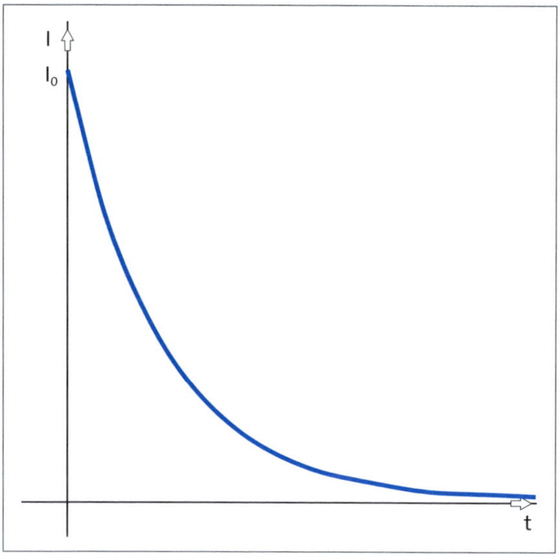

Abbildung 6.43 Verhalten des Stromes bei der Entladung

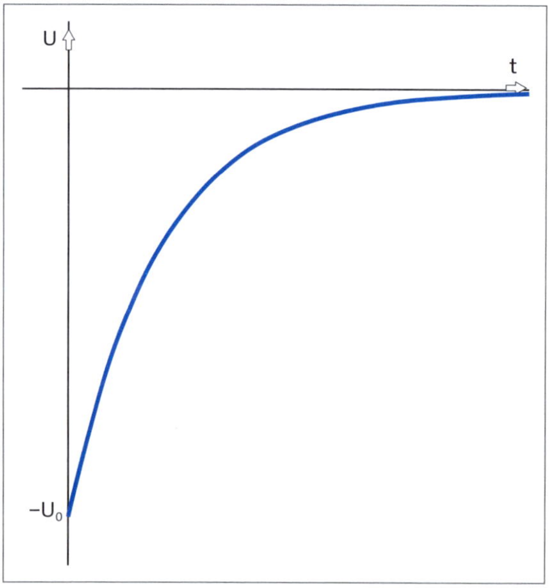

Abbildung 6.44 Verhalten der Spannung bei der Entladung

Auch diesen Verlauf haben Sie mit vertauschten Rollen beim Kondensator beobachten können.

Daher spricht man bei einer Spule auch von Auf- und Entladung, nur dass hier keine Ladungen gespeichert werden, sondern magnetische Energie, die gespeichert wird und auf- und abgebaut werden kann.

Die Formeln für die Berechnung der Auf- und Entladung einer Spule haben eine ähnliche Form wie die Formeln für den Kondensator, die Sie in Abschnitt 4.8 gesehen haben. Die Zeitkonstante τ setzt sich in diesem Fall aus $\tau = \frac{L}{R}$ zusammen.

Aufladung und Entladung einer Spule

Aufladung:

$$U(t) = U_0 e^{-\frac{t}{\tau}} \quad [6.16]$$

$$I(t) = I_0(1 - e^{-\frac{t}{\tau}}) \quad [6.17]$$

Entladung:

$$I = I_0 e^{-\frac{t}{\tau}} \quad [6.18]$$

$$U = -U_0 e^{-\frac{t}{\tau}} \quad [6.19]$$

Was können Sie in diesen Kurven erkennen?

Am Verlauf der Stromkurve der Aufladung können Sie sehen, dass der Strom zunächst sehr klein ist und dann drastisch steigt, nämlich exponentiell, bis er dem Strom durch den Ohm'schen Widerstand entspricht.

Beim Entladen der Spule liegt zunächst eine Spannung an der Spule, und zwar in umgekehrter Polarität zu U_0, die dann auf null abfällt. Der Strom hingegen fällt genauso ab, wie er bei der Aufladung angestiegen ist.

Das klingt zunächst etwas komisch, denn das Verhalten ist nicht das, was man erwarten würde. Warum ist der Strom bei der Aufladung anfangs so klein? Gibt es in der Schaltung versteckte Widerstände? Wieso liegt trotz Abschaltens plötzlich eine Spannung an der Spule, obwohl direkt vorher keine Spannung an der Spule zu messen war? Und wieso hat diese Spannung die umgekehrte Polarität? Wieso fließt der Entladestrom entgegen der Spannung?

Diesen Fragen werden wir nun auf den Grund gehen.

6.5.4 Induktion

Wenn Sie einen Leiter, eine Leiterschleife oder auch eine Spule einem sich ändernden Magnetfeld aussetzen, z. B. indem Sie einen Hufeisenmagneten nehmen und den Leiter im Feld des Magneten bewegen – den Leiter, die Leiterschleife oder die Spule je nach Stellung bei dieser Bewegung also mal oder weniger dem Magnetfeld aussetzen –, dann messen Sie an den Enden der Schleife eine sinusförmige Wechselspannung. Diese Entdeckung machte Michael Faraday Anfang des 19. Jahrhunderts.

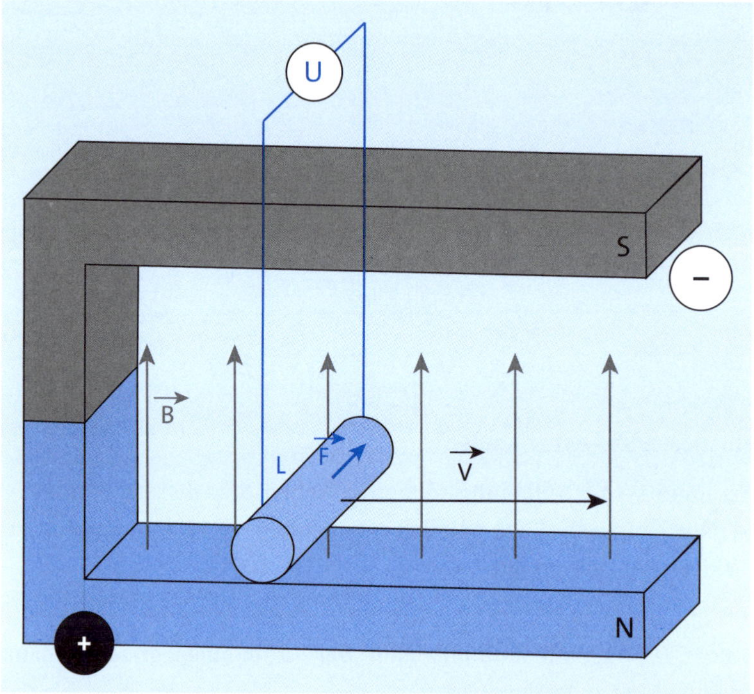

Abbildung 6.45 Bewegung eines Leiters in einem homogenen Magnetfeld

Betrachten Sie zunächst, was in einem Leiter vorgeht, wenn man ihn senkrecht zu einem äußeren homogenen Magnetfeld bewegt, also mit konstanter Feldstärke H und Flussdichte B.

Wird der Leiter wie in Abbildung 6.45 bewegt, so werden natürlich auch die Elektronen, die sich im Leiter befinden, mitbewegt. Bewegte Ladung in einem Magnetfeld bedeutet, dass hier die Lorentzkraft wirkt, und sie lenkt die Elektronen in eine Richtung ab (siehe Abbildung 6.46).

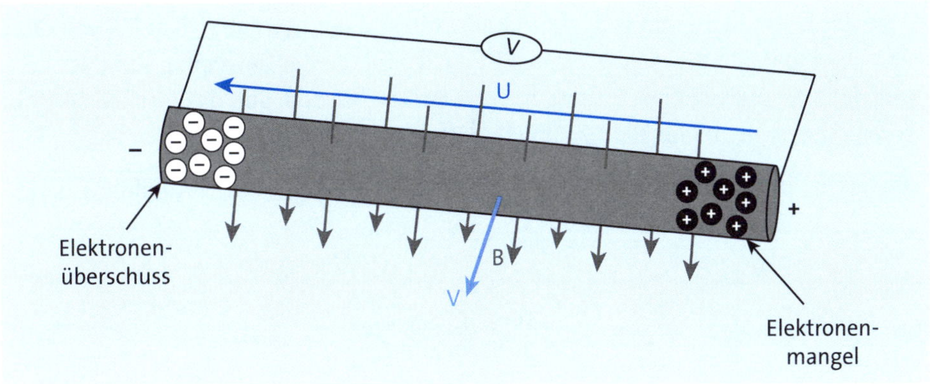

Abbildung 6.46 Verschiebung der Ladungen in einem bewegten Leiter aufgrund der Lorentzkraft

Im Leiter entsteht ein elektrisches Feld. Also kann an den Enden des Leiters eine Spannung gemessen werden.

Die Lorentzkraft, die diese Ladungstrennung hervorruft, ist betragsmäßig genauso groß wie die Coulombkraft zwischen den Ladungen:

$$F_L = F_C$$

$$\Leftrightarrow e \cdot E = e \cdot v \cdot B$$

Die Spannung hängt nach

$$U = E \cdot l$$

von der Größe der elektrischen Feldstärke E ab. l stellt die Länge des Leiters dar.

Wenn die Flussdichte des äußeren Magnetfeldes wie hier konstant ist, so ändert sich die elektrische Feldstärke mit der Geschwindigkeit v, mit der der Leiter bewegt wird:

$$U = l \cdot E = l \cdot v \cdot B$$

Somit hängt auch die Spannung von der Geschwindigkeit v des Leiters ab.

Ist die Geschwindigkeit des Leiters konstant, so ist auch die Spannung konstant. Je schneller der Draht bewegt wird, desto größer ist die Lorentzkraft – desto größer sind also auch das elektrische Feld und die Spannung.

Wird der Leiter in die Gegenrichtung bewegt, wirkt die Lorentzkraft in entgegengesetzter Richtung und die Polarität der Spannung kehrt sich um.

Wird der Leiter in diesem Feld gleichmäßig hin und her bewegt, so handelt es sich um eine beschleunigte Bewegung. An den Umkehrpunkten der Bewegung steht der Leiter still, denn die Bewegungsrichtung muss geändert werden, und dazwischen steigt die Geschwindigkeit an und sinkt zu den Umkehrpunkten hin wieder ab.

Die Geschwindigkeit hat somit einen sinusförmigen Verlauf (siehe Abbildung 6.47).

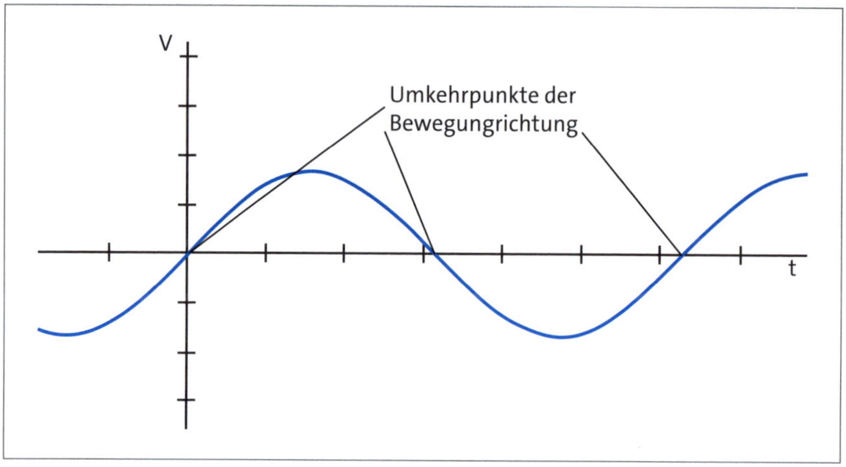

Abbildung 6.47 Geschwindigkeit eines gleichmäßig hin und her bewegten Leiters

Es entsteht das Spannungsbild aus Abbildung 6.48:

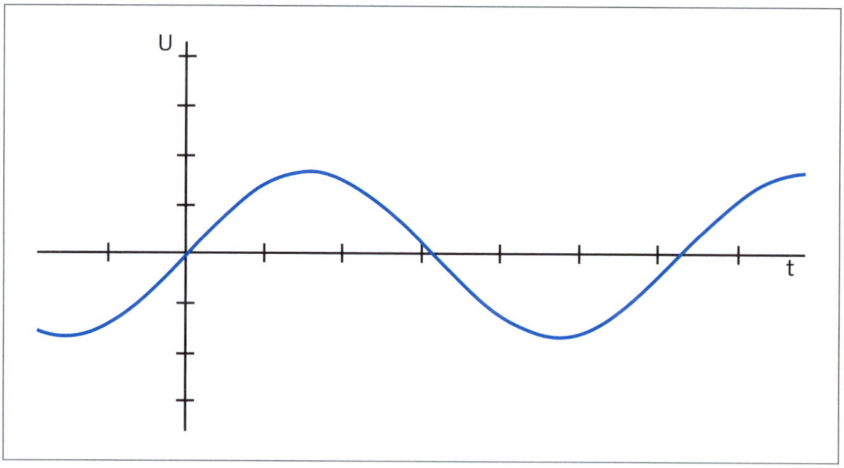

Abbildung 6.48 Spannung an den Enden des Leiters, wenn er gleichmäßig hin und her bewegt wird

Wichtig hierbei ist die Bewegung der Ladungen relativ zum Magnetfeld. Sie würden also genau das gleiche Ergebnis erzielen, wenn der Leiter stillsteht und der Magnet bewegt wird.

In diesem Fall hängt die erzeugte Spannung nur von der Geschwindigkeit ab.

Nun bringen Sie eine Leiterschleife in dieses homogene Feld. Die Leiterschleife wird kontinuierlich gedreht. Was ist nun anders?

Die Bewegung ist nun eine Kreisbewegung mit konstantem Betrag v.

Das Magnetfeld »sieht« die Ladungen im Leiter als bewegt an, da der Leiter durch die Drehbewegung bewegt wird, und übt auf die sich im Leiter befindlichen freien Elektronen die Lorentzkraft aus, so wie im vorherigen Beispiel bei einem langgestreckten Leiter.

$$\vec{F_L} = e\vec{v} \times \vec{B}$$

Die Ladungen, die sich nun in dem Leiter bewegen bzw. ablenken lassen, sind Elektronen und diese wandern alle in eine Richtung. In der Leitung entsteht also eine Potenzialdifferenz, oder anders gesagt: An den Enden der Leiterschleife liegt eine Spannung an.

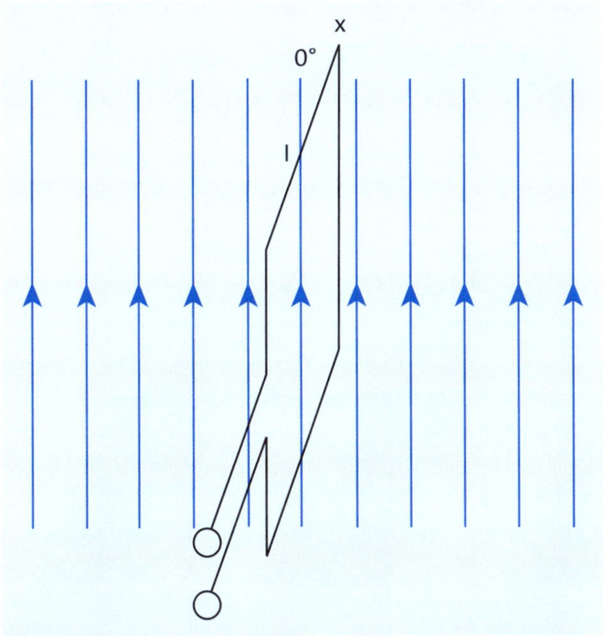

Abbildung 6.49 Die Leiterschleife liegt parallel zum äußeren Magnetfeld.

Während der kontinuierlichen Bewegung des Leiters passiert aber gleichzeitig noch etwas: Von der Leiterschleife aus betrachtet, befinden sich je nach Stellung der Schleife mehr oder weniger Feldlinien im Inneren der Schleife. Das heißt, für die Leiterschleife ändert sich der Fluss in ihrem Inneren ständig.

Gehen Sie einmal von folgendem Anfangszustand aus (siehe Abbildung 6.49): Die Schleife befindet sich parallel zum Magnetfeld. Durch die Schleife treten keine Feldlinien hindurch. Das heißt, die Flussdichte B ist innerhalb der Leiterschleife gleich null. Auch die Spannung, die Sie an den Enden messen, ist gleich null.

Nun drehen Sie die Schleife langsam weiter. Der Betrag der Drehgeschwindigkeit ist konstant, aber die Richtung ändert sich ständig.

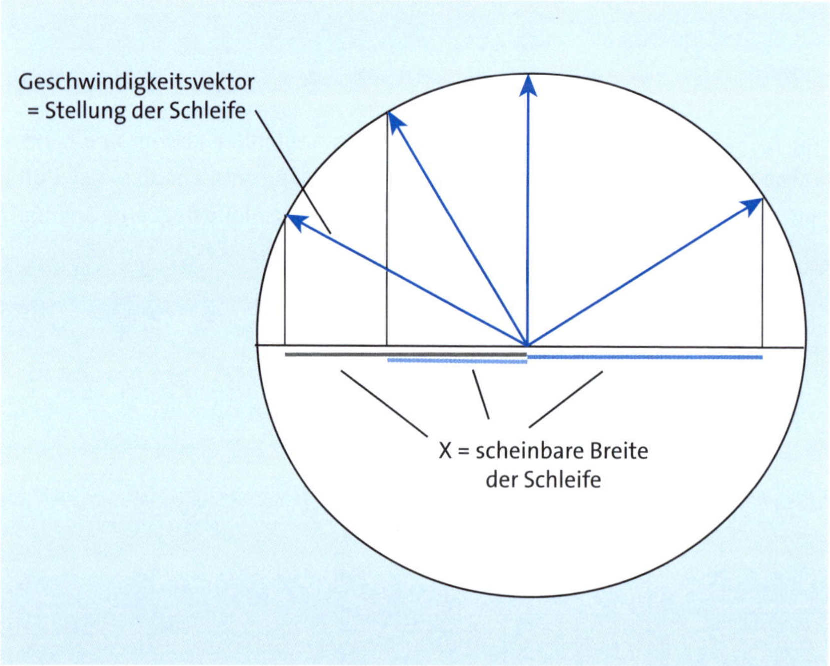

Abbildung 6.50 Die scheinbare Breite der Querschnittsfläche, durch die die Feldlinien treten, in Abhängigkeit von der Stellung der Schleife

Dadurch ändert sich die Breite der Schleife scheinbar und damit auch die Fläche in Inneren der Schleife, durch die die Feldlinien dringen. Je weiter die Schleife gedreht wird, desto größer wird die Fläche.

Das bedeutet, der magnetische Fluss wird größer.

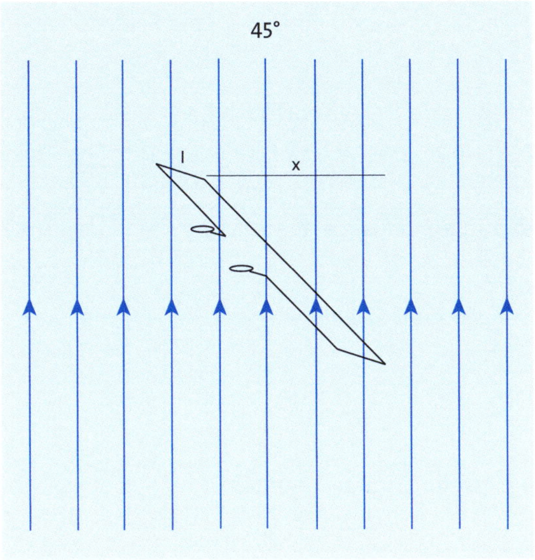

Abbildung 6.51 Die Leiterschleife steht im 45°-Winkel zum äußeren Magnetfeld; die Feldlinien durchsetzen zum Teil das Innere der Leiterschleife.

Liegt die Schleife nun senkrecht zu den Feldlinien wie in Abbildung 6.52, so ist die maximale Fläche erreicht.

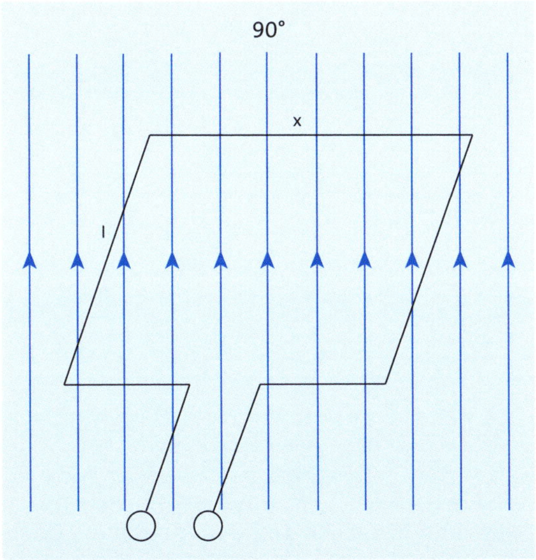

Abbildung 6.52 Die Leiterschleife liegt senkrecht zum äußeren Magnetfeld; das gesamte Innere wird vom Magnetfeld durchsetzt.

Drehen Sie weiter, so verringert sich die Fläche bis auf null, wenn die Schleife wieder parallel zu den Feldlinien liegt.

Wenn Sie noch weiter drehen, liegt der Querschnitt, der vorher »oben« (also zum Südpol hin gerichtet) war, jetzt zum Nordpol hin gerichtet. Die Richtung der Feldlinien, die durch den Querschnitt gehen, hat sich, von der Schleife aus betrachtet, geändert. Die Ladungen in der Schleife wandern nun an das andere Ende und die Polarität der Spannung ist jetzt umgekehrt.

Die (scheinbare) Fläche ändert sich während der Drehbewegung. Der Betrag der Geschwindigkeit ist konstant, aber da es sich um eine Drehbewegung handelt, ändert sich die Richtung der Geschwindigkeit ständig und somit auch die scheinbare Seitenlänge x (siehe Abbildung 6.50).

Die Geschwindigkeit, aus Sicht des Magnetfeldes, kann somit als

$$v = \frac{\Delta x}{\Delta t}$$

dargestellt werden.

Für den Betrag der Lorentzkraft

$$F_L = e \cdot v \cdot B$$

kann daher

$$F_L = e \cdot \frac{\Delta x}{\Delta t} \cdot B$$

geschrieben werden.

Betrachten Sie nun die Spannung, die an den Enden der Schleife gemessen werden kann,

$$U = l \cdot E = l \cdot v \cdot B$$

so wird daraus:

$$U = l \cdot \frac{\mathrm{d}x}{\mathrm{d}t} \cdot B$$

$l \cdot \mathrm{d}x$ stellt aber nichts anderes als einen infinitesimalen Teil der wirksamen Fläche des Schleifeninneren $\mathrm{d}A$ dar.

Die Spannung hat dann folgende Gestalt:

$$U = \frac{\mathrm{d}A}{\mathrm{d}t} \cdot B$$

Diese Spannung wird als *Induktionsspannung* oder als *induzierte Spannung* bezeichnet. Es handelt sich hierbei um eine Wechselspannung, da die Polarität der Spannung sich ändert.

Die induzierte Spannung hängt, wie Sie gesehen haben, von der zeitlichen Änderung des Flusses bzw. der Flussdichte ab.

Es gilt:

$$U_{\mathrm{ind}} = -\frac{\mathrm{d}\left(\vec{B} \cdot \vec{A}\right)}{\mathrm{d}t}$$

bzw.:

$$U_{\mathrm{ind}} = -\frac{\mathrm{d}\phi}{\mathrm{d}t}$$

Das Minuszeichen sollte Sie jetzt nicht irritieren. Seine Bedeutung wird (später) am Beispiel des Transformators klar. Es resultiert aus der *Lenz'schen Regel*: Die induzierte Spannung ist ihrer Ursache entgegengesetzt.

Für Spulen mit N Windungen erhöht sich die induzierte Spannung jeweils um das N-fache und es gilt:

$$U_{\mathrm{ind}} = -\frac{\mathrm{d}\psi}{\mathrm{d}t} = -N\frac{\mathrm{d}\phi}{\mathrm{d}t} \qquad [6.20]$$

Formen Sie den Fluss um, so erhalten Sie:

$$U_{\mathrm{ind}} = -N\frac{\mathrm{d}(B \cdot A)}{\mathrm{d}t} = -N\frac{\mathrm{d}\,(\mu HA)}{\mathrm{d}t} = -N\frac{\mathrm{d}}{\mathrm{d}t}\left(\frac{\mu INA}{l_{\mathrm{m}}}\right) = -\frac{\mu N^2 A}{l_{\mathrm{m}}}\frac{\mathrm{d}I}{\mathrm{d}t}$$

Wenn Sie sich nun noch einmal die Formel für die Induktivität anschauen, sehen Sie, dass $\frac{\mu N^2 A}{l_{\mathrm{m}}}$ nichts anderes als L ist.

Somit gilt:

$$U_{\mathrm{ind}} = -L\frac{\mathrm{d}I}{\mathrm{d}t} \qquad [6.21]$$

In [6.21] steht die Stromänderung, die die Flussänderung hervorruft. Die Induktionsspannung lässt sich nicht nur durch Bewegung eines Leiters, sondern auch durch einen sich ändernden Strom hervorrufen.

Wie sieht dieser Sachverhalt bei der Spule im Gleichstromkreis aus Abschnitt 6.5.3 aus?

Bei der Aufladung ändert sich die Spannung an der Spule beim Einschalten von null auf einen bestimmten Wert U. Eine Spannungsänderung ruft eine Stromänderung hervor, und die wiederum lässt ein Magnetfeld entstehen, das sich ebenfalls verändert, nämlich von null auf einen bestimmten Wert. Dadurch, dass in der Spule ein sich veränderndes Magnetfeld entsteht, wird auch in dieser Spule eine Spannung induziert.

Diese Art von Induktion wird *Selbstinduktion* genannt. »Selbst«, da die Spule durch ihr sich änderndes Magnetfeld selber dafür sorgt, dass in der Spule eine Spannung induziert wird.

Die Induktionsspannung ist der angelegten Spannung entgegengerichtet und erzeugt einen Stromfluss, der ebenfalls dem in der Schaltung fließenden Strom entgegengerichtet ist. Der effektiv zum Minuspol der Spannungsquelle fließende Strom ist die Differenz der beiden Ströme. Der Stromfluss wird also verringert. Ein kleinerer Strom verursacht aber eine kleinere Induktionsspannung. Also sinkt die induzierte Spannung ab und auch der induzierte Strom. Die Stromdifferenz wird kleiner und der effektiv fließende Strom somit größer.

Letztendlich ist die induzierte Spannung null, da von der Quelle keine Wechselspannung geliefert wird, und der Stromfluss ist maximal.

Die an der Spule zu messende Spannung entspricht nur noch der Spannung, die aufgrund des Drahtwiderstandes der Spule entsteht, und der Strom richtet sich nach dem Widerstand der Leitungen und des Drahtwiderstandes.

Bei der Entladung fällt die erregende Spannung schlagartig auf null. Also haben Sie auch hier wieder eine Spannungsänderung, somit eine Stromänderung und auch eine Magnetfeldänderung. In der Spule wird also eine Spannung induziert. Diese Induktionsspannung liegt nun an der Spule an und ruft einen Strom hervor, der in Richtung der induzierten Spannung fließt.

Induktion beim Transformator, Gegeninduktion

Einen Transformator haben Sie sich schon in den Aufgaben von Kapitel 2 angeschaut.

Zwei Spulen stehen z. B. durch einen Eisenkern miteinander in Verbindung wie in Abbildung 6.53.

Legen Sie nun eine Wechselspannung an die primärseitige Spule mit der Induktivität L_1 an, so fließt ein Strom durch die Spule, der je nach Polarität seine Flussrichtung ändert.

Schauen Sie sich nun an, was im Transformator passiert: Die Spannung steigt an und der Stromfluss in der Spule wird größer. Dadurch entsteht ein größer werdendes Magnetfeld und der Fluss dieses Feldes durchsetzt den Eisenkern. Die Spule auf der Sekundärseite wird von den Feldlinien durchflossen. Da sich das Feld verändert, wird in der Spule eine Spannung induziert.

Im Gegensatz zur Selbstinduktion ist in diesem Fall ein fremdes Feld, nämlich das der Primärspule, für die Induktionsspannung in der Sekundärspule verantwortlich. Bei diesem Vorgang spricht man von *Gegeninduktion*.

Wenn Sie sich die Richtung der felderzeugenden Spannung, des Stromes und der Feldlinien anschauen, können Sie sehen, dass die Flussrichtung der Feldlinien bei der Primärspule genau entgegengesetzt der Sekundärspule ist. Das heißt für die induzierte Spannung: Sie hat die entgegengesetzte Polarität zur Erregerspannung. Hier wird nun auch die Aussage der Lenz'schen Regel klar.

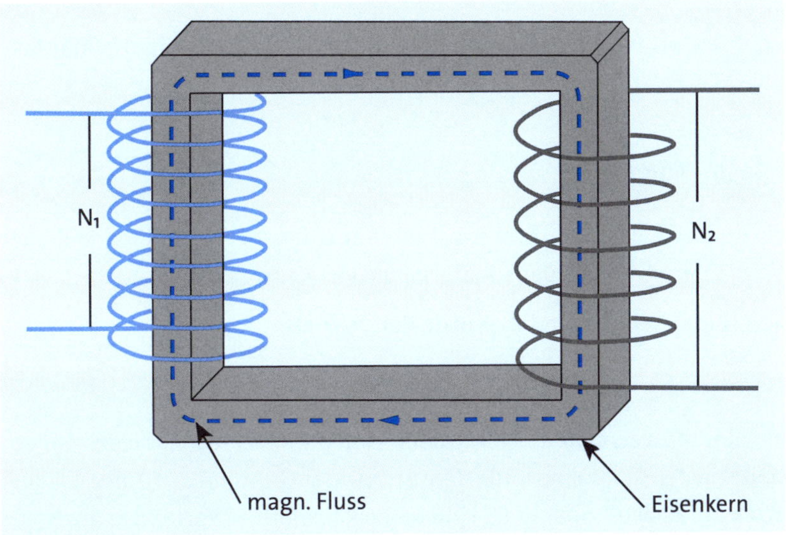

Abbildung 6.53 Transformator

Die Primärspule hat N_1 Windungen und an diese Spule wird die Spannung U_1 angelegt.

Daraus resultiert nach

$$U_1 = -N_1 \frac{\mathrm{d}\phi}{\mathrm{d}t}$$

der Fluss ϕ, der die Sekundärspule durchsetzt.

Für U_2, die Sekundärspannung, gilt dann:

$$U_2 = -N_2 \frac{\mathrm{d}\phi}{\mathrm{d}t}$$

Da der Fluss für die Primär- und die Sekundärspule identisch ist, kann man die beiden Gleichungen zu $\frac{\mathrm{d}\phi}{\mathrm{d}t}$ umstellen und gleichsetzen:

$$\frac{\mathrm{d}\phi}{\mathrm{d}t} = -\frac{U_1}{N_1} = -\frac{U_2}{N_2}$$

Hieraus folgt die Gleichung für das Übersetzungsverhältnis $ü$ eines Trafos:

[6.22] $$ü = \frac{U_1}{U_2} = \frac{N_1}{N_2}$$

An der Spule mit der größeren Windungzahl fällt somit auch die größere Spannung ab.

6.5.5 Energie im Magnetfeld

Betrachten wir nun, wie groß die Arbeit ist, um ein magnetisches Feld aufzubauen, bzw. wie groß die Energie ist, die dann in der Spule gespeichert ist.

Die elektrische Arbeit (siehe Kapitel 2) wurde definiert als:

$$W = UIt$$

Betrachten wir nun die verrichtete Arbeit beim Aufbau eines Magnetfeldes, so entspricht U der induzierten Spannung und I dem Strom, der während des Aufbaus fließt. Sowohl der Strom als auch die Spannung sind keine konstanten Werte, also muss wieder die Integralrechnung angewendet werden:

Die Teilarbeit dW setzt sich aus

$$\mathrm{d}W = UI \cdot \mathrm{d}t$$

zusammen.

Die Gesamtarbeit W ergibt sich dann aus:

$$W = \int UI \cdot \mathrm{d}t$$

Für die Spannung wird nun die Induktionsspannung eingesetzt:

$$W = \int -L\frac{\mathrm{d}I}{\mathrm{d}t}I \cdot \mathrm{d}t = -\int LI \cdot \mathrm{d}I = \frac{1}{2}LI^2$$

Die Energie des entstandenen magnetischen Feldes lässt sich also mit

$$W = \frac{1}{2}LI^2 \qquad [6.23]$$

berechnen.

6.6 Magnetischer Kreis

Die Größen Strom und Spannung haben eine klare Entsprechung bei den magnetischen Größen. Da für die elektrischen Größen das Ohm'sche Gesetz gilt, wird auch für die magnetischen Größen eine entsprechende Gleichung aufgestellt:

$$R_\mathrm{m} = \frac{\Theta}{\phi} \qquad [6.24]$$

Diese Größe wird als *magnetischer Widerstand* beschrieben. Bei fester Durchflutung hängt der Fluss vom Widerstand ab, der von den umgebenden Materialien gebildet wird.

Dass der magnetische Widerstand von den geometrischen Eigenschaften des Materials abhängt, das vom magnetischen Fluss durchströmt wird, kann sehr einfach gezeigt werden:

$$\mathrm{R_m} = \frac{\Theta}{\phi} = \frac{\Theta}{BA} = \frac{\Theta}{\mu HA} = \frac{\Theta l_\mathrm{m}}{\mu\Theta A} = \frac{l_\mathrm{m}}{\mu A}$$

Die Einheit des magnetischen Widerstands setzt sich aus den Einheiten der verwendeten Größen zusammen:

$$[\mathrm{R_m}] = \frac{\mathrm{A}}{\mathrm{Vs}}$$

Die mittlere Feldlinienlänge l_m und der Querschnitt A hängen von den geometrischen Eigenschaften des Materials ab, durch das die Feldlinien sich bewegen sollen, und μ hängt vom Material selbst ab.

Mit diesen Größen sind Sie nun in der Lage, einen sogenannten magnetischen Kreis zu berechnen, ähnlich wie einen Stromkreis.

Ein magnetischer Kreis besteht z. B. aus einem Ring aus magnetischem Material und einer Spule, an der das Magnetfeld erzeugt wird (siehe Abbildung 6.54).

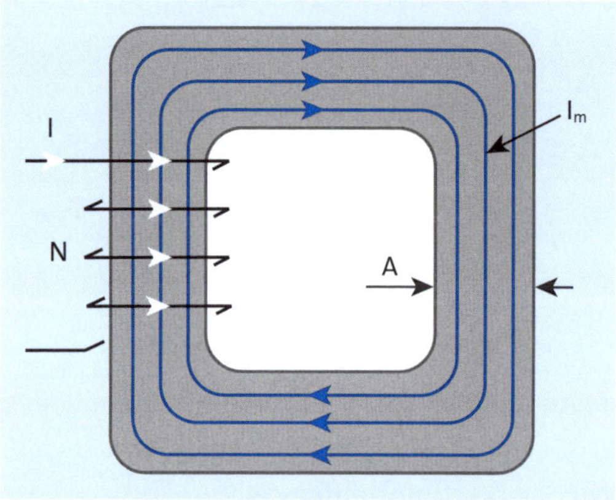

Abbildung 6.54 Magnetischer Kreis

Beispiel zum magnetischen Kreis

Eine Spule mit 1648 Windungen ist um einen geschlossenen Kern aus Ferrit ($\mu_R = 530$) gewickelt. Der Kern hat die Maße, die Sie in Abbildung 6.55 sehen.

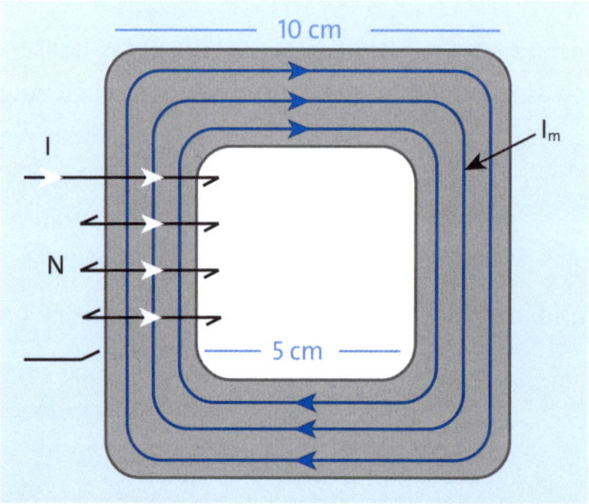

Abbildung 6.55 Beispielaufbau magnetischer Kreis

Der Kern hat außerdem eine Tiefe von 2 cm.

Die Spule besitzt einen Drahtwiderstand von 583 Ω und liegt an einer Gleichspannung von 35 V.

Ermitteln Sie

a) die Durchflutung,

b) die magnetische Feldstärke,

c) die magnetische Flussdichte und

d) den magnetischen Widerstand des Kerns.

Lösungen

a) $\Theta = I \cdot N$

Zunächst muss I berechnet werden

$$I = \frac{U}{R} = \frac{35\ \text{V}}{583\ \Omega} = 0{,}06\ \text{A} \approx 60\ \text{mA};$$

Mit $\Theta = I \cdot N$ folgt dann:

$$\Theta = 0{,}06\ \text{A} \cdot 1648 \approx 98{,}9\ \text{A}$$

b) $H = \frac{\Theta}{l_\text{m}}$

$$l_\text{m} = 4 \cdot 7{,}5\ \text{cm} = 0{,}3\ \text{m}$$

$$H = \frac{98{,}9\ \text{A}}{0{,}3\ \text{m}} \approx 329{,}67\,\frac{\text{A}}{\text{m}}$$

c)

$$B = \mu_r \mu_0 H = 530 \cdot 1{,}256 \cdot 10^{-6}\,\frac{\text{Vs}}{\text{Am}} \cdot 329{,}67\,\frac{\text{A}}{\text{m}} \approx 0{,}22\ \text{T}$$

d)

$$\phi = \text{B} \cdot \text{A} = \frac{0{,}22\ \text{Vs}}{\text{m}^2} \cdot 0{,}0005\ \text{m}^2 = 110\mu\ \text{Vs}$$

$$R_\text{m} = \frac{\Theta}{\phi} = \frac{98{,}9\ \text{A}}{110\mu\ \text{Vs}} = 899{,}4\,\frac{\text{A}}{\text{Vs}}$$

6.7 Maxwell-Gleichungen

Die Maxwell-Gleichungen stellen das allgemeine Verhalten und die Zusammenhänge zwischen elektrischen und magnetischen Feldern dar.

Wenn Sie durch die gängige Literatur blättern, werden Sie feststellen, dass die Nummerierung der Maxwell-Gleichungen nicht einheitlich ist. Das ist jedoch nicht weiter schlimm, denn wesentlich ist, dass Sie wissen, was sie aussagen.

6.7.1 Stationäre Maxwell-Gleichungen

Bisher hatten wir häufig *stationäre* elektrische und magnetische Felder betrachtet, d. h., elektrische und magnetische Felder, die sich mit der Zeit nicht ändern, wie z. B. das elektrische Feld eines geladenen Kondensators oder das magnetische Feld eines von Gleichstrom durchflossenen Leiters.

Zu diesen Feldern schauen Sie sich nun die Maxwell-Gleichungen an.

In Abschnitt 3.4.5 wurde mithilfe des Gauß'schen Satzes die 1. Maxwell-Gleichung hergeleitet.

Zur Erinnerung:

$$\frac{Q}{\varepsilon_0} = \oint_A \vec{E} d\vec{A}$$ 1. Maxwell-Gleichung in integraler Form

$$\operatorname{div} \vec{E} = \frac{\rho}{\varepsilon_0}$$ 1. Maxwell-Gleichung in differenzieller Form

Wir hatten den elektrischen Fluss durch eine Kugel betrachtet und festgestellt, dass der Fluss gleich null ist, wenn sich keine Ladung in der Kugel befindet.

Wenn die Kugel aber die Ladung umschließt, so ist der Fluss gleich $\frac{Q}{\varepsilon_0}$.

In dem Feld, das wir in der Kugel betrachten, liegt also die Quelle des elektrischen Feldes. Je größer die Ladung ist, desto größer wird der Fluss. Die Divergenz des Feldes (also die Strömungsstärke) steigt dann ebenfalls an.

Wenn Sie die Feldstärke eines elektrischen Feldes bestimmen wollen, das von einer positiven und gleichgroßen negativen Ladung erzeugt wird, so wird Ihr Ergebnis null sein, da sich die Flüsse durch die Oberfläche der Kugel gegenseitig aufheben, und somit ist auch die Strömungsstärke gleich null.

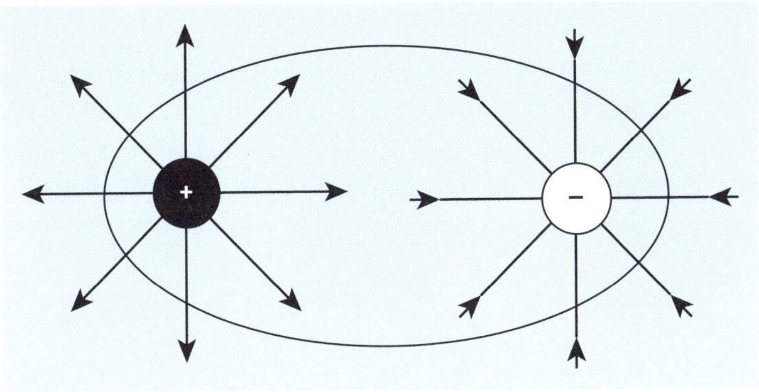

Abbildung 6.56 Der elektrische Fluss durch die Oberfläche ist null, da sich die Felder der beiden Ladungen gegeneinander aufheben; es treten genauso viele Feldlinien von außen in die Hülle ein, wie aus.

Die erste Maxwell-Gleichung besagt also, dass ein elektrisches Feld eine Quelle besitzt, und diese Quelle besteht aus Ladungen. Je größer die Quellladung ist, desto stärker ist die Strömungsstärke.

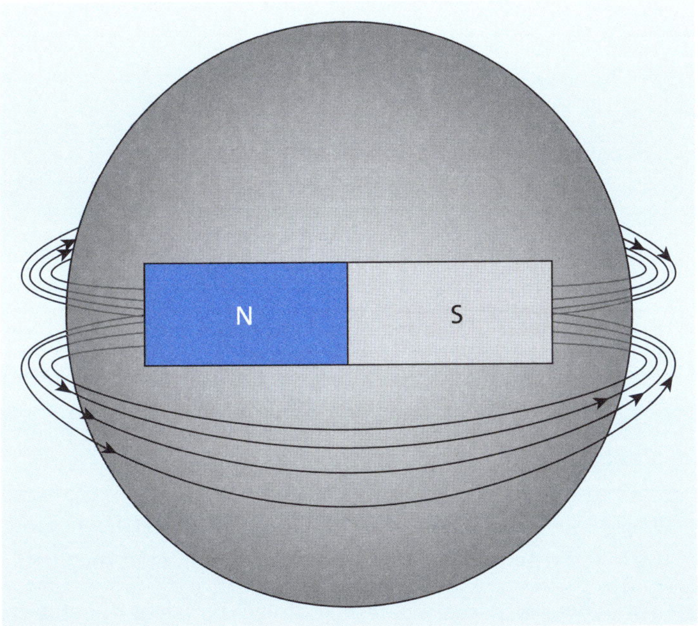

Abbildung 6.57 Der magnetische Fluss durch die Oberfläche ist null, da sich die Feldlinien gegeneinander aufheben; es treten genauso viele Feldlinien von außen in die Hülle ein, wie aus.

Nun schauen Sie sich den gleichen Sachverhalt mit Magnetfeldern an: Legen Sie eine Kugel um einen kleinen Magneten (siehe Abbildung 6.57), so stellen sie fest, dass alle Feldlinien, die eintreten, auch wieder aus der Kugel austreten. Das liegt an der Natur der magnetischen Feldlinien, denn sie sind im Gegensatz zu elektrischen Feldlinien geschlossen: Sie werden nie einen Süd- oder Nordpol einzeln antreffen, Magnete treten immer als Dipole auf.

Für ein Magnetfeld $\vec{B}$ gilt also:

$$\phi_{\text{mag}} = \oint_A \vec{B} \cdot \mathrm{d}\vec{A} = 0$$

Unter Anwendung des Gauß'schen Satzes folgt hieraus:

[6.25] $$\oint_A \vec{B} \cdot \mathrm{d}\vec{A} = \int_V \operatorname{div} \vec{B} \cdot \mathrm{d}V = 0 \implies \operatorname{div} \vec{B} = 0$$

Ein Magnetfeld wird demnach als *quellenfrei* bezeichnet. Das heißt, es gibt keine Quellen, denn die Feldlinien kommen zum Magneten zurück und treten durch ihn hindurch. Auch die Strömungsstärke ist gleich null, da die Richtungen der Feldlinien sich gegeneinander aufheben.

[6.25] wird 2. Maxwell-Gleichung genannt.

$\oint_A \vec{B} \cdot \mathrm{d}\vec{A} = 0$	2. Maxwell-Gleichung in integraler Form
$\operatorname{div} \vec{B} = 0$	2. Maxwell-Gleichung in differenzieller Form

Um die beiden noch fehlenden Maxwell-Gleichungen zu betrachten, muss eine weitere mathematische Größe eingeführt werden.

6.7.2 Rotation eines Vektorfeldes

Die Rotation eines Vektorfeldes gibt anschaulich an, ob und wie stark *Wirbel* in einem Vektorfeld vorhanden sind. Als Wirbel werden geschlossene Feldlinien bezeichnet.

Um diese Erklärung zu verstehen, schauen wir uns Vektorfelder nicht anhand von Vektoren an, sondern betrachten die Feldlinien.

Die Feldlinien eines elektrischen Feldes, das von einer Ladung erzeugt wird, haben die Gestalt, die Sie in Abbildung 6.58 sehen.

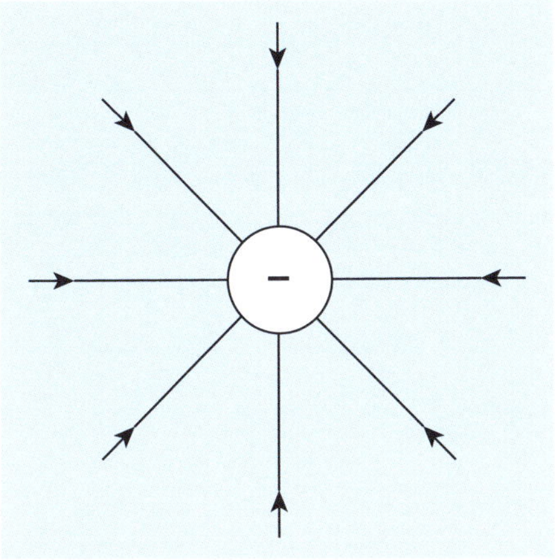

Abbildung 6.58 Elektrisches Feld einer negativen Punktladung

Die Feldlinien bilden keine geschlossenen Linien, also ist das elektrische Feld wirbelfrei und die Rotation dieses Feldes ist gleich null.

Bei einem magnetischen Feld sieht das anders aus: Das Feld besteht nur aus geschlossenen Linien, besitzt also Wirbel, und die Rotation ist ungleich null.

Berechnet wird die Rotation wie folgt:

$$\operatorname{rot}\vec{F} = \vec{\nabla} \times \vec{F} = \begin{pmatrix} \frac{\partial}{\partial x} \\ \frac{\partial}{\partial y} \\ \frac{\partial}{\partial z} \end{pmatrix} \times \begin{pmatrix} F_x \\ F_y \\ F_z \end{pmatrix} = \begin{pmatrix} \frac{\partial F_z}{\partial y} - \frac{\partial F_y}{\partial z} \\ \frac{\partial F_x}{\partial z} - \frac{\partial F_z}{\partial x} \\ \frac{\partial F_y}{\partial x} - \frac{\partial F_x}{\partial y} \end{pmatrix}$$

Diese Behauptungen über die Rotation des elektrischen und des magnetischen Feldes – nämlich, dass die Rotation eines elektrischen Feldes gleich null ist und die Rotation des magnetischen Feldes ungleich null – werden wir mithilfe der Formel überprüfen.

Das elektrische Feld einer Punktladung hat folgende Form:

$$\vec{E} = \frac{1}{4\pi\varepsilon_0} \frac{Q}{r^2} \vec{e_r}$$

Um das Ergebnis besser sehen zu können, nehmen wir folgenden Rechenschritt vor:

Wir ersetzen $\vec{e_r}$ durch $\frac{\vec{r}}{r}$.

$$\vec{E} = \frac{Q}{4\pi\varepsilon_0}\frac{\vec{r}}{r^3}$$

Zerlegt in seine Komponenten, erhalten wir für $\vec{E}$:

$$\begin{pmatrix} E_x \\ E_y \\ E_z \end{pmatrix} = \frac{Q}{4\pi\varepsilon_0}\frac{1}{(x^2+y^2+z^2)^{\frac{3}{2}}}\begin{pmatrix} x \\ y \\ z \end{pmatrix}$$

Nun bilden Sie die partiellen Ableitungen:

$$\frac{\partial E_z}{\partial y} = -\frac{Q}{4\pi\varepsilon_0}\frac{3yz}{(x^2+y^2+z^2)^{\frac{5}{2}}}$$

$$\frac{\partial E_y}{\partial z} = -\frac{Q}{4\pi\varepsilon_0}\frac{3zy}{(x^2+y^2+z^2)^{\frac{5}{2}}}$$

$$\frac{\partial E_x}{\partial z} = -\frac{Q}{4\pi\varepsilon_0}\frac{3zx}{(x^2+y^2+z^2)^{\frac{5}{2}}}$$

$$\frac{\partial E_z}{\partial x} = -\frac{Q}{4\pi\varepsilon_0}\frac{3xz}{(x^2+y^2+z^2)^{\frac{5}{2}}}$$

$$\frac{\partial E_y}{\partial x} = -\frac{Q}{4\pi\varepsilon_0}\frac{3xy}{(x^2+y^2+z^2)^{\frac{5}{2}}}$$

$$\frac{\partial E_x}{\partial y} = -\frac{Q}{4\pi\varepsilon_0}\frac{3yx}{(x^2+y^2+z^2)^{\frac{5}{2}}}$$

$$\operatorname{rot}\vec{E} = \begin{pmatrix} -\frac{Q}{4\pi\varepsilon_0}\frac{3yz}{(x^2+y^2+z^2)^{\frac{5}{2}}} + \frac{Q}{4\pi\varepsilon_0}\frac{3zy}{(x^2+y^2+z^2)^{\frac{5}{2}}} \\ -\frac{Q}{4\pi\varepsilon_0}\frac{3zx}{(x^2+y^2+z^2)^{\frac{5}{2}}} + \frac{Q}{4\pi\varepsilon_0}\frac{3xz}{(x^2+y^2+z^2)^{\frac{5}{2}}} \\ -\frac{Q}{4\pi\varepsilon_0}\frac{3xy}{(x^2+y^2+z^2)^{\frac{5}{2}}} + \frac{Q}{4\pi\varepsilon_0}\frac{3yx}{(x^2+y^2+z^2)^{\frac{5}{2}}} \end{pmatrix} = 0$$

Das gleiche Ergebnis erhalten Sie, wenn Sie statt der Rotation des Feldes einer Punktladung die Rotation eines allgemeinen elektrischen Feldes berechnen:

$$\vec{E} = \frac{1}{4\pi\varepsilon_0} \int \frac{\rho(r)}{r^2} \, \vec{e_r} \cdot \mathrm{d}V$$

Es gilt:

$$\operatorname{rot} \vec{E} = 0$$

Dieser Zusammenhang wird auch als *3. Maxwell-Gleichung* bezeichnet.

Sie besagt, dass ein stationäres elektrisches Feld wirbelfrei ist, also keine geschlossenen Feldlinien besitzt.

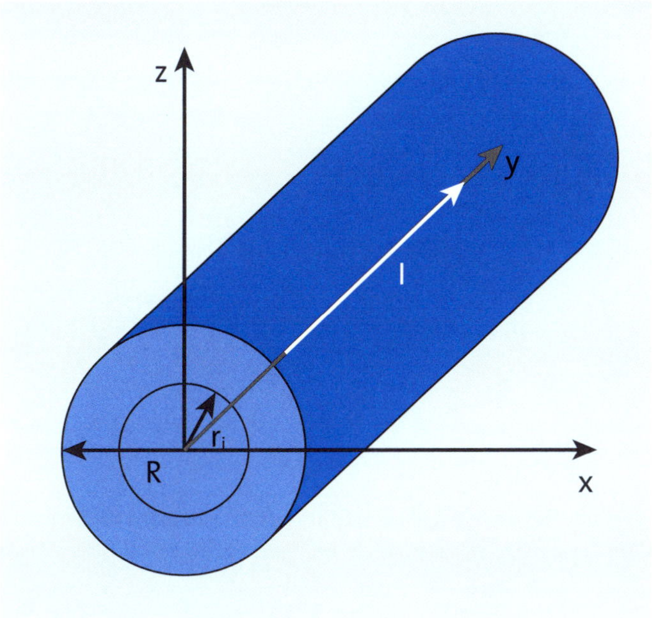

Abbildung 6.59 Lage des Leiters und Richtung von r, I und B

Betrachten Sie nun das Magnetfeld eines stromdurchflossenen Leiters, und zwar innerhalb des Leiters. Der Leiter befinde sich auf der y-Achse (siehe Abbildung 6.59).

Dann hat das Magnetfeld nur Komponenten, die in x- und in z-Richtung zeigen, denn das Magnetfeld steht senkrecht auf dem elektrischen Feld, das den Stromfluss erzeugt. Die Komponenten von r bestehen ebenfalls aus x und z.

In Abschnitt 6.3.3 haben Sie die Feldstärke eines stromdurchflossenen Leiters im Inneren des Leiters mit

$$\vec{H} = \frac{Ir}{2\pi R^2} \vec{e}_I \times \vec{e}_r$$

hergeleitet, wobei R den Radius des Drahtes darstellt und r der Radius ist, an dem das Feld betrachtet werden soll. $\vec{e}_I$ ist der Einheitsvektor der Stromrichtung, und $\vec{e}_r$ ist der Einheitsvektor von r.

Mit

$$\vec{B} = \mu \vec{H}$$

ergibt sich für die Flussdichte:

$$\vec{B} = \frac{\mu I r}{2\pi R^2} \vec{e}_I \times \vec{e}_r$$

Die Richtung der Flussdichte ergibt sich aus:

$$\vec{e}_I \times \vec{e}_r = \begin{pmatrix} 0 \\ 1 \\ 0 \end{pmatrix} \times \begin{pmatrix} 1 \\ 0 \\ 1 \end{pmatrix} = \begin{pmatrix} -1 \\ 0 \\ 1 \end{pmatrix}$$

Somit gilt für $\vec{B}$:

$$\vec{B} = \begin{pmatrix} B_x \\ B_y \\ B_z \end{pmatrix} = \frac{\mu_0 I}{2\pi R^2} \begin{pmatrix} -z \\ 0 \\ x \end{pmatrix}$$

Um die Rotation zu berechnen, benötigen Sie die partiellen Ableitungen von $\vec{B}$:

$$\frac{\partial B_z}{\partial y} = 0$$

$$\frac{\partial B_y}{\partial z} = 0$$

$$\frac{\partial B_x}{\partial z} = -\frac{\mu_0 I}{2\pi R^2}$$

$$\frac{\partial B_z}{\partial x} = \frac{\mu_0 I}{2\pi R^2}$$

$$\frac{\partial B_x}{\partial y} = 0$$

$$\frac{\partial B}{\partial x} = 0$$

$$\operatorname{rot} \vec{B} = \begin{pmatrix} 0 - 0 \\ -\frac{\mu_0 I}{2\pi R^2} - \frac{\mu_0 I}{2\pi R^2} \\ 0 - 0 \end{pmatrix} = \begin{pmatrix} 0 \\ -\frac{\mu_0 I}{\pi R^2} \\ 0 \end{pmatrix}$$

Wenn Sie dieses Ergebnis genauer betrachten, sehen Sie, dass es sich hier um $-\mu_0 J$ handelt, also um $-\mu_0$ mal Stromdichte, die dieses Feld erzeugt.

Die Rotation des B-Feldes ist also proportional zu der Stromdichte, die dieses Feld erzeugt.

Diesen Zusammenhang kann man auch allgemein zeigen, und zwar mithilfe des *Stokes'schen Satzes*. Der Gauß'sche Satz (siehe Abschnitt 3.4.5, Formel [3.12]) hilft dabei, ein Volumenintegral in ein Flächenintegral umzuwandeln. Der Satz von Stokes wandelt ein Flächenintegral in ein Linienintegral um.

Er lautet:

$$\int_A \operatorname{rot} \vec{B} \cdot \mathrm{d}\vec{A} = \oint_{\partial A} \vec{B} \cdot \mathrm{d}\vec{r}$$

∂A stellt hier den geschlossenen Rand der Fläche A dar.

Betrachten Sie das Durchflutungsgesetz in Bezug auf eine Leiterschleife, dann erhalten Sie:

$$\Theta = \oint_l \vec{H} \cdot \mathrm{d}\vec{l}_\mathrm{m} = \int_A \vec{J} \cdot \mathrm{d}\vec{A}$$

Wenn Sie diese Formel mit μ_0 erweitern, erhalten Sie:

$$\oint_l \mu_0 \vec{H} \cdot \mathrm{d}\vec{l}_\mathrm{m} = \int_A \mu_0 \vec{J} \cdot \mathrm{d}\vec{A}$$

$$\Leftrightarrow \oint_l \vec{B} \cdot \mathrm{d}\vec{l}_\mathrm{m} = \int_A \mu_0 \vec{J} \cdot \mathrm{d}\vec{A}$$

Mit dem Stokes'schen Satz folgt nun durch Integrandenvergleich direkt:

$$\operatorname{rot} \vec{B} = \mu_0 \vec{J}$$

Dieser Zusammenhang ist das sogenannte *Ampèregesetz* oder auch die 4. Maxwell-Gleichung:

$\text{rot}\,\vec{B} = \mu_0 \vec{J}$ 4. Maxwell-Gleichung in differenzieller Form

$\oint_{\partial A} \vec{B} \cdot \mathrm{d}\vec{l}_\mathrm{m} = \mu_0 J$ 4. Maxwell-Gleichung in integraler Form

Es besagt anschaulich, dass ein Strom ein magnetisches Feld hervorruft.

6.7.3 Materialbehaftete und nichtstationäre Maxwell-Gleichungen

Bisher haben wir die Maxwell-Gleichungen unter dem stationären Gesichtspunkt betrachtet. Das heißt, wir sind davon ausgegangen, dass die Felder sich mit der Zeit nicht ändern.

Ebenso sind wir davon ausgegangen, dass sich die Felder im Vakuum befinden, da nur ε_0 und μ_0 eine Rolle spielten.

Wenn man die Faktoren Zeit und die Materie mitberücksichtigt, stellen sich die Maxwell-Gleichungen teilweise etwas anders dar.

Um den Faktor Materie zu berücksichtigen, ersetzen Sie in den Maxwell-Gleichungen nur μ_0 und ε_o durch μ und ε.

Die erste Maxwell-Gleichung $\left(\text{div}\,\vec{E} = \frac{\rho}{\varepsilon}\right)$ ändert sich nicht wesentlich, nur dass ε_0 durch ε ersetzt wurde.

Wenn eine Ladungsmenge ein Feld erzeugt, so ist dies vollkommen unabhängig von der Zeit. Die Ladungen werden nicht mit der Zeit verbraucht, also bleibt diese Gleichung auch im nichtstationären Fall erhalten.

Auch bei der zweiten Maxwell-Gleichung $\left(\text{div}\,\vec{B} = 0\right)$ tritt keine Änderung ein, denn quellenfrei bedeutet: Es gibt keine Quellen, und das wird sich mit der Zeit auch nicht ändern.

Schauen Sie sich die dritte Maxwell-Gleichung an. Was hatten Sie bei der Induktion (siehe Abschnitt 6.5.4) gesehen?

Ein sich zeitlich veränderndes B-Feld hat eine Wechselspannung induziert. Es ist also ein elektrisches Feld entstanden, das sich ebenfalls zeitlich ändert.

Wenn Sie den Satz von Stokes notieren und als Vektorfeld das elektrische Feld einsetzen, so lautet er:

$$\int_A \text{rot } \vec{E} \, \mathrm{d}\vec{A} = \oint_{\partial A} \vec{E} \cdot \mathrm{d}\vec{r}$$

$$\oint_{\partial A} \vec{E} \cdot \mathrm{d}\vec{r}$$

ist aber nichts anderes als die induzierte Spannung in einem Leiter, der die Fläche A, das Innere der Leiterschleife, umgibt:

$$\oint_{\partial A} \vec{E} \cdot \mathrm{d}\vec{r} = U_{\text{ind}}$$

Der Stokes'sche Satz hat nun folgendes Aussehen:

$$U_{\text{ind}} = -\frac{\partial \vec{B} \cdot \vec{A}}{\partial t} = -\int_A \frac{\partial \vec{B}}{\partial t} \cdot \mathrm{d}\vec{A} = \int_A \text{rot } \vec{E} \, \mathrm{d}\vec{A}$$

Der Integrandenvergleich ergibt:

$$\text{rot } \vec{E} = -\frac{\partial \vec{B}}{\partial t}$$

Das ist die 3. Maxwell-Gleichung für nichtstationäre Felder, auch *Induktionsgesetz* oder *Faradaygesetz* genannt.

Die 4. Maxwell-Gleichung in der stationären Form besagt, dass ein Strom ein Magnetfeld hervorruft.

Schließen Sie einen Kondensator an eine Wechselspannung an, so fließt ein Strom zum Kondensator hin und wieder zurück, je nach Polarität und Form der Wechselspannung. Der Strom ruft ein Magnetfeld hervor. Das wird durch die 4. Maxwell-Gleichung beschrieben:

$$\text{rot } \vec{B} = \mu \vec{J}$$

Aber es fehlt noch eine Größe, die hier nicht berücksichtigt ist: der Verschiebungsstrom im Kondensator bei der Polarisation.

Daher erweiterte Maxwell seine 4. Gleichung um die Verschiebungsstromdichte. Das elektrische Feld eines Kondensators setzt sich zusammen aus:

$$E = \frac{Q}{\varepsilon_0 A}$$

Wenn Sie die zeitliche Änderung dieses Feldes betrachten, d. h., die zeitliche Ableitung bilden, entsteht daraus:

$$\frac{\partial E}{\partial t} = \frac{1}{\varepsilon A}\frac{\partial Q}{\partial t} = \frac{I}{\varepsilon A}$$

Bringen Sie ε auf die linke Seite, so steht dort die zeitliche Ableitung der Verschiebungsflussdichte und rechts die entsprechende Stromdichte:

$$\frac{\partial D}{\partial t} = \frac{\partial(\varepsilon E)}{\partial t} = \frac{I}{A}$$

Die *4. Maxwell-Gleichung* wird somit zu:

$$\operatorname{rot}\vec{B} = \mu\vec{J} + \mu\frac{\partial\vec{D}}{\partial t}$$

Und wenn Sie $\vec{H}$ statt $\vec{B}$ verwenden, wird daraus mithilfe von $\vec{B} = \mu\vec{H}$:

$$\operatorname{rot}\vec{H} = \vec{J} + \frac{\partial\vec{D}}{\partial t}$$

Maxwell-Gleichungen

Bedeutung:

- Elektrische Ladungen erzeugen ein elektrisches Feld.
- Es gibt keine magnetischen Quellen.
- Ein sich veränderndes Magnetfeld erzeugt ein elektrisches Feld.
- Eine sich verändernde Stromdichte erzeugt ein Magnetfeld.

Stationäre Gleichungen:

$$\operatorname{div}\vec{E} = \frac{\rho}{\varepsilon_0};\ \oint_A \vec{E}\cdot \mathrm{d}\vec{A} = \frac{Q}{\varepsilon_0}$$

$$\operatorname{div}\vec{B} = 0\ ;\ \oint_A \vec{B}\cdot \mathrm{d}\vec{A} = 0$$

$$\operatorname{rot}\vec{E} = 0\ ;\ \oint_{\partial A} \vec{E}\cdot \mathrm{d}\vec{r} = 0$$

$$\operatorname{rot}\vec{B} = \mu_0\vec{J};\ \oint_{\partial A} \vec{B}\cdot \mathrm{d}\vec{l}_{\mathrm{m}} = \mu_0 I$$

Nichtstationäre Gleichungen:

$$\operatorname{div}\vec{E} = \frac{\rho}{\varepsilon};\ \oint_A \vec{E}\cdot \mathrm{d}\vec{A} = \frac{Q}{\varepsilon}$$

$$\operatorname{div}\vec{B} = 0\,;\ \oint_A \vec{B}\cdot \mathrm{d}\vec{A} = 0$$

$$\operatorname{rot}\vec{E} = -\frac{\partial \vec{B}}{\partial t}\,;\ \oint_{\partial A} \vec{E}\cdot \mathrm{d}\vec{r} = \int_A \frac{\partial \vec{B}}{\partial t}\cdot \mathrm{d}\vec{A}$$

$$\operatorname{rot}\vec{B} = \mu_0\vec{J} + \mu_0\frac{\partial \vec{D}}{\partial t};\ \oint_{\partial A} \vec{B}\cdot \mathrm{d}\vec{l}_{\mathrm{m}} = \mu_0 I + \mu_0\int_A \frac{\partial \vec{D}}{\partial t}\cdot \mathrm{d}\vec{A}$$

6.8 Übungen

Aufgabe 1

Eine kreisförmige Leiterschleife ($d = 6{,}5$ cm) liegt in einem homogenen Magnetfeld der Flussdichte $B = 33$ mT. Wie groß ist der magnetische Fluss für den Fall, dass der Winkel φ zwischen dem Flächenvektor $\vec{A}$ und der Flussdichte $\vec{B}$ 60° beträgt?

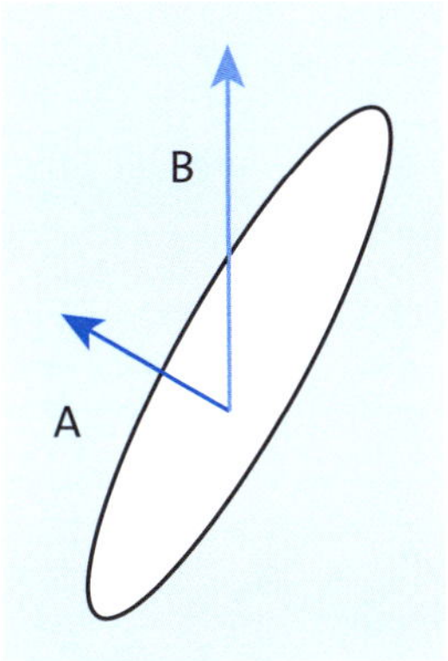

Abbildung 6.60 Lage der Leiterschleife im Magnetfeld

Aufgabe 2

Ein vom Strom $I = 4$ A durchflossener Probeleiter der Länge $l = 5$ cm erfährt in einem homogenen Magnetfeld der Flussdichte $B = 0{,}3$ T die Kraft $F = 0{,}04$ N.

a) Welchen Winkel bildet der Leiter mit den magnetischen Feldlinien?

b) Mit welcher Kraft wirkt das gleiche Magnetfeld auf diesen stromdurchflossenen Leiter, wenn er parallel zu den Feldlinien liegt?

Aufgabe 3

Ein Elektron mit der Ladung $Q = 1{,}6 \cdot 10^{-19}$ C fliegt mit der Geschwindigkeit $v = 4{,}22 \cdot 10^6 \frac{\text{m}}{\text{s}}$ durch ein Magnetfeld mit der Flussdichte $B = 2{,}15 \cdot 10^{-4}$ T.

Wie groß ist die Lorentzkraft, wenn die Richtung der Flussdichte mit dem Geschwindigkeitsvektor $\vec{v}$ einen Winkel $\varphi = 60{,}2°$ einschließt?

Aufgabe 4

Nach Durchlaufen einer Beschleunigungsspannung von 500 V treten Elektronen mit der Geschwindigkeit v in Richtung $\begin{pmatrix} 0 \\ 2 \\ 1 \end{pmatrix}$ in ein magnetisches Feld ein, dessen Flussdichte $B = 2 \cdot 10^{-4}$ T in Richtung $\begin{pmatrix} 0 \\ 0 \\ 1 \end{pmatrix}$ wirkt. Die Masse eines Elektrons beträgt $m_e = 9{,}1 \cdot 10^{-31}$kg.

a) Berechnen Sie die Geschwindigkeit der Elektronen.

b) Bestimmen Sie den Betrag und die Richtung der Lorentzkraft.

Aufgabe 5

Eine Spule mit der Induktivität $L = 200$ H liegt in einem Stromkreis mit der Spannung $U = 60$ V und dem Gesamtwiderstand $R = 600\ \Omega$ in Reihe.

a) Berechnen Sie die Stromstärke, die unmittelbar beim Abschalten des Stroms gemessen wird.

b) Auf welchen Wert ist die Stromstärke nach 0,1 s gesunken?

c) Nach dem beendeten Ausschaltvorgang wird die Spannung wieder an die Spule gelegt. Wie groß ist die Stromstärke zu Beginn des Aufladens?

d) Wann ist die Stromstärke auf 99 % der Maximalstromstärke angestiegen?

e) Welche Spannung herrscht an der Spule nach 0,5 s?

f) Nach welcher Zeit ist die Stromstärke auf die Hälfte des Endwertes angestiegen?

g) Nach welcher Zeit ist die Spannung an der Spule beim Einschalten auf die Hälfte der Quellenspannung abgefallen?

Aufgabe 6

Berechnen Sie die magnetische Feldstärke eines stromdurchflossenen Koaxialkabels.

Ein Koaxialkabel besteht aus einem inneren Leiter, *Seele* genannt, und einer von der Seele isolierten leitenden Abschirmung. Der Strom durch die Seele ist dem Strom durch die Abschirmung entgegengerichtet. Beide sind gleich groß.

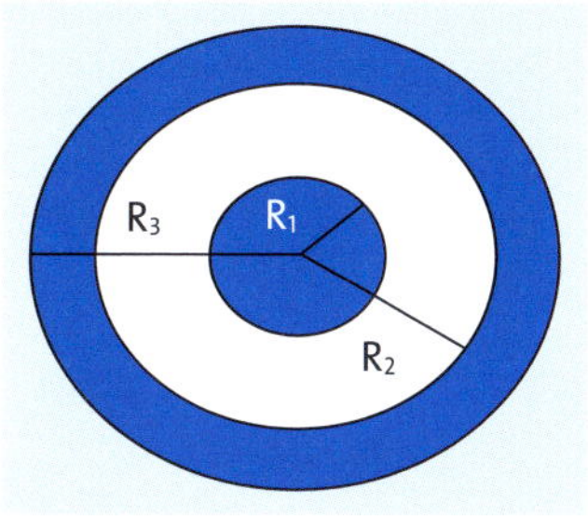

Abbildung 6.61 Querschnitt durch das Koaxialkabel

Aufgabe 7

Das Schaltverhalten der Schaltung aus Abbildung 6.62 soll untersucht werden. Der Verlauf der angelegten Spannung ist rechts dargestellt.

Vor dem Zeitpunkt $t = 0$ war die Spannung $u_1 = 0$ V. Es gilt $t_1 \gg 5\tau$.

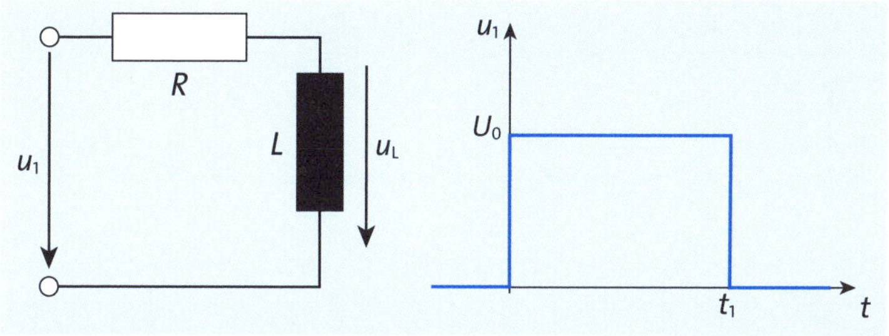

Abbildung 6.62 Skizze zu Aufgabe 7

a) Es soll der Aufladezeitraum betrachtet werden. Wie groß ist die Induktivität L, wenn $\tau = 1$ ms und $R = 100\ \Omega$ ist?

   i) Gegeben ist $U_0 = 1$ kV. Wie groß ist der Strom durch die Spule zum Zeitpunkt $t = 3\tau$?

   ii) Gegeben sind $U_0 = 2{,}8$ kV, $R = 5\ \Omega$, $L = 100$ mH. Nach welcher Zeit ist die Aufladung abgeschlossen? Wie groß ist der Strom und die Spannung an der Spule nach $t = 50$ ms?

b) Nun soll der Entladevorgang $(t > t_1)$betrachtet werden. Es gelten die Werte aus dem Aufgabenteil ii. Wie groß ist der Spulenstrom $I(t)$ und die Spannung an der Spule $U(t)$ bei $t_3 = t_1 + 50$ ms?

6.9 Lösungen

Lösung 1

Gegeben sind:

$d = 6{,}5\ \text{cm} = 0{,}065\ \text{m}$

$B = 33\ \text{mT} = 0{,}033\ \text{T}$

$\varphi = 60°$

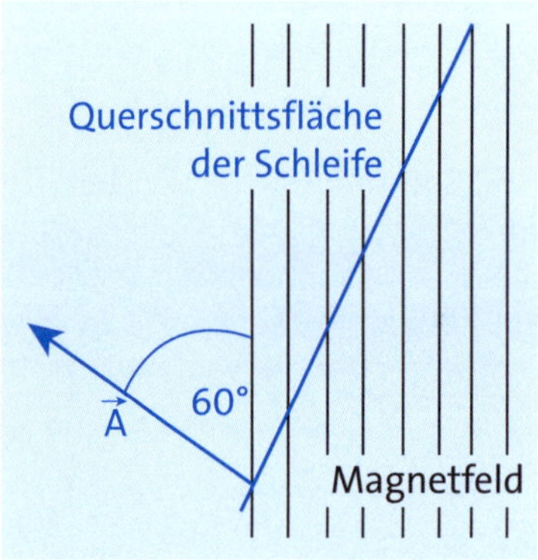

Abbildung 6.63 Lage von B und A

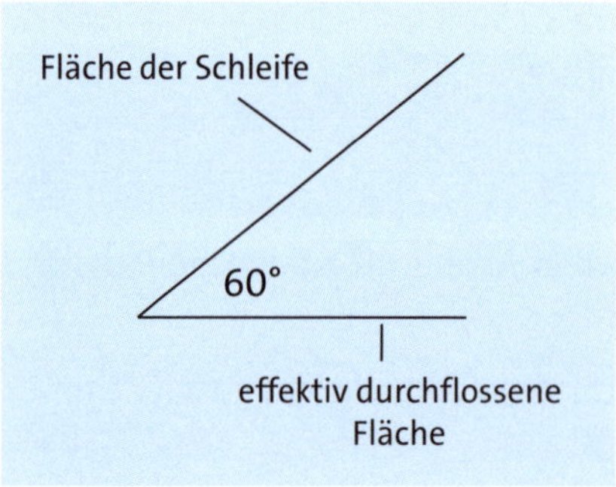

Abbildung 6.64 Verhältnis zwischen der Schleifenfläche und der durchflossenen Fläche

$\phi = BA_{\text{eff}}$

Die Fläche der Schleife:

$$A = r^2\pi = (0{,}0325\ \mathrm{m})^2\pi = 3{,}32 \cdot 10^{-3}\ \mathrm{m}^2$$

Effektive Fläche:

$$A_{\mathrm{eff}} = A \cdot \cos 60° = 0{,}5 \cdot 3{,}32 \cdot 10^{-3}\mathrm{m}^2 = 1{,}66 \cdot 10^{-3}\mathrm{m}^2$$

$$\phi = BA_{\mathrm{eff}} = 33 \cdot 10^{-3}\,\frac{\mathrm{Vs}}{\mathrm{m}^2} \cdot 1{,}66 \cdot 10^{-3}\mathrm{m}^2 = 5{,}48 \cdot 10^{-5}\ \mathrm{Wb}$$

Lösung 2

Gegeben sind:

$l = 5\ \mathrm{cm}$

$I = 4\ \mathrm{A}$

$B = 0{,}3\ \mathrm{T}$

$F = 0{,}04\ \mathrm{N}$

$\vec{F} = Q(\vec{v} \times \vec{B}) = \mathrm{I}(\vec{l} \times \overrightarrow{B})$

a)

$$F = I \cdot l \cdot B \cdot \sin\varphi \Leftrightarrow \sin\varphi = \frac{F}{I \cdot l \cdot B} = \frac{0{,}04\ \mathrm{N}}{4\ \mathrm{A}\ \cdot 0{,}05\ \mathrm{m} \cdot 0{,}3\ \mathrm{T}} = 0{,}66$$

$$\varphi = 41{,}8°$$

b) Parallel bedeutet $\varphi = 0° \Leftrightarrow \sin\varphi = 0$.

Also ist auch die Kraft gleich null.

Lösung 3

Gegeben sind:

$Q = 1{,}6 \cdot 10^{-19}\ \mathrm{C}$

$v = 4{,}22 \cdot 10^6\,\frac{\mathrm{m}}{\mathrm{s}}$

$B = 2{,}15 \cdot 10^{-4}\ \mathrm{T}$

$\varphi = 60{,}2°$

$$\begin{aligned} F &= Q \cdot v \cdot B \sin\varphi \\ &= 1{,}6 \cdot 10^{-19}\ \mathrm{C} \cdot 4{,}22 \cdot 10^6\,\frac{\mathrm{m}}{\mathrm{s}} \cdot 2{,}15 \cdot 10^{-4}\ \mathrm{T} \cdot \sin(60{,}2°) \\ &= 1{,}26 \cdot 10^{-16}\ \mathrm{N} \end{aligned}$$

Lösung 4

Gegeben sind:

$U = 500\,\text{V}$

Richtung von $v = \begin{pmatrix} 0 \\ 2 \\ 1 \end{pmatrix}$

$\vec{B} = 2 \cdot 10^{-4} \begin{pmatrix} 0 \\ 0 \\ 1 \end{pmatrix} \text{T}$

$m_e = 9{,}1 \cdot 10^{-31}\text{kg}$

$e = 1{,}6 \cdot 10^{-19}\,\text{C}$

a) Nach Abschnitt 3.6 beträgt die potenzielle Energie eines Elektrons:

$E_{\text{pot}} = eU = 1{,}6 \cdot 10^{-19}\,\text{C} \cdot 500\,\text{V} = 8 \cdot 10^{-17}\text{J}$

Energieerhaltungssatz:

$E_{\text{pot}} = E_{\text{kin}}$

$E_{\text{pot}} = \frac{m_e}{2} v^2$

$$\Leftrightarrow v = \sqrt{\frac{2E_{\text{pot}}}{m_e}} = \sqrt{\frac{2 \cdot 8 \cdot 10^{-17}\,\text{J}}{9{,}1 \cdot 10^{-31}\,\text{kg}}} = 13{,}26 \cdot 10^6 \frac{\text{m}}{\text{s}}$$

b)

$\vec{F} = Q\vec{v} \times \vec{B}$

$$\vec{F} = 1{,}6 \cdot 10^{-19}\,\text{C} \cdot 13{,}26 \cdot 10^6 \frac{\text{m}}{\text{s}} \begin{pmatrix} 0 \\ 2 \\ 1 \end{pmatrix} \times 2 \cdot 10^{-4}\,\text{T} \begin{pmatrix} 0 \\ 0 \\ 1 \end{pmatrix}$$

$$= 1{,}6 \cdot 10^{-19}\,\text{C} \cdot 13{,}26 \cdot 10^6 \frac{\text{m}}{\text{s}} \cdot 2 \cdot 10^{-4}\,\text{T} \begin{pmatrix} 0 \\ 2 \\ 1 \end{pmatrix} \times \begin{pmatrix} 0 \\ 0 \\ 1 \end{pmatrix}$$

$$= 4{,}24 \cdot 10^{-16}\,\text{N} \begin{pmatrix} 2 \\ 0 \\ 0 \end{pmatrix} = 8{,}48 \cdot 10^{-16}\,\text{N} \begin{pmatrix} 1 \\ 0 \\ 0 \end{pmatrix}$$

Lösung 5

Gegeben sind:

$L = 200\,\text{H}$

$U = 60\,\text{V}$

$R = 600\,\Omega$

a)

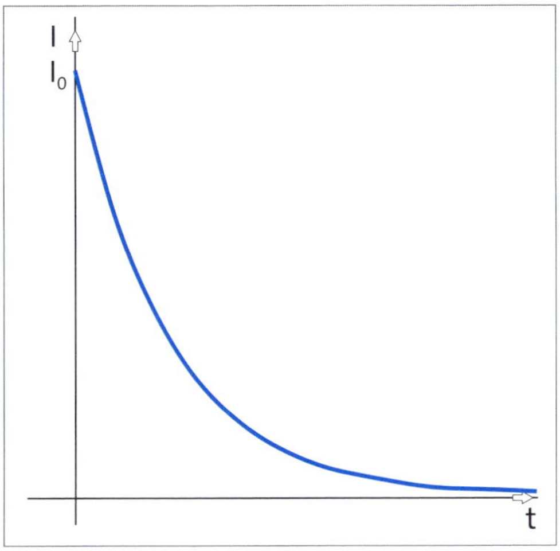

Abbildung 6.65 Stromverlauf nach dem Abschalten

Im Abschaltmoment fließt der maximale Strom I_0.

$$I_0 = \frac{U}{R} = \frac{60\,\text{V}}{600\,\Omega} = 0{,}1\,\text{A}$$

b) Gegeben ist: $t = 0{,}1\,\text{s}$

$$I_e = I_0 \cdot e^{-\frac{t}{\tau}}$$

$$\tau = \frac{L}{R} = \frac{200\,\text{H}}{600\,\Omega} = 0{,}333\,\text{s}$$

$$I_e = 0{,}1\,\text{A} \cdot e^{-\frac{0{,}1\,\text{s}}{0{,}333\,\text{s}}} = 74{,}1\,\text{mA}$$

c) Schauen Sie sich Abbildung 6.66 an.

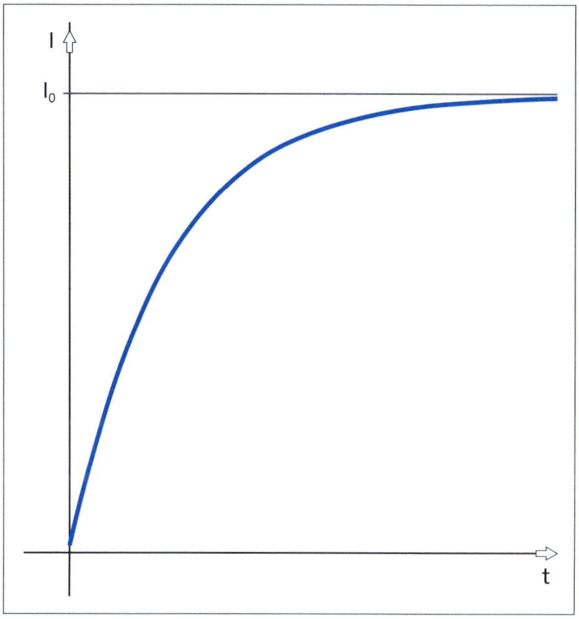

Abbildung 6.66 Stromverlauf nach dem Wiedereinschalten

$I = 0$

d) $I(t) = 0{,}99 I_0$

$I(t) = I_0(1 - e^{-\frac{t}{\tau}})$

$0{,}99 I_0 = I_0\left(1 - e^{-\frac{t}{\tau}}\right) \Leftrightarrow 1 - 0{,}99 = e^{-\frac{t}{\tau}}$

$\Leftrightarrow -\frac{t}{\tau} = \ln 0{,}01$

$\Leftrightarrow t = -\tau \cdot \ln 0{,}01 = -0{,}333\text{ s} \cdot \ln 0{,}01 = 1{,}534\text{ s}$

e) $t = 0{,}5\text{ s}$

$U(t) = U_0 \cdot e^{-\frac{t}{\tau}}$

$U(0{,}5\text{ s}) = 60\text{ V} \cdot e^{-\frac{0{,}5\text{ s}}{0{,}333\text{ s}}} = 13{,}39\text{ V}$

f) $I(t) = \frac{I_0}{2}$

$$\frac{I_0}{2} = I_0\left(1 - e^{-\frac{t}{\tau}}\right)$$

$$\Leftrightarrow \frac{1}{2} = e^{-\frac{t}{\tau}}$$

$$\Leftrightarrow t = -\tau \cdot \ln 0{,}5 = -0{,}333\ \text{s} \cdot \ln 0{,}5 = 231\ \text{ms}$$

g) $U(t) = \frac{U_0}{2}$

$$\frac{U_0}{2} = U_0 \cdot e^{-\frac{t}{\tau}}$$

$$\Leftrightarrow \frac{1}{2} = e^{-\frac{t}{\tau}}$$

$$\Leftrightarrow t = -\tau \cdot \ln 0{,}5 = -0{,}333\ \text{s} \cdot \ln\ 0{,}5 = 231\text{ms}$$

Lösung 6

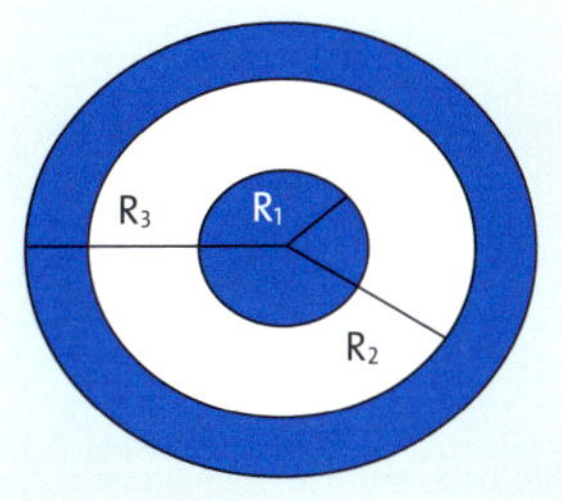

Abbildung 6.67 Querschnitt durch das Koaxialkabel

Gegeben sind R_1, R_2, R_3 sowie $I = I_i = -I_a$, gesucht ist H.

Hier müssen vier Fälle unterschieden werden:

1. $r < R_1$
2. $R_1 < r < R_2$
3. $R_2 < r < R_3$
4. $r > R_3$

1. $r < R_1$

$$\int_A J \cdot \mathrm{d}A = \int_l H \cdot \mathrm{d}l$$

Da I konstant ist, vereinfacht sich das Durchflutungsgesetz:

$$JA = \frac{I}{\pi R_1^2} \cdot \pi r^2 = H \cdot 2\pi r \Leftrightarrow H = \frac{Ir}{2\pi R_2^2}$$

2. $R_1 < r < R_2$

   $I = JA = Hl$

   $l = 2\pi r$

   $\Rightarrow H = \frac{I}{2\pi r}$

3. $R_2 < r < R_3$

   $$JA = \frac{-I\pi\left(r^2 - {R_2}^2\right)}{\pi\left({R_3}^2 - {R_2}^2\right)} + \frac{I\pi {R_1}^2}{\pi {R_1}^2} = H \cdot 2\pi r$$

   $$\Leftrightarrow I\left(-\frac{\left(r^2 - {R_2}^2\right)}{\left({R_3}^2 - {R_2}^2\right)} + 1\right) = H \cdot 2\pi r$$

   $$\Leftrightarrow H = \frac{I}{2\pi r}\left(1 - \frac{\left(r^2 - {R_2}^2\right)}{\left({R_3}^2 - {R_2}^2\right)}\right)$$

4. $r > R_3$

   $$H = \frac{I}{2\pi r}\left(1 - \frac{\left(r^2 - {R_2}^2\right)}{\left({R_3}^2 - {R_2}^2\right)}\right)$$

   mit $r = R_3$

   $H = 0$

   Dieses Ergebnis war zu erwarten, denn die Ströme sind jeweils gleich groß und gegenläufig, also heben sich die Magnetfelder auf.

Lösung 7

a) $\tau = \frac{L}{R} \Leftrightarrow L = \tau \cdot R = 1 \cdot 10^{-3}\mathrm{s} \cdot 100\,\Omega$

   i) $U_0 = 1\,\mathrm{kV}, t = 3\tau$

   Für den Strom bei der Aufladung gilt:

   $$I(t) = \frac{U_0}{R}\left(1 - e^{\frac{-t}{\tau}}\right)$$

   $$I(3\tau) = \frac{1\,\mathrm{kV}}{100\,\Omega}\left(1 - e^{\frac{-3\tau}{\tau}}\right) = 10\,\mathrm{A}(1 - e^{-3}) \approx 9{,}5\,\mathrm{A}$$

ii) $U_0 = 2{,}8\ \text{kV}, R = 5\ \Omega, L = 100\ \text{mH}$

$$\tau = \frac{L}{R} = \frac{0{,}1\ \text{H}}{5\ \Omega} = 20\ \text{ms}$$

Die Aufladung ist praktisch nach 5τ abgeschlossen, also nach $5 \cdot 20\ \text{ms} = 100\ \text{ms}$.

$$U(t) = U_0 e^{\frac{-t}{\tau}}$$

$$U(50\ \text{ms}) = 2800\ \text{V} e^{\frac{-50\ \text{ms}}{20\ \text{ms}}} = 229{,}8\ \text{V}$$

$$I(t) = \frac{U_0}{R}\left(1 - e^{\frac{-t}{\tau}}\right)$$

$$I(50\ \text{ms}) = \frac{229{,}8\ \text{V}}{5\ \Omega}\left(1 - e^{\frac{-50\ \text{ms}}{20\ \text{ms}}}\right) = \frac{210{,}9\ \text{V}}{5\ \Omega} = 42{,}19\ \text{A}$$

c) Bei der Entladung gilt:

$U(t) = -U_0 e^{\frac{-t}{\tau}}$ und $I(t) = \frac{U_0}{R} e^{\frac{-t}{\tau}}$

Berechnen Sie:

$U(t_1 + 50\ \text{ms}) = U(50\ \text{ms})$ da die Entladung erst bei t_1 beginnt.

$$U(50\ \text{ms}) = -2800\ \text{V} e^{\frac{-50\ \text{ms}}{20\ \text{ms}}} = -2800\ \text{V}\left(e^{\frac{-5}{2}}\right) = -229{,}8\ \text{V}$$

$$I(50\ \text{ms}) = \frac{229{,}8}{5\ \Omega} e^{\frac{-50\ \text{ms}}{20\ \text{ms}}} = 3{,}77\ \text{A}$$

Kapitel 7
Wechselstromkreise

In diesem Kapitel werden Eigenschaften von Widerständen, Spulen und Kondensatoren in Wechselstromkreisen betrachtet. Diese Bauelemente werden zu Schwingkreisen zusammengeschaltet und deren Eigenschaften werden betrachtet. Zur Berechnung dieser Schaltungen werden die komplexen Zahlen eingeführt.

7.1 Charakteristische Größen einer Wechselspannung

Wie Sie bereits in Kapitel 4 gesehen haben, wird eine Spannung, die ihre Polarität ändert, als Wechselspannung bezeichnet. Das Wesentliche hierbei ist nicht die Kurvenform, sondern die Polaritätsänderung.

Wechselspannungen können unterschiedlichste Erscheinungsformen haben, wie Abbildung 7.1 zeigt.

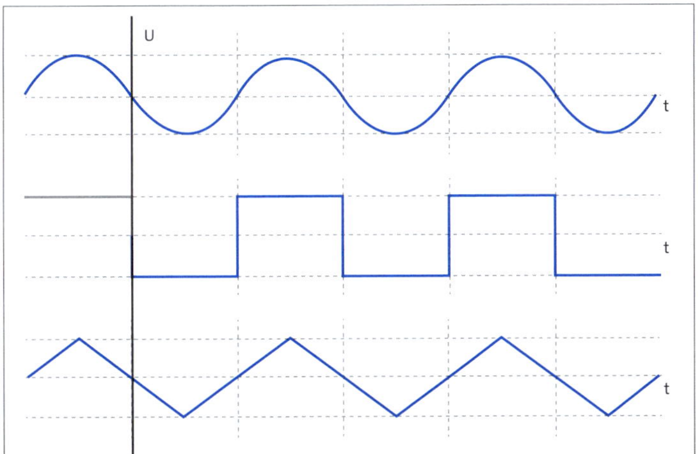

Abbildung 7.1 Einige Formen von periodischen Wechselspannungen, von oben nach unten: Sinusspannung, Rechteckspannung, Dreieckspannung, Sägezahnspannung

Alle in Abbildung 7.1 dargestellten Spannungen sind periodisch, was aber keine Grundvoraussetzung einer Wechselspannung ist. Sie werden sich in diesem Kapitel aber mit periodischen Wechselspannungen – vornehmlich mit sinusförmigen periodischen Wechselspannungen – beschäftigen. Charakteristische Merkmale einer periodischen Wechselspannung sehen Sie in Abbildung 7.2.

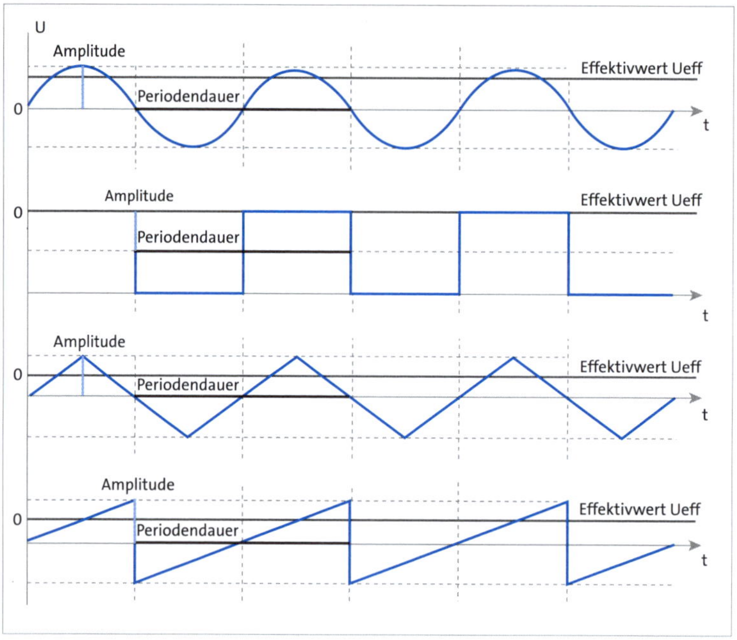

Abbildung 7.2 Charakteristische Merkmale einer Wechselspannung

Periodendauer

Die Zeit, in der eine Schwingung stattfindet, also die Zeit, bis sich das Signal wiederholt, wird als *Periodendauer T* bezeichnet.

Frequenz

Die *Frequenz f* einer Wechselspannung ist die Anzahl der Schwingungen, die pro Sekunde durchgeführt werden, also der Kehrwert der Periodendauer:

[7.1] $$f = \frac{1}{T}$$

Die Einheit der Frequenz ist nach Heinrich Hertz, Hz, benannt:

$$[f] = \frac{1}{\text{s}} = 1\ \text{Hz}$$

Amplitude

Der Maximalwert der Halbwelle wird *Amplitude* oder auch *Spitzenwert* U_s genannt. Die Spannung zwischen der positiven und der negativen Amplitude heißt *Spitze-Spitze-Spannung* U_{ss}.

Effektivwert

Der quadratische Mittelwert der Schwingung heißt *Effektivwert*. Er ist auch der sogenannte *Nennwert* der Spannung.

Der Effektivwert ist von der Form der Kurve abhängig und kann auch analog zur Spannung für Ströme und Leistungen definiert werden.

Er wird mithilfe von

$$U_{\text{eff}} = \sqrt{\frac{1}{T} \int_{t_0}^{t_0+T} U^2(t)\mathrm{d}t} \qquad [7.2]$$

berechnet.

Beispiel

Schauen Sie sich eine Sinusspannung an. Sie hat folgende Form:

$$U(t) = U_s \sin\left(\frac{2\pi}{T} t\right)$$

$$U_{\text{eff}} = \sqrt{\frac{1}{T} \int_{t_0}^{t_0+T} \left(U_s \sin\left(\frac{2\pi}{T} t\right)\right)^2 \mathrm{d}t}$$

$$= \sqrt{\frac{1}{T} U_s^{\,2} \int_{t_0}^{t_0+T} \sin^2\left(\frac{2\pi}{T} t\right) \mathrm{d}t}$$

$$= \sqrt{\frac{1}{T} U_s^{\,2} \frac{T}{2}}$$

$$= \frac{1}{\sqrt{2}} U_s$$

Der Effektivwert einer sinusförmigen Wechselspannung beträgt das $\frac{1}{\sqrt{2}}$-Fache oder 70,7 % der Amplitude.

Unsere Netzspannung ist sinusförmig und wird mit einem Wert von 230 V angegeben. Hierbei handelt es sich um den Effektivwert der Spannung. Die Amplitude der Netzspannung liegt bei $230\ \text{V} \cdot \sqrt{2} = 325{,}3\ \text{V}$.

Der *Effektivwert* ist ein konstanter Wert und entspricht einer Gleichspannung. Er gibt den Gleichspannungswert an, bei dem die gleiche Leistung in einem Ohm'schen Verbraucher umgesetzt wird wie bei der entsprechenden Wechselspannung.

Nehmen Sie zum Beispiel ein Heizkissen mit einem Ohm'schen Widerstand von 100 Ω und schließen Sie dieses Kissen an eine Steckdose an. Das Kissen erwärmt sich.

Der Momentanwert der Spannung, die an diesem Kissen anliegt, schwankt alle 20 ms zwischen −325,3 V und 325,3 V, denn die Periodendauer bei einer Frequenz von 50 Hz beträgt 20 ms. Ebenso bewegt sich der Strom zwischen −3,25 A und 3,25 A.

Da sowohl die Spannung als auch der Strom sinusförmig sind, ist auch die Leistung vom Verlauf her der Sinuskurve ähnlich. Sie schwankt ständig: Mal liegt sie unterhalb, mal oberhalb des Effektivwertes. Die abgegebene Leistung schwankt zwischen 0 und 1058 W.

Die effektive Erwärmung, die Sie in diesem Kissen feststellen, entspricht aber der Leistung der Effektivwerte von Strom mal Spannung. Das bedeutet: Schließen Sie dieses Kissen an eine Gleichspannung von 230 V an, so werden Sie feststellen, dass die Wärmeentwicklung genau dieselbe ist wie bei der Netzspannung.

Sämtliche Angaben, die Sie z. B. auf dem Typenschild eines Elektrogerätes finden, sind Effektivangaben, wie z. B. die Spannung von 230 V und die Leistungsangabe.

Wechselspannung

Charakteristische Größen:

Amplitude	Maximalwert der Halbwelle
Frequenz	Anzahl der Schwingungen pro Sekunde
Periodendauer	Zeit für eine Schwingung
Effektivwert	Quadratischer Mittelwert der Spannung
Formel	$U_{\text{eff}} = \sqrt{\frac{1}{T} \int_{t_0}^{t_0+T} U^2(t)\text{d}t}$

7.2 Kondensator im Wechselspannungskreis

Wenn Sie einen Kondensator an eine sinusförmige Wechselspannung anschließen (siehe Abbildung 7.3), so erleben Sie einen ständigen Wechsel zwischen Auf- und Entladung wie in Abbildung 7.4.

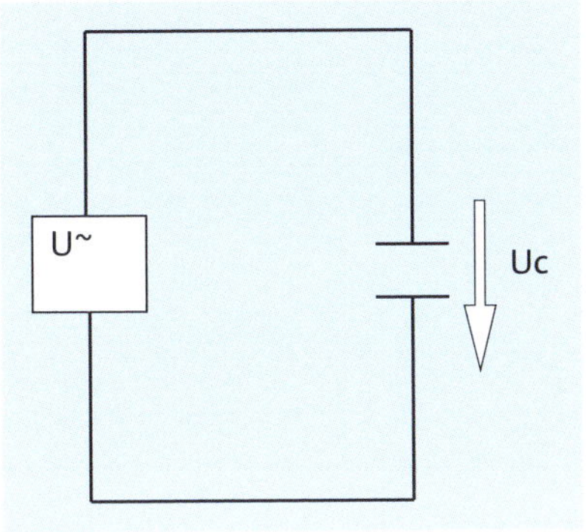

Abbildung 7.3 Kondensator im Wechselspannungskreis

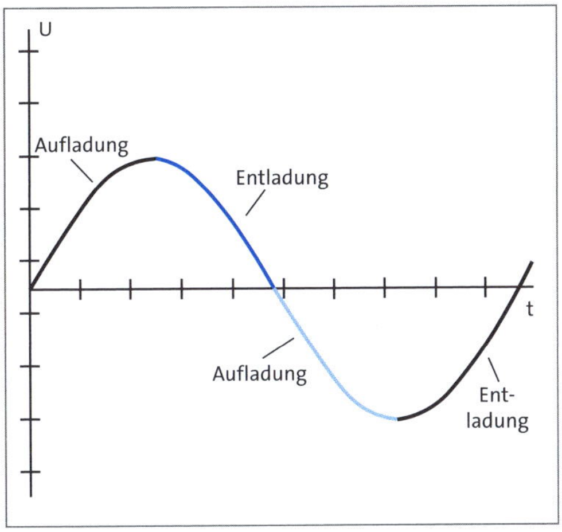

Abbildung 7.4 Phasen der Auf- und Entladung des Kondensators

Der Kondensator lädt sich während der aufsteigenden Flanke der positiven Halbwelle (schwarz) auf und entlädt sich während der absteigenden Flanke (dunkelblau). Sobald die negative Halbwelle am Kondensator anliegt, lädt sich der Kondensator zunächst auf (hellblau), allerdings mit umgekehrter Polarität, und nach Erreichen des Maximums beginnt wieder die Entladung (schwarz).

Die Spannung am Kondensator verhält sich genauso wie die angelegte Spannung; sie erreichen beide ihr Maximum und Minimum zur gleichen Zeit (siehe Abbildung 7.5). Man sagt dann, dass die beiden Spannungen *in Phase* sind.

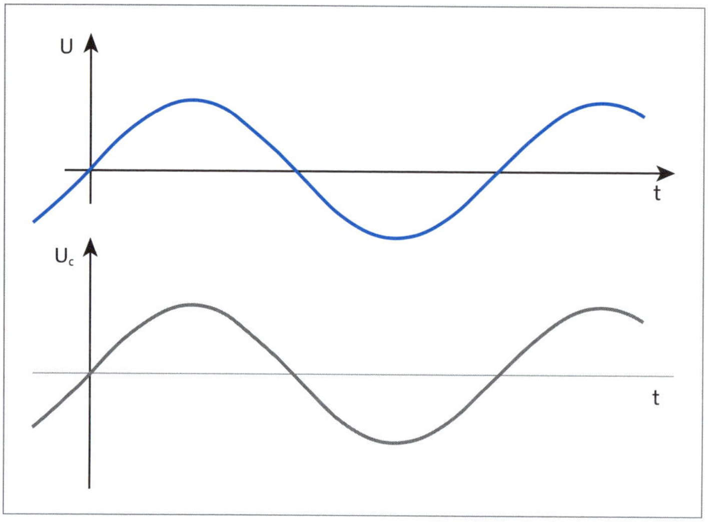

Abbildung 7.5 Die angelegte Spannung und die Spannung am Kondensator sind phasengleich.

Betrachten Sie hingegen den Strom, so stellen Sie fest, dass der Strom nicht in Phase zur Spannung ist. Erinnern Sie sich an das Verhalten des Stromes bei der Auf- und Entladung?

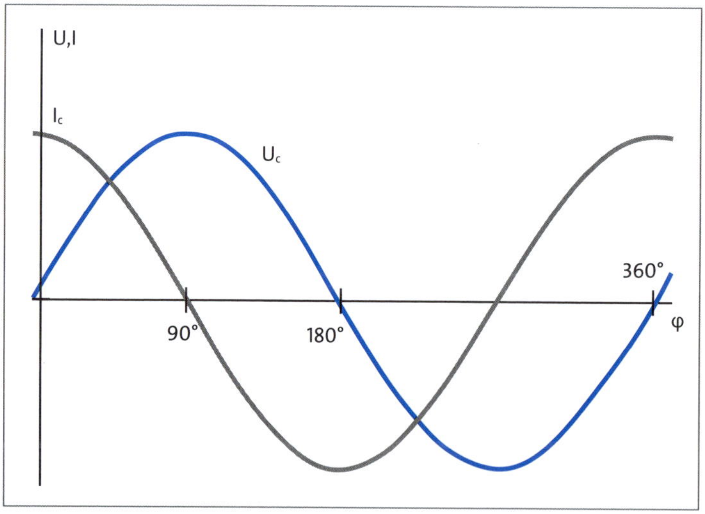

Abbildung 7.6 Phasenverschiebung von Strom und Spannung am Kondensator

Der Strom hat sein Maximum am Anfang der Aufladung und sein Minimum, wenn der Kondensator geladen ist. Der Verlauf von Strom und Spannung am Kondensator sieht wie in Abbildung 7.6 aus.

Zwischen diesen beiden Kurven herrscht eine Phasenverschiebung von 90°, wobei der Strom der Spannung voreilt. Das heißt, der Strom erreicht sein Maximum um 90° früher als die Spannung.

Hierzu gibt es auch einen Merksatz.

Merksatz

Kondensat**OR**, Strom eilt v**OR**.

Nun schauen Sie sich den Strom etwas genauer an. Wie Sie in Kapitel 3 gesehen haben, benötigt ein Kondensator, der über einen Widerstand aufgeladen wird, zur kompletten Auf- bzw. Entladung 5τ.

Schließt man einen Kondensator an eine sinusförmige Wechselspannung an, so lädt sich der Kondensator während des ersten Viertels der Periodendauer auf.

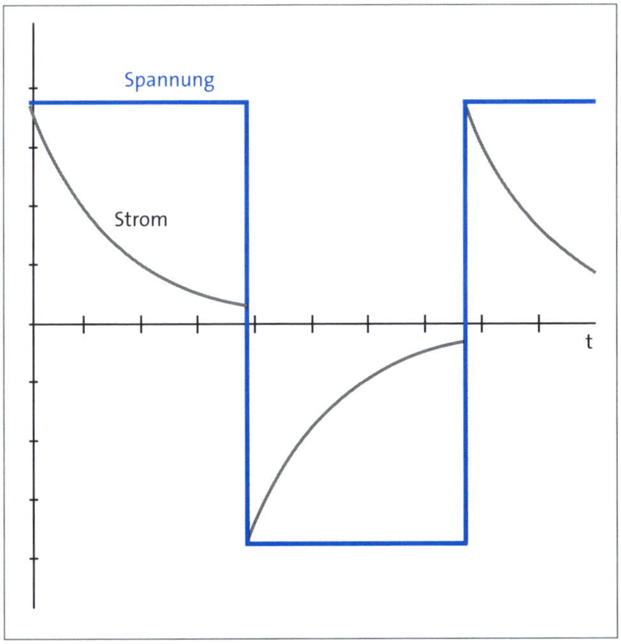

Abbildung 7.7 Stromfluss bei niedriger Frequenz (129 Hz)

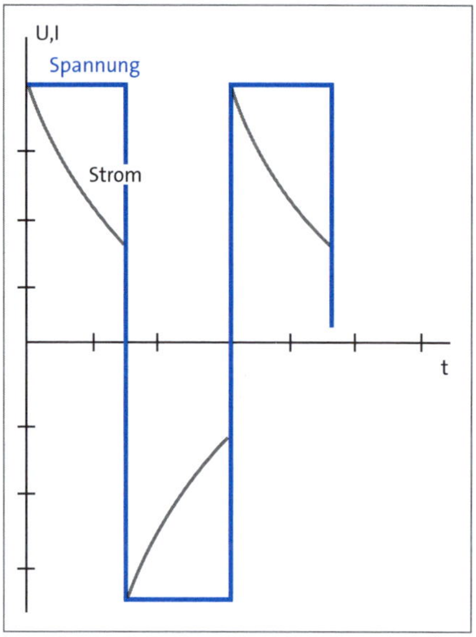

Abbildung 7.8 Stromfluss bei höherer Frequenz (322 Hz)

Entsprechen 5τ einem Viertel der Periodendauer der Ladespannung, so ist die Aufladung in dem Moment abgeschlossen, wenn die Eingangsspannung ihr Maximum erreicht. Die Periodendauer beträgt in diesem Fall $T = 20\tau$. Der Strom ist nach 5τ von I_0 auf null gesunken.

Ist die Periodendauer der Eingangsspannung aber kürzer als 20τ, so ist der Stromfluss noch nicht null, wenn die Entladung beginnt. Zu Beginn der Entladung ist der Strom aber wiederum maximal, nur im negativen Bereich, und kann bis zur nächsten Aufladung wieder nicht auf null abfallen.

Bei einer Rechteckeingangsspannung wie in Abbildung 7.7 und Abbildung 7.8 ist dieser Sachverhalt gut zu erkennen.

Effektiv betrachtet, ist der Strom, der in der Schaltung fließt, bei der höheren Frequenz größer geworden.

Je höher die Frequenz, desto größer ist der Strom, der durch die Leitungen zum Kondensator fließt. Durch den Kondensator selbst fließt kein Strom, denn das Dielektrikum isoliert die Platten voneinander.

Je nach Frequenz herrscht in der Schaltung also ein anderer Widerstand. Der Leitungswiderstand bleibt konstant, also kann nur der Kondensator hierfür verantwortlich gemacht werden.

Solch ein Widerstand wird als *frequenzabhängiger Widerstand* bezeichnet.

Ein *Ohm'scher Widerstand – Wirkwiderstand* oder auch *Resistanz* genannt – ist ein Widerstand, der unabhängig von Strom, Spannung oder Frequenz immer den gleichen Wert aufweist. Da das hier aber nicht der Fall ist, wird der frequenzabhängige Widerstand des Kondensators nicht als Ohm'scher Widerstand R, sondern als *Blindwiderstand* X_C oder *Reaktanz* bezeichnet. Der Index C kennzeichnet, dass es sich um den Blindwiderstand eines Kondensators handelt

$$X_C = \frac{1}{2\pi f C} \qquad [7.3]$$

$$[X_C] = \Omega$$

An dieser Formel können Sie sehen, dass bei steigender Frequenz der Blindwiderstand des Kondensators sinkt.

Auch Blindwiderstände verhalten sich gemäß dem Ohm'schen Gesetz. Es gilt:

$$X_C = \frac{U_C}{I}$$

Wobei U_C und I natürlich Wechselgrößen sind.

Kondensator im Wechselspannungskreis

Der Strom am Kondensator eilt der Spannung um 90° voraus.

Der Blindwiderstand X_C eines Kondensators ist frequenzabhängig:

$$X_C = \frac{1}{2\pi f C} \qquad [7.4]$$

7.3 Spule im Wechselstromkreis

Wenn Sie eine Spule an eine Wechselspannung anschließen, sehen Sie genau das entgegengesetzte Verhalten zum Kondensator.

Die Spannung ist zunächst bei der Aufladung aufgrund der Selbstinduktion maximal und sinkt dann ab, bis die Eingangsspannung ihr Maximum erreicht. Bei der Entladung kehrt sich die Polarität um und die Induktionsspannung baut sich so lange auf, bis die Eingangsspannung ihren Nullpunkt erreicht hat, und sinkt während der folgenden Aufladung wieder ab.

Vergleichen Sie die Eingangsspannung mit der Spannung an der Spule, so sehen Sie eine Phasenverschiebung von 90°.

Betrachten Sie den Stromfluss durch die Spule, so können Sie ebenfalls die gleiche Phasenverschiebung zwischen Strom und Spannung an der Spule erkennen (siehe Abbildung 7.9). Denn der Strom ist immer dann maximal, wenn die Spannung auf null gesunken ist.

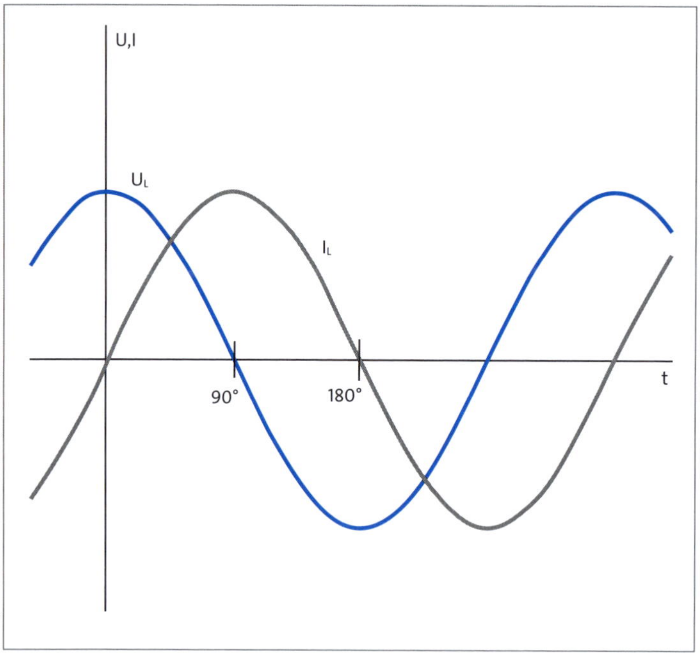

Abbildung 7.9 Die Spannung an der Spule erreicht ihr Maximum 90° früher als der Strom, der durch die Spule fließt.

Bei einer Spule eilt also der Strom der Spannung um 90° nach. Auch dafür gibt es einen Merksatz.

Merksatz

Induktivi**tät**, Strom zu sp**ät**.

Bei der Spule im Gleichstromkreis (siehe Kapitel 4) haben Sie gesehen, dass der Strom im Lademoment ansteigt und danach konstant auf einem Wert I_0 bleibt.

Auf Dauer gesehen, fließt in der Schaltung der Strom I_0, wenn die angelegte Spannung eine Gleichspannung ist, also eine Frequenz von 0 Hz besitzt (siehe Abbildung 7.10).

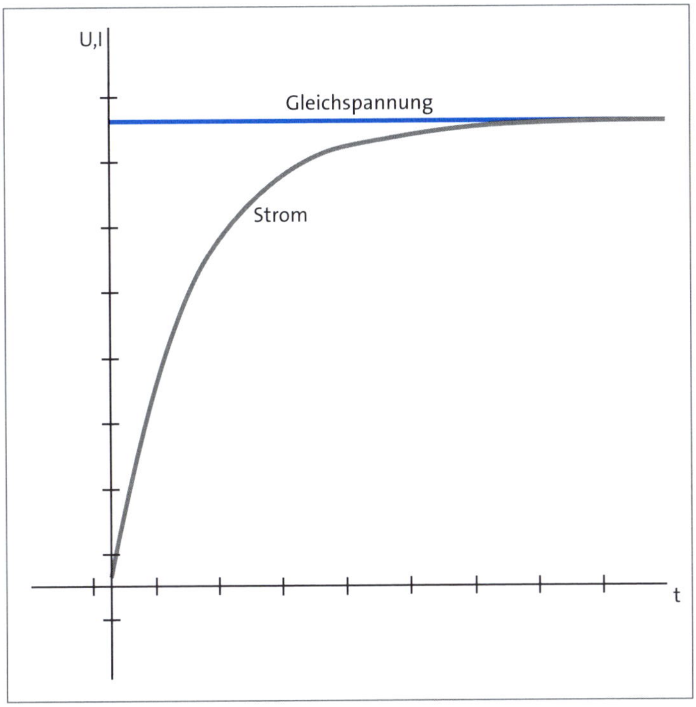

Abbildung 7.10 Stromverlauf beim Anlegen einer Gleichspannung an eine Spule

Wird die Frequenz nun erhöht, so sinkt der Strom in jedem Moment der Umpolung auf null und steigt dann wieder an (siehe Abbildung 7.11). Der effektive Stromfluss wird durch die Frequenz verringert.

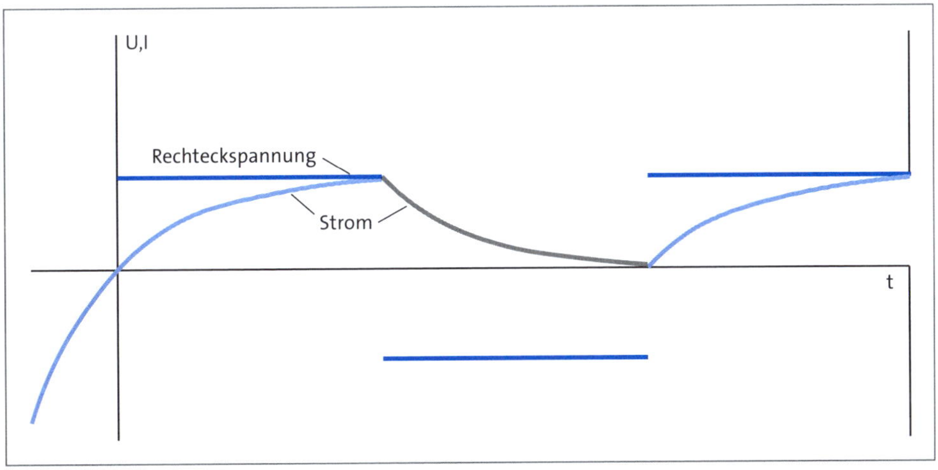

Abbildung 7.11 Verhalten des Stromes beim Anlegen einer Rechteckspannung an eine Spule

Die Spule stellt also auch einen frequenzabhängigen Widerstand dar. Er verhält sich aber entgegengesetzt zum Blindwiderstand des Kondensators, denn er steigt mit steigender Frequenz.

Der Blindwiderstand X_L wird folgendermaßen berechnet:

[7.5] $$X_L = 2\pi f L$$

Auch hier gilt natürlich das Ohm'sche Gesetz:

$$X_L = \frac{U_L}{I_L}$$

Spule im Wechselspannungskreis

Der Strom durch die Spule eilt der Spannung an der Spule um 90° nach.

Der Blindwiderstand X_L einer Spule ist frequenzabhängig.

Die Formel lautet:

[7.6] $$X_L = 2\pi f L$$

7.4 Zeigerdarstellung von Wechselgrößen

Bei periodischen Wechselspannungen und Wechselströmen kann es möglicherweise zu einer Phasenverschiebung kommen, je nachdem, welche Bauelemente in einer Schaltung verbaut sind.

Berechnungen in diesen Schaltungen sind nicht ganz so einfach wie im Gleichstromkreis, denn Spannungen bzw. Ströme können nicht einfach linear addiert werden.

Nehmen Sie z. B. zwei Wechselspannungen gleicher Amplitude U_s und mit einer Phasenverschiebung von 120° (im Bogenmaß entspricht das $\frac{2}{3}\pi$). Versuchen Sie nun, die beiden Spannungen zu addieren:

$$U_1(t) = U_s \sin(2\pi f t)$$

und:

$$U_2(t) = U_s \sin\left(2\pi f t - \frac{2}{3}\pi\right)$$

Mithilfe von Additionstheoremen von trigonometrischen Funktionen, hier z. B. mit $\sin(\alpha - \beta) = \sin\alpha\cos\beta - \sin\beta\cos\alpha$, kommen Sie auf folgendes Ergebnis:

$U_1(t) + U_2(t)$

$$= U_s\left(\sin(2\pi f t) + \sin(2\pi f t)\cos\left(\frac{2}{3}\pi\right) - \sin\left(\frac{2}{3}\pi\right)\cos(2\pi f t)\right)$$

$$= U_s\left(0{,}5\sin(2\pi f t) - 0{,}866\cos(2\pi f t)\right)$$

Dieses Ergebnis ist jedoch nicht besonders anschaulich.

Es besteht natürlich auch die Möglichkeit, dieses Problem zeichnerisch wie in Abbildung 7.12 zu lösen, das ist aber auch relativ aufwendig.

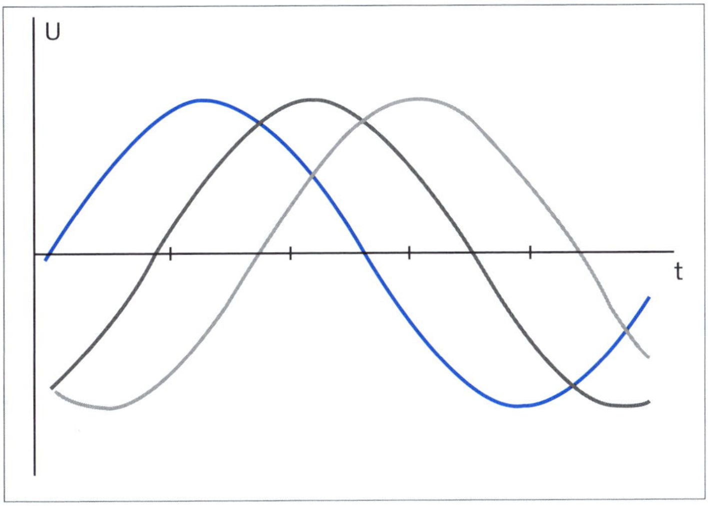

Abbildung 7.12 Blau: U_1, Hellgrau: U_2, Dunkelgrau: Summenspannung

Die hellgraue Kurve ist die Summenspannung, aber wahrscheinlich hätte wohl niemand diese Kurve direkt als $U_s\left(0{,}5\sin(2\pi f t) - 0{,}866\cos(2\pi f t)\right)$ identifiziert.

Um die Berechnungen zu vereinfachen und zu veranschaulichen, hat man sich das System der Zeigerdiagramme einfallen lassen.

Dabei wird eine Bezugsgröße definiert und festgelegt, dass diese Größe eine Phasenlage von 0° haben soll. Wie die wirkliche Phasenlage dieser Kurve ist, ist uninteressant, da wir die Kurven nur im Vergleich betrachten. Es interessiert also nur, welche Verschiebung in Bezug auf die Bezugsgröße vorherrscht.

Schauen Sie sich Abbildung 7.13 an.

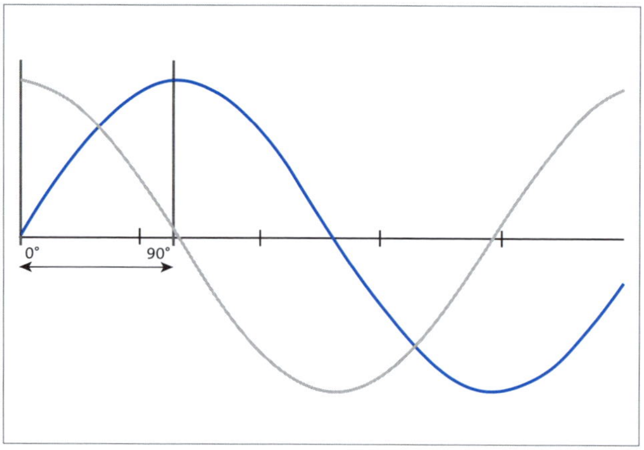

Abbildung 7.13 Phasenverschiebung von 90° zwischen U_1 und U_2

Wird die blaue Kurve als Bezugsgröße gewählt, so hat die graue Kurve eine Phasenverschiebung von 90° voreilend zur blauen Kurve, denn sie erreicht ihr Maximum um 90° früher als die blaue. Man spricht dann auch von einer Phasenverschiebung von +90°.

Wird die graue Kurve als Bezugsgröße definiert, so ist die blaue Kurve um 90° nacheilend, da sie ihr Maximum um 90° später erreicht. Die Phasenverschiebung wird dann als −90° bezeichnet.

Bei der Angabe der Phasenverschiebung ist es also notwendig, zu wissen, was die Bezugsgröße sein soll.

Ist dieses Problem geklärt, werden sogenannte Zeigerdiagramme gezeichnet. In der Regel reicht hier auch eine Skizze, wenn Sie das Problem rechnerisch lösen wollen. Lösen Sie das Problem grafisch, ist eine maßstabgerechte Zeichnung nötig.

Die Bezugsgröße wird als Zeiger in Form eines Pfeils oder Vektors waagerecht aufgezeichnet. Die Länge dieses Pfeils entspricht dem Betrag der Bezugsgröße.

Nehmen Sie als Beispiel die Kurven aus Abbildung 7.13 und stellen Sie sich vor, es wären Spannungen (siehe Abbildung 7.14.)

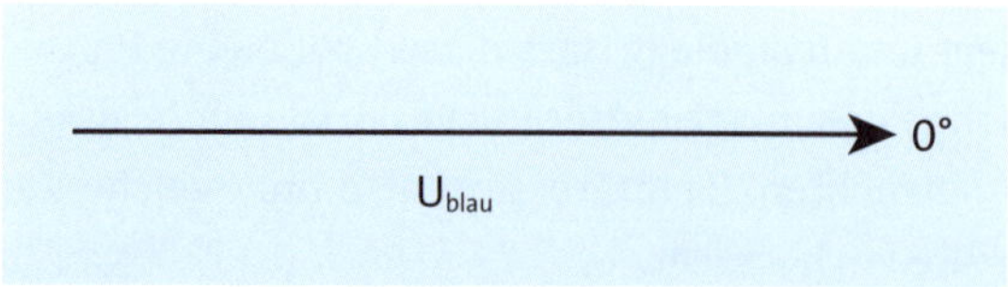

Abbildung 7.14 Festlegung der Referenzspannung (Bezugsgröße); die Phasenlage wird dabei als 0° angenommen.

U_{blau} ist die Bezugsgröße.

U_{grau} ist um 90° verschoben, also wird nun U_{grau} eingezeichnet, aber um 90° gedreht, und zwar gegen den Uhrzeigersinn (siehe Abbildung 7.15), also im mathematisch positiven Drehsinn, denn die Verschiebung ist positiv.

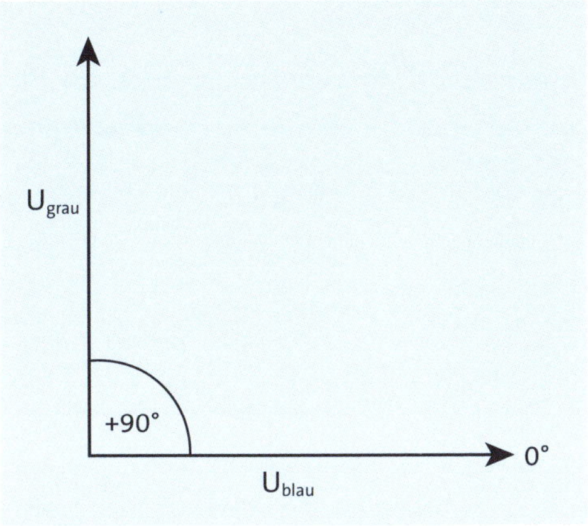

Abbildung 7.15 Zeigerdarstellung der 90°-Phasenverschiebung zwischen den Spannungen

So kann nun die Beziehung der beiden Spannungen zueinander dargestellt werden.

Möchte man diese Spannungen nun addieren, so müssen die Pfeile wie bei der Vektorrechnung aneinandergesetzt werden. Die Summe ergibt sich dann aus dem Verbindungsvektor der Einzelvektoren (siehe Abbildung 7.16).

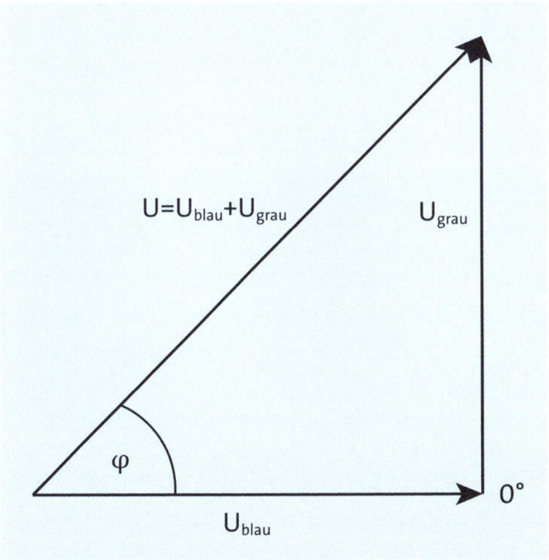

Abbildung 7.16 Vektorielle Addition der Spannungen

An dieser Grafik können Sie nun ablesen, wie die Summenspannung berechnet werden kann. Es handelt sich hier um ein rechtwinkliges Dreieck, und die Größe der Summenspannung beträgt nach dem Satz des Pythagoras:

$$U = \sqrt{{U_{\text{blau}}}^2 + {U_{\text{grau}}}^2}$$

Der Winkel φ in Abbildung 7.16 ist der *Phasenverschiebungswinkel*. Er stellt die Phasenverschiebung zwischen Bezugsspannung und Summenspannung dar. Ihn können Sie mithilfe der trigonometrischen Funktionen berechnen:

$$\cos\varphi = \frac{U_{\text{blau}}}{U}$$

$$\sin\varphi = \frac{U_{\text{grau}}}{U}$$

$$\tan\varphi = \frac{U_{\text{grau}}}{U_{\text{blau}}}$$

Somit erhalten Sie sämtliche Informationen über diese Spannung.

Wählen Sie nun die rote Kurve als Bezugsspannung, so sieht das Verhältnis der Spannungen so wie in Abbildung 7.17 aus:

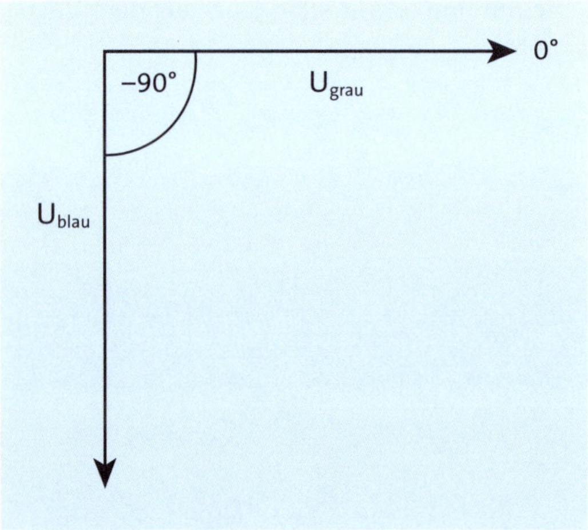

Abbildung 7.17 Zeigerdarstellung der –90°-Phasenverschiebung zwischen den Spannungen

Das Zeigerdiagramm, das die Summe der Spannungen darstellt, können Sie in Abbildung 7.18 sehen.

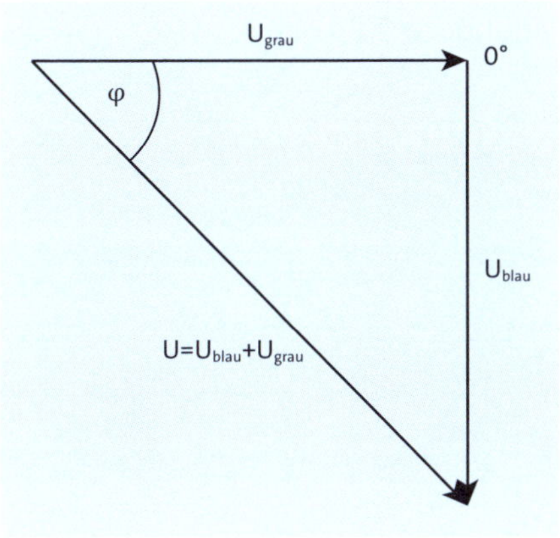

Abbildung 7.18 Vektorielle Addition der Spannungen

In beiden Fällen erhalten Sie natürlich dieselbe Spannung. Von der blauen Spannung aus betrachtet, ist sie um φ voreilend, und von der hellgrauen aus betrachtet, um φ nacheilend, wie Sie in Abbildung 7.19 sehen können.

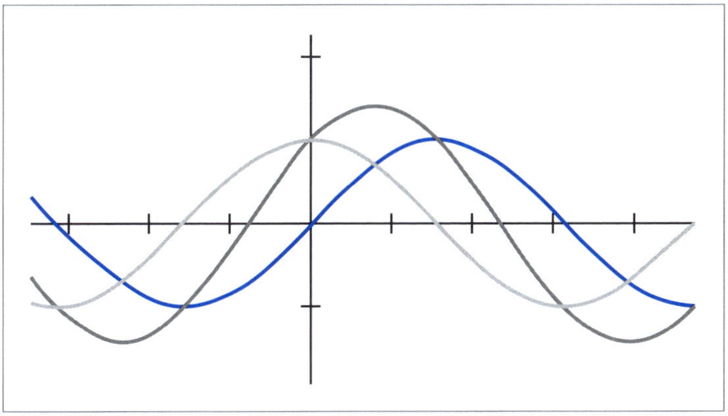

Abbildung 7.19 Dunkelgrau: Summenspannung

Beispiel

Was heißt das jetzt für die beiden um 120° verschobenen Spannungen U_1 und U_2 vom Anfang dieses Abschnittes in Abbildung 7.12?

Um mit Zahlen zu rechnen, nehmen Sie an, dass beide Spannungen einen Effektivwert von 230 V und untereinander eine Phasenverschiebung von 120° haben.

Uns interessiert nun die Spannung, die zwischen den Spannungen U_1 und U_2 liegt. Die Spannung ist die Potenzialdifferenz, also müssen die Spannungen subtrahiert werden.

Das Verhältnis von U_1 und U_2 stellt sich wie in Abbildung 7.20 dar.

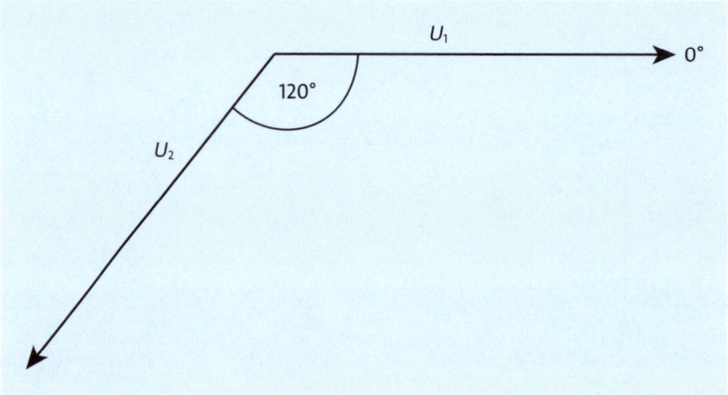

Abbildung 7.20 Zeigerdarstellung der 120°-Phasenverschiebung zwischen den Spannungen

Jetzt bilden Sie die Differenz wie in Abbildung 7.21.

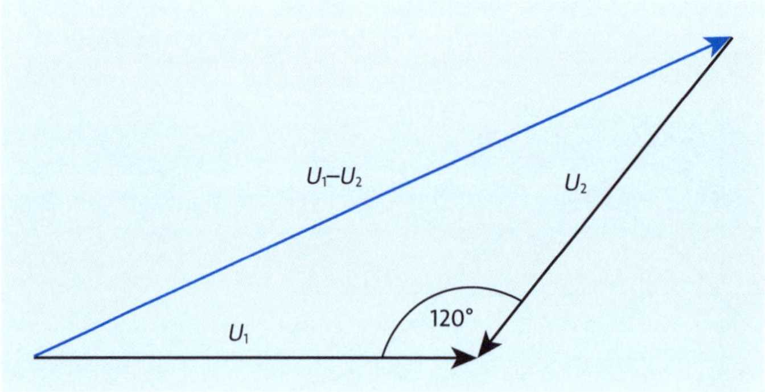

Abbildung 7.21 Vektorielle Subtraktion der Spannungen

Leider handelt es sich hierbei nicht um ein rechtwinkliges Dreieck, aber auch hier gibt es Abhilfe durch Anwendung des Cosinussatzes.

Er lautet: $c^2 = a^2 + b^2 - 2ab\cos\gamma$

Definieren Sie U_1 als a und U_2 als b, dann ist $U_1 - U_2$ gleich c, und der Winkel zwischen U_1 und U_2, also der Winkel, der gegenüber c liegt, ist γ.

Setzen Sie nun Zahlen ein:

$a = 230\,\text{V}$

$b = 230\,\text{V}$

$\gamma = 120°$

$$c = \sqrt{(230\ \text{V})^2 + (230\ \text{V})^2 - 2 \cdot 230\ \text{V} \cdot 230\ \text{V} \cdot \cos(120°)}$$
$$= \sqrt{3} \cdot 230\ \text{V} = 398{,}4\ \text{V}$$

Die Spannung zwischen U_1 und U_2 beträgt also aufgerundet 400 V.

7.5 Schwingkreise

Ein *Schwingkreis* ist ein Stromkreis, der im Wesentlichen aus einer Spule und einem Kondensator besteht. Generell gibt es zwei Möglichkeiten, diese Bauteile anzuordnen: parallel oder in Reihe.

Aufgrund dieser Anordnungen unterscheidet man *Parallel-* und *Reihenschwingkreise*.

7.5.1 Parallelschwingkreis

Den Aufbau eines Parallelschwingkreises können Sie in Abbildung 7.22 betrachten.

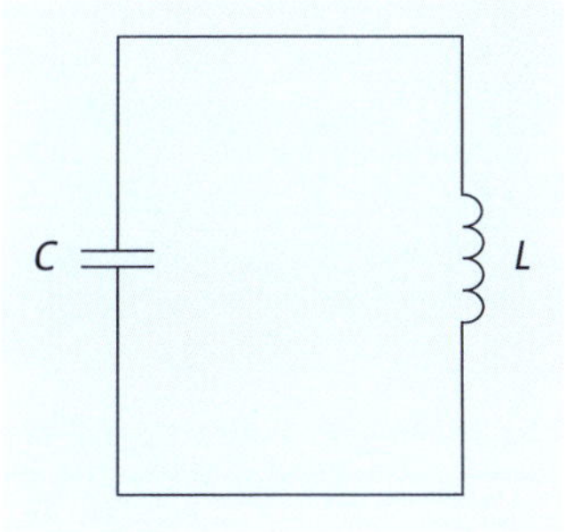

Abbildung 7.22 Idealer Parallelschwingkreis

Um die Funktionsweise dieser Schaltung zu verstehen, schließen Sie zunächst keine Spannung an diese Schaltung an, sondern gehen davon aus, dass der Kondensator voll aufgeladen ist. Er übernimmt zunächst die Funktion der Spannungsquelle (siehe Abbildung 7.23).

Der Kondensator wird über die Spule kurzgeschlossen und entlädt sich. Der Entladestrom induziert nun gleichzeitig in der Spule eine Spannung, die sich so lange aufbaut, wie der Kondensator sich entlädt.

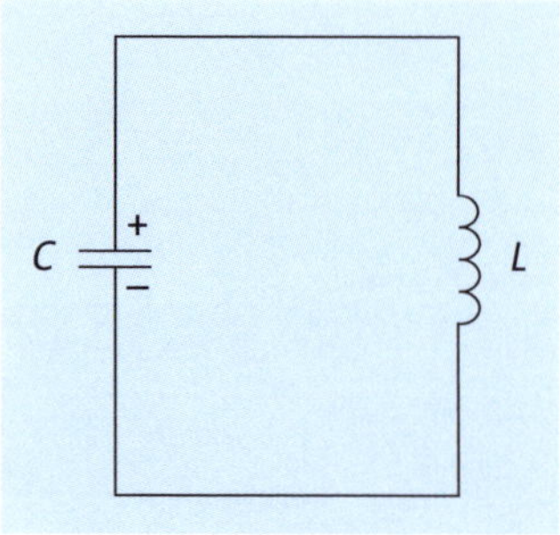

Abbildung 7.23 Die Spule wird durch den geladenen Kondensator gespeist.

Ist der Kondensator nach 5τ vollständig entladen, ist die Induktionsspannung an der Spule maximal (siehe Kapitel 6 zur Induktion). Die Polarität der Induktionsspannung ist, nach der Lenz'schen Regel, der ursprünglichen Kondensatorspannung entgegengesetzt (siehe Abbildung 7.24).

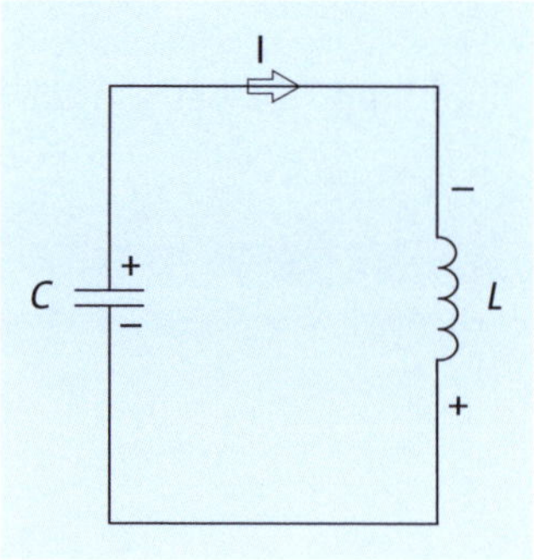

Abbildung 7.24 Der Entladestrom lädt die Spule

Fließt der Entladestrom des Kondensators nicht mehr, so baut sich die induzierte Spannung ab und lädt dadurch den Kondensator auf (siehe Abbildung 7.25).

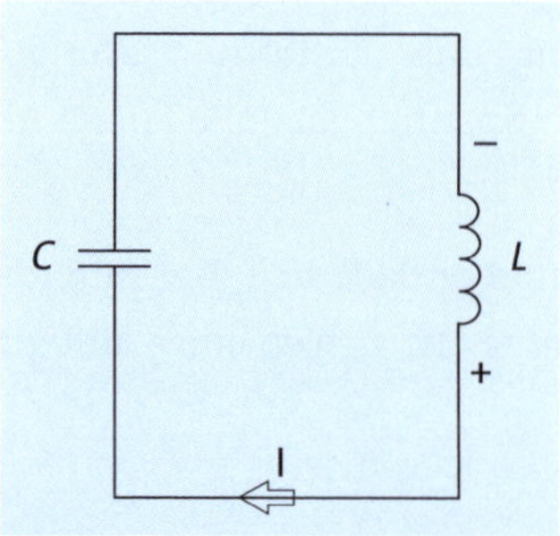

Abbildung 7.25 Die geladene Spule speist den Kondensator.

Wenn die Induktionsspannung komplett abgebaut ist, dann ist der Kondensator wiederum voll aufgeladen, allerdings jetzt mit entgegengesetzter Polarität (siehe Abbildung 7.26).

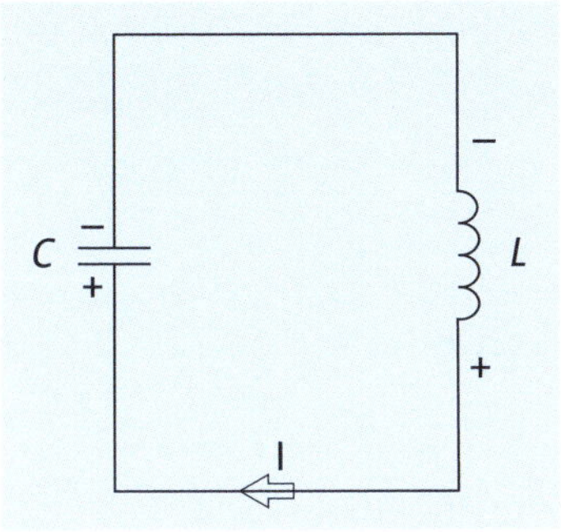

Abbildung 7.26 Der Entladestrom lädt den Kondensator.

Dann beginnt wieder die Entladung des Kondensators: Der Strom fließt entgegengesetzt der Richtung der ersten Entladung. Er induziert wiederum eine Spannung in der Spule usw.

Die Frequenz, mit der sich die Bauelemente gegenseitig vollständig auf- und entladen, wird als *Resonanzfrequenz* f_0 bezeichnet.

Sie wird mit

$$f_0 = \frac{1}{2\pi\sqrt{LC}} \qquad [7.7]$$

berechnet.

Wenn Sie den vorher beschriebenen Vorgang genauer betrachten, wird Ihnen auffallen, dass wir eine Art *Perpetuum mobile* gebaut haben: Der Kondensator wird einmal aufgeladen und die gesamte Energie des elektrischen Feldes geht in magnetische Energie über und diese wieder in elektrische und so weiter.

Das ist leider nur eine Idealvorstellung und sieht in der Realität anders aus. Am Ohm'schen Widerstand in dieser Schaltung, also dem Leitungswiderstand und dem Spulendraht, wird die Energie in Wärmeenergie umgesetzt und geht für die Aufladung verloren. Die Schwingungen, die in diesem Kreis erzeugt werden, bauen sich nach und nach ab.

Ein realer Parallelschwingkreis stellt sich wie in Abbildung 7.27 dar.

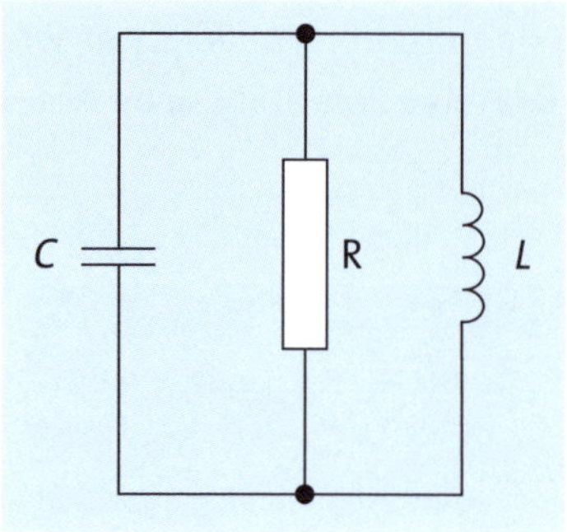

Abbildung 7.27 Ersatzschaltbild eines realen Parallelschwingkreises; der Widerstand stellt die Leitungswiderstände dar.

Das Schwingungsbild, das sich wirklich zeigt, sehen Sie in Abbildung 7.28.

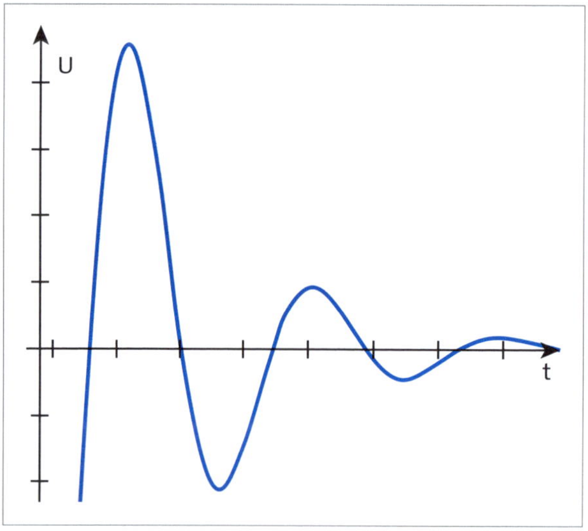

Abbildung 7.28 Gedämpfte Schwingung

Es handelt sich hierbei um eine *gedämpfte Schwingung*, die Amplitude der Spannung sinkt kontinuierlich ab. Um dieser Dämpfung entgegenzuwirken, muss dem Schwingkreis regelmäßig neue Energie zugeführt werden.

Das ist genauso wie bei einem Kind, das auf einer Schaukel sitzt und ständig im richtigen Rhythmus Schwung holen muss, um weiterschaukeln zu können. Geschieht die Energiezufuhr allerdings im falschen Moment, so wird sie die Schaukel bremsen.

Um nun dem Schwingkreis Energie zuzuführen, wird dieser Kreis an eine Wechselspannung angeschlossen (siehe Abbildung 7.29). Wenn die Frequenz der Wechselspannung der Resonanzfrequenz des Kreises entspricht, bekommt der Schwingkreis genau im richtigen Moment seinen Energieschub.

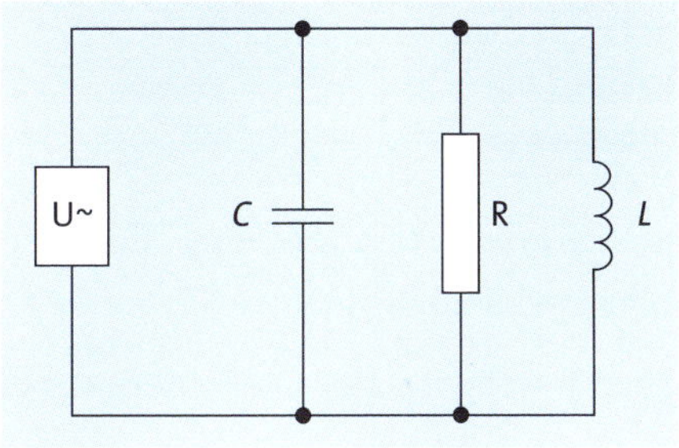

Abbildung 7.29 Ersatzschaltbild eines realen Parallelschwingkreises

Da es sich bei dieser Schaltung um eine Parallelschaltung handelt, ist die Spannung an allen drei Bauteilen gleich groß. Das heißt, an jedem Bauteil liegt dieselbe Wechselspannung an. Da aber alle Bauteile einen anderen Widerstand besitzen, nämlich

- der Kondensator den Blindwiderstand X_C,
- die Spule den Blindwiderstand X_L und
- der Ohm'sche Widerstand den Widerstand R,

fließt über die einzelnen Bauteile jeweils ein anderer Strom.

Der Stromfluss über den Widerstand R bringt den Energieverlust mit sich. Dieser Verlust wird aber im günstigsten Fall kompensiert, und zwar dann, wenn die Frequenz der Quelle mit der Resonanzfrequenz übereinstimmt.

Dann sind nur noch die beiden Blindwiderstände im Spiel und schieben sich den Strom gegenseitig zu.

Das ist aber nur möglich, wenn beide Blindwiderstände gleich groß sind, denn sonst würde ein Anteil überwiegen und die Ströme von Spule und Kondensator wären unterschiedlich groß. Also gilt im Resonanzfall:

$$X_C = X_L$$

Setzen Sie nun die entsprechenden Gleichungen für diese Widerstände ein, dann erhalten Sie:

$$\frac{1}{2\pi f C} = 2\pi f L \qquad [7.8]$$

Umgestellt nach f, folgt daraus die Formel für die Resonanzfrequenz:

[7.9] $$f_0 = \frac{1}{2\pi\sqrt{LC}}$$

7.5.2 Zeigerdiagramm für Parallelschwingkreise

In einer Parallelschaltung ist die gemeinsame Bezugsgröße für alle Ströme, die in der Schaltung fließen, die Spannung, denn an jedem Bauteil liegt die gleiche Spannung an.

Der Betrag der Ströme hängt nach dem Ohm'schen Gesetz von der Größe der jeweiligen Widerstände ab.

Betrachten Sie nun die Ströme der Bauteile in Abbildung 7.30 einzeln.

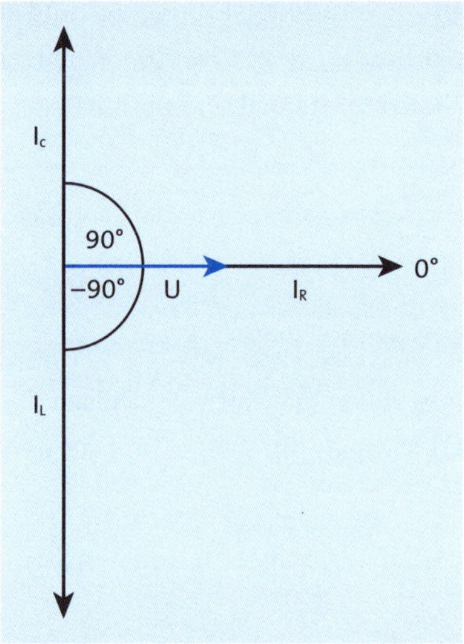

Abbildung 7.30 Zeigerdiagramm der Ströme im Parallelschwingkreis

Der Strom, der durch den Ohm'schen Widerstand R (also den Drahtwiderstand der Spule und der Leitungen) dieses Parallelschwingkreises fließt, ist in Phase mit der Spannung. Somit zeigen der Spannungspfeil und der Strompfeil von R in die gleiche Richtung.

Der Strom I_L, der durch die Spule fließt, hat in Bezug auf die Spannung eine Phasenverschiebung von –90° (*Induktivität, Strom zu spät*) und wird als Blindstrom bezeichnet, da die Spule einen Blindwiderstand darstellt. Der Strompfeil zeigt daher dann nach unten.

Der Blindstrom I_C des Kondensators eilt der Spannung um 90° vor und wird somit nach oben gezeichnet.

Aus diesen Daten können Sie nun ein Zeigerdiagramm wie in Abbildung 7.31 erstellen.

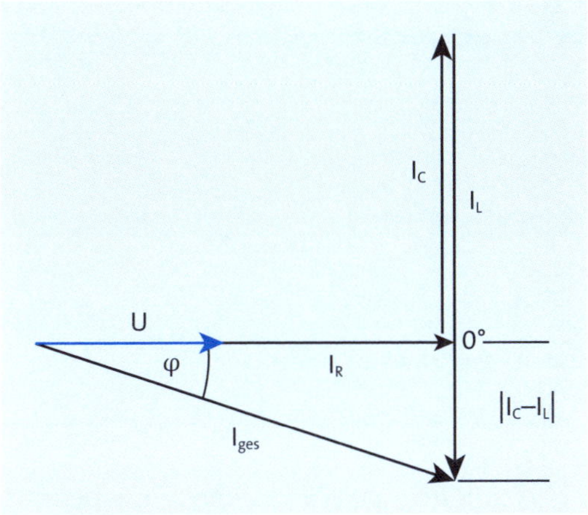

Abbildung 7.31 Vektorielle Addition der Ströme des Schwingkreises

Sie erhalten den Gesamtstrom, indem Sie die Einzelströme vektoriell addieren, also im Falle eines Zeigerdiagrammes die Pfeile aneinandersetzen:

$$I_{\text{ges}} = \sqrt{I_R{}^2 + (I_C - I_L)^2}$$

Der Phasenverschiebungswinkel zwischen Spannung und Gesamtstrom kann mit trigonometrischen Funktionen berechnet werden, z. B. durch:

$$\cos\varphi = \frac{I_R}{I_{\text{ges}}}$$

Der Gesamtstrom ist der Strom, der durch den Gesamtwiderstand fließt.

Der Gesamtwiderstand einer Schaltung, in der sich Blindwiderstände befinden, wird *Scheinwiderstand* oder *Impedanz* genannt und mit Z bezeichnet.

Da sich in einer Parallelschaltung die Ströme proportional zu den Leitwerten verhalten, kann dieses Zeigerdiagramm auch für die Leitwerte aufgestellt werden (siehe Abbildung 7.32):

- Die *Blindleitwerte (Suszeptanz)* bekommen das Kürzel B.
- Der *Scheinleitwert (Admittanz)* wird mit Y bezeichnet.

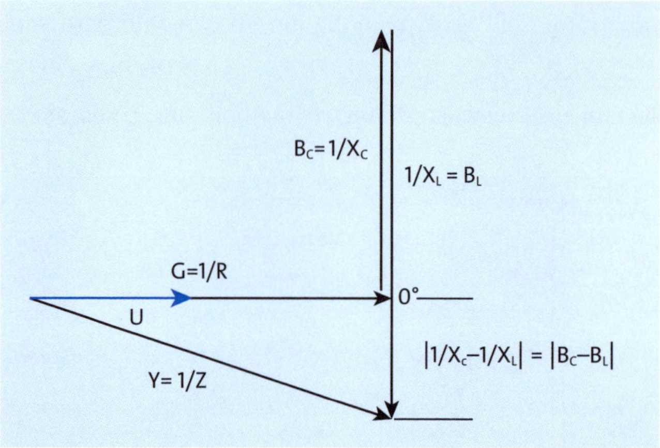

Abbildung 7.32 Vektorielle Addition der Leitwerte des Schwingkreises

Beispiel

Eine Spule mit einer Induktivität von $L = 10$ mH liegt parallel zu einem Kondensator mit einer Kapazität von 100 nF. Der Ohm'sche Widerstand in dieser Schaltung beträgt 10 Ω.

Dieser Parallelschwingkreis liegt an einer Wechselspannung von 10 V.

Wie groß ist der Gesamtstrom bei einer Frequenz von

a) 100 Hz,

b) 100 kHz,

c) bei Resonanz?

Um die Einzelströme zu berechnen, ist es notwendig zu wissen, wie groß die Widerstände sind:

$$R = 10\,\Omega$$

$$X_C = \frac{1}{2\pi f C}$$

$$X_L = 2\pi f L$$

a) Zunächst werden die Blindwiderstände berechnet:

$$X_C = \frac{1}{2\pi f C} = \frac{1}{2\pi \cdot 100 \cdot \frac{1}{\mathrm{s}} \cdot 100 \cdot 10^{-9}\,\frac{\mathrm{As}}{\mathrm{V}}} = 15915\,\Omega$$

$$X_L = 2\pi f L = 2\pi \cdot 100\ \frac{1}{\mathrm{s}} \cdot 10 \cdot 10^{-3}\ \frac{\mathrm{Vs}}{\mathrm{A}} = 6{,}28\ \Omega$$

Für die Ströme folgt daraus:

$$I_R = \frac{U}{R} = \frac{10\ \mathrm{V}}{10\ \Omega} = 1\ \mathrm{A}$$

$$I_C = \frac{U}{X_C} = \frac{10\ \mathrm{V}}{15915\ \Omega} = 0{,}628\ \mathrm{mA}$$

$$I_L = \frac{U}{X_L} = \frac{10\ \mathrm{V}}{6{,}28\ \Omega} = 1{,}59\ \mathrm{A}$$

Nun wird mithilfe des Satzes von Pythagoras der Gesamtstrom bestimmt:

$$I_{\mathrm{ges}} = \sqrt{{I_R}^2 + (I_C - I_L)^2} = \sqrt{(1\ \mathrm{A})^2 + (0{,}628\ \mathrm{mA} - 1{,}59\ \mathrm{A})^2}$$
$$= 1{,}88\ \mathrm{A}$$

b) Die Vorgehensweise ist genauso wie in a):

$$X_C = \frac{1}{2\pi f C} = \frac{1}{2\pi \cdot 100 \cdot 10^3\ \frac{1}{\mathrm{s}} \cdot 100 \cdot 10^{-9}\ \frac{\mathrm{As}}{\mathrm{V}}} = 16\ \Omega$$

$$X_L = 2\pi f L = 2\pi \cdot 100 \cdot 10^3\ \frac{1}{\mathrm{s}} \cdot 10 \cdot 10^{-3}\ \frac{\mathrm{Vs}}{\mathrm{A}} = 6283\ \Omega$$

$$I_R = \frac{U}{R} = \frac{10\ \mathrm{V}}{10\ \Omega} = 1\ \mathrm{A}$$

$$I_C = \frac{U}{X_C} = \frac{10\ \mathrm{V}}{16\ \Omega} = 0{,}625\ \mathrm{A}$$

$$I_L = \frac{U}{X_L} = \frac{10\ \mathrm{V}}{6283\ \Omega} = 1{,}59\ \mathrm{mA}$$

$$I_{\mathrm{ges}} = \sqrt{{I_R}^2 + (I_C - I_L)^2}$$
$$= \sqrt{(1\ \mathrm{A})^2 + (0{,}625\ \mathrm{A} - 1{,}59\ \mathrm{mA})^2} = 1{,}18\ \mathrm{A}$$

c) Die Resonanzfrequenz beträgt:

$$f_0 = \frac{1}{2\pi\sqrt{LC}} = \frac{1}{2\pi\sqrt{10 \cdot 10^{-3}\ \frac{\mathrm{Vs}}{\mathrm{A}} \cdot 100 \cdot 10^{-9}\ \frac{\mathrm{As}}{\mathrm{V}}}} = 5033\ \mathrm{Hz}$$

$$X_C = \frac{1}{2\pi f C} = \frac{1}{2\pi \cdot 5{,}033 \cdot 10^3\ \frac{1}{\mathrm{s}} \cdot 100 \cdot 10^{-9}\frac{\mathrm{As}}{\mathrm{V}}} = 316{,}23\ \Omega$$

$$X_L = 2\pi f L = 2\pi \cdot 5{,}033 \cdot 10^3\ \frac{1}{\mathrm{s}} \cdot 10 \cdot 10^{-3}\frac{\mathrm{Vs}}{\mathrm{A}} = 316{,}23\ \Omega$$

$$I_R = \frac{U}{R} = \frac{10\ \mathrm{V}}{10\ \Omega} = 1\ \mathrm{A}$$

$$I_C = \frac{U}{X_C} = \frac{10\ \mathrm{V}}{316{,}23\ \Omega} = 31{,}6\ \mathrm{mA}$$

$$I_L = \frac{U}{X_L} = \frac{10\ \mathrm{V}}{316{,}23\ \Omega} = 31{,}6\ \mathrm{mA}$$

$$I_{\mathrm{ges}} = \sqrt{{I_R}^2 + (I_C - I_L)^2}$$

$$= \sqrt{(1\ \mathrm{A})^2 + (0)^2} = 1\ \mathrm{A}$$

Die Rechnung ergibt: Bei Resonanz sind die Blindwiderstände gleich groß und die Blindströme heben sich gegeneinander auf.

Wenn Sie die obigen Rechnungen nun für mehrere Frequenzen unterhalb und oberhalb der Grenzfrequenz durchführen und den Gesamtstrom in Abhängigkeit von der Frequenz betrachten, so erkennen Sie den Verlauf aus Abbildung 7.33.

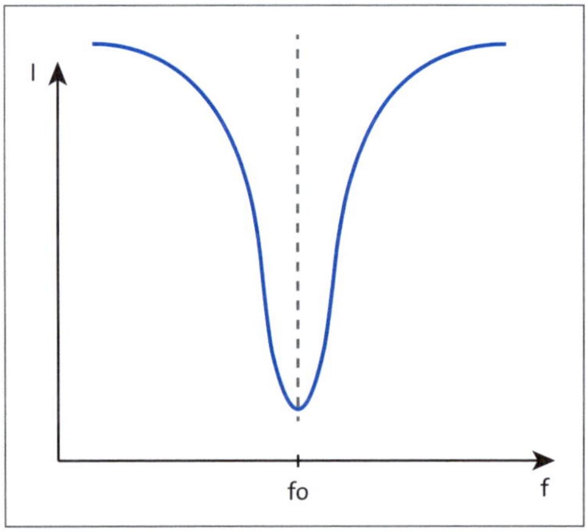

Abbildung 7.33 Verhalten des Stromes in Abhängigkeit von der Frequenz

Bei Resonanz ist der Gesamtstrom am kleinsten, denn er besteht nur aus dem Ohm'schen Anteil des Stroms, und folglich ist der Scheinwiderstand am größten, wie Abbildung 7.34 zeigt.

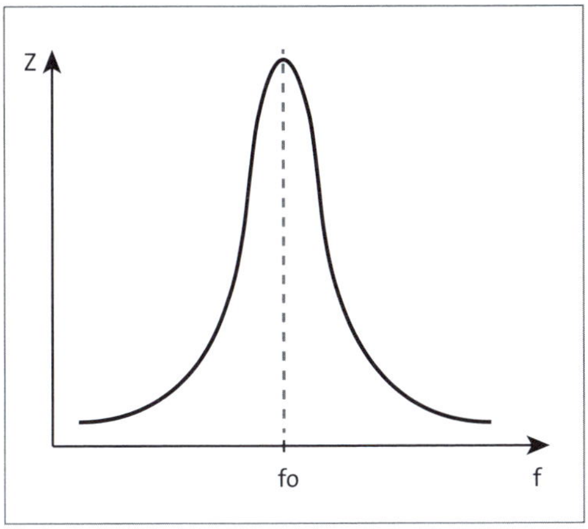

Abbildung 7.34 Verhalten der Impedanz (Scheinwiderstand) in Abhängigkeit von der Frequenz

Das heißt, wenn Sie ein Frequenzgemisch auf diese Schaltung geben, so ist für die Resonanzfrequenz der Scheinwiderstand sehr groß und für alle anderen Frequenzen entsprechend kleiner.

Dadurch kann die Resonanzfrequenz aus einem Gemisch herausgefiltert werden. Schauen Sie sich dazu Abbildung 7.35 bis Abbildung 7.37 an.

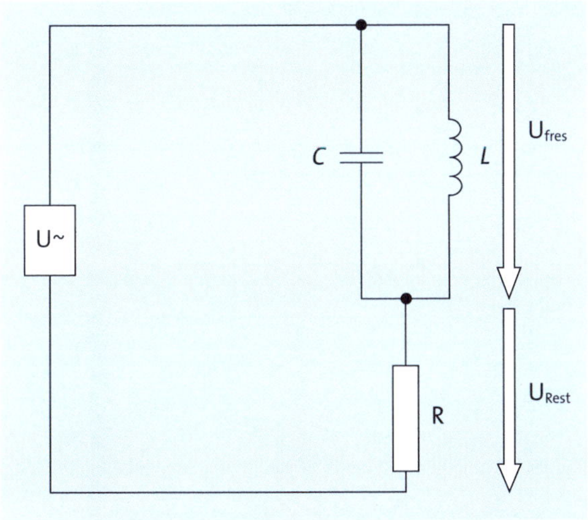

Abbildung 7.35 Im Schwingkreis »fangen« sich die Spannungsanteile mit Resonanzfrequenz. Die Spannung am Widerstand enthält fast keine Spannungsanteile der Resonanzfrequenz.

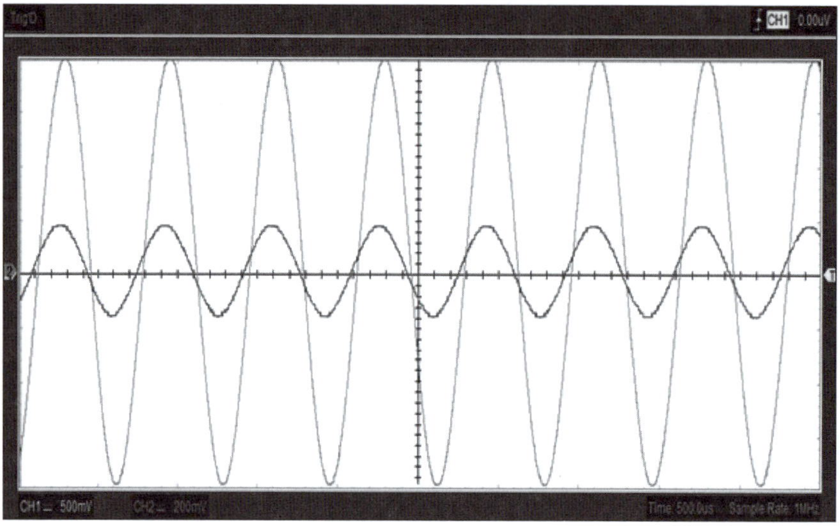

Abbildung 7.36 Oszilloskopbild der Eingangsspannung (hellgrau) und der Spannung am Parallelschwingkreis (dunkelgrau) bei einer Frequenz, die weit von der Resonanzfrequenz entfernt ist

Die Amplitude der Eingangsspannung ist groß, am Schwingkreis kann nur noch ein kleiner Anteil dieser Spannung gemessen werden.

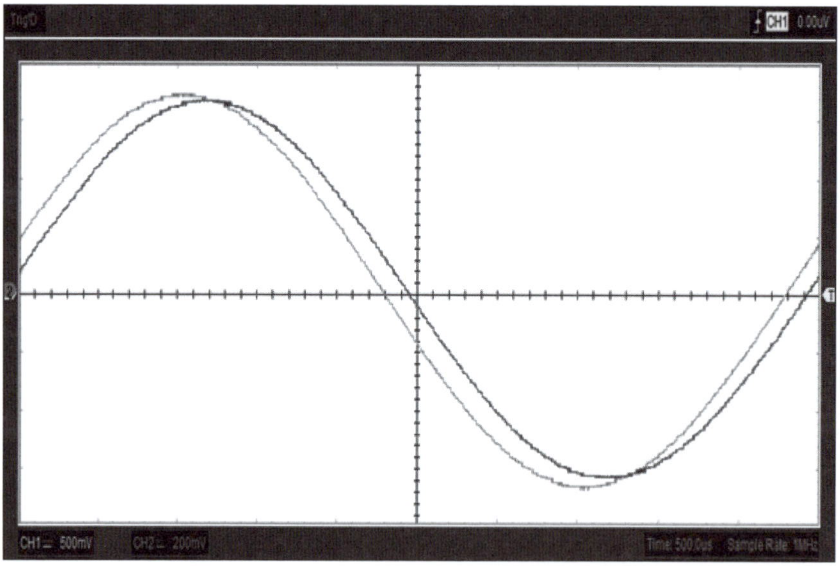

Abbildung 7.37 Oszilloskopbild der Eingangsspannung (hellgrau) und der Spannung am Parallelschwingkreis (dunkelgrau) bei annähernd Resonanzfrequenz. Hier ist die Spannung am Schwingkreis fast genauso groß wie die Eingangsspannung. Die Resonanzfrequenz wird optimal übertragen, während sie am Widerstand herausgefiltert ist.

7.5.3 Reihenschwingkreis

Ein idealer Reihenschwingkreis besteht aus einem Kondensator und einer Spule, die in Reihe geschaltet sind. Im Idealfall wird wieder der Ohm'sche Widerstand der Spule nicht berücksichtigt, es befinden sich in diesem Kreis also nur Blindwiderstände (siehe Abbildung 7.38).

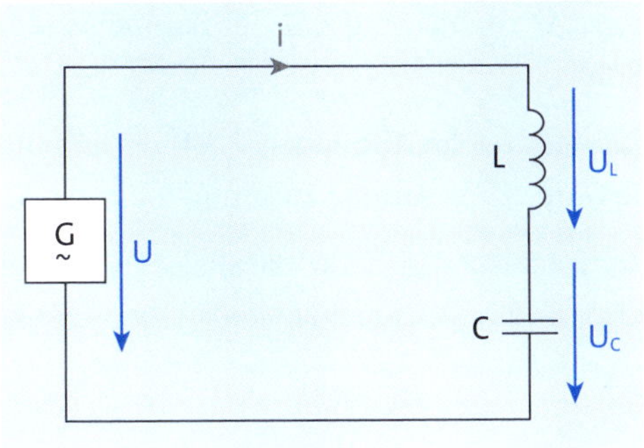

Abbildung 7.38 Idealer Reihenschwingkreis

Wird an diese Reihenschaltung eine Wechselspannung angeschlossen, so fließt durch beide Bauelemente der gleiche Strom und baut am Kondensator ein elektrisches Feld und an der Spule ein magnetisches Feld auf.

Die Phasenverschiebung zwischen Strom und Spannung an der Spule und am Kondensator sorgt dafür, dass die Spannung an der Spule dem Strom um 90° voreilt.

Für den Kondensator gilt stattdessen, dass die Spannung dem Strom um 90° nacheilt.

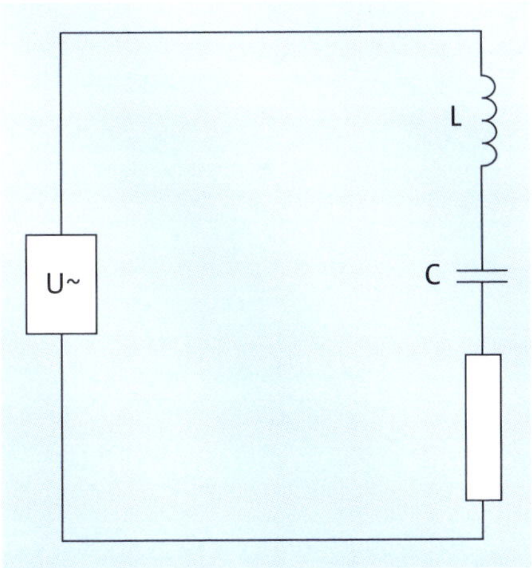

Abbildung 7.39 Realer Reihenschwingkreis

Zwischen den Spannungen von Kondensator und Spule herrscht also eine Verschiebung von 180°. Somit erreicht die Spannung am Kondensator ihr Maximum, wenn die Spannung an der Spule ihr Minimum erreicht hat, und umgekehrt.

Das wiederum bedeutet aber, dass die Felder der beiden Bauteile sich wie beim Parallelschwingkreis entgegengesetzt auf- und abbauen. Allerdings ist dies auch wieder nur eine Idealvorstellung: Natürlich gibt es auch in dieser Schaltung Ohm'sche Widerstände, an denen Energie in Wärme umgesetzt wird. Das sind z. B. der Leitungswiderstand und der Ohm'sche Widerstand der Spule.

Das reale Schaltbild eines Reihenschwingkreises (siehe Abbildung 7.39) enthält also noch einen Ohm'schen Widerstand, der die Ohm'schen Anteile zusammenfasst.

Die Energie, die an *R* verloren geht, wird genauso wie beim Parallelschwingkreis durch die Spannungsquelle wieder zugeführt, und im Resonanzfall wird dieser Energieverlust vollständig kompensiert.

7.5.4 Zeigerdiagramm des Reihenschwingkreises

Da es sich hier um eine Reihenschaltung handelt, addieren sich die Einzelspannungen und der gleiche Strom fließt durch alle Bauteile.

Um für diese Schaltung ein Zeigerdiagramm (siehe Abbildung 7.40) zu erstellen, wird also der Strom als Bezugsgröße gewählt.

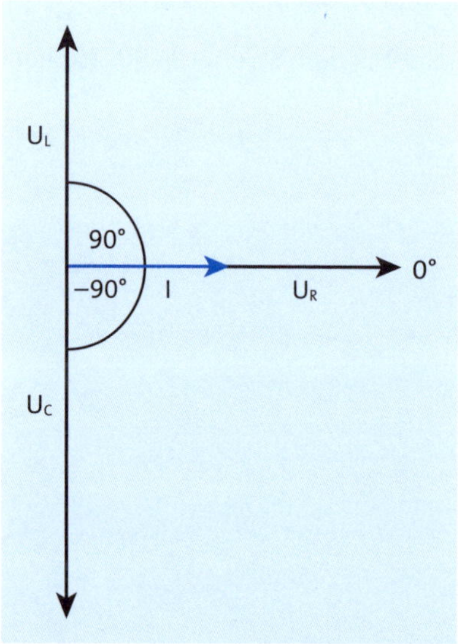

Abbildung 7.40 Zeigerdiagramm der Spannungen im Reihenschwingkreis

Die Gesamtspannung ergibt sich wieder durch geometrische Addition der Einzelspannungen, so wie es Abbildung 7.41 zeigt.

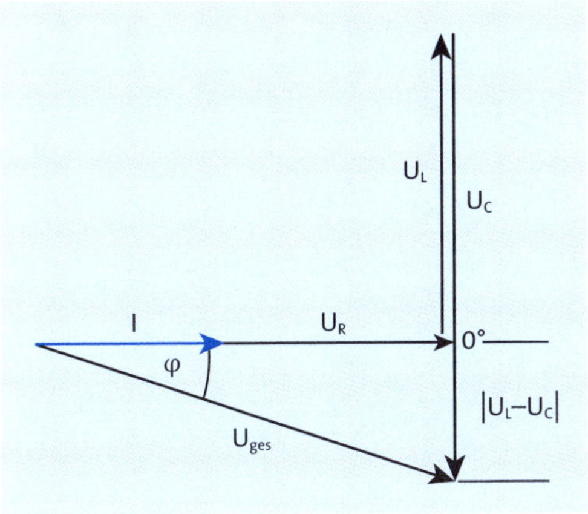

Abbildung 7.41 Vektorielle Addition der Spannungen

Die Gesamtspannung ergibt sich aus:

$$U_{\text{ges}} = \sqrt{{U_R}^2 + (U_L - U_C)^2}$$

Der Phasenverschiebungswinkel zwischen Strom und Gesamtspannung ergibt sich z. B. aus:

$$\cos\varphi = \frac{U_R}{U_{\text{ges}}}$$

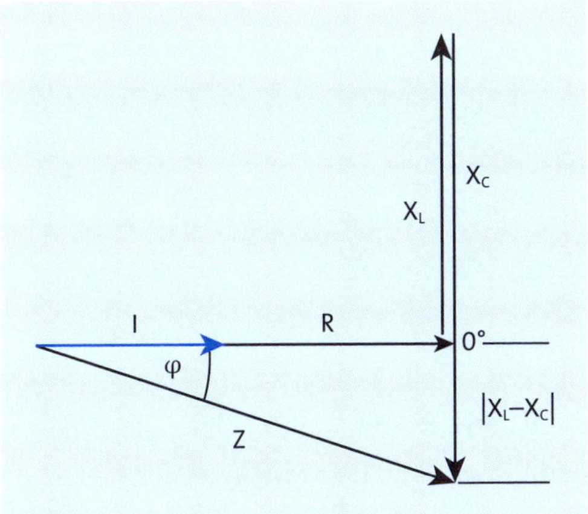

Abbildung 7.42 Vektorielle Addition der Widerstände im Reihenschwingkreis

Die Spannungen verhalten sich proportional zu den Widerständen. Somit besteht auch hier die Möglichkeit, das Spannungszeigerdiagramm in ein Widerstandszeigerdiagramm umzuwandeln. Sie können also ein Zeigerdiagramm (siehe Abbildung 7.42) für die Widerstände aufstellen.

Im Resonanzfall heben sich die beiden Blindwiderstände wie in Abbildung 7.43 gegenseitig auf.

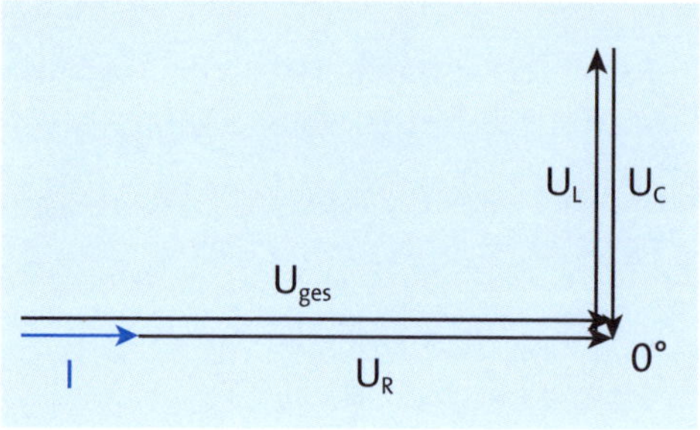

Abbildung 7.43 Zeigerdiagramm bei Resonanz

Wenn Sie nun noch einmal die Schaltung betrachten, können Sie sehen, dass bei Resonanz nur der Ohm'sche Widerstand in dieser Schaltung wirksam ist.

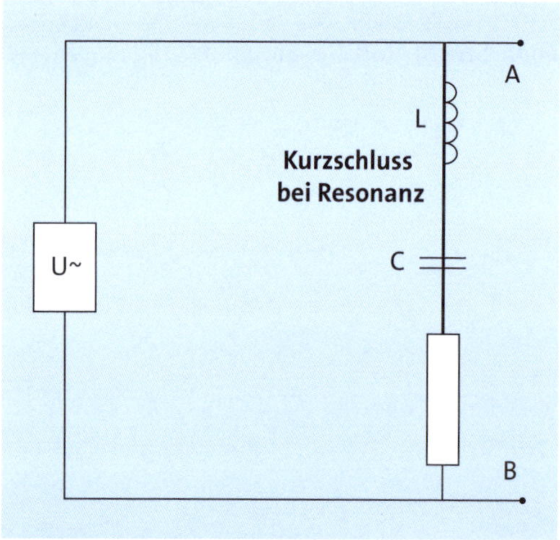

Abbildung 7.44 Saugkreis

Da es sich hierbei wieder nur um Drahtwiderstände handelt, die einen eher kleinen Widerstand besitzen, wird die Eingangsspannung, wenn ihre Frequenz der Resonanzfrequenz entspricht, fast kurzgeschlossen werden. Nur Spannungen mit Frequenzen, die nicht der Resonanzfrequenz entsprechen, sind zwischen den Punkten *A* und *B* messbar. Die Spannung wird umso größer, je weiter sich die Eingangsspannungsfrequenz von der Resonanzfrequenz entfernt (siehe Abbildung 7.45).

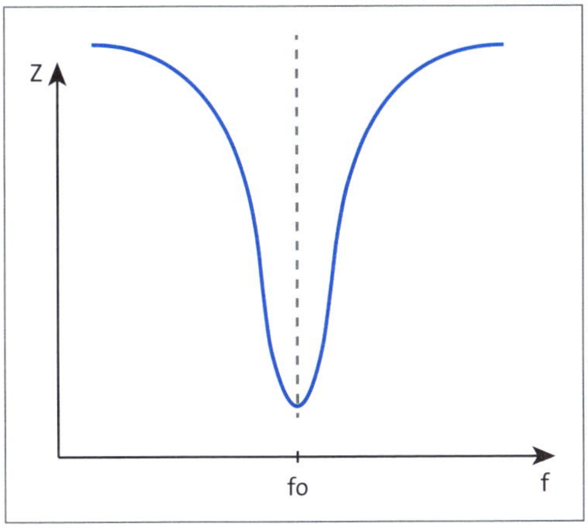

Abbildung 7.45 Verhalten der Impedanz in Abhängigkeit von der Frequenz

Daher wird der Reihenschwingkreis auch als *Saugkreis* bezeichnet, die Resonanzfrequenz wird quasi »herausgesaugt«.

Resonanz

Die Resonanzfrequenz ist unabhängig von der Art der Schaltung, sondern hängt nur von der Kapazität und Induktivität ab. Bei Resonanz sind beide Blindwiderstände gleich groß, denn nur dann kann die volle Energie von einem Bauteil zum anderen übertragen werden, egal ob es sich um eine Reihen- oder Parallelschaltung handelt.

Also gilt auch hier:

$$f_{\text{res}} = \frac{1}{2\pi\sqrt{LC}} \quad [7.10]$$

Schwingkreise

Parallelschwingkreis: maximaler Widerstand bei Resonanz

Reihenschwingkreis: minimaler Widerstand bei Resonanz

7.5.5 Güte eines Schwingkreises

Schwingkreise können zur Filterung von Frequenzen eingesetzt werden. Die Frequenz, die gefiltert wird, ist die Resonanzfrequenz. Sie kann z. B. mithilfe eines Reihenschwingkreises, der als Saugkreis arbeitet, gegen Masse »gesogen« werden, wenn die Frequenz als Störfrequenz herausgefiltert werden muss. Oder umgekehrt: Wenn nur eine bestimmte Frequenz aus einem Frequenzgemisch weitergeleitet werden soll, wird ebenfalls mit Schwingkreisen arbeitet.

Betrachten Sie nun noch einmal das Verhalten der Impedanz in Abhängigkeit von der Frequenz bei einem Parallelschwingkreis, so können Sie sehen, dass auch Frequenzen nahe der Resonanzfrequenz mit großer Amplitude übertragen werden (siehe Abbildung 7.46).

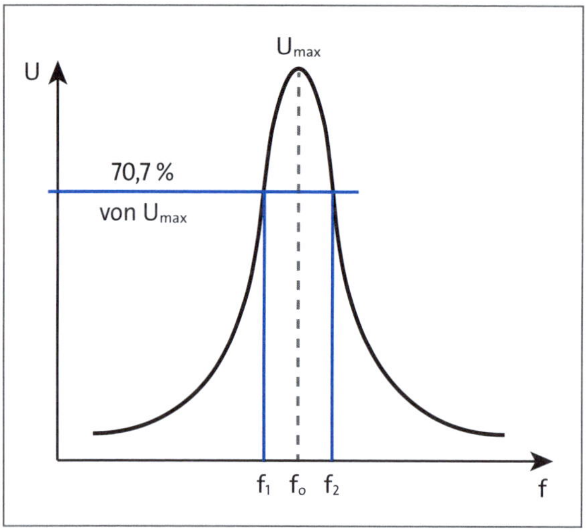

Abbildung 7.46 Verhalten der Spannung in Abhängigkeit von der Frequenz im Parallelschwingkreis

Je breiter die Kurve wird, desto größer ist die *Bandbreite b* der übertragenen Frequenzen. Die Bandbreite ist die Differenz der Frequenzen unterhalb und oberhalb der Grenzfrequenz, bei der die Spannung auf das $\frac{1}{\sqrt{2}}$-Fache oder 70,7 % des Maximums absinkt:

$$b = f_2 - f_1$$

Somit ist auch die Behauptung, dass nur die Resonanzfrequenz übertragen wird, eine Idealvorstellung.

Um real ein Maß dafür zu haben, wie viele Frequenzen neben der Resonanzfrequenz übertragen werden, wird die *Güte Q* des Schwingkreises eingeführt.

Es gilt:

$$Q = \frac{f_0}{b} \quad [7.11]$$

Je größer also die Bandbreite ist, desto kleiner ist die Güte des Schwingkreises.

Andere Definitionen der Güte lauten:

- Die Güte entspricht dem Verhältnis von im Schwingkreis gespeicherter Energie W_s zu in Wärme umgesetzter Energie W_w innerhalb einer Schwingungsperiode
- Die Güte ist das Verhältnis von Kondensator- oder Spulenspannung zur Spannung am Ohm'schen Widerstand im Reihenschwingkreis.
- Die Güte ist das Verhältnis von Kondensator- oder Spulenstrom zum Strom durch den Ohm'schen Widerstand im Parallelschwingkreis.

Nehmen Sie nun die letzten beiden Definitionen und setzen Sie dort die entsprechenden Spannungen ein, so erhalten Sie:

a) für den Reihenschwingkreis

$$Q = \frac{U_C}{U_R} = \frac{X_C}{R} = \frac{1}{2\pi f_0 RC} = \frac{2\pi\sqrt{LC}}{2\pi RC} = \frac{1}{R}\sqrt{\frac{L}{C}}$$

$$Q = \frac{U_L}{R} = \frac{X_L}{R} = \frac{2\pi f_0 L}{R} = \frac{2\pi L}{R2\pi\sqrt{LC}} = \frac{1}{R}\sqrt{\frac{L}{C}}$$

b) für den Parallelschwingkreis

$$Q = \frac{I_C}{I_R} = \frac{R}{X_C} = 2\pi f_0 RC = \frac{2\pi RC}{2\pi\sqrt{LC}} = R\sqrt{\frac{C}{L}}$$

$$Q = \frac{I_L}{I_R} = \frac{R}{X_L} = \frac{R}{2\pi f_o L} = \frac{R2\pi\sqrt{LC}}{2\pi L} = R\sqrt{\frac{C}{L}}$$

Die Schwingkreisgüte hängt neben der Induktivität und Kapazität, die letztlich die Resonanzfrequenz bestimmen, auch vom Ohm'schen Widerstand in dieser Schaltung ab.

Im Reihenschwingkreis sinkt die Güte mit steigendem Widerstand, und die Induktivität sollte im Verhältnis zur Kapazität groß sein. Im Parallelschwingkreis steigt die Güte mit steigendem Widerstand, und die Induktivität sollte im Verhältnis zur Kapazität klein sein.

7.6 Rechnen mit komplexen Zahlen

Sie haben bereits gesehen, dass Wechselstromkreise mithilfe von Zeigerdiagrammen berechnet werden können. Eine andere Möglichkeit ist die Berechnung mithilfe von *komplexen Zahlen*.

Eine komplexe Zahl können Sie sich generell als Punkt in einem zweidimensionalen Koordinatensystem vorstellen (siehe Abbildung 7.47).

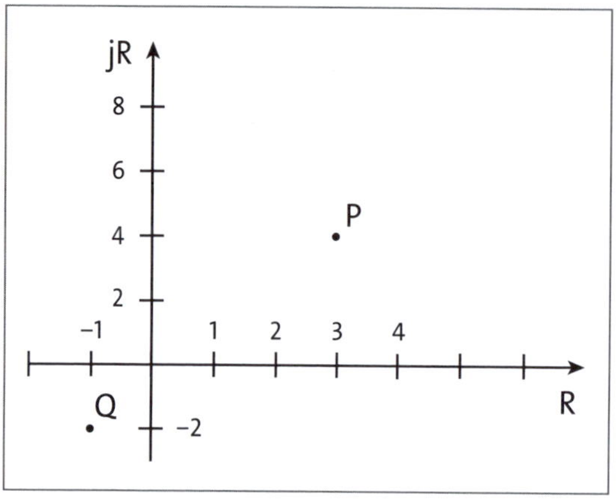

Abbildung 7.47 Darstellung der komplexen Zahlen P und Q

Auf der x-Achse dieses Systems finden Sie reelle Zahlen vor. Auf der y-Achse stehen die sogenannten *imaginären Zahlen*.

Von der Mathematik her betrachtet ist i die Grundeinheit der imaginären Zahlen. i ist die Lösung der Gleichung: $x^2 = -1$. In der Elektrotechnik wird der Buchstabe i nicht verwendet, sondern der Buchstabe j.

Wenn Sie die Gleichung $x^2 = -1$ lösen wollen, müssen Sie die Wurzel aus -1 ziehen. Sie suchen also eine Zahl, die mit sich selbst multipliziert -1 ergibt.

[7.12] $\mathrm{j} = \sqrt{-1}$

[7.13] $\mathrm{j}^2 = -1$

Unter den reellen Zahlen werden Sie hierzu keine Lösung finden, denn eine negative Quadratzahl widerspricht unseren Rechenregeln. Daher wurden die Zahlen als »imaginär« bezeichnet, denn sie sind nur eine Idee, die helfen kann, unser Zahlensystem zu erweitern und dadurch mathematische und technische Probleme zu lösen.

Die komplexe Zahl P aus Abbildung 7.47 setzt sich folgendermaßen zusammen:

$$P = 3 + \mathrm{j}4$$

Die 3 ist der Abschnitt auf der x-Achse und j4 ist der Abschnitt auf der y-Achse. Liegt der Punkt im negativen Bereich, wie Q, so wird das Vorzeichen jeweils mit notiert:

$$Q = -1 - \mathrm{j}2$$

Komplexe Zahlen sind also zu handhaben wie Koordinaten im Koordinatensystem, nur dass diese nicht durch Kommata getrennt sind, sondern als zusammenhängende Zahl aufgeschrieben werden. Diese Darstellung wird *kartesische Darstellung* genannt.

Der reelle Anteil dieser Zahlen wird als *Realteil* Re bezeichnet (manchmal auch als $\Re$) und der imaginäre als *Imaginärteil* Im:

$$\mathrm{Re}\,(P) = 3, \ \mathrm{Im}\,(P) = 4$$

$$\mathrm{Re}\,(Q) = -1, \ \mathrm{Im}\,(Q) = -2$$

7.6.1 Rechenregeln

Betrag

Der *Betrag* einer komplexen Zahl entspricht dem Abstand der komplexen Zahl vom Koordinatenursprung:

$$z = a + \mathrm{j}b \qquad [7.14]$$

$$|z| = \sqrt{a^2 + b^2} \qquad [7.15]$$

Sie machen hier also nichts anderes, als die Länge der Verbindungsstrecke von 0 bis z zu berechnen, genauso wie bei Vektoren.

Komplexe Konjugation

Die Spiegelung einer komplexen Zahl an der x-Achse wird als *komplex konjugierte Zahl* bezeichnet (siehe Abbildung 7.48).

Das komplex Konjugierte von z wird mit $\bar{z}$ bezeichnet.

Sie erhalten $\bar{z}$, wenn Sie das Vorzeichen des Imaginärteils umkehren:

$$z = a + \mathrm{j}b \implies \bar{z} = a - \mathrm{j}b$$

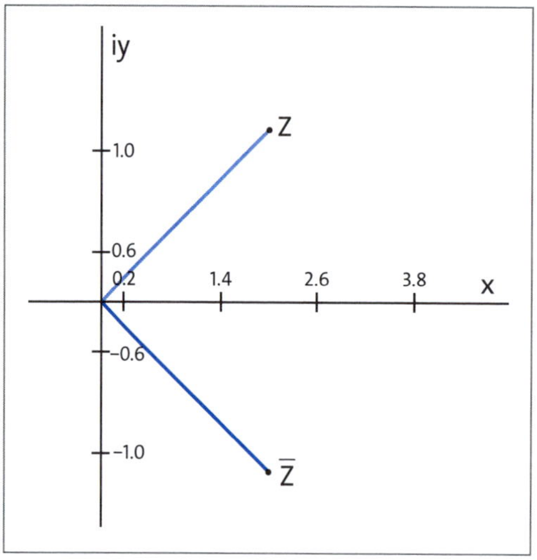

Abbildung 7.48 Darstellung von $\bar{z}$ und z

Addition

Sie addieren getrennt die Realteile und die Imaginärteile:

$$z_1 = a_1 + \mathrm{j}b_1$$

$$z_2 = a_2 + \mathrm{j}b_2$$

$$z_1 + z_2 = (a_1 + a_2) + \mathrm{j}(b_1 + b_2)$$

Subtraktion

Hier subtrahieren Sie getrennt die Real- und Imaginärteile:

$$z_1 = a_1 + \mathrm{j}b_1$$

$$z_2 = a_2 + \mathrm{j}b_2$$

$$z_1 - z_2 = (a_1 - a_2) + \mathrm{j}(b_1 - b_2)$$

Für die Multiplikation und Division ist es sinnvoll, eine andere Darstellungsart zu wählen, nämlich die Polardarstellung.

Polardarstellung

Wenn Sie eine komplexe Zahl wie einen Vektor im zweidimensionalen Raum betrachten, dann können Sie ihn nicht nur mithilfe seiner kartesischen Koordinaten darstellen, sondern auch mithilfe seines Betrages und des Winkels, den er mit der x-Achse einschließt, also mithilfe der Polarkoordinaten (siehe Abbildung 7.49).

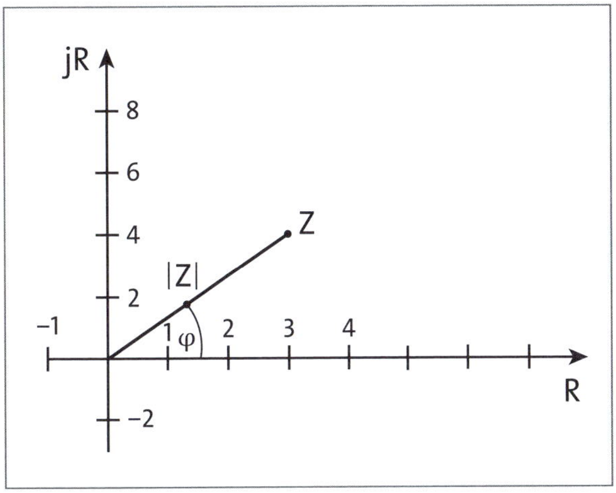

Abbildung 7.49 z kann mithilfe von $|z|$ und φ dargestellt werden.

Der Betrag von z wird mithilfe von

$$|z| = \sqrt{a^2 + b^2} \tag{7.16}$$

und der Winkel φ mit

$$\tan \varphi = \frac{b}{a} \tag{7.17}$$

berechnet.

Dann können diese Werte in die *Eulersche Formel*

$$z = |z| \cdot e^{j\varphi} \tag{7.18}$$

eingesetzt werden und Sie erhalten die Darstellung in Polarkoordinaten. Schauen Sie sich dazu ein Beispiel an:

$$z = 3 + j4$$

$$|z| = \sqrt{3^2 + 4^2} = 5$$

$$\tan \varphi = \frac{4}{3} \Leftrightarrow \varphi = 53{,}13°$$

Die Darstellung in Polarkoordinaten ist dann:

$$z = 5 \cdot e^{j\,53{,}13°}$$

Mit der Beziehung

$$z = |z| \cdot \cos\varphi + \mathrm{j}(|z| \cdot \sin\varphi)$$

kann die Polardarstellung wieder in die kartesische umgewandelt werden:

$$z = 5 \cdot \cos 53{,}13° + \mathrm{j}(5 \cdot \sin 53{,}13°) = 3 + \mathrm{j}4$$

Multiplikation und Division

Mithilfe der Polarkoordinaten wird nun die Multiplikation und Division sehr einfach, denn es müssen nur die Potenzgesetze angewendet werden:

$$z_1 \cdot z_2 = |z_1| \cdot |z_2| \cdot e^{\mathrm{j}(\varphi_1 + \varphi_2)}$$

$$\frac{z_1}{z_2} = \frac{|z_1|}{|z_2|} \cdot e^{\mathrm{j}(\varphi_1 - \varphi_2)}$$

Beispiel

Betrachten Sie eine Wechselspannungsreihenschaltung wie in Abbildung 7.50, die aus einem Widerstand und einem Kondensator mit folgenden Daten besteht:

$$U_R = 10\ \mathrm{V}$$

$$U_C = 3\ \mathrm{V}$$

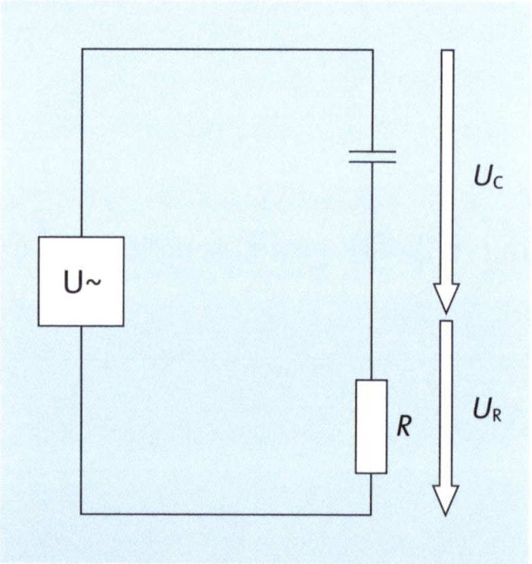

Abbildung 7.50 Reihenschaltung von Widerstand und Kondensator

Das passende Zeigerdiagramm zu dieser Schaltung sehen Sie in Abbildung 7.51.

Wie Sie schon im Zeigerdiagramm sehen können, ist der Betrag der Gesamtspannung kleiner als der Betrag der Summe der Einzelspannungen.

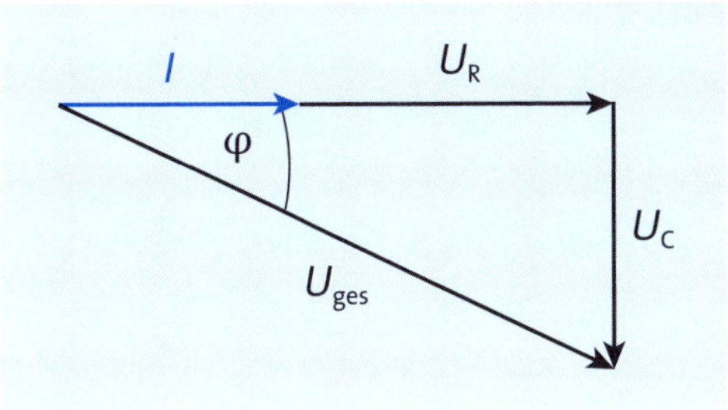

Abbildung 7.51 Zeigerdiagramm der RC-Reihenschaltung

Mithilfe der komplexen Zahlen können U_R, U_C und U_{ges} wie in Abbildung 7.52 dargestellt werden.

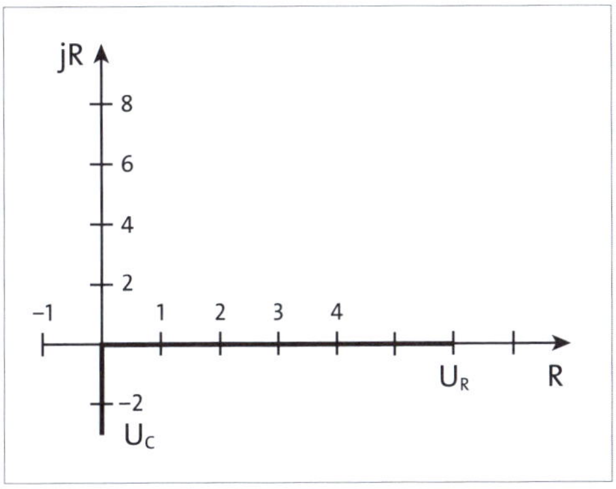

Abbildung 7.52 Darstellung der Spannungen in der komplexen Ebene

Da sich U_C auf der imaginären Achse befindet, wird die Spannung U_C als rein imaginär betrachtet:

$U_R = 10\text{ V}$

$U_C = -\text{j}3\text{ V}$

Die Spannung am Widerstand R besteht nur aus einem Realteil.

Die Gesamtspannung bekommen Sie nun durch einfache Addition der beiden komplexen Zahlen:

$$U_{\text{ges}} = U_R + U_C = 10\text{ V} - \text{j}3\text{ V}$$

Der Betrag der Gesamtspannung beträgt:

$$|U_{\text{ges}}| = \sqrt{(10\text{ V})^2 + (3\text{ V})^2} = 10{,}44\text{ V}$$

7.7 Übungen

Aufgabe 1

z_1 und z_2 sind komplexe Zahlen:

$z_1 = 3 - j4,$

$z_2 = 1 + j2$

Berechnen Sie:

a) $\mathrm{Re}(z_1), \mathrm{Re}(z_2)$

$\mathrm{Im}(z_1), \mathrm{Im}(z_2)$

b) $|z_1|, |z_2|$

c) z_1, z_2 in Polardarstellung

d) $z_1 + z_2$

e) $z_1 - z_2$

f) $z_1 \cdot z_2$

g) $\frac{z_1}{z_2}$

h) $\frac{1}{z_1} + \frac{1}{z_2}$

i) $\bar{z}_1, \bar{z}_2$

j) $z_1 \cdot \bar{z}_1$

Aufgabe 2

Berechnen Sie den Effektivwert der Dreieckspannung $U(t)$ aus Abbildung 7.53.

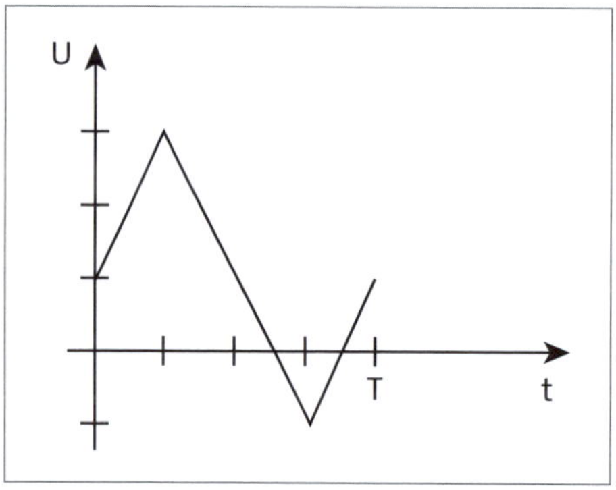

Abbildung 7.53 Mit einer Gleichspannung überlagerte Dreieckspannung

Aufgabe 3

Eine Spule mit einem Wirkwiderstand $R = 80\,\Omega$ und einer Induktivität $L = 2\,\text{H}$ ist mit einem Kondensator von $C = 5{,}6\,\mu\text{F}$ in Reihe an eine Spannungsquelle $U = 230\,\text{V}$, $f = 50\,\text{Hz}$ geschaltet.

Berechnen Sie

a) den Scheinwiderstand Z,

b) die Stromstärke I,

c) die Teilspannungen U_R, U_{XL}, U_{XC} und

d) den Phasenverschiebungswinkel φ zwischen U_R und U.

Aufgabe 4

Berechnen Sie mithilfe der komplexen Zahlen den Gesamtstrom, der durch die Schaltungen in

a) Abbildung 7.54 und

b) Abbildung 7.55 fließt,

und die Impedanz Z, wenn die Schaltungen folgende Werte aufweist:

$R = 100\,\Omega$

$U_R = 10\,\text{V}, f = 1\,\text{kHz}$

$C_1 = 1\,\mu\text{F}$

$C_2 = 1\,\mu\text{F}$

$L = 1\,\text{mH}$

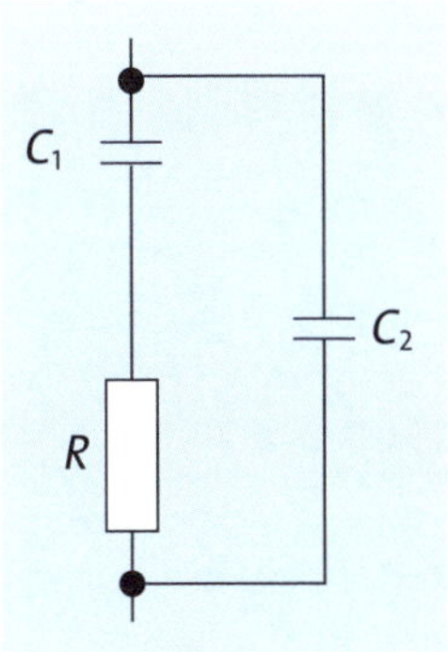

Abbildung 7.54 Abbildung zu Aufgabe 4 a)

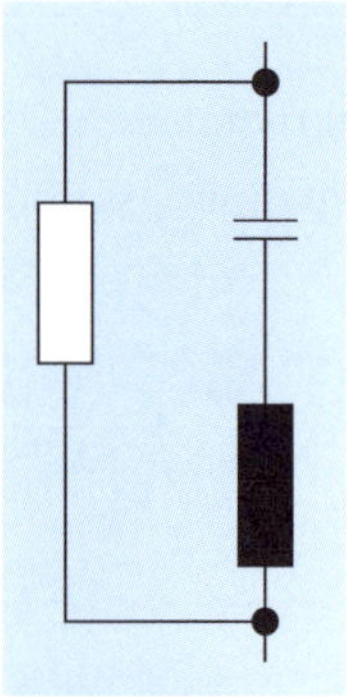

Abbildung 7.55 Abbildung zu Aufgabe 4 b)

Aufgabe 5

Ein Wirkwiderstand $R = 20\,\Omega$, ein induktiver Blindwiderstand $X_L = 16\,\Omega$ und ein kapazitiver Blindwiderstand $X_C = 40\,\Omega$ sind parallel an eine Wechselspannung von 230 V angeschlossen.

Ermitteln Sie

a) die Teilleitwerte,

b) die Teilströme und

c) den Gesamtstrom.

Aufgabe 6

Das Oszilloskopbild aus Abbildung 7.56 zeigt zwei Spannungen aus einer Reihenschaltung eines Widerstandes $R = 1\,\text{k}\Omega$ und eines frequenzabhängigen Widerstandes.

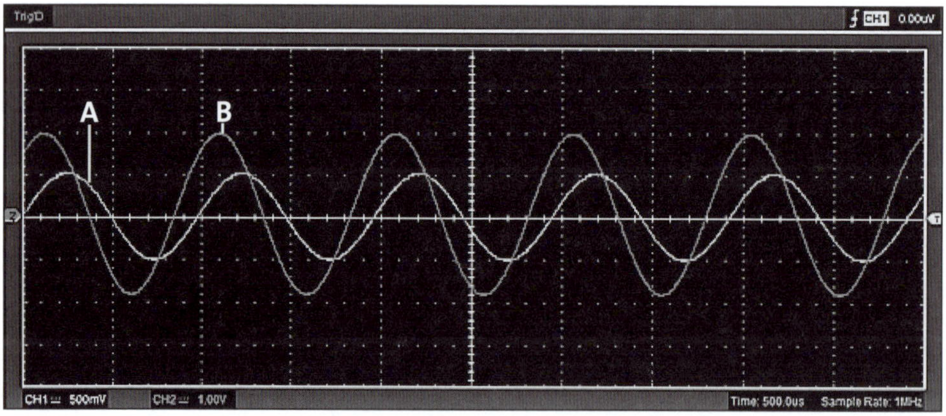

Abbildung 7.56 Oszilloskopbild zu Aufgabe 6

Die Spannung B ist die Gesamtspannung U_{ges} und Spannung A ist die Spannung am Ohm'schen Widerstand.

a) Wie hoch ist die Frequenz der Spannungen?

b) Wie groß ist der Phasenverschiebungswinkel?

c) Wie groß sind die Gesamtspannung und die Spannung am Widerstand?

d) Handelt es sich bei der Schaltung um eine Reihenschaltung aus einem Ohm'schen Widerstand und einer Spule?

Aufgabe 7

Gegeben ist die Parallelschaltung einer idealen Induktivität $L = 95$ mH, eines Widerstandes $R = 20$ kΩ und einer idealen Kapazität $C = 220$ nF (siehe Abbildung 7.57).

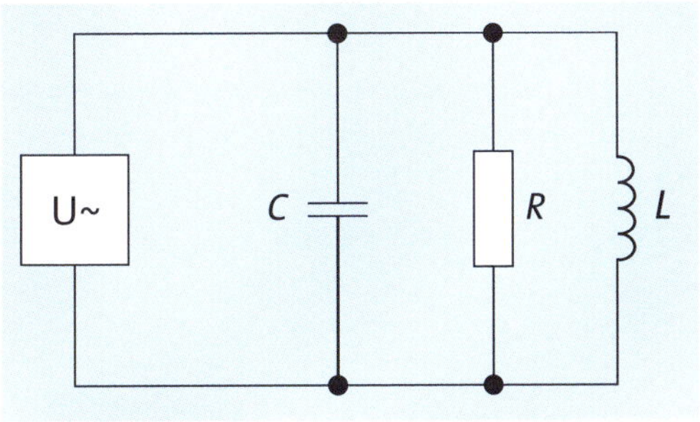

Abbildung 7.57 Schaltung zu Aufgabe 7

a) Bestimmen Sie die Resonanzfrequenz des Schwingkreises.

b) Wie groß sind die Leitwerte der Spule und des Kondensators im Resonanzfall?

c) Wie groß sind bei Resonanz die durch die Blindelemente fließenden Ströme, wenn durch den Schwingkreis ein Gesamtstrom mit dem Effektivwert $I = 0{,}5$ A fließt?

Aufgabe 8

Gegeben seien die Spannungen

$U_1(t) = U_{1s} \sin\left(2\pi f + \varphi_1\right)$

$U_2(t) = U_{2s} \sin\left(2\pi f + \varphi_2\right)$

mit den Werten

$U_{1s} = 5\text{ V}, \varphi_1 = 60°, U_{2s} = 8\text{ V}, \varphi_2 = -10°$

Berechnen Sie $U_3 = U_1 + U_2$.

Aufgabe 9

In der Wechselstrombrücke aus Abbildung 7.58 soll die Spannung U_d berechnet werden.

$R_1 = 200\,\Omega$

$R_2 = 150\,\Omega$

$C_1 = 100\,\text{nF}$

$C_2 = 200\,\text{nF}$

$U = 80\,\text{V}$

$f = 5\,\text{kHz}$

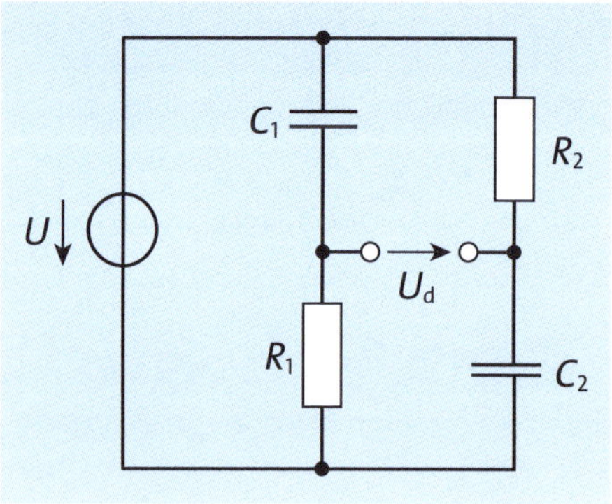

Abbildung 7.58 Skizze zu Aufgabe 9

Aufgabe 10

Für den Reihenschwingkreis aus Abbildung 7.59 gilt:

$L = 0{,}15\,\text{mH}$

$R = 8{,}4\,\Omega$

$C = 250\,\text{pF}$

$U = 10\,\text{mV}$

a) Berechnen Sie die Resonanzfrequenz f_0 und die Güte Q des Schwingkreises.

b) Wie groß ist die Spannung U_c am Kondensator bei Resonanzfrequenz?

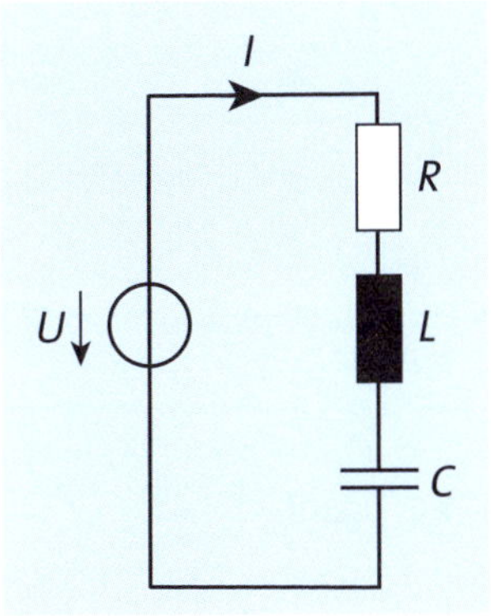

Abbildung 7.59 Skizze zu Aufgabe 10

7.8 Lösungen

Lösung 1

a) $\mathrm{Re}(z_1) = 3, \mathrm{Re}(z_2) = 1$

$\mathrm{Im}(z_1) = -4, \mathrm{Im}(z_2) = 2$

b) $|z_1| = |3 - \mathrm{j}4| = \sqrt{3^2 + 4^2} = 5$

$|z_2| = |1 + \mathrm{j}2| = \sqrt{1^2 + 2^2} = \sqrt{5}$

c) $z_1 = |z_1| \cdot e^{\mathrm{j}\varphi}$

$|z_1| = 5$

$$\varphi = \arctan\frac{\mathrm{Im}(z_1)}{\mathrm{Re}(z_1)} = \arctan\frac{-4}{3} = -53{,}1°$$

$z_1 = 5 \cdot e^{-\mathrm{j}\,53{,}1°}$

$z_2 = |z_2| \cdot e^{\mathrm{j}\varphi}$

$|z_1| = \sqrt{5}$

$$\varphi = \arctan\frac{\mathrm{Im}(z_2)}{\mathrm{Re}(z_2)} = \arctan\frac{2}{1} = 63{,}4°$$

$z_2 = \sqrt{5} \cdot e^{\mathrm{j}\,63{,}4°}$

d) $z_1 + z_2 = 3 - \mathrm{j}4 + 1 + \mathrm{j}2 = 4 - \mathrm{j}2$

e) $z_1 - z_2 = 3 - \mathrm{j}4 - (1 + \mathrm{j}2) = 2 - \mathrm{j}6$

f) $z_1 \cdot z_2 = 5 \cdot e^{-j\,53{,}1°} \cdot \sqrt{5} \cdot e^{j\,63{,}4°} = 5\sqrt{5} \cdot e^{j\,10{,}3°}$

g) $\frac{z_1}{z_2} = \frac{5 \cdot e^{-j\,53{,}1°}}{\sqrt{5} \cdot e^{j\,63{,}4°}} = \sqrt{5} \cdot e^{-j\,116{,}5°}$

h)

$$\frac{1}{z_1} + \frac{1}{z_2} = \frac{1}{5 \cdot e^{-j\,53{,}1°}} + \frac{1}{\sqrt{5} \cdot e^{j\,63{,}4°}} = \frac{1}{5} \cdot e^{j\,53{,}1°} + \frac{1}{\sqrt{5}} \cdot e^{-j\,63{,}4°}$$

$$= \frac{1}{5}(\cos 53{,}1° + j \cdot \sin 53{,}1°) + \frac{1}{\sqrt{5}}(\cos(-63{,}4°) + j \cdot \sin(-63{,}4°))$$

$$= 0{,}12 + j0{,}16 + 0{,}2 - j0{,}4 = 0{,}32 - j0{,}24$$

i) $\bar{z}_1 = 3 + j4$

$\bar{z}_2 = 1 - j2$

j) $z_1 \cdot \bar{z}_1 = 5 \cdot e^{-j\,53{,}1°} \cdot 5 \cdot e^{j\,53{,}1°} = 25\ (= |z_1|^2)$

Lösung 2

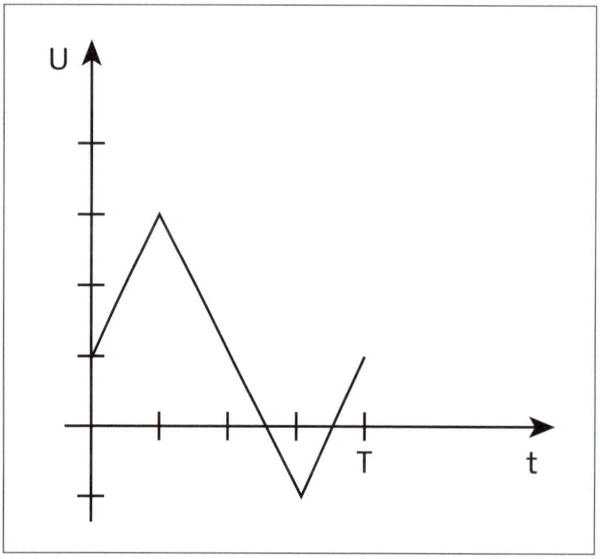

Abbildung 7.60 Mit einer Gleichspannung überlagerte Dreieckspannung

Die Spannung $U(t)$ hat folgende Form:

$$U(t) = \begin{cases} \frac{8}{T}t + 1, & 0 \leq t < \frac{T}{4} \\ -\frac{8}{T}t + 5, & \frac{T}{4} \leq t < \frac{3}{4}T \\ \frac{8}{T}t - 7, & \frac{3}{4}T \leq t < T \end{cases}$$

Da es sich hier um drei unterschiedliche Funktionen handelt, die zu unterschiedlichen Zeiträumen wirksam sind, setzt sich die Effektivspannung aus der Summe der jeweiligen Funktionsquadrate zusammen.

Es muss also abschnittsweise integriert werden:

$$U_{\text{eff}} = \sqrt{\frac{1}{T}\int_{t_0}^{t_0+T} U^2(t)\mathrm{d}t}$$

$$U_{\text{eff}} = \sqrt{\frac{1}{T}\left(\int_0^{\frac{T}{4}} \left(\frac{8}{T}t + 1\right)^2 \mathrm{d}t + \int_{\frac{T}{4}}^{\frac{3}{4}T} \left(-\frac{8}{T}t + 5\right)^2 \mathrm{d}t + \int_{\frac{3}{4}T}^{T} \left(\frac{8}{T}t - 7\right)^2 \mathrm{d}t\right)}$$

$$= \cdots$$

Da die Seitenbreite des Buchs nicht ausreicht, werden die Integrale zunächst einzeln ausgerechnet:

$$\int_0^{\frac{T}{4}} \left(\frac{8}{T}t + 1\right)^2 \mathrm{d}t = \int_0^{\frac{T}{4}} \frac{64}{T^2}t^2 + \frac{16}{T}t + 1\mathrm{d}t = \left.\frac{64}{3T^2}t^3 + \frac{8}{T}t^2 + t\right|_0^{\frac{T}{4}}$$

$$= \frac{64}{3\,T^2}\frac{T^3}{4^3} + \frac{8}{T}\frac{T^2}{4^2} + \frac{T}{4} = \frac{1}{3}T + \frac{1}{2}T + \frac{1}{4}T = \frac{13}{12}T$$

$$\int_{\frac{T}{4}}^{\frac{3}{4}T} \left(-\frac{8}{T}t+5\right)^2 \mathrm{d}t = \int_{\frac{T}{4}}^{\frac{3}{4}T} \frac{64}{T^2}t^2 - \frac{80}{T}t + 25\,\mathrm{d}t = \frac{64}{3T^2}t^3 - \frac{40}{T}t^2 + 25t \Bigg|_{\frac{T}{4}}^{\frac{3}{4}T}$$

$$= \frac{64}{3T^2}\frac{3^3T^3}{4^3} - \frac{40}{T}\frac{3^2T^2}{4^2} + \frac{25\cdot 3T}{4} - \frac{64}{3T^2}\frac{T^3}{4^3} + \frac{40}{T}\frac{T^2}{4^2} - \frac{25T}{4}$$

$$= 9T - 22{,}5T + 18{,}75T - \frac{1}{3}T + 2{,}5T - 6{,}25T = \frac{7}{6}T$$

$$\int_{\frac{3}{4}T}^{T} \left(\frac{8}{T}t-7\right)^2 \mathrm{d}t = \int_{\frac{3}{4}T}^{T} \frac{64}{T^2}t^2 - \frac{112}{T}t + 49\,\mathrm{d}t = \frac{64}{3T^2}t^3 - \frac{56}{T}t^2 + 49t \Bigg|_{\frac{3}{4}T}^{T}$$

$$= \frac{64}{3T^2}T^3 - \frac{56}{T}T^2 + 49T - \frac{64}{3T^2}\frac{3^3T^3}{4^3} + \frac{56}{T}\frac{3^2T^2}{4^2} - 49\frac{3T}{4}$$

$$= \frac{75}{900}T$$

Die Teilergebnisse ergeben dann:

$$\ldots = \sqrt{\frac{1}{T}\left(\frac{13}{12}T + \frac{7}{6}T + \frac{75}{900}T\right)} = \sqrt{\frac{2114}{900}} = 1{,}53$$

$U_{\mathrm{eff}} = 1{,}53\ \mathrm{V}$

Lösung 3

Gegeben sind:

$R = 80\ \Omega$

$L = 2\ \mathrm{H}$

$C = 5{,}6\ \mu\mathrm{F}$

$U = 230\ \mathrm{V}, f = 50\ \mathrm{Hz}$

a) Gesucht ist Z:

$X_L = \omega \cdot L = 2\pi \cdot 50\ \mathrm{Hz} \cdot 2\ \mathrm{H} = 628\ \Omega$

$$X_C = \frac{1}{\omega \cdot C} = \frac{1}{2\pi \cdot 50\ \text{Hz} \cdot 5{,}6\ \mu\text{F}} = 568\ \Omega$$

$$Z = \sqrt{R^2 + (X_L - X_C)^2} = \sqrt{(80\ \Omega)^2 + (628\ \Omega - 568\ \Omega)^2} = 100\ \Omega$$

b) Gesucht ist I:

$$I = \frac{U}{Z} = \frac{230\ \text{V}}{100\ \Omega} = 2{,}3\ \text{A}$$

c) Gesucht sind: U_R, U_{X_L}, U_{X_C}:

$$U_R = I \cdot R = 2{,}3\ \text{A} \cdot 80\ \Omega = 184\ \text{V}$$

$$U_{X_L} = I \cdot X_L = 2{,}3\ \text{A} \cdot 628\ \Omega = 1{,}44\ \text{kV}$$

$$U_{X_C} = I \cdot X_C = 2{,}3\ \text{A} \cdot 568\ \Omega = 1{,}3\ \text{kV}$$

d) Gesucht ist φ:

$$\cos(\varphi) = \frac{U_R}{U} = \frac{184\ \text{V}}{230\ \text{V}} = 0{,}8 \Longrightarrow \varphi = 37°$$

Lösung 4

$\text{R} = 100\ \Omega$

$U_R = 10\ \text{V}, \text{f} = 1\ \text{kHz}$

$C_1 = 1\ \mu\text{F}$

$C_2 = 1\ \mu\text{F}$

$L = 1\ \text{mH}$

a)

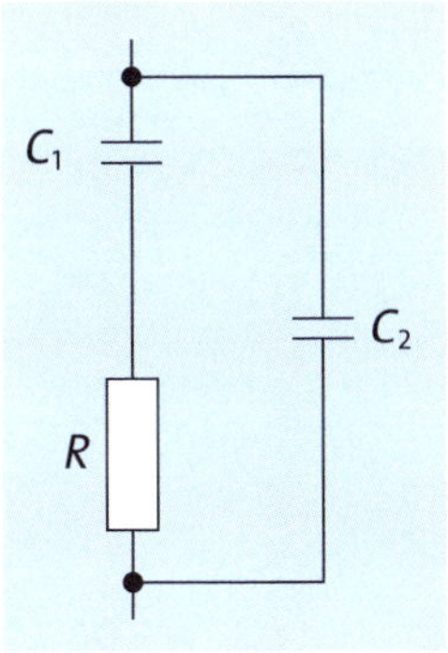

Abbildung 7.61 Abbildung zu Aufgabe 4 a)

Betrachten Sie zunächst die Reihenschaltung $C_1 \to R$:

Z_{RS} sei der Scheinwiderstand der Reihenschaltung.

X_{C_1} und X_{C_2} sind rein komplexe Widerstände.

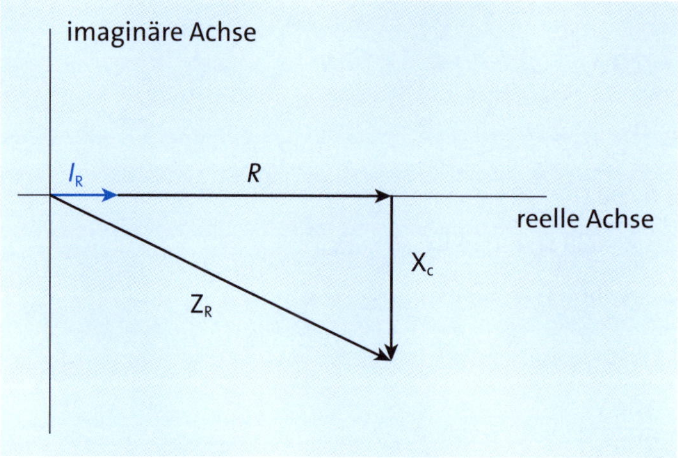

Abbildung 7.62 Berechnung von Z_{RS}

$$Z_{RS} = R - jX_{C_1}$$

$$|X_{C_1}| = \frac{1}{2\pi f C_1} = \frac{1}{2\pi \cdot 1\ \text{kHz} \cdot 1\ \mu\text{F}} = 159\ \Omega$$

$$Z_{RS} = 100\ \Omega - j159\ \Omega$$

Damit das Weiterrechnen einfacher wird, wird Z_{RS} direkt in die Polardarstellung umgeformt:

$$Z_{RS} = \sqrt{(100\ \Omega)^2 + (159\ \Omega)^2} \cdot e^{\,j\arctan\frac{-159\ \Omega}{100\ \Omega}} = 188\ \Omega \cdot e^{-j\,57{,}8^\circ}$$

Z_{RS} liegt parallel zu X_{C_2}, die Parallelschaltung von beiden ergibt Z_{ges}:

$$\frac{1}{Z_{\text{ges}}} = \frac{1}{Z_{RS}} + \frac{1}{X_{C_2}}$$

$$X_{C_2} = 159\ \Omega \cdot e^{-j\,90^\circ}$$

$$\frac{1}{X_{C_2}} = \frac{1}{159\ \Omega \cdot e^{-j\,90^\circ}} = 6{,}3\ \text{mS} \cdot e^{j\,90^\circ}$$

$$\frac{1}{Z_{RS}} = \frac{1}{188\ \Omega \cdot e^{-j\,57{,}8^\circ}} = 5{,}3\ \text{mS} \cdot e^{j\,57{,}8^\circ}$$

$$\frac{1}{Z_{\text{ges}}} = 5{,}3\text{ mS} \cdot e^{\text{j}\,57{,}8°} + 6{,}3\text{ mS} \cdot e^{\text{j}\,90°}$$
$$= 5{,}3\text{ mS} \cdot (\cos 57{,}8° + \text{j} \cdot \sin 57{,}8°) + 6{,}3\text{ mS} \cdot (\cos 90° + \text{j} \cdot \sin 90°)$$
$$= 2{,}8\text{ mS} + \text{j}4{,}5\text{ mS} + \text{j}6{,}3\text{ mS}$$
$$= 2{,}8\text{ mS} + \text{j}10{,}8\text{ mS}$$
$$= \sqrt{(2{,}8\text{ mS})^2 + (10{,}8\text{ mS})^2} \cdot e^{\text{j}\arctan\frac{10{,}8\text{ mS}}{2{,}8\text{ mS}}}$$
$$= 11{,}1\text{ mS} \cdot e^{\text{j}\,75{,}5°}$$
$$Z_{\text{ges}} = \frac{1}{11{,}1\text{ mS}} \cdot e^{-\text{j}\,32{,}7°} = 90{,}1\,\Omega \cdot e^{-\text{j}\,75{,}5°}$$

Nun muss noch der Gesamtstrom berechnet werden:

$$I_{\text{ges}} = I_R + I_{C_2}$$
$$I_R = \frac{U_R}{R} = \frac{10\text{ V}}{100\,\Omega} = 0{,}1\text{ A}$$
$$\frac{I_{C_2}}{I_R} = \frac{Z_{RS}}{X_{C_2}}$$
$$\Leftrightarrow I_{C_2} = \frac{Z_{RS} I_R}{X_{C_2}} = \frac{188\,\Omega \cdot e^{-\text{j}\,57{,}8°} \cdot 0{,}1\text{ A}}{159 \cdot e^{-\text{j}\,90°}} = 0{,}118\text{ A} \cdot e^{\text{j}\,32{,}2°}$$
$$= 0{,}118\text{ A}\,(\cos 32{,}2° + \text{j} \cdot \sin 32{,}2°) = 0{,}1\text{ mA} + \text{j}63\text{ mA}$$

$$I_{\text{ges}} = 0{,}1\text{ A} + 0{,}1\text{ A} + \text{j}63\text{ mA} = 200\text{ mA} + \text{j}63\text{ mA}$$
$$= \sqrt{(200\text{ mA})^2 + (63\text{ mA})^2} \cdot e^{\text{j}\arctan\frac{63}{200}} = 210\text{ mA} \cdot e^{\text{j}\,17{,}5°}$$

b)

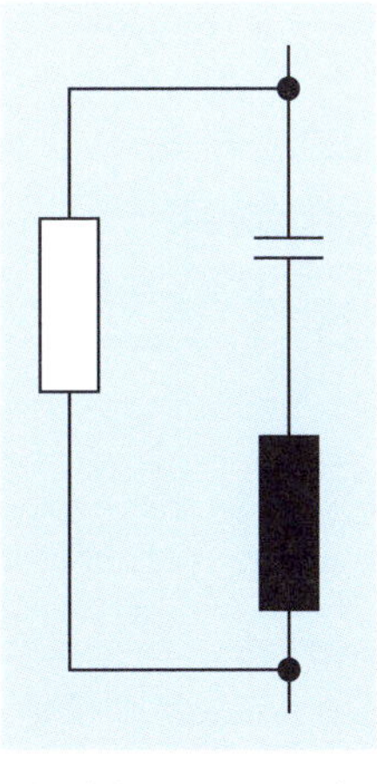

Abbildung 7.63 Schaltung zu Aufgabe 4 b)

Der Widerstand Z_{RS} der Reihenschaltung von C_1 und L ist rein komplex:

$X_{C_1} = -\mathrm{j}159{,}15\ \Omega = 159{,}15\ \Omega \cdot e^{-\mathrm{j}\,90°}$

$|X_L| = 2\pi f L = 2\pi \cdot 1\ \mathrm{kHz}\ \cdot 1\ \mathrm{mH} = 6{,}28\ \Omega$

$X_L = \mathrm{j}6{,}28\ \Omega = 6{,}28\ \Omega \cdot e^{\mathrm{j}\,90°}$

$Z_{RS} = X_L + X_{C_1} = \mathrm{j}6{,}28\ \Omega - \mathrm{j}159{,}15\ \Omega = -\mathrm{j}152{,}87\ \Omega = 152{,}87\ \Omega \cdot e^{-\mathrm{j}\,90°}$

Z_{RS} liegt parallel zu R, die Parallelschaltung von beiden ergibt Z_{ges}:

$$\frac{1}{Z_{\mathrm{ges}}} = \frac{1}{R} + \frac{1}{Z_{RS}}$$

$R = 100\ \Omega = 100\ \Omega \cdot e^{\mathrm{j}0}$

$$\frac{1}{R} = \frac{1}{100\ \Omega} \cdot e^{\mathrm{j}0} = 10\ \mathrm{mS} \cdot e^{\mathrm{j}0} = 10\ \mathrm{mS}$$

$$\frac{1}{Z_{RS}} = \frac{1}{152{,}87\ \Omega \cdot e^{-\mathrm{j}\,90°}} = 6{,}54\mathrm{mS} \cdot e^{\mathrm{j}\,90°} = \mathrm{j}6{,}54\ \mathrm{mS}$$

$$\frac{1}{Z_{\mathrm{ges}}} = \frac{1}{R} + \frac{1}{Z_{RS}} = 10\ \mathrm{mS} + \mathrm{j}6{,}54\ \mathrm{mS} = 11{,}95\ \mathrm{mS} \cdot e^{\mathrm{j}\,33{,}2°}$$

$Z_{\mathrm{ges}} = 83{,}7\ \Omega \cdot e^{-\mathrm{j}\,33{,}2°}$

Der Gesamtstrom ergibt sich aus:

$I_{\mathrm{ges}} = I_R + I_{C_1}$

$$I_R = \frac{U_R}{R} = \frac{10\ \mathrm{V}}{100\ \Omega} = 0{,}1\ \mathrm{A}$$

$$\frac{I_{C1}}{I_R} = \frac{R}{Z_{RS}}$$

$$I_{C1} = \frac{R \cdot I_R}{Z_{RS}} = \frac{100\ \Omega \cdot 0{,}1\ \mathrm{A}}{152{,}87\ \Omega \cdot e^{-\mathrm{j}90°}} = 0{,}065\ \mathrm{A} \cdot e^{\mathrm{j}90°}$$

$I_{C1} = 0{,}65\ \mathrm{A}(\cos 33{,}2° + \mathrm{j} \cdot \sin 33{,}2°) + \mathrm{j}\ 0{,}65\ \mathrm{A}$

$I_{\mathrm{ges}} = 0{,}1\ \mathrm{A} + \mathrm{j}\ 0{,}65\ \mathrm{A} = 1\ \mathrm{A} + \mathrm{j}\ 0{,}65\ \mathrm{A}$

Lösung 5

Gegeben sind:

$R = 20\,\Omega$

$X_L = 16\,\Omega$

$X_C = 40\,\Omega$

$U = 230\text{ V}$

a) Gesucht sind die Leitwerte:

$$G = \frac{1}{R} = \frac{1}{20\,\Omega} = 50\text{ mS}$$

$$B_L = \frac{1}{X_L} = \frac{1}{16\,\Omega} = 62{,}5\text{ mS}$$

$$B_C = \frac{1}{X_C} = \frac{1}{40\,\Omega} = 25\text{ mS}$$

b) Gesucht sind die Teilströme:

$$I_R = \frac{U}{R} = \frac{230\text{ V}}{20\,\Omega} = 11{,}5\text{ A}$$

$$I_{XL} = \frac{U}{X_L} = \frac{230\text{ V}}{16\,\Omega} = 14{,}4\text{ A}$$

$$I_{XC} = \frac{U}{X_C} = \frac{230\text{ V}}{40\,\Omega} = 5{,}8\text{ A}$$

c) Gesucht ist der Gesamtstrom:

$$I = \sqrt{{I_W}^2 + (I_{bL} - I_{bC})^2} = \sqrt{(11{,}5\text{ A})^2 + (14{,}4\text{ A} - 5{,}8\text{ A})^2} = 14{,}4\text{ A}$$

Lösung 6

Die Bilder aus Abbildung 7.65 sind während Messungen an Schaltungen entstanden, die dem Aufbau von Abbildung 7.64 entsprechen.

In Abbildung 7.65 entspricht ein Teilstrich der Höhe bzw. der Breite des Gitternetzes. Es sind also nicht die Teilstriche der Achsen gemeint. Fünf Achsenteilungen ergeben einen Teilstrich.

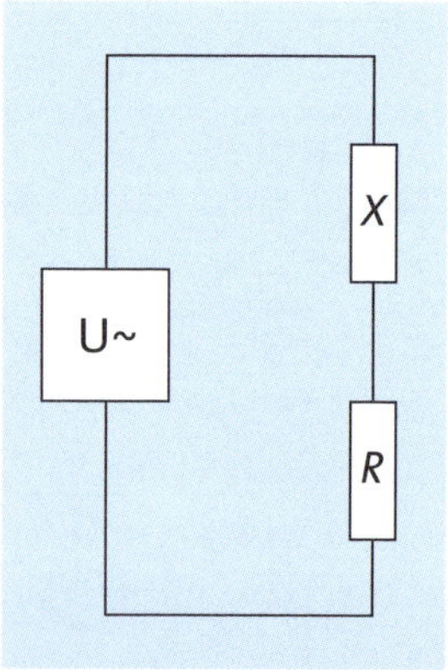

Abbildung 7.64 Schaltungsaufbau zu Aufgabe 6

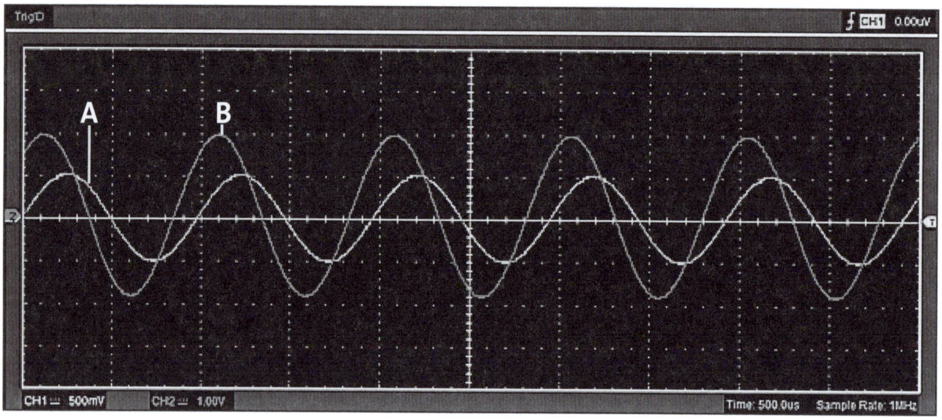

Abbildung 7.65 Oszilloskopbild zu Aufgabe 6

a) Frequenz

1 Periode beider Spannungen entspricht 2 Teilstrichen.

1 Teilstrich entspricht 500 µs.

2 Teilstriche entsprechen also einer Periodendauer von 1 ms.

$T = 1\ \text{ms}$

$$f = \frac{1}{T} = \frac{1}{1\ \text{ms}} = 500\ \text{Hz}$$

b) Phasenverschiebung

Die Nulldurchgänge der beiden Kurven liegen ca. 0,26 Teilstriche auseinander.

2 Teilstriche entsprechen 360°.

0,26 Teilstriche entsprechen somit 46,8°.

$\varphi = 46{,}8°$

c) Spannungen

U_R entspricht einem Teilstrich.

1 Teilstrich entspricht 500 mV.

$U_R = 0{,}5\ \mathrm{V}$

U_{ges} entspricht 2 Teilstrichen.

1 Teilstrich entspricht 1 V.

2 Teilstriche entsprechen somit 2 V.

$U_{\mathrm{ges}} = 2\ \mathrm{V}$

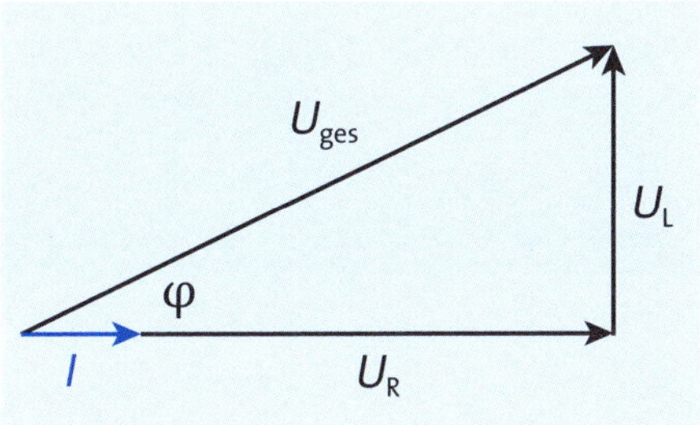

Abbildung 7.66 Zeigerdiagramm der Spannungen einer Reihenschaltung aus Ohm'schem Widerstand und einer Spule

d) Wenn es sich um eine Reihenschaltung aus einem Ohm'schen Widerstand und dem Blindwiderstand einer Spule handelt wie in Abbildung 7.64, muss

$$\cos\varphi = \frac{U_R}{U_{\mathrm{ges}}}$$

gelten. Setzen Sie die in c) gemessenen Werte ein, so erhalten Sie:

$$\frac{U_R}{U_{\mathrm{ges}}} = \frac{0{,}5}{2} = 0{,}25$$

$$\Longrightarrow \varphi = 75{,}5°$$

Der gemessene Winkel beträgt aber:

$\varphi = 46{,}8°$

Also kann es sich nicht um diese Schaltung handeln.

Lösung 7

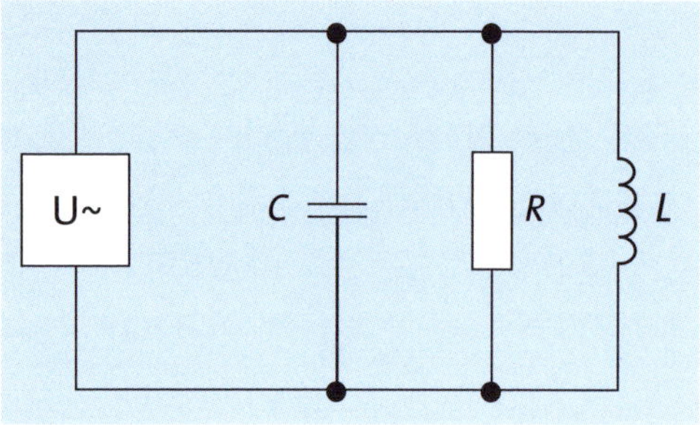

Abbildung 7.67 Schaltungsaufbau zu Aufgabe 7

$R = 20\ \text{k}\Omega$

$L = 95\ \text{mH}$

$C = 220\ \text{nF}$

a) Gesucht ist f_0:

$$f_0 = \frac{1}{2\pi\sqrt{LC}} = \frac{1}{2\pi\sqrt{95\ \text{mH} \cdot 220\ \text{nF}}}$$
$$= 1101\text{Hz}$$

Gesucht sind B_L, B_C:

$$B_C = \frac{1}{X_C} = 2\pi \cdot 1101\ \text{Hz} \cdot 220\ \text{nF} = 1{,}52\ \text{mS}$$

$$B_L = \frac{1}{X_L} = \frac{1}{2\pi \cdot 1101\ \text{Hz} \cdot 95\ \text{mH}} = 1{,}52\ \text{mS}$$

Die Blindleitwerte haben aufgrund der Resonanz den gleichen Betrag, aber die Richtungen der durch die Schaltung fließenden Ströme sind aufgrund der Phasenverschiebung entgegengesetzt.

b) Gesucht sind

I_L, der Spulenstrom und

I_C, der Kondensatorstrom

bei einem Gesamteffektivstrom von $I = 0{,}5$ A.

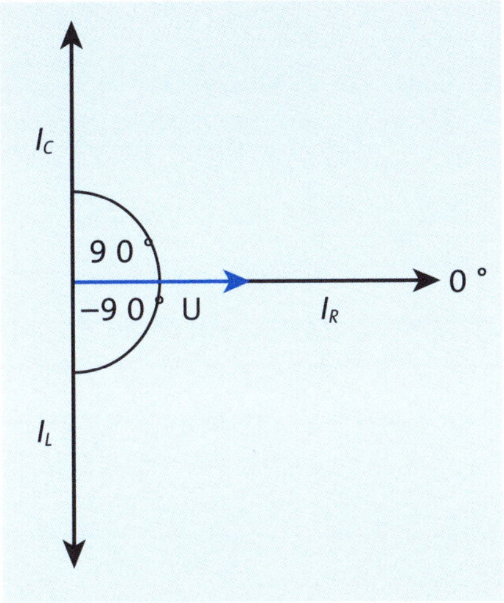

Abbildung 7.68 Lage der Ströme in einem Parallelschwingkreis

Mithilfe der Kirchhoff'schen Regeln können die Teilströme berechnet werden:

$$\frac{I_C}{I} = \frac{B_C}{Y}$$

und

$$\frac{I_L}{I} = \frac{B_L}{Y}$$

Der Gesamtleitwert Y ergibt sich aus:

$$Y = \sqrt{\frac{1}{R^2 + (B_L - B_C)^2}} = \frac{1}{R}$$

da $B_L = B_C$

$$I_C = \frac{B_C I}{Y} = R B_C I$$

$$= 20\ \text{k}\Omega \cdot 1{,}52\ \text{mS} \cdot 0{,}5\ \text{A} = 15{,}2\ \text{A}$$

$$I_L = \frac{B_L I}{Y} = R B_L I$$
$$= 20\ \text{k}\Omega \cdot 1{,}52\ \text{mS} \cdot 0{,}5\ \text{A} = 15{,}2\ \text{A}$$

Lösung 8

Die beiden Spannungen U_1und U_2 werden als komplexe Spannungen dargestellt:

$$U_1 = U_{1s} e^{j\varphi_1} = U_{1s}\left(\cos\varphi_1 + \text{j}\sin\varphi_1\right) = 5\ \text{V} \cdot \cos 60° + \text{j}5\ \text{V} \cdot \sin 60°$$
$$\approx 2{,}5\ \text{V} + \text{j}4{,}33\ \text{V}$$

$$U_2 = U_{2s} e^{j\varphi_2} = U_{2s}\left(\cos\varphi_2 + \text{j}\sin\varphi_2\right) = 8\ \text{V} \cdot \cos(-10°) + \text{j}8\ \text{V} \cdot \sin(-10°)$$
$$\approx 7{,}88\ \text{V} - \text{j}1{,}39\ \text{V}$$

$$U_3 = U_1 + U_2 = 2{,}5\ \text{V} + \text{j}4{,}33\ \text{V} + 7{,}88\ \text{V} - \text{j}1{,}39\ \text{V} = 10{,}38\ \text{V} + \text{j}2{,}94\ \text{V}$$
$$= 10{,}76\ \text{V} \cdot e^{\text{j}15{,}8°}$$

$$\Rightarrow U_3 = 10{,}76\ \text{V} \cdot \sin(\omega t + 15{,}8°)$$

Lösung 9

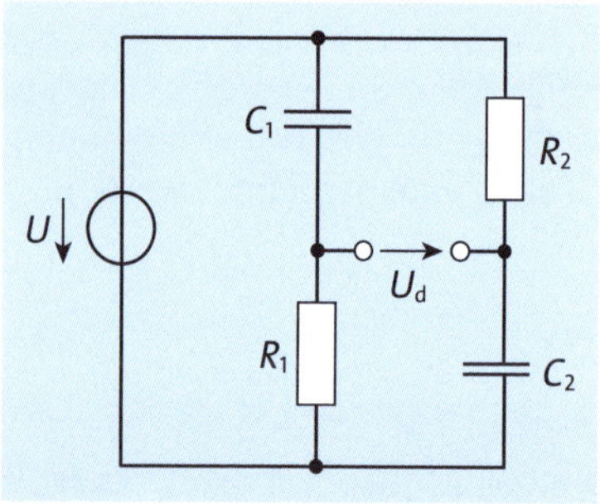

Abbildung 7.69 Skizze zu Lösung 9

$R_1 = 200\ \Omega$

$R_2 = 150\ \Omega$

$C_1 = 100\ \text{nF}$

$C_2 = 200\ \text{nF}$

$U = 80\ \text{V}$

$f = 5\ \text{kHz}$

U_d setzt sich aus $U_{R1} - U_{C2}$ zusammen.

Nach Kirchhoff gilt:

$\frac{U_{R1}}{U} = \frac{R_1}{Z_1}$ und $\frac{U_{C2}}{U} = \frac{X_{C2}}{Z_2}$, wobei $Z_1 = \sqrt{R_1^2 + {X_{C1}}^2}$ und $Z_2 = \sqrt{R_2^2 + {X_{C2}}^2}$ sind.

Also müssen zunächst die Blindwiderstände X_{C1} und X_{C2} bei einer Frequenz von 5 kHz berechnet werden:

$$X_{C1} = \frac{1}{2\pi f C_1} = \frac{1}{2\pi 5\text{ kHz} \cdot 100 \cdot 10^{-9} F} \approx 318{,}31\ \Omega$$

$$X_{C2} = \frac{1}{2\pi f C_2} = \frac{1}{2\pi 5\text{ kHz} \cdot 200 \cdot 10^{-9} F} \approx 159{,}15\ \Omega$$

$$Z_1 = \sqrt{R_1^2 + {X_{C1}}^2} = \sqrt{(200\ \Omega)^2 + (318{,}31\ \Omega)^2} \approx 375{,}93\ \Omega$$

$$Z_2 = \sqrt{R_2^2 + {X_{C2}}^2} = \sqrt{(150\ \Omega)^2 + (159{,}15\ \Omega)^2} \approx 218{,}7\ \Omega$$

$$\frac{U_{R1}}{U} = \frac{R_1}{Z_1} \Leftrightarrow U_{R1} = \frac{R_1 U}{Z_1} = \frac{200\ \Omega \cdot 80\text{ V}}{375{,}93\ \Omega} = 42{,}56\text{ V}$$

$$\frac{U_{C2}}{U} = \frac{X_{C2}}{Z_2} \Leftrightarrow U_{C2} = \frac{X_{C2} U}{Z_2} = \frac{159{,}15\ \Omega \cdot 80\text{ V}}{218{,}7\ \Omega} = 58{,}21\text{ V}$$

$$U_d = U_{R1} - U_{C2} = 42{,}56\text{ V} - 58{,}21\text{ V} = -15{,}65\text{ V}$$

Lösung 10

a)

$$f_o = \frac{1}{2\pi\sqrt{LC}} = \frac{1}{2\pi\sqrt{0{,}15 \cdot 10^{-3}\text{H} \cdot 250 \cdot 10^{-12} F}} = 821{,}87\text{ kHz}$$

$$Q = \frac{1}{R}\sqrt{\frac{L}{C}} = \frac{1}{8{,}4\ \Omega}\sqrt{\frac{0{,}15 \cdot 10^{-3}\text{H}}{250 \cdot 10^{-12}\text{F}}} = 92{,}21$$

b) Bei Resonanz gilt: $X_L = X_C \implies Z = R$

$$I = \frac{U}{Z} = \frac{U}{R} = \frac{10 \cdot 10^{-3}\text{V}}{8{,}4\ \Omega} = 1{,}19\text{ mA}$$

$$X_C = \frac{1}{2\pi f C} = \frac{1}{2\pi \cdot 821{,}87 \cdot 10^3\text{ Hz} \cdot 250 \cdot 10^{-12}\text{F}} = 774{,}59\ \Omega$$

$$U_c = X_C I = 774{,}59\ \Omega \cdot 1{,}19 \cdot 10^{-3}\text{A} = 0{,}921\text{ V}$$

Kapitel 8
Filter und Passschaltungen

Dieses Kapitel handelt von Schaltungen, die aus Widerständen, Kondensatoren und Spulen bestehen, die je nach Kombination die Funktion von Frequenzfiltern und/oder Passschaltungen haben.

8.1 RC-Reihenschaltung und Parallelschaltung

In Kapitel 7 haben Sie gesehen, dass ein Kondensator an Wechselspannung einen frequenzabhängigen Widerstand darstellt. Der Widerstand wird als Blindwiderstand X_C bezeichnet.

$$X_C = \frac{1}{2\pi f C}$$

Des Weiteren haben Sie in Kapitel 7 erfahren, dass der Strom der Spannung am Kondensator um 90° voreilt.

8.1.1 RC-Reihenschaltung

Eine RC-Schaltung besteht aus einem Widerstand (englisch *Resistor*) und einem Kondensator (englisch *Capacitor*). Das Zeigerdiagramm einer RC-Reihenschaltung sehen Sie in Abbildung 8.1.

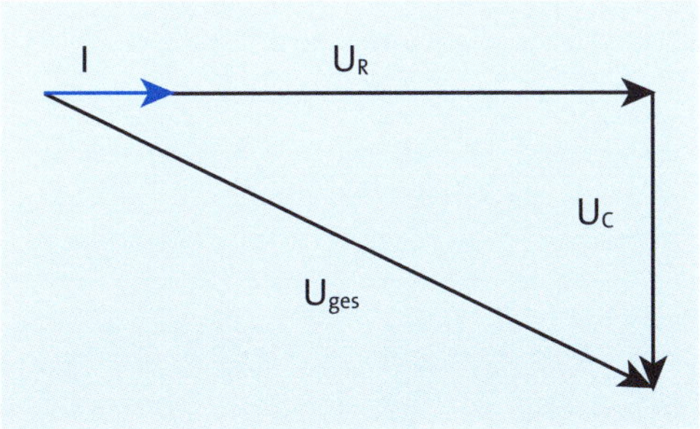

Abbildung 8.1 Zeigerdiagramm der Spannungen einer RC-Reihenschaltung

Das gleiche Verhalten wie die Spannungen zeigen auch die Widerstände (siehe Kapitel 4), da sich in einer Reihenschaltung die Spannungen proportional zu den Widerständen verhalten (siehe Abbildung 8.2).

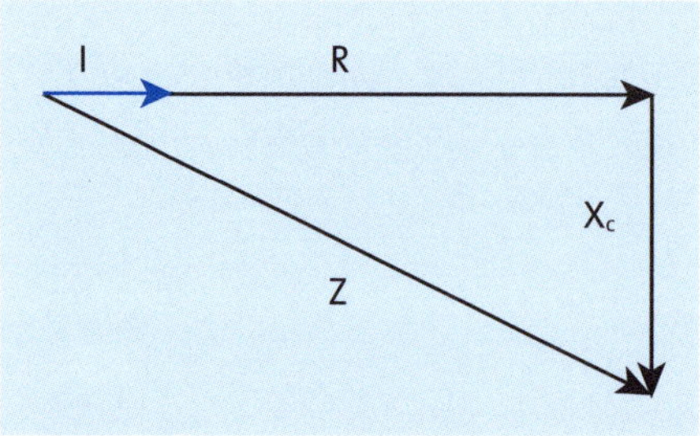

Abbildung 8.2 Zeigerdiagramm der Widerstände einer RC-Reihenschaltung

Die Leistung dieser Schaltung setzt sich aus der Summe den Einzelleistungen der einzelnen Bauelemente zusammen.

Am Wirkwiderstand R fällt die *Wirkleistung* P ab. P wird berechnet durch:

$$P = U_R I$$

Die Leistung am Blindwiderstand wird als *Blindleistung* Q bezeichnet. Dabei gilt:

[8.1] $$Q = U_C I$$

Die Einheit der Blindleistung ist Var, mit dem Einheitenzeichen var.

Die Gesamtleistung heißt *Scheinleistung* S und wird berechnet durch:

[8.2] $$S = U_{\text{ges}} I$$

Die Einheit der Scheinleistung ist VA. Die Einheiten der jeweiligen Leistungen dienen dazu, Wirk-, Blind- und Scheinleistungen voneinander zu unterscheiden, sodass Sie schon wissen, welche Leistung gemeint ist, wenn Sie die Einheit lesen.

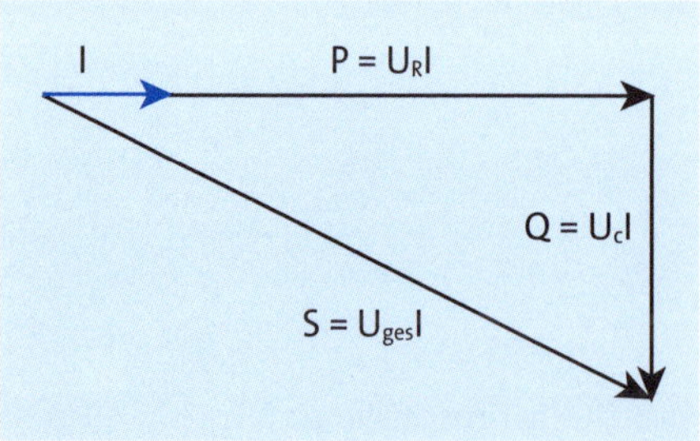

Abbildung 8.3 Zeigerdiagramm der Leistungen einer RC-Reihenschaltung

Da die Spannungen zum Strom eine Phasenverschiebung aufweisen, gilt dies natürlich auch für die Leistungen (siehe Abbildung 8.3).

Es gilt:

$$S = \sqrt{P^2 + Q^2}$$

Beispiel

Ein Lötkolben hat an 230 V, 50 Hz eine Leistung von 100 W. Durch Vorschalten eines Kondensators soll die Leistung in den Lötpausen auf ¾ der ursprünglichen Leistung herabgesetzt werden.

Skizzieren Sie die Schaltung wie in Abbildung 8.4. Bestimmen Sie die Kapazität des Kondensators und die Spannung am Lötkolben in den Pausen.

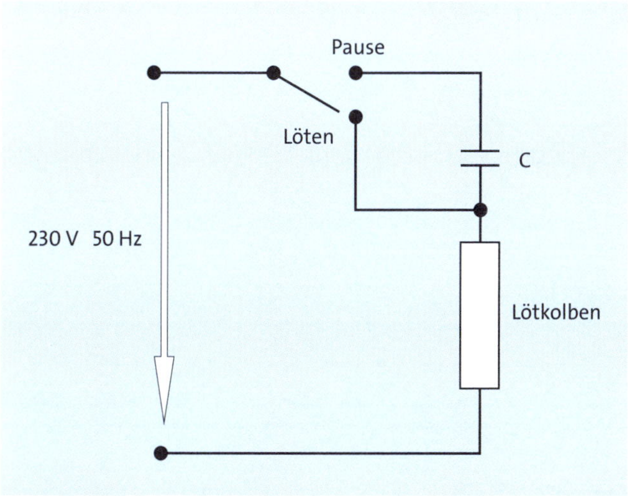

Abbildung 8.4 Mögliche Schaltung zur Herabsetzung der Leistung in den Lötpausen

Die beiden konstanten Größen in dieser Schaltung sind der Widerstand des Lötkolbens R und die Netzspannung U_{ges}.

Ohne Kondensator

Der Widerstand des Lötkolbens beträgt:

$$P = UI = \frac{U^2}{R} = 100\ \text{W} = S \Leftrightarrow R = \frac{U^2}{P} = \frac{(230\ \text{V})^2}{100\ \text{W}} = 529\ \Omega$$

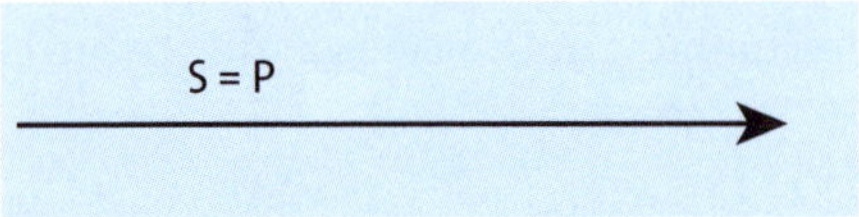

Abbildung 8.5 Da keine Blindleistung vorhanden ist, entspricht die Gesamtleistung S der Wirkleistung P.

Mit Kondensator

Durch Zuschalten des Kondensators soll sich die Wirkleistung von 100 W auf 75 W ändern. Also beträgt die Spannung am Lötkolben dann:

$$U_R = \sqrt{RP} = \sqrt{529\,\Omega \cdot 75\,\mathrm{W}} = 199{,}2\,\mathrm{V}$$

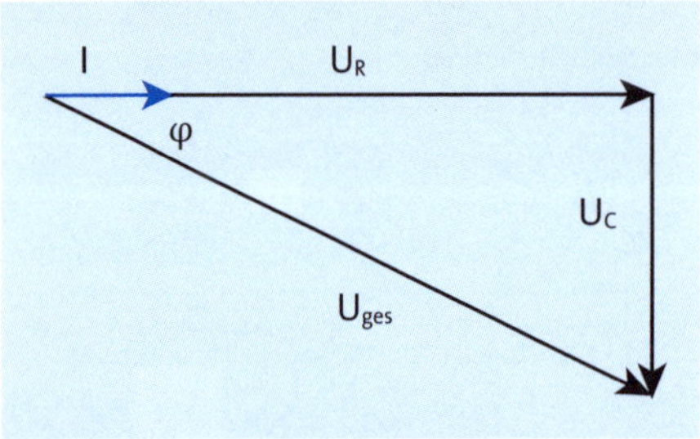

Abbildung 8.6 Zeigerdiagramm der Spannungen mit zugeschaltetem Kondensator

Der Phasenverschiebungswinkel ist:

$$\cos\varphi = \frac{199{,}2\,\mathrm{V}}{230\,\mathrm{V}} \Longrightarrow \varphi = 30°$$

Somit beträgt X_C:

$$X_C = R \cdot \tan 30° = 529\,\Omega \cdot \tan 30° = 305\,\Omega$$

Nun muss die Kapazität bestimmt werden:

$$C = \frac{1}{2\pi f X_C}$$

$$= \frac{1}{2\pi \cdot 50\,\mathrm{Hz} \cdot 305\Omega} = 10{,}4\,\mu\mathrm{F}$$

und

$$U_C = U_{\text{ges}} \cdot \sin\varphi$$
$$= 230\ \text{V} \cdot \sin 30° = 115\ \text{V}$$

Durch Zuschalten des Kondensators wurde also die Wirkleistung verringert. Wie kann das praktisch genutzt werden?

Die Verminderung der Wirkleistung bedeutet weniger Kosten, denn die Stromzähler zählen in Privathaushalten, zumindest wenn es noch kein digitaler Zähler ist, nur die Wirkleistung und nicht die Blindleistung. In der Industrie, wo große Anteile an Blindleistung entstehen, fallen für die Blindleistung in der Regel Kosten an.

Frequenzabhängiges Verhalten einer RC-Reihenschaltung

Das Widerstandsverhalten eines Kondensators bei unterschiedlicher Frequenz sehen Sie in Abbildung 8.7. Dort können Sie sehen, dass der Widerstand mit steigender Frequenz sinkt.

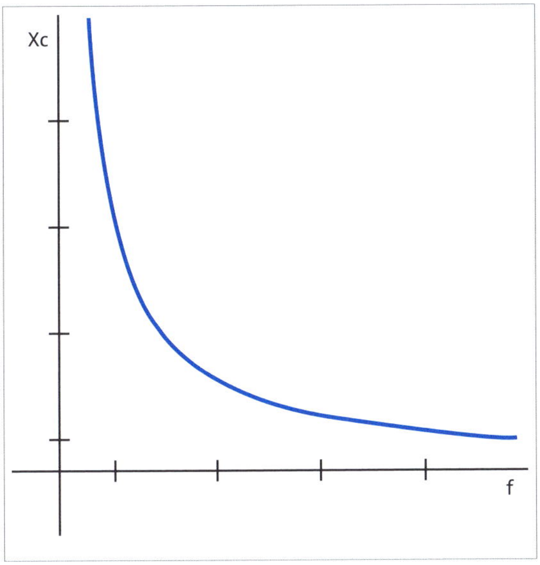

Abbildung 8.7 Verhalten des Blindwiderstandes eines Kondensators bei Veränderung der Frequenz

In Abbildung 8.8 sehen Sie eine Reihenschaltung aus einem Widerstand und einem Kondensator.

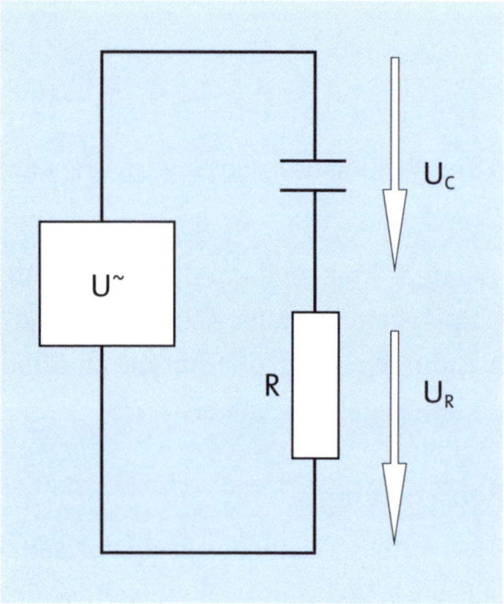

Abbildung 8.8 RC-Reihenschaltung an einer Wechselspannungsquelle

Die Spannung U teilt sich auf die beiden Widerstände auf, denn es handelt sich um eine Reihenschaltung. Die Addition von U_R und U_C erfolgt aber nicht linear, sondern geometrisch:

$$U = \sqrt{{U_R}^2 + {U_C}^2}$$

Sie können sich die Aufteilung der Spannungen so vorstellen, wie in Abbildung 8.9 gezeigt.

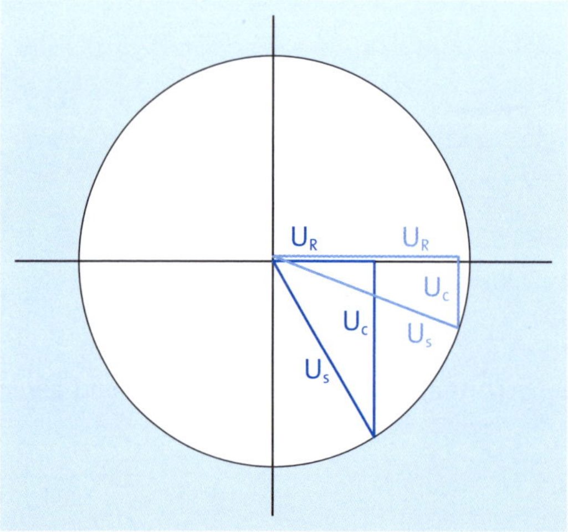

Abbildung 8.9 Verhalten der Spannungen bei unterschiedlichen Frequenzen

Die Gesamtspannung U bleibt konstant, denn sie wird von außen an die Schaltung angelegt und stellt den Radius des Kreises dar, und die Teilspannungen U_R und U_C variieren je nach Frequenz.

Bei einer Eingangsspannung mit konstanter Amplitude U heißt das, dass U_R sinkt, wenn U_C steigt und umgekehrt.

Das Verhalten von U_R ist also U_C entgegengesetzt.

$$U_C = I \cdot X_C = \frac{I}{2\pi f C}$$

$$U_R = \sqrt{U^2 - \left(\frac{I}{2\pi f C}\right)^2}$$

Ist die Frequenz sehr niedrig, so fällt fast die gesamte Spannung U am Kondensator ab. Wenn die Frequenz sehr hoch ist, liegt am Widerstand fast die gesamte Spannung an.

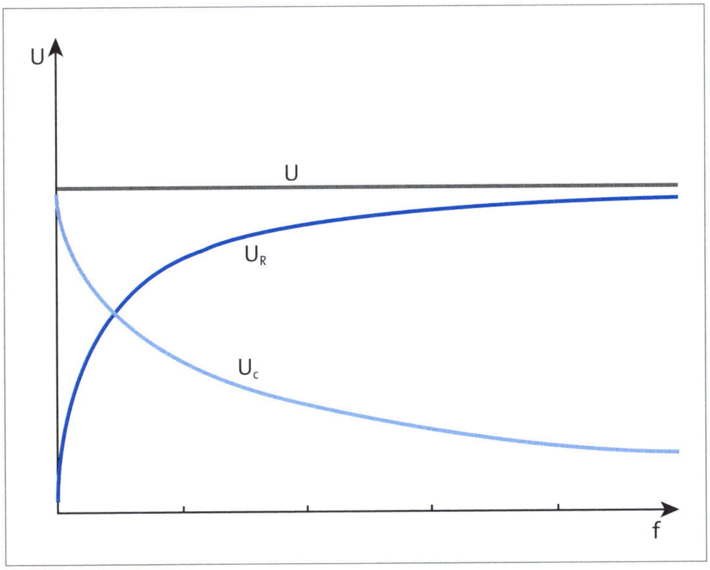

Abbildung 8.10 Verhalten von U_R und U_C in Abhängigkeit von der Frequenz

Betrachten Sie den Schnittpunkt der beiden Spannungen in Abbildung 8.10.

Bei Frequenzen, die unterhalb des Schnittpunktes liegen, liegt an X_C die größere Spannung an und bei Frequenzen oberhalb des Schnittpunktes ist die Spannung U_R größer als U_C.

Am Schnittpunkt sind die Spannungen gleich groß und natürlich auch die Widerstände:

$$U_R = U_C \Leftrightarrow IR = \frac{I}{2\pi f C} \Leftrightarrow R = \frac{1}{2\pi f C} = X_C \dots$$

Bis hier haben wir gezeigt, dass die Widerstände R und X_C gleich groß sind:

$$\dots \Leftrightarrow f = \frac{1}{2\pi RC}$$

Dies ist die Frequenz, bei der die Widerstände gleich groß sind.

Diese Frequenz wird als *Grenzfrequenz* f_g bezeichnet:

[8.3] $$f_g = \frac{1}{2\pi RC}$$

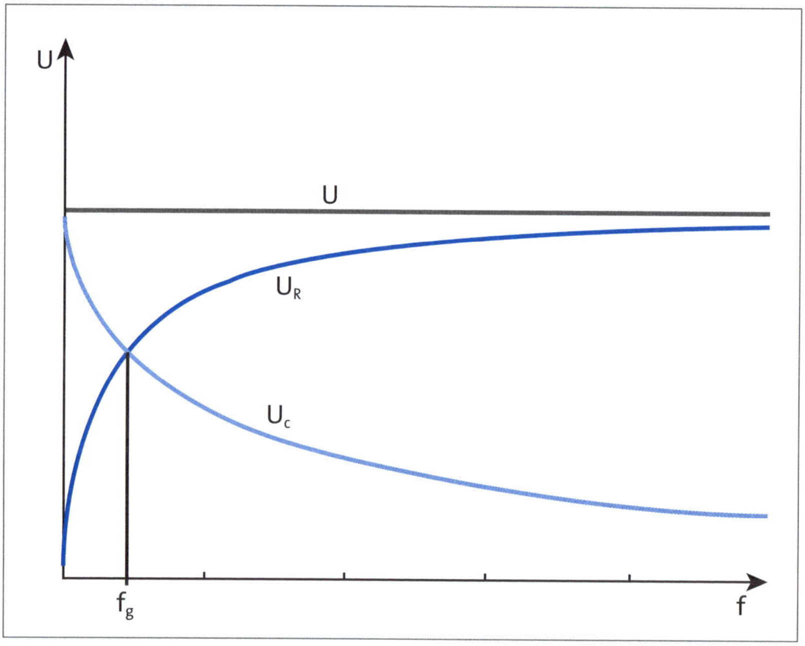

Abbildung 8.11 Die Grenzfrequenz ist die Frequenz, bei der die Spannungen an den Widerständen gleich groß sind, also auch die Widerstände gleich groß sind.

Da sich die Gesamtspannung nicht linear aus den Teilspannungen zusammensetzt, kann man nicht behaupten, dass bei Grenzfrequenz die Gesamtspannung halbiert wird, obwohl die Teilspannungen gleich groß sind.

Das Spannungsverhältnis sieht folgendermaßen aus:

$$\frac{U_R}{U} = \frac{R}{Z} = \frac{R}{\sqrt{R^2 + {X_C}^2}} = \frac{R}{\sqrt{R^2 + R^2}} = \frac{1}{\sqrt{2}}$$

$$\frac{U_C}{U} = \frac{X_C}{Z} = \frac{X_C}{\sqrt{R^2 + {X_C}^2}} = \frac{X_C}{\sqrt{{X_C}^2 + {X_C}^2}} = \frac{1}{\sqrt{2}}$$

Die jeweiligen Teilspannungen betragen also bei Grenzfrequenz das $\frac{1}{\sqrt{2}}$-Fache oder 70,7 % der Gesamtspannung.

Das Verhalten von RC-Reihenschaltungen kann natürlich mithilfe der komplexen Zahlen dargestellt werden. Um die komplexen Größen von den reellen Größen zu unterscheiden, wird die komplexe Größe hier unterstrichen.

Der Ohm'sche Widerstand stellt den Realteil und der Kondensator den Imaginärteil dar.

Der Gesamtwiderstand setzt sich dann aus $\underline{Z} = R - \mathrm{j}X_C$ zusammen, denn X_C wird im Zeigerdiagramm und in der komplexen Ebene in die $-$j-Richtung gezeichnet.

Dieser Zusammenhang kann aber auch noch anders dargestellt werden:

Betrachten Sie X_C als komplexe Zahl in Polardarstellung, und formen Sie diese ein wenig um:

$$\underline{X_C} = X_C \cdot e^{-\mathrm{j}\,90^\circ} = \frac{1}{2\pi f C} \cdot e^{-\mathrm{j}\,90^\circ} = \frac{1}{2\pi f C \cdot e^{\mathrm{j}\,90^\circ}}$$

$$= \frac{1}{2\pi f C(\cos 90^\circ + \mathrm{j} \sin 90^\circ)} = \frac{1}{j2\pi f C}$$

$\underline{R} = R,$ da R rein reell ist.

Als komplexe Zahl betrachtet, setzt sich $\underline{Z}$ aus der Summe von $\underline{R}$ und $\underline{X_C} = \frac{1}{\mathrm{j}2\pi f C}$ zusammen.

Also gilt:

$$\underline{Z} = R + \frac{1}{\mathrm{j}2\pi f C}$$

Die Zahl soll nun auf die bekannte Form $a + \mathrm{j}b$ gebracht werden, damit die Form einer komplexen Zahl besser erkennbar ist.

Der Bruch wird nun mit $\frac{\mathrm{j}}{\mathrm{j}}$ erweitert:

$$\underline{Z} = R + \frac{1}{\mathrm{j}2\pi fC} = R + \frac{\mathrm{j}}{\mathrm{j}^2 2\pi fC}$$

$$\mathrm{j}^2 = -1$$

$$\underline{Z} = R - \mathrm{j}\frac{1}{2\pi fC} = R - \mathrm{j}X_C$$

Somit ist Z eine komplexe Zahl mit dem Realteil R und dem Imaginärteil $-X_C$.

Für die Spannungen gilt analog:

$$\underline{U} = U_R - \mathrm{j}U_C$$

Beispiel

Eine Reihenschaltung aus einem Widerstand $R = 10\ \Omega$ und einem Kondensator $C = 1\ \mathrm{mF}$ wird an eine Spannung $U = 10\ \mathrm{V}, f = 100\ \mathrm{Hz}$ angeschlossen.

Berechnen Sie mithilfe der komplexen Zahlen die Spannung am Widerstand:

$$X_C = \frac{1}{2\pi fC} = \frac{1}{2\pi \cdot 100\ \mathrm{Hz} \cdot 1\ \mathrm{mF}} = 1{,}59\ \Omega$$

$$\tan\varphi = \frac{X_C}{R} = \frac{1{,}59}{10} = 0{,}159$$

$$\varphi = 9°$$

$$\underline{Z} = R - \mathrm{j}X_C = 10\ \Omega - \mathrm{j}1{,}59\ \Omega = \sqrt{(10\ \Omega)^2 + (1{,}59\ \Omega)^2} \cdot e^{-\mathrm{j}\,9°} = 10{,}13\ \Omega \cdot e^{-\mathrm{j}\,9°}$$

$$\underline{U} = 10\ \mathrm{V} \cdot e^{-\mathrm{j}\,9°}$$

$$U_R = \frac{\underline{\underline{RU}}}{\underline{Z}} = \frac{10\ \Omega \cdot 10\ \mathrm{V} \cdot e^{-\mathrm{j}\,9°}}{10{,}13\ \Omega \cdot e^{-\mathrm{j}\,9°}} = 9{,}87\ \mathrm{V}$$

8.1.2 RC-Hochpass

In Abschnitt 8.1.1 haben Sie gesehen, dass in einer Reihenschaltung aus einem Widerstand und einem Kondensator die Spannung, die an den Bauteilen abfällt, von der Frequenz der Eingangsspannung abhängt.

Betrachten Sie nun die Spannung am Widerstand, so ist sie für Frequenzen oberhalb der Grenzfrequenz größer als die Spannung am Kondensator (siehe Abbildung 8.12).

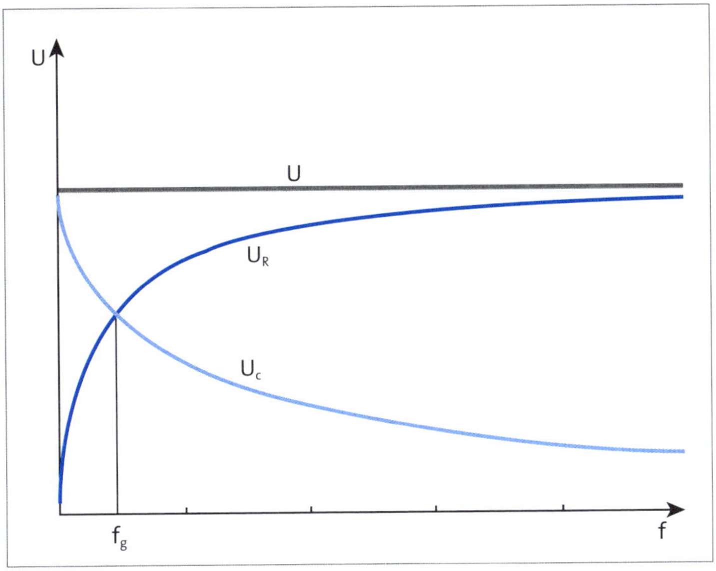

Abbildung 8.12 Oberhalb der Grenzfrequenz f_g ist die Spannung am Widerstand größer als die Spannung am Kondensator.

Beispiel

Eine Reihenschaltung aus einem Widerstand von $R = 4{,}7\ \text{k}\Omega$ und einem Kondensator mit $C = 6{,}8\ \text{nF}$ liegt an einer Spannung von $U = 6\ \text{V}$. Die Frequenz f der Spannung beträgt a) 6 kHz, b) 10 kHz.

Wie groß ist die am Widerstand gemessene Spannung?

Lösung a)

$f = 6\ \text{kHz}$

$$X_C = \frac{1}{2\pi \cdot 6\ \text{kHz} \cdot 6{,}8\ \text{nF}} = \frac{1}{2\pi \cdot 6 \cdot 10^3\ \frac{1}{\text{s}} \cdot 6{,}8 \cdot 10^{-9}\ \frac{\text{As}}{\text{V}}}$$
$$= 3{,}9\ \text{k}\Omega$$

$$Z = \sqrt{(4{,}7\ \text{k}\Omega\ )^2 + (3{,}9\ \text{k}\Omega)^2} = 6{,}1\ \text{k}\Omega$$

$$\frac{U_R}{U} = \frac{R}{Z}$$

$$U_R = \frac{RU}{Z} = \frac{4{,}7\ \text{k}\Omega \cdot 6\ \text{V}}{6{,}1\ \text{k}\Omega} = 4{,}62\ \text{V}$$

Lösung b)

$$f = 10\ \text{kHz}$$

$$X_C = \frac{1}{2\pi \cdot 10\ \text{kHz} \cdot 6{,}8\ \text{nF}} = \frac{1}{2\pi \cdot 10 \cdot 10^3\ \frac{1}{\text{s}} \cdot 6{,}8 \cdot 10^{-9}\ \frac{\text{As}}{\text{V}}}$$

$$= 2{,}34\ \text{k}\Omega$$

$$Z = \sqrt{(4{,}7\ \text{k}\Omega)^2 + (2{,}34\ \text{k}\Omega)^2} = 5{,}25\ \text{k}\Omega$$

$$\frac{U_R}{U} = \frac{R}{Z}$$

$$U_R = \frac{RU}{Z} = \frac{4{,}7\ \text{k}\Omega \cdot 6\ \text{V}}{5{,}25\ \text{k}\Omega} = 5{,}37\ \text{V}$$

Da bei dieser Schaltung die Spannung am Widerstand bei hohen Frequenzen (oberhalb der Grenzfrequenz) im Verhältnis zur Gesamtspannung kaum verringert wird, können diese Frequenzen die Schaltung mit wenig Verlusten passieren. Daher wird so eine Schaltung *Hochpass* genannt. Die schematische Darstellung sehen Sie in Abbildung 8.13.

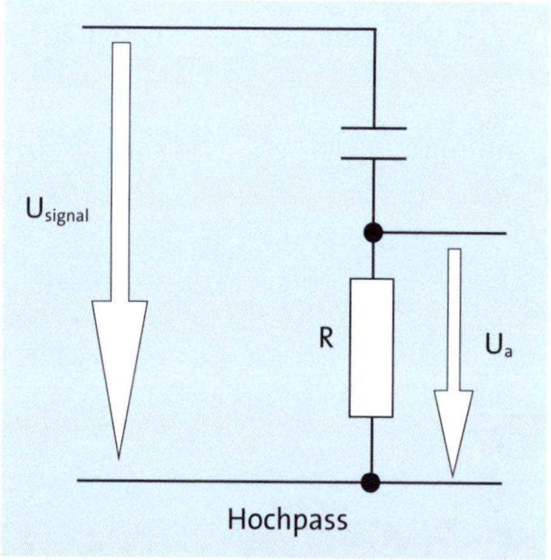

Abbildung 8.13 Von der Eingangsspannung (Signalspannung) werden nur Spannungen mit hoher Frequenz (oberhalb der Grenzfrequenz) am Widerstand mit hoher Amplitude anliegen.

8.1.3 RC-Tiefpass

Betrachten Sie nun dieselbe Schaltung mit Augenmerk auf der Spannung am Kondensator, so sehen Sie genau das entgegengesetzte Verhalten:

Spannungen unterhalb der Grenzfrequenz werden mit wenig Verlusten übertragen und Spannungen mit hohen Frequenzen werden verringert.

Auf die Spannung am Kondensator bezogen, wird eine RC-Reihenschaltung als *Tiefpass* bezeichnet.

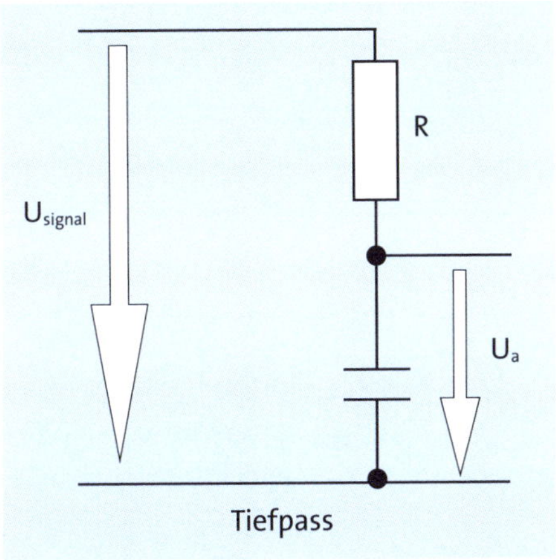

Abbildung 8.14 Von der Eingangsspannung (Signalspannung) werden nur Spannungen mit niedriger Frequenz (unterhalb der Grenzfrequenz) am Kondensator mit hoher Amplitude anliegen.

Der schaltungstechnische Unterschied zwischen Hoch- und Tiefpass ist das Bauteil, an dem die Spannung U_a abgenommen wird: beim Tiefpass am Kondensator, beim Hochpass am Ohm'schen Widerstand.

Beispiel

Sie haben eine Spannung $U = 10$ V, die aus einem Frequenzgemisch von 10 Hz bis 9 kHz besteht, z. B. ein Musiksignal. Dieses Signal möchten Sie nun über einen Lautsprecher hörbar machen. Ein normaler Lautsprecher wird Ihnen vielleicht die mittleren Frequenzen um 1 kHz gut übertragen, aber die Höhen und Bässe werden Sie nicht vernünftig hören können, da der Lautsprecher mechanisch dazu nicht in der Lage ist.

Um möglichst alle Frequenzen hörbar zu machen, bietet es sich an, mehrere Lautsprecher anzuschließen. Sie haben zwei zur Verfügung: Lautsprecher 1, der Frequenzen von 80 Hz bis 1 kHz überträgt, und Lautsprecher 2, der 800 Hz bis 8 kHz überträgt.

Sie entscheiden, dass die Frequenzen unterhalb von 900 Hz über Lautsprecher 1 und die Frequenzen oberhalb von 900 Hz über Lautsprecher 2 übertragen werden sollen.

Sie haben damit die Grenzfrequenz auf 900 Hz gesetzt.

Sie wollen nun eine Schaltung aufbauen, die aus einem Hochpass für die Frequenzen über 900 Hz und einem Tiefpass für die Frequenzen unter 900 Hz besteht. Diese Schaltung wird auch als *Frequenzweiche* bezeichnet (siehe Abbildung 8.15).

Wie sieht die Schaltung aus?

Wie groß muss der Kondensator sein, wenn ihr Ohm'scher Widerstand 1 kΩ beträgt?

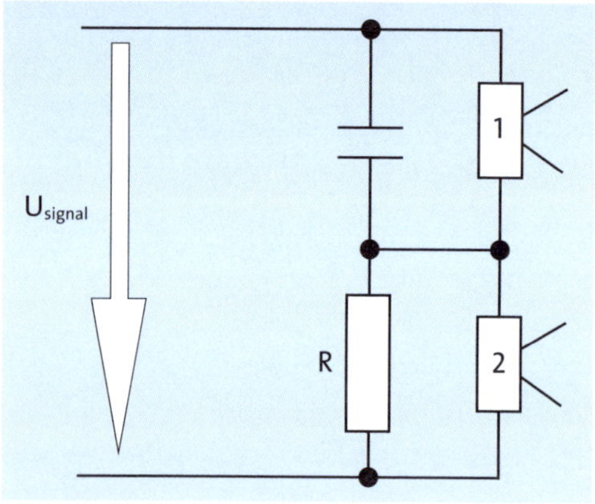

Abbildung 8.15 Frequenzweiche

$$f_g = \frac{1}{2\pi RC}$$

$$C = \frac{1}{2\pi f_g R}$$

Setzen Sie f_g in C ein und Sie erhalten:

$$C = \frac{1}{2\pi \cdot 900\ \mathrm{Hz} \cdot 1\ \mathrm{k\Omega}} = 177\ \mathrm{nF}$$

8.1.4 RC-Parallelschaltung

In einer Parallelschaltung (siehe Abbildung 8.16) existieren keine Teilspannungen, sondern Teilströme, wie Abbildung 8.17 zeigt.

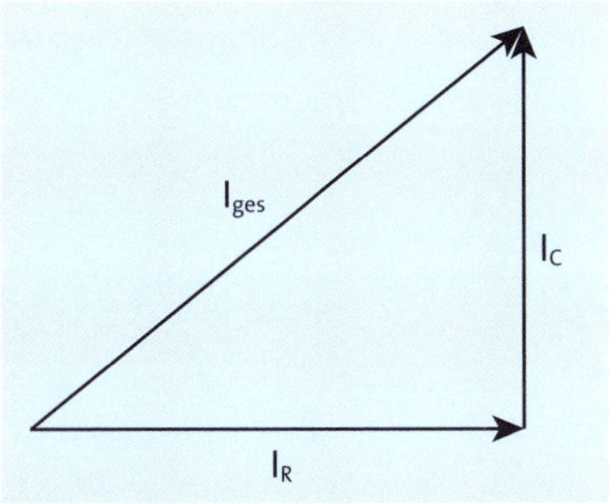

Abbildung 8.16 Zeigerdiagramm der Ströme in einer RC-Parallelschaltung

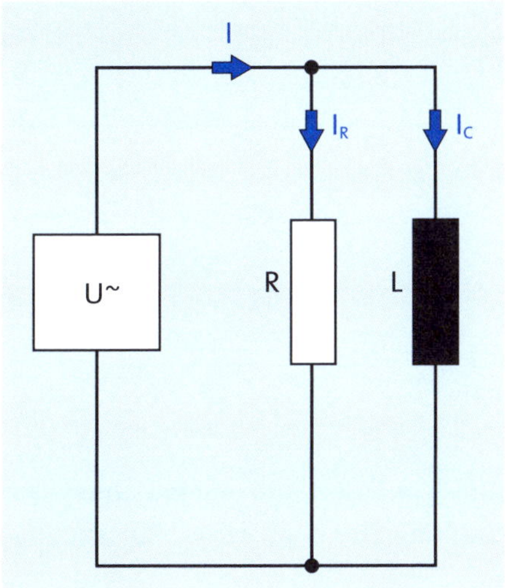

Abbildung 8.17 RC-Parallelschaltung an einer Wechselspannungsquelle

Hier gilt:

$$I_R = UG = \frac{U}{R}$$

$$I_C = UB_C = \frac{U}{X_C}$$

$$I_{\text{ges}} = \sqrt{{I_R}^2 + {I_C}^2} = U\sqrt{\left(\frac{1}{R}\right)^2 + \left(\frac{1}{X_C}\right)^2} = UY$$

Zur Erinnerung: G, B_C und Y sind die Leitwerte zu R, X_C und Z.

B_C, X_C, Y und Z sind frequenzabhängig.

Da der Gesamtstrom vom Scheinwiderstand bzw. Scheinleitwert abhängig ist, ist er auch frequenzabhängig (siehe Abbildung 8.18).

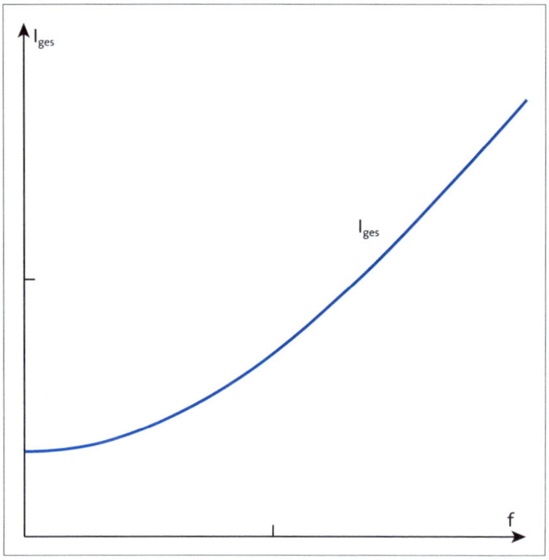

Abbildung 8.18 Verhalten des Gesamtstromes einer RC-Parallelschaltung in Abhängigkeit von der Frequenz

Beispiel

Eine Parallelschaltung, die aus einem Widerstand $R = 100\ \Omega$ und einem Kondensator $C = 0{,}1\ \mu F$ besteht, wird an eine Wechselspannung $U = 10\ V$, $f = 100\ kHz$ angeschlossen.

Wie groß ist der Gesamtstrom in dieser Schaltung?

$$X_C = \frac{1}{2\pi f C} = \frac{1}{2\pi \cdot 100\ \text{kHz} \cdot 0{,}1 \cdot 10^{-6}\text{F}} = 15{,}915\ \Omega$$

$$B_C = \frac{1}{X_C} = 62{,}8\ \text{mS}$$

$$G = \frac{1}{R} = \frac{1}{100\ \Omega} = 10\ \text{mS}$$

$$Y = \sqrt{G^2 + {B_C}^2} = \sqrt{(10\ \text{mS})^2 + (62{,}8\ \text{mS})^2} = 63{,}6\ \text{mS}$$

$$I = UY = 10\ \text{V} \cdot 63{,}6\ \text{mS} = 636\ \text{mA}$$

Nun ändern Sie die Frequenz auf 200 Hz. Wie groß ist der Strom dann?

$$X_C = \frac{1}{2\pi f C} = \frac{1}{2\pi \cdot 200\ \text{kHz} \cdot 0{,}1 \cdot 10^{-6}\ \text{F}} = 7{,}9575\ \Omega$$

$$B_C = \frac{1}{X_C} = 125{,}7\ \text{mS}$$

$$G = \frac{1}{R} = \frac{1}{100\ \Omega} = 10\ \text{mS}$$

$$Y = \sqrt{G^2 + {B_C}^2} = \sqrt{(10\ \text{mS})^2 + (125{,}7\ \text{mS})^2} = 126\ \text{mS}$$

$$I = UY = 10\ \text{V} \cdot 126\ \text{mS} = 1{,}26\ \text{A}$$

Mit steigender Frequenz steigt auch der Gesamtstrom. Nun betrachten wir die Teilströme.

Wie sieht das Verhalten oberhalb und unterhalb der Grenzfrequenz aus?

Bei Grenzfrequenz gilt:

$$R = X_C$$

Und für den Gesamtstrom gilt:

$$I_{\text{ges}} = \frac{U}{Z} = \sqrt{\left(\frac{U}{R}\right)^2 + \left(\frac{U}{2\pi f C}\right)^2}$$

Betrachten Sie nun den Strom durch den Kondensator mithilfe von $R = X_C$:

$$\Leftrightarrow I_{\text{ges}} = \frac{U}{Z} = \sqrt{\left(\frac{U}{R}\right)^2 + \left(\frac{U}{2\pi f C}\right)^2}$$

$$= \sqrt{\left(\frac{U}{2\pi f C}\right)^2 + \left(\frac{U}{2\pi f C}\right)^2} = \sqrt{2}\left(\frac{U}{2\pi f C}\right) = \sqrt{2} I_C$$

$$\Leftrightarrow \frac{I_C}{I_{\text{ges}}} = \frac{1}{\sqrt{2}} \Leftrightarrow I_C = \frac{I_{\text{ges}}}{\sqrt{2}}$$

Je höher die Frequenz ist, desto größer ist der Leitwert des Kondensators, also steigt der Strom auf der Kondensatorseite oberhalb der Grenzfrequenz auf über 70,7 % des Gesamtstroms an und unterhalb der Grenzfrequenz sinkt er entsprechend.

Während die *RC*-Reihenschaltung als frequenzabhängiger Spannungsteiler wirkt, stellt die Parallelschaltung einen frequenzabhängigen Stromteiler dar.

8.2 RL-Reihen- und Parallelschaltung

In diesem Abschnitt schauen wir uns die RL-Reihen- und Parallelschaltung an.

8.2.1 RL-Reihenschaltung

Eine RL-Reihenschaltung besteht aus einem Widerstand und einer Spule, die in Reihe geschaltet sind (siehe Abbildung 8.19).

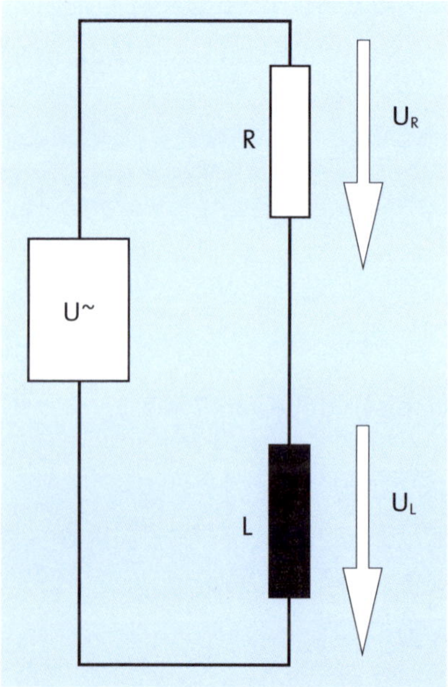

Abbildung 8.19 RL-Reihenschaltung an einer Wechselspannungsquelle

Die Zeigerdiagramme dieser Schaltung können Sie in Abbildung 8.20 und Abbildung 8.21 sehen.

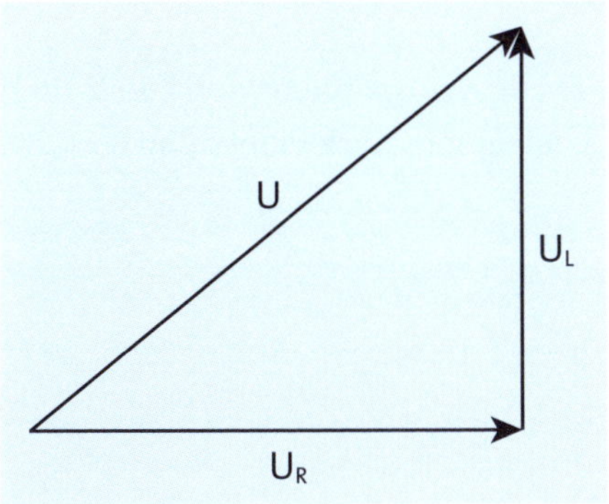

Abbildung 8.20 Spannungsdiagramm einer RL-Reihenschaltung

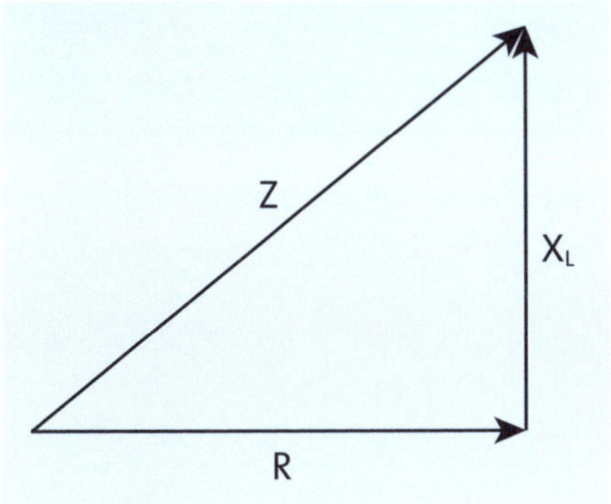

Abbildung 8.21 Impedanzdiagramm einer RL-Reihenschaltung

Es gelten hier die analogen Gesetzmäßigkeiten zur RC-Reihenschaltung:

$$Z = \sqrt{R^2 + {X_L}^2}$$

$$U = \sqrt{{U_R}^2 + {U_L}^2}$$

$$I = \frac{U}{Z} = \frac{U_R}{R} = \frac{U_L}{X_L}$$

$$U_C = I \cdot X_L = I \cdot 2\pi f L$$

$$U_R = \sqrt{U^2 - (I \cdot 2\pi f L)^2} = I \cdot R$$

$$\cos \varphi = \frac{U_R}{U}$$

Beispiele

Damit eine Lampe mit den Werten 100 V, 25 W an die Netzspannung von 230 V, 50 Hz angeschlossen werden kann, wird ihr eine Spule mit einem Wirkwiderstand $R = 30\ \Omega$ vorgeschaltet (siehe Abbildung 8.22).

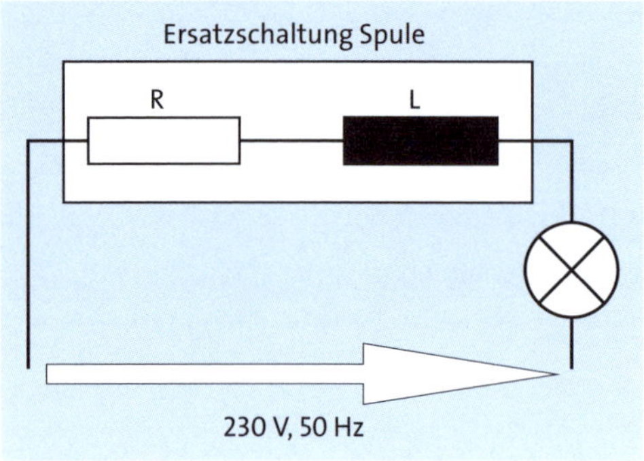

Abbildung 8.22 RC-Spannungsteiler

Berechnen Sie:

a) die Induktivität der Spule

b) die Wirkleistung

c) die Blindleistung

d) die Scheinleistung

Die Spule besteht aus einem Ohm'schen Anteil, der durch den Spulendraht gebildet wird, und aus einem induktiven Anteil. Zur Lampe sind keine Informationen über mögliche Induktivitäten vorhanden, also gehen wir davon aus, dass sie ein rein Ohm'scher Verbraucher ist.

Gegebene Größen:

$U = 230\ \text{V}, 50\ \text{Hz}$

$U_L = 100\ \text{V}$ (Spannung an der Lampe)

$P_L = 25\ \text{W}$ (Leistung der Lampe)

$R_S = 30\ \Omega$ (Ohm'scher Widerstand der Spule)

a) Der Ohm'sche Widerstand der Lampe beträgt (siehe Abbildung 8.23):

$$R_L = \frac{{U_L}^2}{P} = \frac{(100\ \text{V})^2}{25\ \text{W}} = 400\ \Omega$$

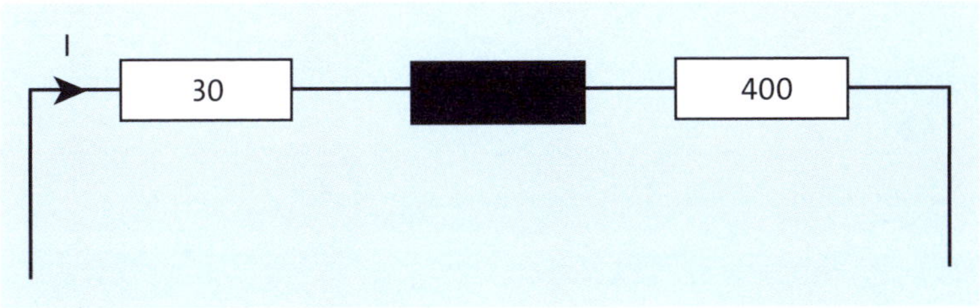

Abbildung 8.23 Die Ohm'schen Anteile setzen sich aus dem Ohm'schen Widerstand der Spule und der Lampe zusammen.

Die Spannung U_{RS}, die am Wirkwiderstand der Spule abfällt, kann mithilfe des Stromes berechnet werden. Da es sich hier um eine Reihenschaltung handelt, ist der Strom gleich dem Strom über die Lampe, also:

$$I = \frac{U_L}{R_L} = \frac{100\ \text{V}}{400\ \Omega} = 250\ \text{mA}$$

$$U_{RS} = R_S I = 30\ \Omega \cdot 0{,}5\ \text{A} = 7{,}5\ \text{V}$$

Die gesamte Spannung, die an den Ohm'schen Widerständen abfällt, beträgt

$$U_R = U_L + U_{RS} = 100\ \text{V} + 7{,}5\ \text{V} = 107{,}5\ \text{V},$$

denn die Spannung an der Lampe sollte 100 V betragen.

Die Spannung an der Spule beträgt dann:

$$U_S = \sqrt{(230\ \text{V})^2 - (107{,}5\ \text{V})^2} = 203{,}3\ \text{V}$$

Der Blindwiderstand der Spule beträgt:

$$X_S = \frac{U_S}{I} = \frac{203{,}3\ \text{V}}{0{,}25\ \text{A}} = 406{,}6\ \Omega$$

Damit kann nun die Induktivität der Spule berechnet werden:

$$X_S = 2\pi f L \Leftrightarrow L = \frac{X_S}{2\pi f} = \frac{813{,}3\ \Omega}{2\pi \cdot 50\ \text{Hz}} = 2{,}59\ \text{H}$$

b) $P = U_R I = 107{,}5\ \text{V} \cdot 0{,}25\ \text{A} = 26{,}9\ \text{W}$

c) $Q = U_S I = 203{,}3\ \text{V} \cdot 0{,}25\ \text{A} = 50{,}8\ \text{var}$

d) $S = UI = 230\ \text{V} \cdot 0{,}25\text{A} = 57{,}5\ \text{VA}$

Warum wird diese Schaltung so kompliziert gestaltet? Hätten zwei Widerstände in Reihe nicht auch ausgereicht?

Um an der Lampe eine Spannung von 100 V zu realisieren, müssten bei 230 V Eingangsspannung am Vorwiderstand 130 V abfallen und dieser hätte einen Widerstandswert von 520 Ω.

Die an diesem Widerstand abfallende Leistung beträgt dann:

$P = 32{,}5\ \mathrm{W}$

Diese Leistung wird in Wärme umgesetzt und muss letztendlich auch bezahlt werden, denn es handelt sich um Wirkleistung (siehe Kapitel 7). Setzt man hingegen eine Spule ein, so entsteht Blindleistung, die durch Zuschalten eines Kondensators wieder kompensiert werden kann, wie Sie es beim realen Schwingkreis in Kapitel 7 schon beobachten konnten. Die Wirkleistung, die am Ohm'schen Anteil der Spule abfällt, beträgt zwar auch 7,5 W und dadurch erwärmt sich die Spule, aber immerhin nur um ca. $^1/_4$ der Leistung, im Vergleich zur Lösung mit rein Ohm'schen Widerständen.

Betrachten Sie die Frequenzabhängigkeit der Widerstände in einer RL-Reihenschaltung, so sehen Sie das Verhalten aus Abbildung 8.24.

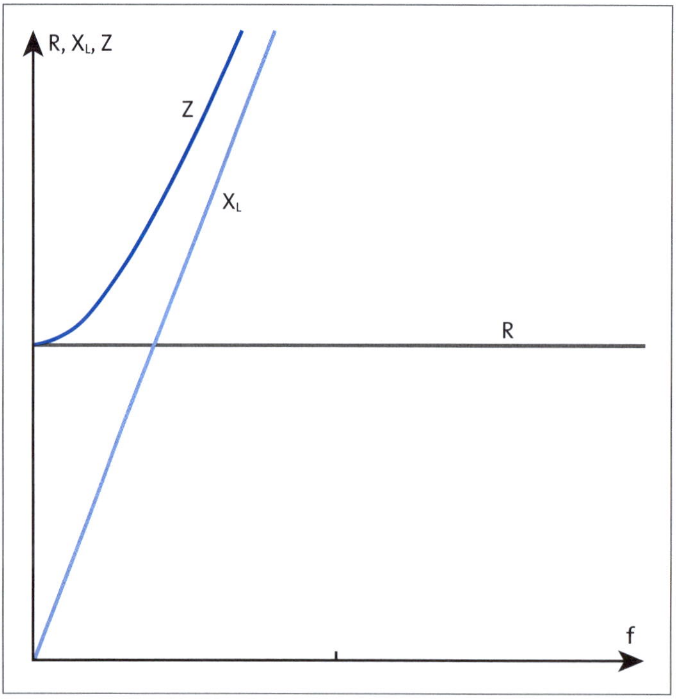

Abbildung 8.24 Verhalten von Wirk-, Blind- und Scheinwiderstand einer RL-Reihenschaltung in Abhängigkeit von der Frequenz

Im Gegensatz zum Kondensator steigt der Widerstand der Spule mit steigender Frequenz und somit steigt natürlich auch die Spannung an der Spule. Die Spannung am Widerstand wird sinken, denn:

$$U_R = \sqrt{U^2 - {U_L}^2}$$

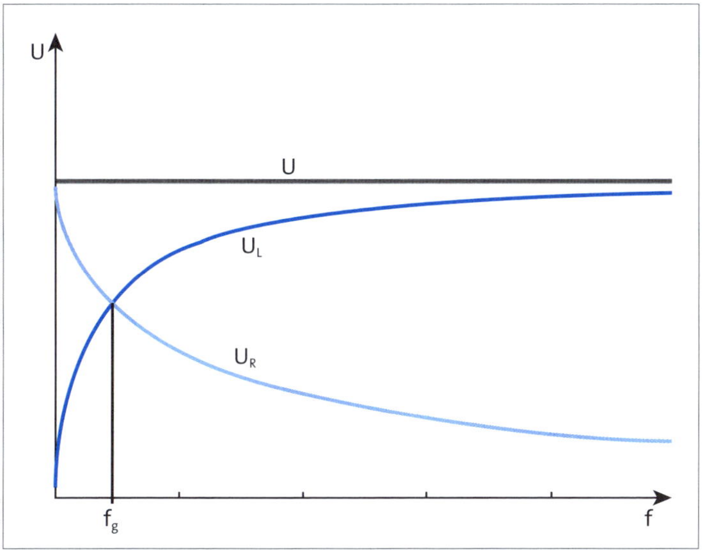

Abbildung 8.25 Verhalten der Spannungen einer RL-Reihenschaltung in Abhängigkeit von der Frequenz

Auch bei den Spannungen können Sie das entgegengesetzte Verhalten zu RC-Reihenschaltungen sehen (vgl. Abbildung 8.25).

Bei der RL-Reihenschaltung wird ebenfalls eine Grenzfrequenz definiert, und zwar ist das die Frequenz, bei der Wirk- und Blindwiderstand gleich groß sind:

$$R = X_L$$

Aus dieser Beziehung kann nun die Formel für die Grenzfrequenz einer RL-Schaltung abgeleitet werden:

$$R = X_L \Leftrightarrow R = 2\pi f L \Leftrightarrow f_g = \frac{R}{2\pi L} \qquad [8.4]$$

Hier gilt: Bei der Grenzfrequenz beträgt die Spannung an der Spule und am Widerstand das $\frac{1}{\sqrt{2}}$-fache oder 70,7 % der Gesamtspannung.

Die Impedanz und die Gesamtspannung von RL-Reihenschaltungen kann natürlich mithilfe der komplexen Zahlen dargestellt werden. Der Ohm'sche Widerstand stellt den Realteil dar, und der Blindwiderstand der Spule bildet den Imaginärteil.

Der Gesamtwiderstand setzt sich dann zusammen aus:

$$\underline{Z} = R + \mathrm{j}X_L$$

Für die Spannungen gilt analog:

$$\underline{U} = U_R + \mathrm{j}U_L$$

8.2.2 RL-Hochpass

Schalten Sie eine Spule und einen Widerstand in Reihe und betrachten Sie die Spannung an der Spule, so bildet diese Schaltung einen *Hochpass*. Da mit der steigenden Frequenz auch der Widerstand wächst, wird auch die Spannung an der Spule steigen.

Beispiel

Ein RL-Hochpass mit $R = 390\ \Omega$ und $L = 20$ mH liegt an $U = 3$ V, $f = 1$ kHz wie in Abbildung 8.26.

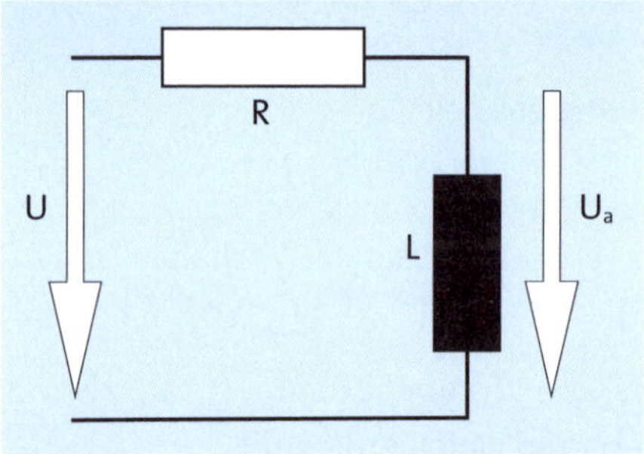

Abbildung 8.26 RL-Hochpass

Berechnen Sie das Verhältnis von U_a zu U bei:

a) 1 kHz

b) 500 Hz

c) der Grenzfrequenz

Zunächst wird die Impedanz berechnet, um dann über das Verhältnis der Widerstände auf die Spannungen schließen zu können:

a)

$$X_L = 2\pi f L = 2\pi \cdot 1\ \text{kHz} \cdot 20\ \text{mH} = 125{,}7\ \Omega$$

$$Z = \sqrt{R^2 + X_L{}^2} = \sqrt{(390\ \Omega)^2 + (125{,}7\ \Omega)^2} = 409{,}7\ \Omega$$

$$\frac{U_a}{U} = \frac{X_L}{Z} \Leftrightarrow U_a = \frac{UX_L}{Z} = \frac{3\ \text{V} \cdot 125{,}7\ \Omega}{409{,}7\ \Omega} = 0{,}92\ \text{V}$$

$$\frac{U_a}{U} = \frac{0{,}92\ \text{V}}{3\ \text{V}} = 0{,}307$$

b)

$$X_L = 2\pi f L = 2\pi \cdot 0{,}5\ \text{kHz} \cdot 20\ \text{mH} = 62{,}83\Omega$$

$$Z = \sqrt{R^2 + X_L{}^2} = \sqrt{(390\ \Omega)^2 + (62{,}83\ \Omega)^2} = 395\ \Omega$$

$$\frac{U_a}{U} = \frac{X_L}{Z} \Leftrightarrow U_a = \frac{UX_L}{Z} = \frac{3\ \text{V} \cdot 62{,}83\ \Omega}{395\ \Omega} = 0{,}48\ \text{V}$$

$$\frac{U_a}{U} = \frac{0{,}48\ \text{V}}{3\ \text{V}} = 0{,}16$$

c)

$$f_g = \frac{R}{2\pi L} = \frac{390\ \Omega}{2\pi \cdot 20\ \text{mH}} = 3103{,}5\ \text{Hz}$$

$$X_L = 2\pi f L = 2\pi \cdot 3103{,}5\ \text{Hz} \cdot 20\ \text{mH} = 390\ \Omega$$

(was zu erwarten war, denn $R = X_L$)

$$Z = \sqrt{R^2 + X_L{}^2} = \sqrt{2 \cdot (390\ \Omega)^2} = 551{,}5\ \Omega$$

$$\frac{U_a}{U} = \frac{X_L}{Z} \Leftrightarrow U_a = \frac{UX_L}{Z} = \frac{3\ \text{V} \cdot 390\ \Omega}{551{,}5\ \Omega} = 2{,}12\ \text{V}$$

$$\frac{U_a}{U} = \frac{2{,}12\ \text{V}}{3\ \text{V}} = 0{,}707$$

8.2.3 RL-Tiefpass

Bei einem RL-Tiefpass wird genauso wie beim Hochpass das entgegengesetzte Verhalten der Spannungen von Spule und Widerstand ausgenutzt. Wird die Spannung am Widerstand betrachtet, so sinkt sie mit steigender Frequenz. Unterhalb der Grenzfrequenz fällt aber am Widerstand die größere Spannung ab (siehe Abbildung 8.25).

Ein Beispiel sehen Sie in Abbildung 8.27.

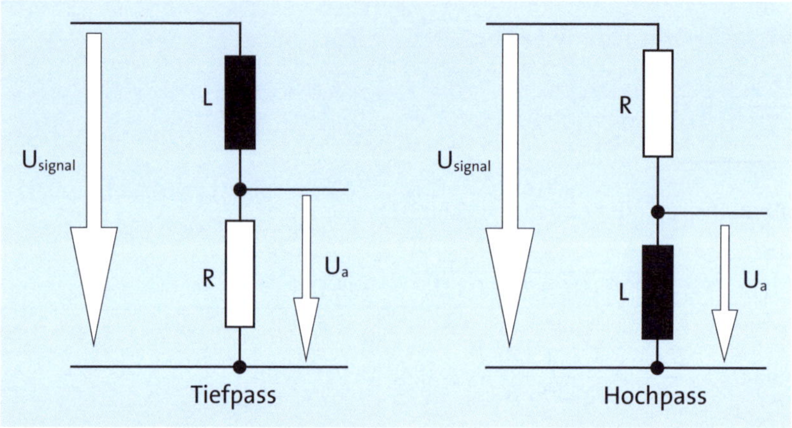

Abbildung 8.27 RL-Passschaltungen

8.2.4 RL-Parallelschaltung

In der RL-Parallelschaltung bilden die Ströme die veränderliche Größe. Das Strompfeildiagramm sehen Sie in Abbildung 8.28, die Schaltung in Abbildung 8.29.

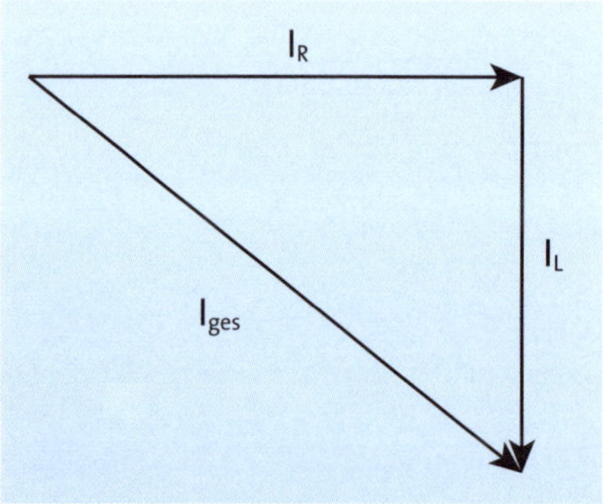

Abbildung 8.28 Zeigerdiagramm der Ströme in einer RL-Parallelschaltung

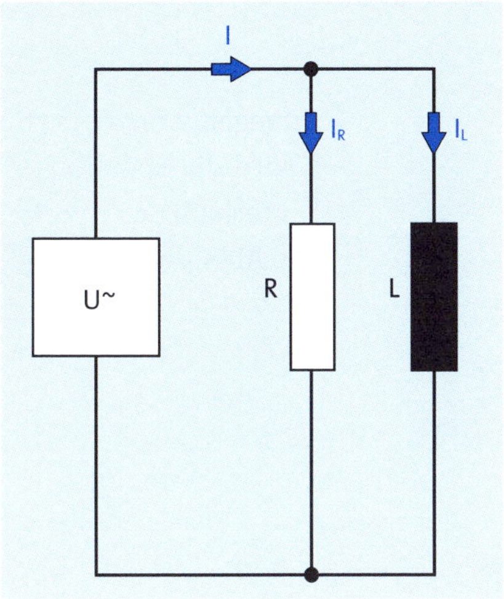

Abbildung 8.29 RL-Parallelschaltung an einer Wechselspannung

Hier gilt:

$$I_R = UG = \frac{U}{R}$$

$$I_L = UB_L = \frac{U}{X_L}$$

$$I_{\text{ges}} = \sqrt{{I_R}^2 + {I_L}^2} = U\sqrt{\left(\frac{1}{R}\right)^2 + \left(\frac{1}{X_L}\right)^2} = UY$$

Da der Gesamtstrom vom Gesamtwiderstand abhängig ist, ist er frequenzabhängig, denn Y und X_L hängen von der Frequenz ab.

Beispiel

Eine Induktivität von $L = 1{,}4$ H ist mit einem Wirkwiderstand von $R = 330\ \Omega$ parallel an $U = 230$ V, $f = 50$ Hz geschaltet.

Wie groß sind

a) der Wirkstrom,

b) der Blindstrom,

c) der Gesamtstrom,

d) der Phasenverschiebungswinkel und

e) das Verhältnis von I_L zu I_{ges} bei Grenzfrequenz?

a)

$$I_R = \frac{U}{R} = \frac{230\,\text{V}}{330\,\Omega} = 0{,}7\,\text{A}$$

b)

$$X_L = 2\pi f L = 2\pi \cdot 50\,\text{Hz} \cdot 1{,}4\,\text{H} = 439{,}82\,\Omega$$

$$I_L = \frac{U}{X_L} = \frac{230\,\text{V}}{440\,\Omega} = 0{,}52\,\text{A}$$

c)

$$I = \sqrt{{I_R}^2 + {I_L}^2} = \sqrt{(0{,}7\,\text{A})^2 + (0{,}523\,\text{A})^2} = 0{,}87\text{A}$$

d)

$$\tan(\varphi) = \frac{I_L}{I_W} = \frac{0{,}523\,\text{A}}{0{,}7\,\text{A}} = 0{,}747 \Rightarrow \varphi = 36{,}8°$$

e) Grenzfrequenz:

$$X_L = R$$

$$I_L = \frac{U}{X_L} = \frac{230\,\text{V}}{330\,\Omega} = 0{,}7\,\text{A}$$

$$I = \sqrt{{I_R}^2 + {I_L}^2} = \sqrt{(0{,}7\,\text{A})^2 + (0{,}7\,\text{A})^2} = 0{,}99\,\text{A}$$

$$\frac{I_L}{I} = \frac{0{,}7}{0{,}99} = 0{,}707$$

8.3 Allgemeine Eigenschaften von Hoch- und Tiefpassschaltungen

In diesem Abschnitt werden unterschiedliche Darstellungsformen der Filterfunktion von Passschaltungen betrachtet.

8.3.1 Bodediagramme

Mithilfe des Bodediagramms werden das Übertragungsverhältnis und die Abhängigkeit des Phasenverschiebungswinkels grafisch dargestellt.

Das typische Spannungsverhalten einer Passschaltung, hier eines Hochpasses, sehen Sie in Abbildung 8.30.

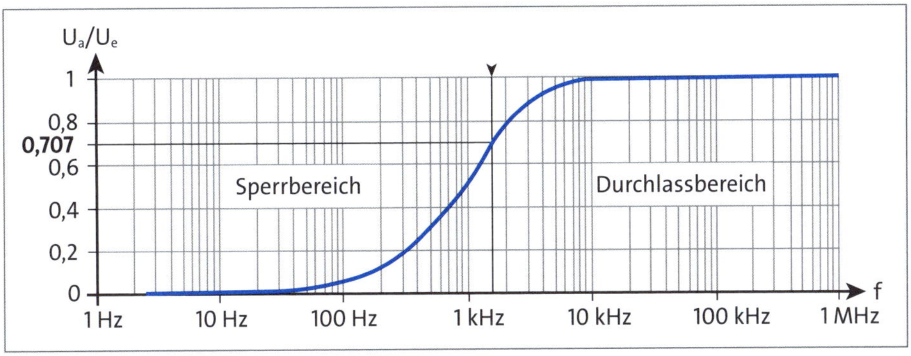

Abbildung 8.30 Damit ein möglichst großer Frequenzbereich erfasst wird, wird die Frequenz logarithmisch dargestellt.

Bei der Grenzfrequenz ist die Ausgangsspannung auf $\frac{1}{\sqrt{2}}$ bzw. 70,7 % der Eingangsspannung gesunken.

Die Spannungswerte der Ausgangsspannung können auch als *Pegel* angegeben werden. Ein Pegel ist der Logarithmus des Verhältnisses von Ausgangsgröße zu Eingangsgröße. In Abbildung 8.30 ist das Verhältnis von Ausgangsspannung zu Eingangsspannung auf der y-Achse abgetragen. Im Bereich kleiner Frequenzen können Sie Verhältnisunterschiede kaum noch ablesen.

Um auch diesen Bereich übersichtlich zu gestalten, wird die logarithmische Darstellung, der Pegel, gewählt.

Der Spannungspegel wird berechnet mithilfe von:

$$L = 20 \cdot \lg \frac{U_a}{U} \text{ dB} \qquad [8.5]$$

dB steht für Dezibel und ist die Einheit des Pegels. Es ist eine sogenannte Hilfseinheit, die einzig und allein kennzeichnet, dass es sich beim Pegel um $\frac{1}{10}$ des Logarithmus des jeweiligen Verhältnisses handelt.

Bei Grenzfrequenz beträgt also der Pegel:

$$L = 20 \cdot \lg 0{,}707 \text{ dB} = -3 \text{ dB}$$

Der Spannungspegel ist also um 3 dB gesunken.

Ordnet man nun dem Verhältnis von Ausgangsspannung zu Eingangsspannung jeweils den Pegel zu, so verändert sich die Darstellung der Kurve. Der Pegel ist auch ein Logarithmus, und daher haben Sie eine doppelt logarithmische Darstellung (sowohl auf der x- als auch auf der y-Achse wird der Logarithmus verwendet) und die Kurve zeigt ein annähernd lineares Verhalten (siehe Abbildung 8.31).

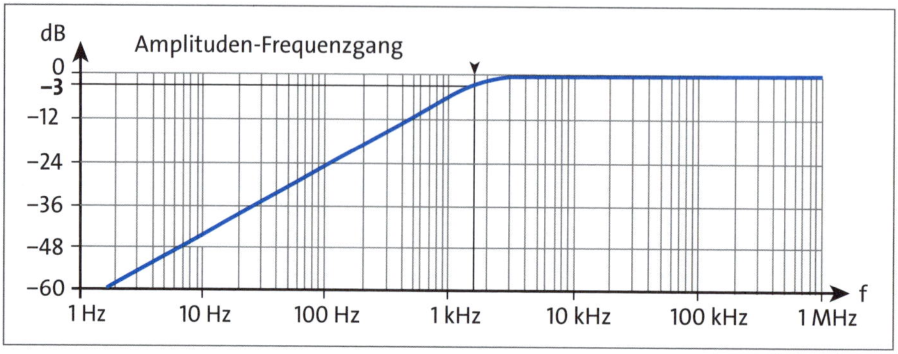

Abbildung 8.31 Amplituden-Frequenzgang des Bodediagramms; es stellt den Pegel des Amplitudenverhältnisses in Abhängigkeit von der Frequenz dar.

Charakteristisch für den Amplituden-Frequenzgang des Bodediagramms einer Passschaltung ist die Steigung im linearen Bereich der Kurve. Sie beträgt beim Hochpass unterhalb der Grenzfrequenz 20 dB pro Dekade.

Etwas oberhalb der Grenzfrequenz ändert sich der Pegel bei steigender Frequenz kaum noch, die Kurve ist annähernd eine Waagerechte. Das heißt, die Frequenzen oberhalb der Grenzfrequenz werden mit einem Pegel von annähernd 0 dB, also ohne Abschwächung, übertragen.

Schauen Sie sich hierzu noch einmal das Beispiel des Hochpasses am Anfang dieses Kapitels an: Eine Reihenschaltung aus einem Widerstand von $R = 4{,}7\ \text{k}\Omega$ und einem Kondensator mit $C = 6{,}8\ \text{nF}$ liegen an einer Spannung von $U = 6\ \text{V}$. Die Frequenz der Spannung beträgt a) 6 kHz, b) 10 kHz.

Wie groß ist die am Widerstand gemessene Spannung?

Die Ergebnisse lauten:

a)

$$U_R = \frac{RU}{Z} = \frac{4{,}7\ \text{k}\Omega \cdot 6\ \text{V}}{6{,}1\ \text{k}\Omega} = 4{,}62\ \text{V}$$

b)

$$U_R = \frac{RU}{Z} = \frac{4{,}7\ \text{k}\Omega \cdot 6\ \text{V}}{5{,}25\ \text{k}\Omega} = 5{,}37\ \text{V}$$

Die Grenzfrequenz liegt bei:

$$f_g = \frac{1}{2\pi RC} = \frac{1}{2\pi \cdot 4{,}7\ \text{k}\Omega \cdot 6{,}8\ \text{nF}} = 4{,}98\ \text{kHz}$$

Die jeweiligen Pegel betragen:

$$L_{6\text{kHz}} = 20 \cdot \lg\left(\frac{4{,}62\ \text{V}}{6\ \text{V}}\right) = -2{,}3\ \text{dB}$$

$$L_{10\text{kHz}} = 20 \cdot \lg\left(\frac{5{,}37\ \text{V}}{6\ \text{V}}\right) = -0{,}96\ \text{dB}$$

Sie befinden sich hier also im gekrümmten Bereich der Kurve, da die Pegel stark voneinander abweichen.

Wählen Sie die Frequenzen höher, z. B. 25 kHz und 30 kHz, so erhalten Sie:

$L_{25\text{kHz}} = -0{,}17\ \text{dB}$ und $L_{30\text{kHz}} = -0{,}12\ \text{dB}$

Der Unterschied der Pegel hat sich erheblich verringert. Steigen die Frequenzen weiter an, läuft der Pegel gegen 0 dB.

Nun schauen wir uns die Steigung der Kurve unterhalb der Grenzfrequenz an. Dazu wählen wir 1 kHz und 100 Hz, um den Abstand einer Dekade zu gewährleisten:

$L_{1\text{kHz}} = -14\ \text{dB}$

$L_{100\text{Hz}} = -34\ \ \text{dB}$

Da es sich unterhalb der Grenzfrequenz um eine Gerade handelt, ist die Steigung überall dort

$$\frac{20\ \text{dB}}{\text{Dekade}}$$

Das Verhalten des Phasenverschiebungswinkels ist ebenfalls von der Frequenz abhängig. Da bei Grenzfrequenz der Blindwiderstand genauso groß ist wie der Ohm'sche Widerstand, beträgt der Phasenverschiebungswinkel dort 45°, denn als Zeigerdiagramm zeigt sich ein gleichschenkliges Dreieck.

Diese beiden Diagramme zusammen werden *Bodediagramm* genannt. Für den Tiefpass können Sie ebenfalls ein Bodediagramm erstellen (siehe Abbildung 8.33).

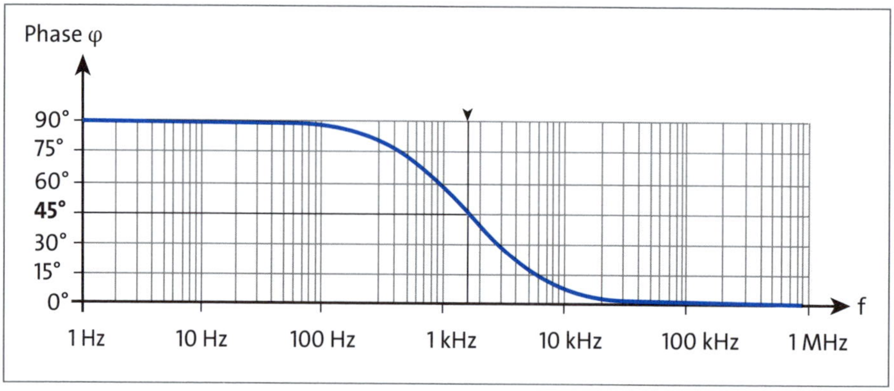

Abbildung 8.32 Phasengang des Bodediagramms

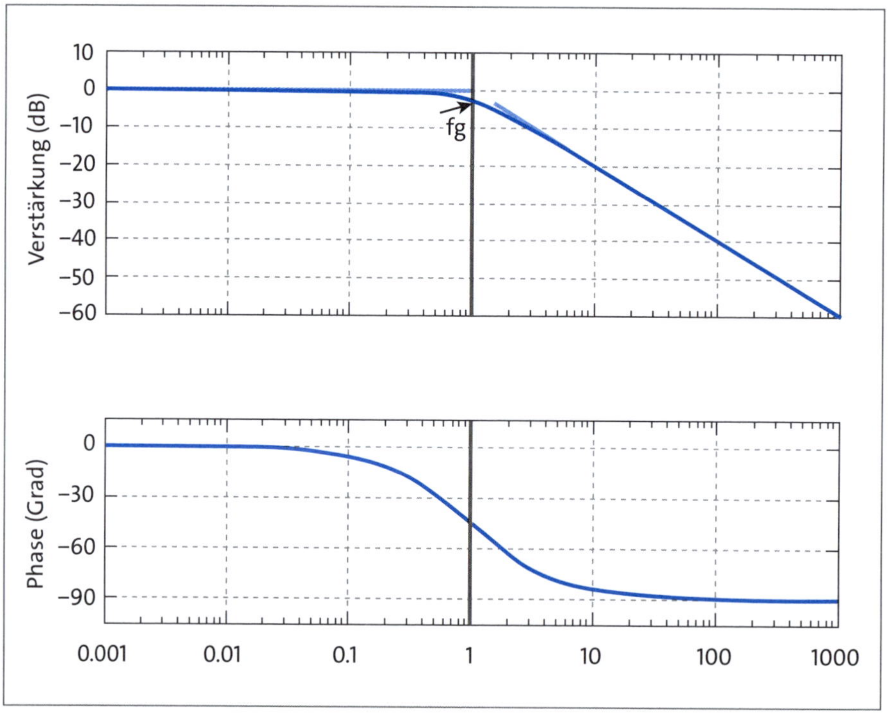

Abbildung 8.33 Bodediagramm eines Tiefpasses

Beim Tiefpass sinkt der Pegel oberhalb der Grenzfrequenz um –20 dB pro Dekade.

8.3.2 Ortskurven

Unter einer *Ortskurve* versteht man die grafische Darstellung der Impedanz Z im komplexen Koordinatensystem.

Dazu wird Z als komplexe Zahl mit einem Realteil R und einem Imaginärteil X für jede Frequenz in dieses System eingetragen.

Ein Beispiel einer Z-Ortskurve können Sie in Abbildung 8.34 betrachten.

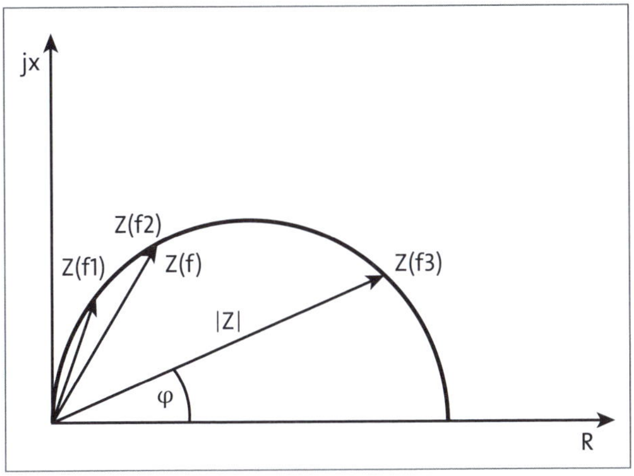

Abbildung 8.34 Z-Ortskurve einer RL-Parallelschaltung. Die Länge der Pfeile stellt den Betrag von Z dar und φ ist der Phasenverschiebungswinkel. Die schwarze Kurve stellt den Verlauf von Z bei steigender Frequenz dar.

Ortskurve einer RC-Reihenschaltung

Erstellen Sie die Ortskurve einer RC-Reihenschaltung mit $R = 100\ \Omega$, $C = 100\ \mu\text{F}$.

Zunächst müssen Sie den Real- und Imaginärteil von Z für den gewünschten Frequenzbereich berechnen.

$$Z = R - \mathrm{j}X_C$$

f in Hz	R in Ω	X_C in Ω
0	100	∞
10	100	159,15
20	100	79,58
30	100	53,05
40	100	39,79

f in Hz	R in Ω	X_C in Ω
50	100	31,83
60	100	26,54
70	100	22,74
80	100	19,9
90	100	17,68
100	100	15,92

Dann tragen Sie die Werte im Koordinatensystem ab.

Für $f \rightarrow \infty$ wird X_C zu null, denn die Frequenz steht in $X_C = \frac{1}{2\pi f C}$ im Nenner.

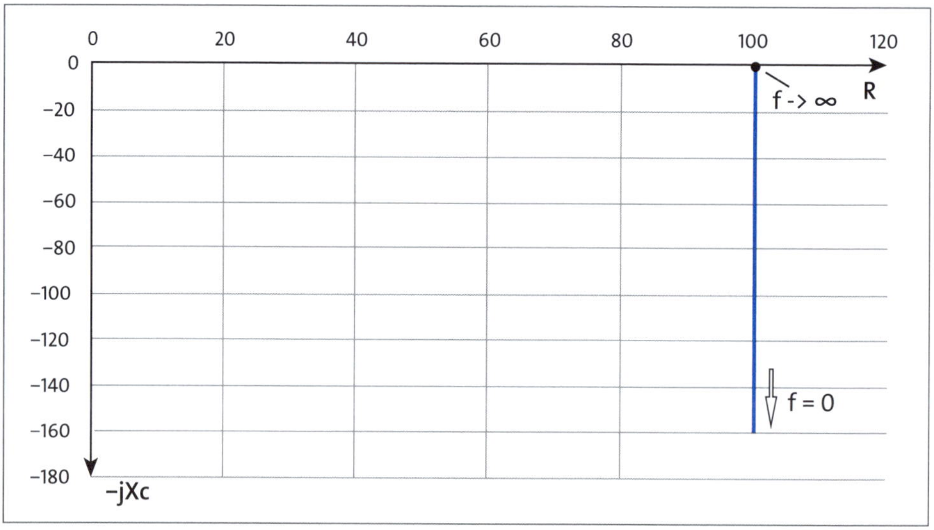

Abbildung 8.35 Z-Ortskurve einer RC-Reihenschaltung

Die Ortskurve einer RC-Reihenschaltung (siehe Abbildung 8.35) ist eine Parallele zur imaginären Achse, da R konstant ist.

Die Ortskurve einer RL-Reihenschaltung (siehe Abbildung 8.36) verläuft ebenfalls parallel zur imaginären Achse, hat aber einen positiven Imaginärteil, da $\underline{Z} = R + jX_L$ ist.

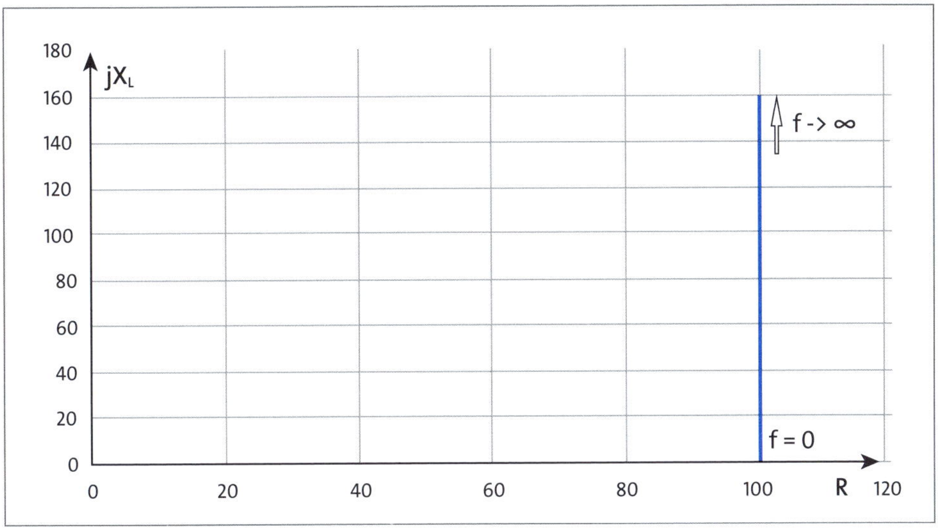

Abbildung 8.36 Z-Ortskurve einer RL-Reihenschaltung

Neben der Darstellung der Impedanz kann natürlich auch die Admittanz Y, der *Scheinleitwert*, als Ortskurve dargestellt werden.

Für die obige RC-Reihenschaltung muss Y mithilfe von Z dargestellt werden.

Es gilt:

$$\underline{Y} = \frac{1}{\underline{Z}} = \frac{1}{R - \mathrm{j}X_C}$$

Diese Zahl muss nun in Real- und Imaginärteil zerlegt werden. Nutzen Sie dazu die 3. binomische Formel $(a + b)(a - b) = a^2 - b^2$.

Zunächst wird Y mit $\bar{Y}$, dem komplex Konjugierten, erweitert:

$$\underline{Y} = \frac{\underline{Y\bar{Y}}}{\underline{\bar{Y}}} = \frac{\underline{\bar{Z}}}{\underline{Z\bar{Z}}} = \frac{(R + \mathrm{j}X_C)}{(R - \mathrm{j}X_C)(R + \mathrm{j}X_C)}$$

$$= \frac{(R + \mathrm{j}X_C)}{R^2 - (\mathrm{j}X_C)^2} = \frac{(R + \mathrm{j}X_C)}{R^2 + {X_C}^2}$$

$$= \frac{R}{R^2 + {X_C}^2} + \mathrm{j}\frac{X_C}{R^2 + {X_C}^2}$$

Der linke Bruch stellt den Realteil und der rechte den Imaginärteil von Y dar.

Haben Sie die Werte der Brüche berechnet, so können Sie sie in das Diagramm eintragen (siehe Abbildung 8.37).

f in Hz	**R in Ω**	**X_C in Ω**	$\frac{R}{R^2+X_C^2}$ **in mS**	$\frac{X_C}{R^2+X_C^2}$ **in mS**
1	100	1591,5	0,04	0,63
2	100	795,8	0,16	1,24
5	100	318,3	0,90	2,86
7	100	227,4	1,62	3,69
10	100	159,2	2,8	4,5
12	100	132,6	3,6	4,81
15	100	106,1	4,7	4,99
20	100	79,6	6,1	4,87
30	100	53,1	7,8	4,14
40	100	39,8	8,6	3,44
50	100	31,8	9,1	2,89
60	100	26,5	9,3	2,48
70	100	22,7	9,5	2,16
80	100	19,9	9,6	1,91
90	100	17,7	9,7	1,71
100	100	15,9	9,75	1,55
1000	100	1,59	9,997	0,159
10000	100	0,159	9,99	0,016
100000	100	0,0159	10	0,0016

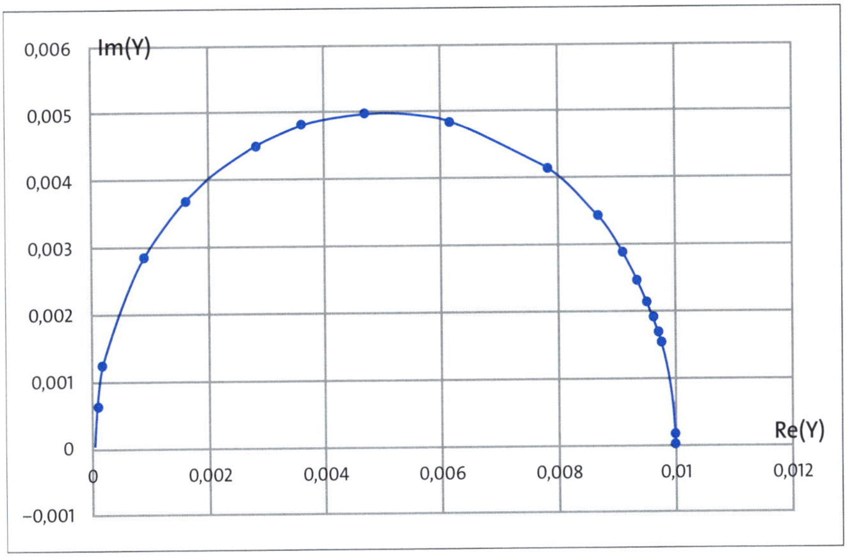

Abbildung 8.37 Y-Ortskurve einer RC-Reihenschaltung

8.3.3 Filter höherer Ordnung

Hoch- und Tiefpässe werden nach der Anzahl der Filterelemente, also Spulen und Kondensatoren, in *Ordnungen* eingeteilt. Bisher haben Sie sich Hoch- und Tiefpässe der 1. Ordnung angeschaut.

Diese Schaltungen besitzen jeweils einen Kondensator bzw. eine Spule. Sind mehr Filterelemente eingebaut, so steigt die Ordnung.

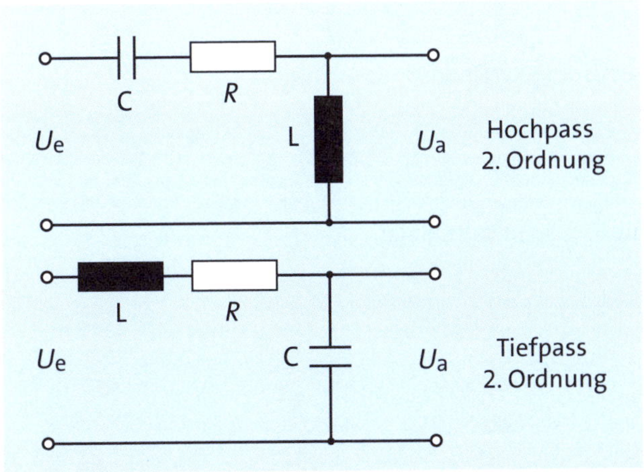

Abbildung 8.38 Filter 2. Ordnung

In Abbildung 8.38 filtert der zusätzliche Kondensator im Hochpass durch die Reihenschaltung mit R schon Frequenzen unterhalb der Grenzfrequenz von RC heraus, bevor die Frequenzen die RL-Schaltung erreichen und dort ein zweites Mal gefiltert werden.

Die gleiche Funktion – nur auf hohe Frequenzen bezogen – hat die RL-Reihenschaltung im Tiefpass.

Vergleichen Sie das Verhalten der Ausgangsspannungen mit dem Verhalten eines Passes 1. Ordnung, so erkennen Sie, dass die Filterfunktion stärker geworden ist, was am steileren Abfall im Amplituden-Frequenzgang-Diagramm (siehe Abbildung 8.39) zu erkennen ist.

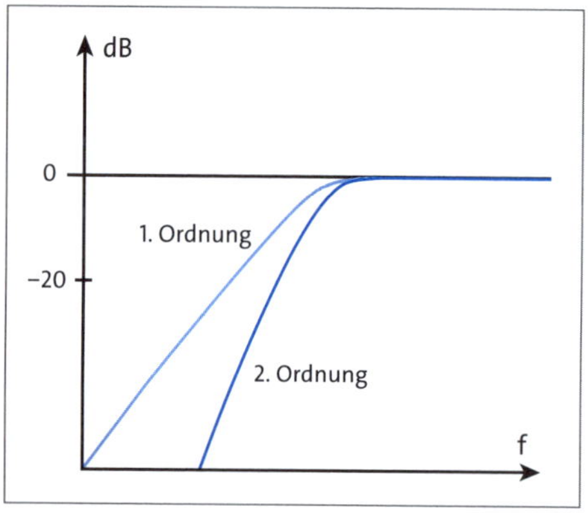

Abbildung 8.39 Amplituden-Frequenzgang von Hochpässen 1. und 2. Ordnung

Unterhalb der Grenzfrequenz wird die Eingangsspannung durch den ersten Filter auf U_{a1} herabgesetzt. Diese Spannung wird wiederum durch den zweiten Filter auf U_{a2} herabgesetzt.

Für den Pegel L des Filters 2. Ordnung heißt das:

$$L = 20 \cdot \lg\left(\frac{U_{a2}}{U_e}\right)$$

Erweitern Sie diesen Bruch mit U_{a1}, so erhalten Sie:

$$\begin{aligned} L &= 20 \cdot \lg\left(\frac{U_{a2} \cdot U_{a1}}{U_e \cdot U_{a1}}\right) \\ &= 20 \cdot \lg\left(\frac{U_{a2}}{U_{a1}} \cdot \frac{U_{a1}}{U_e}\right) \\ &= 20 \cdot \lg\left(\frac{U_{a2}}{U_{a1}}\right) + 20 \cdot \lg\left(\frac{U_{a1}}{U_{ae}}\right) \end{aligned}$$

Die beiden Summanden sind aber die Pegel der Einzelfilter. Die Pegel müssen also addiert werden.

Wenn Sie nun jeweils eine Dekade betrachten, erzeugt jeder Filter einen Pegel von −20 dB. Der Pegel eines Filters 2. Ordnung liefert also pro Dekade einen Pegel von −40 dB und ein Filter *n*-ter Ordnung −n · 20 dB.

8.4 Übungen

Aufgabe 1

Wie groß sind die Ströme in der Schaltung aus Abbildung 8.40?

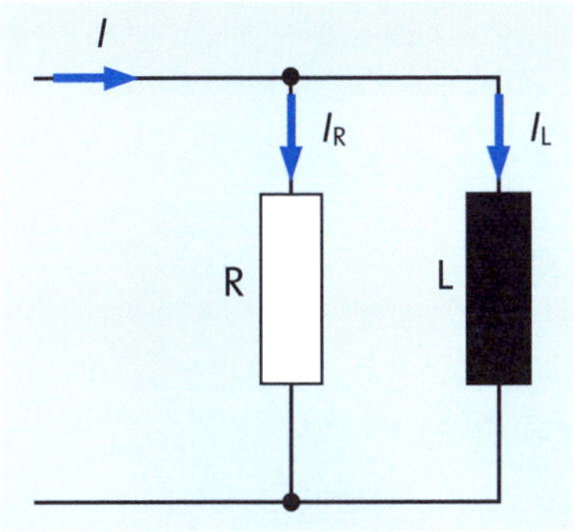

Abbildung 8.40 RL-Parallelschaltung

$I_L(t) = 1\text{ A} \cdot \sin(2\pi f + \pi/3)$

$R = 250\ \Omega$

$L = 0{,}5\text{ H}$

$f = 50\text{ Hz}$

Aufgabe 2

Zwischen Gesamtstrom und Spannung in der Parallelschaltung eines Wirkwiderstandes und eines Kondensators wird mit einem Oszilloskop eine Phasenverschiebung von 18° gemessen. Der kapazitive Blindstrom beträgt 2,8 A.

Wie groß sind

a) der Strom im Wirkwiderstand und

b) der Gesamtstrom?

Aufgabe 3

Die Eingangsspannung an einem RL-Hochpass mit $L = 12$ mH und $R = 30\ \Omega$ beträgt 10 V. Die Frequenz ist stufenweise von 10 Hz bis zu 5000 Hz einstellbar.

Erstellen Sie das Bodediagramm.

Berechnen Sie die Ausgangsspannungen bis 5000 Hz in folgenden Schritten: zwischen 10 und 100 Hz in 10er-Schritten, zwischen 100 und 1000 Hz in 100er-Schritten und zwischen 1000 und 5000 Hz in 1000er-Schritten. Bilden Sie die Signalpegel, und tragen Sie die Werte in Abhängigkeit von der Frequenz in ein Diagramm ein.

Berechnen Sie den Phasenverschiebungswinkel zwischen U_e und U_a für die gleichen Frequenzen, und zeichnen Sie sie in ein Diagramm ein.

Aufgabe 4

Die Ausgangsspannung eines RC-Tiefpasses eilt der Eingangsspannung um 45° nach. Die Eingangsimpedanz beträgt 1,25 kΩ. Bei einer Frequenz von 1 kHz beträgt die Phasenverschiebung 43°.

Berechnen Sie:

a) die Kapazität

b) die Eingangs- und Ausgangsspannung bei 1 kHz und $I = 12$ mA

c) die Grenzfrequenz

Aufgabe 5

Erstellen Sie die Z- und Y-Ortskurve eines Reihenschwingkreises mit:

$L = 0{,}01$ H

$C = 0{,}1$ mF

$R = 1$ kΩ

Aufgabe 6

Berechnen Sie alle Teilströme und Teilspannungen inklusive der Phasenlagen der Schaltung in Abbildung 8.41.

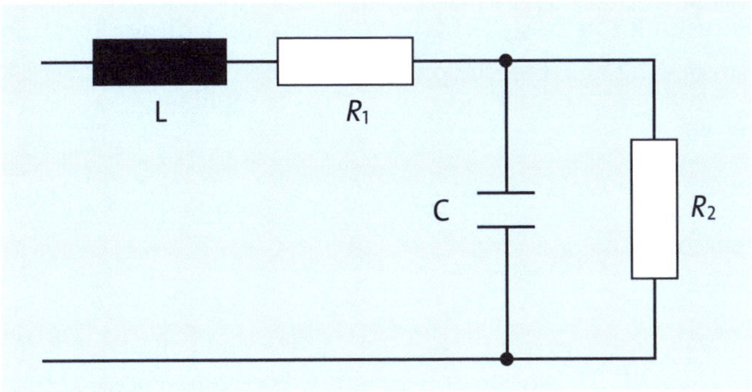

Abbildung 8.41 Gemischte Schaltung aus Ohm'schen Widerständen und Blindwiderständen

$$I_{R_2}(t) = 1\text{ A} \cdot \sin\left(2\pi f t + \frac{\pi}{6}\right)$$

$f = 50\text{ Hz}$

$L = 0{,}3\text{ H}$

$C = 30\text{ µF}$

$R_1 = 60\ \Omega$

$R_2 = 100\ \Omega$

Aufgabe 7

Die Schaltung aus Abbildung 8.42 haben Sie bisher als Reihenschwingkreis kennengelernt.

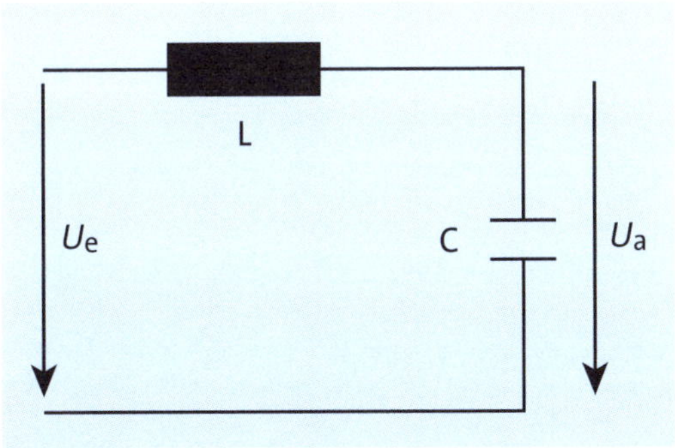

Abbildung 8.42 Reihenschwingkreis

$L = 1\text{ mH}$

$C = 100\text{ µF}$

a) Untersuchen Sie die Filterfunktion dieser Schaltung, indem Sie zu dieser Schaltung den Amplituden-Frequenzgang des Bodediagramms erstellen.

b) Bewerten Sie Ihr Ergebnis.

c) Berechnen Sie die Steigung des Amplitudenfrequenzgangs des Bodediagramms.

d) Berechnen Sie die Grenzfrequenz.

Aufgabe 8

a) Die Ausgangspannung eines RC-Tiefpasses soll bei einer Frequenz von $f = 1$ kHz nur noch 10 % der Eingangsspannung betragen. Wie groß müssen Sie die Grenzfrequenz f_g wählen?

b) Wie groß ist die Phasenverschiebung φ bei einem RC-Hochpass, wenn die Dämpfung −6 dB beträgt?

8.5 Lösungen

Lösung 1

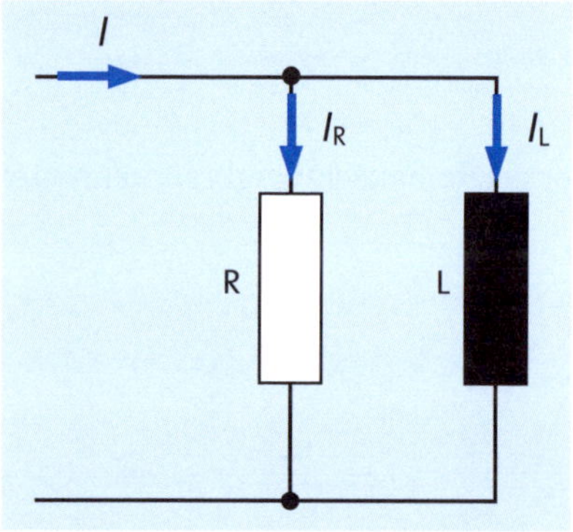

Abbildung 8.43 Schaltung zu Aufgabe 1

Gegeben sind:

$I_L(t) = 1\,\text{A} \cdot \sin(2\pi t + \pi/3)$

$R = 250\,\Omega$

$L = 0{,}5\,\text{H}$

$f = 50\,\text{Hz}$

Zunächst werden die Amplituden der Ströme berechnet:

$I_L = 1$ A (gegeben laut Aufgabenstellung)

Um I_R zu erhalten, muss U_R bekannt sein, um dann das Ohm'sche Gesetz anzuwenden:

$X_L = 2\pi f L = 2\pi \cdot 50 \text{ Hz } 0{,}5 \text{ H} = 157{,}08\,\Omega$

$U_L = I_L X_L = 1\text{A} \cdot 157{,}08\,\Omega = 157{,}08 \text{ V}$

Da es eine Parallelschaltung ist, gilt:

$$U_R = U_L$$

$$I_R = \frac{U_R}{R} = \frac{157{,}08 \text{ V}}{250\,\Omega} = 0{,}63 \text{ A}$$

$$I = \sqrt{{I_R}^2 + {I_L}^2} = \sqrt{(0{,}63 \text{ A})^2 + (1 \text{ A})^2} = 1{,}34 \text{ A}$$

Nun zum Phasenwinkel:

$$I_L(t) = 1 \text{ A} \cdot \sin\left(2\pi f + \frac{\pi}{3}\right)$$

$\frac{\pi}{3}$ entspricht einer Phasenverschiebung um 60° bezogen auf die reine Sinuskurve, und zwar eilt $I_L(t)$ um 60° nach.

Der Strom an der Spule eilt dem Strom durch den Widerstand um $90° = \frac{\pi}{2}$ nach, also beträgt die Phasenverschiebung von $I_R(t)$ $\frac{\pi}{2} + \frac{\pi}{3} = \frac{5\pi}{6}$. Somit ist:

$$I_R(t) = 0{,}63 \text{ A} \cdot \sin\left(2\pi f + \frac{5\pi}{6}\right)$$

Die Phasenlage von I wird mithilfe des Phasenverschiebungswinkel im Zeigerdiagramm berechnet (siehe Abbildung 8.44).

$$\cos\varphi = \frac{I_R}{I} = \frac{0{,}63 \text{ A}}{1{,}34 \text{ A}} = 0{,}47 \Leftrightarrow \varphi = 62°$$

Das entspricht im Bogenmaß einem Winkel von $\frac{31}{90}\pi$.

I eilt I_R um $\frac{31}{90}\pi$ nach, also:

$$\text{I}(t) = 1{,}34 \text{ A} \cdot \sin\left(2\pi f + \frac{5\pi}{6} + \frac{31}{90}\pi\right) = 1{,}34 \text{ A} \cdot \sin\left(2\pi f + \frac{106\pi}{90}\right)$$

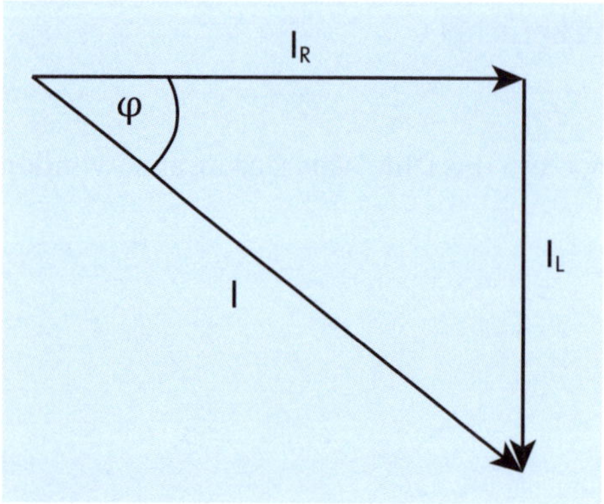

Abbildung 8.44 Zeigerdiagramm der Ströme

Lösung 2

Gegeben ist:

$\varphi = 18°$

$I_C = 2{,}8\ \text{A}$

Gesucht werden:

a) I_R

b) I

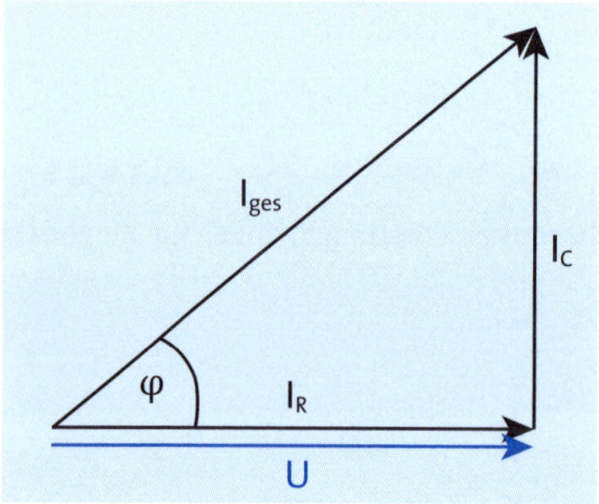

Abbildung 8.45 Zeigerdiagramm zu Aufgabe 2

a) $\tan(\varphi) = \frac{I_C}{I_R}$

$$\Leftrightarrow I_R = \frac{I_C}{\tan(\varphi)} = \frac{2{,}8\ \text{A}}{\tan(18°)} = 8{,}62\ \text{A}$$

b) $\sin(\varphi) = \frac{I_C}{I}$

$$\Leftrightarrow I = \frac{I_C}{\sin(\varphi)} = \frac{2{,}8\ \text{A}}{\sin(18°)} = 9{,}06\ \text{A}$$

Lösung 3

Die Berechnung der notwendigen Größen am Beispiel von 10 Hz:

$$X_L = 2\pi f L = 2\pi \cdot 10\ \text{Hz} \cdot 12\ \text{mH} = 0{,}75\ \Omega$$

$$Z = \sqrt{R^2 + {X_L}^2} = \sqrt{(30\ \Omega)^2 + (0{,}75\ \Omega)^2} = 30\ \Omega$$

$$\frac{U_a}{U_e} = \frac{X_L}{Z} \Leftrightarrow U_a = \frac{X_L U}{Z} = 0{,}75\ \Omega \cdot \frac{10\ \text{V}}{30\ \Omega} = 0{,}25\ \text{V}$$

$$L = 20 \cdot lg \frac{U_a}{U_e}\ \text{dB} = 20 \cdot lg \frac{0{,}25\ \text{V}}{10\ \text{V}}\ \text{dB} = -32\ \text{dB}$$

Nach diesem Schema werden auch die restlichen Spannungen und Pegel berechnet:

f in Hz	X_L in Ω	Z in Ω	U_a in V	Pegel in dB
10	0,75	30,01	0,25	-32,00
20	1,51	30,04	0,50	-25,99
30	2,26	30,09	0,75	-22,48
40	3,02	30,15	1,00	-20,00
50	3,77	30,24	1,25	-18,08
60	4,52	30,34	1,49	-16,53
70	5,28	30,46	1,73	-15,23
80	6,03	30,60	1,97	-14,11
90	6,79	30,76	2,21	-13,13
100	7,54	30,93	2,44	-12,26
200	15,08	33,58	4,49	-6,95
300	22,62	37,57	6,02	-4,41

f in Hz	X_L in Ω	Z in Ω	U_a in V	Pegel in dB
400	30,16	42,54	7,09	-2,99
500	37,70	48,18	7,82	-2,13
600	45,24	54,28	8,33	-1,58
700	52,78	60,71	8,69	-1,22
800	60,32	67,37	8,95	-0,96
900	67,86	74,19	9,15	-0,78
1000	75,40	81,15	9,29	-0,64
2000	150,79	153,75	9,81	-0,17
3000	226,19	228,17	9,91	-0,08
4000	301,58	303,07	9,95	-0,04
5000	376,98	378,17	9,97	-0,03

Mit diesen Werten zeichnen Sie den Amplituden-Frequenzgang wie in Abbildung 8.46.

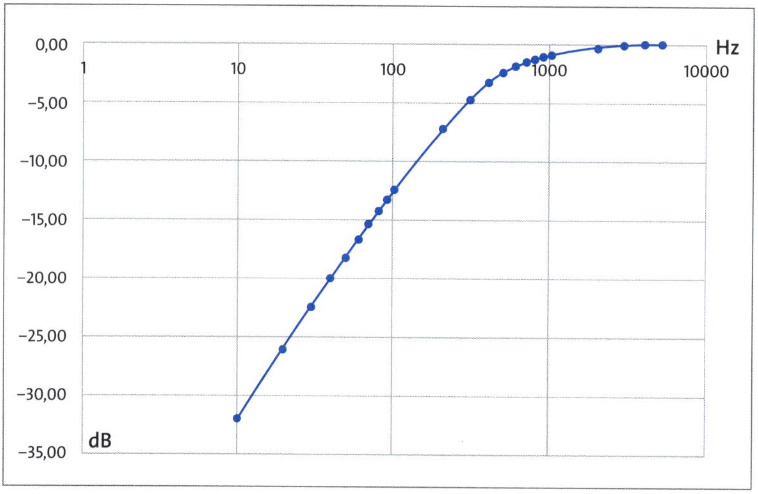

Abbildung 8.46 Amplituden-Frequenzgang des Bodediagramms

$$\cos \varphi = \frac{U_a}{U_e} \Leftrightarrow \varphi = \arccos\left(\frac{U_a}{U_e}\right)$$

f in Hz	*φ* in °	*f* in Hz	*φ* in °
10	88,56	400	44,85
20	87,13	500	38,51
30	85,69	600	33,55
40	84,26	700	29,62
50	82,84	800	26,45
60	81,43	900	23,85
70	80,02	1000	21,7
80	78,63	2000	11,25
90	77,26	3000	7,56
100	75,89	4000	5,68
200	63,32	5000	4,55
300	52,99		

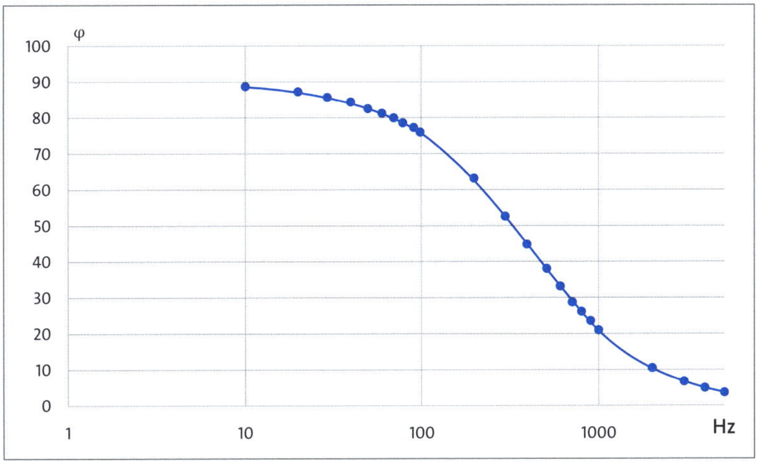

Abbildung 8.47 Phasengang des Hochpasses

Lösung 4

Gegeben sind:

bei $\varphi = 45°$: $Z = 1{,}25\ \text{k}\Omega$

bei $f = 1\ \text{kHz}$: $\varphi = 43°$, $\text{I} = 12\ \text{mA}$

Gesucht werden:

C, U_a, U_e, f_g

Mithilfe des Phasenverschiebungswinkels kann der Wirkwiderstand berechnet werden. Ein Winkel von 45° bedeutet Resonanz, also:

$$\varphi = 45° \Rightarrow R = X_C \Rightarrow R = \frac{Z}{\sqrt{2}} = \frac{1250\,\Omega}{\sqrt{2}} = 883{,}88\,\Omega$$

Nun wird X_c für 1 kHz berechnet:

$$\tan\varphi = \frac{R}{X_C} \Leftrightarrow X_C = \frac{883{,}88\,\Omega}{\tan 43°} = 947{,}85\,\Omega$$

Für C gilt somit:

$$X_C = \frac{1}{2\pi f C} \Leftrightarrow C = \frac{1}{2\pi f X_C} = \frac{1}{2\pi \cdot 1\,\text{kHz} \cdot 947{,}85\,\Omega} = 168\,\text{nF}$$

$$Z = \sqrt{R^2 + {X_C}^2} = \sqrt{(883{,}88\,\Omega)^2 + (947{,}85\,\Omega)^2} = 1296\,\Omega$$

$$U_R = IR = 0{,}012\,\text{A} \cdot 883{,}88\,\Omega = 10{,}61\,\text{V}$$

$$U_e = \frac{U_R}{\sin\varphi} = \frac{10{,}61\,\text{V}}{\sin 43°} = 15{,}56\,\text{V}$$

$U_C = U\cos\varphi = 15{,}56\,\text{V}\ \cos 43° = 11{,}38\,V = U_a$, da es sich um einen Tiefpass handelt.

$$f_g = \frac{1}{2\pi RC} = \frac{1}{2\pi \cdot 883{,}88\,\Omega \cdot 168\,\text{nF}} = 1071{,}8\,\text{Hz}$$

Lösung 5

Gegebene Werte:

$L = 0{,}01\,\text{H}$

$C = 0{,}1\,\text{mF}$

$R = 1\,\text{k}\Omega$

$\underline{Z}$ setzt sich aus $\underline{Z} = R + \mathrm{j}(X_L - X_C)$ zusammen. R ist konstant, aber $X_L - X_C$ muss für die jeweiligen Frequenzen berechnet werden:

$X_L = 2\pi f L$ und $X_C = \frac{1}{2\pi f C}$

f in Hz	X_L in Ω	X_C in Ω	$X_L - X_C$ in Ω
1	0,06	1591,60	-1591,53
10	0,63	159,16	-158,53
50	3,14	31,83	-28,69
80	5,03	19,89	-14,87
100	6,28	15,92	-9,63
200	12,57	7,96	4,61
300	18,85	5,31	13,54
500	31,42	3,18	28,23
1000	62,83	1,59	61,24
2000	125,66	0,80	124,86
3000	188,49	0,53	187,96
5000	314,15	0,32	313,83
10000	628,3	0,16	628,14
20000	1256,6	0,08	1256,52

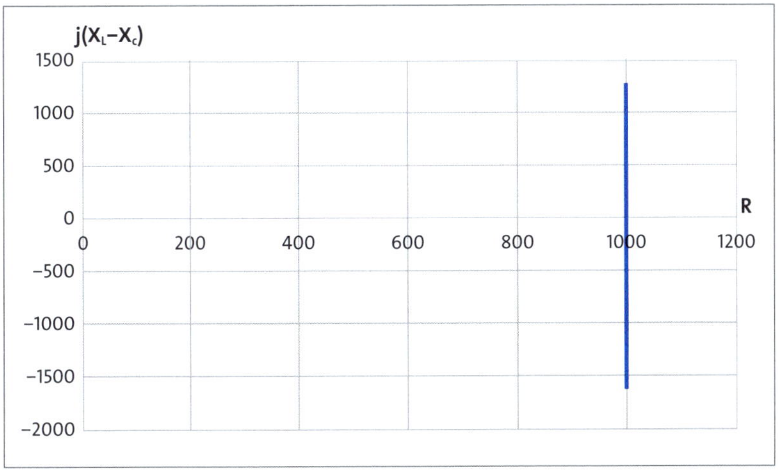

Abbildung 8.48 Z-Ortskurve eines Reihenschwingkreises

Um für die Y-Ortskurve eine erkennbare Kurve zu erhalten, werden die Frequenzen von 1 Hz bis 100 kHz gewählt. Die Frequenzen werden logarithmisch gewählt.

$$Y = \frac{1}{Z} = \frac{1}{R + \mathrm{j}(X_L - X_C)} = \frac{R - \mathrm{j}(X_L - X_C)}{R^2 + (X_L - X_C)^2}$$

$$= \frac{R}{R^2 + (X_L - X_C)^2} - \mathrm{j}\frac{(X_L - X_C)}{R^2 + (X_L - X_C)^2}$$

f in Hz	*R* in Ω	$X_L - X_C$ in Ω	$\frac{R}{R^2+(X_L-X_C)^2}$ in mS	$-\frac{X_L-X_C}{R^2+(X_L-X_C)^2}$ in mS
1	1000	-1591,53	0,28	0,45
2	1000	-795,67	0,61	0,49
3	1000	-530,34	0,78	0,41
4	1000	-397,65	0,86	0,34
5	1000	-318,01	0,91	0,29
6	1000	-264,89	0,93	0,25
7	1000	-226,93	0,95	0,22
8	1000	-198,45	0,96	0,19
9	1000	-176,28	0,97	0,17
10	1000	-158,53	0,98	0,15
20	1000	-78,32	0,99	0,08
30	1000	-51,17	1	0,05
40	1000	-37,28	1	0,04
50	1000	-28,69	1	0,03
60	1000	-22,76	1	0,02
70	1000	-18,34	1	0,02
80	1000	-14,87	1	0,01
90	1000	-12,03	1	0,01
100	1000	-9,63	1	0,01

f in Hz	R in Ω	$X_L - X_C$ in Ω	$\frac{R}{R^2+(X_L-X_C)^2}$ in mS	$-\frac{X_L-X_C}{R^2+(X_L-X_C)^2}$ in mS
200	1000	4,61	1	0
300	1000	13,54	1	−0,01
400	1000	21,15	1	−0,02
500	1000	28,23	1	−0,03
600	1000	35,05	1	−0,04
700	1000	41,71	1	−0,04
800	1000	48,27	1	−0,05
900	1000	54,78	1	−0,05
1000	1000	61,24	1	−0,06
2000	1000	124,86	0,98	−0,12
3000	1000	187,96	0,97	−0,18
5000	1000	313,83	0,91	−0,29
10000	1000	628,14	0,72	−0,45
20000	1000	1256,52	0,39	−0,49
30000	1000	1884,85	0,22	−0,41
40000	1000	2513,16	0,14	−0,34
50000	1000	3141,47	0,09	−0,29
60000	1000	3769,77	0,07	−0,25
70000	1000	4398,08	0,05	−0,22
80000	1000	5026,38	0,04	−0,19
90000	1000	5654,68	0,03	−0,17
100000	1000	6282,98	0,02	−0,16

Das Diagramm hat dann die Form, die Sie in Abbildung 8.49 sehen.

Die Kurve lässt vermuten, dass das Ergebnis ein Kreis ist.

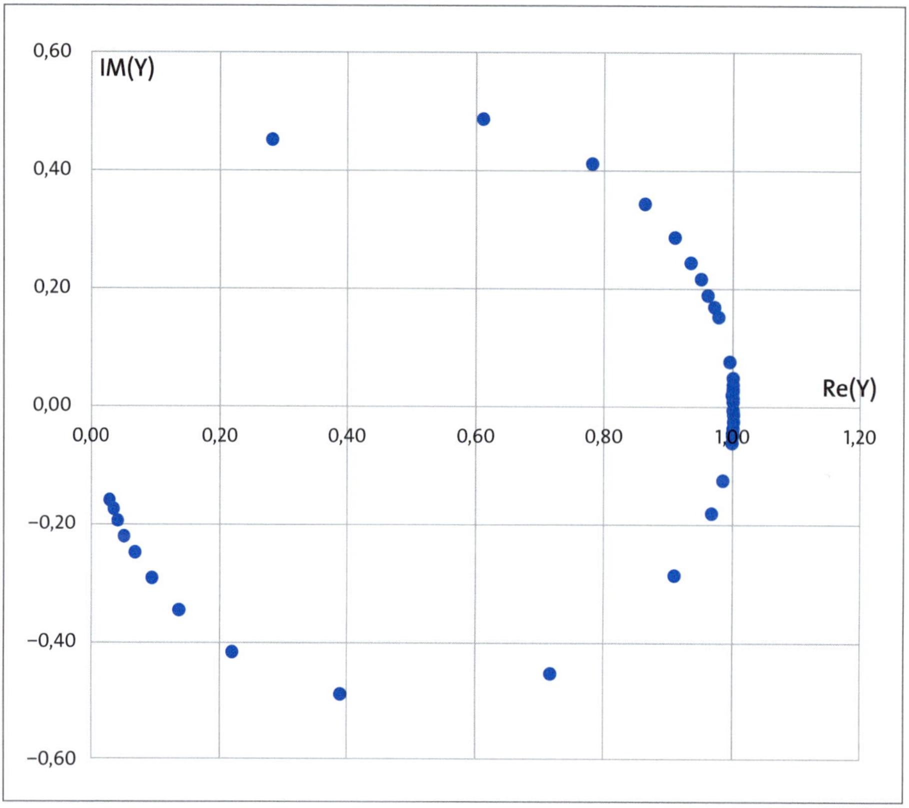

Abbildung 8.49 Y-Ortskurve eines Reihenschwingkreises

Um festzustellen, ob es wirklich ein Kreis ist, überlegen wir, was bei $f = 0$ und $f \to \infty$ passiert.

$(X_L - X_C)^2$ konvergiert sowohl für $f \to 0$ als auch $f \to \infty$ gegen $-\infty$, da im ersten Fall $X_c \to -\infty$ groß wird und $X_L = 0$. Im zweiten Fall wird $X_C = 0$ und $X_L \to \infty$. Durch das Quadrat wird der Grenzwert positiv, nämlich ∞.

Da $(X_L - X_C)^2$ im Nenner steht, konvergieren die Brüche

$$\frac{R}{R^2 + (X_L - X_C)^2}$$

und

$$\frac{X_L - X_C}{R^2 + (X_L - X_C)^2}$$

gegen null.

Also handelt es sich um einen Kreis.

Lösung 6

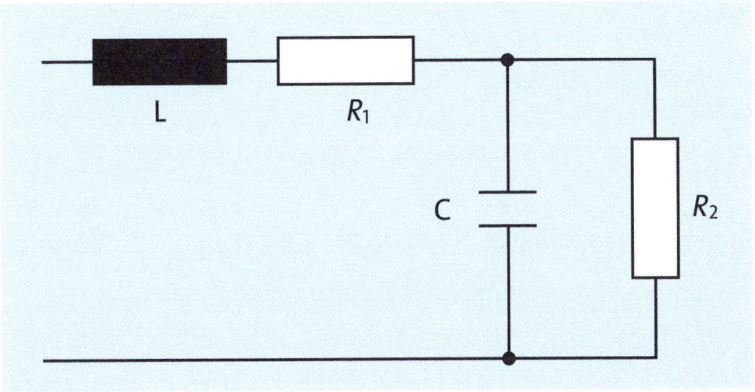

Abbildung 8.50 Gemischte Schaltung aus Ohm'schen Widerständen und Blindwiderständen

$$I_{R2}(t) = 1\,\text{A} \cdot \sin\left(2\pi f t + \frac{\pi}{6}\right)$$

$$f = 50\,\text{Hz}$$

$$L = 0{,}3\,\text{H}$$

$$C = 30\,\mu\text{F}$$

$$R_1 = 60\,\Omega$$

$$R_2 = 100\,\Omega$$

Zunächst werden die Amplituden der einzelnen Ströme und Spannungen berechnet:

$$U_{R_2} = U_C = I_{R2} \cdot R_2 = 1\,\text{A} \cdot 100\,\Omega = 100\,\text{V}$$

$$I_C = \frac{U_C}{X_C}$$

$$X_C = \frac{1}{2\pi f C} = \frac{1}{2\pi \cdot 50\,\text{Hz} \cdot 30\,\mu\text{F}} = 106{,}1\,\Omega$$

$$I_C = \frac{100\,\text{V}}{106{,}1\,\Omega} = 0{,}94\,\text{A}$$

$$I_{R_1} = \sqrt{{I_{R_2}}^2 + {I_C}^2} = \sqrt{(1\,\text{A})^2 + (0{,}94\,\text{A})^2} = 1{,}37\,\text{A} = I_L$$

$$U_{R_1} = I_{R_1} \cdot R_1 = 1{,}37\,\text{A} \cdot 60\,\Omega = 82{,}2\,\text{V}$$

$$U_L = I_{R_1} \cdot X_L$$

$X_L = 2\pi f L = 2\pi \cdot 50\ \text{Hz} \cdot 0{,}3\ \text{H} = 94{,}25\ \Omega$

$U_L = 1{,}37\ \text{A} \cdot 94{,}25\ \Omega = 129{,}12\ \text{V}$

Im nächsten Schritt werden die Phasenverschiebungen ausgerechnet:

$$I_{R2}(t) = 1\ \text{A} \cdot \sin\left(2\pi f t + \frac{\pi}{6}\right)$$

$\frac{\pi}{6}$ gibt die Phasenverschiebung im Vergleich zur reinen Sinuskurve an. Die Kurve ist um $\frac{\pi}{6}$ nach links verschoben, also um $\frac{\pi}{6}$ voreilend, wie Abbildung 8.51 zeigt.

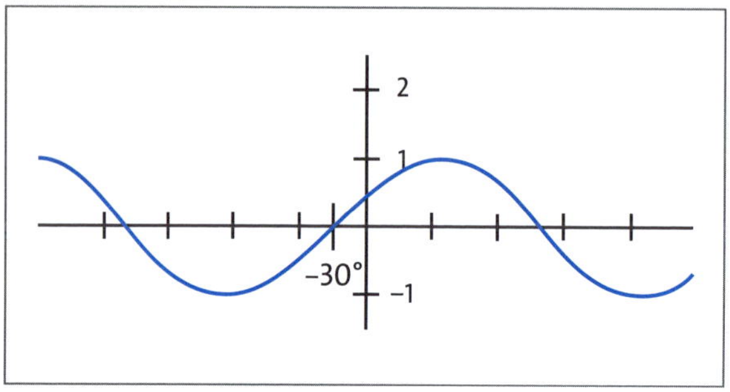

Abbildung 8.51 Sinuskurve mit Phasenverschiebung von $\frac{\pi}{6}$

$I_{R_2}(t)$ eilt $I_C(t)$ um $90° = \frac{\pi}{2}$ nach. Mit der voreilenden Verschiebung von $I_{R2}(t)$ folgt daraus für $I_C(t)$:

$$I_C(t) = 0{,}94\ \text{A} \cdot \sin\left(2\pi f + \frac{\pi}{6} - \frac{\pi}{2}\right) = 0{,}94\ \text{A} \cdot \sin\left(2\pi f t - \frac{\pi}{3}\right)$$

Die Phasenverschiebung zwischen I_{R_1} und I_{R_2} ergibt sich aus:

$$\tan\varphi = \frac{I_C}{I_{R_2}} = \frac{0{,}94\ \text{A}}{1\ \text{A}} = 0{,}94 \Rightarrow \varphi = 43{,}23°$$

Im Bogenmaß ergibt das einen Winkel von $\frac{6}{25}\pi$ (voreilend).

Für $I_{R_1}(t)$ gilt dann:

$$I_{R_1}(t) = 1{,}37\ \text{A} \cdot \sin\left(2\pi f t + \frac{\pi}{6} - \frac{6}{25}\pi\right)$$
$$= 1{,}37\ \text{A} \cdot \sin\left(2\pi f t - \frac{11}{150}\pi\right) = I_{L1}(t)$$

U_{R_2} hat die gleiche Phasenlage wie I_{R_2}:

$$U_{R_2}(t) = 100\,\mathrm{V} \cdot \sin\left(2\pi f t + \frac{\pi}{6}\right) = U_C(t)$$

U_{R_1} hat die gleiche Phasenlage wie I_{R_1}:

$$U_{R_1}(t) = 82{,}2\mathrm{V} \cdot \sin\left(2\pi f t - \frac{11}{150}\pi\right)$$

U_L ist zu U_{R_1} um $\pi/2$ voreilend:

$$U_L(t) = 129{,}12\,\mathrm{V} \cdot \sin\left(2\pi f t - \frac{11}{150}\pi - \frac{\pi}{2}\right) = 129{,}12\,\mathrm{V} \cdot \sin\left(2\pi f t - \frac{86}{150}\pi\right)$$

Lösung 7

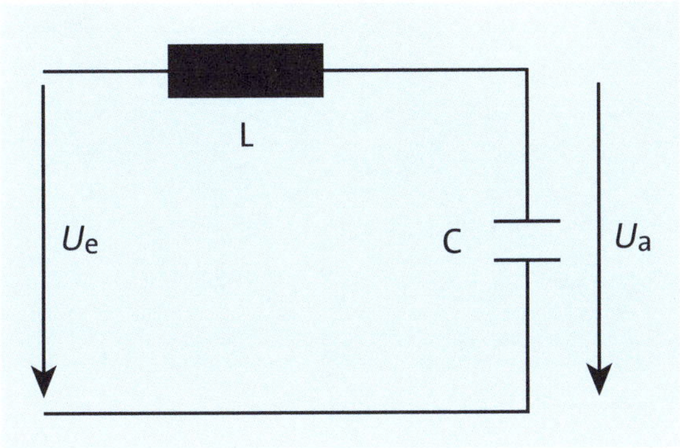

Abbildung 8.52 Schaltung zu Aufgabe 7

a) Um den Amplituden-Frequenzgang darzustellen, muss $\frac{U_a}{U_e}$ berechnet werden.

Es ist aber keine Spannung gegeben, also muss das Spannungsverhältnis anders dargestellt werden, nämlich über die Widerstandsverhältnisse:

$$\frac{U_a}{U_e} = \frac{X_C}{Z} = \frac{X_C}{\sqrt{{X_C}^2 + {X_L}^2}}$$

Mithilfe von

$$X_C = \frac{1}{2\pi f C}$$

und

$$X_L = 2\pi f L$$

kommen Sie auch ans Ziel.

f in Hz	X_C in Ω	X_L in Ω	Z in Ω	U_a/U_e	Pegel in dB
1	1591,6	0,01	1592	1	0
2	795,8	0,011	796	1	0
5	318,32	0,03	318	1	0
10	159,16	0,06	159	1	0
20	79,58	0,13	80	1	0
50	31,83	0,31	32	1	0
100	15,92	0,63	16	1	0
200	7,96	1,26	8	0,99	-0,1
500	3,18	3,14	4	0,71	-3
1000	1,59	6,28	6	0,25	-12,2
2000	0,8	12,57	13	0,06	-24
5000	0,32	31,42	31	0,01	-39,9
10000	0,16	62,83	63	0,003	-51,9
20000	0,08	125,66	126	0,001	-64
50000	0,03	314,15	314	0	-79,9
100000	0,02	628,3	628	0	-91,9

Das Diagramm sehen Sie in Abbildung 8.53.

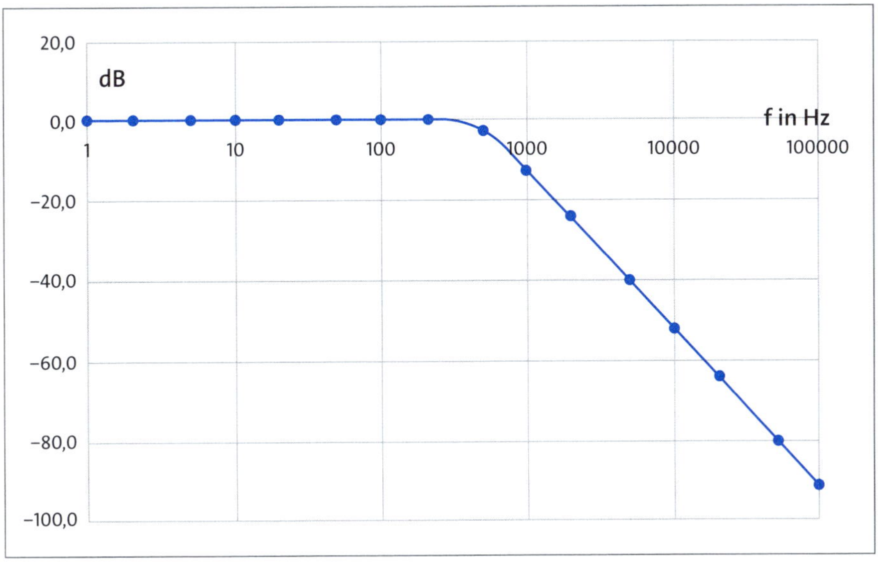

Abbildung 8.53 Amplituden-Frequenzgang des Reihenschwingkreises

b) Es handelt sich bei der Schaltung um einen Tiefpass.

c) Um die Steigung aus dem Diagramm ablesen zu können, muss ein Frequenzbereich gewählt werden, bei dem die Kurve sicher linear ist. Hierzu bieten sich die Pegel von 10 kHz und 1000 kHz an:

$L_{10\text{kHz}} = -51{,}9\text{ dB}$

$L_{100\text{kHz}} = -91{,}9\text{ dB}$

Die Steigung pro Dekade beträgt also –40 dB, somit ist dieser Reihenschwingkreis ein Tiefpass 2. Ordnung.

d) Die Grenzfrequenz ist leider nicht aus der Grafik abzulesen, daher muss zunächst die Formel hergeleitet und dann berechnet werden.

Bei der Grenzfrequenz ist die Ausgangsspannung auf das $\frac{1}{\sqrt{2}}$-Fache der Eingangsspannung gesunken, also gilt:

$$\frac{U_a}{U_e} = \frac{X_C}{Z} = \frac{X_C}{\sqrt{{X_C}^2 + {X_L}^2}} = \frac{1}{\sqrt{2}}$$

Diese Gleichung wird nun quadriert:

$$\frac{X_C{}^2}{X_C{}^2 + X_L{}^2} = \frac{1}{2}$$

$$\Leftrightarrow X_C{}^2 = \frac{1}{2} \cdot \left(X_C{}^2 + X_L{}^2\right)$$

$$\Leftrightarrow 2X_C{}^2 = X_C{}^2 + X_L{}^2$$

$$\Rightarrow X_C = X_L$$

$$\Leftrightarrow \frac{1}{2\pi f C} = 2\pi f L$$

$$\Leftrightarrow f = \frac{1}{2\pi\sqrt{LC}}$$

Setzen Sie die Werte für L und C ein:

$$f_g = \frac{1}{2\pi\sqrt{1\ \text{mH} \cdot 100\ \mu\text{F}}} = 503\ \text{Hz}$$

Die Grenzfrequenz entspricht der Resonanzfrequenz.

Lösung 8

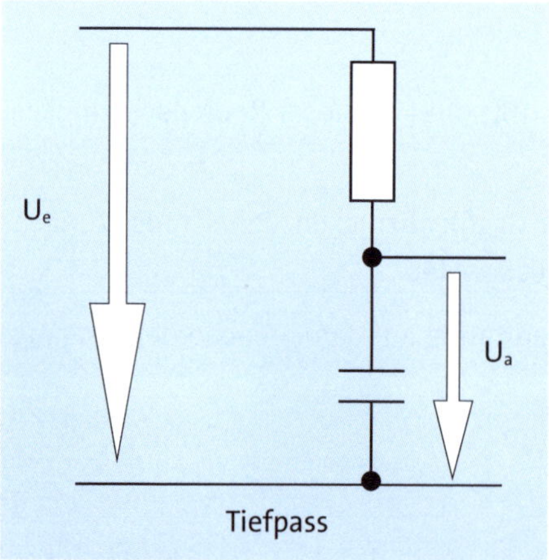

Abbildung 8.54 Skizze zu Lösung 8a)

a) Bei $f = 1$ kHz gilt:

$$\frac{U_a}{U_e} = 0{,}1$$

Nach Kirchhoff gilt:

$$\frac{U_a}{U_e} = \frac{X_C}{Z} = 0{,}1$$

$$\frac{X_C}{Z} = \frac{X_C}{\sqrt{X_C^2 + R^2}} = 0{,}1$$

$$\Leftrightarrow X_C^2 = 0{,}1\,(X_C^2 + R^2)$$

$$\Leftrightarrow 0{,}99\,X_C^2 = 0{,}01\,R^2$$

$$\Rightarrow X_C = \frac{0{,}1}{\sqrt{0{,}99}}R$$

Für C gilt dann:

$$C = \frac{1}{2\pi f X_c} = \frac{1}{2\pi f \frac{0{,}1}{\sqrt{0{,}99}}R}$$

Für die Grenzfrequenz f_g gilt:

$$f_g = \frac{1}{2\pi RC} = \frac{1}{2\pi R \frac{1}{2\pi f \frac{0{,}1}{\sqrt{0{,}99}}R}} = \frac{1}{\frac{1}{f \frac{0{,}1}{\sqrt{0{,}99}}}} = \frac{0{,}1}{\sqrt{0{,}99}}f$$

Mit $f = 1$ kHz ergibt sich eine Grenzfrequenz von

$$f_g = \frac{0{,}1}{\sqrt{0{,}99}}1\text{ kHz} = 100{,}5\text{ Hz}$$

b)

$$-6\text{ dB} = 20\lg\frac{U_a}{U_e}\text{ dB} \Leftrightarrow U_a \approx 0{,}5\,U_e$$

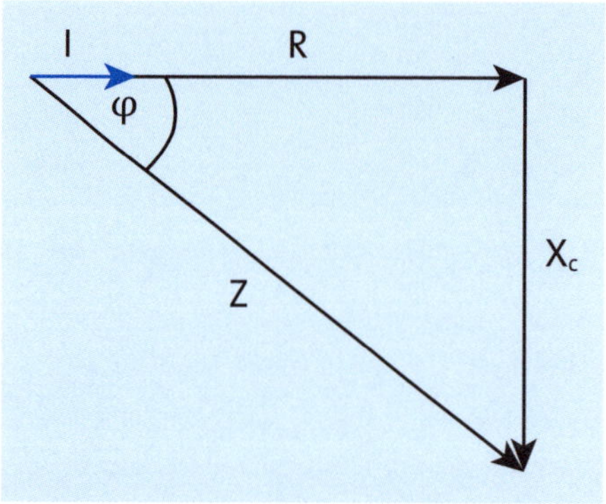

Abbildung 8.55 Skizze zu Lösung 8b)

$$\cos\varphi = \frac{U_a}{U_e} = \frac{R}{Z} = 0{,}5 \Leftrightarrow \varphi = 60°$$

Da es sich um eine Kapazität handelt, gilt $\varphi = -60°$.

Kapitel 9
Drehstrom

Dieses Kapitel beschäftigt sich mit dem Dreiphasenwechselstrom, der auch Drehstrom genannt wird. Im Folgenden werden seine Erzeugung und Anwendung sowie die typischen Schaltungen besprochen: die Stern- und die Dreieckschaltung.

9.1 Erzeugung von Wechselspannungen und Drehstrom

Wie Sie in den vorangegangenen Kapiteln, insbesondere in Kapitel 6, gesehen haben, kann mithilfe der Induktion eine Wechselspannung erzeugt werden.

Hierzu war es z. B. notwendig, eine Spule in einem Magnetfeld zu bewegen oder eine Spule einem sich ständig ändernden Magnetfeld auszusetzen. Dieses Prinzip wird auch dazu verwendet, unsere Haushalte mit Strom zu versorgen.

Generatorprinzip

Die Maschinen, die über die Induktion eine Spannung generieren, werden als *Generatoren* bezeichnet (siehe Abbildung 9.1).

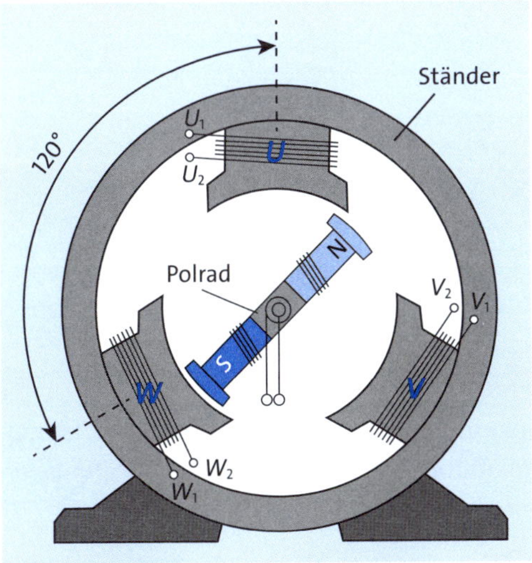

Abbildung 9.1 Generator zur Erzeugung von Wechselspannungen

Das Kernstück eines Generators ist ein sich drehender Permanentmagnet. Jeweils im Winkel von 120° sind um diesen Magneten Spulen angeordnet. Diese Spulen werden mit U, V und W bezeichnet.

Führt der Magnet eine kontinuierliche Drehbewegung aus, so ändert sich für jede Spule das Magnetfeld, dem sie ausgesetzt ist. Denn je nach Stellung des Magneten liegen die Spulen mal im Feld des Nordpols, mal im Feld des Südpols.

Diese Magnetfeldänderung wiederum induziert nach dem Induktionsgesetz

$$U_{\text{ind}} = -\frac{\mathrm{d}\phi}{\mathrm{d}t}$$

in jeder Spule die gleiche Spannung.

Durch die Anordnung der Spulen besitzt allerdings jede induzierte Spannung zu einem anderen Zeitpunkt ihr Maximum, nämlich jeweils 120° später.

Die durch dieses Verfahren entstandenen Spannungen sehen dann so aus wie in Abbildung 9.2 schematisch dargestellt.

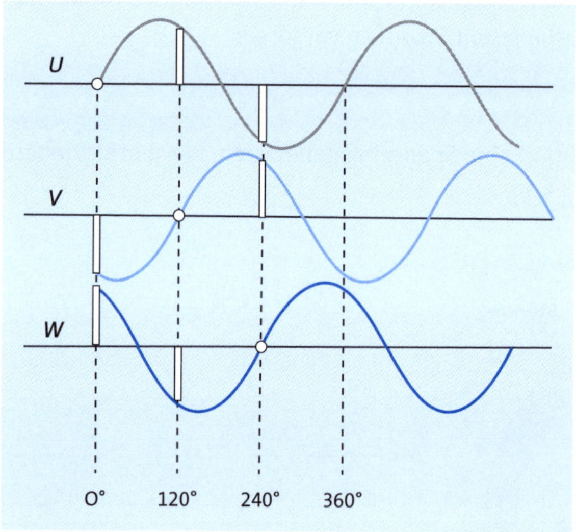

Abbildung 9.2 Die an den Spulen U, V und W eines Generators induzierten Spannungen

Die drei um 120° phasenverschobenen Spannungen, die in einem Generator erzeugt werden, werden als Dreiphasenwechselspannung bezeichnet, denn die drei phasenverschobenen Spannungen werden *Phasen* genannt.

Im allgemeinen Sprachgebrauch sind jedoch die Bezeichnungen *Drehstrom* oder *Starkstrom* üblich.

An allen drei Spulen eines Generators wird also die gleiche, allerdings phasenverschobene Spannung induziert. Nehmen Sie an, es seien jeweils 230 V. Wenn Sie diese drei Spannungen nun verwenden möchten, um z. B. Ihr Haus damit zu versorgen, so bräuchten Sie zunächst sechs Leitungen. Durch passende Verschaltung der Spulen können aber Leitungen gespart werden (siehe Abbildung 9.3).

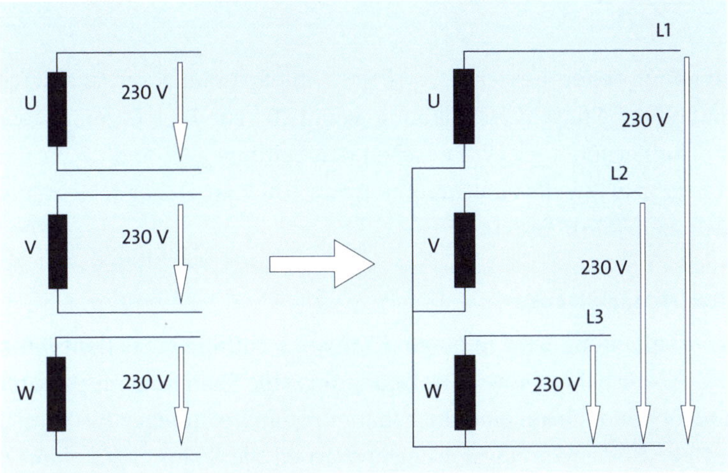

Abbildung 9.3 Sternschaltung der Spulen U, V und W

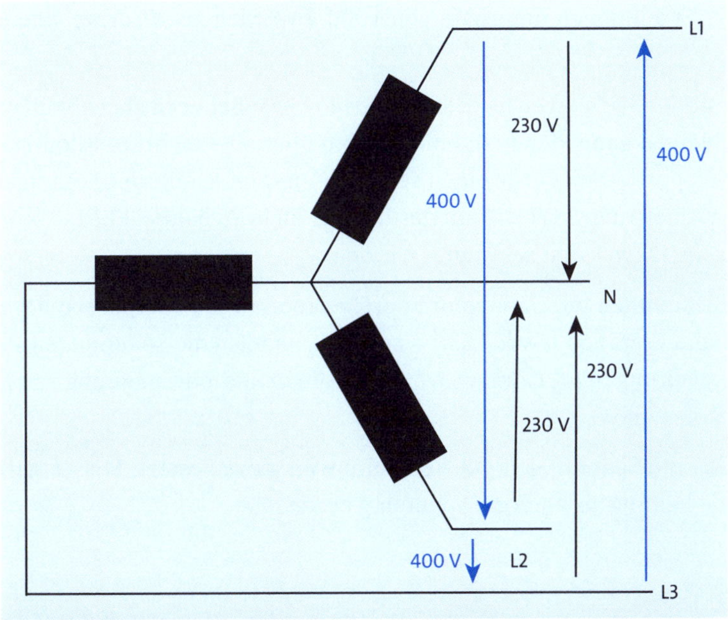

Abbildung 9.4 Spannungen bei Sternschaltung der Generatorspulen

Da an den Spulen durch die Induktion effektiv 230 V anliegen, können die Spulen auf einer Seite miteinander verbunden werden, und die 230 V sind jeweils gegen das andere Ende der Spule zu messen. Die spannungsführenden Leitungen heißen *L1*, *L2* und *L3*. Diese Schaltung wird als *Sternschaltung* bezeichnet. Die Leitung, gegen die an *L1*, *L2* und *L3* jeweils 230 V anliegen, wird *N-Leiter*, *Null-Leiter* oder *Neutral-Leiter* genannt. Wenn Sie die Schaltung etwas umzeichnen, ist die Sternform aus Abbildung 9.4 zu erkennen.

In Abschnitt 7.4 haben Sie schon berechnet, wie groß die Spannung zwischen zwei 230-V-Leitungen mit einer Phasenverschiebung von 120° ist. Das Ergebnis war $\sqrt{3} \cdot 230\ \text{V} = 398{,}4\ \text{V}$, aufgerundet 400 V. Zwischen den Leitungen *L1* und *L2*, *L2* und *L3* sowie *L3* und *L1* liegt also jeweils eine Spannung von 400 V an. Daher spricht man beim Drehstrom auch vom *400-V-System*.

Der Weg vom Kraftwerk nach Hause

Die Dreiphasenwechselspannung wird in einem Kraftwerk mithilfe eines Generators erzeugt. Dann wird sie zunächst auf eine Mittelspannung, eine Spannung im zweistelligen kV-Bereich, und letztendlich auf eine Hochspannung im dreistelligen kV-Bereich hochtransformiert. Über Hochspannungsleitungen werden die Spannungen dann in die Nähe des Verbrauchers gebracht. In einem Umspannwerk werden sie wieder zu einer Mittelspannung und in kleinen Trafostationen kurz vor unseren Haustüren auf 400 V transformiert. Spannungen unterhalb von 1000 V werden als *Niederspannung* bezeichnet.

Durch die Transformation wird erreicht, dass der Strom bei annähernd gleichbleibender Leistung klein bleiben kann, denn ein hoher Strom über eine mehrere Kilometer lange Leitung zu transportieren, würde einen sehr großen Querschnitt der Leitungen erfordern, um die Wirkleistungsverluste auf der Leitung klein zu halten. Ebenso würden die Leitungen sehr schwer und sehr teuer werden.

In unserem Keller bekommen wir dann vom Energieversorger die Dreiphasenwechselspannung mit einem Wert von jeweils 230 V geliefert, nämlich die Spannungen auf den oben genannten Leitungen *L1*, *L2* und *L3*. *L1* führt die Induktionsspannung von U, *L2* die von V und *L3* die von W.

In der Praxis werden die Spannungen mit den Leitungen gleichgesetzt. Mit *L1* wird dann z. B. sowohl die Leitung als auch die Spannung bezeichnet.

Motorprinzip

Das Prinzip des Generators kann auch umgekehrt werden. *Umgekehrt* insofern, als dass der Strom, der im Vorfeld in einem Generator erzeugt wurde, nun eine Maschine antreibt, die wir *Motor* nennen. Den grundsätzlichen Aufbau sehen Sie in Abbildung 9.5.

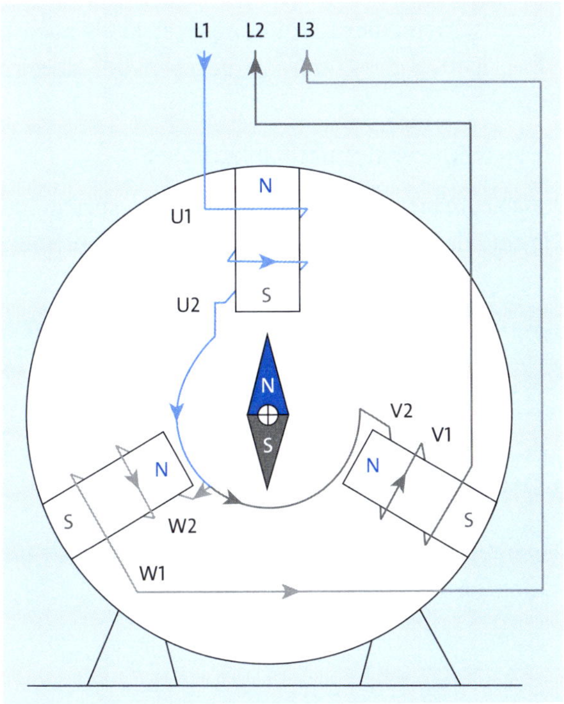

Abbildung 9.5 Prinzipieller Aufbau eines Motors – hier ist ein sogenannter Synchronmotor dargestellt.

Ein Motor besitzt prinzipiell wie ein Generator drei Spulen, die mit U, V und W bezeichnet werden. In der Mitte ist ein Magnet angebracht, der drehbar gelagert ist. Der Magnet kann allerdings auch durch eine stromdurchflossene Spule realisiert werden.

Schließen Sie nun an die Spulen den Drehstrom an, also *L1* an U, *L2* an V, *L3* an W, dann entsteht an jeder Spule ein Magnetfeld, das sich aufgrund der sinusförmigen Spannung ändert.

Betrachten Sie zuerst die Spule U: Das Magnetfeld, das an dieser Spule aufgebaut wird, ändert sich mit der angelegten Spannung. Nehmen Sie an, dass sich der Südpol der Spule U, wie in Abbildung 9.5 dargestellt, auf der Unterseite der Spule befindet, wenn *L1* sein Maximum erreicht hat. Der drehbare Magnet wird sich dann mit seinem Nordpol zum Südpol der Spule hin ausrichten. Die Spannung ändert sich aber kontinuierlich und somit auch das Magnetfeld. An der Spule U wird nun der das Feld des Nordpols immer stärker. Der Magnet wird sich jetzt von der Spule wegbewegen.

Es gibt nun potenziell zwei Möglichkeiten: Der Magnet dreht sich nach rechts oder nach links. Er bewegt sich zu der Spule hin, bei der als Nächstes der Südpol auf der Unterseite der Spule zu finden ist. Aufgrund der Phasenverschiebung wird das aber die Spule sein, an die *L2* angeschlossen ist, denn diese Spannung erreicht als nächste ihr Maximum. Somit ist eine klare Drehrichtung des Motors vorgegeben. Der Motor in Abbildung 9.5 dreht sich nach rechts.

Wenn *L2* und *L3* vertauscht würden, so würde er sich nach links drehen.

Die 120°-Phasenverschiebung gibt also eine klare Drehrichtung vor. Man spricht hier auch von *Rechts-* oder *Linksdrehfeld* und dadurch erklärt sich auch die Bezeichnung *Drehstrom*.

Bei nur zwei Spannungen und einer 180°-Anordnung wäre nie klar, in welche Richtung der Motor dreht, und somit wäre dieser »Motor« nicht funktionsfähig.

9.2 Symmetrisch belastete Drehstromsysteme

Der Transformator, der die Mittelspannung auf die Niederspannung heruntertransformiert, hat den Aufbau aus Abbildung 9.6.

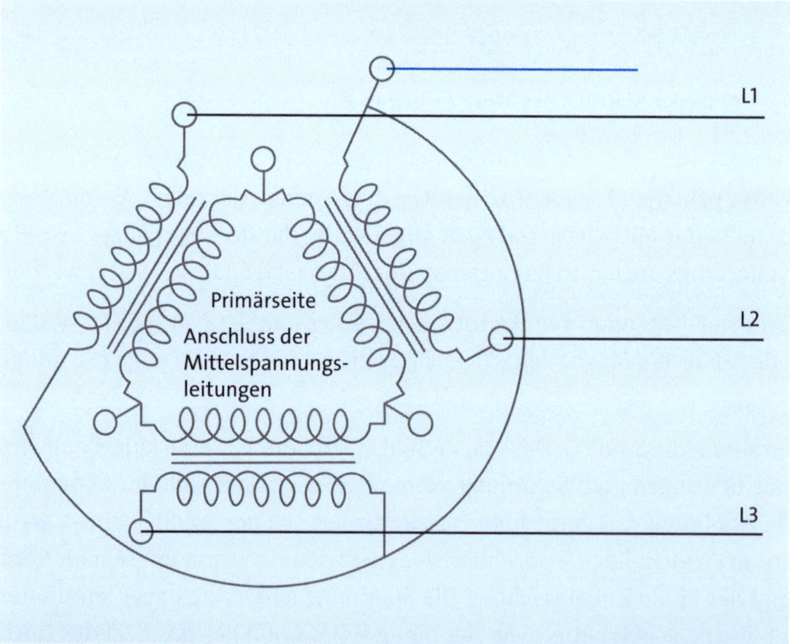

Abbildung 9.6 Transformation von Mittelspannung zu Niederspannung (230 V)

Die Sekundärseite (siehe Abbildung 9.7) ist in Sternschaltung geschaltet.

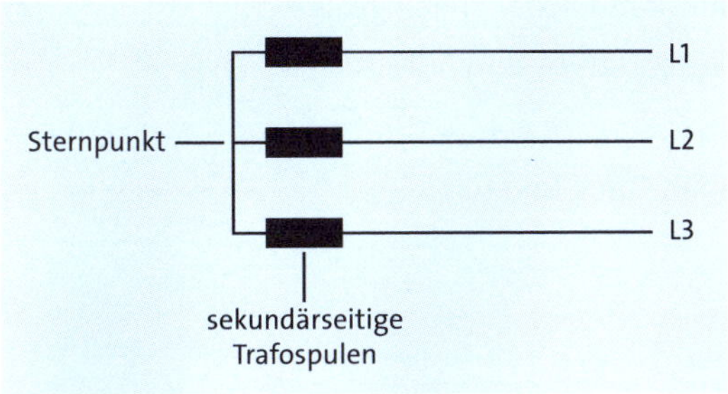

Abbildung 9.7 Schaltung der Sekundärseite

In jeder Transformatorspule auf der Sekundärseite wird eine Spannung von effektiv 230 V induziert. Zwischen den einzelnen Phasen herrscht eine Spannung von effektiv 400 V. Aufgrund dieser Spannung zwischen den Leitern können zwischen ihnen auch Ströme fließen, wenn ein Verbraucher angeschlossen wird. Die Phasen werden also nicht nur als Hin-, sondern auch als Rückleiter verwendet.

Dieses System kann nun belastet werden, d. h., es können Verbraucher an dieses Netz angeschlossen werden, wie z. B. in Abbildung 9.8.

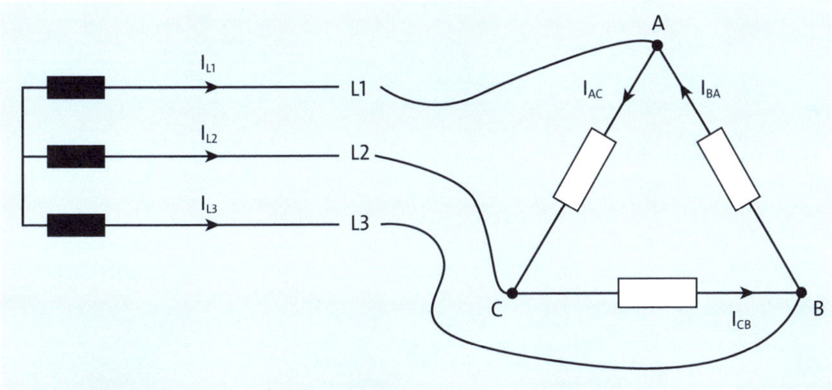

Abbildung 9.8 Ohm'sche Belastung in Dreieckschaltung

In dieser Schaltung fließen über die Widerstände nun drei Ströme, nämlich $I_{\mathrm{AC}}, I_{\mathrm{BA}}, I_{\mathrm{CB}}$. Diese Ströme werden *Strangströme* genannt.

Die Ströme in den Leitungen I_{L1}, I_{L2}, I_{L3}, die *Leiterströme*, sind hier größer als die Strangströme, denn die Anschlusspunkte *A*, *B*, *C* stellen Knotenpunkte dar, an denen sich Ströme verzweigen. Die genaue Größe der Leiterströme I_{L1}, I_{L2} und I_{L3} hängt von den angeschlossenen Widerständen ab.

Es werden generell zwei Belastungsarten unterschieden:

- *symmetrische Belastung* – Alle Widerstände sind gleich groß.
- *unsymmetrische Belastung* – Die Widerstände sind unterschiedlich groß.

Da im Folgenden viel mit trigonometrischen Funktionen gerechnet wird, folgt zunächst eine kleine Übersicht über Winkel, Sinus und Cosinus.

Im Vollkreis (siehe Abbildung 9.9) gilt:

$\alpha = -\beta$

$\sin(\alpha) = \sin(180° - \alpha)$

$\sin(-\alpha) = -\sin(\alpha)$

$\cos(\alpha) = -\cos(180° - \alpha)$

$\cos(-\alpha) = \cos(\alpha)$

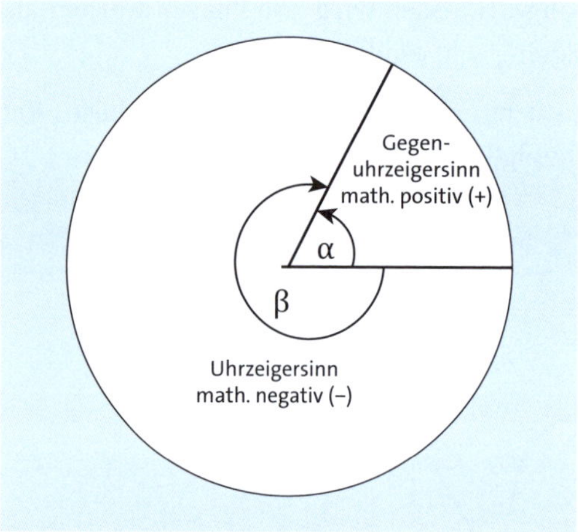

Abbildung 9.9 Winkel im Vollkreis

9.2.1 Dreieckschaltung, symmetrisch belastet

In der Dreieckschaltung sind die Widerstände jeweils zwischen *L1* und *L2*, *L2* und *L3* sowie *L3* und *L1* geschaltet. Die Spannungen, die an den Widerständen anliegen, werden *Strangspannungen* U_{str} genannt. Die *Leiterspannung* U ist die Spannung, die zwischen den Leitern anliegt, $U = 400$ V. Da die Leiterspannung direkt an den Widerständen anliegt, gilt in der Dreieckschaltung aus Abbildung 9.10:

$U = U_{str}$

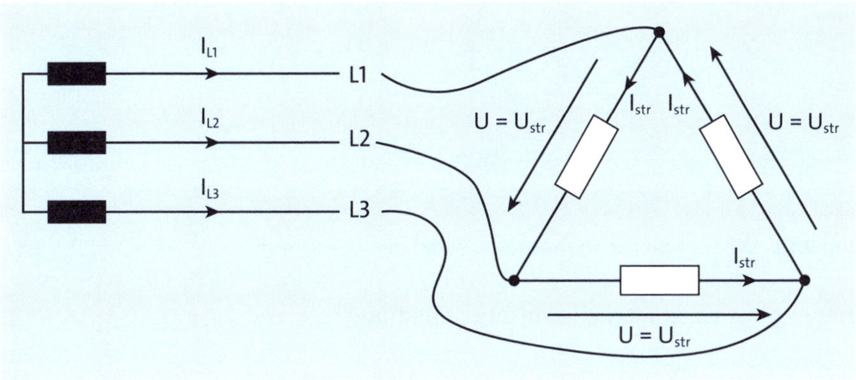

Abbildung 9.10 Symmetrische Ohm'sche Belastung in Dreieckschaltung

Da alle Spannungen und Widerstände in dieser Schaltung gleich groß sind, sind auch die Ströme alle gleich groß. Aber wie verhalten sich die Strangströme zu den Leiterströmen? Um diese Frage zu beantworten, zeichnen Sie sich ein Zeigerdiagramm der Leiterströme: Die Ströme I_{L1}, I_{L2} und I_{L3} haben aufgrund der Ohm'schen Belastung durch die Widerstände die gleiche Phasenlage wie die Spannungen auf den Leitungen *L1*, *L2* und *L3* (siehe Abbildung 9.11).

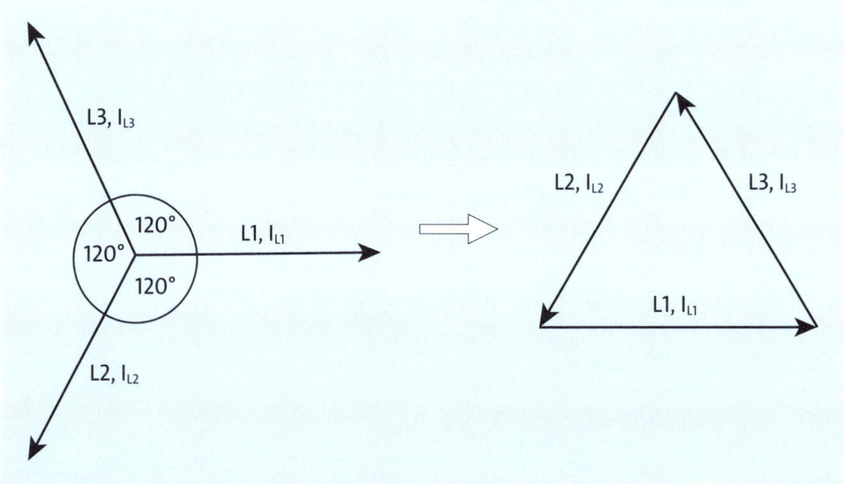

Abbildung 9.11 Phasenlage der Spannungen und Ströme der Leitungen L1, L2 und L3

Sie bilden im Zeigerdiagramm aus Abbildung 9.11 also ein gleichseitiges Dreieck. Die Leiterströme teilen sich aber in jeweils zwei Strangströme auf, die aufgrund der symmetrischen Belastung alle gleich groß sind (siehe Abbildung 9.12). Ein Leiterstrom und die jeweils abgehenden Strangströme bilden also ein gleichschenkliges Dreieck.

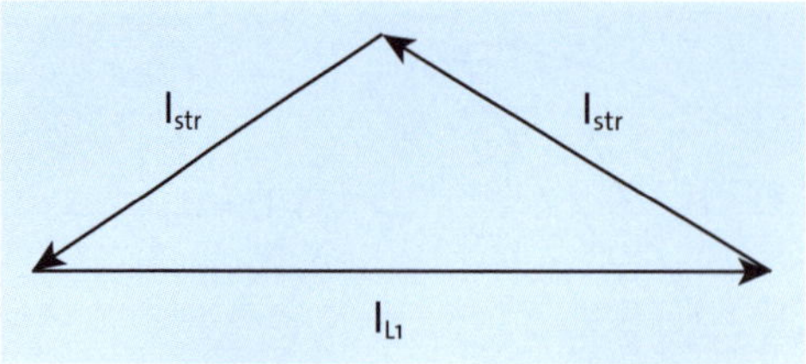

Abbildung 9.12 Die Summe der Strangströme bildet den Leiterstrom.

Insgesamt ergibt sich somit die Form aus Abbildung 9.13.

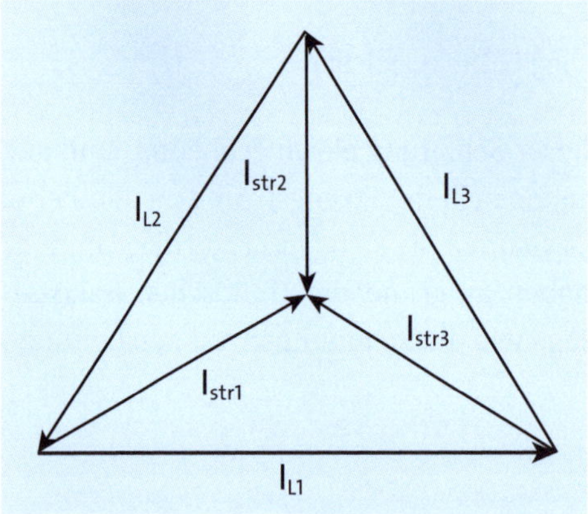

Abbildung 9.13 Zeigerdiagramm einer Dreieckschaltung mit rein Ohm'scher Belastung

Um die Ströme zu berechnen, muss der Cosinussatz helfen, da es sich um nicht rechtwinklige Dreiecke handelt. Der Cosinussatz lautet:

$$c^2 = a^2 + b^2 - 2ab\cos\gamma$$

Die Strangströme sind alle gleich groß, da die Belastung symmetrisch ist:

$$\begin{aligned} {I_L}^2 &= {I_{\text{str}}}^2 + {I_{\text{str}}}^2 - 2{I_{\text{str}}}^2 \cos 120° \\ &= 2{I_{\text{str}}}^2 - 2{I_{\text{str}}}^2 \cos 120° = 2{I_{\text{str}}}^2 + {I_{\text{str}}}^2 = 3{I_{\text{str}}}^2 \\ &\Longrightarrow I_L = \sqrt{3} I_{\text{str}} \end{aligned}$$

Also gilt für die Ströme:

$$I_L = \sqrt{3} I_{\text{str}}$$

Beispiel

Die Strangwiderstände eines in Dreieck geschalteten Warmwasserbereiters betragen 80 Ω. Wie groß ist der Leiterstrom? Das Schaltungsdiagramm sehen Sie in Abbildung 9.14.

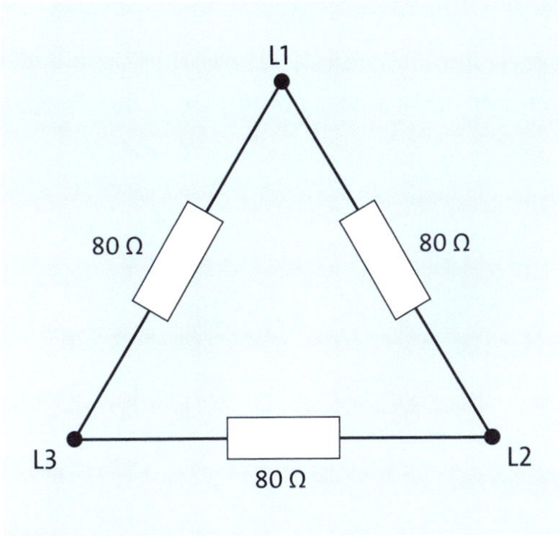

Abbildung 9.14 Symmetrische Belastung mit 80 Ω

Jeder dieser Widerstände liegt an 400 V. Die Strangströme betragen also:

$$I_{\text{str}} = \frac{U}{R} = \frac{400\ \text{V}}{80\ \Omega} = 5\ \text{A}$$

Jeder Leiterstrom hat somit einen Wert von:

$$I_L = \sqrt{3} I_{\text{str}} = \sqrt{3} \cdot 5\ \text{A} = 8{,}66\ \text{A}$$

Die von den Heizwiderständen abgegebene Leistung beträgt pro Strangwiderstand:

$$P_{\text{str}} = I_{\text{str}} U_{\text{str}} = 5\ \text{A} \cdot 400\ \text{V} = 2000\ \text{W}$$

Die Gesamtleistung P ist das Dreifache von P_{str}, da an jedem Widerstand die gleiche Leistung abgegeben wird:

$$P = 3 P_{\text{str}} = 3 \cdot 2000\ \text{W} = 6\ \text{kW}$$

Die Dreieckschaltung wird hauptsächlich eingesetzt, wenn Verbraucher angeschlossen werden, von denen eine hohe Leistung gefordert wird. Das ist z. B. der Fall beim Anschluss eines Drehstrommotors. Ein Motor stellt aber keine rein Ohm'sche Last dar, da er im Wesentlichen aus Spulen besteht.

Worin unterscheidet sich nun die Belastung mit induktiven Widerständen von der Ohm'schen Belastung?

Hier ist es wichtig, dass Sie sich die Phasenlage der Spannungen und Ströme anschauen, denn induktive Lasten führen, im Gegensatz zu Ohm'schen Widerständen, zu einer Phasenverschiebung zwischen Strömen und Spannungen (siehe Kapitel 7).

An den Leitern *L1*, *L2* und *L3* liegen – gegen den Sternpunkt des Trafos gemessen – folgende Spannungen an, wobei wir annehmen, dass die Spannung an *L1* den Bezugswinkel 0° besitzt:

$$U_{L_1} = 230\ \mathrm{V} \cdot e^{\mathrm{j}\,0°} = 230\ \mathrm{V}$$

$$U_{L_2} = 230\ \mathrm{V} \cdot e^{-\mathrm{j}\,120°} = 230\ \mathrm{V}(\cos 120° - \mathrm{j}\sin 120°) = -115\ \mathrm{V} - \mathrm{j}200\ \mathrm{V}$$

$$U_{L_3} = 230\ \mathrm{V} \cdot e^{-\mathrm{j}\,240°} = 230\ \mathrm{V}(\cos 240° - \mathrm{j}\sin 240°) = -115\ \mathrm{V} + \mathrm{j}200\ \mathrm{V}$$

$U_{21,}U_{32}, U_{13}$ sind die jeweiligen Spannungen, die jeweils zwischen den Leitern gemessen werden:

$$U_{21} = U_{L_2} - U_{L_1} = -345\ \mathrm{V} - \mathrm{j}200\ \mathrm{V} = 400\ \mathrm{V} \cdot e^{\mathrm{j}\,210°}$$

$$U_{32} = U_{L_3} - U_{L_2} = \mathrm{j}400\ \mathrm{V} = 400\ \mathrm{V} \cdot e^{\mathrm{j}\,90°}$$

$$U_{13} = U_{L_1} - U_{L_3} = 345\ \mathrm{V} - \mathrm{j}200\ \mathrm{V} = 400\ \mathrm{V} \cdot e^{-\mathrm{j}\,30°}$$

Diese Spannungen sind wieder um 120° zueinander phasenverschoben.

Der Blindwiderstand X_L wird ebenfalls als komplexe Zahl aufgefasst:

$$\mathrm{j}X_L = X_L \cdot e^{\mathrm{j}\,90°}$$

Für die Strangströme gilt dann:

$$I_{\mathrm{str1}} = \frac{U \cdot e^{\mathrm{j}\,210°}}{X_L \cdot e^{\mathrm{j}\,90°}} = |I_{\mathrm{str1}}| \cdot e^{\mathrm{j}\,120°}$$

$$I_{\mathrm{str2}} = \frac{U \cdot e^{\mathrm{j}\,90°}}{X_L \cdot e^{\mathrm{j}\,90°}} = |I_{\mathrm{str2}}| \cdot e^{\mathrm{j}\,0°}$$

$$I_{\mathrm{str3}} = \frac{U \cdot e^{-\mathrm{j}\,30°}}{X_L \cdot e^{\mathrm{j}\,90°}} = |I_{\mathrm{str3}}| \cdot e^{-\mathrm{j}\,120°}$$

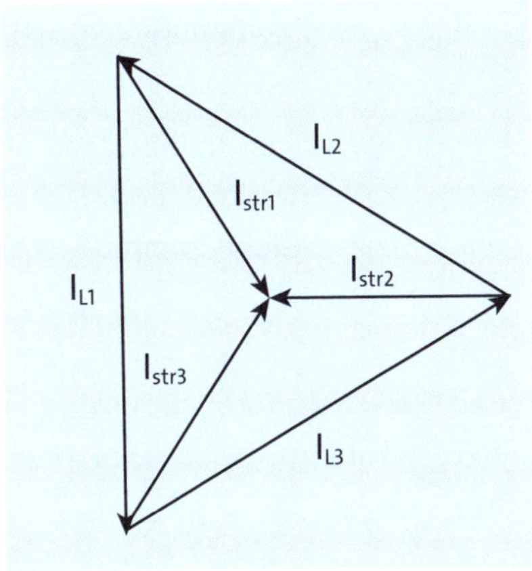

Abbildung 9.15 Zeigerdiagramm einer Dreieckschaltung mit rein induktiver Belastung

$$I_{L1} = \sqrt{3}|I_{\mathrm{str}1}| \cdot e^{-\mathrm{j}\,90^\circ}$$

$$I_{L2} = \sqrt{3}|I_{\mathrm{str}2}| \cdot e^{-\mathrm{j}\,210^\circ}$$

$$I_{L3} = \sqrt{3}|I_{\mathrm{str}3}| \cdot e^{\mathrm{j}\,30^\circ}$$

Belasten Sie dieses System mit einer induktiven Last, so bleiben die Spannungen erhalten, aber die Ströme ändern ihre Phase, denn der Strom eilt der Spannung um 90° nach. Da dies aber für jeden Strom gilt, bleibt das Stromdreieck erhalten, es dreht sich nur um 90° im Uhrzeigersinn.

Bei einer kapazitiven Last (siehe Abbildung 9.16) hätten wir – im Vergleich zur Ohm'schen Last – eine Verschiebung in die Gegenrichtung um +90°.

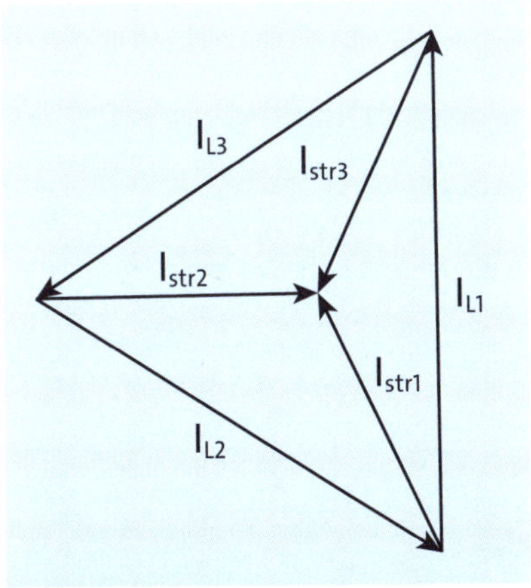

Abbildung 9.16 Zeigerdiagramm einer Dreieckschaltung mit rein kapazitiver Belastung

Wenn eine rein induktive oder kapazitive Last angeschlossen wird, dann setzt sich die Leistung nur aus den Blindleistungen Q zusammen:

$$Q = 3Q_{\text{str}} = 3UI_{\text{str}} = 3\frac{U^2}{X}$$

Solche Lasten sind in der Realität nicht zu finden; wir betrachten hier auch wieder nur ideale Lasten.

Eine reale Last, z. B. ein Motor, setzt sich aus Blind- und Wirkwiderständen zusammen, denn eine Spulenwicklung hat auch einen Ohm'schen Widerstand. Also muss in diesen Fällen der Scheinwiderstand berücksichtigt werden.

Das Ersatzschaltbild einer Motorwicklung sehen Sie in Abbildung 9.17.

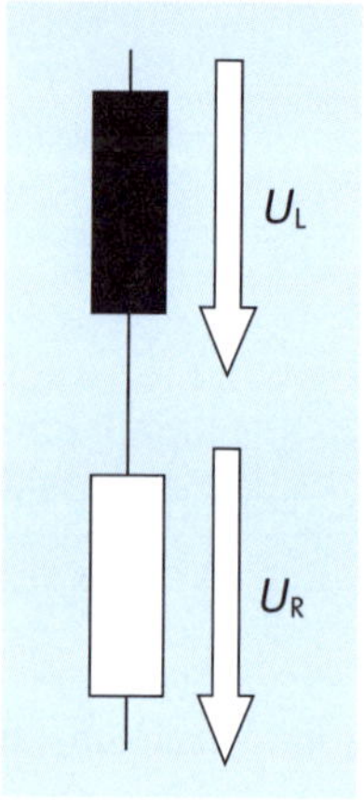

Abbildung 9.17 Ersatzschaltbild einer realen Spule

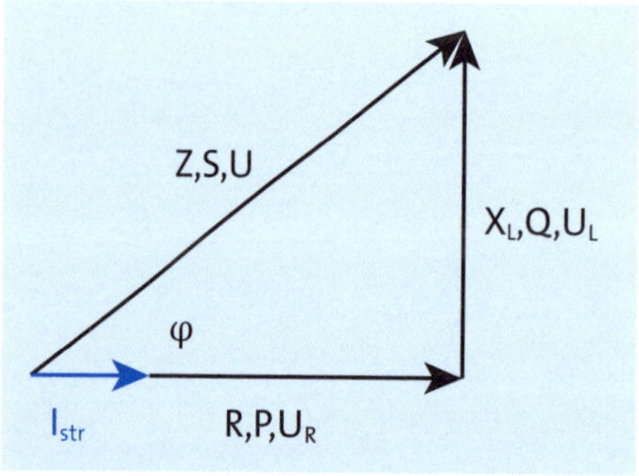

Abbildung 9.18 Spannungs-, Widerstands- und Leistungsdreieck eines Strangs mit realer induktiver Last

Die Spannung von 400 V verteilt sich auf die Spule und den Widerstand, und aufgrund der Induktivität entsteht eine Phasenverschiebung zwischen Strom und Spannung an der Spule. Der Strangstrom ist in Phase mit U_R, sein Betrag ergibt sich aus:

$$I_{\text{str}} = \frac{U}{Z}$$

Beispiel

Die Wicklungen eines in Dreieck geschalteten Drehstrommotors (400 V, 50 Hz) haben folgende Werte:

$R = 100\ \Omega, L = 0{,}1\ \text{H}$

Wie groß sind die Strangströme und die Leiterströme?

$$X_L = 2\pi f L = 2\pi \cdot 50\ \text{Hz} \cdot 0{,}1\ \text{H} = 31{,}4\ \Omega$$

$$Z_{\text{str}} = \sqrt{R^2 + {X_L}^2} = \sqrt{(100\ \Omega)^2 + (31{,}4\ \Omega)^2} = 105\ \Omega$$

$$I_{\text{str}} = \frac{U}{Z_{\text{str}}} = \frac{400\ \text{V}}{105\ \Omega} = 3{,}8\ \text{A}$$

Da alle Strangströme gleich groß sind, gilt für den Gesamtstrom:

$$I = \sqrt{3} I_{\text{str}} = \sqrt{3} \cdot 3{,}8\ \text{A} = 6{,}6\ \text{A}$$

Dreieckschaltung, symmetrisch belastet

Allgemein gilt für die Berechnung einer symmetrisch belasteten Dreieckschaltung:

$$I = \sqrt{3} I_{\text{str}} \quad [9.1]$$

$$I_{\text{str}} = \frac{U}{Z_{\text{str}}} \quad [9.2]$$

$$P_{\text{str}} = U I_{\text{str}} \cos\varphi \quad [9.3]$$

$$P = 3 P_{\text{str}} = \sqrt{3} U I \cos\varphi \quad [9.4]$$

$$Q = \sqrt{3} U I \sin\varphi \quad [9.5]$$

$$S = \sqrt{3} U I \quad [9.6]$$

Beispiel

Auf einem Drehstrommotor in Dreieckschaltung finden Sie ein Typenschild mit folgenden Angaben:

$U = 400\,\text{V}$

$P = 3\,\text{kW}$

$\cos\varphi = 0{,}8$

Wie groß sind die Strangströme und die Scheinleistung?

$$S = \frac{P}{\cos\varphi} = \frac{3\,\text{kW}}{0{,}8} = 3{,}75\,\text{kW}$$

$$\Leftrightarrow I = \frac{S}{U} = \frac{3{,}75\,\text{kW}}{400\,\text{V}} = 9{,}38\,\text{A}$$

$$\Leftrightarrow I_{\text{str}} = \frac{I}{\sqrt{3}} = \frac{9{,}38\,\text{A}}{\sqrt{3}} = 5{,}41\,\text{A}$$

9.2.2 Sternschaltung, symmetrisch belastet

Werden die Lasten in Sternform an unser Drehstromsystem angeschlossen, so können Sie den Schaltungsaufbau aus Abbildung 9.19 sehen.

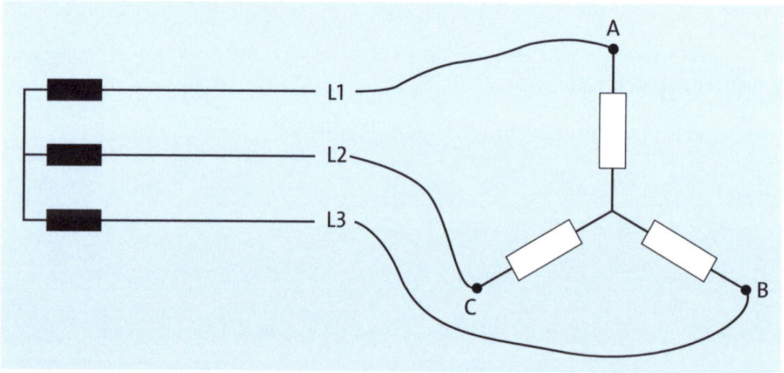

Abbildung 9.19 Sternschaltung Ohm'scher Widerstände

Nun liegen jeweils zwei Widerstände an 400 V. Das heißt gleichzeitig für die Ströme, die durch einen Strang fließen, dass sie kleiner sind als die Strangströme in der Dreieckschaltung. Für die Leistung, die in dieser Schaltung umgesetzt wird, bedeuten kleinere Ströme auch kleinere Leistungen.

Sternschaltungen werden überall dort verwendet, wo kleinere Leistungen benötigt werden. Bei einem Drehstrommotor bedeutet das zum Beispiel, dass das Drehmoment des Motors im Vergleich zur Dreieckschaltung klein ist. Je nachdem, welche Last durch den Motor bewegt werden soll, kann es sein, dass die Kraft des Sternmotors nicht ausreicht.

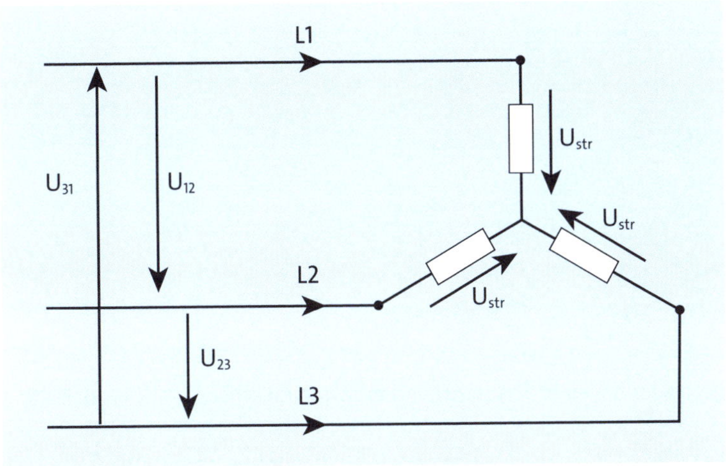

Abbildung 9.20 Spannungen einer symmetrisch belasteten Sternschaltung im Drehstromnetz

Die Strangströme entsprechen den Leiterströmen, denn es gibt hier nur drei Ströme und auch die Summe aller Ströme, die im Sternpunkt des Sterns zusammenkommen, muss gleich null sein, denn der Sternpunkt ist der Knotenpunkt der Schaltung.

Da sowohl die Leiterspannungen U_{12}, U_{23}und U_{31} als auch die Leiterströme I_1, I_2 und I_3 gleich groß sind, schreiben wir für diese Spannungen und Ströme hier nur kurz U und I.

In der Sternschaltung gilt:

$$I = I_{\mathrm{str}}$$

$$U = \sqrt{3}U_{\mathrm{str}}$$

Denn:

$$U^2 = {U_{\mathrm{str}}}^2 + {U_{\mathrm{str}}}^2 - U_{\mathrm{str}}U_{\mathrm{str}}\cos 120°$$

$$\Longrightarrow U = \sqrt{3}U_{\mathrm{str}}$$

Das Zeigerdiagramm setzt sich hier aus den Spannungen zusammen, denn die Leiterspannungen teilen sich in die Strangspannungen auf. Sie setzen sich nicht wie in der Dreieckschaltung aus den Strömen zusammen, denn dort teilen sich die Leiterströme in die Strangströme auf (siehe Abbildung 9.21).

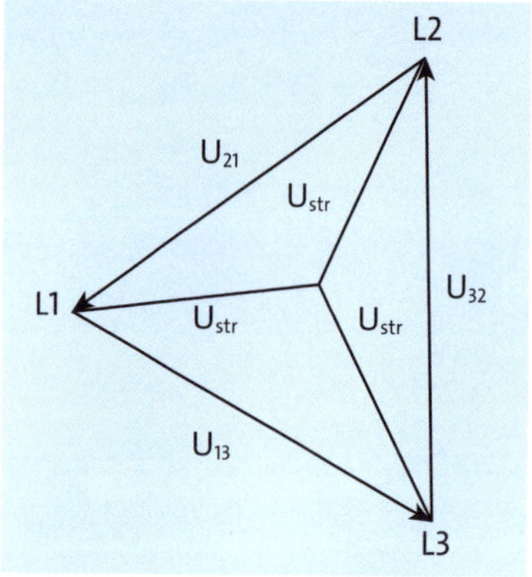

Abbildung 9.21 Zeigerdiagramm einer Sternschaltung mit symmetrischer Ohm'scher Belastung

Für die Leistungen in dieser Schaltung gilt: Je nach Verbraucherart setzt sich die Leistung aus Blind- und Wirkleistung zusammen, genauso wie bei der Dreieckschaltung.

Symmetrisch belastete Sternschaltung

[9.7] $I = I_{str}$

[9.8] $U = \sqrt{3}U_{str}$

[9.9] $U_{str} = IZ_{str}$

[9.10] $P_{str} = U_{str}I \cos\varphi$

[9.11] $P = 3P_{str} = \sqrt{3}UI \cos\varphi$

[9.12] $Q = \sqrt{3}UI \sin\varphi$

[9.13] $S = \sqrt{3}UI$

Beispiel

An einem 400-V-Drehstromnetz sind drei gleich große Heizwiderstände in einer Heizung in Stern geschaltet. Dabei fließen Strangströme von jeweils 3 A. Wie groß sind die Widerstandswerte der Heizwiderstände?

Die Strangspannung beträgt:

$$U_{\mathrm{str}} = \frac{U}{\sqrt{3}} = 230\ \mathrm{V}$$

Da $I_{\mathrm{str}} = I$, gilt:

$$R = \frac{U_{\mathrm{str}}}{I_{\mathrm{str}}} = \frac{U_{\mathrm{str}}}{I} = \frac{230\ \mathrm{V}}{3\ \mathrm{A}} = 76{,}67\ \Omega$$

9.2.3 Allgemeine Eigenschaften von Strömen und Spannungen in Drehstromsystemen

Betrachten wir die Ströme und Spannungen in einem symmetrisch belasteten Drehstromsystem etwas genauer:

Wenn Sie die Summe aller Spannungen und Ströme betrachten, können Sie Folgendes feststellen:

$$U_{L_1} + U_{L_2} + U_{L_3} = 230\ \mathrm{V} - 115\ \mathrm{V}\ + \mathrm{j}200\ \mathrm{V} - 115\ \mathrm{V} - \mathrm{j}200\ \mathrm{V} = 0$$

$$U_{21} + U_{32} + U_{13} = -345\ \mathrm{V} - \mathrm{j}200\ \mathrm{V} + \mathrm{j}400\ \mathrm{V} + 345\ \mathrm{V} - \mathrm{j}200\ \mathrm{V} = 0$$

Dies gilt auch für die Ströme:

$$I_{\mathrm{str1}} = |I_{\mathrm{str1}}| \cdot e^{\mathrm{j}\,210^\circ}$$
$$= |I_{\mathrm{str1}}| \cdot (\cos(210^\circ) + \mathrm{j}\ \sin(210^\circ)) = |I_{\mathrm{str1}}| \cdot (-0{,}866 - \mathrm{j}0{,}5)$$

$$I_{\mathrm{str2}} = |I_{\mathrm{str2}}| \cdot e^{\mathrm{j}\,90^\circ} = |I_{\mathrm{str2}}| \cdot (\cos(90^\circ) + \mathrm{j}\ \sin(90^\circ)) = \mathrm{j}|I_{\mathrm{str2}}|$$

$$I_{\mathrm{str3}} = |I_{\mathrm{str3}}| \cdot e^{-\mathrm{j}\,30^\circ}$$
$$= |I_{\mathrm{str3}}| \cdot (\cos(-30^\circ) + \mathrm{j}\ \sin(-30^\circ)) = |I_{\mathrm{str3}}| \cdot (0{,}866 - \mathrm{j}0{,}5)$$

Da die Strangströme gleich groß sind, setzen wir:

$$|I_{\mathrm{str}}| = |I_{\mathrm{str1}}| = |I_{\mathrm{str2}}| = |I_{\mathrm{str3}}|$$

$$I_{\mathrm{str1}} + I_{\mathrm{str2}} + I_{\mathrm{str3}} = |I_{\mathrm{str}}| \cdot (\mathrm{j}1 - \mathrm{j}0{,}5 - 0{,}866 - \mathrm{j}0{,}5 + 0{,}866) = 0$$

Für die Leiterströme gilt ebenfalls:

$$I_{L2} + I_{L3} + I_{L1} = 0$$

Dreiphasenwechselstromsystem

In einem Dreiphasenwechselstromsystem mit symmetrischer Belastung ist die Summe aller Ströme und Spannungen gleich null.

Also ist bei symmetrischer Belastung kein N-Leiter als Rückleiter notwendig.

9.3 Unsymmetrische Belastung

Die meisten unserer Haushaltsgeräte werden mit 230 V betrieben. 400 V werden höchstens für den Elektroherd benötigt. Um an unseren Steckdosen eine Spannung von 230 V zu erhalten, benötigt man nun noch eine zusätzliche Leitung N, die am Sternpunkt angeschlossen wird, wie schon am Anfang des Kapitels erwähnt wurde (siehe Abbildung 9.22).

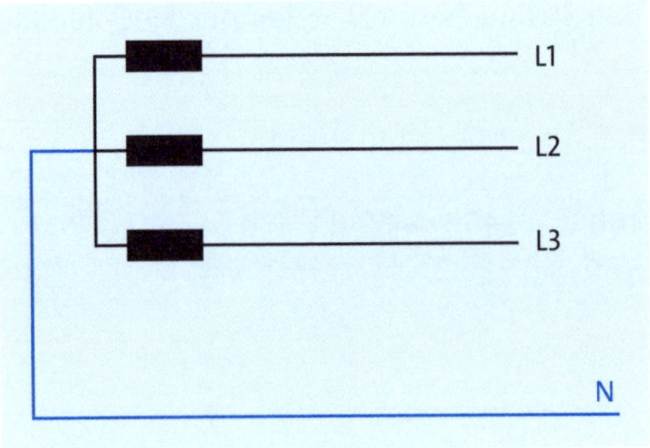

Abbildung 9.22 Vierleitersystem; der N-Leiter ist am Sternpunkt angeschlossen.

Die Spannungen zwischen *L1-N*, *L2-N* und *L3-N* betragen 230 V.

An den Steckdosen, die in einer Wohnung oder einem Haus angeschlossen sind, können also *L1-N*, *L2-N* oder *L3-N* angeschlossen sein. Bei der Planung z. B. einer Hausanlage ist der Installateur angehalten, die drei Leitungen *L1*, *L2*, *L3* so zu verteilen, dass die Belastung möglichst symmetrisch bleibt, sodass also über alle Leitungen jeweils annähernd der gleiche Strom fließt.

Das funktioniert aber wirklich nur annäherungsweise, denn der Installateur kann nicht wissen, was der Kunde an seine Steckdosen anschließt und wann. Es kommt z. B. täglich vor, dass nur der Kühlschrank läuft und alle anderen Verbraucher nicht eingeschaltet sind. Also sind die jeweiligen Leiterströme und Strangströme unterschiedlich groß.

In einer realen Anlage werden Sie also keine symmetrische Belastung vorfinden. Das hat zur Folge, dass die Summe aller Ströme nicht mehr null ist.

9.3.1 Dreieckschaltung, unsymmetrisch belastet

Ein Dreileiter-Drehstromnetz ist in Dreieckschaltung mit drei Wirkwiderständen unsymmetrisch belastet. Die Strangströme betragen: $I_{str1} = 15\ \text{A}, I_{str2} = 25\ \text{A}, I_{str3} = 30\ \text{A}$. Um zu verstehen, was nun in diesem Netz passiert, sollten Sie sich an das Zeigerdiagramm der symmetrischen Belastung erinnern, das Sie nochmal in Abbildung 9.23 sehen.

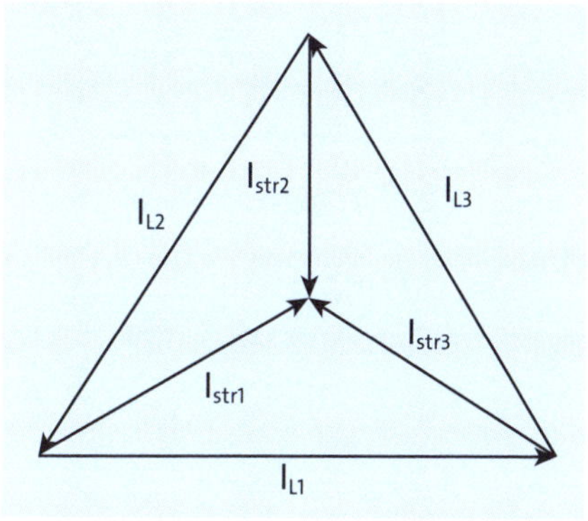

Abbildung 9.23 Ströme einer Dreieckschaltung mit symmetrischer Belastung

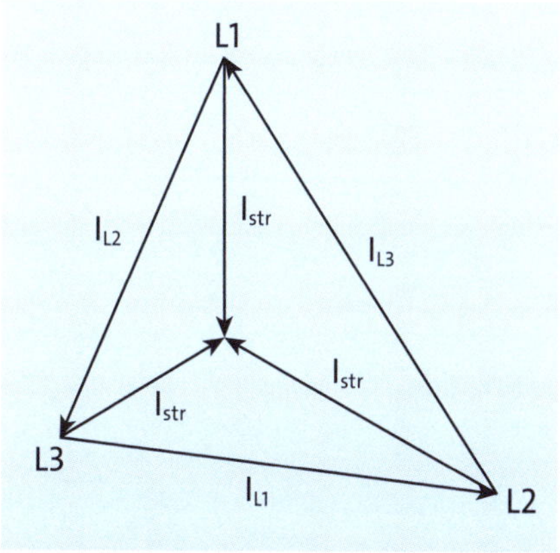

Abbildung 9.24 Ströme einer Dreieckschaltung mit unsymmetrischer Belastung

Wenn aber die Widerstände unterschiedlich große Werte haben, dann können die Ströme nicht mehr gleich groß sein. Das Zeigerdiagramm ändert seine Form. Der Betrag der Ströme hat sich verändert, aber bei rein Ohm'scher Belastung bleiben die 120°-Winkel zwischen den Strangströmen erhalten. Es zeigt sich dann eine Darstellung wie in Abbildung 9.24.

Um die Leiterströme zu berechnen, können Sie nun nicht mehr einfach $I_L = \sqrt{3} I_{\text{str}}$ annehmen, denn es ist kein gleichseitiges Dreieck mehr (siehe Abbildung 9.25).

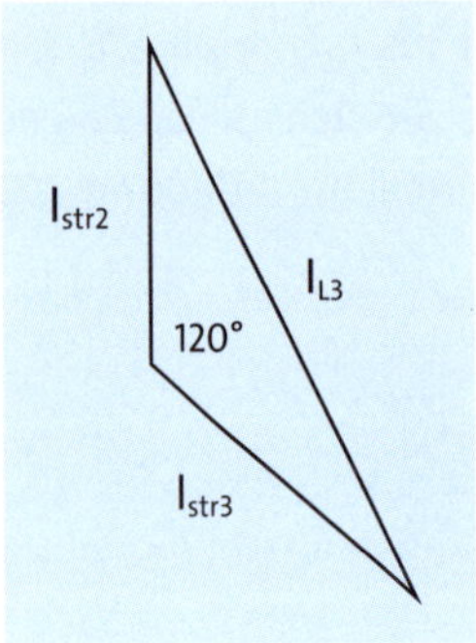

Abbildung 9.25 Die Strangströme sind unterschiedlich groß – es handelt sich nicht mehr um ein gleichschenkliges Dreieck.

$$I_{L3}{}^2 = I_{\text{str3}}{}^2 + I_{\text{str2}}{}^2 - 2 I_{\text{str3}} I_{\text{str2}} \cos 120\,°$$

$$= I_{\text{str3}}{}^2 + I_{\text{str3}}{}^2 + I_{\text{str3}} I_{\text{str2}}$$

$$\Rightarrow I_{L3} = \sqrt{I_{\text{str3}}{}^2 + I_{\text{str2}}{}^2 + I_{\text{str3}} I_{\text{str2}}}$$

Analog dazu gilt für I_{L2} und I_{L1}:

$$\Rightarrow I_{L2} = \sqrt{I_{\text{str1}}{}^2 + I_{\text{str2}}{}^2 + I_{\text{str1}} I_{\text{str2}}}$$

$$\Rightarrow I_{L1} = \sqrt{I_{\text{str1}}{}^2 + I_{\text{str2}}{}^2 + I_{\text{str1}} I_{\text{str3}}}$$

In unserem Eingangsbeispiel folgt daraus für die Ströme:

$$I_{L2} = \sqrt{(15\text{ A})^2 + (25\text{ A})^2 + 15\text{ A} \cdot 25\text{ A}} = 35\text{ A}$$

$$I_{L3} = \sqrt{(30\text{ A})^2 + (25\text{ A})^2 + 30\text{ A} \cdot 25\text{ A}} = 47{,}7\text{ A}$$

$$I_{L1} = \sqrt{(15\text{ A})^2 + (30\text{ A})^2 + 30\text{ A} \cdot 15\text{ A}} = 39{,}7\text{ A}$$

Die unsymmetrische Belastung mit ungleichartigen Lasten können Sie in einer Aufgabe berechnen.

9.3.2 Sternschaltung, unsymmetrisch belastet

Der Neutralleiter hat nicht nur die Funktion, eine Spannungsversorgung mit 230 V zu gewährleisten, sondern er hat bei einer unsymmetrischen Belastung bei Sternschaltung noch eine zusätzliche wesentliche Bedeutung.

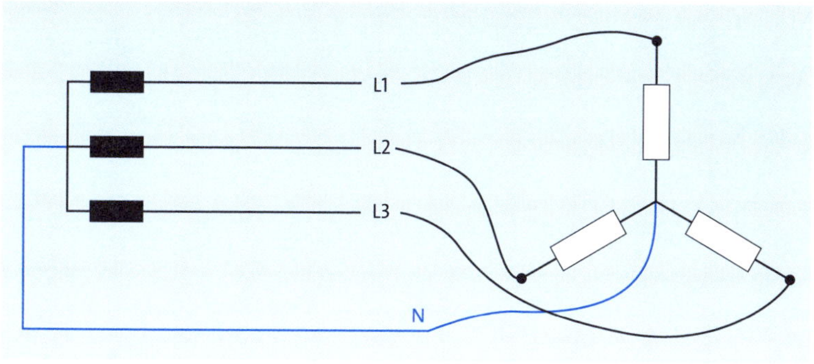

Abbildung 9.26 Anschluss einer Sternschaltung im Vierleitersystem; der N-Leiter wird an den Sternpunkt angeschlossen.

Wenn die Belastung unsymmetrisch ist, müssen bei gleicher Spannung die Strangströme unterschiedlich hoch sein. Das heißt, trotz der Phasenverschiebung um 120° ist die Summe aller Ströme nun nicht mehr null. Dieser Summenstrom wird durch den Neutralleiter abgeleitet. Die Spannungen, L gegen N gemessen, betragen alle 230 V. Somit bleibt das Spannungsdreieck auch bei unsymmetrischer Belastung erhalten (siehe Abbildung 9.27).

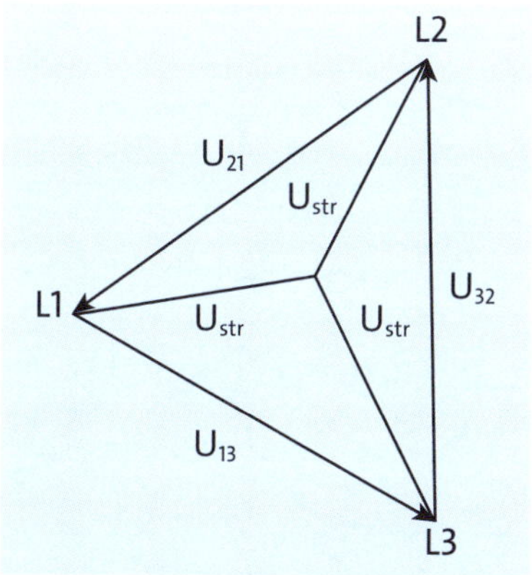

Abbildung 9.27 Zeigerdiagramm der Sternschaltung mit unsymmetrischer Ohm'scher Belastung und angeschlossenem N-Leiter

Sollte der Neutralleiter defekt sein, fließen diese Ströme über die restlichen Widerstände zurück und verschieben dadurch die Spannungsverhältnisse.

Es kommt zu einer sogenannten *Sternpunktverschiebung* wie in Abbildung 9.28.

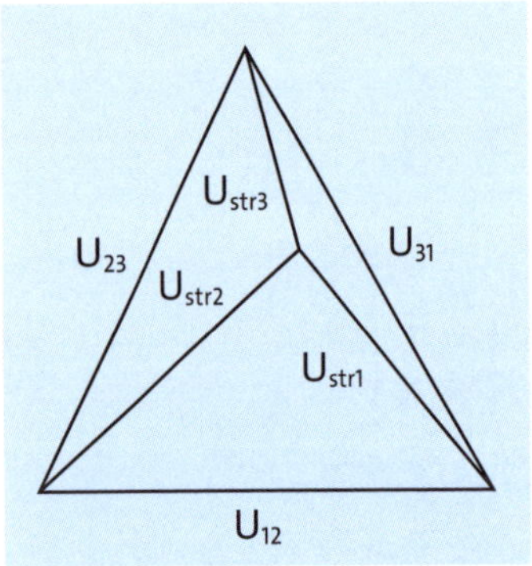

Abbildung 9.28 Zeigerdiagramm der Sternschaltung mit unsymmetrischer Ohm'scher Belastung ohne Anschluss des N-Leiters

Je nach Größe der Verschiebung liegen nun die Verbraucher in den Strängen entweder an einer zu kleinen oder einer zu großen Spannung und brennen im schlimmsten Fall durch.

Beispiel

Die Heizwiderstände $R_1 = 20\ \Omega, R_2 = 30\ \Omega, R_3 = 40\ \Omega$ liegen wie in Abbildung 9.29 in Sternschaltung an einem Vierleiter-Drehstromnetz mit 400 V und 230 V.

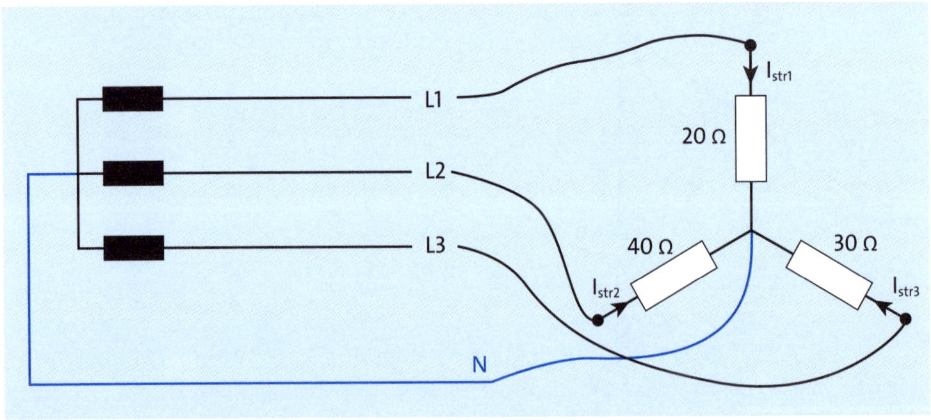

Abbildung 9.29 Sternschaltung mit unsymmetrischer Ohm'scher Belastung

Ermitteln Sie die Strangströme und den Strom im Neutralleiter.

Jeder dieser Widerstände liegt an 230 V. Somit ermitteln Sie den Betrag der Strangströme durch:

$$I = \frac{U}{R}$$

$$I_1 = \frac{230\ \text{V}}{20\ \Omega} = 11{,}5\ \text{A}$$

$$I_2 = \frac{230\ \text{V}}{30\ \Omega} = 7{,}7\ \text{A}$$

$$I_3 = \frac{230\ \text{V}}{40\ \Omega} = 5{,}75\ \text{A}$$

Da es sich um Ohm'sche Widerstände handelt, haben die Ströme die gleiche Phasenlage wie die Spannungen. Im N-Leiter addieren sich aber die Ströme, und aufgrund der unterschiedlichen Phasenlage muss die Phasenverschiebung von 120° bei der Addition berücksichtigt werden:

$$I_N = I_1 + I_2 + I_3$$

$$I_1 = 11{,}5\ \text{A} \cdot e^{\text{j}\,210°} = -10\ \text{A} - \text{j}5{,}75\ \text{A}$$

$$I_2 = 7{,}7\ \text{A} \cdot e^{\text{j}\,90°} = \text{j}7{,}7\ \text{A}$$

$$I_3 = 5{,}75\ \text{A} \cdot e^{-\text{j}\,30°} = -5\ \text{A} - \text{j}2{,}875\ \text{A}$$

$$I_N = I_1 + I_2 + I_3$$

$$I_N = -10\ \text{A} - 5\ \text{A} + \text{j}7{,}7\ \text{A} - \text{j}2{,}875\ \text{A} - \text{j}5{,}75\ \text{A}$$
$$= -15\ \text{A} - \text{j}0{,}925\ \text{A} = 15\ \text{A} \cdot e^{\text{j}\,3{,}5°}$$

Wird nun der N-Leiter unterbrochen, ruft dieser Strom einen Spannungsabfall an den Widerständen hervor. Dadurch verschiebt sich der Sternpunkt von N nach N' (siehe Abbildung 9.30).

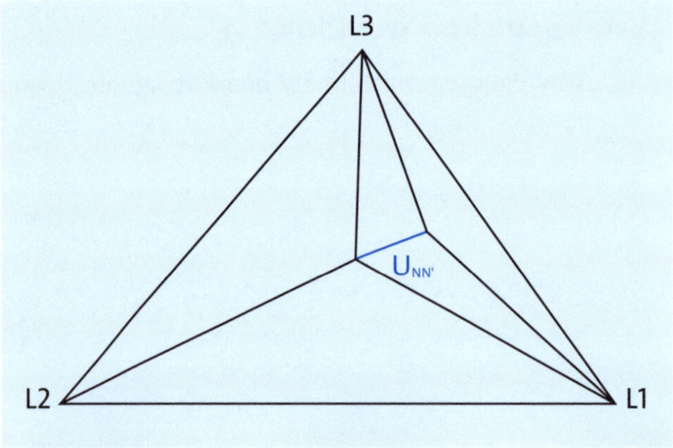

Abbildung 9.30 Sternpunktverschiebung

Die Spannung $U_{NN'}$ gibt an, wie sehr sich die Spannungen verschieben:

[9.14] $$U_{NN'} = \frac{I_1 + I_2 + I_3}{\frac{1}{R_1} + \frac{1}{R_2} + \frac{1}{R_3}}$$

In diesem Fall ist:

$$U_{NN'} = \frac{15\,\text{A} \cdot e^{\text{j}\,3{,}5°}}{\frac{1}{20\,\Omega} + \frac{1}{30\,\Omega} + \frac{1}{40\,\Omega}} = 138{,}46\,\text{V} \cdot e^{\text{j}\,3{,}5°} = 138{,}2\,\text{V} + \text{j}8{,}45\,\text{V}$$

Addieren Sie nun $U_{NN'}$ zu den jeweiligen Strangspannungen, so erhalten Sie die Spannung, die bei einem Bruch des N-Leiters an den Verbrauchern anliegt:

$$U_{\text{str1}} = 230\,\text{V} \cdot e^{\text{j}\,0°} = 230\,\text{V}$$

$$U_{\text{str2}} = 230\,\text{V} \cdot e^{-\text{j}\,120°} = -115\,\text{V} - \text{j}200\,\text{V}$$

$$U_{\text{str3}} = 230\,\text{V} \cdot e^{\text{j}\,120°} = -115\,\text{V} + \text{j}200\,\text{V}$$

$$U_{R1} = U_{\text{str1}} + U_{NN'} = 230\,\text{V} + 138{,}2\,\text{V} + \text{j}8{,}45\,\text{V}$$
$$= 368{,}2\,\text{V} + \text{j}8{,}45\,\text{V} = 368{,}3\,\text{V} \cdot e^{\text{j}\,1{,}8°}$$

$$U_{R2} = U_{\text{str2}} + U_{NN'} = -115\,\text{V} - \text{j}200\,\text{V} + 138{,}2\,\text{V} + \text{j}8{,}45\,\text{V}$$
$$= 23{,}2\,\text{V} - \text{j}191{,}55\,\text{V} = 192{,}9\,\text{V} \cdot e^{-\text{j}\,83°}$$

$$U_{R3} = U_{\text{str3}} + U_{NN'} = -115\,\text{V} + \text{j}200\,\text{V} + 138{,}2\,\text{V} + \text{j}8{,}45\,\text{V}$$
$$= 23{,}2\,\text{V} + \text{j}208{,}45\,\text{V} = 209{,}7\,\text{V} \cdot e^{\text{j}\,83{,}6°}$$

9.4 Übungen

Aufgabe 1

Drei Ohm'sche Verbraucher mit einem Widerstand von je 34,9 Ω liegen in Sternschaltung an 400 V. Der Neutralleiter ist nicht angeschlossen.

Wie groß sind der Leiterstrom und die Gesamtleistung?

Aufgabe 2

Drei in Stern geschaltete Ohm'sche Widerstände von je 60 Ω werden ans 400-V-Drehstromnetz mit N-Leiter angeschlossen.

Wie groß ist bzw. sind:

a) der Strangstrom?

b) der Strom im N-Leiter bei Ausfall eines Widerstandes?

c) die Leiterströme in *L3* und *L2*, wenn *L1* und der N-Leiter unterbrochen sind?

Aufgabe 3

Drei Heizwiderstände von je 25 Ω liegen in Dreieckschaltung am 400-V-Drehstromnetz.

Wie groß ist:

a) die Spannung, die an jedem Widerstand anliegt?

b) der Strom, der durch jeden Widerstand fließt?

c) der Strom, der durch die Leiter *L1*, *L2*, *L3* fließt?

d) der Strom, der durch die Widerstände und durch *L2* und *L3* fließt, wenn *L1* ausfällt?

e) Der Widerstand zwischen den Leitern *L1* und *L2* wird zerstört. Wie groß sind die Ströme, die durch die beiden anderen Widerstände und die Leiter *L1*, *L2* und *L3* fließen?

Aufgabe 4

Drei gleich große Kapazitäten liegen in Dreieckschaltung an 400 V, 50 Hz. Die Leiterströme betragen 20,7 A.

Wie groß sind die Strangkapazitäten?

Aufgabe 5

Drei Wirkwiderstände $R_1 = 30\,\Omega, R_2 = 40\,\Omega, R_3 = 60\,\Omega$ liegen in Sternschaltung an einem 400-V-Drehstromnetz.

Berechnen Sie:

a) die Strangströme,

b) den Strom im Neutralleiter,

c) die Verschiebungsspannung bei Ausfall des Neutralleiters und die Spannungen an den Widerständen.

Aufgabe 6

In einem Vierleiter-Drehstromnetz werden gemessen:

$I_1 = 10\,\text{A}, \cos\varphi = 1$

$I_2 = 20\,\text{A}, \cos\varphi = 0{,}75$ induktiv

$I_3 = 5\,\text{A}$ kapazitiv

Wie groß ist der Strom im Neutralleiter?

Aufgabe 7

Ein Stern-Dreieckschalter schließt drei Wirkwiderstände von je 20 Ω an ein Vierleiter-Drehstromnetz von 400 V an.

a) Welcher Leiterstrom fließt in der Sternschaltung?

b) Welcher Leiterstrom fließt in der Dreieckschaltung?

c) Welche Leistung wird in jeder Schaltung aufgenommen?

d) In welchem Verhältnis stehen die Leistungen zueinander?

Aufgabe 8

Gegeben ist das belastete Dreiphasenwechselspannungssystem mit einer Außenleiterspannung von 6 kV, 50 Hz, das Sie in Abbildung 9.31 sehen.

Gegeben sind die Lasten $Z_1 = 100\,\Omega$ und $Z_2 = 75\,\Omega + \text{j}50\,\Omega$.

Wie groß muss die Last Z_3sein, so dass auf den Nullleiter verzichtet werden kann?

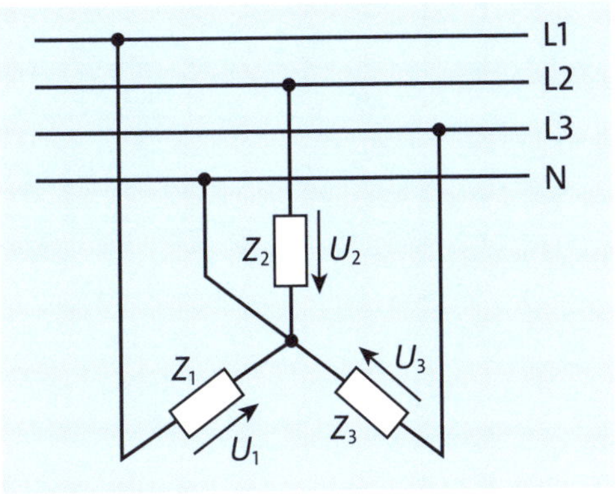

Abbildung 9.31 Skizze zu Aufgabe 8

9.5 Lösungen

Lösung 1

Gegeben sind:

400-V-Sternschaltung

$R = 34{,}9\ \Omega$

Gesucht sind:

Leiterstrom I

Leistung S

Die Strangspannung beträgt 230 V, denn

$$U_{\text{str}} = \frac{U}{\sqrt{3}} = \frac{400\ \text{V}}{\sqrt{3}} = 230\ \text{V}$$

$$I = I_{\text{str}} = \frac{U_{\text{str}}}{R} = \frac{230\ \text{V}}{34{,}9\ \Omega} = 6{,}6\ \text{A}$$

$$S = P = 3P_{\text{str}}$$

$$P_{\text{str}} = U_{\text{str}} I = 230\ \text{V} \cdot 6{,}6\ \text{A} = 1{,}52\ \text{kW}$$

$$P = 4{,}56\ \text{kW}$$

Lösung 2

Gegeben sind:

400-V-Sternschaltung

$R = 60\ \Omega$

a) Gesucht: I_{str}

$$U_{str} = \frac{U}{\sqrt{3}} = \frac{400\ \text{V}}{\sqrt{3}} = 230\ \text{V}$$

$$I_{str} = \frac{U_{str}}{R} = \frac{230\ \text{V}}{60\ \Omega} = 3{,}8\ \text{A}$$

b) Wenn ein Widerstand unterbrochen ist, stellt sich die Schaltung so dar wie in Abbildung 9.32.

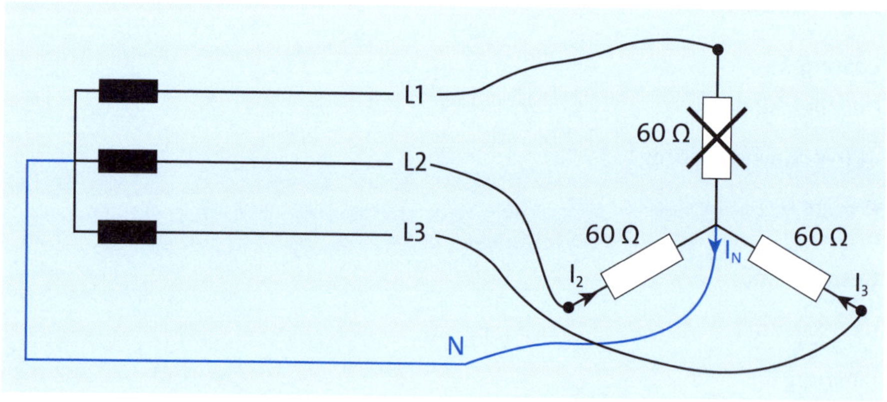

Abbildung 9.32 Ein defekter Widerstand stellt eine Unterbrechung des Stromkreises dar.

Die Schaltung reduziert sich auf eine Parallelschaltung der restlichen Widerstände:

$$I_N = I_2 + I_3 = 2 \cdot 3{,}8\ \text{A} = 7{,}6\ \text{A}$$

c) Wenn ein Widerstand und der N-Leiter unterbrochen sind, stellt sich die Schaltung so dar wie in Abbildung 9.33.

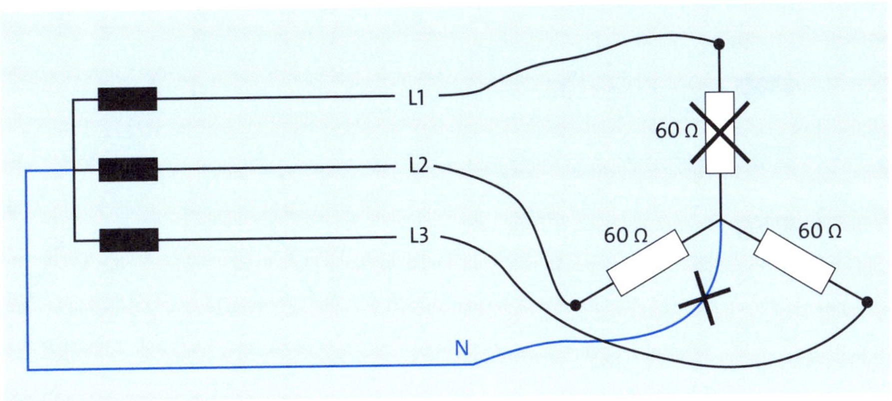

Abbildung 9.33 Ein defekter Widerstand stellt eine Unterbrechung des Stromkreises dar und der N-Leiter ist unterbrochen.

Die Widerstände sind in Reihe an 400 V angeschlossen:

$$I = \frac{U}{2 \cdot R} = \frac{400\ \text{V}}{120\ \Omega} = 3{,}3\ \text{A}$$

Lösung 3

Gegeben sind:

400-V-Dreieckschaltung

$R = 25\ \Omega$

a) Gesucht ist U_{str}:

$$U = U_{str} = 400\ \text{V}$$

b) Gesucht ist I_{str}:

$$I_{str} = \frac{U_{str}}{R} = \frac{400\ \text{V}}{25\ \Omega} = 16\ \text{A}$$

c) Gesucht sind I_{L1}, I_{L2}, I_{L3}:

Alle Strangströme sind gleich groß und somit auch die Leiterströme:

$$I_{L1} = I_{L2} = I_{L3} = I = \sqrt{3}I_{str} = \sqrt{3} \cdot 16\ \text{A} = 27{,}7\ \text{A}$$

d) Durch die Unterbrechung von *L1* stellt sich die Schaltung wie in Abbildung 9.34 dar.

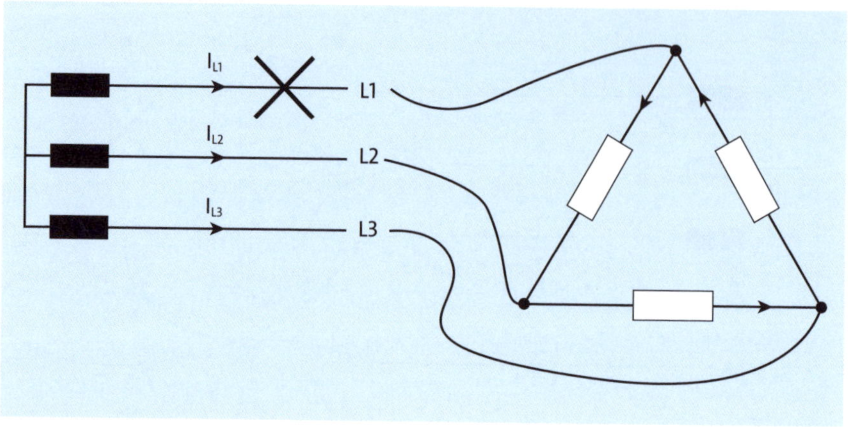

Abbildung 9.34 Unterbrechung von L1

In diesem Fall ändert sich die Schaltung zur Darstellung aus Abbildung 9.35.

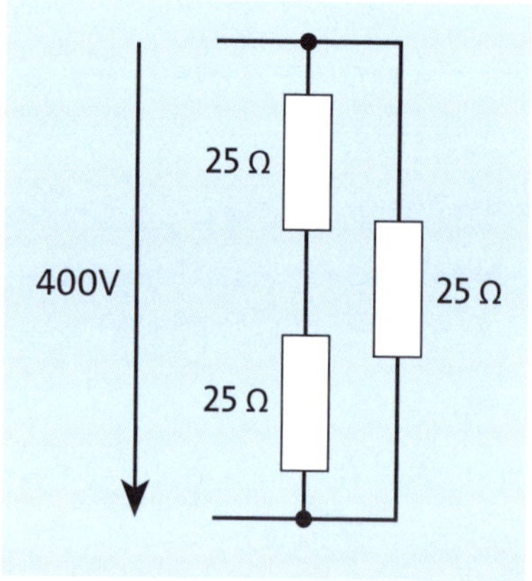

Abbildung 9.35 Ersatzschaltung zu Abbildung 9.34

$$I_{L2} = I_{L3} = \frac{U}{2 \cdot R} + \frac{U}{R} = \frac{400\,\text{V}}{50\,\Omega} + \frac{400\,\text{V}}{25\,\Omega}$$

$$= 8\,\text{A} + 16\,\text{A} = 24\,\text{A}$$

e) Wenn ein Widerstand unterbrochen ist, stellt sich die Schaltung so dar wie in Abbildung 9.36.

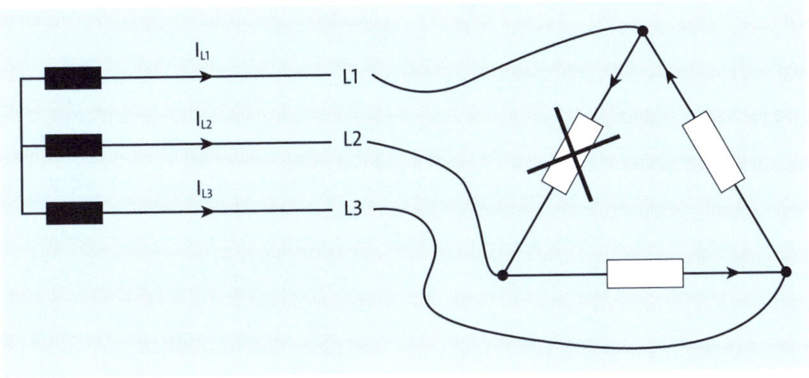

Abbildung 9.36 Ein defekter Widerstand stellt eine Unterbrechung des Stromkreises dar.

Zwischen *L2* und *L1* liegen jeweils dieselben Widerstände in der gleichen Schaltung, also gilt für die Beträge: $I_{L1} = I_{L2}$

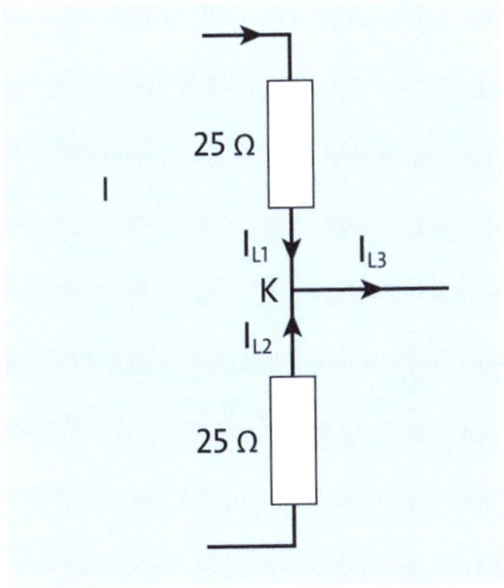

Abbildung 9.37 Ersatzschaltbild zu Aufgabe 3e)

$$I_{L1} = I_{\text{str1}} = \frac{U}{R} = \frac{400\ \text{V}}{25\ \Omega} = 16\ \text{A} = I_{L2}$$

Die Phasenverschiebung von I_{L1} zu I_{L2} beträgt 120°. Somit ist:

$\underline{I_{L1}} = 16\ \text{A}$

$\underline{I_{L_2}} = 16\ \text{A} \cdot e^{\text{j}\,120°}$

Nach Kirchhoff ist die Summe aller Ströme im Knotenpunkt gleich null. Also gilt:

$$\underline{I_{L3}} = \underline{I_{L1}} + \underline{I_{L_2}} = 16\ \text{A} + 16\ \text{A} \cdot e^{\text{j}\,120°} = 16\ \text{A}\,(1 + \cos 120° + \text{j} \sin 120°)$$
$$= 16\ \text{A}\,(0{,}5 + \text{j}0{,}86) = 16\ \text{A} \cdot e^{\text{j}\,60°}$$

Lösung 4

Gegeben sind:

400-V-Dreieckschaltung

$I_1 = I_2 = I_3 = 20{,}7\ \text{A}$

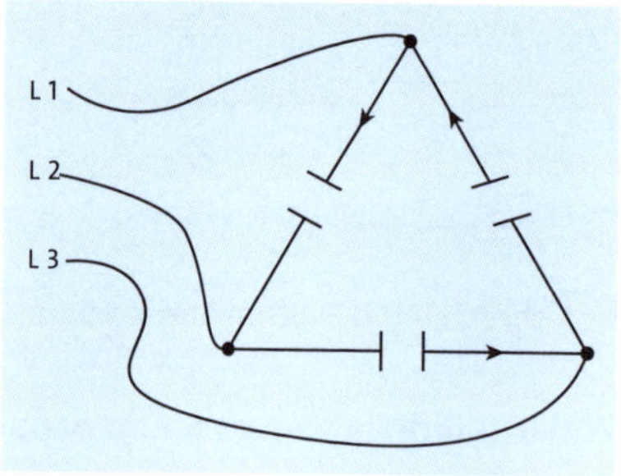

Abbildung 9.38 Symmetrische kapazitive Belastung

Gesucht ist C:

$$I_{\text{str}} = \frac{I}{\sqrt{3}} = \frac{20{,}7\ \text{A}}{\sqrt{3}} = 11{,}95\ \text{A}$$

$$X_C = \frac{U}{I_{\text{str}}} = \frac{400\ \text{V}}{11{,}95\ \text{A}} = 33{,}4\ \Omega$$

$$C = \frac{1}{2\pi f X_C} = \frac{1}{2\pi \cdot 50\ \text{Hz} \cdot 33{,}4\ \Omega} = 95\ \mu\text{F}$$

Lösung 5

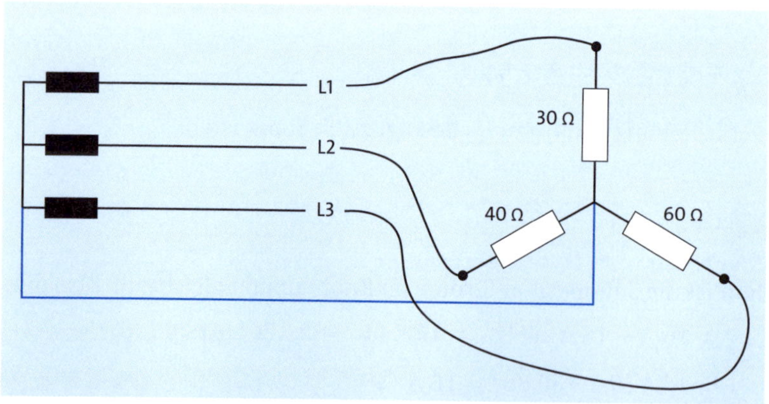

Abbildung 9.39 Unsymmetrische Ohm'sche Belastung einer Sternschaltung

a) Gesucht sind die Strangströme:

$$U_{\text{str}} = \frac{U}{\sqrt{3}} = 230\ \text{V}$$

$$\left|I_{\text{str}_1}\right| = \frac{U_{\text{str}}}{R_1} = \frac{230\ \text{V}}{30\ \Omega} = 7{,}7\ \text{A}$$

$$\left|I_{\text{str}_2}\right| = \frac{U_{\text{str}}}{R_2} = \frac{230\ \text{V}}{40\ \Omega} = 5{,}75\ \text{A}$$

$$\left|I_{\text{str}_3}\right| = \frac{U_{\text{str}}}{R_3} = \frac{230\ \text{V}}{60\ \Omega} = 3{,}8\text{A}$$

b) Gesucht ist I_N.

Alle Ströme haben eine Phasenverschiebung von 120° zueinander. Treffen Sie folgende Annahme:

$$I_{\text{str1}} = 7{,}7\ \text{A}$$

$$I_{\text{str2}} = 5{,}75\ \text{A} \cdot e^{\text{j}\,120°}$$

$$I_{\text{str3}} = 3{,}8\ \text{A} \cdot e^{-\text{j}\,120°}$$

$$I_{\text{str1}} + I_{\text{str2}} + I_{\text{str3}} = 7{,}7\ \text{A} + 5{,}75\ \text{A} \cdot e^{\text{j}\,120°} + 3{,}8\ \text{A} \cdot e^{-\text{j}\,120°}$$

$$I_{\text{str2}} = 5{,}75\ \text{A}\,(\cos 120° + \text{j} \sin 120°) = -2{,}875\ \text{A} + \text{j}4{,}98\ \text{A}$$

$$I_{\text{str3}} = 3{,}8\text{A}\,(\cos(-120°) + \text{j} \sin(-120°)) = -1{,}9\ \text{A} - \text{j}3{,}3\ \text{A}$$

$$I_{\text{str1}} + I_{\text{str2}} + I_{\text{str3}} = 7{,}7\ \text{A} - 2{,}875\ \text{A} + \text{j}4{,}98\ \text{A} - 1{,}9\ \text{A} - \text{j}3{,}3\ \text{A}$$

$$I_N = 2{,}925\text{A} + \text{j}1{,}69\ \text{A} = 3{,}38\ \text{A} \cdot e^{\text{j}\,30°}$$

c) Gesucht ist $U_{NN'}$:

$$U_{NN'} = \frac{I_1 + I_2 + I_3}{\frac{1}{R_1} + \frac{1}{R_2} + \frac{1}{R_3}}$$

$$U_{NN'} = \frac{3{,}38\text{A} \cdot e^{\text{j}\,30°}}{\frac{1}{20\ \Omega} + \frac{1}{40\ \Omega} + \frac{1}{60\ \Omega}} = 36{,}87\ \text{V} \cdot e^{\text{j}\,30°} = 31{,}9\ \text{V} + 18{,}4\ \text{V}$$

$$U_{\text{str1}} = 230\ V \cdot e^{\text{j}\,0°} 230\ \text{V}$$

$$U_{\text{str2}} = 230\ \text{V} \cdot e^{-\text{j}\,120°} = -115\ \text{V} - \text{j}200\ \text{V}$$

$$U_{\text{str3}} = 230\ \text{V} \cdot e^{\text{j}\,120°} = -115\ \text{V} + \text{j}200\ \text{V}$$

$$U_{R1} = U_{\text{str1}} + U_{NN'} = 230\ \text{V} + 31{,}9\ \text{V} + 18{,}4\ \text{V}$$

$$= 261{,}9\ \text{V} + 18{,}4\ \text{V} = 262{,}5\ \text{V} \cdot e^{\text{j}\,4°}$$

$$U_{R2} = U_{\text{str2}} + U_{NN'} = -115\text{ V} - \text{j}200\text{ V} + 31{,}9\text{ V} + 18{,}4\text{ V}$$
$$= -76{,}5\text{ V} - 181{,}6\text{ V} = 197{,}06\text{ V} \cdot e^{\text{j}247{,}16°}$$

$$U_{R3} = U_{\text{str3}} + U_{NN'} = -115\text{ V} + \text{j}200\text{ V} + 31{,}9\text{ V} + 18{,}4\text{ V}$$
$$= -76{,}5 + \text{j}218{,}4\text{ V} = 231{,}4\text{ V} \cdot e^{-\text{j}\,70{,}7°}$$

Lösung 6

Gegeben waren:

$I_1 = 10\text{ A}, \cos\varphi = 1$

$I_2 = 20\text{ A}, \cos\varphi = 0{,}75$ induktiv

$I_3 = 5\text{ A}$ kapazitiv

$\cos\varphi = 1$ bedeutet $\varphi = 0°$, also handelt es sich um einen Ohm'schen Verbraucher.

$\cos\varphi = 0{,}75$ induktiv $\Longrightarrow$ $\varphi = -41{,}4°$, denn es handelt sich um eine reale Spule.

$I_3 = 5\text{ A}$ kapazitiv, denn es handelt sich um einen Kondensator, $\varphi = 90°$.

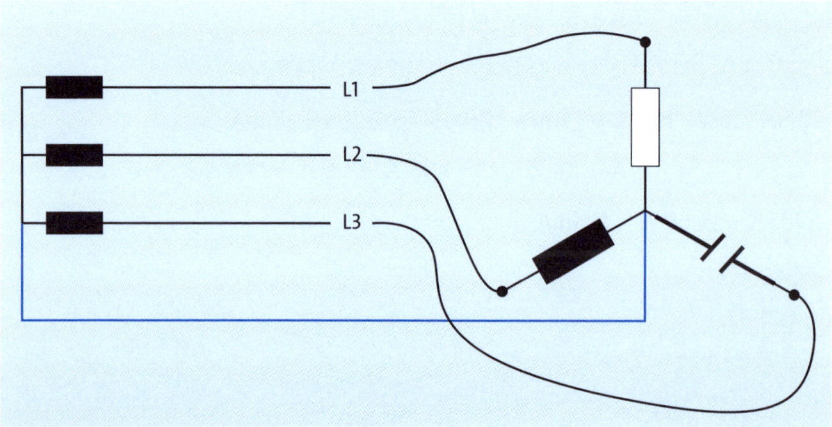

Abbildung 9.40 Sternschaltung mit gemischten Lasten

$I_1 = 10\text{ A}$

$I_2 = 20\text{ A} \cdot e^{-\text{j}\,41{,}4°} = 15\text{ A} - \text{j}13{,}2\text{ A}$

$I_3 = 5\text{ A} \cdot e^{\text{j}\,90°} = \text{j}5\text{ A}$

$$I_N = I_1 + I_2 + I_3 = 10\text{ A} + 15\text{ A} - \text{j}13{,}2\text{ A} + \text{j}5\text{ A}$$
$$= 25\text{ A} - \text{j}8{,}2\text{ A} = 26{,}31\text{ A} \cdot e^{-\text{j}\,18{,}16°}$$

Lösung 7

Gegeben ist $R = 20\ \Omega$.

a) Gesucht: I_L in Sternschaltung:

$$I_L = \frac{U_{\text{str}}}{R} = \frac{230\ \text{V}}{20\ \Omega} = 11{,}5\ \text{A}$$

b) Gesucht: I_L in Dreieckschaltung:

$$I_{\text{str}} = \frac{U}{R} = \frac{400\ \text{V}}{20\ \Omega} = 20\ \text{A}$$

$$I = \sqrt{3} I_{\text{str}} = 34{,}64\ \text{A}$$

c) Sternschaltung:

$$P_{\text{str}} = U_{\text{str}} I_L = 230\ \text{V} \cdot 11{,}5\ \text{A} = 2{,}645\ \text{kW}$$

$$P_s = 3P_{\text{str}} = 7{,}935\ \text{kW}$$

Dreieckschaltung:

$$P_{\text{str}} = U \cdot I_{str} = 400\ \text{V} \cdot 20\text{A} = 8\ \text{kW}$$

$$P = 3P_{\text{str}} = 24\ \text{kW}$$

d) Die Leistung in der Dreieckschaltung ist dreimal größer als die Leistung in der Sternschaltung.

Lösung 8

$$Z_1 = 100\ \Omega$$

$$Z_2 = 75\ \Omega + \text{j}50\ \Omega = 90{,}14\ \Omega\ e^{\text{j}33{,}7°}$$

Damit auf den Nullleiter verzichtet werden kann, muss die Summe aller Strangströme gleich Null sein. Für die Strangströme gilt:

$$I_{\text{str}} = \frac{U_{\text{str}}}{Z}$$

Für die Sternschaltung gilt $U_{\text{str}} = \frac{U}{\sqrt{3}}$, die Phasenverschiebung beträgt 120°.

Die Strangspannungen betragen:

$$U_{\text{str1}} = \frac{6\ \text{kV}}{\sqrt{3}}\ e^{\text{j}0°}$$

$$U_{\text{str2}} = \frac{6\,\text{kV}}{\sqrt{3}}\ e^{-\text{j}120°}$$

$$U_{\text{str2}} = \frac{6\,\text{kV}}{\sqrt{3}}\ e^{\text{j}120°}$$

Die Strangströme betragen:

$$I_{\text{str1}} = \frac{U_{\text{str1}}}{Z_1} = \frac{\frac{6\,\text{kV}}{\sqrt{3}}\ e^{\text{j}0°}}{100\,\Omega} = 34{,}64\ \text{A}$$

$$I_{\text{str2}} = \frac{U_{\text{str2}}}{Z_2} = \frac{\frac{6\,\text{kV}}{\sqrt{3}}\ e^{-\text{j}120°}}{90{,}14\,\Omega\ e^{\text{j}33{,}7°}} = 38{,}49\ \text{A}\ e^{\text{j}33{,}7}$$

$$= -34{,}51\ \text{A} - \text{j}17{,}05\ \text{A}$$

Damit die Summe aller Ströme gleich Null ist, müssen sich alle Real- und Imaginärteile gegeneinander aufheben:

$$\text{Re}(I_{\text{str3}}) = \text{Re}(-I_{\text{str1}}) + \text{Re}(I_{\text{str2}}) = -34{,}64\ \text{A} + \text{j}34{,}51\ \text{A} = -0{,}13\ \text{A}$$

$$\text{Im}(\text{str}_3) = \text{j}17{,}05\ \text{A}$$

$$I_{\text{str3}} = -0{,}13\ \text{A} + \text{j}17{,}05\ \text{A} = 17{,}06\ \text{A}\ e^{-\text{j}89{,}5}$$

$$Z_{\text{str3}} = \frac{U_{\text{str3}}}{I_{\text{str3}}} = \frac{\frac{6\,\text{kV}}{\sqrt{3}}\ e^{\text{j}120°}}{17{,}06\ \text{A}\ e^{-89{,}5}} = 203{,}11\ \Omega\ e^{\text{j}209{,}55}$$

$$= -176\ \Omega - \text{j}100{,}17\ \Omega$$

Index

H

I

J

K

L

M

N

O

P

R

S

T

U

V

W

Z

Ihre Weiterbildung im Mittelpunkt

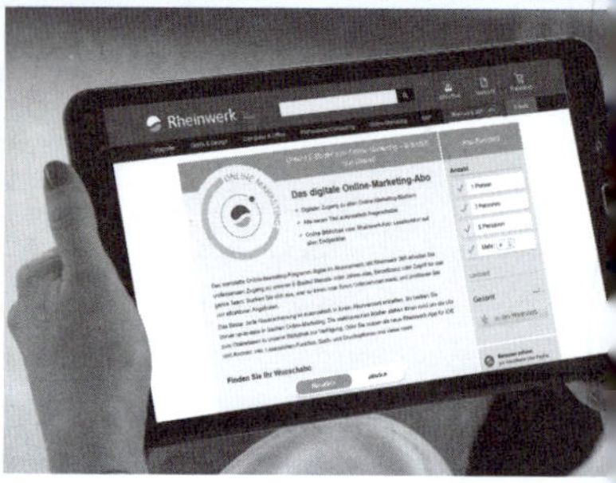

Sie als Leser*in möchten selbst bestimmen, wie und wo Sie lernen. Rücken Sie Ihre persönliche Weiterbildung mit unseren Lernprodukten in den Fokus: ideal für IT-Einsteiger und Professionals, für Studierende, Azubis, Berufsanfänger und Profis, für Kreative und Wissensdurstige. Denn Lernen ist bei Rheinwerk kein Entweder-oder.

- **Bücher und E-Books zu IT- und Kreativthemen**
- **Rund um die Uhr lernen mit den digitalen Abos**
- **Fachkonferenzen online und live auf der Bühne**
- **Frische Impulse bei mehrteiligen Online-Kursen**
- **Praxisnahe Seminare und Inhouse-Schulungen**

www.rheinwerk-verlag.de